INHALT

W0085567

EINLEITUNG

Schon wieder Vergangenheitsbewältigung? Wurde über den Umgang der Bundesrepublik mit der NS-Vergangenheit nicht schon alles geschrieben, was zu schreiben ist; alles gesagt, was zu sagen ist, und zwar von Historikern, Publizisten und Journalisten unterschiedlichster politischer Couleur?[1] So mag man zu Recht fragen, scheint hier doch ein gewisser Grad der Sättigung – um nicht zu sagen: Übersättigung – erreicht.[2] Zuletzt waren es die Beiträge zum Historikerstreit, die den Umgang der Deutschen mit der eigenen Geschichte thematisierten; es ging dabei vordringlich um die – zum Kardinalproblem stilisierte und hochpolitisch diskutierte – Frage der Einzigartigkeit des Holocausts.[3]

Die Frage, ob die deutsche Vergangenheit bewältigt wurde, ob sie immer noch bewältigt werden muß, bewegt sich – grob vereinfacht – zwischen zwei Extremen.

Zu viel ist geschehen! So sagen die einen. Der Publizist Arno Plack wendet sich gegen Bewältigungsrituale: »Das Allermeiste von dem, was uns literarisch, filmisch, politologisch und sozialpsychologisch zur ›Vergangenheitsbewältigung‹ und zur ›Trauerarbeit‹ angedient wird, ist dafür denkbar ungeeignet, weil es irrational Hitler als Faszinosum bestehen läßt.«[4] Armin Mohler, selbsternannter Vertreter der »Neuen Deutschen Rechten«, geißelt die deutsche Vergangenheitsbewältigung als »Nasenring« für die Gegenwart.[5] Hellmut Diwald äußerte sich ähnlich kritisch zum deutschen Umgang mit der Geschichte: »Man beutete eines der grauenhaftesten Geschehen der Moderne durch bewußte Irreführungen, Täuschungen, Übertreibungen für den Zweck der totalen Disqualifikation eines Volkes aus.«[6]

Zu wenig ist geschehen! So sagen die anderen. Zu wenig der Trauerarbeit, zu wenig der Aufarbeitung des Nationalsozialismus sei in Westdeutschland und von den Westdeutschen geleistet worden. Vertreten wird dies etwa von Ralph Giordano. Er trage an der Last, ein Deutscher zu sein, nicht nur wegen der nationalsozialistischen Verbrechen, sondern auch wegen deren Nicht-Bewältigung: ein Versäumnis, welches seiner Meinung nach auf die erste die zweite Schuld folgen ließ.[7] Aus marxistischer Sicht blieb die Geschichte der Bundesrepublik stets eine Geschichte der Nicht-Bewältigung ihrer faschistischen Vergangenheit.[8] »Das große Schweigen« betitelte eine Publizistin 1989 ihr Buch über das Leben mit den »Schatten der Vergangenheit« und meinte damit vor allem den Umgang mit dem Nationalsozialismus im privaten Bereich.[9] »Wann wird die Bundesrepublik eine angemessene Form dauernden Gedenkens, der Einkehr, der Trauer und des Neuanfangs finden?« – so fragte mahnend Dietrich Goldschmidt.[10] Und Jahre zuvor gelangte auch der Historiker Rolf Steininger zu einer unzweideutigen Schlußfolgerung: »Mit der braunen Vergangenheit der Deutschen wurde nie ernsthaft abgerechnet. Durch Verharmlosen, Vergessen, Unter-den-Teppich-Kehren oder Totschweigen wurde sie im wahrsten Sinne des Wortes ›bewältigt‹.«[11]

Doch auch diese Positionen wurden schon wieder energisch in Frage gestellt. Moralischen Narzißmus wirft Sebastian Fetscher, nach eigenen Worten Sympathisant der politischen Linken, seinen politischen Freunden vor: »Wenn wir im öffentlichen Leben versuchen, als Dauer-Betroffene dazustehen, entsteht ein eigenartiger priesterlicher Gestus, entsteht – mit anderen Worten – der Dünkel der Betroffenheit. […] So wie Hitler die Opfer des Ersten Weltkriegs als mythische Auftraggeber mißbrauchte, so sind wir – wenn auch viel harmloser! – in Gefahr, die Opfer des Dritten Reiches zu benutzen, indem wir – und sei es aus löblichem Eifer – unsere Betroffenheit bis zur moralischen Selbstbeweihräucherung steigern.«[12]

Schon diese wenigen Hinweise machen eines deutlich: Publikationen zum Thema deutscher Vergangenheitsbewältigung lesen sich häufig wie Rezeptbücher. Es werden Empfehlungen für den rechten, Warnungen vor dem unrechten Umgang mit dem Nationalsozialismus ausgegeben, und natürlich immer aus der jeweils als definitiv richtig empfundenen Perspektive. Der erhobene Zeigefinger schwebt als Damokles-Schwert über Politik und Gesellschaft.

Jene Darstellungen gleichen dem Vorgehen eines Arztes, der Medizin verschreibt, ohne die Krankheit zu diagnostizieren. Die Beschäftigung mit dem *ob* und *wieviel* Vergangenheitsbewältigung überlagert nicht selten die Frage nach dem *wie*. Wer Vergangenheitsbewältigung meint, beklagt oft ihr Ausbleiben.[13] Der Umgang mit dem Nationalsozialismus als *historisches Phänomen* ist bisher kaum erforscht.

Immerhin: Gesamtdarstellungen zur Geschichte der Bundesrepublik verzichten inzwischen nicht mehr auf ein Unterkapitel zum Umgang mit der Vergangenheit in historischer Perspektive. Warum aber überschreibt man solche Abschnitte gern mit »Lange Schatten« (Peter Graf Kielmansegg)[14], »Schatten der Vergangenheit« (Kurt Sontheimer) oder »Gespenster der Vergangenheit« (Hans-Peter Schwarz)? Wollen die Autoren einer gewissen Unwirklichkeit des Untersuchungsobjektes *Vergangenheitsbewältigung* sprachlich Rechnung tragen?[15]

Dabei war die »Gegenwart der Vergangenheit« (Alfred Grosser) zu keiner Zeit irreal. Nur selten wurde bei solchen Darstellungen neues Material ermittelt; noch seltener wurden unveröffentlichte Aktenbestände herangezogen. Es scheint einfacher, das bislang Bekannte aufzunehmen und noch einmal mit einem eigenen Kommentar zu einem neuen Werk zu formen.[16]

Die Jahre der Besatzung bilden eine Ausnahme. Die alliierten Kriegsverbrecherprozesse, Entnazifizierungs- und Umerziehungsmaßnahmen fanden als wichtige und spektakuläre Aspekte des Themas *Umgang mit der Vergangenheit* schon früh die Aufmerksamkeit der Forschung.[17] Außerdem wurde die intensive Debatte um Schuld und Verantwortung am Nationalsozialismus in der deutschen Publizistik der Nachkriegszeit relativ breit behandelt. So von Babro Eberan in einer an der Universität in Stockholm angenommenen Dissertation. Eberan kommt beispielsweise zu dem Schluß, daß die angelsächsischen Besatzungsmächte »durch ihr psychologisch ungeschicktes Vorgehen« eine produktive Vergangenheitsbewältigung in Deutschland blockiert hätten, anstatt sie zu fördern.[18]

Für die fünfziger Jahre stellt sich die Situation anders dar; nur wenig wurde bisher zu Verhältnis und Umgang der Deutschen mit ihrer Vergangenheit in jener Gründungsphase der Bundesrepublik geforscht.[19] Als »Bewußtseinsseismograph« untersuchte Michael Schornstheimer die Publikumszeitschriften *Quick* und *Stern* im Hinblick auf Aussagen über den Nationalsozialismus. Die wichtigste These seiner – methodisch wenig hinterfragten – Analyse: Die NS-Vergangenheit sei keineswegs geleugnet worden, jedoch habe eine Verdrängung der individuellen und nationalen Verantwortung stattgefunden.[20] Die Forschung konzentrierte sich zudem auf einen zentralen Bereich: die Wiedergutmachung für die Opfer des Nationalsozialismus, vor allem das deutsch-jüdisch-israelische Wiedergutmachungsabkommen von 1952/53.[21] Ein weiteres aus der Vergangenheit in die Gegenwart hineinragendes Kernproblem beleuchtete Michael Wolffsohn in seinem quellengestützten Essay zu vierzig Jahren deutschjüdisch-israelischer Beziehungen.[22] Und schließlich erschienen erste Studien zur deutsch-alliierten Debatte um die Begnadigung von Kriegsverbrechern, an denen jedoch, wie zu zeigen sein wird, erhebliche Korrekturen und Ergänzungen anzubringen sind.[23]

Immer wieder ist von *Vergangenheitsbewältigung* die Rede; die fehlende Definitionsschärfe des Begriffes steht im umgekehrten Verhältnis zu seiner inflationären Nutzung. Leicht geht es über die Lippen, fließt es aus der Feder, dieses ominöse neudeutsche Wortungetüm: Selten bei einem Begriff wissen so viele, was gemeint ist, ohne zu wissen, was er meint.

Man sollte wohl keine weiteren Definitionsversuche unternehmen. Denn ohnehin scheint der Ausdruck besser im Fundus publizistischer Schlagworte aufgehoben.[24] Michael Wolffsohn faßt Vergangenheitsbewältigung folgendermaßen: »Zur Vergangenheitsbewältigung gehören Wissen, Werten, Weinen, Wollen, als vier Ws. Wissen, was geschah. Das Werten der Taten als Untaten. Das zumindest symbolische Weinen über die Opfer. Das Wollen eines anderen, als besser und moralischer empfundenen Allgemeinwesens. Das Wollen wäre die Voraussetzung zum Handeln.«[25] Es geht darum, die verschiedenen Dimensionen des Handelns nach menschlich-politischen Katastrophen voneinander abzugrenzen.

Katastrophen erleiden auch andere Völker und Nationen. Auch andere haben insofern Vergangenheiten zu bewältigen; nichts sei damit ausgesagt über die *objektive Qualität* der zu bewältigenden Katastrophe.[26] Trotz aller begrifflichen Problematik lassen sich einige Merkmale und Grundvoraussetzungen einer jeglichen Vergangenheitsbewältigung herausarbeiten. Der Putsch, die – friedliche oder gewaltsame – Revolution, die militärische Niederlage oder ganz einfach das Erkennen eines in der Vergangenheit begangenen fundamentalen Fehlers stehen am Anfang jeder Vergangenheitsbewältigung. Ist das Verhängnisvolle erkannt und überwunden, gilt es, das erstrebte und erwünschte Neue aufzubauen.

Zwangsläufig stellen sich dabei Fragen nach dem Wesen des Zurückgelassenen, und diese können konkret an dem festgemacht werden, was vom Alten noch übrig ist, seien es Straßennamen oder Statuen – letztere fallen oft symbolträchtig zuerst.

Vergangenheitsbewältigung ist insofern die Beschäftigung mit allen *Relikten des Alten im Neuen* – dazu zählt auch das Andenken daran.

Einer ganz zentralen Problematik hat sich eine jegliche Vergangenheitsbewältigung zu stellen: Was geschieht mit den Menschen, die in der alten Ordnung Verantwortung getragen, die sich gar schuldig gemacht haben?

Sogenannte *Säuberungen* liegen in der Logik politischer Umwälzungen – und das nicht nur in Deutschland. Tatsächlich wurden die umfangreichen Säuberungen nach 1945 als gesamteuropäisches Phänomen erkannt und erforscht. Paul Sérant beschrieb diesen Prozeß bereits 1966, und zwar mit deutlich kritischem Unterton.[27] Eine Sektion des Historikertages widmete sich im Jahre 1990 dem Thema Abrechnung mit Faschismus und Kollaboration in Europa. »Politische Säuberungen gehören zur Geschichte wie Gewitter zum Wetter«, so leiten Klaus-Dietmar Henke und Hans Woller ihren daraus erwachsenen Sammelband ein.[28]

Eben dieses Problem *der personellen Vergangenheitsbewältigung* – wie es aufgrund des negativen Beigeschmacks des Begriffs *Säuberungen* heißen soll –, der Umgang mit den personellen Relikten des Alten im Neuen, ist Thema der vorliegenden Studie, eingegrenzt auf den Zeitraum der fünfziger Jahre. Bei allen im folgenden angesprochenen Aspekten steht eine Frage im Vordergrund: Wann und inwieweit wurde der Umgang mit Personen, die während der Jahre 1933–1945 Verantwortung trugen oder sich an Verbrechen beteiligten, nach 1949 zum Problem? Und zwar zu einem politischen Problem in den Beziehungen der Bundesrepublik zum Westen, genauer gesagt zu Frankreich, Großbritannien und den USA.

Personelle Vergangenheitsbewältigung soll über die innenpolitische Dimension hinaus als außenpolitisches Problem interpretiert werden, der westliche Wahrnehmungsfilter die thematischen Schwerpunkte setzten. Diese westliche Perspektive erscheint aus zweierlei Gründen ebenso legitim wie interessant. Einerseits waren die drei Besatzungsmächte bis 1949 – und, wie zu zeigen sein wird, auch über dieses Datum hinaus – für den Umgang mit den personellen Relikten des NS-Regimes verantwortlich: Kriegsverbrecherprozesse und Entnazifizierung lauten hier die Stichworte.[29] Zum anderen wurde gerade im Untersuchungszeitraum die

Bindung der Bundesrepublik – ohnehin bis 1955 nicht voll souverän – an den Westen vollzogen.

Gemessen an der Tiefe des durch den Zweiten Weltkrieg genährten Mißtrauens entwickelte sich die internationale Rehabilitierung der Bundesrepublik bemerkenswert schnell, forciert durch die Ost-West-Konfrontation. Hielt die personelle Vergangenheitsbewältigung damit Schritt? Mußte sie überhaupt Schritt halten? Inwieweit nahm der Westen Einfluß, wie bewertete er den Gang der personellen Vergangenheitsbewältigung im westlichen Teil Deutschlands? Und umgekehrt: Wurde in der Bundesrepublik an den westlichen Vorgaben Kritik laut?

Das Jahr 1949 bildet aus einem leicht ersichtlichen Grund den Ausgangspunkt: In diesem Jahr konstituierte sich die Bundesrepublik. Und sie wurde damit – von den bedeutsamen, zu erläuternden Relikten alliierter Politik abgesehen – verantwortlich für die personelle Vergangenheitsbewältigung.

Schwieriger erscheint die Abgrenzung des zeitlichen Endpunkts. Die Studie schließt mit dem Prozeß gegen Adolf Eichmann in Jerusalem im Jahre 1961. Schon die allgemein übliche dreißigjährige Sperrfrist für staatliche Aktenbestände setzte jene Grenze. Darüber hinaus läßt sich, dies sei gleich hier erwähnt, der Eichmann-Prozeß als – wenn auch vorläufiger – Endpunkt eines Wandels interpretieren: eines Wandels im Umgang mit den Schuldigen und Belasteten, der seit etwa 1957 einsetzte, um dann 1960/61 einem ersten Höhepunkt zuzusteuern. Diese Jahre waren zugleich prägend für die anschließend intensivierte Debatte um Schuld und Verantwortung, welche in die Proteste der »68er Generation« mündete[30] und die auch in den siebziger, achtziger und neunziger Jahren nicht verstummte. Die Studie kann somit fortgeschrieben werden, denn auch nach 1961 zog sich dieses Problem wie ein roter Faden durch die Geschichte der Bundesrepublik.

Mit den fünfziger Jahren verbinden sich in der Regel positive Schlagworte: Wirtschaftswunder, Wohlstand, Westintegration, ermöglicht (für manche auch: erkauft) durch Wiederbewaffnung und Verzicht auf Wiedervereinigung. Doch da sind auch jene dunklen fünfziger Jahre, denen politisch-gesellschaftlich immer noch der Makel einer »Epoche der fröhlichen Restauration« anhaftet.[31] Kulturpolitisch waren es angeblich Zeiten, »von deren Muffigkeit sich die heute Jungen kaum eine Vorstellung machen können«.[32] Sozialpsychologisch steht das immer wieder zitierte Mitscherlich-Wort von der »Unfähigkeit zu trauern« im Raum.[33] Tatsächlich wurde vielfach die Auffassung geäußert, die fünfziger Jahre seien weitgehend durch Schweigen zum Nationalsozialismus gekennzeichnet. So betont etwa Hans-Peter Schwarz, im großen und ganzen sei es während der fünfziger Jahre um die Untaten des Dritten Reiches »merkwürdig still« geblieben.[34] Auch Peter Steinbach spricht von einer »trügerischen Ruhe« jener Jahre, die wir »befriedigend bis heute nicht klären können«.[35] Und Wolfgang J. Mommsen unterstreicht diesen Sachverhalt ebenfalls:»Tatsächlich bestand in weiten Teilen der deutschen Öffentlichkeit die Tendenz, vor der Geschichte, die mit bedrückenden Momenten kollektiver Schuld und vielfach gar persönlicher Verantwortung verknüpft war, gleichsam wegzutauchen.«[36] Dem wiederum wurde in jüngster Zeit durch Manfred Kittel und Christa Hoffmann widersprochen.[37] Beide unternehmen den Versuch einer Neubewertung der Vergangenheitsbewältigung in der Ära Adenauer; Kittel etwa erscheint es zweifelhaft, daß Defizite und Tabus bei der Aufarbeitung der NS-Zeit tatsächlich als »Gründungshypothek« (Doering-Manteuffel) der Bundesrepublik gelten sollen. Seine Kritik ist allerdings breiter als seine Quellengrundlage.

Personelle Vergangenheitsbewältigung muß Schuld im kriminellen und Verantwortung im politisch-moralischen Sinne voneinander abgrenzen. Die Feststellung von Schuld führt zu Verurteilung und Inhaftierung, während der Komplex Verantwortung schwerer zu fassen ist: Mitverantwortung in der alten *kann* von Mitverantwortung in der neuen Ordnung ausschließen. Daß all diese Unterscheidungen nicht unproblematisch sind, soll im folgenden gezeigt werden. »Verbrechen bestehen in objektiv nachweisbaren Handlungen, die gegen eindeutige Gesetze verstoßen. Instanz ist das Gericht [...].« So lautet Karl Jaspers' auf den ersten Blick eindeutige Definition von krimineller Schuld.[38] Eine der 1945 kontrovers diskutierten Fragen war jedoch gerade die, *welches* Gericht auf der Grundlage *welchen* Gesetzes urteilen dürfe. Und an welchen Maßstäben bemißt sich politische Mitverantwortung für das Vergangene?

Die westlichen Alliierten hatten während der Besatzungszeit durch Entnazifizierungsprogramme und Kriegsverbrecherprozesse selbst Maßstäbe für die personelle Vergangenheitsbewältigung in Deutschland gesetzt. Was aber folgte dann? Konflikte zwischen der Bundesrepublik und den Westmächten sollten sich während der ersten Hälfte der fünfziger Jahre vor allem an den Relikten alliierter Kriegsverbrecher- und Entnazifizierungspolitik entzünden.

Es sind Diplomaten und Politiker, die in ihren Beurteilungen und ihren Einflußnahmen auf die politische Entwicklung zu Wort kommen. Was jene in französischer und englischer Sprache notierten und dokumentierten, wurde vom Verfasser als Zugeständnis an die Lesbarkeit der Darstellung ins Deutsche übertragen.

Natürlich machen nicht nur Männer und Frauen Geschichte. Selbstverständlich war deutsche Vergangenheitsbewältigung auch ein gesellschaftliches Phänomen. Doch dies ist ein anderes Thema, das nur insoweit gestreift werden kann, als öffentliche und veröffentlichte Meinung Einfluß hatten auf politische Weichenstellungen. Politische Wertungen sollen umgekehrt auch an Umfragen gemessen werden. So bewegt sich die Studie ganz im Rahmen einer Politikgeschichte; sie beschreibt Wahrnehmungen und Entscheidungen auf der politisch-administrativen Ebene. Als Quellengrundlage wurden die internen Akten der Regierungen in Paris, London, Washington und Bonn herangezogen; nur zum geringen Teil lagen diese gedruckt vor. Sperrfristen und zurückgehaltene Dokumente sind das tägliche Brot der Zeitgeschichtsforschung; auch die vorliegende Studie beruht keineswegs auf uneingeschränktem Zugang zu Archivalien. Ein kurzer Überblick der zu Rate gezogenen Archive, zugespitzt auf Möglichkeiten und Grenzen der Einsicht in unveröffentlichtes Material, sei deshalb angefügt.

Bemerkenswerterweise erwies sich der Archivzugang in der *Bundesrepublik Deutschland* als höchst restriktiv. Im Politischen Archiv des Auswärtigen Amtes in Bonn und im Bundesarchiv Koblenz gilt zwar die im Bundesarchivgesetz festgelegte dreißigjährige Sperrfrist. Ganze Aktenbestände werden aber der Forschung vorenthalten, sofern sie ursprünglich als »Verschlußsache«, also als »vertraulich«, »geheim« oder »streng geheim«, gekennzeichnet wurden. Systematische Prüfungen, ob Verschlußsachen nach dreißig Jahren auch immer noch verschlußwürdig sind, finden nicht statt – ein in anderen Ländern selbstverständlicher Vorgang. Da letztlich alle politisch brisanten Akten einen solchen Sperrvermerk tragen, werden dem Forscher die wichtigsten Bestände vorenthalten.[39] Noch dubioser erscheint, daß es für einige Forscher offensichtlich Ausnahmen von dieser Regel gibt. Der Versuch, Einblick in Geheimakten aus dem Rhöndorfer Nachlaß Adenauers zu erhalten, aus denen in der Adenauer-Biographie von Hans-Peter Schwarz ausgiebig zitiert wurde[40], ist mit dem Hinweis verweigert worden, Schwarz habe eine Sondergenehmigung besessen – offenbar eine einmalige.

Trotz dieser unnötigen – und politisch wie juristisch höchst bedenklichen – Bonner Geheimniskrämerei konnten politische Zusammenhänge relativ lückenlos rekonstruiert werden. So gab es seinerzeit im Auswärtigen Amt immer wieder Beamte, die es dann doch nicht so genau nahmen und z. B. geheime Auszüge aus Protokollen von Kabinettssitzungen des Jahres 1960 in den normalen Akten abhefteten. Ein Glücksfall für den Forscher – und oft allein Resultat schweißtreibender Recherchen in den bisweilen chaotischen und nur in Ausnahmefällen archivalisch bewerteten Aktenbeständen des Auswärtigen Amtes.

Ohne Zugang zu unveröffentlichten Quellen im Ausland hätte dieses Buch – wie so viele andere Studien zur deutschen Nachkriegsgeschichte auch – nicht geschrieben werden können.

In *Großbritannien* konnten im *Public Record Office* die Akten des Premierministers, des Außenministeriums und die Kabinettsdokumente bis zum Jahr 1961 eingesehen werden, genauso das Material der britischen Hochkommission. Daß einzelne Akten auch in Großbritannien zurückgehalten werden – Teilbestände der Akten des Premierministers zum Thema Kriegsverbrecher unterliegen z. B. einer längeren Sperrfrist –, ist zwar sehr betrüblich, aber durchaus zu verschmerzen angesichts der Fülle des sonstigen Materials.

In *Frankreich* mußte eine erhebliche Einschränkung in Kauf genommen werden: Akten zum Thema Kriegsverbrechen unterliegen einer Sperrfrist von einhundert (!) Jahren. Auch ein Vorstoß beim französischen Außenministerium unter Hinweis auf die politische Bedeutung dieser Akten blieb erfolglos.[41] Dennoch konnten in Paris wichtige Bestände des französischen Außenministeriums zur Deutschlandpolitik herangezogen werden, vor allem für den Zeitraum 1949 bis 1955. Die Akten der Jahre 1956 bis 1960 wurden mit Hilfe einer Sonderregelung ebenfalls eingesehen. In Colmar ließen sich in den *Archives de l'occupation* ergänzend die Akten der französischen Hochkommission in der Bundesrepublik für die Jahre 1949 bis 1955 auswerten.

In den *USA* schließlich waren in den Washingtoner *National Archives* die zentralen Akten des State Department, die *decimal files,* bis zum Jahr 1959 zugänglich. Als sehr aufschlußreich erwiesen sich außerdem die Akten des Stellvertretenden Rechtsberaters für Europa im State Department. Die Akten der amerikanischen Hochkommission in der Bundesrepublik konnten in Suitland, Maryland, eingesehen werden. Als wichtige Ergänzung, vor allem über das Jahr 1959 hinaus, erwies sich besonders die *Eisenhower-Library* in Abilene, Kansas.

Soviel zur Quellenlage. Sie war nicht lückenlos. Dennoch: Sie war mehr als ausreichend, um die Frage zu beantworten, inwieweit individuelle Schuld und Mitverantwortung am und im Nationalsozialismus während der Jahre 1949 bis 1961 ein Problem in den Beziehungen der Bundesrepublik zu den Westmächten darstellte.

I
»NÜRNBERG BRAUCHT
EIN ORDENTLICHES BEGRÄBNIS«:

DIE DEUTSCH-ALLIIERTE
KRIEGSVERBRECHERDEBATTE
1949–1958

Es waren die Siegermächte, die nach der deutschen Niederlage dem verbrecherischen Erbe des Dritten Reiches zu begegnen hatten; eine Folge waren die alliierten Kriegsverbrecherprozesse in Deutschland. Während der fünfziger Jahre kreiste die deutsch-alliierte Debatte zentral um eine Revision der Ergebnisse alliierter Kriegsverbrecherjustiz. Diese soll ausführlich dargestellt werden, denn sie gewährt tiefe Einblicke in (nicht nur) deutsche Befindlichkeiten.

Eines sei dabei vorweggeschickt: Die vorliegende Darstellung sucht eine Parteinahme zu vermeiden. Kopfschütteln über deutsche Forderungen nach Gnade ist ebensowenig angebracht wie wütende Anklagen gegen alliierte »Siegerjustiz«. Die »distanzierte Analyse« – bei gleichzeitigem Engagement in der Sache (Norbert Elias)[1] – sei versucht.

Vor allem wird die Frage nach Schuld und Unschuld einzelner nicht beantwortet werden können: Nur ein Gericht, nicht aber eine historische Studie kann eine solche Entscheidung treffen. Hiermit wird keinem moralischen Relativismus das Wort geredet – es geht nicht um die Prüfung von Einzelfällen. Im Mittelpunkt steht vielmehr eine Analyse der *politischen Bedeutung* der Kriegsverbrecherfrage.[2]

Welche Rückschlüsse zogen die drei Westmächte im Hinblick auf das deutsche Verhältnis zum Nationalsozialismus? Genau da liegt, über die jeweiligen Einzelfälle hinausgehend, das eigentlich Aufschlußreiche an jener Debatte um die Begnadigung deutscher Kriegsverbrecher.

Auf eine Begriffsverwirrung, nicht babylonischer, sondern eher politischer Art, sei kurz hingewiesen: Der englische und französische Sprachgebrauch differenziert kaum zwischen *War Crimes/Crimes de guerre* auf der einen und *Crimes Against Humanity/Crimes contre l'humanité* sowie *Crimes Against Peace/Crimes contre la paix* auf der anderen Seite – letzteres wäre die exakte Bezeichnung für die unterschiedlichen Straftatbestände im Sinne der Nürnberger Prozesse gewesen. Bald sprach man nur noch von *War Crimes* und *War Criminals* bzw. von *Criminels de guerre.* Im Amtsdeutsch der fünfziger Jahre gab es jedoch keine Kriegsverbrecher: Da die Bundesregierung die alliierten Urteile nie anerkannte, war in amtlichen Dokumenten stets von *Kriegsverurteilten, sog. Kriegsverbrechern,* »Kriegsverbrechern« oder gar von *politischen Gefangenen* die Rede. Es soll keine Parteinahme bedeuten, wenn es im folgenden der Einfachheit halber schlicht Kriegsverbrecher, Kriegsverbrecherdebatte, Kriegsverbrecherproblematik oder Kriegsverbrecherfrage heißt.

1. DIE ALLIIERTEN UND DIE VERBRECHERISCHE HINTERLASSENSCHAFT DES DRITTEN REICHES

Die Verbrechen, die im Namen des nationalsozialistischen Deutschlands begangen wurden, waren im Hinblick auf Umfang und Planung ohne Vorbild. Umfang und Planung des von den Alliierten entwickelten Programms zur Sühne dieser Verbrechen waren ebenso beispiellos.[1] Allenfalls an die Versuche nach dem Ersten Weltkrieg, Verantwortliche für Kriegsverbrechen vor Gericht zu stellen, mag man sich erinnern fühlen. Der Versailler Vertrag hatte seinerzeit in Artikel 227 die Einrichtung eines Internationalen Gerichtshofes angekündigt. Wilhelm II. sollte sich »wegen schwerster Verletzung des internationalen Sittengesetzes und der Heiligkeit der Verträge«[2] vor diesem Tribunal verantworten. Der Kaiser entzog sich dem Verfahren durch Flucht nach Holland. Die niederländische Regierung lehnte seine Auslieferung in der Folgezeit konsequent ab.

Die Artikel 228–230 forderten darüber hinaus Prozesse gegen deutsche Kriegsverbrecher vor Militärtribunalen der Siegermächte. Diese Bestimmungen des Versailler Vertrages erwiesen sich schließlich als Makulatur und entwickelten sich zu einer Farce. Die Alliierten stimmten schließlich einem Prozeß in deutscher Regie zu. Die Folge waren im Jahre 1921 »Freisprüche, die Deutschland verurteilten«[3] – Freisprüche vor dem Reichsgericht in Leipzig, die die ursprünglichen Absichten der *Entente* ad absurdum führten.

Angeklagte in den Dachauer Kriegsverbrecherprozessen.

»Bis an die äussersten Enden der Welt«

Nach dem Zweiten Weltkrieg sollte sich die Leipziger Erfahrung nicht wiederholen.[4] Die Außenminister Großbritanniens, der Sowjetunion und der USA sprachen schon am 30. Oktober 1943 in Moskau eine unzweideutige Warnung aus: »Mögen sich diejenigen, die ihre Hand bisher nicht mit unschuldigem Blut besudelt haben, davor hüten, sich den Reihen der Schuldigen beizugesellen; denn mit aller Sicherheit werden die drei alliierten Mächte sie bis an die äußersten Enden der Welt verfolgen und sie ihren Anklägern ausliefern, damit Gerechtigkeit geschehe.«[5]

Mehr, das hat die historische Forschung herausgestellt, hätte von den Alliierten zur Verhinderung vor allem des Völkermordes an den Juden (der bemerkenswerterweise in der Moskauer Erklärung nicht erwähnt wird) getan werden können, ja getan werden müssen.[6] Man wird angesichts der Schicksals der ungarischen Juden – lange nach der Moskauer Erklärung wurden sie in die Gaskammern getrieben – kaum behaupten können, daß die Täter diese Warnung ernster genommen hätten als die Unterzeichner.[7]

Mehr Absichtserklärung als konkreter Plan[8], blieben die Ankündigungen in Moskau vage: Kriegsverbrecher sollten, so legten die Außenminister fest, an den Ort der Tat überführt werden, um sie dort nach den Gesetzen des Landes abzuurteilen.[9] Für Hauptverantwortliche, deren Verbrechen sich geographisch nicht eingrenzen ließen, behielt man sich eine Entscheidung vor.

Wie bei der Nachkriegsplanung für Deutschland insgesamt, so zögerten und zauderten die Alliierten auch im Hinblick auf die Kriegsverbrecherfrage. Pläne wurden entworfen, um wieder verworfen zu werden.[10] Churchill und Eden, dann Stalin, dann wieder Roosevelt spielten bei verschiedenen Begegnungen mit dem Gedanken an Massenexekutionen von Hauptverantwortlichen.[11] Erst allmählich setzte sich die Überzeugung durch, Hauptkriegsverbrecher durch ein Gerichtsverfahren abzuurteilen.[12] Ein am 8. August 1945 in London von den Alliierten unterzeichnetes Abkommen bestätigte die Pflicht zur Auslieferung von Kriegsverbrechern an den Ort der Tat.[13] Für das Verfahren gegen die Hauptverantwortlichen sollte ein Internationales Tribunal gebildet werden, vor welchem diese sich wegen Verbrechen gegen den Frieden, Kriegsverbrechen sowie wegen Verbrechen gegen die Menschlichkeit zu verantworten

Der Gerichtssaal des Nürnberger Justizpalastes.

hätten. Nach Artikel 9 der Londoner Charta konnten außerdem NS-Organisationen als verbrecherisch erklärt werden.

Seit dem 20. November 1945 hatten sich Hauptverantwortliche des Dritten Reiches vor dem Internationalen Tribunal in Nürnberg wegen dieser Anklagen zu verantworten. Am 1. Oktober 1946 war die Urteilsverkündung: Zwölf Todesurteile sprachen die Richter aus, am 16. Oktober wurden sie vollstreckt. Hermann Göring entzog sich dem Henker durch Selbstmord. Lebenslange Haftstrafen erhielten der frühere Stellvertreter des Führers, Rudolf Heß, Reichswirtschaftsminister Walter Funk und der Oberbefehlshaber der Kriegsmarine, Erich Raeder. Befristete Haftstrafen wurden gegen den Reichsjugendführer und Reichsstatthalter in Wien, Baldur von Schirach, gegen den Architekten und Rüstungsbeauftragten Albert Speer (beide zwanzig Jahre), gegen den früheren Reichsaußenminister Konstantin Freiherr von Neurath (fünfzehn Jahre) und gegen Großadmiral Karl Dönitz, Chef der letzten Reichsregierung (zehn Jahre), verhängt. Freigesprochen wurden Franz von Papen, Hjalmar Schacht und

Hans Fritzsche. Im Berliner Stadtteil Spandau wurden die Haftstrafen unter Aufsicht der Vier Mächte vollzogen. Der Nürnberger Gerichtshof erklärte in seinem Urteil darüber hinaus das Führerkorps der NSDAP, die Gestapo, SD und SS zu verbrecherischen Organisationen.[14]

Das Verfahren gegen die Hauptkriegsverbrecher blieb der einzige Kriegsverbrecherprozeß in Deutschland, der von den Vier Mächten gemeinsam durchgeführt wurde. Der Nürnberger Justizpalast sah allerdings noch weitere Verfahren gegen Verantwortliche des Dritten Reiches. Die sogenannten Nürnberger Nachfolgeprozesse, nun vor rein amerikanisch besetzten Militärtribunalen, arbeiteten auf der Grundlage des Kontrollratsgesetzes Nr. 20 vom 20. Dezember 1945. Gesetz Nr. 10 ermächtigte die Militärgouverneure der vier Besatzungszonen zur Einrichtung von Gerichtshöfen für Kriegsverbrecherverfahren; es übernahm dabei im wesentlichen die Strafbestimmungen des Londoner Abkommens.[15] In zwölf Verfahren, denen in der Regel ein eigener Verbrechenskomplex zugrunde lag, wurden 185 Personen angeklagt und am Ende 24 Todesurteile, zwanzig lebenslange und 98 befristete Freiheitsstrafen ausgesprochen.[16] Vollzogen bzw. angetreten wurden die Strafen dort, wo schon Hitler wegen seines Putschversuches inhaftiert gewesen war: in der – nun amerikanischen – Strafanstalt Landsberg am Lech.

Nürnberg wurde zum Synonym für das gesamte Kriegsverbrecherprogramm der Alliierten nach 1945. Natürlich waren nicht alle Verfahren so aufsehenerregend wie die Nürnberger Prozesse selbst. Eher unbemerkt von der breiten Öffentlichkeit verurteilten amerikanische Militärtribuna-

Die Anklagebank in Nürnberg. Von links nach rechts: Göring, Dönitz, Heß, Ribbentrop, Raeder, Keitel, von Schirach, Sauckel, Kaltenbrunner, Rosenberg, Jodl.

le vor allem in Dachau, aber auch in Darmstadt und Ludwigsburg deutsche Kriegsverbrecher. Spektakulär verlief allenfalls noch der Fall von Ilse Koch, der Frau des Kommandeurs des Konzentrationslagers Buchenwald[17], sowie der Prozeß gegen Angehörige einer SS-Einheit wegen der Ermordung von amerikanischen Kriegsgefangenen in Malmédy während der Ardennen-Offensive im Jahr 1944.[18]

In ihrer äußeren Erscheinung ähnelten diese Prozesse Kriegsgerichtsverfahren. Sämtliche Anklagen lauteten auf Verletzung traditioneller Regeln und Gesetze der Kriegsführung.[19] In insgesamt 489 Prozessen mußten sich 1672 Personen verantworten; darunter befanden sich mehr als 1000 Fälle ehemaliger KZ-Wachen oder -Mannschaften. Zur Verhandlung kamen auch 600 Fälle von Morden an Amerikanern, vornehmlich abgesprungenen Fliegern.[20]

Nicht nur in der Amerikanischen Besatzungszone setzte man ein umfangreiches Programm zur Aburteilung von Kriegsverbrechern in Gang. Nach langem Zögern rang sich auch London zu Kriegsverbrecherprozessen durch.[21] Ein erstes britisches Militärgericht trat am 17. September 1945 in Lüneburg zusammen; vor allem die Wachmannschaften des Konzentrationslagers Bergen-Belsen hatten sich hier zu verantworten. Wegen Kriegsverbrechen im engeren Sinne, also Verstößen gegen herkömmliche Regeln der Kriegsführung, verurteilten britische Militärtribunale 230 Personen zum Tode, in 447 Fällen wurde auf Haft entschieden, 260 Menschen wurden freigesprochen.[22] Die Verfahren wegen Kriegsverbrechen, rein zahlenmäßig die große Mehrheit, beruhten auf einem Königlichen Erlaß (Royal Warrant) vom 14. Juni 1945.[23] Vor Gerichten der Alliierten Kontrollkommission in der Britischen Zone wurde 148 Personen der Prozeß gemacht; 88 Freisprüche, zehn Todesurteile und fünfzig Haftstrafen waren das Ergebnis. Im britischen Gefängnis Werl traten die Verurteilten ihre Haftstrafen an. Darüber hinaus wurde in der Britischen Zone ein umfangreiches Programm zur Aburteilung von Angehörigen verbrecherischer Organisationen durchgeführt.[24]

Gerichte in der Französischen Besatzungszone verurteilten nach offiziellen Angaben 2107 Deutsche, davon 104 zum Tode.[25] Von diesen Todesstrafen wurden 62 vollstreckt. Großenteils saßen die Verurteilten in der Haftanstalt Wittlich ein. Die Zahl der von Gerichten in der Sowjetischen Besatzungszone Verurteilten wird als sehr hoch eingeschätzt; gesicherte Erkenntnisse fehlen bislang.[26]

Die Zellen der Hauptkriegsverbrecher während des Nürnberger Prozesses.

»Bei den Betroffenen wächst das Gefühl, daß mit einem Schwamm über die Tafel gewischt werden sollte«, notierte Sir Ivone Kirkpatrick, Beamter im Foreign Office, später dann britischer Hochkommissar in der Bundesrepublik, am 28. März 1949.[27] Sein »Schwamm drüber« galt den britischen Kriegsverbrecherprozessen. Tatsächlich brachte das Jahr 1949 mit dem Beginn westdeutscher Staatlichkeit das Ende alliierter Kriegsverbrecherprozesse auf westdeutschem Boden. Am 5. Mai 1949 kündigte die britische Regierung im Oberhaus an, in Zukunft keine Kriegsverbrecherprozesse mehr zu führen; ausgenommen blieben bereits eingeleitete Verfahren und ein anstehender Prozeß gegen Generalfeldmarschall von Manstein. Verbrechen gegen die Menschlichkeit sollten, soweit noch nicht geschehen, künftig von deutschen Gerichten auf der Grundlage des deutschen Strafrechts geahndet werden.[28]

Eine treibende Kraft hinter dieser Neuorientierung war der britische

Militärgouverneur in Deutschland, Sir Brian Robertson. Im Foreign Office hatte man seine Warnung vernommen, wonach es nicht mehr im britischen Interesse sein könne, »mehr als dreieinhalb Jahre nach der deutschen Kapitulation als Besatzungsmacht mit Prozessen wegen Kriegsverbrechen identifiziert zu werden«.[29]

Das britische Außenministerium hatte seine Ankündigung mit den USA abgesprochen. In Washington und bei den amerikanischen Besatzungsbehörden war man mit dieser Entscheidung offene Türen eingelaufen, zumal in Nürnberg am 14. April 1949 die letzten Urteile gegen Diplomaten der früheren Berliner Wilhelmstraße gesprochen worden waren. »Das amerikanische Programm zur Verfolgung von Kriegsverbrechern ist beendet, und es sollte nicht mehr notwendig sein, solche Prozesse vor Besatzungsgerichten in Ihrer Zone durchzuführen.« So hieß es in der ausführlichen Direktive, die der neue amerikanische Hochkommissar in der Bundesrepublik, John J. McCloy, mit nach Bonn brachte. Recht unverbindlich klang der Nachsatz: »Inwieweit entsprechende Prozesse vor deutschen Gerichten stattfinden sollen, bleibt der Hochkommission überlassen.«[30]

Allein die französische Regierung wandte sich gegen eine Einstellung der Kriegsverbrecherprozesse. Frankreich als ehemals von den Deutschen besetztes Land sah sich in einer mit den USA oder Großbritannien nicht zu vergleichenden Lage.[31] Gegenüber dem britischen Außenminister Bevin präzisierte der französische Amtskollege Robert Schuman die Haltung seiner Regierung in Paris: Man könne schon wegen der französischen Öffentlichkeit auch in Zukunft – sollten neue Beweise auftauchen – die erschütternden Verbrechen Deutscher gegen Franzosen nicht ungesühnt lassen.[32] Schuman dachte dabei primär an künftige Kriegsverbrecherprozesse in Frankreich selbst. Die Franzosen begaben sich insofern in der Kriegsverbrecherfrage auf einen historisch begründeten Sonderweg, den sie auch in den fünfziger Jahren nicht verließen.

Landsberg, Werl und Wittlich – die Namen der alliierten Haftanstalten sollten während der fünfziger Jahre zu politischen Reizworten werden. Eine deutsche Statistik wies aus, daß zum 1. April 1950 insgesamt 1315 Deutsche wegen Kriegsverbrechen in den alliierten Gefängnissen der Bundesrepublik einsaßen, davon 662 in Landsberg, 380 in Werl und 273 in Wittlich oder anderen französischen Gefängnissen.[33] Kristallisationspunkte der politischen Auseinandersetzung sollten einige große Namen der ehemaligen Deutschen Wehrmacht werden. Folgende hohe Offiziere waren noch Anfang 1952 in Werl und Landsberg inhaftiert:[34]

Werl	Landsberg
Generalfeldmarschall Kesselring	General List
Generalfeldmarschall von Manstein	General Kuntse
Generaloberst von Falkenhorst	General Rendulic
Generaloberst von Mackensen	General Felmy
General Gallenkamp	General Reinecke
Generalleutnant Wolff	General Warlimont
Oberst i. G. Köstlin	General von Küchler
Generalleutnant Maelser	General von Salmuth
Vizeadmiral (Werftdirektor) Horstmann	General Hoth
SS Generalleutnant Simon	General Reinhardt
SS General-Major Meyer	

Erfüllten die Nürnberger Kriegsverbrecherprozesse nicht wenigstens einen Zweck? Klärten sie nicht über die Untaten nationalsozialistischer Schreckensherrschaft in Europa auf?[35] Das Forum des Gerichtshofes für historische Aufklärung zu nutzen, war schon bei der Planung des amerikanischen Kriegsverbrecherprogramms ein wichtiger Gesichtspunkt gewesen. Die Akten des internationalen Tribunals in Nürnberg hatte man zu diesem Zweck in einer vielbändigen deutschen Ausgabe veröffentlicht.[36] Doch die politischen Prioritäten wandelten sich schnell. Nach dem Willen des amerikanischen Hauptanklägers in Nürnberg, Telford Taylor, sollten auch die Akten der Nürnberger Nachfolgeprozesse in deutscher Sprache gedruckt werden, um so das Wissen um die historische Wahrheit in Deutschland zu fördern und die Wiederherstellung der Demokratie voranzutreiben. Für ihn wäre sonst ein wesentliches Ziel des amerikanischen Kriegsverbrecherprogrammes verfehlt worden.[37] Das Editionsprojekt scheiterte jedoch an der Finanzierung – genauer gesagt: am Unwillen des Armeeministeriums, hierfür Geld zu bewilligen.[38] Minister Gordon Gray schrieb seinem Kollegen im State Department ungeschminkt: »Kein militärischer Zweck würde durch die Veröffentlichung der Akten der Nürnberger Nachfolgeprozesse erfüllt.«[39]

DAS SPÄTE VERFAHREN GEGEN
GENERALFELDMARSCHALL VON MANSTEIN

Vor einem britischen Militärgericht in Hamburg mußte sich seit dem 24. August 1949 Generalfeldmarschall Erich von Manstein verantworten. Manstein wurden Verbrechen zur Last gelegt, die unter seinem Oberbefehl an der Ostfront begangen worden waren: Mißhandlung von Kriegsgefangenen, Hinrichtung von Geiseln und sowjetischen Kommissaren, Übergriffe gegen die Zivilbevölkerung.[40]

Ursprünglich hatte die britische Regierung vier hohe deutsche Militärs wegen Kriegsverbrechen vor Gericht bringen wollen: Walter von Brauchitsch, Gerd von Rundstedt, Adolf Strauss und eben Erich von Manstein. Seit 1945 befanden sich die Generäle in britischer Kriegsgefangenschaft, amerikanische Stellen lieferten umfangreiches Belastungsmaterial.[41] Am 5. Juli 1948 wies das britische Kabinett den Kriegsminister an, geeignete Schritte zur Durchführung des Verfahrens einzuleiten.

Doch schon bald erhob sich Kritik: Am 7. August 1948 – die Zufahrtswege nach Berlin waren bereits blockiert, die alliierte Luftbrücke zur Versorgung der Stadt angelaufen – warnte Militärgouverneur Robertson das Foreign Office vor Kriegsverbrecherprozessen in einer so prekären Lage. Die deutsche Öffentlichkeit würde mit Empörung und Wut reagieren.[42] Winston Churchill als Führer der konservativen Opposition im Unterhaus, aber auch Labour-Abgeordnete wandten sich gegen die anstehenden »späten Prozesse«, wobei humanitäre, rechtliche und zunehmend politische Gründe vorgetragen wurden.[43] Churchill legte seine Haltung zur Kriegsverbrecherfrage im Unterhaus dar:

> »Rache ist von allen Befriedigungen die teuerste, und sie zieht sich lange hin; und auf Vergeltung zielende Strafverfolgung ist die schädlichste. Unsere Politik sollte, abgesehen von einigen […] außergewöhnlichen Fällen, darin bestehen, den Schwamm über die Verbrechen und Schrecken des Krieges zu wischen – so schwer einem das auch fallen mag –, um […] in die Zukunft zu sehen.«[44]

Churchill stand ganz unter dem Eindruck der Berlin-Blockade. Sehr deutlich sah er die hierdurch sich abzeichnende »Schicksalsverbundenheit« zwischen Westdeutschen und Westalliierten.[45] Es sei »töricht«, »ei-

gensinnig« und »wahnsinnig«, den »Beweis einer so schmutzigen aufge-
wärmten Rache In dem Augenblick zu geben, in dem Verstand und Herz
Deutschlands wieder einmal schwanken, ob es den richtigen oder falschen Weg gehen soll«. Das mußte sich die Labour-Regierung unter
Clement Attlee am 10. Oktober 1948 von Churchill sagen lassen.[46] Prozesse gegen die deutschen Generäle und eine uneingeschränkte Verfolgung
von Kriegsverbrechern störten die sich anbahnende »Schicksalsverbundenheit« maßgeblich.[47]

Das britische Kabinett ging dennoch andere als die vom Oppositions-
führer empfohlenen Wege. Schon am 22. September hatte es sich erneut
hinter Außenminister Bevin gestellt, der sich für eine Durchführung der
Prozesse stark machte. Auch vor dem House of Commons verteidigte der
britische Außenminister seine Haltung.[48]

Was nun eintrat, würde man im neudeutschen Sprachgebrauch »biolo-
gische Verjährung« nennen: Im Oktober 1948 starb Generalfeldmarschall
von Brauchitsch, und auch der Gesundheitszustand von Strauss und
Rundstedt ließ Zweifel aufkommen, ob beide die Verfahren überhaupt
durchstehen würden.[49] Das britische Kabinett verzögerte nun seine Entscheidung aus Sorge, ein Nein aus medizinischen Gründen könnte als ein
prinzipielles – und damit politisches – Nein zu den Prozessen aufgefaßt
werden. Und einem Auslieferungsbegehren des Ostblocks – im Februar
1949 hatte die Sowjetunion erneut die Überstellung der deutschen Generäle gefordert[50] – glaubte man sich dann kaum noch widersetzen zu
können.[51] Am 28. April 1949 lag das Problem wieder auf dem Kabinetts-
tisch. Gegen die Einleitung eines Verfahrens sprach die überall geäußerte
Kritik an so späten Kriegsverbrecherprozessen. Aber auch Gegenargu-
mente fielen: Konnte nicht ein Verzicht auf den Prozeß als unangemessene Milde interpretiert werden? Und waren nicht bereits viele Untergebe-
ne der Generäle hart bestraft worden? »Der Außenminister fühlt sich in
einer außerordentlich peinlichen Lage aufgrund des Scheiterns der bisherigen Versuche, die Generäle vor Gericht zu stellen«, hielt das Kabinetts-
protokoll fest.[52] Noch einmal vertagte man die Entscheidung. Nur eine
Woche später aber folgte das Kabinett der Empfehlung des britischen
Lordkanzlers (Lord Chancellor): Von Rundstedt und Strauss sollten aus
Gesundheitsgründen aus der Haft entlassen werden.[53]

Übrig blieb also noch Manstein, der für seine Verteidigung prominente
Unterstützung erhielt: »Winston Churchill eilt zur Befreiung des Hitleri-

Der Manstein-Prozeß im August 1949. General von Manstein im Hintergrund.

sten und Mörders Manstein«, hetzte die Moskauer *Prawda* im Juli 1949.[54] Tatsächlich hatte sich der Ex-Premier einer Spendenaktion für die Verteidigung des Feldmarschalls angeschlossen.

Der Hamburger Manstein-Prozeß, der sich dann über Monate hinzog, traf in der deutschen Öffentlichkeit auf erhebliches Interesse. Die Sympathien lagen nach Angaben britischer Beobachter beim Angeklagten: Argumente zu seiner Verteidigung trafen auf breite Zustimmung.[55] Manstein wurde schließlich zu achtzehn Jahren Haft verurteilt. Adenauer drängte jedoch angesichts der Stimmung im eigenen Land schon bald nach der Urteilsverkündung auf eine Minderung der Haftstrafe.[56]

Außenminister Bevin hingegen schien mit dem Urteil zufrieden zu sein. Am Weihnachtsabend des Jahres 1949 äußerte er die Hoffnung, in Deutschland möge Robertson nicht so töricht sein, die Strafe von Mansteins herabzusetzen.[57] Churchills Engagement für den Angeklagten hatte den Außenminister ganz besonders geärgert. Bevin gab sich zutiefst davon überzeugt, daß es sich bei dem deutschen General um einen wirklich schweren Kriegsverbrecher handelte.[58]

Robertson, inzwischen ziviler Hoher Kommissar in der Bundesrepublik, widersprach seinem Vorgesetzten. Er glaubte, die deutschen Gegebenheiten besser zu kennen, ihm drängten sich politische Erwägungen

geradezu auf. Die Frage nach dem Sinn der Bestrafung von Kriegsverbrechern beantwortete er dabei auf recht eigentümliche Weise:

> »[...] Ich stimme durchaus zu, daß es sich bei Manstein wahrscheinlich
> um einen gravierenden Fall handelt [...]. Jedoch werden Strafen bei
> Kriegsverbrechern nicht ausgesprochen, um Rache zu nehmen, son-
> dern um die übrige Bevölkerung zu beeindrucken und hierdurch
> Verbrechen ähnlicher Art in der Zukunft zu vermeiden. Die Frage ist
> deswegen nicht so sehr, ob Manstein eine lebenslange Strafe verdient,
> sondern ob eine solche Strafe einen günstigen Eindruck bei den
> Deutschen hinterläßt. Meine Ansicht ist, daß die Deutschen dazu
> neigen, aus Manstein einen Märtyrer zu machen. Ich glaube daher an
> das Gegenteil, nämlich daß wir jenen günstigen Eindruck erreichen,
> wenn wir die Strafe reduzieren und sie mit einer öffentlichen Stellung-
> nahme, bezogen auf die Verbrechen Mansteins, verbinden [...].«[59]

Keine Rache, sondern Abschreckung der Deutschen, Belehrung und Ab-
lenkung von falscher Heldenverehrung, so lauteten Robertsons Ziele. Zu
erreichen wäre dies nach seinem Dafürhalten nur durch Milde, und zwar
ganz unabhängig von der Schwere des Falles.

Als er mit dem britischen Oberkommandierenden der Rheinarmee,
dem eigentlich Zuständigen für eine Reduzierung der Strafe, zusammen-
traf, sah sich Robertson mit sehr viel weitergehenden Überlegungen
konfrontiert. Dem ranghohen britischen Militär erschienen die Zustände
an der russischen Front – die ständigen Terroraktionen und Sabotageakte
von Partisanen hinter den Linien – beispiellos; wenn schon Deutsche als
Kriegsverbrecher verurteilt wurden, dann wollte er berücksichtigt wissen,
daß auch die Russen geltende Regeln der Kriegsführung ignoriert hätten.
Sogar von der persönlichen Verantwortung von Mansteins war er keineswegs überzeugt: Hinsichtlich der Greueltaten gegen die Zivilbevölkerung
habe er sich passiv verhalten. Er ging soweit, die Kompetenz des Gerichts
in Zweifel zu ziehen; niemand in der Jury habe Erfahrungen im Hinblick
auf die Zwangslage eines Kommandierenden im Felde mitbringen können. Eine Minderung der Strafe von achtzehn auf zwölf Jahre erschien
ihm deshalb mehr als gerechtfertigt.[60]

Ganz anders sah Sir Hartley Shawcross die Sachlage. Als früherer
britischer Chefankläger bei den Nürnberger Prozessen war er mit der

Materie vertraut; als Generalanwalt (Attorney General) der britischen Regierung meldete er sich nun zu Wort.[61] Robertsons Ansichten empfand er als schockierend. Die Revision einer Gerichtsentscheidung aufgrund politischer Vorbehalte schien ihm, dem Juristen, untragbar.[62] Auch Ernest Bevin wandte sich gegen eine Politisierung der Kriegsverbrecherprozesse.[63] Der Chef der Rheinarmee wurde schließlich aufgefordert, bei einer Entscheidung über die Manstein-Strafe allein den Fall – ohne politische Rücksichtnahme – zu bewerten.[64] Am Ende setzte dieser die Haftstrafe von Manstein auf zwölf Jahre herab.

Der Manstein-Prozeß illustriert die wachsende, bis zur Ablehnung gesteigerte Unpopularität derartiger Gerichtsverfahren – nicht nur in der Bundesrepublik, sondern auch in Großbritannien. Außerdem wird er zum beredten Zeugnis für die Folgenlosigkeit einer solchen Verurteilung: Von seiner zwölfjährigen Haftstrafe hat Manstein kaum mehr als drei Jahre abgesessen. Noch in Haft avancierte er zu einer Art militärischer Kult- und Leitfigur. Expertenfragen nach vergangenen (und auch künftigen) Leistungen des deutschen Militärs richtete man an ihn. So veröffentlichte der Londoner *Daily Telegraph* im April 1952 ein ausführliches Gespräch mit von Manstein und anderen Insassen der Haftanstalt Werl in Sachen Wiederbewaffnung der Bundesrepublik.[65] Das Foreign Office beschwerte sich zwar entschieden bei den britischen Behörden in Bonn, daß Journalisten Gelegenheit gegeben worden war, diesen Kriegsverbrecher zu interviewen;[66] das Interesse der Presse aber wog schwerer als solche moralischen Skrupel. Die Tatsache, daß von Manstein ein von den Alliierten rechtskräftig verurteilter Kriegsverbrecher war, hatte seinen militärischen Ruhm nicht geschmälert. Deutsche Persönlichkeiten wie der FDP-Politiker Erich Mende hielten von Manstein für den größten lebenden deutschen Militärstrategen.[67]

Ein Jurist im amerikanischen Außenministerium mag geahnt haben, was auf die Alliierten zukommen würde, als er im Jahre 1949 notierte: »Die Nürnberg-Leute werden uns noch genug Kopfschmerzen bereiten.«[68]

2. DIE AMERIKANISCHEN BEGNADIGUNGEN VOM JANUAR 1951

Am Sonntag, den 7. Januar 1951 herrscht im bayerischen Landsberg einige Aufregung. Auslöser sind Gerüchte, für den 22. Januar seien Exekutionen von Kriegsverbrechern im örtlichen amerikanischen Gefängnis angesetzt. Lautsprecherwagen fahren durch die Stadt und rufen zum Protest auf; insgesamt kommen etwa 2500 bis 3000 Personen spontan zusammen. Auf einer Kundgebung sprechen zwei Bundestagsabgeordnete der CSU und der Bayernpartei sowie Landtagsabgeordnete und Lokalpolitiker anderer Parteien (FDP, SPD, BHE). Alle Redner wenden sich entschieden gegen die anstehenden Hinrichtungen.

Die Argumente wiederholen sich. Das Grundgesetz verbiete die Anwendung der Todesstrafe; aus humanitären Gründen müsse auf Hinrichtungen verzichtet werden; die internationale Lage sei ohnehin kritisch genug: Hinrichtungen führten nur zu einer Entfremdung zwischen den USA und der Bundesrepublik. Verbrechen, wie man sie den Landsberg-Häftlingen vorwerfe, seien auch auf alliierter Seite begangen worden, ohne daß da ein Richter aktiv geworden wäre. Und schließlich seien ja in Jalta und Potsdam die kriminellen Entscheidungen getroffen worden, die zur Vertreibung vieler Deutscher aus ihrer Heimat geführt hätten.

Doch plötzlich machen auch Gegendemonstranten auf sich aufmerksam: Kurz vor Beginn der Kundgebung sind 300 *Displaced Persons* aus einem nahegelegenen Lager mit Bussen angekommen. Die vorwiegend jüdischen *DPs* bitten den Bürgermeister, eine Gedenkveranstaltung für die Opfer nationalsozialistischer Vernichtungspolitik abhalten zu dürfen.

»Aggressive Stimmung« auf seiten der jüdischen Demonstranten registrierte der amerikanische Beobachter, dem wir den minutiösen Bericht über die Vorgänge an diesem Sonntag verdanken.

Tatsächlich sei es zu kleineren Zwischenfällen gekommen, woraufhin einige Gegendemonstranten in Gewahrsam genommen wurden. Die jüdische Gedenkveranstaltung wurde zuletzt durch Zwischenrufe und Pfiffe gestört:[1] »Nieder mit den Mördern«, rufen die einen, »Juden raus«, lautet die Antwort der Landsberger.[2]

Da stehen sie sich gegenüber: Täter und Opfer des Nationalsozialismus, Politiker und Öffentlichkeit. Die Täter hinter den Mauern des Landsberger Gefängnisses. Die Opfer, jüdische *Displaced Persons* – noch sechs Jahre nach Ende des Krieges leben sie in Lagern – fordern dagegen Trauer ein, Gedenken an die Toten. Politiker und Bevölkerung solidarisieren sich mit den Tätern. Sie verlangen einen Verzicht auf Hinrichtungen und dringen auf Gnade und Amnestie. »Unfähigkeit zu trauern«? Schließen die Landsberger ihren »Frieden mit den Tätern«?

Nicht die wirklichen Verbrecher! Deutsche Stimmen zu Landsberg

»Nürnberg braucht ein ordentliches Begräbnis durch die Amerikaner«, so brachte es ein Mitarbeiter des Armeeministeriums in Washington 1949 auf den Punkt.[3] Ad acta gelegt wurden die amerikanischen Kriegsverbrecherprozesse kurz nach Gründung der Bundesrepublik. Die Verwaltung des Erbes in Gestalt der noch einsitzenden Häftlinge – Anfang 1950 waren es 670[4] – oblag dem amerikanischen Hochkommissar und dem Oberkommandierenden der US-Streitkräfte in Deutschland. Dazu gehörten zahlreiche Todesurteile, die noch nicht vollstreckt worden waren. Das Besatzungsstatut behielt den Drei Mächten auch die Rechte in bezug auf Amnestien und Begnadigungen vor.[5] John McCloys Zuständigkeit betraf die in den Nürnberger Nachfolgeprozessen verurteilten Kriegsverbrecher, der amerikanische General Thomas T. Handy hatte sich mit den Fällen amerikanischer Militärgerichte zu befassen.

Von Beginn an gehörten Urteilsprüfungen und Begnadigungen untrennbar zum amerikanischen Kriegsverbrecherprogramm. Sie fungierten als rechtliches Korrektiv, denn den Verurteilten amerikanischer Kriegsverbrecherprozesse standen keine eigenen Rechtsmittel zu. Periodische Urteilsprüfungen und Gnadenerweise dienten als Ersatz.[6] Besonderes Aufsehen erregte zum Beispiel 1949 die Arbeit eines Untersuchungsaus-

Chefredakteur: Paul Sewello
Stellvertr. Chefredakteur: Dr. Carl Heinz Abel
usw.

DIE  WELT

UNABHÄNGIGE TAGESZEITUNG

Krieg in Korea ausgebrochen

Nordkoreanische Kommunisten überfallen den Süden und erklären den Krieg

Ostkreuz auf den Uhlenklippen

U Bad Homburg — Vila 13 000 Gen ...

Ost-CDU verzichtet auf Wahlkampf

Djesnglin läßt freie Wahlen ab

MacArthur weist Sowjet-Protest zurück

Schwierigkeiten der Kriegsopfer

Gendarmerie bewacht Loreley

Erbitterte Kämpfe

Im Morgengrauen des osttasiatischen Sonntags ...

USA-Zivilisten werden evakuiert

Frankreich sucht ein Kabinett

Nach Bidaults Sturz noch kein Kandidat erfolgreich

Von unseren Berichterstattern

P. S. Paris — Seit Sonnabend spitzt ...

Bonn ist noch beunruhigt

Europa-Rat

* bespricht Schuman-Plan

Fußballmeister 1950

VfB Stuttgart

2:1-Sieg über Kickers Offenbach

Von unserem Sonderkorrespondenten

Berlin — Vila Stuttgart heißt der Deutsche Fußballmeister 1950 ...

Toto-Ergebnisse

Toblock-Nord: 1, 2, ... — 1, X, 2 ...

Der Film der 90 Minuten

Fußballweltmeisterschaft: Brasilien–Mexiko 4:0

Kulminationspunkt des Kalten Krieges: der Ausbruch des Korea-Krieges.

schusses des Amerikanischen Kongresses zum Malmédy-Prozeß, der Vorwürfen der Rechtsbeugung nachging.[7]

Bald nach seinem Amtsantritt kündigte McCloy die Bildung einer
Kommission an, die ein Konzept für die künftige amerikanische Gnaden-
praxis erarbeiten sollte.[8] Im Juli 1950 nahm dieser nach seinem Vorsitzenden, Richter David W. Peck, benannte Prüfungsausschuß seine Arbeit
auf.[9] Bereits im August lagen dessen Empfehlungen vor. Das Gutachten
der Richter riet zu einer Kürzung der Haftstrafen in 77 von 93 Fällen und
schlug die Umwandlung von sieben Todes- in Haftstrafen vor.[10] Die
jeweils letzte Entscheidung lag nun in Deutschland bei McCloy und den
zuständigen Militärs.

Die Diskussionen um das Schicksal der Landsberg-Häftlinge fielen in
eine Phase wichtiger deutschlandpolitischer Weichenstellungen. Ende
Juni 1950 hatten Truppen des kommunistischen Nordkorea den nicht-
kommunistischen Süden des Landes angegriffen. Der Kalte Krieg war
fern von Europa eskaliert. Allzu leicht ließ sich die asiatische Krise auf
das ebenso durch einen »Eisernen Vorhang« geteilte Europa übertragen.
Und die Trennungslinie verlief mitten durch Deutschland.

Erste Überlegungen, den westdeutschen Teilstaat in die Verteidigung
des Westens einzubinden, hatte es auch schon zuvor gegeben. Nun aber
erwuchsen aus Überlegungen Planungen: Spätestens seit Ausbruch des
Korea-Krieges, dem »Vater aller Dinge« (Hans-Peter Schwarz) für die
weitere Entwicklung der Bundesrepublik, stand eine deutsche Wiederbewaffnung auf der Tagesordnung der internationalen Politik.[11]

Auch eine andere Entwicklung mußte den amerikanischen Entscheidungsprozeß hinsichtlich Landsberg beeinflussen: Amerikanische Meinungsforscher staunten nicht schlecht, als sie im Sommer 1950 die
Deutschen nach den Nürnberger Prozessen befragten; noch nie hatten sie
eine so starke Verschiebung innerhalb eines Meinungsbildes gemessen.
Waren 1946 noch 78 Prozent der Befragten der Auffassung, der Nürnberger Prozeß sei gerecht gewesen, so blieben es im Oktober 1950 ganze 38
Prozent. Hielt man die Prozesse nicht für gerecht, mußte auch die Strafe
als ungerecht empfunden werden. Davon zeugte auch hier das Ergebnis:
Im Oktober 1946 hielt nur einer von zehn Befragten in der US-Zone die
ausgesprochenen Strafen gegen Kriegsverbrecher für zu streng, im Herbst
1950 waren es viermal so viele.[12]

Auch wenn bedacht werden muß – dies verschweigt die Umfrage –, daß die Befragungen im Jahre 1946 sich nur auf den Hauptkriegsverbrecherprozeß, jene des Jahres 1950 aber auf alle Nürnberger Prozesse beziehen konnten, so ist insgesamt doch ein bedeutsamer Prestigeverlust für das amerikanische Kriegsverbrecherprogramm unübersehbar. Die Strafen galten in der Bundesrepublik als zu hart, und nur konsequent schien aus dieser Perspektive die Forderung nach einer Korrektur durch Gnade und Amnestie.

Eine bunte Koalition unterschiedlicher politischer und gesellschaftlicher Gruppen in Deutschland bemühte sich in den folgenden Monaten darum, diese Forderungen durchzusetzen. Permanent drängten die Kirchen.[13] Bemerkenswerterweise engagierten sich Protestanten wie Katholiken trotz in der Wiederbewaffnungsfrage unterschiedlicher Positionen in gleichem Maße für die Inhaftierten.[14]

Bereits 1948 hatte die katholische *Fuldaer Bischofskonferenz* der amerikanischen Militärregierung eine Resolution gegen die noch laufenden Kriegsverbrecherprozesse übermittelt.[15] Kardinal Frings und der Münchner Bischof Neuhäusler wurden in der Folgezeit zu den wichtigsten katholischen Lobbyisten – für McCloy glaubwürdige Lobbyisten, sah dieser doch gerade in der katholischen Kirche den Widerstand gegen den Nationalsozialismus beheimatet.[16] Bemerkenswert positiv fiel so auch Frings' Beurteilung der alliierten Justiz gegen Kriegsverbrecher aus:

»Niemand wird den Dienst an der Gerechtigkeit leugnen können, den die Militärgerichte durch die Bestrafung von Grausamkeiten und Verbrechen gegen die Menschlichkeit geleistet haben. Die Gerichte sind in neue Gebiete des Rechts vorgestoßen, die auf der Forderung beruhen, daß sich der einzelne von keiner Regierung zu offenbarem Unrecht zwingen lassen darf. Sie haben auf diese Weise eine bedeutungsvolle Grundlage für die Rechtsentwicklung geschaffen.«

So schrieb er an den britischen Monarchen, mit der Bitte um Verständnis für diejenigen, die aufgrund einer »irrigen Auffassung über die dem Staat geschuldete Gehorsamspflicht« verurteilt worden waren.[17] Frings verlor sich nicht in grundsätzlichen rechtlichen Erörterungen, sondern brachte humanitäre Argumente für die Freilassung der Inhaftierten vor. Vom Münchner Kardinal Faulhaber ist hingegen eine Aussage überliefert, wonach er sich – theologisch verbrämt – für die Buße sündiger Kriegsverbrecher durch das Absitzen der vollen Strafe aussprach.[18]

Unterstützung erhielten die deutschen Bischöfe auch aus Rom. Der päpstliche Nuntius in der Bundesrepublik, selbst Amerikaner, verwandte sich bei McCloy für die Inhaftierten. »Gewisse Organisationen« hätten sich gegen Amnestien ausgesprochen, wußte der Vertreter des Heiligen Stuhls darüber hinaus zu berichten. Zweifellos meinte er jüdische Organisationen, denn der Kirchenmann warnte, der Geist der Rache könne »rassistische Ressentiments« wiedererwecken.[19] Tatsächlich hatten sich amerikanisch-jüdische Organisationen kritisch zur Gnadenproblematik geäußert.[20]

Die *Evangelische Kirche in Deutschland (EKD)* war ebenfalls seit geraumer Zeit aktiv.[21] Im Dezember 1949 überreichte sie amerikanischen Behörden eine umfassende Denkschrift zu den amerikanischen Kriegsverbrecherprozessen, unterzeichnet hatten Martin Niemöller, Landesbischof Wurm und Prälat Hartenstein.[22] Im Gegensatz zu den Kardinälen Frings und Faulhaber argumentierte die EKD vornehmlich juristisch. Die Denkschrift des Jahres 1949 stellte eine ausführliche Dokumentation rechtlicher Vorbehalte gegen die amerikanischen Prozesse dar.[23]

Einsprüche kamen auch aus den Reihen ehemaliger deutscher Militärs.[24] Die Argumente lagen hier allerdings anders als bei den Kirchen. Intensive Gespräche mit ehemaligen deutschen Offizieren vermittelten amerikanischen Stellen ein recht genaues Bild von der Stimmung in Kreisen früherer Soldaten. Dort wurde immer wieder betont, wie schwer das eigene Gewissen durch die Inhaftierung früherer Kameraden belastet sei. Kein Offizier, das machten die deutschen Offiziere zudem klar, werde jemals die alliierten Urteile anerkennen. Und wäre es dann nicht Verrat, wenn man gleichzeitig mit dem früheren Feind zusammenarbeitete? Eine Mitarbeit bei der Wiederbewaffnung der Bundeswehr sei nur zugestanden worden, weil die Verteidigung der westlichen Welt ein noch höheres Gut darstelle als die Ehre der früheren Kameraden.[25]

McCloy wurde darüber hinaus von ehemaligen deutschen Offizieren in Sachen Kriegsführung gegen Partisanen aufgeklärt. Die US-Armee war schließlich in Korea in einen ähnlichen Guerilla-Krieg verwickelt: Wer ahndete, so fragte man sich in deutschen Militärkreisen, nun dort die Kriegsverbrechen?[26] Schließlich blieb auch der Hinweis auf Pflichterfüllung und Befehlsnotstand des einzelnen ein immer wiederkehrendes Argument.[27] Was aus amerikanischer Perspektive wie der Versuch aussah, »den deutschen Generalstab und das Offizierskorps von Schuld

Der Kölner Kardinal Frings.

reinzuwaschen«, um so das »Fundament für den Wiederaufbau einer neuen deutschen Militärmaschinerie« zu legen,[28] galt ehemaligen deutschen Soldaten als Voraussetzung für die eigene Mitarbeit beim deutschen Verteidigungsbeitrag.[29]

Bisher unerwähnt blieben die noch nicht heimgekehrten Kriegsgefangenen – in den fünfziger Jahren ein Problem von nicht zu unterschätzender Brisanz.[30] Die Interessen der Kriegsgefangenen vertrat der Heimkehrerverband; er war es auch, der sich wiederholt für die in alliierter Haft einsitzenden Kriegsverbrecher stark machte.[31]

Die Bundesregierung stand also unter Druck. In seiner ersten Regierungserklärung am 20. September 1949, die ohnehin bemerkenswert offen in die Zukunft und wenig in die Vergangenheit blickte,[32] hatte Adenauer bereits eine »Maximalforderung« aufgestellt.

»Die wirklich Schuldigen an den Verbrechen, die in der nationalsozialistischen Zeit und im Kriege begangen worden sind, sollen mit aller Strenge bestraft werden. [...] Der Krieg und auch die Wirren der Nachkriegszeit haben eine so harte Prüfung für viele gebracht und solche Versuchungen, daß man für manche Verfehlungen Verständnis

Kundgebung des Zentralverbandes der Heimkehrer 1949.

aufbringen muß. Es wird daher die Frage einer Amnestie von der Bundesregierung geprüft werden (Zwischenruf: Bravo), und es wird weiter die Frage geprüft werden, auch bei den Hohen Kommissaren vorstellig zu werden, daß entsprechend für von alliierten Militärgerichten verhängte Strafen Amnestie gewährt wird.«[33]

Nie wieder sollte der Kanzler so direkt die Forderung nach Amnestie aussprechen. Im Vorfeld der amerikanischen Gnadenentscheidungen begnügte sich Adenauer weitgehend damit, gegen die Vollstreckung der Todesstrafe zu plädieren. Am 28. Februar 1950 schrieb er an McCloy:

»[...] Durch Artikel 102 des Grundgesetzes ist die Todesstrafe im Gebiet der Bundesrepublik Deutschland abgeschafft worden. Es ist der deutschen Bevölkerung ferner bekannt, daß in der sowjetischen Besatzungszone ebenso wie in der UdSSR keine Todesurteile wegen Kriegsverbrechen mehr gefällt werden. Unter diesen Umständen würde es vom deutschen Volk als besondere Härte empfunden, wenn fast 5 Jahre nach Kriegsende auf deutschem Boden von der amerikanischen Besatzungs-

Sie blieben die Ausnahme: Deutsche, die gegen die Begnadigung
von Kriegsverbrechern protestierten.

macht noch Hinrichtungen durchgeführt würden. Dieses Empfinden ist
um so stärker, als die Verurteilten seit so langer Zeit unter dem schweren Druck der Ungewißheit über ihr Schicksal stehen.
Die Bundesregierung glaubt, sich dieser Auffassung weiter Volkskreise
nicht verschließen zu können, und darf daher Eure Exzellenz aus
Gründen der Menschlichkeit bitten, von einer Vollstreckung dieser
Todesurteile abzusehen. Sie glaubt zu diesem Schritt um so mehr
berechtigt zu sein, als den Verurteilten durch das jahrelange Warten
auf die Entscheidung über ihr Leben eine schwere zusätzliche Buße
auferlegt worden ist, und als es zumindest in einzelnen Fällen zweifelhaft erscheinen kann, ob die Schwere der Verbrechen die Todesstrafe
rechtfertigt. Die Bundesregierung ist überzeugt, daß ein Gnadenakt
vom deutschen Volk auch als Erfüllung des Wunsches empfunden
würde, den Seine Heiligkeit, der Papst, aus Anlaß des Heiligen Jahres
ausgesprochen hat, als er die Völker der Welt zu einem Akt großmüti-
gen Verzeihens aufforderte [...].«[34]

Mußten es die amerikanischen Besatzungsbehörden nicht als Provoka-
tion empfinden, wenn ihnen die Praxis in der DDR und der Sowjetunion

als Vergleichsgröße vorgehalten wurde? McCloy sah darüber hinweg. Er bemühte sich um so mehr, die so lange hinausgezögerten Hinrichtungen als Beleg für die genaue rechtliche Prüfung jedes Einzelfalles darzustellen. Den Hinweis auf das Grundgesetz erachtete er als irrelevant für Entscheidungen der amerikanischen Besatzungsmacht.[35]

Abgesehen von den Todeskandidaten setzte sich Adenauer noch für einzelne ausgewählte Gefangene in amerikanischer Haft persönlich ein, so für den früheren Staatssekretär und zeitweiligen Justizminister Schlegelberger[36] und für Verurteilte im Krupp-Prozeß, namentlich für Alfried Krupp von Bohlen-Halbach.[37] Am 17. November überreichte er den Hohen Kommissaren ein ausführliches deutschlandpolitisches Memorandum, worin er unter anderem erneut auf die Umwandlung von Todes- in Haftstrafen und weitestmögliche Begnadigungen drang.[38] Was drohte, falls die Amerikaner nicht nachgeben würden, wußte Bundespräsident Theodor Heuss in Worte zu fassen:

»Meine Sorge ist groß, daß durch etwaige Hinrichtungen von Landsberger Häftlingen unsere gemeinsamen Besprechungen zur Eingliederung der Bundesrepublik in eine europäische und atlantische Gemeinschaft empfindlich gestört würden.«[39]

Heuss maß der Kriegsverbrecherfrage eine erhebliche außenpolitische Bedeutung bei: Der bundesdeutschen Westintegration, innenpolitisch bereits mehr als steinig, sollten nicht noch Felsen in den Weg gelegt werden. Auch im Bundestag wandten sich Politiker parteiübergreifend gegen die Anwendung der Todesstrafe. Der Auswärtige Ausschuß des Bundestages erinnerte am 5. Januar 1951 einmal mehr an das Grundgesetz, machte aber auch rechtliche Bedenken geltend:

»[...] Die Betroffenen sind wegen Handlungen zum Tode verurteilt worden, die mit Kriegsereignissen im Zusammenhang stehen. Eine jetzt erfolgende Hinrichtung würde in Deutschland auch die Erinnerung an Leiden wieder aufwecken, die der Krieg von Stadt zu Stadt im Gefolge gehabt hat. Das Recht, das in Nürnberg und Dachau gesprochen worden ist, hat sich nur gegen Deutsche gewandt. Diese Tatsache hat das Rechtsgefühl des deutschen Volkes tief verletzt und ist von ihm nie und nirgends gebilligt worden [...]«[40]

Diese Auffassung bildete als einstimmige Resolution des Auswärtigen Ausschusses eine Art kleinsten gemeinsamen Nenner der im Bundestag vertretenen demokratischen Parteien zur Kriegsverbrecherfrage.

Wie weit aber reichte das Engagement? Es gab hier durchaus Grenzen, wenngleich keine klar definierten. Man argumentierte gern humanitär und glaubte stets die Moral auf seiner Seite – doch genau das konnte sich schnell in Unmoral wenden: Aus der Ablehnung alliierter Urteile gegen Kriegsverbrecher pauschal die Unschuld aller Verurteilten zu folgern – darin lag ein gefährlicher Fehlschluß.

Den Kirchen und nicht zuletzt den führenden Politikern war genau dieses Problem bewußt. So beeilte sich die EKD klarzustellen, daß diejenigen nicht in Schutz genommen werden sollten, die gegen anerkannte moralische und rechtliche Richtlinien der zivilisierten Welt verstoßen hatten: Diebe oder etwa Mörder.[41] Adenauer ahnte, auf welch – auch außenpolitisch – gefährliches Terrain er sich begab, würde er sich zu weit vorwagen. Am 10. Januar 1951 ließ er intern mitteilen, er wolle sich nicht für Leute verwenden, »die wie Pohl und Ohlendorf anerkanntermaßen schlimme Verbrechen begangen haben«. Ohlendorf war als Leiter einer Einsatzgruppe, Pohl als Chef des Wirtschafts- und Verwaltungshauptamtes der SS zum Tode verurteilt worden. »Wirkliche Schwerverbrecher« sollten nicht in den »Genuß des von dem Herrn Bundeskanzler erbetenen Gnadenerweises kommen«.[42]

Die *prinzipiellen* Argumente gegen die Todesstrafe würden dann aber relativiert, protestierte die Dienststelle für Auswärtige Angelegenheiten im Bundeskanzleramt. Herbert Blankenhorn, in jenen Anfangsjahren der Bundesrepublik einer der engsten Berater des Kanzlers, ließ daraufhin verlauten, unter diesen Umständen halte er es für besser, von seiten der Bundesregierung nichts weiter zu unternehmen.[43] Auch Theodor Heuss hatte einräumen müssen, daß es unter den Inhaftierten durchaus Fälle gab, bei denen eine Verurteilung verdientermaßen ausgesprochen worden war.[44]

WIRKLICHE VERBRECHER!
AMERIKANISCHE GEGENARGUMENTE

Es waren John McCloy und General Thomas Handy, die über die Fälle
»wirklicher Verbrecher« zu befinden hatten, und zwar nach rechtlichen
Gesichtspunkten, zugleich unter erheblichem politischen Druck. McCloy
widmete sich der Aufgabe, die Empfehlungen des Peck-Berichtes zu
prüfen, mit großem persönlichen Engagement.[45] Die Landsberg-Entscheidungen, so bekannte er Adenauer unter vier Augen, »hätten ihm größte
Sorge bereitet. Er dürfte vor seinem Gott sagen, daß er mit größter
Gewissenhaftigkeit zu Werke gegangen sei«.[46]

Inwieweit McCloys persönliche Biographie die Entscheidungen beein-
flußte, ist nicht auszumachen. Er war als Stellvertreter von Kriegsminister
Stimson maßgeblich an der Planung des amerikanischen Kriegsverbrecherprogramms beteiligt gewesen.[47] In dieser Position hatte er aber auch
die Entscheidung mitverantwortet, gegen deutsche Vernichtungslager im
Osten militärisch nicht vorzugehen.[48]

Washington ließ McCloy in der Landsberg-Frage weitgehend freie
Hand. Im State Department herrschte die Auffassung vor, die einmal
ausgesprochenen Todesurteile sollten auch vollstreckt werden.[49] Präsident Truman stimmte dem ebenfalls zu. Angesichts der zu erwartenden
Reaktionen in den USA auf die Entscheidung McCloys hielt es Außenminister Acheson für besser, den Präsidenten aus der Sache herauszuhal-
ten.[50] Ohnehin schienen die Gedanken Trumans weniger um die deutsche Vergangenheit als um die deutsche Gegenwart zu kreisen. Als ihm
ein Spendenaufruf des Berliner Bischofs Dibelius vorgelegt wurde, notierte er für seinen Außenminister:

> »Mir scheint, daß dieser Mann mit allem, was wir haben, unterstützt
> werden sollte. Er kämpft den Kampf seines Lebens, und aller Voraus-
> sicht nach wird er in einem Konzentrationslager enden. Ich wünsche,
> daß Sie die Situation genau prüfen, um herauszufinden, wie man die-
> sem Mann bei seinem Kampf gegen die Kommunisten helfen kann.«[51]

Trumans Aufmerksamkeit galt eher den neuen als den alten Konzentrationslagern in Deutschland. In der Kriegsverbrecherfrage wurde der Präsident dann nicht mehr konsultiert, und seine späteren Äußerungen zum
Thema verraten nichts anderes als Unkenntnis der Sachlage.[52]

War die Haltung in Washington relativ eindeutig – Exekutionen ja, vor allem aber kein Aufsehen –, so mußte sich John McCloy mit den deutschen Argumenten auseinandersetzen. Er achtete darauf, deutschen Politikern sein Vorgehen genau zu erläutern; so unterrichtete er die Ministerpräsidenten der Amerikanischen Zone zweimal kurz hintereinander über den Stand der Dinge.[53] Am 9. Januar 1952 traf er sich zu einem ausführlichen Meinungsaustausch mit einer Delegation des Bundestages, angeführt von Carlo Schmid (SPD).[54] Erneut sah sich McCloy mit dem Hinweis auf das Grundgesetz konfrontiert; und einmal mehr mußte er die langen Verzögerungen bei der Durchführung der Exekutionen rechtfertigen. McCloy interpretierte sie wie bisher als Beleg für die sorgfältige Prüfung der Rechtsbehelfe der Verurteilten. Das Grundgesetz galt ihm weiterhin nicht als relevant, lokale Gesetze könnten angesichts der historischen Dimensionen der Verbrechen eben keine Anwendung finden. Zudem seien zumeist Nicht-Deutsche außerhalb Deutschlands die Opfer gewesen.[55] McCloy brach eine Lanze für die amerikanische Justiz: Die Verbrechen hätten nach 1945 weltweit Empörung hervorgerufen, und die zu ihrer Sühne eingesetzten Gerichte seien mit allseits respektierten Personen besetzt gewesen.

McCloy wandte sich auch gegen Versuche, die jeweiligen Verbrechen als notwendige Kriegshandlungen abzutun. Wenn in Landsberg Soldaten einsäßen, dann seien sie wegen der Teilnahme am nationalsozialistischen Rassenprogramm und wegen der Unterdrückung politischer Opposition verurteilt worden, betonte der Hochkommissar. In einem Schreiben an den Stuttgarter Landesbischof Wurm wurde McCloy dann deutlicher:

»[...] Es lag keine militärische Notwendigkeit im Hinschlachten von Juden als solchen, oder von Zigeunern, oder von anderen zivilen Personen, die in überhaupt keinem Bezug standen zu den Angriffen gegen deutsche Truppen.«[56]

Dem Hinweis auf amerikanische Kriegsgreuel in Korea entgegnete er:

»Auch wenn ich nie irgendwelche Beweise für diesen Vorwurf gefunden habe, der erstmals in kommunistischen Kreisen aufgetaucht ist, so wurden in Korea sicherlich energische Maßnahmen gegen Partisanen ergriffen. Aber Sie können gewiß sein, es wurde kein ›Führerbefehl‹ in Korea ausgestellt. Es gab keinen und es wird nie einen Befehl geben, alle Angehörigen eines bestimmten Glaubens zu töten [...].«[57]

Die Hochkommissare John McCloy und Sir Brian Robertson bei einem Treffen
mit Adenauer (von links nach rechts).

Für McCloy waren Planung und Ausmaß deutscher Verbrechen, hier vor
allem der Völkermord an den Juden, das zentrale und immer wiederkehrende Argument gegen deutsche Kritik. Auf eine Erörterung juristischer
Fragen und Probleme ließ sich der amerikanische Hochkommissar nicht
ein.

Aber kannten die Deutschen die in ihrem Namen begangenen Verbrechen denn nicht? Ignorierten, verdrängten sie die Vergangenheit? McCloy
hielt den Bundestagsabgeordneten vor, vielen Deutschen seien die Untaten der Landsberg-Häftlinge nicht bewußt. Dinge würden unter den
Teppich gekehrt, man verweigere die Anerkennung des Geschehens.
McCloy ermahnte auch Theodor Heuss: Er wünschte, die deutsche Öffentlichkeit hätte genauere Kenntnis des geschehenen Unrechts.[58] Als sich
Kardinal Frings für Oswald Pohl einsetzte, klagte McCloy: Statt daß
meinungsführende Deutsche die Größe der Verbrechen und die Gerech-

Die Urteilsverkündung gegen Alfried Krupp (stehend).

tigkeit der Strafe anerkannten, werde jedes seiner Worte noch auf die Goldwaage gelegt.[59]

McCloy wußte, daß er sich mit solchen Appellen inmitten der Wieder-bewaffnungsdebatte auf politisch dünnem Eis bewegte. Nicht umsonst hatte er gerade auf die Prüfung der Urteile gegen Offiziere besondere Sorgfalt verwendet. Fälle, in denen Hitlers Rassenprogramm ausgeführt worden war, hatten von vornherein weniger Milde bei ihm gefunden.[60] McCloy behauptete allerdings stets, seine Entscheidungen seien durch politische Erwägungen nicht beeinflußt worden.[61] Mit der Ehre des deutschen Soldaten, so betonte er gegenüber den deutschen Parlamenta-riern, habe das ganze Prüfungsverfahren nichts zu tun.

DIE AMERIKANISCHEN GNADENENTSCHEIDUNGEN UND DIE REAKTIONEN

Die Bundestagsdelegation, die McCloy in der Kriegsverbrecherfrage auf-gesucht hatte, schien trotz der deutlichen Worte aus dem Munde des Hochkommissars zufrieden; enttäuscht war man nur, in der Frage der Todesstrafe auf so taube Ohren gestoßen zu sein.[62]

Als McCloy und General Handy am 31. Januar 1951 die Ergebnisse ihrer Prüfungen bekanntgaben, war niemand überrascht, daß die Ameri-kaner nicht völlig auf die Vollstreckung von Todesurteilen verzichten wollten. Handy reduzierte deren Zahl allerdings von dreizehn auf zwei. Auch McCloys Entscheidung kam deutschen Forderungen nach Gnade erheblich entgegen: Zahlreiche Haftstrafen wurden verkürzt, andere ganz ausgesetzt. Begnadigt wurden alle Verurteilten im Krupp-Prozeß, Alfried Krupp konnte seine Zelle in Landsberg verlassen. Auch McCloy bestätigte einige Todesurteile, wobei er über die Empfehlungen des Peck-Berichts sogar hinausging und nur fünf Todeskandidaten nicht begnadigte.[63]

Noch am selben Tag wurde an einer offiziellen Stellungnahme der Bundesregierung gefeilt. »Werden die Amerikaner«, fragte der Bundes-kanzler, »in einer Veröffentlichung erklären, welchen Verbrechens die Hingerichteten überführt worden sind? Es müßten wir die Presse hiervon unterrichten«.[64] Schon einmal, im September 1950, hatte Adenauer McCloy gedrängt, Material über die Landsberg-Häftlinge zu veröffentlichen, um der deutschen Öffentlichkeit Klarheit über die einzelnen Fälle zu verschaffen.[65]

In der Tat scheute die amerikanische Hochkommission keine Mühen, die Landsberg-Entscheidungen ins rechte Licht zu rücken: 5500 deutsche und 1800 englische Exemplare der Erklärungen McCloys vom 31. Januar waren unter strengsten Sicherheitsvorkehrungen und unter Ausschluß deutscher Mitarbeiter in der hauseigenen Druckerei hergestellt worden, so daß sie rechtzeitig an die Medien verschickt werden konnten.[66] Darüber hinaus brachte die amerikanische Hochkommission eine Broschüre in Umlauf, in der minutiös die einzelnen Fälle geschildert und das Für und Wider von Begnadigungen gegeneinander abgewogen wurden. Die Auflage war bemerkenswert: 740 000 deutsche und 40 200 englische Exemplare. 20 000 Broschüren wurden an einflußreiche Meinungsführer – heute spräche man von Multiplikatoren – versandt. Der Großteil der Auflage ging an gesellschaftliche Organisationen und deren Mitglieder – mehr als 16 000 Exemplare sandte man an die Kirchen, 3000 an jüdische

Entlassungen aus Landsberg, Januar 1951.
Nun werden sie wohl Klage gegen uns einreichen – »wegen Freiheitsberaubung« –, meint der türöffnende US-Soldat im *Sunday Express* über die vorzeitig entlassenen Häftlinge.

Gemeinden in Deutschland, 79 000 an Jugendverbände, mehr als 200 000 Kopien erreichten Gewerkschaftskreise.[67]

Die Bundesregierung verzichtete auf eine offizielle Stellungnahme und begnügte sich damit, eine Liste aller im Vorfeld der amerikanischen Gnadenentscheidungen erfolgten politischen Bemühungen zu veröffentlichen.[68] Erst als die Kritik an den Entscheidungen der Besatzungsmacht wuchs und McCloy mit seiner Familie sogar bedroht wurde,[69] wandte sich der Kanzler an die Öffentlichkeit. Adenauer verurteilte die Vorgänge als unbegreifliche Exzesse und suchte der deutschen Öffentlichkeit klarzumachen, daß einige der Täter zweifelsfrei für geschichtlich beispiellose Verbrechen verantwortlich waren. Er erhalte Briefe von Menschen, die offensichtlich die Vergangenheit vergessen hätten.[70]

Auch Sprecher der SPD-Opposition hielten sich mit Stellungnahmen zurück. Zwar bedauerte man mit Blick auf das Grundgesetz die ausgesprochenen Todesurteile, Erich Ollenhauer und Carlo Schmid würdigten jedoch ausdrücklich das persönliche Engagement McCloys. Als Sprecher für die FDP lobte Erich Mende die Umsicht des Hochkommissars. Selbst Gebhard Seelos, Bundestagsabgeordneter der Bayernpartei und einer der Organisatoren jener Landsberger Proteste vom 7. Januar, zeigte sich geläutert. Er sei zufrieden, daß »Nazi-Bestien wie Pohl und Ohlendorf aus der menschlichen Gesellschaft eliminiert würden«. Kritik an den Entscheidungen war dagegen in Kreisen früherer Militärs zu vernehmen.[71]

Die amerikanische Hochkommission bewertete die Reaktion der deutschen Presse als gemäßigt.[72] Das amerikanische Generalkonsulat in München meldete für Bayern insgesamt zustimmende Reaktionen von Presse und Politikern. Die Haltung der Bevölkerung sei demgegenüber gespalten.[73]

Handelte es sich hierbei um Einschätzungen, so gab sich die amerikanische Hochkommission große Mühe, die Stimmungslage in der Bundesrepublik auch mit demoskopischen Methoden zu ermitteln. Eine von ihr erstellte Inhaltsanalyse von mehr als 1000 kritischen Briefen zum Thema Landsberg kann nicht als repräsentativ gelten; dafür lieferte sie interessante Einblicke. Die Ergebnisse faßten die amerikanischen Meinungsforscher folgendermaßen zusammen:[74]

1. Hintergrund der Verfasser:
Neunzig Prozent der Absender sind Deutsche und gehören der Ober-
und oberen Mittelschicht an […]. Ihre politischen Überzeugungen
reichen von der Mitte bis hin zur extremen Rechten.
Ehemalige Soldaten und deren Familienmitglieder: 60 Prozent.
Frauen: 50 Prozent.
Jugendliche: 40 Prozent.
Flüchtlinge: 40 Prozent.
35 Prozent nannten religiöse Bindungen, etwas mehr als fünfzig Prozent sind Protestanten. Fünf Prozent sind Verfolgte des Nationalsozialismus.

2. Geographische Verteilung:
Zehn Prozent schrieben aus dem Ausland (einschließlich der USA, ein
Brief kam aus der Sowjetischen Besatzungszone).
Neunzig Prozent der Schreiben stammten aus der Bundesrepublik […].

3. Grundtenor der Kommentare:
a) Die Gefangenen werden in erster Linie als Deutsche betrachtet, nur
   in zweiter Linie – wenn überhaupt – als Kriminelle. Der Ton der
   Äußerungen änderte sich nicht merklich nach den Gnadenankündi-
   gungen.
b) Nahezu völliges Ignorieren möglicher Reaktionen im Ausland.
c) Die Verzögerung bei der Vollstreckung der Todesstrafen wird als
   psychologische Folter und ausreichende Strafe angesehen.
d) Außerordentlicher Einfluß der Presseberichterstattung […].
e) Keine deutlich erkennbaren antisemitischen Tendenzen.

4. Einstellungen
a) Mehr als 95 Prozent befürworten weitere Urteilsrevisionen […].
b) Die Argumente können in drei Kategorien aufgeteilt werden:
   (1) Christliche Nächstenliebe […]
   (2) Opportunismus:
       – Auswirkung einer »ungünstigen« Entscheidung auf die
         deutsch-amerikanischen Beziehungen.
       – Berechtigung der deutschen Methoden im Umgang mit Parti-
         sanen, was Korea bestätigt habe.

- Verbrechen gegen die Menschheit [seien] auch durch die
  »Roten« [begangen worden].
- Sowjetische Pläne für die Verurteilung von Kriegsverbre-
  chern.
(3) Rechtliche Argumente gegen die Urteile:
- Unregelmäßigkeiten bei der Durchführung der Prozesse (Art
  der Beweise, Methoden bei der Suche nach Geständnissen,
  Geist der Rache).
- Verzögerung bei der Vollstreckung der Strafen.
- Die Urteile sind Recht des Siegers über den Besiegten.
- Die im Grundgesetz abgeschaffte Todesstrafe sollte nicht
  angewandt werden.
- Die Befehlszwänge sind nicht mildernd berücksichtigt wor-
  den.
c) Drohungen: Weniger als ein Prozent.

Genauer im Hinblick auf Repräsentativität war eine Meinungsumfrage,
die die US-Hochkommission Ende Februar 1951 in Städten durchführte.[75]
Das Resümee: Die amerikanischen Entscheidungen fanden keine mehr-
heitliche Zustimmung. Immerhin hatten achtzig Prozent der Befragten
von ihnen gehört, sicher auch ein Ergebnis der gewaltigen amerikanischen Informationskampagne. 31 Prozent äußerten sich zustimmend, 32
Prozent ablehnend. Bei einer Befragung von 110 westdeutschen Bürger-
meistern wurden höhere Zustimmungsquoten (56 Prozent) gemessen,[76]
während bei zwei ergänzenden Umfragen im März 1951 – sie bezogen
nun auch die Landbevölkerung mit ein – deutlich weniger Befragte die
McCloy Entscheidungen befürworteten.[77]

Wenn Zustimmung geäußert wurde, dann wegen der Begnadigungen,
nicht etwa aus Übereinstimmung mit Zielen und Inhalten des amerikanischen Kriegsverbrecherprogramms.

Der Blick in die Zukunft amerikanischer Deutschlandpolitik, die ja
auch die Kriegsverbrecherproblematik zu lösen hatte, schien insgesamt
düster: »Welche Schlußfolgerungen die Presse oder andere Informationsquellen auch liefern, die öffentlichen Reaktionen auf die Landsberg-Entscheidungen [...] können für amerikanische Planer nicht als ermutigend
angesehen werden«, lautete das Urteil der amerikanischen Meinungsforscher.

Doch diese pessimistische Prognose mochte man so auch nicht stehen-lassen. Die Bonner Verbindungsstelle der noch in Frankfurt beheimateten US-Hochkommission meldete, daß aus Bundestag, Parteien und nicht zuletzt von seiten der Regierung eher positive Reaktionen zu den Landsberg-Entscheidungen gekommen seien. Die Ansichten – oder zumindest die Äußerungen – der Politiker konnten demnach nicht mit der öffentlichen Meinung gleichgesetzt werden: Die Reaktion von »politisch gewissenhaften Leuten, von denen nach allem die Zukunft deutscher Politik in großem Maße abhängt, [war] unter all diesen Umständen beträchtlich besser [...], als man gerechterweise hatte erwarten dürfen«.[78]

Eine insgesamt positive Reaktion der Deutschen auf die amerikanischen Begnadigungen meldete man dann auch Außenminister Acheson.[79] Daß man außerhalb der Bundesrepublik alles andere als positiv reagierte, wurde schon bald offenkundig. Gnade traf auf weitverbreitetes Unverständnis. McCloy mußte dies schon bemerkt haben, so als er gegenüber seinen britischen und französischen Kollegen Sorgen vor negativen deutschen Reaktionen im Falle von Hinrichtungen äußerte. Der französische Hochkommissar hatte nicht ohne schneidende Ironie geantwortet, ganz andere Leute seien erbost, wenn *niemand* exekutiert werde.[80]

Scharf reagierte etwa die israelische Regierung auf McCloys Ankündigungen. Am selben Tag, an dem Wiedergutmachungsforderungen an Deutschland gestellt wurden, übergab die israelische Regierung dem amerikanischen Botschafter in Tel Aviv eine Protestnote zu den Landsberg-Entlassungen. Außenminister Sharett sprach von einem Akt des Appeasements und von Überlegungen politischer Zweckmäßigkeit, die die Landsberg-Entscheidungen herbeigeführt hätten. Zugleich beobachtete die amerikanische Botschaft in Tel Aviv, wie sehr die israelische Regierung den Protest im eigenen Land zu begrenzen suchte: Die Stimmung sollte nicht noch angeheizt werden, um den weitverbreiteten Haß auf Deutschland nicht in eine antiwestliche Atmosphäre umschlagen zu lassen.[81]

Auch die amerikanische Botschaft in Kopenhagen meldete einen Sturm der Entrüstung seitens der dänischen Bevölkerung. Warum man nicht besser über die Begnadigungen informiert worden sei? So gut die amerikanische Informationspolitik in Deutschland auch war, im Ausland war sie verheerend. Zudem erwies sich das in Deutschland verteilte Material in Staaten wie Dänemark als unbrauchbar. Im Landsberg-Be-

richt ging es um die Darstellung der Verbrechen verurteilter Kriegsverbrecher. Verständnis für amerikanische Begnadigungen konnte eine solche Broschüre in ehemals von deutschen Truppen besetzten Staaten
kaum wecken.[82] In Deutschland mußten die Bestrafungen, im europäischen Ausland die Begnadigungen erklärt und verteidigt werden.

Noch weniger, nämlich gar nichts, war in den USA getan worden, um
die amerikanische Öffentlichkeit auf die anstehenden Entscheidungen
vorzubereiten. Nur den Entwurf seiner für den 31. Januar geplanten
Verlautbarung hatte John McCloy dem State Department zugeleitet. Zu
apologetisch, befand man in Washington. Vor allem McCloys Versuche,
sich für die langen Verzögerungen zwischen Urteilsspruch und Vollstreckung zu rechtfertigen, gefielen nicht.[83] Henry Byroade, Leiter der
Deutschlandabteilung, schrieb McCloy, eine feste Haltung könne in
Deutschland mehr ausrichten als eine Stellungnahme, die deutschen
Protesten eine gewisse Berechtigung zubillige.[84] McCloy änderte daraufhin seinen Entwurf geringfügig ab;[85] er versäumte es jedoch, den neuen
Text nach Washington zu schicken. Was dem State Department vorlag,
war der Landsberg-Bericht – und der war für die Öffentlichkeitsarbeit in
den USA so unbrauchbar wie in Dänemark:[86]

> »Der Landsberg-Bericht scheint [...] vor dem Hintergrund der deut-
> schen Öffentlichkeit [...] verfaßt worden zu sein. Er zitiert die unange-
> nehmen Fakten, die zu den ursprünglichen Strafen geführt haben [...]
> Das ist nicht die Art von Dokument, welches sehr überzeugend wäre,
> um die Gründe für die Entscheidung in den Zusammenhang überge-
> ordneter amerikanischer Ziele zu stellen.«

Dies telegraphierte man an die US-Hochkommission.[87] Vorwiegend ablehnend fielen dann auch die ersten amerikanischen Radio- und Presse-
kommentare zu den Landsberg-Entscheidungen aus. Scharfer Protest
kam vom prominentesten Vertreter eines »harten Friedens« mit Deutschland, dem jüdischen Finanzminister unter Roosevelt, Henry Morgenthau.
»Mir scheint«, schrieb er an Truman, »daß McCloy im Wettstreit mit den
Russen um die Freundschaft der Deutschen den Russen ein äußerst
nützliches und zugleich schadenbringendes Propagandainstrument gegen
uns geliefert hat.«[88]
Auch amerikanisch-jüdische Organisationen meldeten sich zu Wort.

Der *American Jewish Congress* kritisierte die Begnadigungen als weiteren Beweis für die amerikanische Einschmeichel-Politik gegenüber den Deutschen;[89] andere Organisationen wie der *World Jewish Congress*[90] oder das *American Jewish Committee*[91] beklagten ebenfalls die unangemessene Milde gegenüber den verurteilten Kriegsverbrechern. Das State Department lud deshalb Repräsentanten des *B'nai B'rith*, des *Jewish Labor Committee*, der *Jewish War Veterans*, des *American Jewish Congress*, des *American Jewish Committee* und der *Union of American Hebrew Congregations* sowie, als nichtjüdischer Organisation, der *Society for Prevention of World War III* zu einem Hintergrundgespräch ein. Man wollte bei diesen Organisationen um Verständnis für die Lage des Hochkommissars werben.[92]

Aus dem US-Kongreß kam aber auch Lob für McCloy. Senator Joseph McCarthy etwa würdigte die Entscheidung der Hochkommission als notwendige Korrektur am Malmédy-Prozeß – McCarthy war einer der Initiatoren der Kongreßuntersuchung des Jahres 1949 gewesen. Henry Byroade verteidigte vor einem Kongreßausschuß McCloys Vorgehen: Kein Jota politischer Überlegungen hätten dessen Entscheidungen beeinflußt; die deutsche Reaktion sei bewundernswert gewesen.[93]

Überhaupt kamen die Beschwichtigungsversuche des State Departments bemerkenswert spät. So diskutierten Beamte erst am 6. März, mehr als einen Monat nach McCloys Pressekonferenz, über Möglichkeiten der Öffentlichkeitsarbeit in dieser Sache. Man kam überein, Eleanor Roosevelt, die populäre Gattin des 1945 verstorbenen Präsidenten, dafür zu gewinnen, sich in einer von ihr moderierten TV-Show oder einer Zeitungskolumne positiv über McCloy zu äußern.[94]

Ein Vergleich der eher planlosen Aktivitäten in Washington mit der sorgfältig vorbereiteten Informationskampagne in der Bundesrepublik sagt einiges aus über den unterschiedlichen Stellenwert der Kriegsverbrecherproblematik diesseits und jenseits des Atlantiks. In Deutschland hatte sich Landsberg in diesen Monaten zu einem innenpolitisch bedeutenden Thema entwickelt, während die Reaktionen in den USA ein kurzes Strohfeuer blieben. Tatsächlich spielte die Kriegsverbrecherfrage in den USA auch während der folgenden Jahre innenpolitisch keine große Rolle – was nicht heißt, daß die außenpolitischen Planer sich vor möglichen Reaktionen nicht gefürchtet hätten. Nur noch einmal – 1955 – werden heftige Proteste aufflammen: Der wegen des Malmédy-Massakers ver-

Presse- und Funkbericht

FÜR DIE ABGEORDNETEN DES DEUTSCHEN BUNDESTAGES

Überblick über die öffentliche Meinung

Herausgeber: Deutscher Bundes-Verlag Bonn

Bonn   Freitag, den 8. Juni 1951   Jahrgang 1 / Nummer 6

Das Ende in Landsberg

Stimmen des In- und Auslandes

Ernste Mahnung an die Welt

Hamburger Freie Presse (u.), 8. 6., Nr. 130:

Man hat mit Menschen, deren Schuld so schwer sein mochte, wie nur immer, die aber im Augenblick, als ihr Spruch der Sühne die Tat der Schuld überdeckte, Anspruch auf jenen vielleicht nicht persönlichen, aber menschlichen Respekt hatten, der jedem Rechtsmörder zugebilligt wird, wenn er auf die Schwelle des Todes tritt, im wahrsten Sinne des Wortes ein grausiges Katz- und Mausspiel der Justiz aufgeführt.

Die Vollstreckung von Landsberg bindet weiter die wiedergeborene Reichssouveränität des deutschen Staates immer noch an die Rechtswillkür ehemaliger fremder Militärgerichte.

„Landsberg"

Frankfurter Allgemeine (u.), 8. 6.:

Es bleibt bedauerlich, daß diejenigen Stellen, die die endgültige, schwere Entscheidung gefällt haben, sich nicht dazu herbeilassen konnten, auf die Argumente zu antworten, die auch bei aller Festigkeit in der Sache dem Ende einer guten Sache einen Dienst erweisen. So bleibt zu wünschen, daß der Weg jetzt geebnet werde in eine leidenschaftslose, nüchterne rechtliche Betrachtung des Kriegsverbrecherkomplexes, dem es eben leider noch immer gilt. Stichworte wie West, Landsberg, Wittlich und die deutschen Kriegsgefangenen in Frankreich sind jedermann im Gedächtnis, da sei jetzt hoffentlich Bruder geworden. Ungerechtigkeiten zu korrigieren und ungute Gefühle hinter das Recht zurückzustellen.

Hinrichtungen in Landsberg

„Süddeutsche Zeitung", München (u.), 8. 6.:

Die übrige Welt hat noch nicht vergessen, was da während des Krieges von Hitlers Vertrauensmännern Furchtbares ausgeführt worden ist. Niemand, der vom Wert des Menschenlebens überzeugt ist, darf dies äußerst verschweigen, aber gegen ebenso grausame Verbrechen vorbrechen, die an Deutschen begangen, vorerst ungesühnt sind. Verbrechen bleiben Verbrechen, wer auch immer sie begangen hat, und Gottes Mühlen mahlen langsam . . .

„Wir sind allzumal Sünder . . ."

Gerhard Farwick im „General-Anzeiger der Stadt Wuppertal" (u.), 8. 6., Nr. 130:

Die Vollstreckung der Urteile mehrere Jahre nach dem Richterspruch entspricht nicht den Geboten wahrer Menschlichkeit. Politisch betrachtet war die Hinrichtung ein Fehler, denn die weltpolitische Atmosphäre hat sich so erheblich geändert, daß heute nicht die Rache, sondern die Notwendigkeit engster Zusammenarbeit bestimmend sein sollte. Uns scheint die Aufgabe der Stunde doch mehr darin zu liegen, aus dem Kriegsende einen Frieden zu machen, der vergibt und vergißt, denn wir sind allzumal Sünder . . .

Das Ende

Aachener Volkszeitung, (CDU), 8. 6., Nr. 131:

Es ist wahr, daß der lange Aufschub durch die immer neuen Anträge der Verteidigung verursacht wurde. Durch Anträge, die von jedem gewissenhaft gewissenhaft zu prüfen waren. Allein man hätte zuletzt noch am 6. Juni, dem siebenten Jahrestag der Landung der Alliierten in der Normandie eine Geste machen und die Verurteilten begnadigen können. Dies ist nicht geschehen. Und so bleibt bedauerlich, daß ein Augenblick nicht genutzt wurde, zu dem man mit einem Schlage alle Diskussionen über den Fall beenden und auch diejenigen hätte beloben können, die in neonazistischen Gedankengängen leben und Verwirrung durch die Verteidung von falschen Märtyrerkronen zu stiften versuchen.

Zur Hinrichtung der Landsberger

Washington Post 7. 6.:

„Die Farce, die die Bonner Regierung aus dem Fall gemacht hat, ist ein Skandal mit üblem Beigeschmack. Auf jeden Fall erfordert die Rolle, die Bundeskanzler Adenauer hierbei spielte, indem er einen auf unrichtigen Voraussetzungen beruhenden Gefühlsstreit aufbauschte, eine genauere Untersuchung.

Die Adenauer-Regierung unterhielt einen amerikanischen Anwalt, der vermutlich mit Dollars aus der amerikanischen Hilfe bezahlt wurde, um alle Rechtsmittel zu erschöpfen. Der Fall durchlief dreimal den gesamten Instanzenweg bis zum Obersten Bundesgericht einen Aufschub ablehnte, — der eine Verzögerung des Falles über d'n Sommertermin hinaus bedeutet haben würde. Der letzte Vorwand war der phantastischste von allen, — daß die Verurteilten nämlich nicht mehr länger die Angehörigen einer feindlichen Macht seien, da Deutschland den Recht besitzt, seine eigenen außenpolitischen Angelegenheiten selber zu regeln, und daß die Bonner Verfassung die Todesstrafe ausschließt. Was diese Argumente mit der Rechtmäßigkeit von in der Vergangenheit gefällten Urteilen zu tun haben, ist uns unverständlich.

Die wirkliche Erklärung für diesen Kurs ist, daß der Adenauer Regierung mit dem neuen deutschen Nationalismus liebäugelt, der in erster Linie ein Wiederaufleben des Nazismus darstellt . . . daß die Adenauer Regierung die Extremisten unterstützt, . . . ist uns eine Warnung für einen äußerst unpolitischen Kurs in Deutschland. Es ist höchste Zeit für Hochkommissar McCloy, diesen Vorgängen Beachtung zu schenken".

„Deutsche Kriegsverbrecher im Schutze der USA"

Radio Warschau (in russischer Sprache), 7. 6.:

Der Rummel, der um die Kriegsverbrecher in Landsberg gemacht wird, beweist erneut, daß die Amerikaner die Prozesse nur als Scheinprozesse aufgezogen haben, mit dem Ziel, die öffentliche Meinung der Welt zu täuschen. Die Landsberger hingerichtet werden oder nicht, ist nicht sehr wichtig, wichtig ist jetzt nur noch die Festsellung, daß die regierenden Kreise der Vereinigten Staaten kein Mittel unversucht gelassen haben, um diese Ausgeburt der Unmenschlichkeit so lange wie möglich vor der Hinrichtung zu bewahren, womit sie den friedliebenden Völkern bewiesen haben, daß sie moralisch auf der gleichen Stufe stehen wie die Landsberger Kriegsverbrecher. Wir Polen sind uns aber mit unseren deutschen Freunden aus der DDR einig, daß diese von den verbrecherischen regierenden Kreisen der USA, Englands und Frankreichs freigelassenen Kriegsverbrecher eines Tages auch in einem freien, vereinigten Deutschland vor einem Volkstribunal zu verantworten haben werden und daß ihnen dann die gerechte Strafe nicht erspart bleiben wird.

Man kann auch übertreiben

„Schwarzwälder Bote", Oberndorf/Neck., (u.), 6. 6., Nr. 86:

Wegen der Wachtposten in Bonn droht ein diplomatischer Zwischenfall zwischen Bonn und Düsseldorf auszubrechen. Da der Bund mit dem Bundesgrenzschutz eine eigene Polizeitruppe zur Verfügung gestellt bekommt, liegt es nahe, daß diese Bundesorganisation auch den Wachdienst bei Theodor Heuß und Dr. Adenauer übernimmt. Die Polizeigewaltigen Nordrhein-Westfalens sind allerdings anderer Meinung. „Der Postenstand vor den Toren ist nordrhein-westfälisches Hoheitsgebiet" argumentieren sie. Nun erwägt man beim Grenzschutzkommando, ob man die Schilderhäuschen vielleicht auf der Innenseite des Zaunes aufstellen sollte, denn die Gärten um die Villa Hammerschmidt und das Palais Schaumburg dürften wohl doch als „Hoheitsgebiet" des Bundes anzusehen sein. Vielleicht stellt Nordrhein-Westfalen dann trotzdem noch einen seiner Landespolizisten vor das Tor, der darauf aufzupassen hat, daß der Bundesgrenzjäger nicht „fremdes Hoheitsgebiet" betritt. Föderalismus ist eine gute Sache, man kann ihn aber auch übertreiben.

Bericht des Spiegelausschusses

Telegraf Berlin, (SPD), 8. 6.:

Den verantwortungslosen Schwätzern in Ost und West, die der parlamentarischen Demokratie als solcher zu Leibe wollen, wird man nur dann ein Mund stopfen können, wenn die ungeschminkte Wahrheit festgestellt wird. Diese politisch wichtigste Seite der ganzen Angelegenheit ist bei der Arbeit des Ausschusses entschieden zu kurz gekommen. Die Zeugen haben, wenn es sich um Nennung von Geldgebern handelte, meist die Aussage verweigert. Die Mehrheit der Ausschuß-Mitglieder war entgegen der sozialdemokratischen Minderheit fest entschlossen, den Untersuchungsauftrag möglichst eng zu auszulegen.

Die große Verantwortung

Fränkische Nachrichten, (u.), 7. 6.:

Die gewaltigen wirtschaftlichen Vorteile der Montanunion können nicht ernsthaft bestritten werden, sind aber zweitrangig neben ihren politischen Möglichkeiten, in der Überwindung der reinen Nationalstaaten liegen.

Die große, realisierbare Idee muß endlich über alle im Vergleich zu kleinlichen Bedenken siegen!

Deutsche in britischen Diensteinheiten

„Süddeutsche Zeitung", München, (u.) 8. 6.:

Wir haben sehr viel dagegen, daß auf militärischem Gebiete Tatsachen geschaffen werden, die den Russen mißfallen, uns also belasten. Die britische Institution „Deutscher Fremdenlegionäre in der eigenen Heimat" führt weit ab von jener „Gleichberechtigung Deutschlands", von der Eisenhower sprach, und sie ist nicht dazu geeignet, das Widerstreben breiter Volksschichten gegen die deutsche Beteiligung am westlichen Verteidigungssystem zu mildern.

Uniformierte Parteijugend in Berlin

Telegraf Berlin, (SPD), 8. 6.:

Mit der Uniformierung der DP-Jugend fängt also der Unfug der halbmilitärischen Verbände wieder an. Das neue Beispiel dürfte sehr bald Nachahmung finden. Es erhebt sich die Frage, wie die Behörden über diesen Rückfall in eine überwundene Zeit denken.

In- und ausländische Stimmen zu den Begnadigungen McCloys.

urteilte Sepp Dietrich sollte aus der Landsberger Haft entlassen werden.[95] Dennoch darf von dem offenkundig geringen Interesse der amerikanischen Öffentlichkeit nicht automatisch auf eine nachgiebigere Haltung in der Kriegsverbrecherfrage geschlossen werden.

Der vorläufige Schlusspunkt:
Die Hinrichtungen in Landsberg

Die deutsche Öffentlichkeit sei nun mehr denn je bereit, Hinrichtungen in Landsberg hinzunehmen, meldete McCloy am 15. Mai 1951 nach Washington.[96] Knapp drei Wochen später, am 8. Juni 1951, wurden die Todesurteile in der Landsberger Haftanstalt vollstreckt. Noch einmal hatte sich Vizekanzler Blücher zuvor bei Thomas Handy – angeblich mit Billigung des Kanzlers – für die Delinquenten eingesetzt – ohne Erfolg.[97]

»Mit Zurückhaltung« hätten Bundestag und Fraktionen auf die Hinrichtungen reagiert, urteilte die Hochkommission.[98] Die Pressereaktionen

Hinrichtungen in Landsberg.
Der Agitator der Sozialistischen Reichspartei: Otto Ernst Remer.

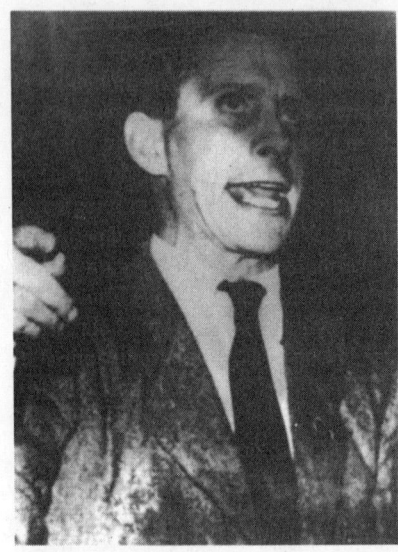

Der Agitator der rechtsgerichteten sozialistischen Reichspartei.

erschienen amerikanischen Beobachtern allerdings »extrem verwirrend«.[99] Eine ausführliche Analyse der US-Hochkommission kam zu dem Schluß: »Die politischen Reaktionen auf die Hinrichtungen waren im allgemeinen gemäßigt.«[100]

Selbst wenn die Hinrichtungen in Landsberg nicht mehr für große Proteste sorgten, so hatte die Kriegsverbrecherdebatte doch inzwischen eine neue – und für auswärtige Beobachter gefährliche – Dimension hinzugewonnen. Bei Landtagswahlen in Niedersachsen hatte die rechtsradikale Sozialistische Reichspartei (SRP) mit elf Prozent der Stimmen ein sensationelles Wahlergebnis verbuchen können.[101] Dieses scheinbare Wiedererwachen des Alten wurde im Ausland mit Schrecken registriert.[102] McCloy behauptete sogar einmal gegenüber Adenauer, Außenminister Acheson habe ihn wegen der SRP, wegen des deutschen Nationalismus und der Reaktionen zu den Landsberg-Entscheidungen auf die Gefahr eines Staatsstreichs in der Bundesrepublik angesprochen.[103]

Der Kanzler suchte die Sorgen der Westmächte zu zerstreuen. Ernst sei

Versammlung der rechtsgerichteten Sozialistischen Reichspartei.

die Lage, aber nicht gefährlich, so Adenauer, als er vom britischen Außenminister und Nachfolger von Ernest Bevin, Herbert Morrison, auf die SRP-Wahlerfolge angesprochen wurde.[104] Nebenbei zog der Kanzler eine Parallele zwischen den Äußerungen des SPD-Vorsitzenden Kurt Schumacher und den verbalen Entgleisungen des SRP-Führers Otto Ernst Remer – eine Parallele also zwischen Schumachers Nationalismus und Remers Neo-Nationalsozialismus. Kurz bemerkt: Auch der französische Hochkommissar François-Poncet liebte entsprechende Vergleiche.[105]

Die SRP fuhr bei ihren Kampagnen nicht zuletzt seit den Landsberg-Entscheidungen auf einem zusätzlichen Gleis. Ihre Forderungen, den amerikanischen General MacArthur – Japan-Bezwinger im Zweiten Weltkrieg und dann Oberkommandierender der amerikanischen Truppen in Korea – aufzuknüpfen, da dessen Verbrechen größer seien als die von Manstein,[106] ließen sich dabei noch als billige Propaganda abtun. Theodor Heuss räumte gegenüber Herbert Morrison ein, die deutsche Öffentlichkeit habe im Hinblick auf Landsberg »wenig Verstand« gezeigt, und der Bundespräsident betonte erneut, er wolle sich nicht für »wirkliche Verbrecher« verwenden. Aber letztlich sorgte auch er sich angesichts der Agitation extremistischer Kreise in der Kriegsverbrecherfrage.[107] Der nordrhein-westfälische FDP-Politiker Friedrich Middelhauve zog daraus eigene Schlüsse: War diese rechtsradikale Propaganda nicht ein schlagendes Argument *für* weitere Begnadigungen?[108]

Auch aus Großbritannien kamen Warnungen. Der dortige deutsche Vertreter, Hans Schlange-Schöningen, meldete, die SRP-Erfolge in Niedersachsen und die Reaktionen auf die Landsberg-Hinrichtungen gäben denjenigen Kräften Auftrieb, die davor warnten, Deutschland wieder Waffen in die Hand zu geben. Auch Schlange-Schöningen meinte, es sei »von Nutzen, wenn die öffentliche Meinung mit mehr Nachdruck als bisher über die den Landsberg-Urteilen zugrundeliegenden Untaten aufgeklärt würde«.[109]

Adenauer hatte, von den Hohen Kommissaren auf den alt-neuen Rechtsradikalismus in Deutschland angesprochen, den gleichen Gedanken geäußert. Er wolle, versprach er den Hochkommissaren, eine »Denkschrift über die Untaten des Nationalsozialismus in Deutschland selber verfassen und diese Denkschrift, die sehr objektiv gehalten sein muß, nicht polemisch [...], in möglichst weitem Umfange verbreiten«[110] Wieder sollte Aufklärung zur Vergangenheit gegenwärtige Probleme lösen helfen.

Schon früh hatte Adenauer die Rückgabe deutscher, von den Alliierten nach dem Krieg konfiszierter Archive gefordert[111] – auch hier mit der Begründung, Wissen über die eigene Geschichte ermitteln und vermitteln zu wollen. »Ich halte eine wissenschaftliche Aufklärung des deutschen Volkes über die Vorgänge unter der nationalsozialistischen Herrschaft für eine wichtige Aufgabe der Bundesregierung«, schrieb er am 18. Juni 1950 der Hohen Kommission,[112] und Mitte des Jahres 1951 wandte sich der Kanzler in dieser Angelegenheit an McCloy. Er bat darum, dem neugegründeten *Institut für Zeitgeschichte* in München Akten über Verbrechen aus der Zeit des Dritten Reiches zur Verfügung zu stellen. McCloy unterstützte diese Initiative wärmstens: Solche »Veröffentlichungen durch die Deutschen selbst können hier einen tiefen Einfluß hinterlassen und dafür sorgen, daß die begangenen Verbrechen anerkannt werden. Das ist eine große Gelegenheit, um die Deutschen zu erziehen [...]«.[113] In

Washington jedoch reagierte man weniger enthusiastisch; das State Department wies darauf hin, daß sich ein Großteil der vom Münchner Institut gewünschten Akten noch in der Obhut der Armee befände und daß die Benutzung keineswegs ohne weiteres möglich wäre.[114]

Lag es an mangelnder Forschung aufgrund des fehlenden Aktenmaterials, wenn die Verbrechen der Vergangenheit in der deutschen Gegenwart so wenig Nachdenklichkeit und so viele Rechtfertigungsversuche hervorriefen? Immerhin glaubte McCloy selbst, die »wahre Natur der Nazi-Verbrechen, deren Tiefe, Ausmaß und Motivation sind heute besser bekannt und werden besser verstanden als je zuvor«, wie er im April 1951 schrieb. Er zeigte sich überzeugt, daß niemand mehr die amerikanischen Kriegsverbrecherprozesse als reine Siegerjustiz geißeln werde.[115] McCloy sollte nicht Recht behalten, wenn er seine Begnadigungen als einen »Epilog auf eines der dunkelsten Kapitel der Nachkriegsgeschichte« betrachtete.[116] Die Landsberg-Entscheidungen waren kaum mehr als ein Prolog für die kommende deutsch-alliierte Debatte um die Begnadigung von Kriegsverbrechern.

3. GROSSBRITANNIEN ALS BREMSE UND
MOTOR DER GNADENFRAGE

Sir Ivone Kirkpatrick, Nachfolger von Sir Brian Robertson als britischer Hoher Kommissar, ließ sich am 16. Januar 1951 im britischen Presseclub in Berlin in ein Gespräch über das Kriegsverbrecherproblem verwickeln. Auf die Frage eines amerikanischen Journalisten, ob die Urteile gegen die Spandauer Häftlinge Raeder und Dönitz revidiert werden sollten, antwortete Kirkpatrick, es müsse Frieden in der Welt geben: »Wenn wir alle übereinstimmen in dem Willen nach Frieden, dann sollten wir auch darin übereinstimmen, daß Haß und Rache schlechte Ratgeber waren« – womit er von ihm eingeleitete Prüfungen der Haftstrafen verurteilter Kriegsverbrecher kommentierte.[1]

Kirkpatrick mag nicht bewußt gewesen sein, welcher Zündstoff in seiner Aussage lag. Premierminister Attlee wollte die Worte seines Hochkommissars nicht auf die Goldwaage legen.[2] Kirkpatricks Äußerungen konnten ja so interpretiert werden, als seien »Haß und Rache« treibende Kräfte bei den Prozessen gegen Deutsche gewesen. Und tatsächlich sollten seine unbedachten Anmerkungen ein erhebliches politisches Nachspiel haben! In seinen Memoiren erinnert sich der Hochkommissar, seinerzeit sogar mit Rücktrittsgedanken gespielt zu haben.[3]

BRITISCHER ZWIESPALT IN DER GNADENFRAGE

Mit Gründung der Bundesrepublik gingen alle Kompetenzen für Begnadigungen in der Britischen Zone an den britischen Außenminister (als Vertreter der Krone) über, der diese wiederum an den britischen Hochkommissar delegierte. Aufgrund von Begnadigungen konnten zwischen Dezember 1949 und Februar 1952 bereits 27 Personen die britische

Haftanstalt in Werl verlassen. Im Herbst 1950 begann die britische Hochkommission mit neuen umfassenden Haftprüfungen, immerhin saßen noch mehr als zweihundert Kriegsverbrecher ein. Eine Liste des Jahres 1952 unterschied folgende Gruppen:[4]

Ehemalige Mitglieder der deutschen Wehrmacht:

Armee:	20 (davon 2 Generalfeldmarschälle und 2 Generäle)
Marine:	3
Luftwaffe:	2
Insgesamt:	25

Funktionsträger in Konzentrationslagern:	122
SS, Gestapo, Kripo, Gefängnisaufseher, Zivilisten u. a.:	83

Die prominentesten Insassen der Haftanstalt Werl waren die Generalfeldmarschälle von Manstein und Kesselring.

Ungeachtet seiner Äußerungen im Berliner Presseclub – Kirkpatrick zählte keineswegs zu den Gegnern von Kriegsverbrecherprozessen. Für ihn handelte es sich bei den Inhaftierten von Werl zweifellos um wirkliche Verbrecher.[5] Seine beiläufigen Bemerkungen hatten dennoch an den Grundfesten der Nürnberger Prinzipien gerührt – so sah es zumindest der britische Generalanwalt Sir Hartley Shawcross. Legalität und Legitimität der eigenen Kriegsverbrecherprozesse wollte Shawcross nicht den verschlechterten Beziehungen zur Sowjetunion opfern. Ihm ging es vor allem um die Abschreckung künftiger Kriegsverbrecher,[6] wobei er die Wiederbewaffnung der Bundesrepublik nicht in Frage stellte. Sie wurde ja von seiner Regierung mitgeplant und mitverantwortet.[7] Shawcross befürchtete, Kirkpatricks Diktum von der Rache könnte zur Waffe in den Händen der Gegner eines deutschen Verteidigungsbeitrages werden.[8]

Durch kritische Stimmen im eigenen Land aufgeschreckt, leugnete das britische Foreign Office in einer ersten Reaktion jegliche Verbindung zwischen deutschem Druck in der Kriegsverbrecherfrage und Kirkpatricks Berliner Äußerungen.[9] Das entsprach nicht ganz den Tatsachen. Kirkpatrick selbst schrieb zu seiner Verteidigung an das britische Außenministerium:

»[...] Meine Äußerungen zu Haß und Rache müssen vor dem deutschen Hintergrund gesehen werden. Es ist eine bedauerliche Tatsache,

daß selbst gemäßigte Deutsche wie protestantische Bischöfe und vernünftige SPD-Anhänger, die selbst unter der Verfolgung der Nazis
gelitten haben, über die Kriegsverbrecherprozesse verärgert sind, und
daß sie begierig jede Kritik aufnehmen, die in England oder sonstwo
publiziert wird. Die Frage vergiftet in der Tat die Beziehungen zum
Westen, und auch wenn wir sicher nicht von dem abweichen dürfen,
was rechtens ist, so haben wir doch ein Interesse daran, öffentlichen
Ärger abzuwenden. [...] Man kann argumentieren, daß Gerechtigkeit
geschehen soll ohne den Blick auf die öffentliche Meinung, aber es ist
sicherlich auch wichtig, der Öffentlichkeit das Gefühl zu geben, daß
Gerechtigkeit geschieht.«[10]

Drei aufeinanderfolgende Sitzungen des britischen Kabinetts befaßten
sich mit dem Verhalten des britischen Hochkommissars und den amerikanischen Begnadigungen an sich – allein das scheint ein Beleg für die
Bedeutung, die London dieser Frage beimaß. Ohnehin stand seit 1948
kein deutschlandpolitisches Thema, auch nicht die deutsche Wiederbewaffnung, so oft auf der Tagesordnung der Ministerrunde wie das
Kriegsverbrecherproblem. Daß die Kabinettssitzungen vom Februar 1951
»sehr erregt« zugingen, wußte der amerikanische Botschafter in London
zu berichten.[11]

Am 1. Februar bestätigte die Ministerrunde, Kirkpatricks Äußerungen
könnten in der Tat als Zweifel an der Fairneß der Prozesse interpretiert
werden. Man fürchtete vor allem, die Debatte könnte sich negativ auf die
Frage der deutschen Wiederbewaffnung auswirken, denn auf der britischen Insel waren offenbar die Vorbehalte besonders groß. Außerdem traf
bei der Labour-Regierung die von den Amerikanern verantwortete Freilassung und Freigabe des Vermögens von Alfried Krupp – personifiziertes
Symbol für deutsche Schwerindustrie und Rüstung[12] – auf Kritik. Man
wußte, daß der britische Hochkommissar Kirkpatrick dem zugestimmt
hatte. Wegen einer mutmaßlichen Überschreitung seiner Kompetenzen
wurde das Verhalten Kirkpatricks im britischen Kabinett dann auch
getadelt.[13]

Die Argumente, die in der Kabinettssitzung vom 8. Februar ausgetauscht wurden, waren ähnlich gelagert; eine Entscheidung wurde auf
den 12. Februar vertagt.[14] Bei dieser Sitzung lagen den Ministern dann
zwei konkurrierende Memoranden vor. Eine Vorlage stammte vom For-

eign Office; es versuchte eine Gratwanderung zwischen Recht und Politik
– mit deutlicher Hinwendung zu letzterem. Das Foreign Office warnte
davor, die deutschen Widerstände gegen Prozesse und Urteile zu ignorieren. Einiges am deutschen Verhalten sei zwar unvernünftig, doch auch
angesehene Deutsche in allen Schichten verträten kritische Auffassungen, und denen gehe es nicht darum, Kriegsverbrecher pauschal von
Schuld freizusprechen:

>>Auch wenn wir uns unter diesen Umständen nicht davon abbringen
lassen dürfen, nach Gerechtigkeit und Recht zu handeln, so ist es doch
eine Tatsache, daß wir ein starkes Interesse haben an einer Minderung
des öffentlichen Widerstands in Deutschland. Dieses Interesse entspringt der Entwicklung unserer Deutschlandpolitik. Es ist jetzt unser
erklärtes Ziel [...], die Bundesrepublik in die volle politische und wirtschaftliche Zusammenarbeit mit dem Westen zu integrieren; darüber
hinaus laufen Gespräche, um einen deutschen Beitrag zur Verteidigung
des Westens zu ermöglichen. Wenn ein ernstzunehmender und gewich-

Alfried Krupp zu einem Presseberichterstatter auf die Frage, was er zu tun gedenkt: „Ich
werde die Tradition meiner Vorfahren fortsetzen".

Kritische Karikatur zur Entlassung von Alfried Krupp aus Landsberg.
(Aus: *Die Tat*, 10. 2. 1951)

tiger Faktor die Verwirklichung dieser neuen Politik gegenüber
Deutschland behindert, dann ist es die Pflicht des Hochkommissars und
der Regierung Seiner Majestät, diesen Faktor in Betracht zu ziehen und
ihm entsprechendes politisches Gewicht zu verleihen. [...] Es ist deshalb
wünschenswert, daß nichts unversucht bleibt, um die Kriegsverbrecherfrage in Deutschland ins rechte Licht zu rücken [...].«[15]

Das Memorandum des britischen Außenministeriums stellte eine eindeutige Verbindung her zwischen Westintegration, Wiederbewaffnung und
den deutschen Widerständen in der Kriegsverbrecherfrage. Es blieb aber
relativ unklar, ob Begnadigungen allein aus politischen Gründen zu
rechtfertigen waren.

Seine ganze Autorität als britischer Ankläger beim Nürnberger Prozeß
legte Sir Hartley Shawcross in die Waagschale. Bemerkenswerterweise
argumentierte der hohe britische Jurist ebenfalls politisch. Für ihn waren
Begnadigungen Wasser auf die Mühlen kommunistischer Propaganda
gegen die Wiederbewaffnungsfrage – mitsamt ihren negativen Rückwirkungen auch auf der britischen Insel. »Schließlich frage ich mich«, so
schrieb er, »ob die ›aufrechten‹ Deutschen sich wirklich so um das
Wohlergehen von Nazi-Kriegsverbrechern sorgen [...]. Ich werde mich
nicht dazu bereit erklären, bei der Wiederherstellung der ›Ehre‹ von Nazis
und SS-Leuten mitzuwirken.«[16]

Eine schwierige Entscheidung stand dem Kabinett bevor. Sollte man
der Stimmung in Deutschland nachgeben, wo Wiederbewaffnung und
Kriegsverbrecherfrage eine – wenngleich schwer erreichbare – Verbindung eingingen? Oder mußte man der Stimmung im eigenen Land
Rechnung tragen, wo möglicherweise die Gegner einer deutschen Wiederbewaffnung nun noch verstärkt gegen Begnadigungen antraten? Obendrein handelte es sich hier um der Labour-Partei nahestehende Kreise
und Gruppierungen, die das Foreign Office mit Protestresolutionen zu
Kirkpatricks Äußerungen bestürmten.[17] Besonders heftige Warnungen
vor Milde gegenüber Kriegsverbrechern kamen auch aus Reihen britisch-
jüdischer Organisationen.[18]

Ausführlich diskutierte das Kabinett am 12. Februar über die beiden
Memoranden.[19] Zunächst erläuterte ein Vertreter des Foreign Office,
dann Sir Hartley Shawcross die jeweiligen Standpunkte: Die versammelten Minister mochten nicht glauben, daß der deutsche Ruf nach Gnade so

einstimmig war. Die SPD wünsche doch wohl nicht die Freilassung von Nazis und Mitgliedern der Offiziersklasse, meinte man im Labour-Kabinett. Anläßlich einer Petition Kurt Schumachers zugunsten des in Werl inhaftierten Generalfeldmarschalls Albert Kesselring[20] beklagte sich dann später der britische Hochkommissar Kirkpatrick über solche Fehleinschätzungen: Er, Kirkpatrick, habe stets das Gegenteil behauptet; aber niemand im Außenministerium habe ihn damals unterstützt.[21]

Das Kabinett sprach auch über Krupp; erneut hielt man Kirkpatrick vor, die Zentrale in London nicht über dessen Freilassung unterrichtet zu haben. Als eine Art Strafe für unbotmäßiges Verhalten erwog das Kabinett, dem Hochkommissar die Befugnisse für Begnadigungen zu entziehen – Kirkpatrick hatte allerdings schon selbst angedeutet, hierfür nicht länger zur Verfügung zu stehen.[22]

Premierminister Attlee meldete sich schließlich zu Wort und kündigte an, er werde in der am gleichen Tag anstehenden Unterhaussitzung mitteilen, daß die von Kirkpatrick angestrengten Haftprüfungen keineswegs auf allgemeine Begnadigungen hinausliefen. Zudem wolle er betonen, daß allein die USA für die Freilassung Krupps verantwortlich waren.

Vor dem Unterhaus leugnete Attlee dann jeglichen Zusammenhang zwischen Kriegsverbrecher- und Wiederbewaffnungsfrage: Es gebe keine veränderten Umstände, durch welche die Entscheidungen der britischen Gerichtshöfe in Frage zu stellen wären.[23]

London zeigte Härte. Der Grund lag zweifellos in den Protesten der britischen Öffentlichkeit – besser: von Teilen der Öffentlichkeit, die der Labour-Party nahestanden. Führende Politiker wie Bevin und Attlee nahmen die veränderten Zeiten wahr: Beim Manstein-Prozeß, so Bevin, habe er nahezu allein gestanden mit seiner Forderung, das Verfahren gegen den General durchzuführen. Die Entscheidung, keine weiteren Kriegsverbrecherprozesse einzuleiten, sei damals zustimmend aufgenommen worden.[24] Jetzt aber wandte sich die britische Öffentlichkeit vehement gegen Begnadigungen. Attlees Einschätzung nach beruhte die heimische (und alles andere als heimliche) Kritik an der deutschen Wiederbewaffnung auf der Furcht vor einer Wiederbelebung der Macht des deutschen Generalstabs und der deutschen Großindustrie. Genau in diese Kerbe schlug die Freilassung Krupps und anderer.[25]

Wie sollte es weitergehen in der Gnadenfrage? Bis Ende Mai 1951 rang man innerhalb der britischen Regierung um eine Positionsbestimmung.

Unklar blieb vor allem, nach welchen Kriterien Begnadigungen – wenn überhaupt – ausgesprochen werden konnten. Die Beamten im Foreign Office zeigten sich durchaus bereit, politische Erwägungen zu berücksichtigen. Wiederum aber warnte Sir Hartley Shawcross:

> »Wenn sich tatsächlich ein bedeutender Teil der deutschen Öffentlichkeit um das Wohlergehen von Nazi-Verbrechern sorgt, so ist dies betrüblich. Aber ich behaupte erneut [...], daß die richtige Reaktion hierauf nicht darin besteht, sich dieser Meinung zu beugen, sondern sie mit allen Mitteln zu beseitigen. Soweit ich weiß, gibt es überhaupt keinen Anlaß für die Vermutung, daß die öffentliche Meinung in diesem Land auch nur im geringsten bereit wäre, die Taten der Nazi-Verbrecher zu verzeihen oder zu glauben, sie seien reingewaschen, nur weil die Kommunisten ähnliche Verbrechen begangen haben.«[26]

Großbritannien sei in Gefahr, »sich eben den Elementen in der Öffentlichkeit zu beugen – dem Faschismus und dem alten deutschen Nationalismus und Militarismus – dem wir eigentlich in deutlicher Opposition gegenüberstehen sollten«.[27]

Antikommunismus und das Wissen um stalinistische Verbrechen – all das war für Shawcross kein Grund, um gegenüber deutschen Verbrechern nachgiebiger zu sein. Konsequent widersprach er jeder Form von Gnade aus politischem Opportunismus – und zwar öffentlich.[28]

Zunächst einmal war es John McCloy; der amerikanische Hochkommissar, der sich durch derartige Äußerungen herausgefordert fühlte. Hatte nicht auch er sich immer dagegen verwahrt, Gnadenentscheidungen aus politischen Gründen zu treffen? Kirkpatrick mußte seinen aufgebrachten amerikanischen Kollegen beruhigen;[29] dennoch wandte sich dieser an die Presse, um seine Entscheidungen zu verteidigen.[30] Kirkpatrick befürchtete ernste Spannungen mit den USA,[31] so daß schließlich ein Mitarbeiter des britischen Foreign Office gegenüber der amerikanischen Botschaft die rigide Haltung von Sir Hartley Shawcross bedauerte.[32]

Alle Beteiligten einigten sich schließlich auf einen denkbar kleinen Nenner: Sie verzichteten darauf, Kriterien für Begnadigungen festzulegen und gingen insofern dem Kern des Problems aus dem Weg.[33] In einem

Kabinettspapier des neuen britischen Außenministers Morrison hieß es, es sei »nicht praktikabel«, entsprechende Richtlinien auszuarbeiten. Nur über Zuständigkeiten war Einigkeit erzielt worden. Dem Außenminister stand nun – natürlich immer im Auftrag des Königs – die letzte Entscheidung bei Begnadigungen zu.[34] Im Kabinett äußerte Morrison die Erwartung, daß »politische Überlegungen eindeutig eine größere Rolle spielen würden«. Die Ministerrunde aber widersprach und warnte den Außenminister geradezu, sich von politischen Erwägungen leiten zu lassen: »Die große Mehrheit der Kriegsverbrecher in britischen Händen wurde nicht wegen politischer Vergehen, sondern wegen normaler Kriegsverbrechen für schuldig befunden.« Die Minister forderten Morrison explizit auf, nur in wenigen Ausnahmen Gnade vor Recht zu bewilligen. Eine generelle Prüfung der Fälle verurteilter deutscher Kriegsverbrecher sollte es nicht geben.[35]

DREIMÄCHTEVERHANDLUNGEN
ZUR KRIEGSVERBRECHERFRAGE IM HERBST 1951

Kein Zurückweichen vor deutschem Druck, keine allgemeine Revision der Urteile – mit diesen Entscheidungen vom Mai 1951 hatte die britische Regierung ihre unnachgiebige Haltung bestätigt. Doch die britische Insel blieb in der Kriegsverbrecherfrage nur noch für kurze Zeit ein prinzipientreuer Fels in der politischen Brandung. Zum einen rückte die Kriegsverbrecherproblematik auf Drei-Mächte-Ebene, denn sie wurde Teil von Verhandlungen über einen neuen rechtlichen Status der noch nicht souveränen Bundesrepublik. Andererseits änderten sich in England auch innenpolitisch die Vorzeichen. Im Herbst 1951 unterlag die Labour-Party den Konservativen: Winston Churchill wurde Nachfolger Attlees als Premierminister.

Im Laufe des Jahres 1951 gewann zudem die angestrebte deutsche Wiederbewaffnung klarere Konturen. Der Plan des französischen Ministerpräsidenten René Pleven zur Schaffung einer *Europäischen Verteidigungsgemeinschaft* (EVG) unter Einschluß deutscher Kontingente lag bereits seit längerem auf dem Tisch.[36] Aber erst nach der Verabschiedung der *Montanunion* ließen die USA die Idee einer Eingliederung der Bundesrepublik in die NATO – von Washington noch in petto gehalten – fallen. Die EVG-

Lösung trat damit spätestens im Sommer 1952 in den Vordergrund. Entsprechend Adenauers Kalkül, den deutschen Wehrbeitrag als Pfand für die deutsche Souveränität einzusetzen,[37] begannen nach einer ersten kleinen Revision des Besatzungsstatuts im September Verhandlungen zur Ablösung der alliierten Vorbehaltsrechte in Deutschland.

Ein offenkundiges Relikt der alliierten »Straf-, Besserungs- und Erziehungsdiktatur« (Wilhelm Grewe)[38] waren die in alliierten Haftanstalten einsitzenden Kriegsverbrecher.[39] Kurz bevor sich John McCloy auf die Reise nach Washington begab, wo sich die Außenminister der drei Westmächte in der Frage künftiger deutscher Souveränität verständigen wollten,[40] bat Adenauer den Hochkommissar, dort auch die Möglichkeit von Begnadigungen zu besprechen. Als McCloy daraufhin dem Kanzler entgegnete, daß von seiten der Amerikaner mit einer weiteren Prüfung der Strafen deutscher Generäle außer aus Altersgründen oder wegen gesundheitlicher Probleme kaum zu rechnen sei, relativierte Adenauer sein Engagement: Er habe bereits vor Reportern erklärt, daß er ohnehin mehr an den einfachen Soldaten als an den Generälen interessiert sei.[41] Hier mag der eingefleischte Zivilist Adenauer gesprochen haben[42] (dem Juristen Adenauer entging allerdings, daß die »wirklichen Verbrecher« sich nicht an Schulterklappen und anderen militärischen Rangabzeichen erkennen ließen).

Auf der Washingtoner Konferenz kam es trotz der Überfülle anderer Themen zur ersten ausführlichen Aussprache der Außenminister der westlichen Siegermächte über den künftigen Kurs in der Kriegsverbrecherfrage.[43] Konkrete Ergebnisse wurden allerdings nicht erzielt. Immerhin bildete sich schemenhaft heraus, worin die Lösung des Problems liegen könnte: in der Einrichtung eines gemischten Drei-Mächte-Ausschusses unter deutscher Beteiligung, der die einzelnen Fälle auf Begnadigungswürdigkeit prüfen würde.[44]

Und wohin mit den Kriegsverbrechern in einem künftigen souveränen Westdeutschland? Hier lag das zweite Problem, das es zu lösen galt. Der amerikanische Außenminister Acheson nannte drei Möglichkeiten: Entweder die Gefangenen blieben in Deutschland unter alliierter Aufsicht, oder man brachte sie ins Ausland. Schließlich gab es noch einen dritten denkbaren Weg: die Überstellung der Verurteilten an deutsche Behörden. Acheson favorisierte letzteres, denn für ihn lag darin – selbst wenn einigen Gefangenen die Flucht gelänge oder sich Laxheit in deren Behandlung breitmachte – der Weg des geringsten Widerstandes.

Dem widersetzte sich jedoch Robert Schuman aus Furcht vor einer Rehabilitierung der Verurteilten.[45] Und auch Herbert Morrison wandte sich, gebunden an die Beschlüsse seiner Regierung, gegen diesen Lösungsvorschlag Achesons. Da in Washington keine Einigung zu erzielen war, beauftragten die Außenminister die Hochkommissare, Empfehlungen für die künftige Behandlung des Problems auszuarbeiten.

Theoretisch war vieles denkbar, konkret blieb wenig übrig. Vor allem an eine Verlegung der Gefangenen ins Ausland war nach Auffassung der Hochkommission angesichts der zu erwartenden deutschen Proteste nicht zu denken.[46] Auch eine fortgesetzte Inhaftierung der Kriegsverbrecher unter internationaler Kontrolle galt, so verlockend es klang, als kaum realistisch: Welcher andere Staat würde sich schon für eine so undankbare Aufgabe hergeben![47]

Auf der Suche nach einem gangbaren Weg blickte der britische Hochkommissar Kirkpatrick auch ins Ausland. Seinem Rechtsberater gab er Weisung, die Behandlung der Kriegsverbrecherfrage in Italien und Japan

Der amerikanische Außenminister Dean Acheson (links) im Gespräch mit seinem französischen Amtskollegen Robert Schuman.

mit in die Überlegungen einzubeziehen.[48] Auf eine entsprechende Anfrage der Hochkommission in Rom gab die dortige britische Botschaft einen kurzen Abriß dieser »traurigen Geschichte«.[49]

Im Oktober 1946 war die Regierung in Rom wegen des Abzugs britischer Truppen aus dem südlichen Italien aufgefordert worden, die durch britische Gerichte verurteilten italienischen Kriegsverbrecher selbst zu inhaftieren, was auch geschah. Immer wieder flammten dann gegen Ende der vierziger Jahre Pressekampagnen auf, die sich gegen die Inhaftierung von Kriegsverbrechern wandten. Die italienische Regierung geriet zunehmend unter Druck und drang nun ihrerseits immer energischer auf eine Revision der Urteile. 1949 schließlich übertrug London der Regierung in Rom weitreichende Vollmachten für Begnadigungen. Die Folgen ließen nicht lange auf sich warten: Innerhalb von zwei Jahren wurden – bis auf zwei – alle inhaftierten Kriegsverbrecher entlassen. Die britische Botschaft in Rom war machtlos. Im Herbst 1950 hatte man ein letztes Mal versucht, eine Übereinkunft mit der italienischen Regierung zu erzielen – vergeblich: »Die Vögel ließ man schneller aus dem Käfig flattern, als daß solche Regelungen auch nur hätten diskutiert werden können.« Der Bericht der britischen Botschaft in Rom schloß:

> »Zu keinem Zeitpunkt hat die italienische Regierung in der offiziellen Korrespondenz auch nur im geringsten die Abscheulichkeit der Verbrechen anerkannt, für die diese Männer verurteilt worden waren. Von seiten der Botschaft haben wir immer wieder auf die Art der Verbrechen hingewiesen, aber unsere Proteste hatten [...] keinerlei praktischen Nutzen.«[50]

Das Kriegsverbrecherproblem sorgte also nicht nur in Deutschland für erregte Kommentare; nicht nur dort wurde Gnade vor Strafe gefordert. Das italienische Beispiel konnte für die Briten kaum richtungsweisend sein; so einfach sollten die deutschen »Vögel« doch nicht aus ihren Käfigen gelassen werden. Japan bot sich schon eher als Vorbild an. In Artikel 11 des Friedensvertrages von San Francisco vom September 1951 erkannte die japanische Regierung die alliierten Urteile gegen Kriegsverbrecher als verbindlich an. Gleichzeitig verpflichtete sich Tokio, die Strafen zu vollziehen, während das Begnadigungsrecht bei den westlichen Siegermächten verblieb.

Das japanische Modell wurde im Hinblick auf seine Übertragbarkeit auf deutsche Verhältnisse intensiv diskutiert. Für das amerikanische State Department erschien die mit Japan ausgehandelte Regelung attraktiv, weil die verurteilende Macht in der Gnadenfrage das letzte Wort behielt – Acheson hatte dies in Washington gefordert.[51] Kirkpatrick war allerdings skeptisch. Er bezweifelte, daß Bundesregierung und Bundestag wie Japan die alliierten Urteile als verbindlich akzeptieren würden.[52]

Was er denn für Lösungsvorschläge habe, wurde schließlich Adenauer von McCloy gefragt. Der Kanzler hatte wenig anzubieten, er versprach eine Prüfung der alliierten Ideen und gab sich optimistisch.[53]

Daß dem Kanzler nur reichlich diffuse Lösungsideen durch den Kopf gingen, erfuhren Journalisten, die sich kurz vor dem Außenministertreffen in Paris bei ihm zu einem seiner Pressetees eingefunden hatten. Der Kanzler räsonierte über die Kriegsverbrecherfrage, ohne daß hieraus letzte Klarheit über seine wirkliche Position zu gewinnen gewesen wäre: »[…] Nun liegen die Dinge bei uns so«, sagte der Kanzler, »daß unter den Verurteilten sicher ein gewisser Prozentsatz ist, auf die das Wort ›Kriegsverbrecher‹ absolut paßt und die ihre Strafe zu Recht erhalten haben. Andere sind da, die sicher zu hart und zu Unrecht bestraft worden sind. Ich möchte Ihnen ungezwungen meine Meinung sagen, daß die Bundesregierung diese Verurteilungen als zu Recht bestehend anerkennt.« Deutete er hier eine Anerkennung der alliierten Urteile nach dem Vorbild Japans an? Daß zu *Recht* etwas anderes bedeutete als *rechtmäßig*, erfuhren die Journalisten anschließend: Man müsse einen Weg finden, »der zwar nicht die Anerkennung der Urteile für die Bundesregierung mit sich bringt, der aber sehr wohl uns die Leute zur Strafverbüßung übergibt«. Er bat schließlich, mit Rücksicht auf französische Empfindlichkeiten, nichts über das Thema an die Öffentlichkeit zu bringen.[54]

DAS BRITISCHE LÖSUNGSKONZEPT

Im Herbst 1951 wurde die britische Insel vom Wahlkampf beherrscht. Sir Hartley Shawcross zögerte nicht, in diesem Rahmen auch eine deutschlandpolitische Waffe einzusetzen: das Kriegsverbrecherproblem. Konkret ging es um ein Buch des Manstein-Verteidigers und Labour-

Angeordneten Reginald T. Paget,[55] gegen das er öffentlich Stellung
beziehen wollte. Das Büro des Premierministers erhielt vorab sein
Manuskript. Darin klagte Shawcross die Führer des Neonazismus in
Deutschland an: Diese hätten nicht erkannt, »daß sie besiegte Feinde
sind«, und noch weniger sei ihnen bewußt, »welch grausame Verbrechen die Nazis begangen haben«.

Das Büro des Premierministers empfand genau diese Passage als zu
scharf. Auch das Foreign Office fürchtete, selbst wenn daran einiges
richtig sei, so könnten doch derartige Aussagen eines Kabinettsmitglieds
das komplizierte deutsch-alliierte Verhältnis nachhaltig stören.[56] In Downing Street Nr. 10 war man sich andererseits darüber im klaren, daß
solche Worte im Wahlkampf sehr wohl notwendig werden könnten.[57]

Die Labour-Regierung wurde natürlich nicht wegen ihrer Deutschlandpolitik, am allerwenigsten wegen ihrer Kriegsverbrecherpolitik abge-
wählt. Presse, Wohlfahrtsstaat, Gewerkschaften – so lauteten die Wahl-
kampfthemen.[58] Daß jedoch der Regierungswechsel auch einen Kurswechsel in der Kriegsverbrecherfrage mit sich bringen würde, hatte
bereits die amerikanische Botschaft in London orakelt.[59]

Wäre nicht von dem neuen politischen Gespann Winston Chur-
chill/Anthony Eden, welches die britische Insel durch die Stürme des
Zweiten Weltkriegs geführt hatte, eine geschichtsbewußte Politik gegenüber Deutschland zu erwarten gewesen?[60] Eine Politik, welche die zu-
rückliegende deutsch-britische Vergangenheit auch als Last und Belastung für die Gegenwart empfand?

Churchills Haltung zum Nürnberger Prozeß im Jahre 1946 war, folgt
man seinen vereinzelt überlieferten Aussagen hierzu, ambivalent. Öffentlich betonte er die Rechtmäßigkeit des Tribunals und unterstrich die
Schwere der den Angeklagten zur Last gelegten Verbrechen,[61] gleichzeitig aber wandte er sich gegen eine Stigmatisierung aller Deutschen.[62]
Intern klang der Kriegspremier anders – so nämlich, als sei er davon
überzeugt, daß Nürnberg kaum mehr war als der Richtspruch des Siegers
über den Besiegten. »Über Schlachtfeldern wächst Gras, über Galgen nie«
– mit diesen Worten zitierte ein Nürnberger Verteidiger den Premierminister.[63] Lord Ismay, einer der engsten militärischen Berater des Premiers
während des Zweiten Weltkriegs, erinnerte sich an eine Unterhaltung mit
Churchill kurz nach der Urteilsverkündung in Nürnberg. Dieser habe
gesagt, das Ergebnis zeige erneut, wie wichtig es sei, einen Krieg zu

gewinnen: »Sie und ich«, so Churchill, »wären in einer ziemlich mißlichen Lage, wenn wir verloren hätten.«[64]

Mit der Umerziehung der Deutschen hatte er als Premierminister zudem nur noch wenig im Sinn. Als ihm Anfang 1952 ein Bericht über die Kosten britischer Erziehungs- und Informationstätigkeit in Deutschland vorgelegt wurde, notierte er für seinen Außenminister nicht ohne Zynismus:

> »Der Versuch der Sieger, die Besiegten zu erziehen, wird wahrscheinlich nicht den Lauf der Dinge beeinflussen, hingegen aber Leute mit den allerbesten Absichten mit einer beträchtlichen Zahl von Jobs versorgen. Deutschland als gleichberechtigt und als Freund und Alliierten behandeln, es in der NATO [also nicht in der EVG] U. B.] willkommen heißen, die Dummheit, Helgoland für Bombenübungen zu benutzen, aufzugeben – [...] all das wären Gesten, die in ganz Deutschland verstanden würden, und das würde in einem Monat weitaus mehr erreichen als all die teure Erziehung in Jahren.«[65]

Als neugewählter Premier sah Churchill eine Chance, die von ihm stets mißbilligten Urteile gegen von Manstein und andere deutsche Militärs rückgängig zu machen. Kaum hatte er sein Amt angetreten, da forderte er von seinem Außenminister einen Bericht über die »noch inhaftierten deutschen Generäle einschließlich Heß«.[66]

Auch im Foreign Office war durch den Regierungswechsel ein Umdenken in Gang gekommen.[67] Den neuen Vorstellungen der Deutschlandabteilung lag die »japanische Lösung« einer Übernahme der Kriegsverbrecher durch die Bundesregierung zugrunde – freilich in wesentlich eingeschränkter Form. Verglichen mit Japan oder Italien befand sich die Bundesrepublik in einer stärkeren Verhandlungsposition (»bargaining position«): Anders als von Japan forderte man von Deutschland die Aufstellung einer Armee. Außerdem sollte die Bundesrepublik in die westliche Gemeinschaft integriert werden. Und es waren nicht zuletzt die Verbände ehemaliger Soldaten, die in der Kriegsverbrecherfrage innenpolitisch Druck ausübten.[68] Von der Bundesregierung sollte anders als im Falle Japans keine Anerkennung der alliierten Urteile gefordert werden. Zur Prüfung der Haftstrafen griff man wieder auf den Gedanken eines *gemischten Gnadenausschusses* zurück, der aus einem alliierten, einem deutschen und einem neutralen Mitglied bestehen sollte. Diesem Gremium würde künftig jede Gnadenentscheidung zukommen; der Außenminister wäre damit von seiner Verantwortung entbunden worden. Der Neutrale im Bunde sollte bei Pattsituationen zwischen Deutschen und Alliierten den Ausschlag geben.

Waren unter der Labour-Regierung die Vorstöße des Foreign Office zur Politisierung der Kriegsverbrecherfrage noch vorsichtig tastend gewesen, so gab die konservative Regierung diese Zurückhaltung auf. Hatte sich nicht noch im September Herbert Morrison eindeutig dafür ausgesprochen, die Deutschen in alliierter Haft zu belassen? Nun wollte das Foreign Office die Kriegsverbrecher den Deutschen übergeben, und mehr noch: Sogar die Zuständigkeit für Begnadigungen sollte einem gemischten Ausschuß – und damit letztlich einer supranationalen Autorität – übertragen werden. Die Tagespolitik verschaffte Deutschland eine vorteilhafte Position.

Außenminister Eden stimmte der neuen Linie seines Ministeriums grundsätzlich zu.[69] Ob auch Adenauer einverstanden war, konnte schon bald ausgelotet werden, denn Anfang Dezember trat dieser seine erste Englandreise an. Vor seiner Abreise hatte der Kanzler öffentlich sein besonderes Interesse an der Kriegsverbrecherfrage betont. Anders als früher hob er jedoch nicht mehr auf die »einfachen Soldaten« ab, sondern nannte explizit die Fälle von Manstein und Kesselring, die beide in britischer Haft einsaßen.[70] Durch seinen politischen Intimus Herbert Blankenhorn ließ er London wissen, er wolle im Hinblick auf Werl mit einer Geste des guten Willens nach Hause zurückkehren; auch hier fielen die Namen der beiden prominentesten Häftlinge.[71] Einmal engagierte sich Adenauer nur für die »Kleinen«, dann wieder allein für die »Großen«: Die Haltung des Kanzlers in der Kriegsverbrecherfrage war keineswegs frei von Widersprüchen.

Er habe während seines England-Aufenthaltes das Empfinden gehabt, »daß dieser Besuch den Schlußstrich unter die Vergangenheit ziehen sollte und konnte«, schrieb Adenauer später in seinen Memoiren.[72] Zumindest was den Schlußstrich unter die Kriegsverbrecherfrage betraf, fand er bei Premierminister Churchill offene Ohren. Er habe sich immer für Ritterlichkeit eingesetzt, gestand der britische Premier Adenauer am 4. Dezember; die verspäteten Kriegsverbrecherprozesse habe er immer gehaßt. Gleichzeitig erinnerte Churchill an sein eigenes Engagement für die Verteidigung von Mansteins. Und er klagte: Manstein sei es in der Gefangenschaft gut gegangen, er habe sogar Golf spielen können, bis ihn dann die Labour-Regierung eingekerkert habe. Aber er warnte auch: Konzessionen der britischen Regierung dürften nicht direkt mit der Englandreise des Kanzlers in Verbindung gebracht werden. »Es darf nicht wie ein Geschäft aussehen«, so Churchill, und auch Eden wollte das Ganze nicht als Kuhhandel erscheinen lassen. Immerhin deutete er dem Kanzler an, man plane, die Internierungszeiten vor der Urteilsverkündung auf die Haftstrafe anzurechnen; das Kabinett mußte nur noch zustimmen. Ein Sechstel der Werl-Häftlinge könnte dann umgehend entlassen werden, so versprach man Adenauer.[73]

Der Kanzler schnitt das Thema am nächsten Tag gegenüber Eden noch einmal an. Adenauer bekundete Bereitschaft, die Häftlinge in den deutschen Strafvollzug zu übernehmen, sollte ein Gnadenausschuß eingerichtet werden: Es gehe ihm dabei nicht um die Freilassung »gefährlicher Individuen«, vielmehr um die Beruhigung der öffentlichen Meinung im eigenen Land. Wenn sich die Bundesregierung entschließe, den harten Kern der Gefangenen zu übernehmen, dann müsse den Deutschen gezeigt werden, daß mit der Inhaftierung Recht geschehe. Anderenfalls bestehe die Gefahr rechts gerichteter feindlicher Propaganda.[74]

Adenauer sprach das Thema Rechtsradikalismus an, welches während seiner London-Reise hohe Wellen geschlagen hatte.[75] Die Sozialistische Reichspartei hatte eine neue Kampagne in der Kriegsverbrecherfrage gestartet.[76] Öl auf die Flamme goß ausgerechnet die Rede eines Kabinettsmitglieds: Bundesverkehrsminister Seebohms. Der DP-Politiker beklagte das Diktat von Versailles, und nationalistisch bis nationalsozialistisch klang es in englischen Ohren, wenn er sagte: »Wir neigen uns in Ehrfurcht vor jedem Symbol unseres Volkes – ich sage ausdrücklich vor jedem –, unter dem deutsche Menschen ihr Leben für ihr Vaterland geopfert haben«, waren darunter doch auch NS-Auszeichnungen zu verstehen.[77] Die Hohen Kommissare protestierten scharf gegen die Äußerungen Seebohms.[78] Der Kanzler betonte postwendend, solange er Kanzler sei, werde die Bundesregierung sich entschieden jeder Wiedergeburt eines wie auch immer gearteten Nationalsozialismus widersetzen.[79]

Adenauer hatte England noch nicht verlassen, da lag dem britischen Kabinett die Kriegsverbrecherproblematik erneut zur Entscheidung vor.

Was dem Kanzler bereits angedeutet worden war, fand nun das prinzipielle Einverständnis der Ministerrunde: Internierungszeiten vor der Verurteilung wie etwa Kriegsgefangenschaft sollten künftig auf die Gesamt-
strafe angerechnet werden.[80] Am 19. Dezember beschäftigte sich das
Kabinett dann mit den Empfehlungen des Foreign Office für die weitere
Behandlung der Kriegsverbrecherfrage. Sie lauteten: Übernahme der
Häftlinge in den deutschen Strafvollzug; Einrichtung eines Gnadenausschusses aus einem deutschen, einem alliierten und einem neutralen
Mitglied mit dem Recht zu bindenden Entschlüssen. Die Urteile selbst
sollte dieses Gremium jedoch nicht anfechten dürfen.[81]

Das Kabinett verabschiedete die neuen Pläne des Foreign Office. Die
Minister äußerten lediglich Zweifel, ob es ratsam sei, dem neutralen
Mitglied im Gnadenausschuß die ausschlaggebende Stimme zuzubilligen.
Auch Eden hatte intern vor einer so weitreichenden Aufgabe eigener
Kompetenzen gewarnt.[82] Immerhin: Die deutschen Verbrechen hatten
»das Gewissen der ganzen Welt herausgefordert«, so das Kabinettsproto-
koll. Aber nur noch am Rande der Sitzung der britischen Regierung fiel
dieses Argument – immerhin einst das Hauptmotiv britischer Kriegsverbrecherprozesse.[83]

DIE ÜBEREINKUNFT DER
LONDONER AUSSENMINISTERKONFERENZ

Unmittelbar nach den Weichenstellungen in London wurden Adenauer
die neuen Entscheidungen vorgelegt. Der Kanzler signalisierte Zustimmung – vorausgesetzt, der Bundesrepublik werde keine offizielle Anerkennung der Urteile abverlangt.[84] Worüber in London und Bonn Einigkeit erzielt war, traf allerdings in Washington auf Ablehnung. Das State
Department mißbilligte, daß der Gnadenausschuß bindende Entscheidungen treffen sollte. Das Gnadenrecht wollte Washington nicht preisge-
ben.[85] Eben deshalb fand auch das neutrale Mitglied des Ausschusses
keine Zustimmung.[86] Amerikanische Militärkreise reagierten ebenfalls
ablehnend. General Thomas Handy mag sich noch an seine Rolle im
Vorfeld der Landsberg-Begnadigungen erinnert haben, als er gegen eine
Übergabe der Kriegsverbrecher in den deutschen Strafvollzug plädierte:

»Die Bundesregierung und das deutsche Volk betrachten viele der Kriegsverbrecher nicht als Verbrecher, sondern eher als politische und militärische Märtyrer; Erfahrungen mit der deutschen Regierung im Hinblick auf recht ähnliche Typen von Verbrechern nach dem Ersten Weltkrieg zeigten mangelndes deutsches Verantwortungsbewußtsein bei der Ausführung der Verpflichtungen. Kürzlich gewonnene Erfahrungen mit deutschen Justizbehörden, denen Gefangene überantwortet worden waren, zeigten exzessive Nachlässigkeit und Günstlingswirtschaft [...].«[87]

Am 24. Januar trafen sich die drei Hochkommissare zu einem informellen Meinungsaustausch über die britischen Vorschläge. Dabei kam heraus, daß auch François-Poncet nur einem beratenden Gnadenausschuß zustimmen würde; immerhin wollte er bei Einstimmigkeit bindende Entscheidungen einräumen.[88] Trotz zäher Verhandlungen konnte sich die Hohe Kommission nicht auf eine gemeinsame Position in der Kriegsverbrecherfrage verständigen.[89]

Dies wollten die Außenminister nachholen, als sie im Februar nach London reisten. Am 6. Februar 1952 war König Georg VI. gestorben, und zu seiner Beisetzung trafen sich Staatsmänner, gekrönte und ungekrönte Häupter aus aller Welt in der britischen Metropole. Nicht nur dem strengen Protokoll der Beisetzungsfeierlichkeiten taten die Versammelten Genüge, auch Politik – Deutschlandpolitik – stand in London auf der Tagesordnung, und damit die noch ungelöste Kriegsverbrecherfrage.

Im Vorfeld des Treffens der Außenminister versuchte Eden, gebunden an eine erneute Entscheidung des Kabinetts,[90] seinem amerikanischen Amtskollegen die Vorzüge der britischen Überlegungen zur Kriegsverbrecherfrage darzulegen – vergeblich. McCloy sah das gesamte alliierte Kriegsverbrecherprogramm in Gefahr, sollte der gemischte Gnadenausschuß bindende Entscheidungen fällen dürfen. So blieb nur ein Kompromiß: Acheson nahm den Vorschlag des französischen Hochkommissars auf, einstimmigen Voten bindende Kraft zuzubilligen.[91] Eden stimmte schließlich zu, und auch Schuman verschloß sich dieser Übereinkunft nicht, welche Adenauer, der ebenfalls nach London reiste, vorgelegt werden sollte: Die Bundesregierung verpflichtete sich zum Strafvollzug der Kriegsverbrecher. Ein Gnadenausschuß aus sechs Mitgliedern – drei Deutschen und je einem Repräsentanten der drei Mächte – sollte gebildet

Trauerfeierlichkeiten
für König Georg VI.
im Februar 1952
in London.

werden, um die Haftstrafen auf Begnadigungswürdigkeit zu prüfen. Außer bei einstimmigen Entscheidungen hätte der Ausschuß nur beratende Funktion.[92]

Adenauer akzeptierte die alliierten Pläne im Grundsatz.[93] Nur behagte ihm das Wort Gnade nicht: »Gnade« lasse eine deutsche Anerkennung der Urteilssprüche vermuten. Der von ihm bevorzugte Begriff »Straferlaß« ging dem aus dem Weg.[94] Aus dem *Gnadenausschuß* wurde deshalb der *Beratungsausschuß*.[95] Einen Etikettenschwindel erkannten die versammelten Außenminister darin nicht. Sie übersahen wohl, daß der Kanzler damit ein ganz entscheidendes Problem angesprochen hatte. Die Westmächte verzichteten also letztlich darauf, dieses rechtlich wie politisch vertrackte Problem der deutschen Anerkennung alliierter Kriegsverbrecherurteile auszudiskutieren.[96] Schließlich hieß es in dem in London vereinbarten Text der Übereinkunft nur, der zu schaffende Ausschuß dürfe die Gültigkeit der alliierten Urteile nicht anfechten. Hier lag ein Versäumnis, welches sich rächen sollte!

4. DIE KRIEGSVERBRECHERFRAGE
IM DEUTSCHLANDVERTRAG

Das Thema Kriegsverbrecher sei für die Deutschen, so eröffnete der Kanzler den in London versammelten Außenministern, von großer psychologischer Bedeutung. Erneut distanzierte sich Adenauer von wirklichen Verbrechern – deren Begnadigung wolle niemand.

Wer aber sollten die *wirklichen Verbrecher* sein? Bekanntermaßen war man hierüber im Westen anderer Auffassung als in Deutschland. Um die Positionen auf einen gemeinsamen Nenner zu bringen, unterbreitete Adenauer in London einen eigenartigen Vorschlag. In Deutschland würde es begrüßt, wenn frühere Straftaten von Kriegsverbrechern der Öffentlichkeit bekannt gemacht würden, so der Kanzler. Bei den westlichen Außenministern traf er zunächst auf Unverständnis. »Ich glaube, ich bin mißverstanden worden. [...] Es sollte von vornherein gesagt und durch Beweise belegt werden, daß es unter den Kriegsverbrechern einige gibt, die Vorstrafen haben.«[1] Ohne recht zu wissen, was der Vorstoß des deutschen Regierungschefs bedeute, verwiesen Acheson, Eden und Schuman die Angelegenheit an die Hochkommission.

Der Kanzler hielt offenbar weiterhin an dem Gedanken fest, der Kriegsverbrecherfrage durch den Gang an die Öffentlichkeit ihre innenpolitische Sprengkraft nehmen zu können. Gegenüber Reportern entfaltete Adenauer einige Wochen später noch einmal seine Überlegungen: »Das sind [...] in einer ganzen Reihe von Fällen – ich weiß nicht den Prozentsatz – ganz schwere, richtiggehende Verbrecher, meist Leute, die deutsche Vorstrafen haben, und diese würden natürlich ohne weiteres – sehr schnell kann man das feststellen – ausgesondert werden, so daß dann verhältnismäßig wenig übrigbleibt.«[2] Zeigte sich der Jurist Adenauer hier als Anhänger der strafrechtlichen Tätertypenlehre – jener Lehre, die die Täter als personifiziertes Unrecht mit unabänderlichen kriminellen Eigenschaften festschrieb?

Oder war der Vorstoß des Kanzlers ein taktischer Schachzug? Er wußte: Die Freilassung aller Häftlinge ließ sich den Westmächten kaum abringen, einige würden weiter in alliierten Haftanstalten bleiben. Warum sollten dann nicht diejenigen bleiben, die nach den Maßstäben des deutschen Rechts schon vor dem Krieg straffällig geworden waren.[3]

Die Motive Adenauers können aus den überlieferten Quellen nicht erklärt werden. Die Folgen allerdings sind rekonstruierbar; Adenauers Idee verlief im bürokratischen Sande: Am 28. Februar beauftragte die Hochkommission eine Expertengruppe, Zusammenfassungen der persönlichen Akten von Kriegsverbrechern zu erarbeiten.[4] Die Fälle sollten in vier Kategorien unterteilt werden:

1. Inhaftierte mit Vorstrafen.
2. Verurteilte, die persönlich einen Mord begangen hatten (im Gegensatz zu den Befehlsgebern).
3. Gefangene, die wegen Grausamkeiten in Konzentrationslagern verurteilt worden waren.
4. Frühere Militärführer, die wegen Kriegsverbrechen verurteilt worden waren.[5]

Der Sinn einer derartigen Aufschlüsselung von Verbrechenskomplexen wurde schon bald intern in Frage gestellt. Amerikanischen Armeestellen erschien sie weder praktikabel noch wünschenswert.[6] Das State Department wollte deutschen Amnestiebefürwortern keine fertige Prioritätenliste für deren Forderungen liefern.[7] Die Gefahr eines solchen »Bumerang-Effekts« sah man auch im Foreign Office. Das Ziel der Veröffentlichung von Einzelfällen dürfe nicht aus dem Auge verloren werden, nämlich »die Aufmerksamkeit auf diejenigen Kriegsverbrecher zu lenken, für die ›anständige‹ Deutsche keine Sympathie zeigen können, wenigstens nicht offen«.[8]

Ohnehin wären nur wenige Kriegsverbrecher in die Gruppe jener gefallen, die eine »normale« kriminelle Vorkarriere hatten.[9] Adenauers ursprüngliche Idee war also hinfällig geworden; daß Kriegsverbrecher in vielen Fällen zugleich gemeine Verbrecher seien, war schlichtweg falsch.

Am 5. Juni meldete der Ausschuß die Beendigung seiner Arbeit.[10] Die Hochkommission entschied gegen eine Übergabe der Ergebnisse an die Bundesregierung;[11] je mehr man sich der Frage gewidmet habe, desto größer sei der Zweifel am Wert einer solchen Veröffentlichung geworden, schrieb ein Beamter des britischen Hochkommissariats später, ohne dies näher zu begründen. Der Kanzler hatte die Sache nicht mehr angesprochen; die Informationen wurden ad acta gelegt.[12]

Gescheitert war damit auch ein weiterer Versuch, die Kriegsverbrecherfrage aus der Obskurität vermeintlicher »Siegerjustiz« ans Licht der deutschen Öffentlichkeit zu bringen.

DAS SCHEITERN DER LONDONER VEREINBARUNGEN

In Bonn schmiedete man weitreichende Pläne. Nicht weniger als die »Endlösung des sogenannten Kriegsverbrecherproblems«[13] strebten Beamte des Auswärtigen Amtes an – Beamte, die in ungebrochener historischer Kontinuität Aktenbände mit dem Titel »Rasse- und Nationalitätenfragen, Judenfrage und Antisemitismus« beschrifteten –,[14] sollte auf die Endlösung der Judenfrage nun die Endlösung der Kriegsverbrecherfrage folgen?

Eine Form der »Endlösung« wurde seitens der Bundesrepublik nicht angestrebt: die Generalamnestie. Während seines ersten London-Aufenthalts im Dezember 1951 war Adenauer mit einem der prominentesten Befürworter eines solchen *Schlußstrichs* zusammengetroffen: Lord Maurice Pascal Alers Hankey, ehemals Mitglied des britischen Kriegskabinetts. Immerhin ist von Hankey die Aussage überliefert, die Alliierten hätten im Zweiten Weltkrieg genauso viele, wenn nicht schlimmere Verbrechen begangen als die Deutschen.[15] Hätte Adenauer je an die Möglichkeit einer Generalamnestie gedacht – bei Hankey wäre er auf begeisterte Zustimmung getroffen. Ausdrücklich aber wies der Kanzler diesen von Hankey geäußerten Gedanken zurück.[16]

Der Kanzler folgte ja einer Linie, die ein Engagement für die »wirklichen Verbrecher« stets ausgeschlossen hatte; aber auch der Auswärtige Ausschuß des Bundestages hatte am 15. November 1951 mehrheitlich die Forderung einer Generalamnestie abgelehnt und sich dem Beschluß des »Unterausschusses Kriegsgefangene« angeschlossen.[17] Eine Generalamnestie war von diesem als »zu weitgehend« verworfen worden, da damit Personen erfaßt würden, die sich auch nach deutscher Überzeu-

gung wirklicher Verbrechen schuldig gemacht hatten.[18] Gleichzeitig ließen die Abgeordneten keinen Zweifel daran, daß sie viele der Inhaftierten
für unschuldig hielten.[19] Aus den Reihen der Bundestagsabgeordneten
kam zum Beispiel der Vorschlag, die Verurteilten nach Verbüßung eines
Drittels der Strafe zu entlassen. Darüber hinaus wurde die Forderung
laut, die Fälle durch »wahrhaft überparteiische Gerichtsverfahren« prüfen
zu lassen.[20] Ebenso wurde von den Bundestagsabgeordneten die Einrichtung eines gemischten Gnadenausschusses ins Auge gefaßt.

Schon damals aber waren Bedenken geäußert worden, Inhaftierte in
den deutschen Strafvollzug zu übernehmen. Spätestens vor seiner London-Reise im Februar 1952 hätte dem Kanzler klar sein müssen, welche
juristischen und politischen Fußangeln in einer solchen Regelung lauer-
ten. In seinem Reisegepäck befand sich ein Memorandum zur Kriegsverbrecherfrage von Justizminister Thomas Dehler. Auf der Grundlage der
Entschließung des Auswärtigen Ausschusses stellte das Justizministerium
darin folgende Forderungen auf:[21]

1. Todesstrafen werden nicht mehr vollstreckt.
2. Verurteilte, die ein Drittel der Strafe verbüßt haben, werden freigelassen [...].
3. Die übrigen Inhaftierten werden von gemischten Kommissionen überprüft, und zwar unter einem neutralen Vorsitzenden.

Die Strafvollstreckung sollte folgendermaßen geregelt werden:

1. Gefangene, deren Urteile der Prüfung der gemischten Kommission
   unterliegen, sind getrennt von Gefangenen anderer Art in Deutschland
   unterzubringen.
2. Die Anstalt steht unter Leitung eines Angehörigen eines neutralen
   Staates.

In einer ausführlichen Begründung wandte sich das Justizressort gegen
eine Übertragung des Strafvollzugs auf deutsche Stellen. Auch nur der
Anschein einer Anerkennung der alliierten Urteile sollte vermieden werden.[22] Kaum aus der britischen Hauptstadt zurück, wurde der Kanzler von
Dehler vor einer möglichen Verfassungswidrigkeit der in London erzielten Übereinkunft gewarnt.[23] Adenauer als Regierungschef und auch

Außenminister seiner »Kanzlerdemokratie« (Arnulf Baring) hatte sich offenbar über juristische und politische Bedenken hinweggesetzt, als er in London auf das Angebot der Westmächte eingegangen war. Nun galt es, eine neue Variante zu finden.[24]

Als sich die Außenminister Großbritanniens, Frankreichs und der USA Ende Mai in Bonn zur Unterzeichnung des Deutschlandvertrages aufmachten, hielten sie eine von den Hochkommissaren vorbereitete Neufassung des Artikels zur Kriegsverbrecherproblematik schon in Händen. Mit Adenauer war vereinbart worden, daß sich die Alliierten den Strafvollzug weiter vorbehalten würden, und zwar so lange, bis die Bundesrepublik sich in der Lage sehe, die Kriegsverbrecher selbst zu übernehmen.[25]

Das britische Kabinett stimmte der neuen Regelung am 7. Mai aus Mangel an Alternativen zu.[26]

Adenauer hingegen stand weiterhin unter dem Druck seiner Koalitionspartner. Ihm mag noch der geschichtsträchtige Vergleich zwischen Deutschlandvertrag und Versailler Abkommen durch den DP-Fraktionsvorsitzenden Hans Mühlenfeld im Ohr geklungen haben. Dieser wollte eher die Russen einmarschieren lassen, als daß er Beihilfe leisten würde, die Bundesrepublik auf den Status einer Marionette herabzusenken.[27] Gerade die DP war es, die Entlassungen von Kriegsverbrechern wie von Manstein oder Kesselring als Zeichen guten Willens forderte.[28] Auch das Auswärtige Amt knüpfte erhebliche Erwartungen an die Gespräche des Kanzlers mit den Außenministern.[29]

Adenauer drängte deshalb auf weitere Zugeständnisse.[30] In Vorgesprächen kamen die westlichen Außenminister überein, Adenauer zu versichern, daß bis zur Ratifizierung der Verträge Begnadigungen wie bisher vorgenommen würden.[31] Das aber reichte dem Kanzler nicht. Nicht so *wie* bisher, sondern *mehr* als bisher sollte begnadigt werden, betonte der Kanzler am 25. Mai gegenüber den versammelten Außenministern.[32] Früher, so der Kanzler, seien bei der Geburt von Königen Gnadenakte in größerem Umfang ausgesprochen worden, und er wünsche sich, daß die Geburt des Generalvertrages unter ähnlichen Zeichen vonstatten gehe. Natürlich fehlte auch diesmal nicht das Eingeständnis, daß sich unter den Häftlingen durchaus Verbrecher befänden. Eden nahm dies auf: In der Tat sei man nach all den Begnadigungen bei den wirklich schweren Fällen angelangt. Und deren Freilassung wolle auch er, Adenauer, sicher nicht. Wenn dies als

Kritik gedacht war, überhörte sie der Kanzler geflissentlich. Es sei wichtig zu zeigen, schloß dieser das Gespräch, daß gegenüber der unmittelbaren Nachkriegszeit eine neue Atmosphäre geschaffen worden sei.

Der Kanzler erzielte keine konkreten Ergebnisse, abgesehen von der Zusage, die Begnadigungen würden wie bisher weitergehen. Aber immerhin war durch die Unterzeichnung des Deutschlandvertrages ein institutioneller Rahmen für die Gnadenfrage gefunden worden. Durch Artikel 6 des »Vertrages zur Regelung aus Krieg und Besatzung entstandener Fragen« schien die Kriegsverbrecherfrage entschärft.

Die Ratifizierungsdebatte in Deutschland und das Kriegsverbrecherproblem

Um die Ratifizierung des Deutschlandvertrags setzte in der Folgezeit ein heftiges politisches Ringen ein. Die Klausel, welche die Bildung eines gemischten Ausschusses vorsah, stand neben anderen Punkten im Kreuzfeuer der Kritik. Überhaupt: Solange das Vertragswerk nicht durch die Parlamente verabschiedet war, würde es keinen Gnadenausschuß geben.

Die Kirchen meldeten sich in dieser Situation einmal mehr zu Wort.[33] Bedrohlich für den Kanzler aber war, daß seine Koalitionspartner die Regelung des Kriegsverbrecherproblems in Frage stellten. In einem vierseitigen Schreiben an Adenauer faßte Bundesverkehrsminister Seebohm die Vorbehalte der DP zusammen. Er erwähnte dabei die »nicht zu unterschätzende Rechtsopposition«, die alles unternehmen werde, um »die in der ›Kriegsverbrecherfrage‹ sehr empfindliche Bevölkerung bis weit in die hinter den bürgerlichen Parteien stehenden Kreise hinein propagandistisch aufzuputschen und zu radikalisieren und das Vertragswerk doch noch zum Scheitern zu bringen«. Unterstrichen und gesperrt getippt war dann die Hauptforderung:

»Die deutsche Bevölkerung erwartet als Auswirkung des Vertragswerkes und insbesondere als Vorbedingung für einen Verteidigungsbeitrag die alsbaldige Freilassung aller derjenigen politischen Häftlinge [sic. U. B.], die nach deutscher Rechtsauffassung und aufgrund deutscher Gesetze nicht länger ihrer Freiheit beraubt sein dürfen.«[34]

Auch Parteichef Hellwege meinte, »daß alle aus ihren Zellen heraus müssen, soweit es sich nicht um gemeine kriminelle Verbrecher handelt, die eine längere Strafe verdienen«.[35]

Zunehmend mischte sich nun auch Kritik des liberalen – bisweilen deutlich nationalliberalen – Koalitionspartners in die Debatte.[36] Die notorisch rechtslastige nordrhein-westfälische FDP unter Friedrich Middelhauve hatte eine breite Kampagne zur Herbeiführung der Generalamnestie gestartet und konnte dabei angeblich auf die Unterstützung von SPD-Abgeordneten wie Herbert Wehner und Carlo Schmid bauen.[37] Auf Bundesebene war es vor allem Erich Mende, FDP-Bundestagsabgeordneter und hochdekorierter Major der Wehrmacht, der aufgrund ausbleibender Begnadigungen die Stimmung gegen den Generalvertrag anheizte. Viele Kriegsverbrecher waren seiner Auffassung nach Opfer einer »Morgenthau-Psychose«: Was hätten deutsche Militärführer denn anderes getan als die alliierten Kommandanten in Korea? Mende bedauerte, daß die Alliierten zum 8. Mai keine Generalamnestie erlassen hatten,[38] denn nur fünf bis zehn Prozent der Verurteilten hielt er nach deutschen strafrechtlichen Maßstäben für schuldig.[39] Und der FDP-Politiker widersprach seiner Parteifreundin Margarethe Hütter nicht, als diese gegenüber dem amerikanischen Hochkommissar die Freilassung der von den USA verurteilten NS-Ärzte forderte, nämlich mit dem Argument, die USA hätte ähnliche medizinische Experimente durchgeführt.[40] Das State Department sah sich daraufhin zu der Klarstellung veranlaßt, daß medizinische Versuche durch die USA selbstverständlich nur auf freiwilliger Grundlage durchgeführt worden waren.[41] Mende ging davon aus, daß einige Mitglieder der FDP-Fraktion aus Unzufriedenheit hinsichtlich der Kriegsverbrecherfrage gegen das Vertragswerk stimmen würden.[42] Mende war es auch, der eine Liste mit denjenigen Verbrechern aufstellte, deren Entlassung er für vorrangig hielt.[43]

Hinzu kam, daß auch der Auswärtige Ausschuß unter dem Vorsitz von Carlo Schmid ausgedehnte Entlassungen noch vor der offiziellen Einsetzung des gemischten Gnadenausschusses gefordert hatte.[44] Am 23. Oktober verhandelte der Ausschuß erneut über die Kriegsverbrecherproblematik; nun aber waren gemäßigtere Töne zu vernehmen. Die Ausschußmitglieder Gerstenmaier (CDU), Hütter (FDP), Erler und Wehner (SPD) forderten genauere Informationen über die einzelnen Fälle. Ein solcher Bericht sei wichtig, um dem immer mehr um sich greifenden »Mythos einer Kollektiv-Unschuld aller Kriegsverbrecher« entgegentreten zu können.[45]

Adenauer befand sich in der Zwickmühle. Er brauchte sowohl innenpolitische Unterstützung als auch die Zustimmung im Ausland für die von ihm mit aller Macht betriebene Integration des geschichtlich belasteten Deutschlands in den Westen. Die Konsequenz: Adenauer engagierte sich weiter in der Kriegsverbrecherfrage, ohne aber dieses Engagement zu weit zu treiben – das heißt, nicht so weit, daß es auf seine Außenpolitik zurückschlagen würde.

Adenauer schickte zunächst seine Berater vor, um gegenüber westlichen Gesprächspartnern die Agitation Mendes zu mißbilligen.[46] Der Staatssekretär im Auswärtigen Amt, Walter Hallstein, bedauerte die FDP-Kampagne; durch sie würden junge Leute nur aufgehetzt.[47] Auch Otto Lenz, Staatssekretär im Bundeskanzleramt, beklagte, die FDP mache viel Lärm um nichts.[48] Der Kanzler selbst forderte wiederum unter Hinweis auf seine innenpolitischen Nöte von den Alliierten weitere Begnadigungen.[49] In einem vertraulichen (allerdings für die Ohren der britischen Zeitungsleser gedachten) Hintergrundgespräch mit dem Journalisten Liddell Hart kam Adenauer dabei auf einen seiner Lieblingsgedanken zurück: »Er [Adenauer] treffe seine Entscheidung nicht danach, ob jemand einfacher Soldat oder General sei, sondern danach, ob er vor seiner Verurteilung als Kriegsverbrecher schon Vorstrafen gehabt und wirkliche Verbrechen begangen habe.« Daß in Landsberg, Werl und Wittlich kaum Inhaftierte mit solchen Vorstrafen einsaßen, wurde schon erwähnt. Warum aber erzählte der Kanzler dem britischen Journalisten die Geschichte einer Zeppelinbesatzung, die im Ersten Weltkrieg über England abgeschossen, gefangengenommen und zum Tode verurteilt worden war, um dann als angeblich Kranke in die neutrale Schweiz gebracht zu werden? Suggerierte er hiermit eine lautlose Begnadigung der Kriegsverbrecher aus vorgeschobenen medizinischen Gründen?[50] Eine Antwort lieferte der Kanzler nicht.

Am 17. September 1952 debattierte der Bundestag zweieinhalb Stunden lang über die Kriegsverbrecherfrage als Teil des Deutschlandvertrags. Anlaß war eine Interpellation der DP.[51] Bekannte Argumente wurden ausgetauscht. Der Kanzler aber nahm der Debatte die Schärfe, indem er ankündigte, er werde sich für eine Einrichtung des gemischten Ausschusses noch vor der Ratifizierung des Vertragswerks einsetzen.[52] Tatsächlich hatte er kurz vor der Bundestagssitzung einen entspre-

chenden Vorstoß bei den Alliierten unternommen.[53] Adenauer vertraute
dem amerikanischen Hochkommissar an, er denke an die Bildung des
Gremiums unmittelbar nach der deutschen Ratifizierung der Verträge.[54]
Das amerikanische State Department signalisierte bald Zustimmung.[55] In
London verhielt man sich zögerlicher.[56]

Für die französische Regierung aber schien aus innenpolitischen Gründen jegliche Änderung am Vertragswerk unannehmbar.[57] Schon im Februar war den Franzosen das Äußerste an Zugeständnissen abverlangt
worden. Die Übereinkunft galt intern als »ein deutlich versöhnliches
Entgegenkommen angesichts der Leiden der französischen Bevölkerung
unter der Besatzung«. Es erscheine »kaum möglich, auf dem Wege der
Aussöhnung noch weiter zu gehen«.[58] Die jüngste deutsch-französische
Geschichte war *ein* Grund für das französische Nein zu einer Nachbesse-
rung des Generalvertrags; im Oktober 1952 mischten sich in diese historische Perspektive aktuelle Probleme zwischen beiden Staaten, denn zum
wiederholten Male scheiterten deutsch-französische Verhandlungen über
die Zukunft des Saarlandes.[59] Der amerikanische Botschafter in Paris riet
deshalb dringend davon ab, den französischen Außenminister Schuman
auf die Kriegsverbrecherfrage anzusprechen. Der unsichere Stand der
Saar-Verhandlungen könne zu einer Versteifung der französischen Position führen: Ähnlich wie die Deutschen gingen auch die Franzosen das
Problem der Kriegsverbrecher eher emotional als logisch an.[60] In Paris
gab man sich zudem optimistisch, daß der Bundestag auch ohne vorzeitige Bildung des Gnadenausschusses das Vertragswerk ratifizieren würde.
Im Hinblick auf das eigene Land war man da nicht so sicher. Deshalb
warnte das französische Außenministerium, in der Kriegsverbrecherfrage
etwas zu unternehmen, was die Ratifizierung von EVG- und Deutschlandvertrag durch Frankreich in Frage stellen könnte.[61]

War im Herbst 1952 die parlamentarische Zustimmung in Deutschland
zum EVG- und Deutschlandvertrag mehr oder weniger fraglich, so wurde
sie in Paris immer lauter und immer offener in Frage gestellt und verzögert.[62] Die Verbindung zwischen Ratifikations- und Kriegsverbrecherdebatte gab es insofern in beiden Staaten – wenn auch in entgegengesetzter
Richtung. Während Bonn mehr Entgegenkommen forderte, warnte Paris
vor weiterer Nachgiebigkeit. Briten und Amerikaner verzichteten aufgrund
dieser Unwägbarkeiten darauf, im Sinne der Bonner Bitte nach einer vorzeitigen Einsetzung des Gnadenausschusses Druck auf Frankreich auszuüben.

5. GROSSBRITANNIEN UND DIE USA: SELBSTBEWUßTSEIN UND SELBSTZWEIFEL IN DER KRIEGSVERBRECHERFRAGE

Nie würden sich deutsche Bataillone dazu hergeben, unter dem Zellenfenster des eingekerkerten Generalfeldmarschalls Kesselring vorbeizumarschieren.[1] Der FDP-Fraktionsvorsitzende Euler brachte die Verbindung zwischen einem deutschen Verteidigungsbeitrag und der Kriegsverbrecherfrage bildlich auf den Punkt. Als die deutsche Bevölkerung im August 1953 befragt wurde: »Denken Sie, daß man den deutschen Soldaten wegen ihres Verhaltens in besetzten Gebieten während des letzten Krieges Vorwürfe machen kann?«, antworteten 55 Prozent mit »Nein«, 21 Prozent sahen »in einigen Fällen« Gründe für entsprechende Vorwürfe, während ganze sechs Prozent mit »Ja« antworteten.[2] Wohlgemerkt, es war nach den deutschen Soldaten gefragt worden, nicht nach SS oder Einsatzgruppen.

Es waren zunehmend die großen Namen der Wehrmacht, auf die sich deutsches Interesse konzentrierte. Immerhin zeigten sich 65 Prozent der Deutschen - nahezu zwei Drittel - von der Unschuld des Generalfeldmarschalls Kesselring überzeugt.[3] Der Kanzler steuerte zwar weiterhin gegen die Tendenz an, nur auf die Großen zu blicken, wenn er Journalisten verriet: »Da tut mir immer der Unteroffizier leid, um den sich niemand bekümmert und der infolgedessen eben da sitzt. Ich habe verschiedentlich schon den Vertretern der Alliierten ausdrücklich gesagt, ich bäte nicht um Generäle, sondern um die anderen Leute, denn die haben genausogut Familie, und es sind genausogut Menschen wie die anderen.«[4] Aber für Beobachter der deutschen Szene zeichnete sich immer deutlicher ab, daß es auf diese inhaftierten Generäle in der Wiederbewaffnungsdebatte ankam.[5]

Und wenn Staatssekretär Hallstein sich in der Kriegsverbrecherproblematik an das alliierte Oberkommando in Paris (SHAPE) - und damit an die NATO-Generäle Eisenhower und Gruenther - wandte, so entsprach das eben dieser Verknüpfung von Wiederbewaffnungs- und Kriegsverbrecherfrage. Adenauer brauche, so Hallstein, jedwede Unterstützung – auch die von Veteranenorganisationen und Angehörigen der früheren Wehrmacht –, um in Parlament und Öffentlichkeit Zustimmung zur EVG zu erhalten; extremistische Kreise witterten in diesem Problem Zündstoff gegen die Europaarmee.[6] Auch Adenauer selbst folgte dieser Logik, wenn er den amerikanischen Oberbefehlshaber in Deutschland, General Ridgway, als Verbündeten in der Gnadenfrage zu gewinnen suchte.[7]

Doch die Proportionen müssen gewahrt bleiben: Weder Abschluß noch Ratifizierung der EVG hingen wegen der Kriegsverbrecherproblematik tatsächlich an einem seidenen Faden. Ein Junktim zwischen der Lösung dieser Frage und einer Zustimmung zur deutschen Wiederbewaffnung stand für die Bundesregierung nie wirklich zur Debatte. Im Rahmen der Ratifizierungsdiskussion war die Kriegsverbrecherfrage insofern ein Stolperstein unter vielen.

Immerhin konnten mittlerweile einige prominente Militärs aus Gesundheitsgründen oder aufgrund individueller Begnadigungen aus der Haft entlassen werden: So wurde Generalfeldmarschall Kesselring im Oktober 1952 vorzeitig auf freien Fuß gesetzt,[8] genauso wie Generaloberst von Mackensen.

Insgesamt hatten die Gefängnisse in Werl und Landsberg sowie die französischen Haftanstalten sogar hohe Entlassungszahlen zu melden. Zwischen dem 1. April 1950 und dem 27. November 1952 sanken die Zahlen inhaftierter Kriegsverbrecher in Landsberg von 662 auf 329, in Werl von 380 auf 106 und in den französischen Haftanstalten in der Bundesrepublik von 273 auf 104.[9] In Landsberg wurden 1951 beispielsweise 204 Häftlinge aufgrund von Gnadenmaßnahmen vorzeitig entlassen, 1952 waren es weitere 40.[10] Zudem wußte die Bundesregierung genau, wer in den Haftanstalten Landsberg, Werl und Wittlich einsaß. Eine Aufzeichnung des Auswärtigen Amtes teilte die Häftlinge in Gruppen ein (Stand 27. November 1952):[11]

	Heer Marine Luftwaffe	Waffen-SS	Kripo, Stapo Sipo, SD	RAD*	KZ-Wachmann- schaften, Lager-Kapos
Landsberg	30	154**	53	5	34
Werl	11	1	26	–	49
Wittlich	6	–	17	–	59

* Reichsarbeitsdienst
** Davon 115 Angehörige von KZ-Wachmannschaften.

Das immer wieder vorgetragene Argument, vor allem Soldaten säßen zu Unrecht in alliierten Haftanstalten ein, stand also auf tönernen Füßen: Ganze 57 Inhaftierte hatten der Wehrmacht angehört. Auffallend ist der große Anteil von Soldaten der Waffen-SS; aber auch hier war dem Auswärtigen Amt bekannt, daß ein Großteil wiederum Dienst in Konzentrationslagern geleistet hatte.

Dennoch kamen die USA, Großbritannien und – in geringerem Maße – Frankreich der Bundesrepublik in der Kriegsverbrecherfrage entgegen. Es wird Zeit, das Selbstverständnis britischer und amerikanischer Politiker sowie deren deutschlandpolitischer Planer – und ihr Verständnis bzw. Unverständnis hinsichtlich der deutschen Haltung – näher zu beleuchten.

GROSSBRITANNIEN: ZWEIFEL
AN DER GERECHTIGKEIT DER VERFAHREN

»Wir handhaben die Frage der Entlassung von Militärbefehlshabern [...] offenbar so, daß jeglicher Fortschritt im Hinblick auf die allgemeine Stimmungslage in Deutschland zunichte gemacht wird. Eine Geste unter maßgeblicher Führung Großbritanniens könnte in vielerlei Hinsicht Gutes tun. Sie wissen, daß ich immer wieder an dieses Thema denke. [...] Ich hatte mit Sicherheit gehofft, daß man sie [die Befehlshaber, U. B.] entlassen würde, sobald wir an die Macht gekommen waren, aber acht Monate sind verstrichen, und sie sind immer noch im Gefängnis. Das bedrückt mich sehr, und es widerspricht meinem Instinkt, wie man mit Besiegten, und besonders mit den Deutschen, umgehen sollte.«[12]

Es war Premierminister Winston Churchill, der mit diesen Worten im Juni 1952 seinen Außenminister zu einer Beschleunigung laufender Gnaden-maßnahmen antrieb. Einige Wochen später präzisierte er noch einmal seine Unzufriedenheit:

> »Ich gehe davon aus, es wird anerkannt, daß wir mit viel Geschick und Geduld über die letzten vier oder fünf Jahre hinweg erreicht haben, mit der deutschen Nation die schlechteste aller Möglichkeiten im Hinblick auf die Freilassung von Kriegsverbrechern durchzuspielen. Zu einer Zeit, wo wir Einigkeit in unseren Beziehungen mit Deutschland bei der Frage der Wiederbewaffnung und der Herstellung von Kriegsmaterial zeigten, hat sich Bevin törichterweise auf neue Strafverfolgungen von Militärbefehlshabern eingelassen. [...] Man sagte mir dann, alles sei schön mit den Deutschen arrangiert; die würden die Sache überneh-men und dann die Leute selbst freilassen. Das aber scheint nicht geklappt zu haben. Ich habe immer gehofft, daß wir als freundliche Geste einige hundert der sogenannten Kriegsverbrecher freilassen könnten, vor allem die Leute in oberen Rängen, die mit vielen der Grausamkeiten nicht mehr zu tun hatten als Präsident Truman mit der Atombombe auf Hiroshima und Nagasaki. Ich würde gern sehen, daß ein ganzer Schub von noch Inhaftierten ausgewählt wird und wir den Deutschen dann sagen, sie hätten die Entscheidung darüber, sie freizu-lassen, sofern darunter nicht solche sind, die die Deutschen selbst als verantwortlich für Grausamkeiten ansehen. Inzwischen werden wir alle älter, und sehr bald werden diese Gefangenen freigelassen, was auch immer wir oder die Amerikaner sagen oder tun.«[13]

Die Beamten im Foreign Office, die sich permanent mit der Problematik der deutschen Kriegsverbrecher zu befassen hatten, zeigten sich über solche Äußerungen ihres Premiers mehr als befremdet. Nun sei, so meinte der für Deutschland zuständige Unterstaatssekretär Frank Ro-berts, der Zeitpunkt gekommen, Churchill einmal klarzumachen, daß die Gefangenen in Werl alles andere waren als »ehrenhafte deutsche Offizie-re«.[14] Eden und das Foreign Office hatten es ja außerdem stets abgelehnt, Wehrmachtssoldaten oder gar Generäle bevorzugt zu behandeln, wie Churchill dies vorschwebte.[15] Bei der Mehrzahl der 128 noch in Werl Inhaftierten handele es sich um »wirkliche Gewaltverbrecher« (real thugs), schrieb Eden an Churchill. Die Freilassung »einiger Hundert« sei ganz und gar unmöglich. Eden versicherte, er versuche, die Zahl der inhaftierten Kriegsverbrecher zu vermindern, soweit dies anständigerweise (decently) möglich sei. Wenn er mit Begnadigungen jedoch zu weit gehe, dann tue er nicht nur Unrecht, sondern genau das, was auch Adenauer nicht wolle. Der habe wiederholt gesagt, es gehe ihm nicht um die Freilassung der wirklichen Verbrecher.[16]

Der Außenminister hatte persönlich über Begnadigungen zu befinden, solange der gemischte Gnadenausschuß nicht eingesetzt war. Er mühte sich redlich, jeden individuellen Fall auf seine Schwere hin zu prüfen;[17] Churchill mußte das notgedrungen akzeptieren, auch wenn für ihn das Kriegsverbrecherproblem immer noch eine Frage der Politik (policy) war und keine Frage des Rechts (legality).[18]

Wenngleich niemand im Foreign Office die völlige Infragestellung des britischen Kriegsverbrecherprogramms durch Churchill akzeptieren konnte, so wußte man doch um die Probleme, die eigene Position öffentlichkeitswirksam darzustellen.

Gab es etwas zu verbergen? Ein Korrespondent des *Manchester Guardian* hatte behauptet, die britische Regierung versuche Kriegsverbrecher, an deren Urteilen rechtliche Zweifel angebracht waren, schnell und diskret zu entlassen. »Viel zu gut informiert« erschien der britische Journalist einem Beamten des Foreign Office.[19] Tatsächlich war er gut informiert! Daß einige Prozesse vor britischen Militärgerichten nicht immer höchsten juristischen Ansprüchen genügt hatten, konnte denen, die sich von Amts wegen mit den Fällen beschäftigten, nicht verborgen bleiben. Sir Ivone Kirkpatrick und seinen Rechtsberater beschlich eine böse Vorahnung. Ein gemischter Gnadenausschuß würde mit Sicherheit bei dem einen oder anderen Verfahren auf juristische Defizite stoßen. Kirkpatrick war deshalb bemüht, Fälle mit zweifelhaften Urteilen auf dem Gnadenwege zu erledigen. Das hohe Ansehen der britischen Justiz bei den Deutschen sollte keinen Schaden nehmen.[20]

Der britische Hochkommissar entwickelte sich zunehmend zum Kritiker der Militärjustiz. Nach Prüfung der Akten eines Häftlings, der im August 1946 verurteilt worden war, übermittelte er seinen Vorgesetzten in London eine lange Mängelliste zum Gerichtsverfahren. Vor allem bei den Voruntersuchungen hatten sich demnach britische Behörden zweifelhafter Indizien und noch zweifelhafterer Zeugen bedient. Während des

Prozesses fehlten dem Angeklagten dann ausreichende Verteidigungs-
möglichkeiten. Kirkpatricks Schlußfolgerung: Jeder britische Appella-
tionsgerichtshof hätte den Spruch des Militärgerichts aufheben müssen.[21]
Auch bei einem Prozeß gegen die Wachmannschaften des Konzentrationslagers Neuengamme stießen Kirkpatrick und sein Rechtsberater auf
Widersprüche und Ungereimtheiten.[22] Kirkpatrick sah die Konsequenzen
für die britische Deutschlandpolitik:

>>Es tut mir leid, wenn ich so konstant auf dem schockierenden
Vorgehen vieler unserer Gerichtshöfe für Kriegsverbrecher herumreite.
Aber ich denke, das ist meine Pflicht, denn wir dürfen uns nicht
einfach einlullen und glauben, daß hier alles in Ordnung ist. Das ist
nämlich nicht der Fall; und wenn wir ein Gefühl für Gerechtigkeit
haben, dann müssen wir diese Tatsache berücksichtigen. Aus rein
politischen Gründen müssen wir auch bedenken, daß wir unsere
Chancen bei der Demokratisierung Deutschlands und bei der Schaffung von Respekt vor der Rechtsstaatlichkeit verspielen, wenn unser
eigenes Verhalten angreifbar ist. Nebenbei gesagt, ich bin nicht allein
mit dieser Meinung über diese Prozesse.<<[23]

Sehr hoch hängte Kirkpatrick die Meßlatte für die britische Justiz. Goebbels, so schrieb er seinem Rechtsberater, habe ihm, der von 1933 bis 1938
an der britischen Botschaft in Berlin beschäftigt war, einmal gesagt, wenn
der *Angriff* (Kirkpatrick meinte wohl den *Stürmer*) lüge, dann nehme
niemand das zur Kenntnis. Wenn aber die *Times* einmal eine Lüge
schreibe, dann dauere es Jahre, ehe dieser Vorfall vergessen sei.[24]
    Kirkpatrick war jedoch kein zweiter Churchill in der Kriegsverbrecher-
frage. Er wußte nur: >>Werden die Archive des Foreign Office einmal
geöffnet, dann untersuchen Historiker sicher mit Interesse die Handhabung des ganzen Kriegsverbrechergeschäfts<< (er sprach im Wirtschaftsjar-
gon von *war criminal business*). >>Es wird keine ehrenvolle Seite in
unserer Geschichte sein, wenn dabei herauskommt, daß schäbige Erwägungen politischer Zweckmäßigkeit an die Stelle der britischen Rechts-
tradition getreten sind.<<[25] Kirkpatrick fürchtete die Feder des Historikers;
er jedenfalls wollte sich der Nachwelt nicht als Opportunist präsentieren.
    Der Historiker kann ihn entlasten. Denn ebenso hohe Maßstäbe wie an
die britische Justiz legte er an das deutsche Geschichtsbewußtsein an. Als

man in der Bundesrepublik verstärkt auf Gnade drängte, war es Kirkpatrick, der im Herbst 1952 in die Offensive ging. Provoziert hatten ihn
die Worte eines deutschen Offiziers – und ihm gründlich den Sinn für
weitere Begnadigungen geraubt: Bernhard Ramcke, Verteidiger von Brest
und späterer Held von Landserromanen.[26] In Frankreich war er als
Kriegsverbrecher verurteilt worden; Ramcke hatte sich jedoch nach
Deutschland absetzen können.[27]

Schon seit einiger Zeit hatte sich General Ramcke, der immerhin
einmal von Adenauer empfangen worden war,[28] auf Veteranentreffen mit
markigen Sprüchen hervorgetan und dadurch im Ausland Verstimmung
verursacht.[29] Die Verstimmung wuchs zur Verärgerung, als Ramcke Ende
Oktober 1952 bei einer Zusammenkunft ehemaliger SS-Angehöriger die
Freilassung aller Kriegsverbrecher forderte: Die Urheber des Versailler
Vertrages bzw. diejenigen, die die Atombombe auf Hiroshima geworfen
hatten und weiter Nuklearwaffen bauten, seien die wirklichen Kriegsverbrecher. Den früheren SS-Leuten versicherte er, sie könnten sich glücklich schätzen, daß ihre Namen auf schwarzen Listen stünden. Eines Tages
würden diese Ehrenlisten sein.[30] Der Zwischenruf eines Teilnehmers:
»Eisenhower Schweinehund« rief wahre Stürme der Empörung vor allem
in den amerikanischen Medien hervor.[31] Geradezu »verheerend« habe die
Rede auch in London gewirkt; Hans Schlange-Schöningen warnte von
dort: »Auf diese Weise wird deutsche Politik ruiniert.«[32] Adenauer ließ
daraufhin prüfen, ob die Ramcke-Äußerungen eine strafbare Handlung
darstellten, was allerdings von Justizminister Dehler abschlägig beschieden wurde.[33]

Für Sir Ivone Kirkpatrick war die Ramcke-Episode Anlaß genug, um
vor weiterer Nachgiebigkeit in der Kriegsverbrecherfrage zu warnen:

»Ich möchte den Namen Ramckes für alle Deutschen in den Schmutz
ziehen. Wenn also irgendein Deutscher mir gegenüber die Kriegsverbrecherfrage erwähnt, dann werde ich sagen, daß man in deutschen
Kreisen immer davon ausgeht, die Beziehungen zum Westen könnten
bei Großherzigkeit gegenüber Kriegsverbrechern viel besser gestaltet
werden. Aber die Ramcke-Episode zeigt, daß dieses Argument trügerisch ist. Je mehr wir von diesen geisteskranken (lunatic) Kriegsverbrechern freilassen, desto größerer Unsinn wird gesprochen, desto größer
ist folglich der Schaden für die englisch-deutschen, französisch-deut-

schen und amerikanisch-deutschen Beziehungen. Als Ergebnis der
Ramcke-Episode bin ich deshalb im Interesse der englisch-deutschen
Beziehungen [...] entschlossen, diese Leute in Werl festzuhalten, so
lange ich kann – vorausgesetzt, das ist ohne Rechtsbeugung möglich.
Ich weise jeden an, eine ähnliche Linie zu verfolgen. Aber wir sollten
natürlich vorsichtig sein und nicht eine Sprache benutzen, die vermuten ließe, wir wollten aus Ärger über Ramcke ungerecht sein. Ich
möchte vielmehr darauf hinweisen, daß wir aufgrund von Ramckes
Verhalten nicht mehr von dem deutschen Argument in die Irre geleitet
werden, daß Gnade die Beziehungen verbessere.«[34]

In dieser Aufzeichnung des britischen Hochkommissars entlud sich der
ganze Ärger über das notorische deutsche Drängen. Seine Auffassung
widersprach fundamental der Haltung eines Churchill: Freilassungen von
Kriegsverbrechern waren demnach schädlich, gar bedrohlich für die
Beziehungen der Bundesrepublik zum Westen, untergruben sie doch das
Vertrauen in das neue demokratische Deutschland.

Auch nach außen hin wurde Kirkpatricks Ton zorniger. Als Leser einer
deutschen Zeitung sich anboten, über Weihnachten als »Geiseln« für
Häftlinge nach Werl zu gehen, wandte sich der britische Hochkommissar
an die deutsche Öffentlichkeit. »Opfer der Unwissenheit, ja sogar der
Gedankenverwirrung« seien jene Leser, schrieb er dem Chefredakteur der
Offenbacher Abendpost (Kirkpatricks Brief wurde sogar in der *Times*
nachgedruckt und erschien später auch in seinen Memoiren):[35]

»Fast alle in Frage kommenden Männer und Frauen wurden überführt,
an der Tötung schutzloser Kriegsgefangener oder an Mord und Mißhandlung alliierter Staatsangehöriger in Zwangsarbeiterlagern oder
Konzentrationslagern beteiligt gewesen zu sein. Leider muß ich die
Einzelheiten solcher Fälle lesen, und schon das Beweismaterial widert
mich an. So wurde zum Beispiel im Dezember 1944 eine Gruppe von
fünfzehn jungen britischen Kriegsgefangen in einen Wald geführt,
die Männer wurden dann vollständig entkleidet und einer nach dem
anderen nach Bolschewikenart [sic, U. B.] durch einen Schuß in den
Hinterkopf umgebracht [...]. In den Zwangsarbeiterlagern und Konzentrationslagern war die Brutalität gegenüber den Insassen unbeschreib-
lich. Zu diesem Punkt kann ich nur sagen, daß jeder anständige

Deutsche mit Recht empört wäre, wenn ein Deutscher einen einzelnen Hund behandeln würde, wie diese Millionen menschlicher Wesen behandelt worden sind.«

Nach Ausführungen über Befehlssituation und Gehorsamspflicht kam Kirkpatrick auch auf die Ramcke-Rede zurück. Sein Fazit:

»Ich persönlich bin der Auffassung, daß die Freilassung eines großen Teils der asozialen Elemente [...] der deutschen Gesellschaft dem deutschen Ansehen in der Welt und den Beziehungen Deutschlands zu anderen Ländern einen wahrhaft schlechten Dienst erweisen würde. [...] Wenn Sie sich vor Augen halten, daß Hunderte von Kriegsgefangenen kaltblütig und ohne Verhandlung oft unter grauenhaften Umständen ermordet wurden, daß Millionen alliierter Staatsangehöriger in

Anmarsch zum SS-Veteranentreffen im November 1952 in Verden.

Zwangsarbeits- und Konzentrationslagern schmachvoll mißhandelt wurden und daß sich nach all diesen schrecklichen Ereignissen nur noch 206 Gefangene in britischen Händen befinden, so scheint mir, daß man billigerweise der britischen Regierung keine Ungerechtigkeit oder Mangel an Großmut vorwerfen kann.«[36]

»Ein bemerkenswerter Brief. Er hat eine feine Feder«, lobte Außenminister Eden das Schreiben seines Hochkommissars. Im Foreign Office traf diese britische Lehrstunde deutscher Zeitgeschichte auf ungeteilten Beifall.[37]

In England präsentierte sich die Kriegsverbrecherproblematik damit als äußerst komplex. Der Regierungschef redete einer Massenentlassung das Wort, stellte die Prozesse fundamental in Frage und drängte seine Beamten aus politischen Gründen zur Eile. Sein Außenminister sah sich der lästigen Pflicht ausgesetzt, Fälle auf ihre Begnadigungswürdigkeit hin zu prüfen, erwarb sich dadurch allerdings einen geschärften Blick für die »wirklichen Schwerverbrecher«. Der höchste britische Beamte in der Bundesrepublik schließlich wurde nicht müde, auf die rechtlichen Defizite britischer Kriegsverbrecherprozesse zu deuten, wies aber um so deutlicher auch deutsche Ignoranz in dieser Frage zurück.

Eine Verhärtung der britischen Position ist Ende des Jahres 1952 durchaus erkennbar. Man war in London nach zahlreichen Begnadigungen bei den Fällen angelangt, deren »Akten so schwarz und deren Verbrechen so abscheulich waren«, daß eine Entlassung nicht mehr in Frage kam – selbst wenn dies ein Dilemma bedeutete angesichts der offenkundigen juristischen Mängel einiger Prozesse.[38] Als es auf Weihnachten zuging und in Deutschland wie jedes Jahr ein Gnadengeschenk erwartet wurde, teilte man Botschafter Schlange-Schöningen in London mit, daß der Kanzler die Freilassung der jetzt noch inhaftierten schweren Fälle kaum wollen könne.[39] Es war Außenminister Eden, der in Sachen Weihnachtsamnestie sein Veto einlegte: Nur einer Reihe »gewöhnlicher Krimineller« in britischer Haft, nicht aber Kriegsverbrechern sollte Gnade zum Fest beschert werden. Eden fürchtete, daß weitere Großzügigkeit in der britischen Öffentlichkeit kaum mehr verstanden würde. Für den britischen Außenminister lag somit das Gefahrenpotential für die deutsch-britischen Beziehungen im eigenen Land.[40]

Die USA: Prinzipientreue vor Opportunismus

Wenn Eden seinen scheidenden amerikanischen Amtskollegen Dean Acheson höchstpersönlich über seine Entscheidung gegen eine Weihnachtsamnestie von Kriegsverbrechern informierte,[41] dann nicht wegen eines gesteigerten Interesses des Amerikaners an der Kriegsverbrecherfrage. Eden und Acheson waren sich lediglich am selben Tag auf der NATO-Ratstagung in Paris begegnet, und man hatte das Thema kurz angesprochen.

Anders als in Großbritannien wurde innerhalb der amerikanischen Administration die Kriegsverbrecherdebatte nicht auf höchster politischer Ebene geführt. Acheson war, im Gegensatz zu Eden, nicht persönlich für die Prüfung von Begnadigungen zuständig. Und im Unterschied zu Churchill ließ Präsident Truman kein persönliches Interesse an der Problematik erkennen. Es waren vielmehr die nachgeordneten Abteilungen des State Department und die amerikanische Hochkommission in Bonn, die sich zur Kriegsverbrecherfrage äußerten.

Im Juli 1952 verabschiedete sich der amerikanische Hochkommissar McCloy aus der Bundesrepublik. Er war einer derjenigen gewesen, die sich gezwungenermaßen intensiv dem Problem gewidmet hatten. So zielte dann auch eine der letzten Fragen, die McCloy der deutschen Presse vor seiner Abreise zu beantworten hatte, auf die Zukunft von Landsberg. Und dieselbe Frage wurde seinem Nachfolger, Walter Josef Donelly, zuvor amerikanischer Hochkommissar in Österreich, unmittelbar nach seinem Amtsantritt gestellt.[42] Was hätte Donelly anderes tun können, als sich auf die Politik seines Vorgängers zu berufen?[43]

McCloy hatte erhebliche Anstrengungen unternommen, um Legalität und Legitimität der Nürnberger Prozesse gegenüber der deutschen Öffentlichkeit zu verteidigen. Donelly aber wurde bald klar, daß das Vermächtnis von Nürnberg in Deutschland kaum mehr zu vermitteln war. Die Meinungsforscher der amerikanischen Hochkommission lieferten besorgniserregende Daten. Lediglich einer von zehn Befragten äußerte Ende August 1952 Zufriedenheit mit der Handhabung der Kriegsverbrecherfrage durch die Westmächte. Nur neun Prozent glaubten an die Schuld der inhaftierten Generäle, sechzig Prozent leugneten sie.[44]

In Richtlinien für die Öffentlichkeitsarbeit suchte die Hochkommission dieser Tendenz entgegenzuwirken. Eine Direktive (Public Affairs Guidance No. 181) vom 28. Juli 1952 stellte beispielsweise klar: Die USA müßten Verurteilung und Bestrafung von Kriegsverbrechern keineswegs rechtfertigen. Ganz aus den Augen verlor man die vorrangigen Ziele amerikanischer Deutschlandpolitik dabei allerdings nicht; die Direktive warnte davor, die Ratifizierung des Vertragswerkes und die künftige militärische Zusammenarbeit zu gefährden. Amerikanische Beamte sollten sich nicht auf Vergleiche zwischen deutschen Verbrechen und der Kriegsführung in Korea einlassen, vielmehr das deutsche Geschichtsbewußtsein ansprechen:

> »Wir wollen wie die Deutschen die Probleme, die aus dem letzten Krieg herrühren, beseitigen und die deutsche Zusammenarbeit mit dem Westen erleichtern. Aber politische Vorteile dürfen nicht durch Schritte erkauft werden, die sowohl die Gerechtigkeit kompromittieren als auch die wahrhaft menschlichen Werte, die wir zu schützen und anzustreben suchen, in Frage stellen. Es ist undenkbar, daß die alliierten Nationen aus politischen Gründen der wahllosen Freilassung von Menschen zustimmen, die wegen Massenvernichtungsaktionen, mutwilliger Grausamkeiten, medizinischer Experimente an Menschen unter Zwang usw. in Konzentrationslagern oder wegen Handlungen [...] ohne Beziehung zu Militäraktionen oder zur Kriegsführung insgesamt verurteilt worden sind. Dies käme einer Prostitution der Gerichtsbarkeit und einer Selbsterniedrigung in den Augen der Weltöffentlichkeit gleich. Es ist ebenso undenkbar, daß sich das deutsche Volk durch die Agitation zugunsten überführter Verbrecher den Anschein geben mag, als verzeihe es diese verächtlichen Verbrechen.«

Ein Appell also an die Deutschen, sich der Last der Geschichte zu stellen! Wollte Deutschland Teil der westlichen Sicherheitspartnerschaft sein, dann mußten die Angriffe auf die alliierten Prozesse aufhören. Denn, so die Direktive weiter:

> »Angriffe auf die Legalität und Integrität der alliierten Gerichtsbarkeit oder auf die Gültigkeit der Urteile alliierter Gerichtshöfe werden der Sache der Verurteilten nicht helfen. Im Gegenteil, durch diese Angriffe entstehen ernsthafte psychologische Barrieren im Hinblick auf Maßnahmen, die die Alliierten für die Freilassung weiterer Gefangener

ergreifen könnten. Die öffentliche Meinung in den alliierten Ländern ist da äußerst sensibel. Deutsche Polemik, Angriffe oder Forderungen nach der Wiederaufnahme von Verfahren stören nur die Atmosphäre der Zusammenarbeit und schwächen so die gemeinsamen Verteidigungsanstrengungen, die die Grundlagen für unsere gemeinsame Sicherheit sind.«[45]

Zusammen mit der Direktive sollten Informationen über einzelne Landsberg-Häftlinge versandt und möglichst auch an die Medien in Deutschland weitergegeben werden.[46]

Das amerikanische Außenministerium warnte jedoch: Die Diskussion werde nur angeheizt, würden Einzelfallakten in der Öffentlichkeit bekannt; andererseits beruhe die Sympathie der deutschen Öffentlichkeit für Kriegsverbrecher eben gerade auf Unkenntnis der Taten. Amerikanische Aufklärungsarbeit in Deutschland sollte genau da ansetzen. Vor allem müsse den Landsberg-Häftlingen die Aura des pflichtgetreuen Soldaten genommen werden.[47]

Die US-Hochkommission ergänzte daraufhin ihre Sprachregelung zur Kriegsverbrecherproblematik. Sie gab nun genau Aufschluß darüber, wer in Landsberg einsaß: Von den 33 Häftlingen aus den Nürnberger Nachfolgeprozessen sei ein Großteil wegen der Teilnahme an Mordaktionen der Einsatzgruppen oder wegen medizinischer Experimente verurteilt worden. Auch die Mehrzahl der 317 Fälle in Verantwortung der Armee sei wegen KZ-Verbrechen oder Massenmorden inhaftiert. Unter den hundert Häftlingen, die wegen Mordes oder Mißhandlung abgesprungener alliierter Flieger und Kriegsgefangener verurteilt worden waren, besäßen nur relativ wenige einen militärischen Rang. Schließlich säßen mehr als vierzig Häftlinge im Zusammenhang mit dem Malmédy-Massaker in Landsberg ein.[48]

Wie schon im Januar 1951 versuchte es die Hochkommission mit Appellen an deutsche Einsicht – ohne dabei selbst die Einsicht in eigene Akten und Pläne zuzugestehen. Hochkommissar Donelly blieb skeptisch, ob eine neue Informationskampagne viel erreichen würde.[49] Er behielt Recht. Das amerikanische Generalkonsulat in Bremen etwa berichtete: »Selbst wenn jedes [deutsche, U. B.] Argument von uns widerlegt wurde [...], und wenn der Protest dann mangels weiterer Argumente erlahmte, so haben wir doch festgestellt, daß innerhalb einer Woche der gleiche Protest wieder von der gleichen Person vorgebracht wurde [...].«[50]

Die amerikanische Hochkommission erklärte schon bald den Ansatz der Direktive für gescheitert. Die deutsche Haltung zur Kriegsverbrecherproblematik erschien immer unerklärlicher, immer irrationaler. Rationale Argumente, so hieß es, könnten die öffentliche Meinung in Deutschland nicht mehr ändern. Das Thema sei zu sehr durchsetzt mit nationalistischen und chauvinistischen Untertönen. Deutsche Zustimmung zu den Prozessen sei kaum zu erwarten.[51]

Genau diese Mischung aus Resignation und Ratlosigkeit spricht auch aus einem Positionspapier, das der Außenminister der neuen republikanischen Eisenhower-Administration, John Foster Dulles, bei seiner ersten Deutschlandreise im Februar im Reisegepäck hatte:

»Da wenige Deutsche in der Kriegsverbrecherfrage rational denken, kann das Problem mit rationalen Argumenten nicht aus der Welt geschafft, ja nicht einmal effektiv gehandhabt werden. Aus diesem Grunde glauben wir nicht, daß das Problem durch eine Propagandakampagne, die der deutschen Öffentlichkeit breitere und vollständigere Informationen zum Thema geben würde, abschließend zu lösen wäre.«

Ein neuer Aspekt floß dabei in die Analyse der deutschen Gemütslage ein:

»Deutsche Zurückhaltung bei der Anerkennung der Prinzipien oder Ergebnisse der Kriegsverbrecherprozesse entspringt zu einem Großteil aus dem emotionalen Widerwillen, die Schlußfolgerungen der Prozesse hinzunehmen, denn diese sind ja in der deutschen Vorstellung mit der These der Kollektivschuld aller Deutschen für die nationalsozialistischen Verbrechen verbunden.«[52]

Es waren die Alliierten, die nach 1945 kurzfristig die deutsche Öffentlichkeit mit der Kollektivschuldthese verstört und empört hatten.[53] Aus amerikanischer Perspektive des Jahres 1953 erschien der deutsche Widerstand gegen die alliierte Kriegsverbrecherjustiz als Fortsetzung dieser Reaktion gegen jene Auffassung von der Kollektivschuld aller Deutschen.

Kurz vor Weihnachten 1952 erreichte das State Department ein Memorandum, welches mit dem amerikanischen Regierungswechsel auch in der Kriegsverbrecherfrage nach neuen Wegen suchte. Das Papier war von der politischen Abteilung der US-Hochkommission in Bonn erarbeitet worden. Vorausgeschickt sei: Das Memorandum blieb ein diplomatischer Irrläufer, denn es wurde kurz darauf von der Hochkommission zurückgezogen. Dennoch verdienen die darin entwickelten Lösungsvorschläge und die Reaktionen der Beamten im State Department Beachtung.[54] Das Memorandum betonte einmal mehr, daß alle Parteien (mit Ausnahme der Kommunisten) und viele gesellschaftliche Gruppen Begnadigungen forderten. All das werde, abgesehen vom unmittelbar bestehenden Problem der Ratifizierung des Deutschlandvertrages, auf lange Sicht

– den Kanzler, seine Partei und damit die von ihm verfolgte Außenpolitik schwächen;
– die Entwicklung der Europäischen Verteidigungsgemeinschaft negativ beeinflussen, und zwar sowohl im Hinblick auf die Unterstützung durch die Öffentlichkeit als auch bei der Aufstellung deutscher Kontingente;
– nationalistischen Kräften kostenlose Argumente für die Eigenwerbung liefern;
– als andauernde Irritation das deutsch-amerikanische, aber auch das deutsch-britische und das deutsch-französische Verhältnis belasten.

Die Mitarbeiter der US-Hochkommission schlugen deshalb vor, von den bisherigen Einzelprüfungen auf Begnadigung abzurücken. Die Inhaftierten sollten in Gruppen eingeteilt werden:

1. Generäle und Oberkommandierende;
2. die Malmédy-Fälle;
3. »Flieger-« und »Sabotagefälle«, bei denen alliierte Soldaten mißhandelt oder getötet worden waren, hier zu unterteilen in
   a) Mitglieder des Mobs bzw. der Gruppe
   b) Rädelsführer oder solche, die eigenhändig mißhandelten oder töteten;
4. die Konzentrationslager- und Einsatzgruppenfälle sowie die Fälle medizinischer Experimente.

Anhand dieser Kategorisierung sollten dann bis zur Einsetzung des gemischten Ausschusses Entlassungen vorgenommen werden, und zwar je nachdem, wie stark das Engagement in Deutschland für die Freilassung der einzelnen Gruppen ausfiel. Allein bei Fällen der Kategorien 3 b und 4 erwarteten die Beamten keinen deutschen Widerstand gegen eine fortgesetzte Inhaftierung; Gnadenerlasse in den anderen Fällen seien unbedingt vorrangig.

Auch wenn die Autoren ihre Analyse mit dem Hinweis relativierten, ausschließlich politische Überlegungen, nicht aber rechtliche und moralische Bedenken seien in das Memorandum eingeflossen, so trafen solche Überlegungen in Washington auf energischen Widerstand. Die Einteilung der Kriegsverbrecher in Gruppen mache sich das deutsche Denken zu eigen, meinte ein für Deutschland zuständiger Rechtsexperte im State Department. Der grundlegende Irrtum bestand seiner Meinung nach in dem Glauben, Soldaten seien als Soldaten verurteilt worden. Vielmehr seien sie des Mordes und anderer Grausamkeiten überführt worden.[55] Vor allem aber der Grundansatz – eine politische Lösung der Kriegsverbrecherfrage – fand keinen Zuspruch. Amerikanisches Prestige stand auf dem Spiel, und nicht weniger deutsche Zuverlässigkeit als Verbündeter:

> »Wenn die Deutschen nicht mit uns zusammenarbeiten, ohne daß man sie so massiv auf Kosten des amerikanischen Ansehens in der Welt besticht, dann ist es kaum wahrscheinlich, daß es sich hier um einen nützlichen oder verläßlichen Alliierten handelt.«[56]

Eine grundlegende Kursänderung der amerikanischen Kriegsverbrecherpolitik durch Aufgabe der Nürnberger Prinzipien, so politisch verlockend dies angesichts des anstehenden Wechsels im Präsidentenamt von Truman zu Eisenhower erscheinen mochte, fand nicht statt. Das State Department zeigte sich in einem Telegramm an die Hochkommission besorgt, wie sehr sich die Kriegsverbrecherfrage zu einem emotionalen und politischen Problem entwickelt habe; man bat um Vorschläge, was hinsichtlich der verzögerten Ratifizierung des Deutschlandvertrages getan werden könne, um Irritationen auszuschalten. Aber Maßnahmen, die »entweder die Urteile oder deren rechtliche Grundlage« in Frage stellen, wurden vom State Department unmißverständlich zurückgewiesen.[57]

Diese »Quelle des Antiamerikanismus« – so der Titel einer Geheimanalyse der Hochkommission – blieb also bestehen. Allerlei Ursachen für eine antiamerikanische Stimmungslage hatten die amerikanischen Beamten in Deutschland darin festgehalten, von der vermeintlichen Arroganz der G. I.s bis hin zum Gebrauch von Lippenstift und zum Rauchen heranwachsender Töchter: Der Niedergang der Moral im Nachkriegsdeutschland werde oft dem amerikanischen Einfluß zugeschrieben.

Auch die Kriegserfahrungen mit den USA, vor allem die Erinnerung an die Bombardierung deutscher Städte, trübe nachhaltig das deutsch-amerikanische Klima. In der Analyse der Hochkommission wurde erneut das geschichtliche Kurzgedächtnis der Deutschen für diese Tendenz mitverantwortlich gemacht. Nur wenige hätten eine klare Erinnerung an das Geschehene – mit der bemerkenswerten Ausnahme der Ermordung der Juden, für die fast alle Scham empfänden. Die meisten Deutschen zeigten sich davon überzeugt, daß die inhaftierten Kriegsverbrecher heroische Soldaten seien, die man allein für ihren Einsatz auf den Schlachtfeldern bestraft habe.

Die eigenen Bombardierungen von Warschau und Rotterdam hätten die Deutschen vergessen: »Das Ausmaß der Verbrechen, das man dieser konservativen ›anständigen Nation‹ kollektiv zuschreibt, ist mehr, als die einzelnen Staatsbürger für sich selbst akzeptieren können, und so flüchten sie sich in die bequeme Illusion von Mythen (›die Konzentrationslager waren Schwindel‹, ›die Welt hat sich gegen uns verschworen‹), oder (was öfter geschieht) sie wenden die Anklagen gegen den Ankläger. Diese Tendenz [...] zeigt sich gegenwärtig dadurch, daß sie die Aufmerksamkeit auf amerikanische ›Grausamkeiten‹ in Korea lenken [...].«[58]

Ein weiterer Blick also in das »deutsche Seelenleben«; kein repräsentativer Blick, sondern das Ergebnis einzelner Beobachtungen. Eine Erfahrung, so die Studie, habe man immer wieder gemacht: Die Deutschen lehnten ihre Verantwortung für Verbrechen ab, ergo wandten sie sich gegen die alliierten Prozesse.[59] Und schlimmer noch: Jeder Aufklärungsversuch schien an den Deutschen abzuprallen.

6. AUSKLANG DER GNADENDEBATTE, 1953–1958

Sommer 1953. Bundestagswahlkampf. Eines der Themen, wenngleich kein Hauptthema: die Kriegsverbrecherfrage. Besonders die Haftbedingungen in der Anstalt Werl waren ins Kreuzfeuer der Kritik geraten. Die ehemaligen Häftlinge Kesselring und von Manstein hatten sich mehrfach über Verschärfungen im Strafvollzug beschwert und gefordert, das »Martyrium« der in Werl einsitzenden Deutschen zu beenden.[1]

Adenauer zielte zweifellos auf Wählerstimmen, als er britischen Behörden ankündigte, die Haftanstalt in Werl persönlich besuchen zu wollen. Begeistert war man dort nicht, befürchtete jedoch, eine Weigerung würde größeren Schaden anrichten als der hohe Besuch in den Zellen.[2] Ohnehin sei der Kanzler, so befand Kirkpatrick, einer der wenigen Deutschen, die in der Kriegsverbrecherfrage vernünftig dachten: Für ihn war Adenauers Wunsch eher Zeichen innenpolitischen Drucks als echten Engagements für die Werl-Insassen.[3] Auch im Foreign Office galt Adenauer als »Gefangener der öffentlichen Meinung«; hier blieb man allerdings im Hinblick auf den persönlichen Standpunkt des Kanzlers letztlich unsicher.[4]

Der Kanzlerbesuch in Werl – bemerkenswerterweise im Anschluß an eine Wallfahrt heimatvertriebener Schlesier – verlief ohne größere deutsch-englische Mißklänge. Die deutsche Presse, vor allem die vielgelesenen Illustrierten, bekamen ihre Geschichte – und ausreichend Fotos.[5] Gegenüber den Häftlingen zeigte sich Adenauer zurückhaltend. Eine »gewisse Mißstimmung« habe sein Besuch bei den Inhaftierten sogar hervorgerufen, kritisierte Heinrich Hellwege den in Werl allzu kurz angebundenen Adenauer.[6] Tatsächlich nahm sich Adenauer lediglich vierzig Minuten für die Besichtigung der Haftanstalt. Zwanzig Gefangene besuchte er in ihren Zellen, wobei er bei jedem ganze zehn Sekunden verweilte. Der Anstaltsleiter von Werl gewann bei diesem Schnelldurchgang mehrfach den Eindruck, der Kanzler habe sich ausschließlich für die früheren Wehrmachtsangehörigen interessiert.[7]

Im Hinblick auf die Haftbedingungen entlastete der Kanzler die Briten. Er lobte den Anstaltsleiter für den hohen Standard des Gefängnisses, um dann auf seinen eigenen Erfahrungshorizont zurückzugreifen: seine Zeit im Gestapogefängnis. Was er in Werl gesehen habe, stehe in scharfem Kontrast zu seiner eigenen Haftzeit.[8] Auch bei Kirkpatrick bedankte er sich: Seine Werl-Eindrücke gäben zu keiner Beanstandung Anlaß.[9]

Der Kanzler überreizte sein Blatt nicht. Gute Karten hatte er bei den Westmächten ohnehin, denn es stand außer Frage, daß sie auf einen Kanzler Adenauer auch für die zweite Wahlperiode des Bundestages setzten. »Ich bin [...] mit Ihnen völlig einer Meinung, daß wir Adenauer nicht im Stich lassen sollten. Er erscheint mir als einer der besten Deutschen, den wir seit langem gefunden haben.« So schrieb Churchill an Eisenhower.[10] Da der Kanzler in Werl Zurückhaltung übte, beschlich die Verantwortlichen im Westen kein Zweifel an jenem »besseren«, ja »besten Deutschen«.

»DER ZWECK DER ÜBUNG IST ES, DEM KANZLER ZU HELFEN«: INTERIMSAUSSCHÜSSE ALS WAHLKAMPFGESCHENK

Seit der Jahreswende war es in der Kriegsverbrecherfrage ruhig geblieben.[11] Allenfalls Erich Mende sorgte für Aufregung, als er die Befürchtung äußerte, der notorisch rechtsradikale Fliegeroberst Hans-Ulrich Rudel plane in seinem argentinischen »Exil« eine gewaltsame Befreiung der Werl-Häftlinge.[12]

Auch wenn die Kriegsverbrecherfrage zeitweise keine hohen innenpolitischen Wellen schlug und die Westverträge im März 1953 durch die Ratifizierung im Bundestag eine wichtige parlamentarische Hürde nahmen, so blickte die amerikanische Hochkommission doch mit Sorge auf den Sommer. Für den 6. September waren die Bundestagswahlen angesetzt. Außerdem plant Adenauer für April seine erste Reise in die Vereinigten Staaten, und er drängte einmal mehr diskret auf Entlassungen.[13]

Angesichts dieser Lage übersandte die US-Hochkommission dem State Department umfangreiches, von verschiedenen Abteilungen erarbeitetes Material zur Kriegsverbrecherfrage.[14] Über eines war sich die Hochkom-

Hans-Ulrich Rudel.

Adenauer im April 1953 auf
den Stufen des Kapitols.

mission im klaren: »Mit der Zeit wird sich der fundamentale, wenn nicht unausweichliche Widerspruch zwischen den USA in der Rolle des Siegers, Besatzers und Vollstreckers alliierter Justiz und der Rolle als Alliierter und Freund Deutschlands verstärken, und dieser Widerspruch wird immer deutlicher den grundlegenden Zielen amerikanischer Deutschlandpolitik schaden.«[15]

Der neue amerikanische Hochkommissar Conant riet zu einem neuen Vorstoß in Sachen Gnadenausschuß auf Regierungsebene. Sollten sich die Franzosen weiterhin verschließen, so sollten umfassende Entlassungen auf Ehrenwort (parole) – also auf Bewährung – ermöglicht werden. Auch die Gründung eines bilateralen deutsch-amerikanischen Gnadenausschusses schloß Conant nicht aus.[16]

In Washington fielen solche Anregungen auf fruchtbaren Boden. Im State Department war man mit der Vorbereitung des Kanzlerbesuches beschäftigt, und ein von der deutschen Seite gewünschter Tagesordnungspunkt bereitete Kopfschmerzen:

»Psychologischer Beitrag zur Erklärung des Verteidigungswillens des deutschen Volkes«, unter diesem Titel firmierte die Kriegsverbrecherproblematik.[17] Auch angesichts des anstehenden Bundestagswahlkampfes befürwortete das amerikanische Außenministerium energische politische Anstrengungen, um einen gemischten Ausschuß möglichst bald ins Leben zu rufen.[18]

Im April 1953 reiste Adenauer also erstmals in die USA. Auf dem Ehrenfriedhof in Arlington legte der Kanzler einen Kranz für gefallene US-Soldaten nieder – ein zutiefst symbolischer Akt der Versöhnung, für ihn selbst ein Höhepunkt des Besuches.[19] Adenauer führte in Washington politische Gespräche, wobei das Thema Kriegsverbrecher einer Versöhnung entgegenzustehen schien. Er dachte bereits über die abschließende deutsche Ratifikation des EVG- und Deutschlandvertrags hinaus, als er gegenüber Dulles auf eine beschleunigte Lösung der Angelegenheiten drang. Der Kanzler untermauerte seine Forderung ganz pragmatisch mit dem bekannten Argument: Schwer würde sich der Aufbau der deutschen EVG-Kontingente – er schätzte die Zahl der benötigten Offiziere und Spezialisten auf 50 000–70 000 – gestalten, sollten die Alliierten weiter deutsche Kriegsverbrecher in Haft halten.[20]

Adenauer im Gespräch mit Präsident Eisenhower. Im Hintergrund Hochkommissar
James Conant und US-Außenminister John Foster Dulles.

Adenauer wurde in Washington in die neuen amerikanischen Pläne eingeweiht.[21] Hochkommissar Conant erklärte, daß man es noch einmal mit dem gemischten Drei-Mächte-Ausschuß versuchen wolle, um bei einem Scheitern des Vorstoßes bilaterale deutsch-amerikanische Regelungen zu treffen. Auf jeden Fall werde dies noch vor den Bundestagswahlen geschehen. Adenauer kritisierte seinerseits die vergleichsweise schleppende Entlassungspraxis der USA. Die britischen Methoden hob er dabei besonders hervor: In Werl würden Häftlinge wegen Krankheit entlassen, und anschließend kümmert sich ganz einfach niemand mehr um diese Fälle.[22] *Hatte er nicht schon einmal diesen Gedanken geäußert – damals, als er Journalisten die Geschichte mit der Zeppelin-Besatzung im Ersten Weltkrieg erzählte?*

Wenn Adenauer amerikanische Armeestellen für die zögerlichen Freilassungen aus Landsberg verantwortlich machte, so traf er den Kern des Problems. Tatsächlich kam von dort erheblicher Widerstand gegen Zugeständnisse – die vom State Department angeregten Maßnahmen wurden dort als ein Abrücken von Prinzipien und Zielen des Kriegsverbrecherprogramms empfunden. Immerhin waren die Prozesse damals in Verantwortung der US-Army durchgeführt worden.[23]

Wie aber reagierten Großbritannien und Frankreich auf die Vorschläge? Amerikanische Diplomaten sollten auf höchster Ebene bei den westlichen Partnern intervenieren, Fortschritte in der Kriegsverbrecherfrage als notwendig geltend machen, damit Nationalisten bei den Bundestagswahlen nicht auf Kosten gemäßigter politischer Kräfte an Boden gewännen.[24]

Im Londoner Außenministerium sah man keine Probleme in einem vorzeitig eingesetzten Gnadenausschuß.[25] Während Adenauers London-Reise im Mai 1953 sagte Churchill dem Kanzler ganz allgemein seine Unterstützung zu. Wie immer interessierte sich der britische Premier für die grundsätzliche Tragweite des Problems. Er habe ja stets versucht, Rache für die Vergangenheit als Gefahr für die Zukunft auszuschließen. Nie habe er die Deutschen gehaßt, nur Hitler. Im Krieg sei zwar Haß erforderlich, um die Begeisterung der Bevölkerung und der Soldaten anzufachen; man müsse jedoch nach dem Krieg vergessen können: Haß und Vergeltung könnten nie Grundlage für Frieden und Hoffnung sein.[26] Daß Churchill dieses Verständnis von Haß und Rache auf die Kriegsverbrecherfrage übertrug, wurde bereits gezeigt; der Premier lobte überdies die Freilassungen Kesselrings und von Mansteins – dieser war allerdings schon seit längerem aus Gesundheitsgründen auf freiem Fuß.

Trotzdem, Churchill zeigte sich nachdenklicher als in den Jahren zuvor. Es gebe, so räumte er ein, in Werl eine andere Gruppe von Häftlingen, und die habe sich schockierender Verbrechen schuldig gemacht.[27] Auch beim gemeinsamen Mittagessen betonte der Premier, er habe eine klare Trennung zwischen denen, die nur Befehle ausgeführt hätten und den Teilnehmern an Massakern im Sinn.[28]

Woher rührte die Abschwächung der früheren Haltung? Waren es die deutlichen Alterserscheinungen, die Herbert Blankenhorn an Churchill wahrnahm?[29] Oder war ihm noch ein Brief im Gedächtnis, den ihm das Foreign Office tags zuvor geschickt hatte? Anläßlich einer Petition von Soldaten des früheren deutschen Afrikakorps hatte er sich nämlich nach den »Wüstensoldaten« in Werl erkundigt[30] und vom Außenministerium erfahren, daß dort kein einziges Mitglied des Afrikakorps einsäße – wohl aber KZ-Wachen und Zivilisten, die wegen der Ermordung und Mißhandlung abgesprungener Piloten verurteilt worden waren.[31]

Oder wollte Churchill Stärke und Standfestigkeit gegenüber dem deutschen Gesprächspartner demonstrieren? Immerhin hatte er vor Adenauers Ankunft im britischen Unterhaus Gedankenspiele zu einem neutralisierten Gesamtdeutschland betrieben und damit Adenauers Grundängste vor einer Vier-Mächte-Übereinkunft über Deutschland – für den Kanzler stets: gegen Deutschland – geweckt.[32]

Eine Antwort auf diese Fragen kann nicht gegeben werden. Auch wenn sich Churchill in den folgenden Wochen wegen einer schweren Erkrankung von Außenminister Eden persönlich mit Begnadigungen zu befassen hatte,[33] so äußerte er sich doch nicht mehr grundsätzlich zu den Deutschen in Werl. Vor allem aber stellte er sich nicht gegen die anglo-amerikanischen Pläne einer vorzeitigen Einsetzung des Gnadenausschusses.

Eine Schwierigkeit sah man in London voraus: Mit einer französischen Zustimmung war – wie schon im Herbst 1952 – kaum zu rechnen.[34] Auch im Mai 1953 lautete die französische Antwort: Nein. Und sie kam von Georges Bidault, dem Nachfolger Robert Schumans im französischen Außenamt, persönlich.[35]

In dieser schwierigen Situation traf Herbert Blankenhorn als persönlicher Abgesandter Adenauers in Washington ein. Gegenüber Dulles, dann gegenüber Eisenhower, wiederholte er noch einmal den dringenden Wunsch des Kanzlers, Gremien zur Begnadigung einzurichten. Es war wohl eine gehörige Portion Taktik im Spiel, wenn Blankenhorn Dulles nebenbei »gestand«, die Sozialisten in der Bundesrepublik denunzierten die Westpolitik der Regierung Adenauer als erfolglos. »Extrem hilfreich« sei deshalb – angesichts des anstehenden Wahlkampfes – ein Entgegenkommen in der Kriegsverbrecherfrage.[36]

Eisenhower hingegen fürchtete, die französische Ratifizierung des EVG-Vertrages werde noch weiter kompliziert, wenn Teile des Vertragswerkes vorzeitig in Kraft gesetzt würden. Der Präsident bestätigte gegenüber Blankenhorn lediglich, auch er wünsche, die ganze Kriegsverbrecherfrage werde geregelt – was auch immer das nun heißen mochte. Eisenhower entschied am Ende, auf der für den 29. Juni geplanten westlichen Gipfelkonferenz auf den Bermuda-Inseln – u. a. sollten dort Churchills deutschlandpolitische Pläne zur Sprache kommen – einen allerletzten Versuch zu unternehmen, um die Franzosen doch noch umzustimmen.[37]

Besuch Adenauers bei Churchill im Mai 1953.

Die Beobachtung eines alternden und gesundheitlich angeschlagenen Churchill schien sich jedoch zu bestätigen. Wegen eines Schlaganfalls mußte Churchill seine Teilnahme an der Gipfelkonferenz auf den Bermudas absagen. In Washington wollten sich statt dessen die Außenminister treffen.

Im Vorfeld der Konferenz in Washington zeichnete sich immer deutlicher ab, daß die Franzosen es nicht auf eine erneute Konfrontation in der Kriegsverbrecherfrage ankommen lassen würden, drohte doch die politische Isolation. Hatte noch am 3. Juli der französische Rechtsberater bei der französischen Hochkommission jegliche Flexibilität mit Hinweis auf die besonderen Leiden des französischen Volkes unter deutscher Besatzung abgelehnt,[38] so konnte er einige Tage später auf persönliche Veranlassung Bidaults einen Kompromißvorschlag präsentieren:[39]

1. Bis zum Inkrafttreten der Verträge behalten allein die Gewahrsamsstaaten das Recht auf Begnadigungen.
2. Jeder Hochkommissar bildet in seiner Zone einen gemischten Ausschuß, in welchem die Deutschen in der Minderheit bleiben. Der Ausschuß spricht Empfehlungen für Begnadigungen und für Entlassungen auf Ehrenwort aus.
3. Die Empfehlungen des Ausschusses sind selbst bei Einstimmigkeit nicht bindend.
4. Der Zugang zu den Akten wird beschränkt.

Die US-Hochkommission empfahl eine Zustimmung zu den französischen Vorschlägen;[40] auch aus London kam grünes Licht.[41] Selbst die sonst so zurückhaltenden amerikanischen Armeestellen signalisierten Einverständnis, wenn auch mit Einschränkungen. Die Militärs wollten Akten nur Amerikanern zugänglich machen – aus Sorge, manche Urteile amerikanischer Militärgerichte könnten bei näherem Hinsehen in Frage gestellt werden.[42]

Trotz dieses französischen Einlenkens versuchte Dulles während des Washingtoner Außenministertreffens vom 10. bis 14. Juli 1953 noch einmal, Bidault für einen gemischten Drei-Mächte-Ausschuß nach den Regelungen des Generalvertrages zu gewinnen.[43] Bidault jedoch erneuerte die Ablehnung seiner Regierung. Die Angelegenheit müsse so gehandhabt werden, daß sie nicht wie ein Triumph der Kriegsverbrecher aussehe. Schließlich verständigten sich die drei Außenminister auf den französischen Kompromißvorschlag.[44]

»Der Zweck der Übung ist es, dem Kanzler zu helfen.«[45] Mit diesen Worten kommentierte Kirkpatrick die Entscheidungen von Washington: Die Einrichtung bilateraler Gnadenausschüsse war – zumindest aus britischer und amerikanischer Sicht – als Wahlkampfhilfe zugunsten Adenauers gedacht.[46] Dies war unbestritten, selbst wenn Hallstein die französische Variante immer noch »nicht sehr entgegenkommend« fand.[47] Immerhin: Der Kanzler selbst äußerte sich befriedigt.[48]

Das Wahlkampfgeschenk war allerdings nur ein halbes, es gelang nämlich nicht, die drei bilateralen Ausschüsse noch vor den Bundestagswahlen zu konstituieren. Vor allem die USA hatten angesichts der schlechten Bezahlung und der unbestimmten Dauer der Tätigkeit Probleme, Personen für die Mitarbeit in einem solchen Gremium zu gewinnen.[49] Conant – für ihn war der Vorsitz im Gnadenausschuß der wichtigste in Deutschland zu besetzende Posten[50] – mußte erst bei Dulles persönlich intervenieren, um die Ernennung der amerikanischen Ausschußmitglieder voranzutreiben.[51] Adenauer gewann die Bundestagswahlen am Ende auch ohne die Gnadenausschüsse. Und erst im Oktober konnte Conant schließlich die Mitglieder des deutsch-amerikanischen Ausschusses der Presse vorstellen.[52] Der deutsch-amerikanische und der deutsch-britische Ausschuß nahmen am 27. Oktober, der deutsch-französische Ausschuß am 12. November die Arbeit auf.

VON DEN INTERIMSAUSSCHÜSSEN ZUM GEMISCHTEN AUSSCHUSS IM DEUTSCHLANDVERTRAG

Die drei Ausschüsse tagten in der Folgezeit abgeschirmt von der deutschen Öffentlichkeit; Kritik seitens der deutschen Presse blieb im großen und ganzen aus.[53]

Daß Urteile gegen Kriegsverbrecher oft fragwürdig waren, förderte die Arbeit des deutsch-britischen Ausschusses zutage – ganz, wie es Kirkpatrick im Sommer 1952 befürchtet hatte. Der frühere Hochkommissar notierte: »[...] die öffentliche Meinung [in England, U. B.] geht davon aus, alle britischen Prozesse seien über jede Kritik erhaben. Und deshalb können wir es schlecht von den Dächern pfeifen, daß die Kriegsverbrecherprozesse eine Pfuscherei waren.«[54]

Die Prüfung der Einzelfälle – nicht der Urteile, die vom Ausschuß ja nicht in Frage gestellt werden durften – brachte gar das juristische Weltbild des Vorsitzenden im deutsch-britischen Gremium, Sir Alexander Maxwell, ins Wanken. Er habe sich stets geweigert, zu glauben, daß britische Gerichtshöfe zu so großer Ungerechtigkeit fähig sein könnten: Das Studium der Akten habe ihn eines anderen belehrt.[55] Zum Abschluß seiner Ausschußarbeit zog er Bilanz: Unter achtzig geprüften Fällen hätten sich 25 Fehlurteile befunden.[56]

Die Kritik Maxwells blieb im wesentlichen unwidersprochen. Im Foreign Office warnte man lediglich vor einer Gleichsetzung nationalsozialistischer Verbrechen mit »normaler« Kriminalität: Die meisten Kriegsverbrecher seien systematischer und fortgesetzter Grausamkeiten überführt; man könne diese Fälle nicht mit normaler Gewalttätigkeit oder Mord gleichsetzen.[57] Insgesamt arbeitete der deutsch-britische Ausschuß schnell; bis zum Ende der Ausschußarbeit wurden insgesamt 54 Häftlinge aus Wert entlassen.[58]

Den Vorsitzenden des deutsch-amerikanischen Ausschusses beschlichen, anders als seinen britischen Kollegen, keine Zweifel an der Praxis amerikanischer Militärgerichtshöfe – außer das in dem einen oder anderen Prozeß vielleicht mal recht dubiose Zeugen aufgetreten waren. Im Gegenteil: Der amerikanische Ausschuß kritisierte in seinem Abschlußbericht allzu großzügige Strafminderungen, die in der Vergangenheit ausgesprochen worden waren[59] – eine späte Rüge wohl auch an die Adresse McCloys. Insgesamt öffneten sich aufgrund von Empfehlungen des Ausschusses für 252 Gefangene die Tore der Haftanstalt Landsberg; bis auf zwei Begnadigungen handelte es sich um Entlassungen auf Ehrenwort.[60]

Das Provisorium bilateraler Gremien blieb in Kraft, bis der im Deutschlandvertrag vorgesehene Gnadenausschuß gebildet werden konnte. Erst im August 1954 eröffneten sich dafür neue politische Perspektiven. Nach langer Agonie scheiterte der Vertrag zur Europäischen Verteidigungsgemeinschaft in der französischen Nationalversammlung. Um so schneller lagen die Alternativen auf den Konferenztischen: Beitritt der Bundesrepublik zur NATO und zu der aus dem Brüsseler Pakt weiterentwickelten Westeuropäischen Union (WEU). Auf einer Neun-Mächte-Kon ferenz in London vom 28. September bis 3. Oktober 1954 wurden diese Umrisse erarbeitet und dann in Paris zwischen dem 19. und 23. Oktober in eine gültige Vertragsfassung gegossen.[61]

Mit dem Scheitern der EVG stand auch der Deutschlandvertrag zur Disposition. Der Bundesregierung gelangen erhebliche Nachbesserungen zur Fassung vom Mai 1952, vor allem hinsichtlich bundesdeutscher Souveränität.[62] Ähnliches wollte Bonn auch für den Artikel zur Kriegsverbrecherfrage erreichen. Die von der Bundesregierung ins Gespräch gebrachten Alternativen überzeugten die Westmächte allerdings nicht. Eine Überstellung der Gefangenen in den deutschen Strafvollzug blieb aufgrund von verfassungsrechtlichen Bedenken nach wie vor ausgeschlossen. Die von der Bundesregierung vorgeschlagene zeitlich begrenzte Beibehaltung der bisherigen Regelung – man dachte an sechs bis zwölf Monate mit dem Ziel möglichst umfangreicher Entlassungen – stieß bei den Westmächten auf Widerspruch. Völlig indiskutabel erschien mit Blick auf die deutsche Öffentlichkeit eine Verlegung der Gefangenen in das immer noch von den Vier Mächten kontrollierte Berlin.[63]

So blieb es bei der Regelung, wie sie schon 1952 verabredet worden war. Unmittelbar nach der Londoner Konferenz schlug die Bundesregierung darüber hinaus einen Notenwechsel vor, der die Westmächte zu schnelleren Entlassungen verpflichtet hätte.[64]

Für den britischen Außenminister Eden standen Freilassungen von Kriegsverbrechern zu diesem Zeitpunkt jedoch nicht in der Logik deutscher Souveränitätsgewinnung. Drei Tage vor Beginn der Londoner Konferenz hielt er fest, daß eine Entlassungswelle der deutschen Westbindung nur schaden würde.[65] Hinzu kam, daß sich weder die französische noch die amerikanische Hochkommission für ein entsprechendes Entgegenkommen erwärmen konnte. Das Foreign Office wies den britischen Hochkommissar schließlich an, die Bundesregierung von ihren Überlegungen abzubringen.[66]

Sir Frederic Hoyer Millar, seit 1953 britischer Hochkommissar in der Bundesrepublik, warnte Staatssekretär Hallstein schließlich vor heftigen Reaktionen der britischen Öffentlichkeit und des Unterhauses, sollte es erneut zu einer Kriegsverbrecherdebatte kommen. Wenn der Kanzler wirklich eine schnelle Freilassung der Kriegsverbrecher wolle, dann gebe es nur einen Weg: Je weniger öffentlich geäußert würde, desto besser.[67]

Die Bundesregierung nahm sich diesen Rat zu Herzen. Sie verzichtete auf den Notenaustausch, und auch sonst versuchte man, die Kriegsverbrecherproblematik innenpolitisch ruhig zu halten. Als etwa im November 1954 Angehörige von Inhaftierten um ein Gespräch mit dem Bundeskanzler baten, riet das Auswärtige Amt ab: Ein solches Treffen sei mit Blick auf das Ausland nicht ratsam.[68] Berührungsängste dieser Art hatte es bisher nicht gegeben; man denke nur an den Werl-Besuch des Kanzlers im Wahlkampf von 1953.

Anders als im Sommer 1952 sollte die Kriegsverbrecherfrage um jeden Preis aus der Ratifizierungsdebatte des Pariser Vertragswerkes herausgehalten werden. Als im November der Bund der Heimatvertriebenen und Entrechteten (BHE) und die Deutsche Partei (DP) eine Große Anfrage zum Kriegsverbrecherproblem im Bundestag einbringen wollten,[69] schritt Adenauer persönlich ein und bemühte sich, die Fraktionen zur Rücknahme der Interpellationen zu bewegen. Lieber sollte die Frage diskret in den Ausschüssen diskutiert werden. »Eine öffentliche Erörterung [...]«, so der Kanzler, könne »sehr nachteilige Folgen für das Schicksal der noch in westlichem Gewahrsam befindlichen deutschen Gefangenen auslösen [...].« Der Öffentlichkeit im Ausland fehle Verständnis für die Position der Bundesregierung. »Daher müssen die Bemühungen in dieser Frage zwar mit Zähigkeit, aber auch mit Takt und Verständnis für die außenpolitischen Gegebenheiten geführt werden.«[70]

Trotz solcher Bemühungen erregte die Kriegsverbrecherproblematik während der ersten Lesung der Pariser Verträge im Bundestag doch noch einmal die Gemüter. Es meldeten sich wieder die Politiker zu Wort, die bereits 1952 die Ratifizierungsdebatte als Forum gegen die alliierte Kriegsverbrecherpolitik – und damit gegen den Generalvertrag – genutzt hatten.[71] Von Merkatz (DP) forderte einen Schlußstrich unter das vergangene Unrecht. Die flammendste Rede aber hielt einmal mehr Erich Mende. Siegerjustiz und Morgenthau-Geist unterstellte er den alliierten Prozessen. Mende distanzierte sich zwar von denen, »die [...] ohne die Not des Krieges und ohne den Zwang besonderer Kriegsverhältnisse hinter der Front Menschen gequält, Menschen wegen ihrer Rasse, Religion oder Parteizugehörigkeit gepeinigt und den deutschen Namen mit Schande bedeckt haben«. Dennoch wehrte er sich gegen den Blick in die Vergangenheit und wurde dabei sogar biblisch: Für den Beginn einer neuen Zusammenarbeit zwischen Deutschland und dem Westen sei es besser, »wenn man nicht wie Lots Weib in der Bibel

Unterzeichnung der Ratifikationsurkunden des Deutschlandvertrages am 5. Mai
1955. Neben Adenauer die ehemaligen Hochkommissare und
nun Botschafter Hoyer Millar und François-Poncet.

zurückschaut und dafür zu einer Salzsäule erstarrt, sondern vorwärts
schaut auf Europa und die leidige Frage der kriegsverurteilten Soldaten
endlich, zehn Jahre nach dem letzten Schuß, zum Abschluß bringt«.
Mende schloß seine Ausführungen mit dem Vorwurf, in Paris, London,
Washington und sogar in Deutschland sei die »Hypothek des Zweiten
Weltkriegs und des Verbrechens Hitlers am deutschen Volk« nicht
ausreichend bekannt.

In London wunderte man sich über Mendes Worte, schließlich saßen in
Werl nur noch vier Angehörige der ehemaligen deutschen Streitkräfte
ein. Eine Mitarbeiterin des Foreign Office empfand es als Schande, daß
sich die deutsche Öffentlichkeit nicht genauer über den »harten Kern von
Nazi-Verbrechern« in Werl aufklären ließ.[72]

Der Debatte im Winter 1954/55 fehlte nun jedoch die Brisanz der
Ratifizierungsdebatten des Jahres 1952, selbst wenn die Bundesregierung
zur Abstützung der parlamentarischen Mehrheit erneut auf Begnadigungen drang.[73] Der Bundestag stellte die Bestimmungen des Deutschlandvertrages zur Einrichtung eines gemischten Gnadenausschusses nicht in
Frage. So rückte mit Inkrafttreten des Pariser Vertragswerks im Mai 1955
der gemischte Drei-Mächte-Ausschuß an die Stelle der provisorischen
bilateralen Gremien.

Einen erneuten – und letztem – Höhepunkt erreichte die Debatte um die von den Alliierten als Kriegsverbrecher inhaftierten Deutschen im Sommer 1955. Adenauer hatte schon bald nach Inkrafttreten der Pariser Verträge die ersten Wehrgesetze im Bundestag eingebracht. War bislang die Verbindung zwischen Verteidigungsbeitrag und Kriegsverbrecherfrage nur immer wieder heraufbeschworen worden, so ging es jetzt konkret um den Aufbau deutscher Streitkräfte.

Einmal mehr intervenierten in dieser Situation die Kirchen. Die EKD sandte den bei der Genfer Gipfelkonferenz versammelten Staatschefs der vier alliierten Siegermächte eine Petition zur Freilassung der noch inhaftierten Kriegsverbrecher. Unterzeichner war einmal mehr Martin Niemöller;[74] sein Pazifismus und Widerstand gegen die deutsche Wiederbewaffnung, aber auch seine eigene Biographie im Dritten Reich hinderten ihn nicht, in der Kriegsverbrecherfrage ähnlich wie die Befürworter einer neuen deutschen Armee zu denken. Auch Kardinal Frings setzte sich erneut, angeblich auf direkte Veranlassung des Vatikans, für Begnadigungen aus humanitären Gründen ein.[75]

Hans Speidel, Abteilungsleiter im neugebildeten Verteidigungsministerium, argumentierte einmal mehr innenpolitisch, als er gegenüber dem NATO-Oberbefehlshaber Gruenther die »nicht-kriminellen ehemaligen Soldaten« ansprach – Speidel zählte hierzu ausdrücklich die 29 wegen des Malmédy-Massakers inhaftierten Deutschen –, deren Freilassung die richtige Atmosphäre für die Verabschiedung der Wehrgesetze im Bundestag schaffen würde.[76] Regelmäßig versandte auch der *Verband Deutscher Soldaten* – dieser hatte von Manstein zu seinem Ehrenmitglied ernannt – seine Gnadenpetitionen.[77] Und Erich Mende hatte am 28. Juni 1955 im Bundestag noch einmal einen großen Auftritt, als er im Plenarsaal räsonierte:

»Ich frage Sie, wer wohl mehr Schuld auf sich geladen hat: der junge Mann, der in die Verstrickung militärischer Handlungen auf Grund von Befehlen gekommen ist, denen er gehorchen mußte, oder jene, die die geistigen Urheber dessen gewesen sind, dessen wir uns alle tief zu schämen haben. [...] Deutsche Politiker und nicht nur die Alliierten [haben] 1945 große Fehler begangen [...], als sie aus dem Heldenkult der Vergangenheit in die Kriegsverbrecherpsychose der Nachkriegszeit gefallen sind und Soldatentum und Militarismus vermengt haben.«[78]

Die Bundesregierung hingegen zeigte sich weiterhin bemüht, die Kriegsverbrecherdebatte möglichst wenig an die Öffentlichkeit dringen zu lassen. Kalter Krieg, Wiederbewaffnungsfrage, Westintegration – dies alles
hatte Zugeständnisse des Westens gebracht. Nun waren die wichtigsten
deutschlandpolitischen Weichen gestellt, und die Supermächte näherten
sich an: Nach der Genfer Gipfelkonferenz sollte jener Geist von Genf zum
Synonym der Ost-West-Entspannung werden.

Ein weniger geräuschvolles Auftreten schien Bonn geboten. Als Ver-
triebenenminister Theodor Oberländer beispielsweise Ende 1956 einen
Besuch der Haftanstalten in Landsberg und Wittlich ankündigte, legte
Außenminister von Brentano mit Blick auf das Ausland sein Veto ein.
»Ein solcher Besuch erscheint nicht unbedenklich, da hierdurch die
Kriegsverurteiltenfrage in einem nicht wünschenswerten Ausmaß in das
Blickfeld der Öffentlichkeit gerückt wird. Eine größere Publizität in
dieser Frage würde zudem Rückwirkungen auf das Ausland haben und
unter Umständen die Lösung des Problems nur erschweren.« Was dem
Kanzler im Wahlkampf 1953 noch opportun erschien, wurde Oberländer
1956 – immerhin war 1957 wieder Wahljahr – verwehrt. Daß – wohlge-
merkt – der Kanzler eine andere persönliche Vergangenheit hatte als der
Vertriebenenminister, war im Ausland allerdings nicht unbekannt.[79]

DER FALL SEPP DIETRICH UND DIE ENTLASSUNG
DER LETZTEN KRIEGSVERBRECHER

Als der gemischte Drei-Mächte-Ausschuß nach allen politisch bedingten
Verzögerungen am 11. August 1955 erstmals zusammentrat, saßen in
Werl noch 26, in Landsberg noch 49 Kriegsverbrecher ein, eine größere
Zahl der Landsberger Häftlinge befand sich auf Bewährung in Freiheit;
noch ganze 19 Verurteilte waren in französischen Gefängnissen inhaf-
tiert.[80] Da die meisten Mitglieder des neuen Ausschusses bereits in den
Interimsausschüssen Erfahrungen gesammelt hatten – der kritische Brite
Maxwell hatte sich einer weiteren Mitarbeit allerdings verschlossen[81] –,
konnte man umgehend an die Arbeit gehen.

Schon eine der ersten Entscheidungen des aus drei Deutschen und je
einem Vertreter der Westmächte bestehenden Gremiums sorgte für einen

Aufschrei in der amerikanischen Öffentlichkeit: die Freilassung von Josef (Sepp) Dietrich, ehemals Kommandant der 6. SS-Panzerarmee und als maßgeblich Verantwortlicher am Malmédy-Massaker zu einer lebenslangen Haftstrafe verurteilt.[82]

Malmédy konnte in den USA immer noch die Gemüter erhitzen – eines der wenigen Themen hinsichtlich deutscher Vergangenheit. Entsprechend groß war auch die Verwunderung bei den amerikanischen Verantwortlichen in der Bundesrepublik. Hatte man nicht in den letzten zwei Jahren rund 250 Gefangene aus Landsberg entlassen, ohne damit irgendeinen negativen Kommentar in den Vereinigten Staaten hervorzurufen?[83]

Nun aber hagelte es Proteste. Im Senat war es vor allem Senator Estes Kefauver, der bereits 1949 im Untersuchungsausschuß des Kongresses zu Malmédy gesessen hatte und der jetzt energisch bei Außenminister Dulles protestierte. Kefauver forderte eine Rücknahme der Entscheidung und kündigte eine Untersuchung des Falles Dietrich durch den Streitkräfteausschuß (Committee on Armed Services) an.[84] Der New Yorker Senator Lehmann meldete aus seinem Wahlkreis zahlreiche Proteste.[85] Vor allem Organisationen amerikanischer Kriegsveteranen,[86] aber auch der *American Jewish Congress* wandten sich energisch gegen die Entlassung Dietrichs.[87] Verstärkt wurde der innenpolitische Druck auf die amerikanische Administration durch Gerüchte, ein anderer im Zusammenhang mit Malmédy verurteilter Deutscher, Joachim Peiper, würde bald ebenfalls aus Landsberg entlassen.[88]

Zunehmend geriet die Arbeit des gemischten Ausschusses ins Kreuzfeuer der Kritik, vor allem die Person des amerikanischen Repräsentanten, Edwin A. Plitt, eines Karrierediplomaten. Offen forderte der Oberkommandierende des Veteranenverbandes *American Legion* die Entlassung Plitts.[89]

Der amerikanische Hochkommissar Conant beobachtete die Entwicklung von Anfang an mit größter Sorge und warnte vor einer Gefährdung der deutsch-amerikanischen Beziehungen. Er empfahl, sich mit Rücksicht auf die Stimmung in Deutschland hinter Plitt zu stellen.[90] Das State Department stimmte dieser Linie anfangs zu.[91] Als sich jedoch die innenpolitischen Wogen in den USA nicht glätten wollten, verschoben sich die Prioritäten. Conant brach zwar weiterhin eine Lanze für Plitt,[92] für die Verantwortlichen in Washington wogen die inneramerikanischen Proteste aber stärker. Livingston Merchant, für Europa zuständiger Stellvertre-

Sepp Dietrich wartet auf seine Zeugenaussage
beim Nürnberger Kriegsverbrecherprozeß.

tender Außenminister, warnte Conant in einem vierseitigen Schreiben: Die Gefühle in den USA hinsichtlich deutscher Verbrechen gegen Amerikaner seien nicht zu unterschätzen. Er forderte eine Offenlegung der Arbeitsweise des gemischten Gnadenausschusses; den amerikanischen Kritikern sollte auf diese Weise gezeigt werden, daß das deutsch-alliierte Gremium keineswegs ein jederzeit manipulierbares Vehikel zur Erreichung politischer Ziele darstellte.[93] Conant bot seinerseits an, vor dem außenpolitischen Ausschuß des Senats die Haltung der Bundesregierung in der Kriegsverbrecherfrage zu erläutern – jetzt, wo Deutschland souverän war und der Aufbau der deutschen Streitkräfte vorangetrieben wurde.[94] Schließlich beugte sich das State Department dem Druck im eigenen Land. Dietrich mußte zwar nicht nach Landsberg zurück, Edwin Plitt aber wurde abberufen.[95] Conant gab noch nicht auf. Er wandte sich an Außenminister Dulles persönlich, um vor »sehr ernsten internationalen Folgen« einer Entlassung Plitts zu warnen.[96] Um seiner Mahnung Nachdruck zu verleihen, fügte er einen Brief des päpstlichen Nuntius in der Bundesrepublik bei; auch der hatte sich für Plitt eingesetzt.[97]

Conant verschätzte sich. Die »sehr ernsten internationalen Folgen« blieben aus. Allenfalls die deutschen Mitglieder des gemischten Ausschusses protestierten gegen die Absetzung des amerikanischen Kollegen.[98] Als der Kanzler im Juni 1956 nach Washington reiste, gab ihm das Auswärtige Amt zwar noch eine Notiz mit auf den Weg, worin beklagt wurde, seit der Dietrich-Freilassung seien keine weiteren Häftlinge aus Landsberg entlassen worden.[99] In Washington sprach man jedoch nicht mehr über die Landsberger Kriegsverbrecher: Das Problem hatte seine außen- wie innenpolitische Sprengkraft verloren. Was nicht hieß, daß die Bundesregierung hinter den Kulissen nicht weiter drängte: So forderte man beharrlich die Anerkennung von Mehrheitsentscheidungen des gemischten Ausschusses – nicht nur wie bisher von einstimmigen Beschlüssen – als bindende Grundlage für Begnadigungen.[100] Für die USA kamen angesichts der zurückliegenden Kritik im Fall Dietrich derartige Zugeständnisse jedoch nicht in Frage.[101]

In London wiederum wollte man das Thema Werl endlich zu den Akten legen, was Churchill immer wieder gefordert, sein Außenminister Eden hingegen stets abgelehnt hatte. Der politische Strich unter das Kapitel britischer Kriegsverbrecherprozesse, er sollte nun gezogen werden.

Es war dann auch nicht mehr Eden, der diesen Schlußstrich zog. Dem greisen Churchill war er 1955 ins Amt des Premierministers gefolgt, das Foreign Office führte Selwyn Lloyd. Lloyd hatte bereits im August 1954, damals noch Staatsminister, eine Prioritätenliste für die Behandlung deutscher Kriegsverbrecher vorgelegt.[102] Nun selbst im Amt, konnte er darangehen, eine adäquate Lösung vorzubereiten. Wenn er die Wahl habe, dann sei er eher für umfassende als für kleinherzige Gnadenmaßnahmen, deutete er an. Seit Amtsantritt der Konservativen Regierung habe man ein gutes Stück Arbeit – im Klartext: Entlassungen – geleistet. Seine Beamten wies er an, darin nicht nachzulassen.[103]

Die britische Hochkommission führte im August 1956 noch zehn Kriegsverbrecher in Werl, erst 1959 würde die Strafe der letzten Häftlinge ablaufen. Lohnte sich der Aufwand, die Anstalt dafür aufrechtzuerhalten? 20 000 Pfund jährlich verschlang die Inhaftierung dieser letzten Gefangenen.[104] War nicht der Zeitpunkt gekommen, wo das Festhalten der zehn Häftlinge in Werl mehr Schaden anrichtete als Nutzen stiftete – trotz aller ihnen vorgeworfenen Verbrechen? Die Deutschlandabteilung des britischen Außenministeriums stand ganz unter dem Eindruck der schwelenden Nahostkrise, welche durch die Verstaatlichung des Suezkanals in Ägypten ausgelöst worden war. Jahrelang hatte man die Deutschen gegen die Russen gebraucht, jetzt brauchte man die Bundesrepublik ebenso dringend angesichts des wachsenden ägyptischen Nationalismus.[105] Auch das Kostenargument überzeugte in London. »Ich habe im Sinn, die Zahl zu vermindern«, notierte Lloyd – er meinte die Zahl der Häftlinge in Werl.[106]

Der Außenminister legte einen Zeitpunkt fest. Bis zum 30. Juni 1957 seien alle Inhaftierten auf freien Fuß zu setzen. Lloyd übernahm hierfür persönlich die Verantwortung und wies dabei seine Mitarbeiter an, die Freilassungen möglichst ohne großes Aufsehen durchzuführen; Franzosen und Amerikaner sollten gar nicht informiert werden.[107]

Erstmals wurde damit im Rahmen der Kriegsverbrechern bzw. Begnadigungsproblematik eine stillschweigende Amnestie vollzogen – eine Entscheidung ohne Rücksicht auf rechtliche Implikationen getroffen. Es blieb der britischen Botschaft in Bonn überlassen, Mittel und Wege zu finden, um bis zum vorgegebenen Termin die Entlassungen zu ermöglichen.[108]

Die Beamten in Bonn fanden sie.[109] Franzosen und Amerikaner erfuh-

ren trotz allem von den britischen Plänen, und sie wußten auch, daß die
Briten bereit waren, bei zwei oder drei Fällen rechtlich ein wenig nachzu-
helfen.[110] Adenauer wurde in die Pläne eingeweiht; er zeigte sich hochzu-
frieden.[111] Tatsächlich verließ am 24. Juni 1957 der letzte von britischen
Militärgerichten verurteilte Kriegsverbrecher die Haftanstalt in Werl. Mit
Rücksicht vor allem auch auf die USA verzichtete man in London auf
großen Presserummel.[112]

Tatsächlich befanden sich zu diesem Zeitpunkt noch einige Kriegsverbrecher in amerikanischer Haft. Aber bereits um die Jahreswende 1956/57
hatte es auch in Washington Diskussionen gegeben, wie das Kriegsverbrecherproblem abschließend zu lösen sei. Robert Bowie aus dem Planungs-
stab des State Department schlug Außenminister Dulles vor, die volle
Verantwortung für die verbliebenen Kriegsverbrecher in Deutschland und
Japan den jeweiligen Regierungen direkt zu übertragen.[113] Wieder einmal
trafen solche Pläne auf den Widerstand des amerikanischen Verteidigungsministeriums.[114] Als es im Vorfeld eines Washington-Besuches von
Adenauer im Mai 1957 dann noch einmal galt, die amerikanische Position
in der Kriegsverbrecherfrage zu bestimmen, legten die zuständigen Beamten Präsident Eisenhower ein Memorandum vor, welches keinerlei Abrücken von bisherigen politischen wie rechtlichen Positionen erkennen
ließ. Einige der noch in Landsberg Inhaftierten, so hieß es dort, seien
wegen der Teilnahme an Massenvernichtungsaktionen oder Verbrechen in
Konzentrationslagern verurteilt worden. Außerdem könnten pauschale
Entlassungen als Eingeständnis des Zweifels an der Rechtmäßigkeit der
amerikanischen Kriegsverbrecherprozesse interpretiert werden.[115]

Adenauer selbst verzichtete 1957 darauf, das Thema während seines
USA-Besuches anzusprechen.[116] Die verbleibenden vier Landsberg-Häftlinge wurden vom gemischten Ausschuß im Mai 1958 einstimmig begnadigt. Es handelte sich um »Lebenslängliche«, in drei Fällen waren ursprünglich sogar Todesstrafen ausgesprochen worden.

Bilanz: Bei den Briten hatte die längste Haftzeit eines Kriegsverbre-
chers zwölf Jahre und einen Monat betragen, bei den Franzosen (auf die
in Kapitel 8 gesondert eingegangen wird) zwölf Jahre und vier Monate.
Die letzten Landsberg-Häftlinge hatten fast dreizehn Jahre abgesessen.[117]
Das Kriegsverbrecherproblem, das so lange die Beziehungen zwischen
Deutschen und Westalliierten belastet hatte, war »gelöst« – fast, denn in
Spandau saßen immer noch die Hauptkriegsverbrecher ein.

7. DAS VIERMÄCHTEGEFÄNGNIS
IN SPANDAU

»Wie Sie wissen«, schrieb Churchill im August 1954 seinem Lordkanzler, »war ich immer gegen die rachsüchtige Exekution sogenannter Kriegsverbrecher in Nürnberg, und ich denke, sie wären besser lebenslang auf irgendeine einsame Insel verfrachtet worden.«[1]

Was schwebte Churchill vor? Inseln wie Elba oder St. Helena? Sollte man mit Ribbentrop, Göring und den anderen Angeklagten des Nürnberger Prozesses verfahren wie seinerzeit mit Napoleon?

Die in Nürnberg zu Haftstrafen verurteilten Hauptkriegsverbrecher saßen nicht auf exotischen Inseln im Mittelmeer oder im fernen Atlantik. Sie verbüßten ihre Strafen in einem Gefängnis unter Vier-Mächte-Kontrolle im Berliner Stadtteil Spandau, im britischen Sektor der geteilten Stadt.

Schon bald nach Kriegsende war Berlin zum neuralgischen Punkt der Ost-West-Auseinandersetzungen geworden. Die Blockade der Zufahrtswege in die frühere Reichshauptstadt durch die Sowjetunion markierte einen der ersten Höhepunkte des Kalten Krieges in Europa. Es war dementsprechend nicht nur der Ost-West-Konflikt, sondern auch die besonders prekäre Lage Berlins, die das Vier-Mächte-Regiment in Spandau belasten mußte.

Die Auseinandersetzungen zwischen der Sowjetunion und den Westmächten über den Zugang nach Berlin waren bereits im Abklingen, als der amerikanische Militärgouverneur Lucius D. Clay im März 1949 seinen westlichen Kollegen den Vorschlag unterbreitete, Spandau in die alleinige Kontrolle der drei Westmächte zu überführen. Immerhin befand sich das Gefängnis im westlich kontrollierten Teil von Berlin; ein solcher Schritt wäre also auch gegen sowjetischen Widerstand durchführbar gewesen. Und die amerikanischen Motive klangen plausibel, denn sie gaben sich humanitär: Es waren die harten Haftbedingungen in den Spandauer Zellen, deren Milderung am sowjetischen Widerstand scheiterte.[2]

In London fand Clays Vorschlag dennoch keine Zustimmung. Natürlich, mit den »unzivilisierten Methoden der Russen« in Spandau wollte man im Foreign Office nicht identifiziert werden. Seltsam aber klang die Begründung des britischen Außenamtes, wonach man die Teilung von Berlin nicht noch vertiefen wolle, indem der letzte überhaupt noch funktionierende Mechanismus der Zusammenarbeit mit der Sowjetunion bewußt zerschlagen werde.[3]

Ende des Jahres 1949 dann zerbrachen sich die westlichen Berlin-Kommandanten erneut den Kopf über Alternativen zur unbefriedigenden Spandauer Vier-Mächte-Kontrolle. Dem damaligen britischen Hochkommissar Robertson gefiel besonders die Idee, Spandau aufzulösen und die Gefangenen aus Berlin wegzuschaffen, um sie jeweils dem Staat zu übergeben, der die Verurteilten ursprünglich gefangengenommen hatte. Auch im Foreign Office gab es nun, anders als noch einige Monate zuvor,

Wachwechsel in Spandau.

Befürworter eines möglichst schnellen Schlußstriches unter das Thema Spandau.[4]

Schon eine Übereinkunft der drei Westmächte erwies sich allerdings als kaum erreichbar. Der französische Hochkommissar bevorzugte den Transfer der Häftlinge in ein anderes, kleineres – und billigeres – Gefängnis, und das nur mit Zustimmung der sowjetischen Behörden. Robertson warb für sein Modell. Der amerikanische Repräsentant in der Hochkommission fand alle Lösungsansätze eher halbherzig, bot jedoch keine Alternative.

Was nun? Robertson schlug vor, die Gefangenen auch ohne Einverständnis aus Moskau in eine andere Haftanstalt zu schaffen, sowie klar sein würde, daß die Russen für eine einvernehmliche Lösung unzugänglich blieben. Dies wiederum mißfiel der französischen Seite, dort sah man massive Vergeltung bis hin zu einer Wiederaufnahme der Berlin-Blockade durch die Sowjets voraus. Auch das State Department wandte sich gegen so »drastische und provozierende Schritte«.[5] Der Beschluß, den die westlichen Hochkommissare faßten, fiel dementsprechend halbherzig aus. Die Berlin-Kommandanten wurden beauftragt, diskret und ohne konkrete Vorschläge die sowjetische Haltung zu einem Transfer der Häftlinge auszuloten.[6]

Angesichts der etwas verfahrenen Situation machte sich der britische Hochkommissar kaum Hoffnungen auf einen Erfolg dieser Initiative. Und tatsächlich wurde das Regiment in Spandau mit seinen periodischen Wachwechseln der Vier Mächte während der international stürmischen ersten Hälfte der fünfziger Jahre zementiert. Nichts – oder nur wenig – schien sich zu bewegen.

Wenn im folgenden der Konflikt um Spandau während der fünfziger Jahre skizziert wird, dann darf nicht aus dem Auge verloren werden, daß die Geschichte der Haftanstalt über die Nachkriegszeit hinausreicht.[7] Während sich die Tore von Landsberg, Wittlich und Werl für die letzten dort inhaftierten Kriegsverbrecher 1957/58 öffneten, erregte Spandau – zuletzt vor allem das Schicksal des jahrelang dort allein einsitzenden Rudolf Heß – noch in den achtziger Jahren die Gemüter. Heß sei gar nicht Heß, lautete beispielsweise eine These.[8] Erst der Selbstmord des Führer-Stellvertreters im Jahre 1987 – andere sprechen entgegen der offiziellen Darstellung von Mord[9] – beseitigte dieses Relikt funktionierender Vier-Mächte-Zusammenarbeit in Deutschland. In auffälliger Hast wurde das Spandauer Gefängnis nach dem Tod des letzten Häftlings abgerissen.

Politik der kleinen Schritte:
die Freilassung des Freiherrn von Neurath

Nicht die »wirklichen Verbrecher« sollten freigelassen werden; immer wieder hatte Adenauer dies hinsichtlich der Häftlinge in Werl, Wittlich und Landsberg hervorgehoben –, ohne dabei den Kreis »wirklicher Verbrecher« konkret benennen und abgrenzen zu können. Saßen aber diese nicht gerade in Spandau? Immerhin handelte es sich nach dem Urteil der Alliierten um Hauptkriegsverbrecher. Die Bundesregierung konnte kaum argumentieren, in Spandau verbüßten kleine Soldaten und Befehlsempfänger ihre Strafen. Die Politik der Bundesregierung in Sachen Spandau war entsprechend vorsichtig. Es war eine Politik der kleinen Schritte. Bonn verzichtete darauf, die rechtliche Grundlage des Nürnberger Hauptkriegsverbrecherprozesses aggressiv in Frage zu stellen, mit politischen Äußerungen hielt man sich zurück. Das Engagement für die Spandauer Häftlinge wurde in erster Linie humanitär begründet. So wandte sich Adenauer im Juni 1950 wegen der Haftbedingungen an die Alliierte Hohe Kommission. Die Behandlung der Häftlinge habe »Formen angenommen, die, an den Maßstäben gemessen, die sich im Strafvollzug aller zivilisierten Staaten seit langem durchgesetzt haben, als außergewöhnlich hart bezeichnet werden müssen«. In zehn Punkten, beginnend mit der Zellenbeleuchtung über den Postverkehr bis hin zur Seelsorge für die Gefangenen, erläuterte Adenauer seine Vorwürfe.[10]

Daß die Haftbedingungen in Spandau hart waren, bestritten im Westen weder Politiker noch Beamte; verantwortlich machte man dafür die strengen Gefängnisstatuten und deren noch engherzigere Auslegung durch die sowjetischen Wachmannschaften.[11] Nach einer Inspektion der Haftanstalt durch McCloy im April 1951 entschlossen sich zum Beispiel die amerikanischen Verantwortlichen in Berlin, einige Gefängnisregeln einseitig während der Monate amerikanischer Wache zu ändern – eine Vorgehensweise, die von den beiden anderen westlichen Stadtkommandanten nicht gebilligt wurde.[12] Die britische Vorsicht an dieser Stelle war auch innenpolitisch bedingt. Man dürfe, hieß es in einer Vorlage für Außenminister Herbert Morrison, nicht vergessen, »daß jeder Schritt unsererseits von der sowjetischen Propaganda vermutlich so verdreht würde, als vernietlichten wir die deutschen Kriegsverbrecher, und die Möglichkeit besteht, daß die öffentliche Meinung im Vereinigten König-

Freiherr von Neurath wird nach seiner Entlassung aus Spandau
von seiner Familie begrüßt.

reich sich gegen die von uns gezeigte Milde wendet«.[13] Immerhin: Der
Sturm öffentlicher Entrüstung über die amerikanischen Begnadigungen
aus Landsberg war gerade über die Insel hinweggefegt. Der neuernannte
Außenminister der Labour Party schien übrigens bemerkenswert uninformiert: »Wo ist Spandau?« notierte Morrison auf der Denkschrift.

Gnadenfreudig zeigte sich das State Department allerdings auch nicht:
In absehbarer Zeit sehe man keine Möglichkeiten, Spandau-Insassen zu
entlassen, telegraphierte Washington am 12. Juli 1951 an die US-Hochkommission.[14]

Waren grundlegende Reformen der Statuten oder gar umfangreiche
Begnadigungen vorerst kaum zu erreichen, so ließen sich doch in einzelnen Fällen Härten abstellen. Schon früh fiel der Name eines Gefangenen,
für den sich die Bundesregierung in den folgenden Jahren in besonderem
Maße einsetzte: Konstantin Freiherr von Neurath. Der Gesundheitszustand des früheren Reichsaußenministers, dessen fünfzehnjährige Frei-
heitsstrafe 1959 abgelaufen sein würde, galt als äußerst kritisch.[15] Die
Bemühungen der Bundesregierung in den folgenden Monaten und Jahren
zielten darauf ab, zumindest von Neuraths Verlegung in ein Krankenhaus
zu erreichen[16] und zugleich ganz allgemein die Situation für die Häftlinge in Spandau zu verbessern.[17]

Im Falle von Neuraths konnte der Kanzler auf westliche Unterstützung
zählen. Mit Zustimmung der beiden anderen Hochkommissare schlug
Robertson schon Anfang 1950 eine Initiative zur Entlassung des früheren
Außenministers vor.[18] Die sowjetische Seite bestritt jedoch, daß von
Neuraths Gesundheitszustand besorgniserregend sei.[19] Die westlichen
Berlin-Kommandanten rechneten demgegenüber bereits mit dem Tod des
Häftlings, so daß sie sich schon im April 1952 Gedanken darüber mach-
ten, wie der Leichnam der Familie möglichst unauffällig zur Beisetzung
übergeben werden könnte.[20] Dahinter stand die Sorge, der frühere
Reichsaußenminister könne am Ende von deutscher Seite zum Märtyrer
hochstilisiert werden.

Am Problem Spandau sollte die Friedensbereitschaft des Kreml gemessen werden – so lautete es in Konferenzpapieren des State Department
für den Amerikabesuch Adenauers im April 1953. War im Rahmen der
keimenden Ost-West-Annäherung auch das Thema Spandau in eine ent-
spanntere Phase eingetreten? Der Kanzler wollte dies auf der Berliner
Außenministerkonferenz vom 15. Januar bis 18. Februar 1954 getestet

wissen. Im Vorfeld hatte er den Westmächten weitreichende Vorschläge zu Spandau unterbreitet: Freilassung der Gefangenen von über 75 Jahren, Anrechnung von Internierungszeiten vor dem Urteilsspruch, Erlaß bzw. Aussetzung des letzten Drittels der Haftstrafe sowie Einrichtung einer ständigen Kommission zur Prüfung aller strittigen Fragen.[21] Die USA gaben sich reserviert; die ohnehin schwierige Berliner Tagung sollte durch ein sekundäres Problem wie Spandau nicht kompliziert werden. Immerhin zeigten sich die USA bereit, das Thema Spandau außerhalb der Tagesordnung anzusprechen.[22] Insgesamt schien aus dem Test der russischen Friedfertigkeit ein zweitrangiger, lästiger Ost-West-Stolperstein geworden zu sein.

Tatsächlich kam während der Berliner Konferenz die Rede kurz auf Spandau, Eden sprach Molotow außerhalb der eigentlichen Verhandlungen kurz auf die Haftbedingungen an. Der sowjetische Außenminister zeigte sich uninformiert, versprach aber, den Berlin-Kommandanten zu befragen.[23]

Das Ergebnis des kurzen Meinungsaustausches übertraf am Ende westliche Erwartungen bei weitem. Am 25. März stimmte die Sowjetunion Vier-Mächte-Gesprächen über Spandau zu,[24] bei denen dann auch erhebliche Verbesserungen hinsichtlich der Gefängnisstatuten verabredet werden konnten.[25] Zumindest auf dem Papier handelte es sich um weitaus größere Fortschritte, als je zuvor erreicht worden waren.[26] Und nicht nur auf dem Papier!

Nach dem jahrelangen Tauziehen[27] um von Neurath kam das sowjetische Einlenken im November 1954 nicht mehr überraschend; Moskau stimmte seiner Entlassung zu.[28] Für Mißstimmung sorgte allenfalls noch Bundespräsident Theodor Heuss, als er anläßlich der Freilassung von Neuraths von einem Martyrium sprach. Nur mühsam unterdrückte der britische Hochkommissar gegenüber Adenauer seinen Ärger über die Begriffswahl.[29] Der deutschen Botschaft in London muß dies trotzdem zu Ohren gekommen sein, denn sie beeilte sich zu versichern, »Martyrium« heiße nicht notwendigerweise Leiden für eine Sache,[30] also für eine politische Idee oder Ideologie.

Ost-West-Entspannung: die Fälle Raeder und Dönitz

Die sowjetische Zustimmung zur Freilassung von Neuraths im November 1954 lag also ganz auf der neuen liberaleren Linie. Adenauer blieb das sowjetische Entgegenkommen nicht verborgen, und er drängte die Westmächte, Moskau weitere Konzessionen abzuringen. Er wußte seine Position geschickt darzustellen: Könnte nicht bei soviel westlicher Passivität in Deutschland der Eindruck entstehen, die Westmächte stünden dem Problem weniger aufgeschlossen gegenüber als die Russen? Wäre es nicht ein Jammer, wenn die Russen aus ihrem Entgegenkommen bei von Neurath politische Vorteile zögen?[31]

Namen nannte der Kanzler nicht. Aber es waren zwei Spandau-Häftlinge, die immer wieder ins Gespräch gebracht wurden: die Großadmirale Karl Dönitz, nach Hitlers Selbstmord Chef der letzten Reichsregierung, und Erich Raeder. Dönitz' Haftstrafe wäre regulär im Jahre 1956 abgelaufen, während Raeder zu lebenslanger Haft verurteilt worden war. Kreise früherer Militärs in der Bundesrepublik hatten sich schon früh für beider Entlassung eingesetzt;[32] selbst der amerikanische Marineminister hatte sich einst für die ehemaligen Führer der deutschen Kriegsmarine verwendet.[33] Bereits Anfang 1953 waren beide Namen neben von Neuraths in einem Papier aufgelistet gewesen, das Adenauer mit auf seine Amerikareise genommen hatte – mit dem Vermerk, daß alle drei »keine Verbrechen im Sinne des deutschen Rechts begangen« hätten.[34]

Die Bundesregierung bemühte sich jedoch nur recht zögerlich um die Freilassung von Raeder. In einer Note verwandte sich Bundesaußenminister von Brentano im Juli 1955 für ihn. Von Begnadigung war nicht die Rede, nur von einer – ggf. befristeten – gesundheitsbedingten Freilassung. Von Brentano verschwieg dabei nicht, wie groß seine »Besorgnis für den starken psychologischen Eindruck« eines möglichen Ablebens des Admirals in Spandauer Haft war.[35] Der Mitarbeiter des Auswärtigen Amtes, der die Note den Westmächten überreichte, präzisierte die Sorgen von Außenminister und Kanzler. Der Tod Raeders in Haft würde die Bereitschaft von Soldatenverbänden beeinträchtigen, beim Aufbau der Wehrmacht – der Begriff Bundeswehr war noch nicht Allgemeingut – mitzuwirken.[36] Immerhin standen die ersten großen Wehrdebatten im Bundestag an. Nicht nur die Insassen von Landsberg, Werl und, Wittlich schienen also den Neuaufbau deutscher Streitkräfte »psychologisch« zu erschweren.[37]

Der Fall Dönitz lag anders: Weniger die Schwere der ihm vorgeworfenen Verbrechen als sein mögliches politisches Wirken nach einer Freilassung gab Anlaß zur Sorge. Dönitz war im Vergleich zu Raeder relativ jung. Besonders in London galt er als Fanatiker, als, wie Kirkpatrick es ausdrückte,»relativ junger, aggressiver Nazi durch und durch«.[38] »Dönitz könnte gefährlich sein, wenn er freigelassen wird. Er würde zum Sammelpunkt früherer Nazi-Offiziere«, hieß es später in einer Kabinettsvorlage.[39] Die Regierung in London fürchtete also, ein entlassener Dönitz könnte sich wieder im Sinne der alten Ideologie betätigen.

Am 23. Februar 1955 diskutierte die Hohe Kommission erstmals über eine Bitte der Bundesregierung, bei der Sowjetunion auf die Entlassung von Dönitz zu dringen. Die Hohen Kommissare wiesen das Anliegen zurück. Das State Department regte aber einen Kompromiß an: Die Westmächte würden gegenüber der Sowjetunion aktiv werden, sollte sich Dönitz zu politischer Enthaltsamkeit verpflichten. Die Bundesregierung sollte diesen Rückzug des Admirals aus der Politik garantieren.[40] Frankreich und vor allem Großbritannien lehnten dies wiederum ab; eine Initiative gegenüber der Sowjetunion zur Freilassung von Dönitz kam nicht zustande.[41]

Adenauer, auf den Fall Dönitz angesprochen, respektierte die Entscheidung der Hohen Kommission. Mehr noch, er gestand, keinerlei Sympathie für den Admiral zu hegen. Als der britische Hochkommissar die starken Vorbehalte seiner Regierung vortrug, nickte der Kanzler zustimmend; er war selbst gegen Dönitz' vorzeitige Entlassung – nur in der Öffentlichkeit, so wußten auch die britischen Beamten, konnte der Kanzler das natürlich nicht laut sagen.[42]

Raeder hatte bessere Aussichten: Im Juli und August 1955 wurden im State Department die Weichen für einen Vorstoß für seine Freilassung gestellt;[43] das britische Kabinett stimmte zu, lehnte aber weiterhin ein Engagement für Dönitz ab;[44] das sowjetische Ja kam postwendend.[45] Schon im September konnte Raeder Spandau verlassen.[46] Es lag also keineswegs immer nur an der starren Haltung Moskaus, wenn Entlassungen aus Spandau auf sich warten ließen. Nicht zuletzt aufgrund der Entscheidung der Briten mußte Dönitz seine volle Haftstrafe absitzen, selbst wenn man sich in Washington mit dieser Lösung nicht unbedingt anfreunden mochte.[47]

Pläne für einen gemischten Gnadenausschuss

Es ist nicht erkennbar, daß Adenauers Moskaureise im Sommer 1955 irgendeinen Einfluß auf die sowjetische Entscheidung gehabt hätte, Raeder vorzeitig aus der Spandauer Haft zu entlassen.[48] Kaum aber war die deutsche Delegation zurückgekehrt, da wollten Gerüchte nicht verstummen, daß die sowjetische Führung eine Amnestie aller Spandau-Häftlinge plane – Gerüchte, die sich hartnäckig bis zum Jahresende halten sollten. Für nicht unwahrscheinlich hielt sogar die amerikanische Botschaft eine solche Entscheidung.[49] Hierzu paßte auch, daß sich der russische Stadtkommandant außergewöhnlich lange mit den Häftlingen unterhalten hatte.[50]

Deutsche Zeitungen meldeten im Dezember, Moskau habe die Spandauer Urteile dem Obersten Gerichtshof zur Prüfung zugeleitet.[51] Mit der Rückkehr der deutschen Kriegsgefangenen aus der Sowjetunion als Folge der Adenauer-Reise schien auch eine Lösung des Spandau-Problems in Reichweite zu rücken.

Aber selbst wenn aus Moskau ein entsprechendes Angebot unterbreitet worden wäre – in Washington hätte eine Generalamnestie der Hauptkriegsverbrecher kaum Beifall und Zustimmung gefunden. In internen Memoranden versuchten zwei Mitarbeiter der Deutschlandabteilung des State Department, die Stimmung in der Bundesrepublik zu beschreiben:

> »Keine Gruppe in der deutschen Öffentlichkeit stellt die Forderung nach Freilassung der Gefangenen in Spandau. Mit anderen Worten, wir würden deutsche Wünsche nicht erfüllen, wenn wir weitere Freilassungen durchführten.«[52]

Daß dies nicht ganz der Wahrheit entsprach, zeigen die Aktivitäten der Soldatenverbände.[53] Treffender, wenngleich Ergebnis von Beobachtungen und nicht von Meinungsumfragen, war wohl die folgende Analyse:

> »Die deutsche Öffentlichkeit war im allgemeinen dazu bereit, diese Gefangenen als eine Art der Selbstreinigung und auch Reinigung zu nutzen, indem sie darauf verwies, daß die einzigen wirklichen Nazis entweder tot seien oder in Spandau einsäßen. Die Entlassung dieser Gefangenen […] wird keine dankbare Freude in der deutschen Öffentlichkeit hervorrufen.«

Dann kehrte der Autor des Memorandums zu einem deutsch-amerikanischen Problem zurück, wenn er eine Verbindung zog zwischen Spandau und Landsberg:

> »Die Freilassung dieser Gefangenen vor der Entlassung der Gefangenen in Landsberg wird sich gegen uns wenden. Die meisten Deutschen glauben, daß die Landsberg-Häftlinge für weniger schwere Verbrechen inhaftiert sind als diejenigen, die in Spandau einsitzen, und die Freilassung der letztgenannten würde sofort die Forderung nach Entlassung der Landsberg-Häftlinge hervorrufen.«

Die Schlußfolgerung: Eigene Aktivitäten zugunsten der Spandau-Insassen sollten zurückgestellt werden. Ein Kollege in der Deutschlandabteilung stimmte dieser Analyse zu, er wies aber auf einen Unterschied hin:

> »Ich stimme zu, daß die öffentliche Meinung im großen und ganzen dem Schicksal aller Gefangenen in Spandau ziemlich gleichgültig gegenübersteht. Sie dienten als Sündenböcke für irgendwelche Gefühle kollektiver Schuld, die in Deutschland existieren mögen. Andererseits haben führende Politiker und vor allem frühere Offiziere immer unterschieden zwischen Parteiführern und den Militärs, die in Spandau wie auch in Landsberg inhaftiert sind. Von seiten nationalistischer und konservativer Elemente wurde die zweite Kategorie als conditio sine qua non für einen deutschen Verteidigungsbeitrag gehandelt.«[54]

Ganz im Sinne dieser Analyse telegraphierte das State Department am 7. Oktober 1955 an die amerikanische Botschaft in Moskau, man erwäge zur Zeit keine weiteren politischen Initiativen zur Freilassung der Spandau-Häftlinge.[55]

Das aber erwog nun zur gleichen Zeit die britische Botschaft in Bonn. Anlaß war eine Gnadenpetition der Ehefrau Albert Speers, der als Verantwortlicher für Bewaffnung und Kriegsproduktion in Nürnberg zu zwanzig Jahren Haft verurteilt worden war. Der britische Hochkommissar stand unter dem Eindruck der Bilder von aus der Sowjetunion zurückkehrenden Deutschen. Seiner Meinung nach würde ein Angebot aus Moskau, alle Spandau-Häftlinge zu entlassen, den Druck der deutschen Öffentlichkeit auf die Westmächte verstärken. Sein Vorschlag war weitgehend.

Hoyer Millar zielte auf die Bildung eines gemischten Gnadenausschusses der Vier Mächte für die Spandauer Häftlinge.[56] Der gemischte Ausschuß des Deutschlandvertrages mag Pate gestanden haben; eine deutsche Beteiligung in einem solchen Gremium war im Falle Spandaus jedoch nicht vorgesehen.

Es dauerte einige Monate, bis der Vorschlag nach London drang.[57] Um so schneller fand er im Foreign Office Zustimmung. Einiges sprach dafür, frischen Wind in die Spandau-Debatte zu bringen. Sieben noch inhaftierte japanische Kriegsverbrecher wurden, so wußte man, in Kürze freigelassen. Auch wenn deren Taten nicht annähernd so schwerwiegend waren wie die der Spandau-Häftlinge, so würde doch die Beibehaltung der Haftanstalt nach Meinung eines Beamten im Foreign Office immer weniger zu rechtfertigen sein. Es gab auch die Sorge, Häftlinge könnten sich nach ihrer Freilassung politisch äußern. Heß galt als geistesgestört, von Speer und von Schirach wurden keine Schwierigkeiten erwartet, nur Dönitz galt weiterhin als Problem. Der britische Diplomat schlug dennoch vor, auch ihn ziehen zu lassen, sollte die Freilassung der anderen entschieden werden.[58]

Der in der Kriegsverbrecherfrage experimentierfreudige und schnellen Lösungen zuneigende Außenminister Selwyn Lloyd übernahm die Ideen seines Beamten und schlug dem Kabinett vor, zunächst den Westmächten und schließlich den Sowjets die Einrichtung eines Vier-Mächte-Ausschusses anzutragen. Die Vorteile wogen für ihn schwerer als die Nachteile: mögliche Proteste im eigenen Land oder auch der ungebrochene Nationalismus eines Dönitz.[59] Man dürfe den Russen einfach nicht die Initiative überlassen, warnte der Außenminister im Kabinett – mit Erfolg. Das Kabinett billigte den Plan am 3. Januar 1956.[60]

Das britische Projekt vermochte jedoch nicht einmal die erste Hürde zu nehmen: Es scheiterte am Widerstand der beiden Westalliierten. Dabei gefiel dem amerikanischen Außenministerium der Gedanke eines gemischten Ausschusses durchaus – man hatte schon selbst darüber nachgedacht. Aber man wollte ihn als Trumpf in der Hinterhand behalten, sollte Moskau die Freilassung aller Spandau-Häftlinge anregen.[61] Gerade nach der Dietrich-Affäre war man in Washington überaus vorsichtig geworden aus Furcht vor negativen Reaktionen der amerikanischen Öffentlichkeit.[62] Auch aus Paris kam ein klares Nein zu einer solchen Initiative des Westens. Der britischen Regierung blieb vorerst

Karikatur aus
der Welt.

„... und ich dachte, der Bart wäre ab ...?"

Zeichnung: Szewczuk (Copyright Die WELT)

Entlassung von
Großadmiral
Dönitz aus
Spandauer Haft.

nichts anderes übrig, als die Angelegenheit auf die lange Bank zu schieben; man plante für November einen erneuten Vorstoß bei den westlichen Partnern.[63]

Der November des Jahres 1956 jedoch sollte sich für derartige Initiativen als denkbar schlechter Zeitpunkt erweisen: Angesichts der »wahrscheinlichen Auswirkungen der gegenwärtigen Situation auf die Kooperationsbereitschaft der Russen könnte es sein, daß der Prüfungsausschuß alles andere als ein Renner wird«,[64] so lautete eine Mitteilung des Foreign Office an die Botschaft in Bonn vom 14. November. Kein Zweifel, was mit der »gegenwärtigen Situation« gemeint war: die britische Intervention in der Suez-Kanal-Zone. Schlechter hätte der Zeitpunkt tatsächlich kaum gewählt werden können.

In der deutschen Presse wurden sogar Vergleiche gezogen zwischen der britischen Landung am Suez-Kanal und dem deutschen Angriff auf Polen. »Es wird behauptet, daß der Premierminister und seine Kollegen der gleichen Verbrechen angeklagt werden könnten (Verbrechen gegen den Frieden, Führen eines Angriffskrieges usw.) wie einige der Hauptkriegsverbrecher in Nürnberg«, meldeten britische Diplomaten aus Bonn.[65] Sie übersandten mit gleicher Post einige Cartoons, die in der deutschen Presse erschienen waren. »Der bestangezogene Herr der Welt kreiert vor der Welt den Quergestreiften«, unterschrieb *Die Welt* vom 8. November 1956 eine Karikatur des für seinen distinguierten Modegeschmack bekannten Premierministers Eden in Häftlingskluft. Auch ein Bild von Demonstranten mit Spruchbändern wie »Eden nach Nürnberg« lag bei.[66] Angesichts der Suez-Krise schien es also wenig sinnvoll, die Pläne für einen Vier-Mächte-Ausschuß wieder aus der Schublade zu holen. Doch auch später bot sich kein Anlaß mehr, Frankreich und die USA von den Vorzügen eines solchen Gremiums zu überzeugen und sie zu Schritten gegenüber der Sowjetunion zu bewegen.[67] Die Pläne blieben Makulatur. Die Nürnberger Hauptkriegsverbrecher bekamen keinen Gnadenausschuß.

Bewegung in der Spandau-Frage bemaß sich nach diesem Fehlversuch nur noch in Millimetern – wenn überhaupt. Dönitz wurde im Oktober 1956 entlassen, jedoch nicht im Zuge einer Begnadigung, sondern nach Ablauf der regulären Haftzeit. Und im Sommer 1957 konnte der frühere Reichswirtschaftsminister Walther E. Funk seine Spandauer Zelle aus gesundheitlichen Gründen vorzeitig verlassen.[68]

Das Engagement der Bundesregierung für die noch übrigen Häftlinge blieb differenziert. Für Speer, für den sich auch der frühere Hochkommissar McCloy mit dem Argument einsetzte, man habe schon viel schlimmere Verbrecher entlassen,[69] hatte die Bundesregierung eine Gnadenpetition vorgelegt. Außenminister von Brentano betonte zugleich, man wolle sich keineswegs für Heß besonders einsetzen. Trotzdem bat er die USA, den Gefangenen aufgrund seines geistigen Zustandes in ein Sanatorium zu überstellen. Baldur von Schirach konnte wohl noch weniger mit der Sympathie des Außenministers rechnen, denn von Brentano sah eine mögliche Freilassung des früheren Reichsjugendführers und Reichsstatthalters in Wien nur im Rahmen einer Gesamtlösung des Spandau-Komplexes.[70] Im November 1957 drängte von Brentano dann auf eine derartige Gesamtlösung, wieder stand die Person Albert Speers im Mittelpunkt.[71] Tatsächlich stimmte das amerikanische Außenministerium daraufhin einem nochmaligen Vorstoß bei der Sowjetunion zur Beseitigung des Problems Spandau zu.[72] Und die sowjetische Seite signalisierte zunächst auch Interesse an Gesprächen über die Schließung des Spandauer Gefängnisses; all das verlief jedoch im Sande.[73]

Die Bundesregierung besann sich schließlich auf andere Mittel; sie verzichtete nun auf den Umweg über den Westen und wandte sich in der Folgezeit direkt an Moskau.[74] »Ob die beabsichtigte deutsche Initiative Früchte tragen wird, ist bestenfalls fraglich«, schrieb der amerikanische Botschafter in Bonn, Bruce, an Außenminister Dulles.[75]

Hatten seit 1954 Westmächte und Sowjetunion einen bemerkenswerten Willen zum Einlenken gezeigt – man denke nur an die vorzeitigen Entlassungen von Neuraths, Raeders und Funks –, so verhärtete sich die Situation gegen Ende der fünfziger Jahre zusehends. Die neue Lage läßt sich auch an einem Gespräch ablesen, welches Adenauer und sein Außenminister von Brentano am 9. Oktober 1958 im Palais Schaumburg mit dem britischen Premierminister Macmillan führten. Von Brentano betonte noch einmal, Spandau sei ein humanitäres Problem; er hoffe, es würden Wege gefunden, um es aus der Welt zu schaffen – worauf der Kanzler schnell hinzufügte, Spandau sei für die Alliierten ja auch eine teure Angelegenheit. Macmillan regte dann eine erneute Initiative der Bundesregierung bei den Vier Mächten an; schon lange habe man das Thema Spandau beseitigen wollen, ergänzte der anwesende britische Botschafter. Zuerst sei man bei den Russen auf Interesse gestoßen, dann aber hätten diese sich konkreten Vorschlägen verschlossen. Adenauer antwortete daraufhin, er halte es für sinnvoll, etwa im Krankheitsfall gezielt aktiv zu werden. Zweifelhaft aber erscheine ihm ein neuer Vorstoß für alle Häftlinge; die Öffentlichkeit in der Bundesrepublik zeige sich nicht immer davon überzeugt, daß Schritte zur Freilassung dieser Gefangenen wirklich wünschenswert seien.[76]

Offensichtlich war auch in der Bundesrepublik etwas geschehen. Erstmals führte Adenauer die öffentliche Meinung in der Heimat als Grund an, um sich andeutungsweise *gegen* Freilassungen verurteilter Kriegsverbrecher auszusprechen. Zwar war das Engagement der Bundesregierung für die Spandau-Häftlinge immer relativ vorsichtig und zurückhaltend gewesen. Dennoch, auch Adenauer stand unter dem Eindruck der Zäsur des Jahres 1958 – eines Jahres, in dem das Kapitel Kriegs- und NS-Verbrechen in der Bundesrepublik eine neue Dimension annahm. Doch davon später mehr.

8. FRANZÖSISCHE
KRIEGSVERBRECHERPROZESSE

Die Westalliierten hatten sich schon mit Gründung der Bundesrepublik dazu durchgerungen, künftig auf die Durchführung von Kriegsverbrecherprozessen auf deutschem Boden zu verzichten; der deutsche Widerstand ließ so »späte Prozesse« politisch kaum mehr vertretbar erscheinen.[1]

Am 9. Februar 1962 richtete Hans Stempel, Präsident der Pfälzischen Evangelischen Landeskirche und EKD-Beauftragter für Kriegsverurteiltenfragen, ein Schreiben an den französischen Präsidenten de Gaulle.[2] Seine Initiative galt den letzten drei verurteilten deutschen Kriegsverbrechern, die noch in Frankreich einsaßen. Es war keineswegs das erste Mal, daß er sich an den Präsidenten der Fünften Französischen Republik wandte. Bereits im Mai 1959 hatte Stempel aus Paris die Zusage erhalten, de Gaulle werde die Freilassung der letzten Deutschen in gewissen Zeitabständen anordnen. Der französische Präsident habe dies sogar in einem Schreiben an Bundespräsident Heuss schriftlich zugesichert, so Stempel.[3] Tatsächlich waren mehrere zu lebenslanger Haft verurteilte Deutsche entlassen worden. Im Dezember 1960 aber erhielt Stempel eine abschlägige Antwort: Er wurde darüber aufgeklärt, daß es de Gaulle als verfrüht ansehe, weitere Begnadigungen auszusprechen. Wenn der Kirchenpräsident im Februar 1962 erneut aktiv wurde, dann um noch einmal Bewegung in die Gnadenfrage zu bringen.

Zumindest beim Vorsitzenden der CDU/CSU-Fraktion fand Stempel Gehör und Zustimmung: »Auch ich wäre glücklich, wenn die Frage der Kriegsverurteilten eine endgültige Antwort finden würde. Es handelt sich ja nicht mehr um die berechtigte oder moralische Verurteilung dessen, was sie getan haben, sondern es geht darum, Gnade oder Recht ergehen zu lassen«, schrieb Heinrich von Brentano, bis 1962 Bundesaußenminister. Er sicherte zu, die Angelegenheit beim Kanzler und auch direkt in Paris vorzubringen.[4]

»Die berechtigte oder moralische Verurteilung dessen, was sie getan haben« – hiermit sprach der CDU-Politiker ein politisch überaus schwieriges Problem an. Die Versöhnung zwischen Frankreich und Deutschland bildete ein Kernstück von Adenauers Außenpolitik; in Frankreich wirkte vor allem die Erinnerung an die Schrecken deutscher Besatzungsherrschaft nach. Verbal mochte man sie auf deutscher Seite verurteilen. Nur war damit noch nicht die, wie von Brentano es ausdrückte, »berechtigte Verurteilung« der Verantwortlichen für Besatzungsverbrechen anerkannt.

Und genau da lag das Problem: Als Deutsche und Franzosen begannen, ihre Beziehungen auf ein neues Fundament zu stellen, wurden in Frankreich immer noch Verfahren gegen Deutsche durchgeführt. In Deutschland wurden diese Kriegsverbrecherprozesse als ungerecht und nicht zeitgemäß mißbilligt, während man sie in Frankreich als gerechte Sache verteidigte, gar forderte. Natürlich bestraften auch andere ehemals von deutschen Truppen besetzte Staaten Deutsche wegen Kriegsverbrechen: Dies belastete die deutsch-holländischen, deutsch-belgischen oder die deutsch-norwegischen Beziehungen, um nur einige Staaten zu nennen.[5] Selbst in der neutralen Schweiz und im fernen Brasilien saßen Deutsche in Haft, allerdings weniger wegen Kriegsverbrechen als vielmehr wegen Sabotage und Spionage.[6]

Trotz allem kam den französischen Kriegsverbrecherprozessen besondere Bedeutung zu, weil eben die deutsch-französischen Beziehungen von besonderem Gewicht waren. Die Prozesse förderten Vergangenes aus der Besatzungszeit ans Tageslicht; die Geschichte belastete die Tagespolitik, während die deutsch-französische Zusammenarbeit doch zukunftweisend sein sollte.

EIN ENDE IN SICHT

Auf den 28. August 1944, ganze drei Tage nach dem triumphalen Einmarsch General de Gaulles in das befreite Paris, datiert ein Erlaß (Ordonnance) der provisorischen französischen Regierung in Algier, mit dem die Grundlage für künftige Kriegsverbrecherprozesse geschaffen wurde.[7] Militärtribunale würden sich künftig dieser Aufgabe widmen. Und schon deren Zusammensetzung spiegelte ganz jenen Geist der Résistance wider, über den sich Frankreich während der kommenden Jahre und Jahrzehnte definieren und legitimieren sollte. Die Gerichtshöfe bestanden aus sechs Mitgliedern, den Vorsitz führte ein ziviler Richter, die Beisitzer waren Offiziere, die mehrheitlich Widerstandsorganisationen angehört haben mußten. In ihre Zuständigkeit fielen Verbrechen Deutscher gegen französische Staatsbürger sowohl in Frankreich als auch im Ausland. Als Rechtsgrundlage diente, versehen mit einigen Ergänzungen, das allgemein gültige französische Strafrecht.[8]

Die *Ordonnance* wurde am 25. September 1948 durch ein Gesetz ergänzt, das die Behandlung von Angehörigen jener Organisationen regelte, die in Nürnberg als verbrecherisch verurteilt worden waren. Das Gesetz behandelte so zum Beispiel alle Mitglieder von SS-Einheiten als Mittäter, es sei denn, der einzelne konnte nachweisen, daß er nicht an verbrecherischen Aktionen teilgenommen hatte. In Reihen französischer Rechtsgelehrter wurde unüberhörbare Kritik an diesem Gesetz laut – an ihm haftete die Kollektivschuld. Überdies kehrte diese Regelung die Beweislast um. Ein französischer Jurist bezeichnete die Ergänzung gar als »gesetzlichen Völkermord«.[9]

Als die Bundesrepublik 1949 gegründet wurde, zeichnete sich ein Ende aller Prozesse gegen Deutsche in Frankreich ab – zumindest stellte die Regierung in Paris dieses in Aussicht. Etwa 1500 Fälle hatte die französische Justiz bis dahin geprüft; 264 Personen waren verurteilt, elf Todesurteile vollstreckt worden. Gleichzeitig waren noch 234 Verfahren mit etwa sechshundert Angeklagten anhängig.[10] Paris blieb die Ungeduld der Bundesregierung nicht verborgen.[11] Bereits am 6. Dezember 1949 hatte Adenauer die französische Regierung offiziell aufgefordert, die noch anhängigen Verfahren zu beschleunigen und diejenigen Deutschen zu entlassen, bei denen die Ermittlungen zu keinem Schuldnachweis geführt hatten.[12] Der französische Hochkommissar gab daraufhin die Zusage, daß noch in der ersten Jahreshälfte 1950 alle Fälle geprüft würden.[13]

Als Robert Schuman für Januar 1950 seinen ersten Deutschlandbesuch ankündigte, traf man in Bonn Vorbereitungen, den Außenminister persönlich auf die Kriegsverbrecherfrage anzusprechen. Von ungenannter, aber »vertrauenswürdiger, wohlunterrichteter französischer Seite« hatte man erfahren, daß Initiativen zugunsten der Deutschen in Frankreich am besten beim französischen Außenminister aufgehoben wären. Das Auswärtige Amt hoffte, in Gesprächen mit Schuman die »starke stimmungsmäßige Belastung der deutsch-französischen Beziehungen« mildern zu können.[14]

Der Schuman-Besuch stand jedoch unter keinem guten Stern. Deutschland und Frankreich stritten um den künftigen Status des Saarlandes – und die ungelöste Saarfrage bildete beiderseitig erst recht eine »starke stimmungsmäßige Belastung«. Kurz vor der Abreise Schumans aus Paris waren Pläne für eine Autonomieregelung der Saar – selbstredend unter französischer Ägide – durchgesickert. Die Visite des Außenministers in der Bundesrepublik stand nun ganz unter dem Eindruck der deutschen Empörung über die französischen Pläne. Aber in Frankreich war man derzeit nicht weniger empört: In Dachau waren bei Ausschachtungsarbeiten für eine Eisenbahnlinie »vergessene« Gräber ehemaliger französischer Insassen des Konzentrationslagers entdeckt worden.[15]

Und in der Kriegsverbrecherfrage selbst zeigte sich die französische Seite im Vorfeld der Schuman-Reise ebenfalls deutlich verstimmt. Konkreten Anlaß bot eine Bundestagsdebatte am 11. Januar, bei der Bundesjustizminister Dehler zu einer Interpellation der SPD Stellung bezog. Dehler sprach von »noch ungefähr 1200« Kriegsgefangenen, die in Frankreich vor Gericht stünden. Darüber hinaus sparte der FDP-Politiker nicht mit Kritik an der französischen Justiz. Vor allem dem Gesetz des Jahres 1948 galt seine Polemik: Es begründe »eine in der Praxis gar nicht widerlegbare Schuldvermutung«. Unüberhörbar war seine Solidaritätsadresse an die Deutschen vor französischen Gerichten und in französischen Gefängnissen gerichtet: »Man kann mit den Angeklagten, die in diese Zwangslage kommen, nur Mitleid haben.« Dehler schloß seine Rede unter Bravo-Rufen mit der Amnestieklausel aus dem Westfälischen Frieden von 1648, durch die »Ewiges Vergessen« über die Gewalttaten des Dreißigjährigen Krieges gebreitet worden war.[16]

Die Empörung des französischen Hochkommissars François-Poncet am folgenden Tag war nicht gespielt. Während einer Sitzung der Hochkommission griff er den Kanzler wegen der Dehler-Rede an. Der Justizminister habe die von der französischen Regierung offiziell bekanntgegebenen Zahlen über anhängige Verfahren ignoriert. Zu Unrecht sei außerdem die französische Justiz wegen schleppender Verfahren kritisiert worden: Der Grund für Verzögerungen liege in den überaus komplizierten Ermittlungen. Dann wechselte der französische Hochkommissar die Tonlage und griff in die Geschichte: »Ich hätte es verstehen können, wenn die Erklärungen Dr. Dehlers von einem Minister im Dritten Reich abgegeben worden wären. Ich verstehe es aber nicht, daß diese Erklärungen von einem Minister der deutschen Bundesrepublik kommen. Das kann nur einen schlimmen Einfluß auf die Atmosphäre der beiden Länder haben. Man gebraucht in solchen Fällen in Deutschland das Wort ›Brunnenvergiftung‹. So etwas ist das.«[17] Der französische Hochkommissar untermauerte seine Worte mit einem offiziellen Protestschreiben an Adenauer.[18]

François-Poncet verglich den Geist der Dehler-Rede mit dem Ungeist der Jahre 1933–1945. Es hatte also nicht ausgereicht, daß der Justizminister in der Bundestagsdebatte ein für Frankreich mehr als schmerzliches Kapitel der Besatzungszeit angesprochen hatte: »Ich glaube, für jeden von uns brennt der Name Oradour als ein Schandmal in der Seele« – und sich zur deutschen Verantwortung für das Massaker an der Zivilbevölkerung in Oradour sur Glane bekannte.[19]

Adenauer, der an der Bundestagssitzung nicht teilgenommen hatte, verzichtete angesichts der Schärfe der Äußerungen François-Poncets darauf, Dehler in Schutz zu nehmen und versprach eine Klarstellung. Das Bundespresseamt veröffentlichte daraufhin die ursprünglichen Angaben der französischen Hochkommission zur Situation der Kriegsverbrecherverfahren in Frankreich. Noch einmal äußerte sich der Kanzler Ende des Monats im Bundestag ganz im Sinne François-Poncets.[20] Er hätte Dehler entlassen, wenn François-Poncet nicht diesen Protestbrief geschrieben hätte, erklärte Adenauer später gegenüber den Hohen Kommissaren; er habe Dehler jedoch nicht zum Märtyrer machen wollen.[21]

Wenn das Thema Kriegsverbrecherprozesse zwischen Schuman und Adenauer Mitte Januar – den Quellen nach – nicht zur Sprache kam, so waren dafür diese deutsch-französischen Meinungsverschiedenheiten verantwortlich.[22] Lediglich auf einer Pressekonferenz wurde der französische Außenminister nach den »Kriegsgefangenen in Frankreich« gefragt. Schuman korrigierte: Es gebe nur noch Kriegsverbrecher in Frankreich. Und er wiederholte die Zusage, daß die letzten Fälle sehr wahrscheinlich bis Juli 1950 vor Gericht gestellt würden.[23]

Es sollte jedoch anders kommen. Bis Mitte des Jahres 1950 war es der französischen Militärjustiz keineswegs gelungen, die Prozesse gegen Deutsche abzuwickeln. Allzu schleppend arbeiteten die zuständigen Stellen. Die Zahl der Angeklagten vergrößerte sich sogar, denn die französische Besatzungsmacht nahm auch weiterhin in ihrer Zone Verhaftungen mutmaßlicher Kriegsverbrecher vor.[24]

Als Berichte über Hungerstreiks in französischen Gefängnissen durch die deutsche Presse gingen, wandte sich die Bundesregierung mit einer Protestnote an die französischen Stellen. Das erste Halbjahr 1950 neige sich dem Ende zu, ohne daß ein Abschluß der Untersuchungsverfahren gegen Deutsche sich abzeichne.[25] Im französischen Außenministerium wußte man längst, daß der Termin 1. Juli mit Sicherheit nicht mehr einzuhalten war.[26]

Im Oktober, also drei Monate nach Verstreichen der Frist, forderte Adenauer im Bundestag erneut die Beendigung aller Prozesse vor französischen Militärgerichten.[27] Der Hochkommissar, an seine Zusage erinnert, wich dem Problem aus: Er informierte die Bundesregierung, der französische Präsident habe auf dem Gnadenwege in einem Drittel der Fälle Strafminderungen oder gar Straferlasse ausgesprochen; die Hälfte der Todesstrafen sei in Freiheitsstrafen umgewandelt worden.[28] Diese Antwort bezog sich auf die bereits verurteilten Deutschen; über die noch anstehenden Verfahren gab François-Poncet keine Auskunft.

Die Bilanz, die man in Bonn im Frühjahr 1951 zog, entsprach kaum den deutschen Erwartungen. Die Situation hatte sich im Vergleich zu 1949 nicht wesentlich verändert: Noch immer wurden 654 Deutsche in Frankreich wegen Kriegsverbrechen festgehalten, davon lediglich 137 auf der Grundlage eines rechtskräftigen Urteils.[29]

Scheiterte es schon am Grundsätzlichen, so versuchte die Bundesregierung, wenigstens im Rechtsschutz der Angeklagten sowie hinsichtlich der Haftbedingungen Verbesserungen zu erreichen.[30] Von Beginn an zeigte sich die Bundesregierung für die juristische Unterstützung der Gefangenen verantwortlich, und zwar in enger Kooperation mit dem Internationalen Komitee des Roten Kreuzes.[31] Später übernahm die zentrale Rechtsschutzstelle – zunächst eine Abteilung des Justizministeriums, dann des Auswärtigen Amtes – die Vermittlung und die Bezahlung geeigneter Strafverteidiger für die Deutschen in französischer Hand.[32] Die soziale Betreuung der Gefangenen lag demgegenüber im wesentlichen bei privaten Hilfsorganisationen sowie beim Internationalen Roten Kreuz.

Insgesamt blieben die Einflußmöglichkeiten der Bundesregierung auf die französischen Haftbedingungen begrenzt; Kritik an den Zuständen prallte am französischen Außenministerium ab.[33] Fortschritte suchten die

Bonner Verantwortlichen im kleinen, etwa indem sie sich – allerdings vergeblich – für den ungehinderten Briefwechsel zwischen Angeklagten und Verteidigern einsetzten.[34] Als im Frühjahr 1950 zwei deutsche Gefangenenseelsorger wegen Überschreitung ihrer Befugnisse aus Frankreich ausgewiesen wurden, war dies immerhin zweimal Thema von Beratungen zwischen Adenauer und der Hohen Kommission. Der Kanzler reagierte verärgert: »Man kann sich doch […] die psychologische Wirkung hier in Deutschland denken, daß man ausgerechnet zwei Geistliche, einen katholischen und einen protestantischen, die die Gefangenen da betreuen, ausgewiesen hat.«[35]

DEUTSCH-FRANZÖSISCHE LÖSUNGSVERSUCHE

Die von Adenauer angesprochene negative »psychologische Wirkung« der Kriegsverbrecherproblematik machte sich innenpolitisch besonders seit dem Frühjahr 1951 bemerkbar. Die deutsche Öffentlichkeit und deutsche Politiker widmeten den in Frankreich festgehaltenen Deutschen neue Aufmerksamkeit. Die Ursachen hierfür lagen wohl im politischen Wirbel um die amerikanischen Begnadigungen vom Januar 1951. Zudem kam am 18. April der Vertrag über die Montanunion zur Unterzeichnung. Die durch den Schuman-Plan visionär umrissenen Konturen künftiger deutsch-französischer Zusammenarbeit waren damit institutionalisiert worden. Schließlich rückten Paris und Bonn auch auf dem Verteidigungssektor näher zusammen: Seit Februar liefen in Paris Verhandlungen über den Pleven-Plan einer Europäischen Verteidigungsgemeinschaft.

Um so schmerzlicher bohrte der Stachel, daß in Frankreich immer noch Deutsche wegen Kriegsverbrechen verurteilt wurden, immer noch warteten viele auf ihr Urteil (oder auf dessen Vollstreckung). Aus deutscher Perspektive waren die französischen Prozesse mehr als ein unerfreuliches Relikt der überwunden geglaubten französischen Deutschlandpolitik, die einst auf Bestrafung und Schwächung des in der Geschichte so bedrohlichen Nachbarn gesetzt hatte. »Bitte umgehend im französischen Außenministerium nachdrücklich darauf hinweisen, daß weitere Vollstreckung von Todesurteilen an deutschen Staatsangehörigen schwere psychologische Belastung deutsch-französi-

scher Beziehungen darstellt und Europapolitik Bundesregierung ernsthaft erschwert«, telegraphierte Herbert Blankenhorn an die Botschaft in
Paris, nachdem in Frankreich ein Todesurteil gegen einen deutschen
Kriegsverbrecher vollstreckt worden war.[36] Bonn protestierte, obwohl
sich der französische Präsident Auriol jede Einmischung aufs schärfste
verbeten hatte.[37]

Adenauer hatte sich in einem langen Schreiben sogar an Papst Pius
XII. gewandt mit der Bitte, sich für ein Ende der Verfahren gegen
Deutsche im Ausland einzusetzen – von »ganz besonders gelagerten
Ausnahmefällen abgesehen«. Seine Begründung geriet zu einer Mischung
aus Schuldgeständnis, politischer Argumentation und rechtlichen Vorbe-
halten:

»Unter den Problemen, die als Folgeerscheinungen des Krieges die
Beziehungen zwischen den Völkern noch immer ernstlich beeinträchtigen, ist die Frage der wegen Kriegsverbrechen verfolgten oder verurteilten Deutschen eine der brennendsten. Gerade dieses Problem
steht einer wirklichen Befriedung insbesondere zwischen Deutschland
und Frankreich am meisten im Weg. [...] Nicht nur in Deutschland
besteht der Eindruck, daß politische Gesichtspunkte weit mehr für
diese Prozesse bestimmend waren als der Wunsch, dem Recht zu
dienen. [...] Man kann nicht verstehen, daß bei einer sonst überall
erkennbaren Normalisierung der Verhältnisse Urteile ungemildert
fortbestehen sollen, die in der psychologisch verständlichen Verbitte-
rung der ersten Jahre nach dem Krieg gefällt worden sind, und daß
man heute noch gegen Deutsche Sondergesetze anwendet, die in jenen
Jahren geschaffen wurden. Dieses Empfinden ist um so stärker, als die
meisten der Angeklagten oder Verurteilten nicht etwa führende Persönlichkeiten waren, sondern Subalterne, die man wegen Ausführung
erhaltener Befehle zur Rechenschaft zieht. [...] Eure Heiligkeit hat
schon vor Jahren als erster in diesem Sinne die Stimme erhoben, alle
Beteiligten zur Einsicht gemahnt und den Weg der Gnade empfohlen.
Das deutsche Volk hat um so dankbarer diese Stimme der Versöhnung
gehört, als es sich bewußt ist, daß das unter Mißbrauch seines Namens,
wenn auch unter Mißbilligung aller Gerechtdenkenden von einem
gewalttätigen Regime verursachte Unrecht zur Entzweiung der Völker
unglückselig beigetragen hat.«[38]

Bislang hatten sich beide Kirchen in der Kriegsverbrecherfrage an den Kanzler gewandt – jetzt erbat er selbst höchsten kirchlichen Beistand. Immerhin konnte er sich bei seinem Engagement für die Deutschen in Frankreich über Parteigrenzen hinweg auf breite Zustimmung stützen. Die SPD – sonst in der Kriegsverbrecherfrage nicht untätig, aber doch zurückhaltend – wandte sich immer entschiedener gegen die französischen Verfahren.[39]

Auch im Auswärtigen Ausschuß kam die Kriegsverbrecherproblematik zur Sprache. Ein FDP-Abgeordneter machte während einer Sitzung einen Vorschlag, der immer wieder durch die deutsch-französische Kriegsverbrecherdebatte geistern, aber nie realisiert werden sollte. Schon die Mitglieder des Auswärtigen Ausschusses wischten ihn vom Tisch: Nach Ansicht des Liberalen sollten gemischte deutsch-französische Gerichte über die noch offenen Fälle entscheiden.[40]

Lag in dieser Idee nicht etwas Faszinierendes, gar Visionäres? Hätten nicht solche Gerichte, zusammengesetzt aus Deutschen und Franzosen, ganz dem neuen Geist der Beziehungen zwischen Bonn und Paris und dem Gedanken der Supranationalität entsprochen? Und wäre nicht die Last der Vergangenheit durch eine gemeinsame juristische Aufarbeitung leichter geworden?

Der mit der Kriegsverbrecherfrage befaßte Referent im Auswärtigen Amt, von Trützschler, dachte anders. Dem deutschen Generalkonsul in Paris schrieb er am 5. Mai 1951:

»Ich muß gestehen, daß ich mich mit dem Gedanken eines deutsch-französischen Gerichts nicht recht befreunden kann. [...] Ich fürchte, daß die Mitwirkung deutscher Richter entweder zu großen innenpolitischen Kontroversen führen würde, wenn die Richter strenge Urteile fällen, oder zu einer deutsch-französischen Frontenbildung im Gericht, was uns politisch nicht angenehm wäre.«[41]

In den Augen von Trützschlers waren die französischen Kriegsverbrecherprozesse immer noch besser als die Entnazifizierung, denn wenigstens war die deutsche Justiz darin nicht verwickelt. Deutlicher ließ sich kaum ausdrücken, wie heikel es innenpolitisch gewesen wäre, deutsche Richter mit den Verbrechen Deutscher in Frankreich zu befassen.

Trotzdem hielten sich die Überlegungen, in irgendeiner Form deutsch-französische Ausschüsse ins Leben zu rufen. Immerhin hatte Adenauer offiziell einen deutschen Rechtsanwalt mit entsprechenden Sondierungen betraut.[42] Auch Herbert Blankenhorn und der stellvertretende französische Hochkommissar Armand Bérard erörterten das Problem. In einem Punkt herrschte immerhin deutsch-französische Einmütigkeit: Wie von deutscher Seite gefordert, setzte sich die französische Hohe Kommission in Paris immer wieder massiv für eine Beschleunigung der Verfahren ein. Bérard warnte seine Vorgesetzten in Paris, daß andernfalls der Druck auf Frankreich auch von seiten der anderen beiden Besatzungsmächte wachsen werde und letztlich dann noch größere Zugeständnisse in der Kriegsverbrecherfrage notwendig würden.[43] Er wußte, Paris wollte um jeden Preis eine »Rehabilitierung der Kriegsverbrecher« vermeiden.[44] Gemischte deutsch-französische Kommissionen, das machte Bérard indes klar, würde es nicht geben. Als Eingriff in die französische Rechtsautonomie stünden solche Gremien im Widerspruch zur französischen Verfassung.[45]

Im September 1951 trafen sich die Außenminister der drei Westmächte in Washington.[46] Der Kanzler hatte kurz vor der Konferenz das Problem der in Frankreich festgehaltenen Deutschen als die für die deutsche Öffentlichkeit brennendste Frage bezeichnet.[47] Adenauer gab zudem Robert Schuman eine detaillierte Ausarbeitung der deutschen Forderungen mit auf den Weg über den Atlantik. Von gewissen »Störungen der Atmosphäre« war in dem Schreiben die Rede. Adenauer nannte dabei in einem Atemzug die Saar- und die Kriegsgefangenenfrage. Der Kanzler regte drei Schritte an, um das Problem, das »zu einer ständigen Beunruhigung der deutschen öffentlichen Meinung in breiten Schichten der Bevölkerung« führe, zu entschärfen:[48]

- beschleunigte Abwicklung der Verfahren;
- großzügige Begnadigungen, vor allem derjenigen Deutschen, die in den Jahren 1947–1949 verurteilt worden waren und deren Strafe damals höher als bei vergleichbaren späteren Fällen ausfiel;
- Verzicht auf die Vollstreckung von Todesurteilen.

Nur wenig Zeit verwandten allerdings die Außenminister auf die Frage der in Frankreich festgehaltenen Deutschen, Schuman sagte einmal mehr für seine Regierung eine beschleunigte Prüfung der noch anhängigen Verfahren zu.[49] Einem gemischten deutsch-französischen Ausschuß nach dem Vorbild der Gremien, die man in Washington zur Prüfung von Begnadigungen der Häftlinge in Werl, Wittlich und Landsberg ins Auge faßte, erteilte er hingegen eine deutliche Absage. Immerhin erfuhr Adenauer kurz nach der Konferenz von Verteidigungsminister Georges Bidault, daß auch Paris eine »baldige Bereinigung« des Problems anstrebe – was unter »Bereinigung« zu verstehen sei, verriet er allerdings nicht.[50]

Die Londoner Konferenz im Februar 1952 sollte für die Häftlinge in alliierten Haftanstalten auf deutschem Boden einen wichtigen Durchbruch bringen.[51] Und im Vorfeld des Londoner Treffens hatte Thomas Dehler dem Kanzler auch für die französischen Kriegsverbrecherprozesse einen umfangreichen Forderungskatalog vorgelegt:

- Neue Untersuchungsverfahren werden nicht mehr eingeleitet;[52]
- noch anhängige Verfahren sind ohne Anwendung von Ausnahmerecht nach gemeinem Recht und den allgemeinen Grundsätzen des Völkerrechts durchzuführen;
- schwebende Untersuchungen und Gerichtsverfahren werden eingestellt, wenn die zu erwartende Strafe nicht mehr als zwanzig Jahre beträgt.

Ferner werden eingestellt:

- Untersuchungsverfahren, wenn nicht bis zum 31. Juli 1952 eine Anklage vorliegt;
- gerichtliche Verfahren, die bis zum 31. Dezember 1952 nicht abgeschlossen sind.

Dehler strebte fest terminliche Zusagen für das Ende aller Prozesse gegen Deutsche in Frankreich an. Daß ihm dabei innen- wie außenpolitische Überlegungen durch den Kopf gingen, verschwieg er nicht:

»Es muß erstrebt werden, daß die Zahl der Verfahren, die noch durchgeführt werden können, möglichst klein ist, weil in der Zukunft noch stärker als bisher jede Verhandlung gegen Deutsche als Kriegsverbrecher zu einer Beunruhigung der deutschen Öffentlichkeit führen und sich auf das deutsch-französische Verhältnis ungünstig auswirken muß.«[53]

Die Voraussetzungen für einen Erfolg des Dehler-Vorstoßes waren recht günstig, denn eine Bundestagsresolution vom 8. Februar 1952 – darin wurde Freiheit für Kriegsverbrecher gefordert, »soweit es sich nicht um von den einzelnen zu verantwortende Verbrechen im hergebrachten Sinne des Wortes handelt«[54] – hatte in der französischen Presse eine milde Beurteilung erfahren.[55] Dies mag Außenminister Schuman im Gedächtnis gewesen sein, als er Adenauer in London deutsch-französische Gespräche zu diesem Problemkreis anbot. »Wir sind zu zweiseitigen Verhandlungen bereit, um die Vergangenheit vergessen zu machen und eine neue Zukunft zu bauen«, so Schuman. Gleichzeitig zog er enge Grenzen französischer Kompromißbereitschaft und relativierte sich selbst, indem er zu erkennen gab, daß von einem Vergessen der Vergangenheit keine Rede sein könne. Frankreich sei, stichelte er, von »einem gewissen Regime besetzt gewesen«. Die Lage dürfe deshalb nicht mit den USA oder Großbritannien verglichen werden. Daran gemessen sei die Zahl von 311 noch in Frankreich inhaftierten Deutschen gering. Selbst wenn man die Vergangenheit überwinden wolle, so müsse französisches Recht doch beachtet werden.[56]

Anders als von Dehler gefordert, sprach man in London nicht über Termine und Fristen. Den Maximalforderungen des Justizministers war minimaler Erfolg beschieden. Jedem Eingriff in innerfranzösische Belange, vor allem der von Dehler gewünschten Änderung der Rechtsgrundlage französischer Kriegsverbrecherprozesse, erteilte Schuman eine unmißverständliche Absage.

Adenauer hingegen griff nach dem Erreichbaren, nach bilateralen deutsch-französischen Gesprächen. Unerreichbar blieb immer noch das Fernziel – die Beendigung der Prozesse –, so daß der Kanzler erneut Zuflucht bei der Idee suchte, gemischte deutsch-französische Ausschüsse zu bilden.[57] Die Antwort aus Frankreich: Gespräche ja, aber nicht über die vom Kanzler gewünschten deutsch-französischen Kommissionen.[58]

Noch einmal wolle er es bei der Unterzeichnung des Deutschlandvertrages versuchen, ließ der Kanzler nach dieser Absage wissen.[59] Tatsächlich sprachen Schuman und er in Bonn kurz über die Kriegsverbrecherfrage; da aber die Zeit drängte, verschob Adenauer einen ausführlicheren Gedankenaustausch erneut: Bei der Unterzeichnung des EVG-Vertrages in Paris wollte er Schuman noch einmal auf das Thema ansprechen.[60] Zuletzt aber blieb nur der schriftliche Weg. Nicht auf diplomatischer, sondern auf Expertenebene hoffe er, die offenen Probleme zu lösen, schrieb Adenauer. Inzwischen hatte er sich endgültig von den Plänen gemischter Ausschüsse verabschieden müssen. Eine deutsch-französische Expertengruppe sollte statt dessen nach Alternativen suchen. Die Frage sei, so teilte Adenauer im Juni 1952 Schuman mit, »von großer politischer und psychologischer Bedeutung«.[61]

»Natürliche politische und psychologische Rückwirkungen« müßten auch in Frankreich berücksichtigt werden, lautete Schumans Antwort. Ein gemischter Ausschuß – Schuman betonte es noch einmal – stehe im Widerspruch zu geltendem französischen Recht. Zwei bis drei »qualifizierte Personen« sollten sich in nächster Zukunft zusammensetzen und die Probleme angehen.[62]

Damit nicht genug der Psychologie – stets griffen Politiker auf die Terminologie dieser Wissenschaft zurück, wenn es galt, Stimmungen im eigenen Land zu beschreiben. »Ich beehre mich, Ihre besondere Aufmerksamkeit [...] darauf zu lenken, daß die Entlassung einer größeren Anzahl Gefangener zu einem möglichst naheliegenden Zeitpunkt von erheblichem psychologischen Wert sein würde«, schrieb etwa Staatssekretär Hallstein an Verteidigungsminister Pleven.[63] »Im Interesse einer baldmöglichen Erörterung dieser Frage, die – wie Sie wissen – in der deutschen Öffentlichkeit immer größere politische und psychologische Bedeutung gewinnt, würde die Bundesregierung es für wünschenswert halten, wenn für den Beginn dieser Besprechungen ein möglichst naheliegender Zeitpunkt festgelegt werden könnte«, so wiederum Adenauer an den französischen Außenminister.[64] Tatsächlich einigten sich die beiden Politiker schließlich auf Personenkreis[65] und Termin für die – ausdrücklich als vertraulich vereinbarten – Gespräche.[66]

Schuman und Adenauer trafen diese Verabredung ausgerechnet während der heißen Debatte um die Ratifizierung des Generalvertrages und die in Deutschland scharf kritisierten Regelungen des Kriegsverbrecherproblems: Angesichts der nicht verklingenden Gnadenforderungen in der Bundesrepublik zeigte sich die französische Hochkommission deutlich verstimmt. Als François-Poncet zum französischen Nationalfeiertag Begnadigungen von deutschen Kriegsverbrechern ankündigte, übte er zugleich scharfe Kritik an der Berichterstattung der deutschen Presse: Diese ignoriere systematisch das französische Entgegenkommen.[67] Auch wenn der französische Hochkommissar dem Kanzler für seinen Auftritt im

Bundestag am 17. September gute Noten erteilte – »gemäßigt und würdig« fand er Adenauers Rede –,[68] so mußte er sich doch auf Geheiß seiner Vorgesetzten in Paris einer vorzeitigen Einsetzung des gemischten Gnadenausschusses, so wie er im Generalvertrag vereinbart worden war, widersetzen. Es erscheine »kaum möglich, auf dem Wege der Aussöhnung noch weiter zu gehen«, so hatte es damals geheißen.[69]

Ohnehin machte sich die französische Hochkommission gerade zu dieser Zeit viele Gedanken über einen keimenden neuen deutschen Nationalismus. Nicht so sehr die Wiederkehr des Nazismus, sondern das Wiederaufleben des deutschen Chauvinismus sei zu befürchten, meldete François-Poncet immer und immer wieder nach Paris.[70] Im Oktober 1952 hatte er das Außenministerium in einem Geheimbericht umfassend über den Stand des Nationalismus in Deutschland informiert.[71]

Zur Inkarnation dieses altneuen *nationalisme et chauvinisme allemand* wurde der Ex-General Ramcke, der auf dem Verdener SS-Treffen gegen die Alliierten als Kriegsverbrecher wetterte.[72] Adenauer hatte sich zwar damals in einem Schreiben an die Hohe Kommission in aller Deutlichkeit – und aller Eile – von Ramcke distanziert.[73] Trotzdem drang die französische Regierung auf einen offiziellen Protest der Alliierten Hohen Kommission bei der Bundesregierung. Sie konnte sich jedoch bei den USA und Großbritannien nicht durchsetzen,[74] und so blieb es bei einem offiziellen französischen Protest.[75]

»Es empfiehlt sich, bei Beginn der Besprechung nochmals von der Ramcke-Rede abzurücken«, hieß es in einer Notiz für die deutsch-französischen Besprechungen, die im Dezember 1952 in Bonn stattfanden.[76] Ramcke, der deutsche Nationalismus – all das sorgte für ein frostiges Gesprächsklima, als sich die deutschen und französischen Experten – Mitarbeiter der Außenminister sowie Rechtsexperten – über die Kriegsverbrecherfrage zu verständigen suchten.[77] Von der Rede des Ex-Generals sei die Bundesregierung »entschieden abgerückt« und habe sie in allen Punkten schärfstens mißbilligt, betonte der deutsche Delegationsvorsitzende von Trützschler eingangs der Verhandlungen.

Insgesamt war von dieser Expertenrunde eine grundlegende Lösung der Kriegsverbrecherproblematik kaum zu erwarten. Auf der Tagesordnung standen rechtliche Details: Entlassungen auf Bewährung, Begnadigungen, Dauer der noch offenen Verfahren, Höhe von Kautionen, Möglichkeiten des Rechtsschutzes und vieles mehr. Damit bewegten sich die

Gespräche in eben den engen rechtlichen Grenzen, die Schuman selbst gezogen hatte.[78] Keine Amnestie, keine Revision der Verfahren, keine generelle Aufhebung der Todesurteile – so lauteten die kategorischen Positionen der französischen Seite. Recht – französisches Recht – gehe vor politischen Erwägungen.

DER ORADOUR-PROZESS

Das Kriegsverbrecherproblem »geräuschlos einer möglichst beschleunigten Lösung näherzubringen« – so umriß von Trützschler während der Tagung in Bonn die Strategie der Bundesregierung angesichts der noch anstehenden französischen Kriegsverbrecherprozesse. Alles andere als »geräuschlos« sollten die kommenden Monate verlaufen. Für den 12. Januar 1953 hatte ein Militärgericht in Bordeaux den Beginn der Hauptverhandlung im Prozeß gegen die Verantwortlichen des Massakers von Oradour vom 10. Juni 1944 angesetzt.

Oradour würde ein schwerer Prüfstein werden, den Beamten des Auswärtigen Amtes war dies bewußt. »Der Fall Oradour stellt ein so entsetzliches und verabscheuungswürdiges Verbrechen dar, daß jeder anständige Deutsche mit Scham erfüllt wird, wenn von dieser Tat die Rede ist. [...] Mit Trauer gibt er sich Rechenschaft, daß eine solche fluchwürdige Tat nicht nur die Täter, sondern auch das Land entehrt, das die Täter zu seinen Soldaten zählt.« So hieß es schon 1950 in einer internen Denkschrift.[79] Oradour wurde also ganz offenbar als »wirkliches Verbrechen« anerkannt.

Wie aber mit dieser Erblast umgehen? Der Politik der »Geräuschlosigkeit« hätte es entsprochen, um dieses deutsch-französische Kainsmal keinen Lärm zu machen. Und in der Tat gab das Auswärtige Amt noch im Februar 1954 einem evangelischen Pfarrer, der zu einer Spendenaktion für das Dorf Oradour aufgerufen hatte, einen solchen Rat: Gegen eine Spende an die Evangelische Kirche in Frankreich sei nichts einzuwenden, nur der Name Oradour dürfe in diesem Zusammenhang nicht fallen. Die deutsche Vertretung in Paris hatte zuvor gewarnt: »Es muß befürchtet werden, daß die geplanten Aktivitäten entweder in Oradour auf Ablehnung stoßen oder zumindest Erinnerungen an Ereignisse in Oradour erneut beleben würden.«[80] Auch im Falle des französischen Dorfes Ascq, welches am 2. April 1944 ein ähnliches Schicksal erfahren hatte, warnte die deutsche Vertretung in Paris schon früh vor deutschen Aktivitäten. Die Stiftung einer Erinnerungsplakette oder einer Glocke für den Wiederaufbau von Ascq durch Deutsche »würde hier als geschmacklose Einmischung angesehen werden«, meldete Paris.[81]

Tatsächlich lehnte die Gemeinde Oradour konsequent jede deutsche Beteiligung am Wiederaufbau des Dorfes ab; und hieraus zogen die deutschen Diplomaten in Paris ihre Schlüsse: Sie hatten »größtes Interesse, die öffentliche Meinung im Zusammenhang mit den Vorgängen von Oradour nicht erneut wachzurufen«.[82]

Aber war das nicht die falsche Strategie? Kurz nach Ende des Oradour-Prozesses erhielt der französische Hochkommissar François-Poncet den Brief einer Grundschule in Castrop-Rauxel, dem eine Spende von fünfzig Mark für das symbolische Pflanzen eines Baumes in Oradour beigefügt war. Der Brief der Schüler landete prompt auf dem Redaktionstisch des Pariser *Figaro:* François-Poncet war der Auffassung, ein Schreiben »von solchem Wert« sollte der französischen Öffentlichkeit nahegebracht werden.[83]

Der Prozeß in Bordeaux mußte das Andenken an die Schrecken deutscher Besatzung zwangsläufig wachrütteln. Zaghafte Versuche der deutschen Vertretung in Paris, bei der französischen Regierung eine objektive Presseberichterstattung zu Oradour anzumahnen, waren von vornherein zum Scheitern verurteilt.[84]

Mehr noch. Durch den Oradour-Prozeß brach die im Nachkriegsfrankreich mühsam überdeckte innenpolitische Differenz von *Résistance* und *Collaboration* auf.[85] Das Verfahren in Bordeaux barg also sowohl deutsch-französisches als auch innerfranzösisches Konfliktpotential. Adenauer ahnte wohl, wie sehr der Oradour-Prozeß die deutsch-französischen Beziehungen belasten würde, als er am Tag vor Verhandlungsbeginn im Deutschen Presseclub in Bonn vor überzogenen deutschen Reaktionen warnte:

»[…] Wir Deutsche überschätzen uns maßlos. Das erregt großen Anstoß bei den anderen Völkern, verführt uns aber, und das ist noch wichtiger, dazu, daß wir die Vorgänge bei den anderen Völkern nicht richtig beurteilen. Es ist wahrhaftig nicht so, daß die anderen Völker vergessen haben, was die letzten Jahrzehnte in Europa gebracht haben, und es ist wahrhaftig nicht so, daß die anderen Völker vergessen haben, was der Nationalsozialismus nicht nur über Deutschland, sondern über die Welt gebracht hat. Lassen Sie mich, um diesen Satz zu erhärten, einige Dinge zu Ihnen sagen. In den Vereinigten Staaten war im Jahre 1951 das am meisten verbreitete Buch der Abdruck der Dokumente, die im Warschauer Ghetto niedergeschrieben worden sind zur Zeit, als die Zerstörung Warschaus durch die Deutschen begann. Ich habe dieses sehr dicke Buch gelesen und bin erschüttert. [...] Und jetzt steht vor der Tür der Prozeß von Oradour, eine grauenhafte Angelegenheit. Der Prozeß wird sich abspielen vor der breitesten Weltöffentlichkeit mit allen seinen Einzelheiten. Es wird gesagt werden, es war zwar Waffen-SS, und sie war kommandiert und mußte gehorchen. Aber glauben Sie mir, aus dieser Verhandlung wird in dem Empfinden der weitesten Kreise im Auslande wieder jenes Bild des Deutschen erneuert werden, das erfüllt ist von Grausamkeit und Blutdurst. Und das berücksichtigt der Deutsche leider viel zu wenig. Die Deutschen meinen, wir seien von den anderen Völkern wieder aufgenommen als auch moralisch gleichberechtigte Partner, sogar als Freund. Das aber ist ein Irrtum. Seien wir uns doch völlig darüber klar, wenn nicht Sowjet-Rußland, wenn nicht Stalin diese Politik getrieben hätte, die getrieben wurde, hätten wir nie so schnell einen Marshallplan bekommen, nicht die Bundesrepublik und nicht diese Verträge, die unterzeichnet worden sind. Das alles geschah nicht uns zuliebe [...]«[86]

Adenauer sah deutlicher als viele seiner Politikerkollegen, wie tief das Mißtrauen im Ausland saß. Und er erkannte, wem die rasche Rehabilitierung der Bundesrepublik vor allem zu verdanken war – der Sowjetunion und dem Kalten Krieg.[87]

Vor dem Militärtribunal in Bordeaux mußten sich Angehörige der SS-Panzereinheit »Das Reich« verantworten. Schon vor Prozeßbeginn kristallisierte sich heraus, daß es um mehr ging als um die Feststellung individueller Schuld. Deutsche standen vor dem Tribunal, aber auch vierzehn Elsässer. Nach dem Frankreichfeldzug war Elsaß-Lothringen faktisch annektiert worden, so daß sich die Bewohner dieser Gebiete der SS anschließen konnten bzw. vielfach dazu gezwungen wurden.[88]

Im Verlauf des Prozesses stellte sich zunehmend die Frage, ob die deutschen und die elsässischen SS-Angehörigen nach den gleichen Maßstäben beurteilt werden mußten. Die Anwälte der elsässischen SS-Angehörigen bauten ihre Verteidigung auf der Forderung auf, das Verfahren ihrer Mandanten abzutrennen – mit der Begründung, man könne nicht Henker und Opfer auf die gleiche Anklagebank setzen.[89]

Dieses Manöver der Verteidigung wurde allerdings von deutscher Seite andersherum ausgelegt. Die »Diskriminierung deutscher Angeklagter« sei »weder rechtlich noch moralisch vertretbar«, urteilte die Bonner Vertretung in Paris.[90] Ganz so sahen es die Richter in Bordeaux nicht. Sie wiesen den Antrag der Verteidigung auf Trennung der Verfahren zwar zurück, sprachen sich jedoch dafür aus, nach Beendigung der Hauptverhandlung die Frage grundsätzlich zu prüfen.

Tatsächlich brachten elsässische Abgeordnete das Problem vor die französische Nationalversammlung. Nach stürmischer Debatte beschloß die Volksvertretung am 28. Januar, das Gesetz vom 15. September 1948 – als *lex Oradour* bekannt – in wichtigen Punkten außer Kraft zu setzen. Immerhin bedeutete dies einen politischen Eingriff in ein laufendes Verfahren! Zudem lag in dieser Entscheidung eine gewisse Ironie: Der Oradour-Prozeß führte zur Abschaffung eben jenes Gesetzes, das primär für die Ahndung genau dieses Besatzungsverbrechens geschaffen worden war. Vor allem die stets umstrittene Bestimmung, wonach Angeklagte

Mahnwache in Bordeaux.

Proteste in Oradour gegen die Amnestie für elsässische SS-Angehörige.

Eine Überlebende des Oradour-Massakers vor dem Prozeß.

selbst die Nichtbeteiligung an Verbrechen nachzuweisen hatten, wurde gestrichen.[91]

Die Entscheidung der Nationalversammlung, die auch von den übrigen französischen Verfassungsorganen gebilligt wurde, führte am Ende nicht zu der in Bonn befürchteten Trennung der Verfahren gegen deutsche und elsässische Angeklagte.[92] Mitte Februar wurden in Bordeaux bereits die Urteile verkündet. Ein Todesurteil, mehrere langjährige Haftstrafen sowie ein Freispruch, so die Bilanz für die deutschen Angeklagten. Aber der Spruch der Richter gegen die vierzehn elsässischen SS-Leute – ein Todesurteil und zahlreiche Zuchthaus- oder Gefängnisstrafen – war kaum weniger hart zu nennen.

Der Ausgang des Oradour-Prozesses führte in Frankreich zu einer schweren innenpolitischen Krise. »Im Namen der Gerechtigkeit und des nationalen Interesses beschwöre ich Sie, sofort eine Aussetzung der Strafen gegen die elsässischen Angeklagten auszusprechen«, telegraphierte der elsässische Abgeordnete Pierre Pflimlin kurz nach der Verkündung des Urteils an Verteidigungsminister Pleven.[93] Jenes »nationale Interesse«, welches der frühere Landwirtschaftsminister beschwor, hatte ganz konkrete Hintergründe. Im Elsaß erwachten aufgrund des Urteilsspruches bislang schlummernde separatistische Bestrebungen. Rot-weiße Fahnen elsässischer Autonomiebefürworter wurden in der Provinz gesichtet; in Colmar, Straßburg und anderen Städten sank die Trikolore auf Halbmast. Demonstranten forderten die Amnestierung der elsässischen Verurteilten.[94]

Die Zentrale in Paris reagierte umgehend. Bereits in der Nacht vom 18. zum 19. Februar stimmte die französische Nationalversammlung einem Amnestiegesetz für diejenigen Elsässer zu, die zwangsweise in die SS eingegliedert worden waren.[95] Als Politik der nationalen Versöhnung zwischen *Résistance* und *Collaboration* ist dieser Schritt der Nationalversammlung zu verstehen. Es galt, die Kluft zu überwinden – zwischen denen, die widerstanden und jenen, die mit dem Feind zusammengearbeitet oder im Zustand des *Attentisme* – des Abwartens – ausgeharrt hatten.[96]

Der deutsche Vertreter in Paris hatte wenig Verständnis für diesen innerfranzösischen Brückenschlag. Seine Empörung über die Entscheidung der Nationalversammlung vermochte er kaum zu verbergen. Dem Präsidenten der Nationalversammlung, Herriot, warf er »rührselige Rhetorik« vor. Mit »tränenerstickter Stimme« habe dieser zum Abschluß seiner Rede erklärt, die Gegensätze, die im Oradour-Prozeß sichtbar geworden seien, könnten nur in leidenschaftlicher Liebe zu Frankreich überwunden werden. Ausschließlich innenpolitische Motive erblickte der deutsche Diplomat hinter dem Amnestiegesetz. Und er verurteilte die Entscheidung der Nationalversammlung als Bruch des Prinzips der Gewaltenteilung, denn die Amnestie wurde ausgesprochen, noch bevor das Oradour-Urteil überhaupt rechtskräftig war. Botschafter Hausenstein über das französische Selbstverständnis:

> »Vertreter der Résistance, die sich in vergangenen Jahren nicht genug tun konnten, schwerste Strafen für Kriegsverbrecher zu fordern, sind auf einmal als deren Anwälte aufgetreten. Diese groteske Situation illustriert in gewissem Maße den Gewissenskonflikt, in dem sich die französische öffentliche Meinung seit 1945 befindet. Daß der Konflikt nur durch Verlassen des Rechtsstandpunktes beigelegt werden konnte, ist bezeichnend.«[97]

Aber sollte die Bundesregierung etwas unternehmen? Wie stand es um die »Politik der Geräuschlosigkeit« angesichts der heftigen Kritik an der Amnestie für die Elsässer in Deutschland?[98] Die französische Entscheidung mißachte den fundamentalen Grundsatz der Gleichheit vor dem Gesetz,[99] so Justizminister Dehler. Trotzdem rieten die deutschen Diplomaten in Paris von einem offiziellen Protest bei der französischen Regierung ab. Sie befürchteten eine Versteifung der französischen Position. Lieber solle man, so die Empfehlung, langfristig auf das schlechte Gewissen der Franzosen wegen der ungerechten Behandlung der Deutschen bauen.[100]

So beschränkte sich die Bundesregierung hinter den politischen Kulissen auf Versuche, Straferleichterungen für die deutschen Verurteilten des Oradour-Prozesses zu erreichen.[101] Aus dem französischen Außenministerium kamen widersprüchliche Signale: Im April 1953 hoben französische Diplomaten den Willen hervor, die Affäre zu regeln; dem standen allerdings kommende Wahlen im Weg.[102] Im Mai 1953 stürzte die Regierung René Mayer, und der alte und neue Verteidigungsminister der Nachfolgeregierung Laniel, Pleven, zögerte angesichts der Haltung der Öffentlichkeit, etwas für die Verurteilten zu unternehmen.[103] Zudem zeigte sich die französische Justiz unnachgiebig: Die Berufungen der Oradour-Verurteilten wurde abgewiesen. Einen »Schlag gegen die Verständigung« nannte dies der Kommentator der *Frankfurter Allgemeinen Zeitung*, Adalbert Weinstein.[104]

Französische Kriegsverbrecherprozesse als Störfaktor anglo-amerikanischer Deutschlandpolitik

Beim Oradour-Prozeß traten innerfranzösische und deutsch-französische Konfliktlinien zutage. Großbritannien und die USA begnügten sich mit der Rolle des interessierten, aber unbeteiligten Zuschauers. Wohl fragte das amerikanische Außenministerium in der Pariser Botschaft an, warum dieser Prozeß erst »nach so langer Verzögerung« durchgeführt werde;[105] wohl schickten die amerikanische und die britische Botschaft Berichte und Kommentare zum Prozeßverlauf an ihre Zentralen in Washington und London. Dennoch ist nicht erkennbar, daß Briten oder Amerikaner während des Oradour-Prozesses politisch aktiv geworden wären. Dies sollte sich ändern.

Es war erneut der Fall eines Elsässers, der Anfang 1954 die deutsche Öffentlichkeit bewegte. Dr. Robert Ernst, ehemals Bürgermeister von Straßburg, hatte sich im August 1945 amerikanischen Besatzungsbehörden gestellt und war dann im März 1946 in französisches Gewahrsam überstellt worden. Ernst wurde wegen Landesverrats und Kriegsverbrechen angeklagt. Um einer Verurteilung wegen Landesverrats zu entgehen, hatte Ernst im Jahre 1947 die Anerkennung seiner deutschen Staatsbürgerschaft eingeklagt, und zwar mit Erfolg. Nur: Der Anerkennungsbescheid erging erst im Januar 1954 – nahezu sieben Jahre nach der Klage. Ernst wurde am 16. Januar 1954 entlassen, um auf dem Weg zur deutsch-französischen Grenze erneut festgehalten zu werden. Erst müsse das Verfahren wegen Kriegsverbrechen zu Ende geführt werden, beschlossen Ministerpräsident Laniel, Verteidigungsminister Pleven und Innenminister Martinaud-Deplat am 19. Januar.[106]

In Bonn gingen Vermutungen um, das Verfahren wegen Kriegsverbrechen sei nicht der eigentliche Grund für die erneute Festnahme. Ernst war als elsässischer Separatist bekannt und bereits 1928 in Abwesenheit zu fünfzehn Jahren Zuchthaus verurteilt worden.[107]

In der Bundesrepublik stießen vor allem die langjährige Internierung – immerhin fast acht Jahre Untersuchungshaft – und die erneute Festnahme des früheren Stadtoberhaupts von Straßburg auf Kritik.[108] Obwohl die diplomatische Vertretung in Paris eine »möglichst stille Behandlung der Angelegenheit« empfohlen hatte,[109] protestierte Adenauer offiziell beim französischen Hochkommissar. Und der Kanzler vergaß nicht, auf

Der ehemalige Oberbürgermeister von
Straßburg, Robert Ernst.

Carl-Albrecht Oberg (vorn)
und Helmut Knochen vor Gericht.

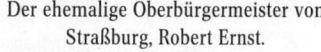

die politische Bedeutung des Falles »im Verhältnis unserer beiden Länder zueinander« aufmerksam zu machen.[110]

François-Poncet zeigte sich von den Argumenten des Kanzlers wenig beeindruckt. Für die lange Untersuchungshaft, so schrieb er zurück, sei Ernst allein verantwortlich. Er habe alle Rechtsmittel ausgeschöpft, was seinen Fall zwangsläufig verzögert habe. Dennoch setzte sich der Hochkommissar in Paris dafür ein, die Angelegenheit zu erledigen. Er regte sogar eine vorläufige Entlassung von Ernst an. Dem Kanzler schrieb er:

»Ich finde es ebenso wünschenswert wie Sie, Dinge aus der Welt zu schaffen, die uns an eine Epoche erinnern, die wir alle zu vergessen hoffen. [...] Das Bedürfnis, einen Strich unter die Vergangenheit zu ziehen, darf uns darüber hinaus nicht veranlassen, den Urhebern strafbarer Handlungen, die bis heute die deutsch-französischen Beziehungen noch aufs schwerste belasten, Absolution zu erteilen, ohne daß die Justiz ihren Lauf nimmt.«[111]

Die Affäre spitzte sich zu. Am 5. Februar wiesen die französischen
Anklagebehörden eine Haftbeschwerde Ernsts zurück. Vorausgegangen
waren eine erneute Protestnote Adenauers, aber auch Gespräche Hallsteins sowie des deutschen diplomatischen Vertreters im französischen
Außenministerium.[112] Immerhin erschien die französische Politik williger
als die Justiz, denn Außenminister Bidault ließ wissen, er wolle Ernst jetzt
unter Auflagen auf freien Fuß setzen. Im übrigen mahnte er eine sachli-
chere Presseberichterstattung in Deutschland an.[113]

Bidault befand sich währenddessen in Berlin. Dort verhandelten die
Außenminister der vier Siegermächte seit dem 25. Januar einmal mehr
über eine Lösung der Deutschlandfrage; erhebliche Erwartungen wurden
in das Außenministertreffen gesetzt, hofften doch der Westen und nicht
zuletzt die Deutschen nach Stalins Tod auf eine flexiblere sowjetische
Position.[114] Vor diesem politischen Hintergrund sorgte der Fall Ernst für
unwillkommene deutsch-französische Querelen.

Auch amerikanische Stellen waren beunruhigt. Der amerikanischen
Hochkommission in der Bundesrepublik versprachen französische Beamte, alles zu tun, um die Affäre während der Berliner Konferenz hintan zu
stellen. Später werde man sich des Problems diskret entledigen; außerdem sei die zeitliche Parallelität des Falles Ernst zur Berliner Konferenz
rein zufällig. Immerhin kritisierten die Franzosen selbst die »kriechende
Vorgehensweise« der Justiz im eigenen Land.[115]

Damals hatte sich der amerikanische Hochkommissar Conant mit den
französischen Erklärungen noch zufrieden gegeben. Erst nach dem Scheitern der Berliner Konferenz schlug er vor, gegenüber den Franzosen den
Ton zu ändern. Das »Krebsgeschwür« in den deutsch-französischen Beziehungen – der Fall Ernst und die Kriegsverbrecherprozesse im allgemeinen – müßte beseitigt werden.[116] Dennoch ließen sich französische Justiz
und Regierung nicht drängen. Im November 1954 wurde Ernst in Frankreich der Prozeß gemacht.

Während der Berliner Konferenz hatte sich darüber hinaus schon das
nächste Gerichtsverfahren angekündigt: der Prozeß gegen zwei bedeutende Repräsentanten deutscher Besatzungsherrschaft, Carl-Albrecht Oberg
und Helmut Knochen. Dem SS-Gruppenführer Oberg, als »Schlächter von
Paris« berühmt-berüchtigt, war 1942 die Polizeigewalt im besetzten
Frankreich – und damit unter anderem die Verantwortung für die Bekämpfung des Widerstandes – übertragen worden. Oberg unterstellt war

Sturmbannführer Knochen, dem als Befehlshaber der Sicherheitspolizei ähnliche Aufgaben zukamen. Gleichzeitig wurden beide für die Deportation französischer Juden, aber auch bedeutender französischer Politiker und Diplomaten – unter ihnen Namen wie François-Poncet und Léon Blum – verantwortlich gemacht.[117]

War es ein Zufall, daß gerade zu diesem Zeitpunkt, wo man in Berlin über Deutschland und in Paris über die EVG verhandelte, dieser vielbeachtete Prozeß stattfinden sollte? Nein, so glaubte man in Bonn zu wissen, denn Staatspräsident Vincent Auriol hatte dem Vernehmen nach anhängige Verfahren vorziehen lassen.[118] Angesichts der durch die Prozesse zu befürchtenden »deutschfeindlichen Kampagne« bemühte sich die Bundesregierung um eine Verschiebung der Verfahren. Erst versuchte es der deutsche Vertreter in Paris beim französischen Außenministerium, dann Blankenhorn gegenüber Bidault in Berlin – jeweils vergeblich. Der französische Außenminister zeigte sich für eine Vertagung der Hauptverhandlung gegen die SS-Leute nicht aufgeschlossen.[119] »Damit dürften Möglichkeiten erschöpft sein, auf politischer Ebene im Sinne Vertagung Einfluß zu nehmen«, telegraphierte von Trützschler nach Paris.[120]

Pessimismus war allerdings fehl am Platze. Nicht nur in Bonn, sondern auch in Washington wuchsen die Bedenken. Aus der Botschaft in Paris erreichte das State Department die Warnung, kommunistische und nationalistische – das heißt gegen die EVG gerichtete – Kreise könnten angesichts des Oberg/Knochen-Prozesses antideutsche Ressentiments schüren. Die amerikanische Vertretung maß diesem Problem erhebliche Bedeutung bei – ob zu Recht, muß dahingestellt bleiben.[121] Die Empfehlung der US-Diplomaten: Dulles solle bei Bidault in Berlin höchstpersönlich auf eine Verschiebung des Verfahrens gegen Oberg und Knochen dringen.[122]

Zwischen den beiden Außenministern kam das Thema nicht mehr zur Sprache. Vielmehr wandte sich ein Mitglied der amerikanischen Delegation in Berlin am letzten Konferenztag, dem 18. Februar, an den Leiter der Europaabteilung im französischen Außenministerium, François Seydoux. Keineswegs hatten die USA die Angelegenheit diplomatisch niedriger gehängt: Der amerikanische Beamte betonte gegenüber dem Franzosen, sein Vorgesetzter habe nur aus Zeitmangel das Thema in Berlin nicht mehr ansprechen können; die Aufforderung, den Prozeß zu verschieben, richte sich ausdrücklich an den französischen Außenminister. Natürlich, so räumte der amerikanische Beamte ein, sei der Prozeß eine innere Angelegenheit Frankreichs. Aber seine Durchführung sei gerade zu einem solchen Zeitpunkt problematisch: Zwangsläufig schaffe dies Unruhe in der französischen Öffentlichkeit – was angesichts anstehender EVG-Debatten um so schwerwiegender sei. Auch in der Bundesrepublik unterstellte man den Franzosen bei der Terminwahl böse Absicht. Als Gedankenstütze übergab der Amerikaner seinem französischen Gesprächspartner ein Memorandum, in dem noch einmal die wichtigsten Argumente zusammengefaßt worden waren.[123]

Französische Kriegsverbrecherprozesse zur unrechten Zeit wurden in Washington als Störfaktor für die eigenen deutschlandpolitischen Pläne angesehen. Deshalb mischte man sich in innerfranzösische Belange ein – freilich vergeblich, auf jeden Fall verspätet. Selbst wenn es Bidault gewollt hätte, hätte er den Lauf der Dinge kaum noch ändern können.

Bereits einen Tag später meldete die französische Presse den Prozeßbeginn gegen Oberg und Knochen für den 22. Februar. Die Situation entspannte sich dennoch auf andere Weise. Die entscheidende EVG-Debatte in der französischen Nationalversammlung wurde – wieder einmal – verschoben. Für Mai war sie nun angesetzt, und bis dahin, so hoffte die amerikanische Botschaft in Paris, würden die schauerlichen Einzelheiten des Prozesses gegen die SS-Leute vergessen sein.[124] Schließlich scheiterte wiederum die EVG, noch bevor über beide das Urteil gesprochen wurde: Am 9. Oktober 1954 wurden Oberg und Knochen von einem Militärgericht in Paris zum Tode verurteilt.

Nach diesem Intermezzo des Frühjahrs 1954 verließ die deutsch-französische Kriegsverbrecherproblematik die transatlantische Ebene. Als Konflikt zwischen Paris und Bonn aber schwelte sie noch auf Jahre weiter. Immer wieder sollten deutsch-französische Konsultationen über eine grundsätzliche Klärung des Problems stattfinden, so etwa im Januar 1955 in Baden-Baden, als sich Adenauer und der französische Regierungschef Mendès-France zu einer Aussprache trafen. Der Kanzler drängte auf beschleunigte Entlassungen. Mendès-France gab daraufhin zu bedenken, daß es nun immer schwerere Fälle seien, die in Frankreich noch zurückblieben, worauf der Kanzler erwiderte: »Unter den Gefangenen gibt es einige, die sie gern behalten können [...].«[125] Konkrete Zusagen erhielt Adenauer auch in Baden-Baden nicht.[126]

Ende April 1955 wurde der neue deutsche Botschafter in Frankreich, von Maltzan, nach Paris entsandt. Er war instruiert worden, dem Kriegs-verbrecherproblem seine »besondere Aufmerksamkeit« zu widmen.[127] Das Auswärtige Amt hoffte, bis zum Ende des Jahres den Großteil der Inhaftierten nach Deutschland zurückholen zu können. Tatsächlich ließ Robert Schuman, inzwischen Justizminister, verlauten, die Kriegsverbre-cherfrage sei eine große Belastung für die französische Regierung, man müsse sie möglichst bald aus der Welt schaffen.[128] Am Ende sollte es aber noch Jahre dauern, bis die letzten Deutschen aus französischer Haft entlassen wurden.[129]

Vielmehr wurden in Frankreich auch weiterhin Kriegsverbrecherpro-zesse eingeleitet. So begann im Mai 1954 ein Verfahren gegen Lagerper-sonal des Konzentrationslagerkomplexes Struthof-Natzweiler.[130] Vom 15. bis zum 25. November 1954 fand in Lyon ein Prozeß gegen Mitglieder der dortigen ehemaligen Sicherheitspolizei (SIPO) statt – das Ergebnis waren zwölf Todesurteile und mehrere langjährige Haftstrafen.[131] Gegen die SIPO von Dijon wurde vom 15. bis zum 23. Februar 1955 verhandelt.[132]

Auf ein generelles Ende von Gerichtsverfahren gegen Deutsche wegen Kriegsverbrechen ließ sich die französische Regierung also zu keinem Zeitpunkt verpflichten – ein Prozeß gegen Klaus Barbie Ende der achtzi-ger Jahre wäre ansonsten kaum möglich gewesen.

9. DIE AUSLIEFERUNGSPROBLEMATIK

Unnachgiebig gab sich die französische Justiz, wenn es darum ging, Verbrechen der deutschen Besatzungsmacht zu sühnen. Dennoch waren auch ihr Grenzen gesetzt. Deutlich wurde dies etwa bei der Urteilsverkündung gegen frühere SIPO-Beamte in Dijon. Auf der Anklagebank saßen drei Deutsche. Der Urteilsspruch jedoch umfaßte einen wesentlich größeren Personenkreis: Vier Angeklagte wurden zum Tode, fünf zu lebenslanger Haft und vier zu langjähriger Zwangsarbeit verurteilt – und zwar in Abwesenheit.[1]

Jene Angeklagten, derer man nicht habhaft werden konnte, befanden sich in der Regel in ihrer Heimat, sei es im West- oder im Ostteil Deutschlands. Die Forderung, Deutsche zur Durchführung von Kriegsverbrecherverfahren nach Frankreich auszuliefern, verstummte auch nach Gründung der Bundesrepublik nicht. Charles de Gaulle, der von Colombey-les-deux-Églises aus die französische Politik kommentierte und kritisierte, hielt das Verbrechen von Oradour solange für nicht gesühnt, bis die Hauptverantwortlichen – die deutschen Befehlsgeber – zur Verantwortung gezogen würden.[2] In der Tat schienen auch den Richtern in Bordeaux die Hände gebunden. Da zahlreiche deutsche Angeklagte nicht greifbar waren, mußten einige Urteile in Abwesenheit geführt werden. *Die Großen läßt man laufen, die Kleinen hängt man* – dieses oft zitierte Wort galt in besonderem Maße für den Oradour-Prozeß.

DIE AUSLIEFERUNGSFRAGE
ALS POLITISCH-JURISTISCHES PROBLEM

Die Tatsache, daß deutsche Behörden die Auslieferung deutscher Staatsbürger ins Ausland kategorisch zurückwiesen, verwundert angesichts der Widerstände gegen französische Kriegsverbrecherprozesse nicht. Darüber hinaus – und das war juristisch ausschlaggebend – stand Artikel 16 des Grundgesetzes der Auslieferung von deutschen Staatsbürgern an das Ausland entgegen.

Demgegenüber fühlten sich die alliierten Siegermächte auch nach Gründung der Bundesrepublik an bestehende Verpflichtungen gebunden. Die Unterzeichner des Londoner Abkommens hatten sich 1945 gegenseitig zugesichert, Kriegsverbrecher – ausgenommen Hauptkriegsverbrecher – an den Ort der Tat auszuliefern.

Wenn es nach dem britischen Militärgouverneur in Deutschland, Robertson, gegangen wäre, hätte die Regierung in London ihre Verpflichtung schon im Frühjahr 1948 widerrufen. London blieb jedoch vorsichtig, man fürchtete scharfe Proteste derjenigen Staaten, die einst von deutschen Truppen besetzt gewesen waren.[3] Das Foreign Office beschloß allerdings, ab 1. September 1948 Deutsche nur noch an andere Staaten auszuliefern, wenn Beweise für Mord nach erstem Anschein *(prima facie)* vorlagen. Mord wurde dabei – als Zugeständnis an die deutsche Justiz – nach deutschem Strafrecht definiert.

Im Frühjahr 1949 begann die britische Regierung erneut, die Kriegsverbrecherpolitik zu überdenken. Was denn geschehe, wenn man künftig ganz auf Auslieferungen verzichte, fragte das Foreign Office bei seiner Pariser Botschaft nach.[4] Heftiger Widerstand seitens Frankreichs sei dann zu erwarten, lautete die Antwort.[5] Der Regierung in Paris kamen die britischen Pläne zu Ohren; die Folge war eine unmißverständliche Warnung durch den französischen Militärgouverneur.[6]

Wieder nahm die britische Regierung Rücksicht auf Frankreich. Allein daß man – wie auch die amerikanische Regierung – auf weitere Auslieferungen von mutmaßlichen Verrätern und Kollaborateuren verzichtete, hatte schon heftige französische Proteste zur Folge.[7] Die britischen Besatzungsbehörden in der Bundesrepublik behielten jedoch die Praxis bei, mutmaßliche deutsche Kriegsverbrecher nur bei eindeutigem Mordverdacht auszuliefern. Zusätzlich verlangte man nun vom Antragsteller eine schlüssige Erklärung, warum der Auslieferungsantrag nicht bereits zu einem früheren Zeitpunkt gestellt worden war.[8]

Die amerikanische Haltung ähnelte der britischen; der Auslieferungsausschuß (Extradition Board) der Amerikanischen Zone war ebenfalls gehalten, nur Fälle von Mord zu erörtern. In die Auslieferungsproblematik ragte schließlich auch der Ost-West-Konflikt hinein. Seit Anfang 1948 waren die amerikanischen Besatzungsbehörden dazu übergegangen, Auslieferungsanträgen aus Staaten des Ostblocks nicht mehr stattzugeben.[9] Der Auslieferungsausschuß war somit gezwungen, für diese politische Vorgabe juristische Fehlentscheidungen in Kauf zu nehmen, und der amerikanische Hochkommissar McCloy mußte deshalb in ganz besonders gelagerten Fällen Ausnahmen zulassen.[10]

Seit Gründung der Bundesrepublik suchte die Alliierte Hohe Kommission eine einvernehmliche Drei-Mächte-Lösung in der Auslieferungsproblematik.[11] Die Auslieferung von Kriegsverbrechern war alliiertes Vorbehaltsrecht, die alten, je nach Besatzungszone unterschiedlichen Bestimmungen blieben deshalb bis auf weiteres in Kraft. Erhebliche Bedeutung kommt dabei der Tatsache zu, daß Großbritannien und die USA ihre Kriegsverbrecherprozesse eingestellt hatten. Ihnen wäre es nicht schwergefallen, das Thema Auslieferungen zu den Akten zu legen.

Im Oktober 1950 forderte der britische Hochkommissar Kirkpatrick deshalb seine Regierung auf, die Haltung in der Auslieferungsfrage erneut zu überdenken. Immerhin erhielten seine Behörden monatlich noch fünf und mehr Auslieferungsanträge. Man müsse sich fragen, so Kirkpatrick, ob angesichts der angespannten Ost-West-Beziehungen, aber auch mit Rücksicht auf das Grundgesetz nicht ganz auf die Auslieferung Deutscher wegen Kriegsverbrechen verzichtet werden sollte. Die deutsch-britischen Beziehungen würden sich durch eine solche Entscheidung erheblich verbessern, stellte Kirkpatrick in Aussicht.[12] Es war wohl kein Zufall, daß die politisch brisante Auslieferungsfrage von der britischen Hochkommission zeitgleich mit Ausbruch des Korea-Krieges aufgeworfen wurde.

Kaum einen Monat später rührte sich auch John McCloy. Er erinnerte seine Vorgesetzten in Washington daran, daß sein Vorgänger Lucius D. Clay schon Anfang 1949 einen Verzicht auf Auslieferungen gefordert hatte, was damals an den scharfen französischen Protesten gescheitert war. »Haben die seitdem eingetretenen Entwicklungen die Ansichten des

Außenministeriums geändert?« fragte McCloy. Zwischen den Zeilen werden die Empfänger seines Telegramms in Washington gelesen haben, welche Entwicklungen er meinte. McCloy vergaß nicht, neben dem Grundgesetz auch den deutschen Verteidigungsbeitrag zu erwähnen, der, sollten Deutsche weiterhin ausgeliefert werden, in der bundesdeutschen Öffentlichkeit weniger Zustimmung finden wurde. Auslieferungen öffneten seiner Auffassung nach nur alte Wunden, denn die Deutschen zeigten wenig Verständnis, wenn Menschen verhaftet wurden, die wieder in ein normales Leben zurückgefunden hatten.[13]

Es wurde jedoch immer deutlicher, daß Fortschritte beim Abstreifen früherer Besatzungsvollmachten, selbst wenn diese zunehmend als politischer Ballast empfunden wurden, am französischen Partner scheiterten. McCloy attackierte François-Poncet bei einer Sitzung der Hohen Kommissare scharf. Was geschehe denn mit den nach Frankreich ausgelieferten Deutschen? – fuhr er den Franzosen an und gab selbst die Antwort: Frankreich stecke die Deutschen für unbestimmte Zeit ins Gefängnis, ohne ein Gerichtsverfahren einzuleiten. Dies sei nichts anderes als ein Verstoß gegen die Vereinbarungen: Jeder französische Auslieferungsantrag sei mit der Verpflichtung verbunden, den Fall binnen dreier Monate vor Gericht zu bringen. In nicht einem einzigen Fall sei dies geschehen![14]

François-Poncet gab zu, daß das zuständige französische Kriegsministerium in der Kriegsverbrecherfrage mehr als ineffizient arbeitete.[15] Von dieser Tatsache und den scharfen Angriffen des amerikanischen Kollegen in die Ecke gedrängt, sah der Hochkommissar sich veranlaßt, seinem Vorgesetzten in Paris ein Ende der Auslieferungen vorzuschlagen. François-Poncet gab sich bei einer Sitzung der Hochkommission mit Adenauer allerdings skeptisch, was die Erfolgsaussichten seines Vorstoßes betraf. Vehement verteidigte er zugleich die Kriegsverbrecherprozesse in seiner Heimat. Die deutsche Öffentlichkeit halte die zur Auslieferung anstehenden Fälle fälschlicherweise für »unschuldige Lämmer«, für »Opfer der Bosheit seitens der Franzosen«. Kriegsverbrechen seien aber leider »keine Erfindung«.[16]

Anlaß für die Sitzung der Hohen Kommissare war ein Schreiben Adenauers gewesen. Der Kanzler hatte sich beklagt, daß zu seinem völligen Unverständnis fünfeinhalb Jahre nach Kriegsende immer noch neue Fälle angeblicher Kriegsverbrechen aufgespürt würden. (»Tatsächlich, wieso?«

notierte am Rande des Briefes ein amerikanischer Beamter, der das wohl auch nicht so recht verstand.) Adenauer griff zu dem gleichen Argument wie der US-Hochkommissar. Jahrelang würden die Deutschen nach ihrer Auslieferung in Frankreich ohne Verfahren festgehalten. Zudem wies er einmal mehr auf die Bestimmungen des Grundgesetzes hin.[17]

Deutsche, Briten und Amerikaner zogen in der Auslieferungsfrage insgesamt an einem Strang. Nur die französische Regierung stellte sich quer zu einer einvernehmlichen Drei-Mächte-Regelung. Im britischen Foreign Office konkretisierten sich infolgedessen Überlegungen, dann eben einseitig auf Auslieferungen zu verzichten.[18] Selbst Generalanwalt Sir Hartley Shawcross, der wenig später so energisch gegen den Prestigeverlust des Kriegsverbrecherprogramms ins Feld ziehen sollte, sah keine Notwendigkeit, weiterhin Deutsche aus der Britischen Besatzungszone an das Ausland auszuliefern. Seine Begründung: Großbritannien habe alle Kriegsverbrecherprozesse beendet, Frankreich *sollte* sie längst beendet haben. Nur ein Gedanke beunruhigte dabei den britischen Juristen: Was würde geschehen, wenn Martin Bormann – in Nürnberg in Abwesenheit verurteilt – plötzlich wieder auftauchte?[19]

Das amerikanische Außenministerium wollte ebenfalls von der bisherigen Auslieferungspraxis abrücken. Trotzdem hoffte Washington nach wie vor auf eine einvernehmliche Lösung der Drei Mächte.[20] Immerhin war nicht nur die Bundesrepublik, sondern auch Frankreich ein europäischer Verbündeter. Den Planern im State Department mag noch im Ohr geklungen haben, was der amerikanische Botschafter in Paris nach Washington telegrafiert hatte.

Die amerikanische Botschaft wußte aus Kreisen des französischen Außenministeriums, daß dort das Problem zwar erörtert wurde, mit einem völligen Verzicht der französischen Regierung auf Auslieferungen jedoch nicht zu rechnen sein würde.[21] Immerhin ließ die französische Seite Kompromißbereitschaft erkennen: Am 7. Februar bot sie an, einem Annahmeschluß für Auslieferungsanträge zuzustimmen; außerdem wurde zugesichert, nur noch in »außergewöhnlich schweren Fällen« Auslieferungen zu beantragen.[22]

Daß ein Antragsstopp etwas anderes darstellte als ein Auslieferungsstopp, relativierte das französische Angebot. Was, so fragte man sich im Foreign Office, wenn die Franzosen nun den beiden anderen Besatzungsmächten eine lange Liste mit Auslieferungswünschen überreichten?[23]

Mitte Februar 1951 erreichte der Hilferuf eines Rechtsberaters der Hochkommission das Foreign Office: »Ich muß gestehen, die ganze Angelegenheit scheint den Grad an Konfusion zu erreichen, wie wir ihn in der Gnadenfrage für Kriegsverbrecher schon haben – falls das überhaupt möglich sein sollte.« Er beklagte, McCloy in die Falle gegangen zu sein, als man sich überhaupt auf Drei-Mächte-Verhandlungen in dieser Frage eingelassen hatte.[24]

Tatsächlich traten die Drei-Mächte-Beratungen auf der Stelle. Sah es im März 1951 so aus, als könne sich das zuständige Komitee der Hochkommission auf der Grundlage des französischen Kompromißvorschlags einigen,[25] so stockten die Verhandlungen im April erneut.[26] Auch das State Department wurde immer unruhiger.[27] Der Rat der Hohen Kommission beriet die Frage am 17. Mai,[28] verwies sie zurück an den Rechtsausschuß, um sich am 31. Mai erneut der Sache zu widmen.[29] Immerhin gelang es den Hochkommissaren, sich während dieser Sitzung auf ein gemeinsames Papier zu einigen, das nun den Regierungen vorgelegt werden mußte. Demnach sollten Auslieferungsanträge noch für eine Frist von drei Monaten angenommen werden. Die Straftatbestände, für die eine Auslieferung beantragt werden konnte, gingen dabei weit über die bisherige Praxis hinaus: Neben Mord konnten nun auch Kapitalverbrechen nach dem deutschen Strafrecht – wie Totschlag, Vergiftung, Körperverletzung, Vergewaltigung, Freiheitsberaubung und schwere Brandstiftung, jeweils mit Todesfolge – Grund zur Auslieferung sein.[30]

Trotz dieses erheblichen Entgegenkommens der angelsächsischen Mächte entwickelten sich die Verhandlungen zum Sisyphos-Syndrom: Sie waren hart und mühsam und am Ende wieder sinnlos. Die Versuche der Drei Mächte, sich in der Auslieferungsfrage zu einer gemeinsamen Haltung durchzuringen, scheiterten. Als die Hochkommissare Ende Oktober 1951 zusammentrafen, um Empfehlungen für die künftige Behandlung der Kriegsverbrecherfrage auszuarbeiten,[31] mußten sie die Ergebnislosigkeit der bisherigen Verhandlungen eingestehen.[32] Dennoch schien Ende 1951 ein Weg aus der Sackgasse in Sicht: der Generalvertrag. Dieser würde mit der deutschen Souveränität zwangsläufig das Ende der Auslieferungen Deutscher durch die Besatzungsmächte bringen. Nur – der Deutschlandvertrag trat dann auch erst im Mai 1955 in Kraft. Die Auslieferungsfrage lieferte bis dahin noch ausreichend politischen Zündstoff.

Zwischen politischem Opportunismus
und politischer Opportunität: drei Einzelfälle

Vier Parteien vertraten drei verschiedene Standpunkte: Großbritannien und die USA waren sich weitgehend darin einig, daß Auslieferungen politisch kaum noch durchsetzbar wären. Die Bundesregierung pochte auf das Grundgesetz und forderte ein Ende aller Auslieferungen. Frankreichs Regierung wiederum beharrte auf Beibehaltung der bestehenden Regelung und forderte die Einlösung der nach 1945 eingegangenen Verpflichtungen. Anhand dreier Einzelfälle soll im folgenden gezeigt werden, welche Konfliktlinien hier nun konkret zutage traten.

Der Fall *Klaus Barbie* ist inzwischen historisch und publizistisch aufgearbeitet worden.[33] Nur Umrisse der »Karriere« des früheren Gestapochefs von Lyon seien hier im Hinblick auf die Fragestellung kurz skizziert.

Seit Ende der vierziger Jahre gingen immer wieder Meldungen durch die französische Presse, Barbie lebe unbehelligt in der Amerikanischen Besatzungszone. Immerhin lagen in Frankreich zwei Haftbefehle gegen ihn vor. Die französische Regierung forderte die amerikanische Besatzungsmacht auf, den Deutschen nach Frankreich auszuliefern.[34] Dort ließ man im Mai 1950 wissen, deutsche und amerikanische Behörden würden seit Mai 1949 erfolglos nach Barbie suchen. Behauptungen, nach denen Barbie in der Amerikanischen Zone Unterschlupf gefunden habe, wiesen die amerikanischen Behörden als »ungerechtfertigt und unbegründet« zurück.[35]

Was für Mai 1950 vielleicht zutraf, galt keineswegs für die Zeit davor. Barbie hatte bei amerikanischen Geheimdienstbehörden Beschäftigung gefunden; von April 1947 bis Mai 1949 wurde er als Mitarbeiter des CIC (Counter Intelligence) der US Army bezahlt. Pikanterweise bestand seine Aufgabe unter anderem darin, französische Spionageaktivitäten in Deutschland zu enttarnen. Französischen Geheimdiensten wiederum war Barbies neuer Beruf keineswegs unbekannt; mehrfach wurde der Deutsche von französischen Beamten verhört. Als der Fall in Frankreich immer mehr in die Schlagzeilen geriet, erhielt Barbie von der US-Armee seine Kündigung.[36] Daß er nach all dem Pressewirbel untergetaucht war, vermochte in der US-Hochkommission kaum jemanden zu verwundern.[37]

Im Juni 1950 sprach das US-Außenministerium dem französischen

Klaus Barbie 1973 in La Paz.

Botschafter in Washington sein Bedauern über den Fall Barbie aus. Es handele sich um eine »unglückliche Abfolge von Fehlern«. Er meinte die Tatsache, daß die amerikanischen Besatzungsbehörden – wohlgemerkt mit Wissen französischer Geheimdienste – Barbie beschäftigt hatten. Den französischen Botschafter aber interessierte nur eines: Würde Barbie, sollte man seiner habhaft werden, nach Frankreich ausgeliefert?[38]

Für das State Department wogen die Argumente für eine Auslieferung Barbies schwerer als jene dagegen. In Frankreich war dieser Auslieferungsfall ein wichtiges innenpolitisches Thema; außerdem wußte das State Department aus Geheimdienstkreisen, daß Barbie schon zu lange aus dem Geschäft war, um laufende Spionageaktivitäten noch beeinträchtigen zu können. Zum Wohle der amerikanisch-französischen Beziehungen stimmte Washington also einer Auslieferung Barbies prinzipiell zu.[39] Nach Frankreich ausgeliefert wurde jener allerdings erst später, viel später, nämlich im Jahre 1983 – und nicht von amerikanischen Behörden, sondern von der bolivianischen Regierung.[40]

Die amerikanisch-französischen ließen sich mit den amerikanisch-polnischen Beziehungen kaum vergleichen: Polen lag hinter dem Eisernen Vorhang. Die Überstellung eines Deutschen dorthin gestaltete sich entsprechend anders. Polnische Behörden forderten seit langem die Auslieferung von *Heinz Reinefarth,* genauer: von SS-Gruppenführer Reinefarth. Vor einem deutschen Kriegsgericht hatte der SS-Mann bereits gestanden, und zwar die Aufgabe der Festung Küstrin in Nichtbeachtung eines Durchhaltebefehls in der Endphase des Krieges. Vor dem Nürnberger Militärtribunal hatte sich Reinefarth wegen Kriegsverbrechen ebenfalls zu verantworten gehabt; er wurde freigesprochen, blieb allerdings bis 1948 in Haft.

Polen aber reichte dies nicht aus. Der SS-Mann sollte sich vor einem polnischen Gericht verantworten. Reinefarths Einheit war ganz maßgeblich an der Niederschlagung des Warschauer Aufstandes 1944 beteiligt gewesen; ihm wurden in diesem Zusammenhang Kriegsverbrechen vorgeworfen.[41]

Eines war Reinefarth und Barbie gemeinsam: Beide hatten sich bei den Siegern verdingt. Auf eine mögliche Auslieferung des Deutschen nach Polen angesprochen, machte das amerikanische Armeeministerium schon Anfang 1948 »Sicherheitsbedenken« geltend.[42] Die amerikanischen Stellen wurden genauer, als die britische Regierung im Juli 1951 einmal mehr nachfragte, inwieweit jene Sicherheitsbedenken noch immer bestünden. Theoretisch drohte Reinefarth weiterhin die Auslieferung, denn er lebte in der Britischen Besatzungszone. Selbst wenn die britische Hochkommission bei Auslieferungen nach Osteuropa äußerst zurückhaltend verfuhr, gab es doch, anders als bei den USA, keine grundsätzliche Weigerung. So war zum Beispiel der Sturmbannführer Willy Haase noch 1950 nach Polen ausgeliefert worden.[43] Das State Department antwortete auf die britische Anfrage:

»Der Mann, um den es geht, hat wertvolle Informationen für gewisse Geheimdienst- und Forschungsprojekte geliefert, vor allem in Hinblick auf russische Kampftechniken. Man muß davon ausgehen, daß er im Laufe seiner Arbeit zu umfangreiche Kenntnisse amerikanischer Militärgeheimnisse erworben hat, so daß es ein Sicherheitsrisiko wäre, ihn in irgendein Land des sowjetischen Herrschaftsbereichs ziehen zu lassen. Darüber hinaus sollte bedacht werden, daß die Auslieferung dieses Mannes nach Polen weitere Konsultationen mit ihm unmöglich machen würde. Schließlich hätte dies zur Folge, daß ähnliche Studien, die zur Zeit mit anderen ehemaligen deutschen Offizieren durchgeführt werden, gestört würden: Diese würden sich natürlich davor fürchten, daß mit ihnen ähnlich verfahren werden könnte.«[44]

Angesichts solcher Argumente verzichtete London darauf, Reinefarth an Polen auszuliefern. Kalter Krieg in Reinkultur? Immerhin ging es den USA im Fall Reinefarth nicht um Schuld oder Unschuld, sondern um die Verwertbarkeit des SS-Mannes. Daß der Deutsche in Nürnberg freigesprochen worden war, blieb unerwähnt.

Erst 1958 sollte sich im Falle Reinefarth auch die Frage nach der Moral stellen. Der frühere SS-Mann machte politische Karriere, stieg zum Bürgermeister von Westerland/Sylt und zum Landtagsabgeordneten auf. Doch davon später mehr.[45]

Zurück nach Frankreich. Ein Mann, der dort die Gemüter erhitzte und dessen Auslieferung immer wieder verlangt wurde, war der SS-General *Heinz Lammerding.* Er hatte die SS-Division »Das Reich« kommandiert, und die hatte in Frankreich eine breite Blutspur hinterlassen.[46] Im Jahr 1951 war Lammerding wegen der Erschießung von 120 Geiseln in der französischen Stadt Tulle in Abwesenheit zum Tode verurteilt worden.[47]

Mehrfach hatten französische Justizbehörden die britische Hochkommission aufgefordert, in ihrer Besatzungszone nach dem SS-General zu fahnden. All das blieb ohne Erfolg.[48] Mit dem Oradour-Prozeß gewann der Fall Lammerding erneut an Brisanz. Angeblich hatte der General die Angeklagten des Oradour-Prozesses in einem Brief an die französische Militärjustiz verteidigt. Der Brief war in Düsseldorf aufgegeben worden, und Düsseldorf lag in der Britischen Zone.

Mit deutlich kritischem Unterton forderte Verteidigungsminister Pleven im Januar 1953 vor der französischen Nationalversammlung die britischen Besatzungsbehörden zum Handeln auf.[49] Intern hatte Pleven die britische Botschaft in Paris wissen lassen, daß dem Fall Lammerding in Zeiten eines Oradour-Prozesses erhebliches politisches Gewicht zukam.[50] Für die britische Hochkommission hatte das französische Auslieferungsbegehren eine rechtliche, praktische und politische Dimension. Rechtlich galten immer noch die Bestimmungen des Jahres 1950: Bei einem Auslieferungsersuchen mußte dringender Tatverdacht auf Mord bestehen; dem Antrag mußte zudem eine Erklärung beigefügt sein, warum er nicht vor dem 1. September 1948 gestellt worden war. Praktisch gab es keine Beweise, daß Lammerding tatsächlich in Düsseldorf lebte. Er konnte nicht umgehend festgenommen werden, zumal von seiten der deutschen Polizei wegen des im Grundgesetz verankerten Auslieferungsverbots Hilfe nicht zu erwarten sein würde. Politisch schien der französische Auslieferungsantrag mehr als problematisch, denn, was immer die britische Hochkommission tat, Schwierigkeiten entweder in der Bundesrepublik oder in Frankreich waren vorprogrammiert.[51]

Man habe schon genug Ärger gehabt mit den Franzosen, erinnerte der britische Hochkommissar Kirkpatrick das Foreign Office: Er meinte die in Frankreich sich endlos hinschleppenden Kriegsverbrecherprozesse.[52] Auch Eden machte seiner Verärgerung Luft. »Es ist sehr lästig, was die Franzosen da verlangen. Was wirft man dem Mann vor? Auf den ersten Blick erscheint deren Forderung kaum angemessen, nach all den Jahren«, notierte er auf einem Telegramm.[53]

Um mehr Verständnis für die französische Position warb hingegen der britische Botschafter in Paris, Harvey: Lammerdings Verbrechen dürften auf keinen Fall vergessen werden. Der britische Diplomat empfand es als zutiefst unehrlich, wenn deutsche Stellen immer wieder Abscheu vor dem Nationalsozialismus demonstrierten, zugleich aber bei einem so »eingefleischten und kriminellen Nazi« wie Lammerding ihre Mitarbeit verweigerten. Schließlich wies er die politischen Argumente der Hochkommission in Bonn als wenig stichhaltig zurück. Für ihn entwickelte sich der Fall Lammerding immer deutlicher zum Testfall für die Glaubwürdigkeit der Bundesregierung. Außerdem war seiner Meinung nach die französische Ratifizierung des EVG-Vertrages gefährdet, nicht die deutsche. Er drang mit Nachdruck auf eine Auslieferung Lammerdings nach Frankreich.[54]

Nachdem trotz all der französischen Bemühungen die britische Regierung keine Reaktion zeigte, wurde der Fall Lammerding zur »Chefsache« erklärt. Außenminister Bidault forderte seinen britischen Amtskollegen Eden persönlich auf, den SS-Mann nach Frankreich zu überstellen.[55] In seiner Antwort gab Eden die politische Problematik einer Auslieferung acht Jahre nach Kriegsende zu bedenken. Vor allem aber verbarg er sich hinter dem, was die britische Hochkommission als die »praktischen Schwierigkeiten« bezeichnet hatte: Lammerding sei, gewarnt durch den Presserummel, untergetaucht.[56]

Ein Beamter des Foreign Office konnte die Reaktion des französischen Außenministers auf das Schreiben zufällig aufschnappen: »Was im Himmel soll ich hiermit?« kommentierte Bidault in einer Mischung aus Ärger und Irritation den Eden-Brief.[57] In der Tat entsprachen die Angaben Edens nicht ganz der Wahrheit. Ein Mitarbeiter des Foreign Office flüsterte einem amerikanischen Botschaftsangestellten zu, daß man sehr zufrieden sei mit der Entwicklung: Die notwendigen langwierigen rechtlichen Prozeduren zur Festnahme Lammerdings würden diesem genug Zeit geben zu verschwinden.[58] Auch in einer Vorlage für Premierminister Churchill hieß es unverblümt: »Die Verzögerung wird es Lammerding ermöglichen, aus Düsseldorf zu fliehen.«[59] Tatsächlich erging an die britische Hochkommission erst am 18. Februar 1953 eine offizielle Aufforderung zur Festnahme Lammerdings.[60]

Und genau hierin lag die lautlose Lösung des Problems: Lammerding tauchte unter, und die britischen Besatzungsbehörden waren aus der Sache heraus. Mehr noch: Diese Lösung entsprach der politischen Entscheidung, die das Foreign Office insgeheim getroffen hatte – eine Entscheidung für Deutschland und gegen Frankreich, insofern gegen eine Auslieferung des SS-Generals. Die Gründe lagen auf der Hand: Auf der britischen, Insel trafen die späten und sich zäh hinziehenden französi-

Angehörige der französischen Résistance fordern 1962
in Düsseldorf die Auslieferung Lammerdings.

schen Kriegsverbrecherprozesse auf nur wenig Verständnis; der Druck
der Bundesregierung bewirkte ein übriges. Andererseits hätte das Foreign
Office den französischen EVG-Gegnern durch eine offizielle Zurückweisung der französischen Wünsche nicht allzu offenkundige Argumente
liefern mögen; formal wurden deshalb rechtliche Schritte für eine Auslieferung Lammerdings eingeleitet. Nur finden wollte die Regierung in
London Lammerding nicht.[61] Wozu sollte man schlafende Hunde wek-
ken? War doch in Deutschland die Kriegsverbrecherdebatte gerade ein
wenig abgekühlt.[62]

Es blieb nur ein Problem: Zweifel an Effizienz und Kompetenz britischer Besatzungsbehörden mußten laut werden, wenn man offen zugab,
daß der Deutsche entflohen und nicht mehr aufzufinden sei. Immerhin
hatte die britische Besatzungsmacht gerade im Januar 1953 durch eine
spektakuläre Aktion auf sich aufmerksam gemacht, als sie eine vermeintliche Nazi-Verschwörung unter Werner Naumann, ehemals Goebbels'

Lammerdings Baufirma in Düsseldorf 1969. Die DDR-Nachrichtenagentur ADN
betitelte das Bild: »Westdeutsche Justiz verweigert Auslieferung –
Düsseldorfer müssen mit dem Massenmörder leben.«

Staatssekretär, aufdeckte.[63] Die Glaubwürdigkeit britischer Sicherheitsbehörden stand auf dem Spiel.[64] Im Parlament auf die Mitarbeit deutscher Behörden bei der Suche nach Lammerding angesprochen, wollte
sich Eden deshalb lieber auf das Grundgesetz berufen, als eigene Defizite
einzugestehen.[65]

Die Bundesregierung wurde über die Lammerding-Affäre erst spät in
Kenntnis gesetzt. Adenauers Interesse hielt sich in Grenzen. Gelassen
hörte er den Ausführungen des britischen Hochkommissar zu, um
schließlich anzumerken, Lammerding habe sich wie so viele andere
Generäle dumm benommen.[66]

Seit dem 23. Februar lag auch der US-Hochkommission ein französi-
sches Auslieferungsbegehren vor.[67] Der Antrag gab der amerikanischen
Hochkommission einmal mehr Gelegenheit, die deutsche Haltung zu den
Verbrechen der Vergangenheit zu analysieren.

»Es gibt sehr viele Hinweise auf eine deutsche Hypersensibilität in Hinblick auf alles, was die Kriegsschuld betrifft. [...] Besonders Diskussionen über Handlungen, die vom Militär begangen wurden, führen zu einer vehementen Zurückweisung jeglicher Vorstellung von Schuld. Der Soldateneid und die Gehorsamspflicht gelten als Absolution für alle Taten, die unter Befehl begangen wurden. Diese Entlastung des Militärs steht im Gegensatz zu der allgemeinen Verurteilung der Verbrechen gegen die Juden und die Errichtung von Konzentrationslagern durch die Deutschen.«[68]

Im State Department traf gerade der letzte Satz auf Unverständnis und Widerspruch: Drei Fragezeichen waren der Kommentar eines Beamten.[69]

Angesichts der in Deutschland noch ausstehenden Ratifizierung der Westverträge wäre eine Auslieferung Lammerdings einem Desaster gleichgekommen. Nach Empfehlung der US-Hochkommission sollte im Fall Lammerding verfahren werden, wie auch sonst bei derartigen Auslieferungsanträgen: nach außen hin gemäß der rechtlichen Bestimmungen, intern ohne den Fall weiter zu verfolgen.

Auch wenn der britische und der amerikanische Botschafter in Paris angesichts der Unwägbarkeiten der französischen EVG-Debatte vor einer offenen Auslieferungsweigerung im Fall Lammerding warnten,[70] so lautete auch die Devise des State Department: »Nichts weiter unternehmen!«[71]

Amerikaner und Briten übertrafen sich demnach gegenseitig bei dem Versuch, durch allerlei Kniffe die Auslieferung von Deutschen an die französische Militärjustiz zu vereiteln. Weder in London noch in Washington, am wenigsten aber bei den Besatzungsbehörden in der Bundesrepublik glaubte man noch an Sinn und Zweck so später Prozesse. Man nahm zudem Rücksicht auf deutsche Empfindlichkeiten – und das mehr als auf französische. Im Juli 1954 gingen dann noch einmal Meldungen durch die Presse, Lammerding befände sich in Wiesbaden. Aber auch das sorgte damals weder bei Briten noch bei Amerikanern für Aufsehen.[72]

Nur in Frankreich wurde Lammerding nicht vergessen. Noch 1960 sollte sich der für die französischen Veteranen zuständige Minister darüber beschweren, daß deutsche Behörden die Auslieferung verweigerten. Das entspreche geltendem deutschen Recht, lautete die Antwort des Außenministeriums in Paris.[73] Das Ergebnis: Lammerding lebte auch fortan als erfolgreicher Bauunternehmer in Düsseldorf.[74]

10. VERBRECHEN OHNE RICHTER?
DIE ALLIIERTEN UND DIE DEUTSCHE JUSTIZ

Die »Was Sie wissen wollen«-Kolumne der Tageszeitung *Philadelphia Inquierer* war ein beliebtes Forum, um allerlei Fragen an die Redaktion heranzutragen. Im August 1953 schien den Redakteuren eine Anfrage so interessant, daß man sie umgehend an das State Department weiterleitete. Eine Leserin hatte wissen wollen, was denn geschähe, sollte Hitler plötzlich lebend aufgespürt werden. Würde man ihn freilassen? Würde er festgenommen? Und wem gegenüber müßte er sich verantworten: gegenüber den Vereinten Nationen, den vier Siegermächten oder gegenüber der westdeutschen Justiz?[1]

Die für Deutschland zuständige Abteilung des State Department wies die Anfrage zurück – und ging dem eigentlichen Problem aus dem Weg. Die Überlegung sei rein hypothetisch: Es bestehe kein Grund zu der Annahme, daß Hitler noch lebe. Wenig sinnvoll erschienen deshalb Spekulationen über die Vorgehensweise im Fall der Fälle.[2]

Im Hinblick auf einen auferstandenen Hitler mochte die Antwort des State Department zutreffen. Der Führer galt als tot. Was aber, wenn andere »Top-Nazis« plötzlich wieder auf der Bildfläche auftauchen sollten? Das US-Außenministerium hatte sich tatsächlich im April 1952 mit dieser – als unwahrscheinlich geltenden – Möglichkeit befaßt. Damals war man zu dem Ergebnis gekommen, in einem solchen Falle müsse erneut ein Internationales Tribunal auf der Grundlage des Londoner Abkommens zusammentreten, ein Tribunal allerdings ohne sowjetische Teilnahme.[3]

Selbst wenn solche Überlegungen spekulativ waren – die Ergebnisse überraschen doch. Da kämpfte man seit Jahren für das Image der Nürnberger Prozesse, ohne sich gegen die herrschende Meinung in Deutschland durchzusetzen. Und nun faßte man gar eine Neuauflage ins Auge!

Das US-Szenario sollte allerdings nie in die Realität umgesetzt werden.

Was keinesfalls daran lag, daß während der folgenden Jahre und Jahrzehnte keine hochrangigen oder weniger bedeutenden – aber deshalb
nicht minder kriminelle – Nationalsozialisten aufgespürt worden wären.
Doch man stelle sich vor, im Nürnberger Justizpalast hätte sich der
Internationale Gerichtshof wieder einrichten wollen – angesichts der
deutschen Proteste gegen die alliierte Justiz kaum denkbar.

Zu fragen bleibt, warum die USA im April 1951 nicht in der *deutschen*
Justiz den adäquaten Ansprechpartner für ein Verfahren gegen diesen
imaginären, plötzlich aus der Versenkung auftauchenden »Top Nazi«
sahen? Traute man etwa den Deutschen nicht zu, mit einem solchen Fall
umzugehen? Mißtraute man der deutschen Justiz?

Von der Justiz der Sieger zur Justiz des Besiegten

Zahlenmäßig tritt es offen zutage. Die Bilanz zeigt, daß sich die deutsche
Justiz dem verbrecherischen Erbe des Nationalsozialismus nach 1949 nur
sehr schleppend widmete:

*Rechtskräftige Verurteilungen wegen NS-Verbrechen durch deutsche Ge-
richte (Zahl der verurteilten Personen).*[4]

1945:	23	1952:	191
1946:	238	1953:	123
1947:	816	1954:	44
1948:	1819	1955:	21
1949:	1523	1956:	23
1950:	809	1957:	43
1952:	259	1958:	21

Wenn überhaupt Urteile gefällt wurden, dann fielen sie oft milde aus. Die
Gründe hierfür wurden oft diskutiert – genannt sei das Stichwort Beihil-
fe-Rechtsprechung des Bundesgerichtshofes:[5] Um eine – bei Mord
zwangsläufige – Verurteilung von NS-Tätern zu lebenslänglichen Haftstrafen zu vermeiden, konstruierten deutsche Gerichte, den Angeklagten

habe der Täterwille gefehlt. Folglich wurden sie allein wegen Beihilfe zum Mord schuldig erkannt.

Insgesamt ist der Strafverfolgung von NS-Verbrechen während der ersten Hälfte der fünfziger Jahre das Prädikat »halbherzig« verliehen worden.[6] Noch 1949 hatte es anscheinend anders ausgesehen. Die deutsche Justiz sei sich ihrer Verantwortung völlig bewußt, schrieb Sir Ivone Kirkpatrick im Juni 1949: »Wir haben keinen Grund zu glauben, daß die deutschen Gerichte nicht ordentlich richten werden.«[7] Auch andere Meldungen aus Deutschland klangen im Hinblick auf die deutsche Justiz und deren Umgang mit der verbrecherischen Hinterlassenschaft des Dritten Reiches optimistisch. So bezogen etwa britische Militärbehörden zu Vorwürfen aus Warschau Stellung, von einer unparteiischen deutschen Justiz sei nichts zu merken. Nein, die Erfahrungen mit deutschen Gerichten würden diese Kritik nicht bestätigen. Es habe keinerlei Anzeichen dafür gegeben, daß Prozesse und Urteile nicht gewissenhaft und fair gewesen seien.[8] Tatsächlich schien »die deutsche Justiz auf dem besten Wege, die von den Alliierten begonnene strafrechtliche Bereinigung der Verbrechenshypothek des Dritten Reiches in die eigenen Hände zu nehmen.«[9]

Im Mai 1949 bekundete die Regierung in London ihre Absicht, der deutschen Justiz alle neuen Fälle und auch die noch laufenden Verfahren wegen Verbrechen gegen die Menschlichkeit zu übertragen.[10] Auch die USA betrauten nach Beendigung des Kriegsverbrecherprogrammes deutsche Richter mit dessen Fortsetzung.[11] Zumindest die britische Regierung setzte deutsche Justizbehörden dabei keineswegs unter Druck. Den Deutschen sollte es überlassen bleiben, ob sie weiterhin Verbrechen gegen die Menschlichkeit vor ihre Gerichte bringen würden.[12] Sir Ivone Kirkpatrick schrieb im Mai 1949:

»Wir sind bestrebt, Verbrechen gegen die Menschlichkeit nicht weiter vor britischen Gerichtshöfen zu verhandeln. Es besteht die allgemeine Auffassung, daß diese Verantwortung nach und nach den Deutschen übertragen werden muß. Wenn die Deutschen dann entscheiden – und ich glaube nicht daran –, daß die Prozesse wegen Verbrechen gegen die Menschlichkeit aufhören sollten, dann bin ich nicht der Auffassung, daß irgend jemand vier Jahre nach Kriegsende sich beschweren und behaupten wird, wir sollten uns rechtliche Möglichkeiten vorbehalten, um die Deutschen zu weiteren Prozessen zu zwingen.«[13]

Schon bald nach Gründung der Bundesrepublik, nämlich zum 1. Januar 1950, fielen bisherige Beschränkungen für die deutsche Justiz: Von nun an durfte man, anders als zuvor, auch bei Verbrechen gegen Angehörige alliierter Nationen tätig werden.[14] Daß die deutschen Juristen keineswegs dem alliierten Vorbild huldigen wollten, wurde schnell deutlich; schon bald kam die Forderung nach Widerruf des alliierten Kontrollratsgesetzes Nr. 10 auf.

Noch nach Gründung der Bundesrepublik wurden Verbrechen der Jahre 1933–1945 auf unterschiedlicher Rechtsgrundlage abgeurteilt, denn neben dem deutschen Strafrecht blieb auch die Kontrollratsgesetzgebung weiterhin gültig. In der Britischen Zone konnten deutsche Gerichte Fälle von Verbrechen gegen die Menschlichkeit an Deutschen oder Staatenlosen mit Ermächtigung der Besatzungsbehörden auf der Grundlage von Gesetz Nr. 10 aburteilen. Handelte es sich bei den Opfern um Staatsangehörige der alliierten Mächte, dann blieb deutschen Gerichten die Anwendung von Gesetz Nr. 10 generell verwehrt.[15] In der Französischen Besatzungszone hatte man eine der britischen Ermächtigung entsprechende Verordnung erlassen; US-Behörden hingegen entschieden von Fall zu Fall.

So entstand die ungewöhnliche Situation, daß zwei Rechtsgrundlagen – Kontrollratsgesetz Nr. 10 und das deutsche Strafgesetzbuch – für Verbrechen aus der NS-Zeit, soweit Deutsche und Staatenlose betroffen waren, nebeneinander existierten. Um Abhilfe zu schaffen, trafen sich im Februar 1951 Beamte des Bundesjustizministeriums, der Länderministerien für Justiz sowie Vertreter des Bundesgerichtshofes und der Bundesanwaltschaft zu einer Lagebesprechung. Eine weitere Frage stand auf der Tagesordnung: Sollte der Tatbestand des Verbrechens gegen die Menschlichkeit in das deutsche Strafgesetzbuch aufgenommen werden?[16]

Die Vertreter von Niedersachsen, Nordrhein-Westfalen, Berlin, Württemberg-Hohenzollern und Rheinland-Pfalz sprachen sich gegen einen Widerruf des Kontrollratsgesetzes Nr. 10 aus; in Niedersachsen lag sogar ein entsprechender Kabinettsbeschluß vor. Die Argumentation von dieser Seite folgte dem ernsthaften Willen, mit der Verfolgung und Bestrafung von Verbrechen aus der NS-Zeit fortzufahren. Die Ländervertreter fürchteten, daß Massenverbrechen aus der Zeit des Nationalsozialismus nicht mehr adäquat beurteilt und bestraft werden könnten, sollte das Besatzungsgesetz außer Kraft treten. Dem Wesen nach seien diese Verbrechen rechtlich anders einzuschätzen als jene Taten, für die das Strafgesetzbuch geschrieben worden war. Der Straftatbestand des Verbrechens gegen die Menschlichkeit galt in jenen Ländern insofern juristisch als Fortschritt.

Die Repräsentanten von Schleswig-Holstein, Bremen, Bayern und Baden widersprachen. Die Wiederherstellung der Rechtseinheit im Bundesgebiet galt ihnen als das vordringliche Anliegen; dafür wollten sie in Kauf nehmen, daß in einigen wenigen Fällen Unrecht nicht zu vermeiden wäre. Sie hielten das bestehende Strafrecht für ausreichend und geeignet, die Verbrechenskomplexe des Dritten Reiches aufzuarbeiten. Wenn es in NS-Verfahren Probleme gab, dann nach Meinung dieser Ländervertreter aufgrund von Beweisschwierigkeiten. Unterstützung fand diese Auffassung beim Bundesjustizministerium. Dessen Beamte pochten einmal mehr auf das Argument, Gesetz Nr. 10 widerspreche dem Rückwirkungsverbot. Am entschiedensten aber sprach sich der Präsident des Bundesgerichtshofes, Hermann Weinkauff, gegen die Beibehaltung des Kontrollratsgesetzes aus. Auch er wollte die Rechtseinheit im Bundesgebiet gewährleistet wissen, aber ihn bewegten noch andere Überlegungen: Das Gesetz Nr. 10 sei deutschem Rechtsdenken völlig fremd, die dort formulierten Tatbestände seien »vage und unbestimmt«. »Unerträglich« fand er die dort festgeschriebene Todesstrafe. Weinkauff vertraute ganz auf die Möglichkeiten des herkömmlichen Strafrechts, um der verbrecherischen Hypothek der Vergangenheit adäquat zu begegnen: Wenn das deutsche Strafrecht nicht ausreiche, dann sei das eben ein starkes Indiz dafür, daß man nicht das Recht habe, Strafen auszusprechen. Ganz abgesehen davon wies der BGH-Präsident Gesetz Nr. 10 als Eingriff in die deutsche Souveränität zurück.

Zuletzt richtete ein Mitarbeiter des Bundesjustizministeriums einen Appell an die widerspenstigen Ländervertreter, sich nicht den Argumenten für einen Widerruf der Besatzungsgesetzgebung zu verschließen: Für die deutsche Rechtseinheit müsse ein Opfer gebracht werden.

Niedersachsen, Nordrhein-Westfalen, Berlin, Württemberg-Hohenzollern und Rheinland-Pfalz brachten jenes Opfer. Die Versammelten erzielten außerdem darin Einigkeit, daß der Straftatbestand des Verbrechens gegen die Menschlichkeit nicht in das deutsche Strafrecht übernommen werden sollte.[17]

Das Fazit der Konferenz: Eine bemerkenswert große Zahl von Ländervertretern zeigte sich überzeugt, daß das herkömmliche Strafgesetzbuch

nicht dazu geeignet war, die völlig neue Verbrechensdimension des
Dritten Reiches angemessen aufzuarbeiten; zudem wurde der Wille deutlich, mit der strafrechtlichen Aufarbeitung der Vergangenheit fortzufahren. Dennoch setzte sich die Auffassung des Bundes durch, wonach
Gesetz Nr. 10 als ungeliebtes Relikt alliierter Kriegsverbrecherprozesse
abgeschafft werden sollte.

Am 19. April 1951 ersuchte die Bundesrepublik britische und französische Besatzungsbehörden nun offiziell darum, die Ermächtigung deutscher Gerichte zur Anwendung von Kontrollratsgesetz Nr. 10 aufzuheben.[18] Die britische Hochkommission signalisierte schon bald Zustimmung. Auf Druck der französischen Stellen wurde an den Widerruf der
Ermächtigung eine Bedingung geknüpft: Die Bundesregierung müsse
sich verpflichten, noch anhängige Kriegsverbrecherverfahren, die auf der
Grundlage des Gesetzes Nr. 10 durchgeführt wurden, nicht einfach abzu-
brechen, sondern nach dem deutschen Strafgesetzbuch zu Ende zu führen. Im Juli 1951 erging eine entsprechende Erklärung durch die Bundesregierung,[19] und am 31. August widerriefen die britischen und französischen Hohen Kommissare ihre Ermächtigungen für die deutschen Behörden.[20]

Noch einmal sollte das Kontrollratsgesetz zwischen der Bundesregierung und den Westmächten zur Sprache kommen, und zwar nach Inkrafttreten des Deutschlandvertrags im Mai 1955. Bonn hatte mitgeteilt, daß
das Gesetz Nr. 10 selbst annulliert werden sollte.[21] Umgehend suchte die
französische Regierung Unterstützung bei den USA und bei Großbritannien wegen der »psychologischen Wirkung« eines solchen Schrittes: Aus
Furcht vor rechtsgerichteten und neutralistischen Strömungen in
Deutschland solle die Bundesregierung veranlaßt werden, den geplanten
Schritt zu verschieben.[22] Die Briten neigten zunächst dem französischen
Standpunkt zu,[23] während Washington es ablehnte, Druck auf Bonn
auszuüben. Man erkundigte sich lediglich in Bonn, ob die Streichung des
Gesetzes Nr. 10 möglicherweise ein rechtliches Vakuum bei der Verfolgung von Tätern entstehen ließ. Das Bundesjustizministerium verneinte
dies mit Hinweis auf Grundgesetz und Strafgesetzbuch.[24] Zugleich lehnte
das Auswärtige Amt jeden Aufschub der Annullierung des ungeliebten
Gesetzes ab.[25] Gesetz Nr. 10 erlosch mit der Souveränität der Bundesrepublik.

Verzicht auf Auslieferungen –
Verzicht auf Strafverfolgung?

Deutsch-alliierte Meinungsverschiedenheiten entwickelten sich immer dann, wenn es um die Frage ging, was an Stelle der Relikte alliierter Kriegsverbrecherpolitik treten sollte. In besonderem Maße zeigte sich dies bei der Auslieferungsproblematik. Die Forderung der Bundesregierung klang eindeutig: Auslieferungen Deutscher an das Ausland wegen Kriegsverbrechen sollte es nach ihrem Willen nicht mehr geben. Allzuleicht aber konnte dies in falsche Bahnen geraten – dann nämlich, wenn der Auslieferungsverzicht auf einen Verzicht der strafrechtlichen Prüfung der Fälle hinauslief. Die Frage nach Schuld oder Unschuld war ja nicht damit beantwortet, daß Auslieferungen in den Osten und Westen Europas aus politischen Gründen nicht mehr stattfinden sollten.

Genau dieses Problem erkannte der britische Hochkommissar Kirkpatrick. Seiner Meinung nach mußten deutsche Strafverfolgungsbehörden jene klaffende Lücke schließen. Immerhin hatte ihm der Bundesjustizminister im Oktober 1950 mündlich bestätigt, daß die Justizbehörden der Länder ihre Mitarbeit bei der strafrechtlichen Verfolgung von Personen, deren Auslieferung im Ausland gefordert werde, zugesichert hatten.[26] Zudem lag Kirkpatrick ein Brief des Bundeskanzleramtes vor. Im Falle des wegen Massakern an Juden gesuchten Deutschen Willy Haase bat die Bundesregierung um den Verzicht auf eine Auslieferung nach Polen; man beteuerte gleichzeitig, Haase solle damit keineswegs einem Gerichtsverfahren entzogen werden: Unmittelbar nach einer Übergabe des Verdächtigen an deutsche Justizbehörden würde ein Verfahren eingeleitet.[27] Auch Justizminister Dehler wiederholte im Bundestag den unbedingten Willen, die Verdachtsmomente gegen Deutsche, die im Ausland gesucht wurden, vorbehaltlos zu prüfen.[28]

John McCloy und die amerikanische Hochkommission hatten ähnliche Sorgen beschlichen wie den britischen Hochkommissar Kirkpatrick. Auf der Suche nach einer Lösung hinsichtlich der ungeliebten Auslieferungspraxis war die US-Hochkommission zu der Überlegung gelangt, mit Beginn des kommenden Jahres alle eingehenden Auslieferungsanträge unbesehen an die deutsche Justiz weiterzuleiten.[29] Gleichzeitig suchte die Hochkommission allerdings sicherzustellen, daß die Unterlagen dort nicht in den Reißwolf oder ins Archiv wanderten. Deshalb sollte vom

Kanzler eine »zufriedenstellende Erklärung« eingeholt werden, wonach er »alles in seiner Macht Stehende unternehmen werde, um Verdachtsmomente wegen Kriegsverbrechen gegen Personen in Deutschland sorgfältig zu prüfen, und daß diejenigen, bei denen die Beweise es erfordern, energisch und schnell verfolgt werden«.[30] An eine offizielle Verpflichtung der Bundesregierung, mit der Strafverfolgung von Kriegsverbrechern Ernst zu machen, wollten die US-Behörden in der Bundesrepublik demnach ihre künftige Haltung in der Auslieferungsfrage knüpfen.

McCloy hatte Washington den Vorschlag gerade unterbreitet, da erreichte ihn ein Schreiben des Bundeskanzlers; es klang wie vom amerikanischen Hochkommissar diktiert, denn die amerikanischen Bedingungen für ein formales Ende aller Auslieferungen schienen akzeptiert. Nach längeren Ausführungen über die politische wie menschliche Problematik von Auslieferungen Deutscher an das Ausland wegen Kriegsverbrechen schrieb Adenauer den entscheidenden Satz:

»Wie ich Eurer Exzellenz bereits wiederholt dargelegt habe, ist die Bundesregierung jederzeit bereit, alle Deutschen, gegen die entsprechende Anschuldigungen [wegen Kriegsverbrechen, U. B.] erhoben werden, von deutschen Gerichten abzuurteilen und bestrafen zu lassen.«[31]

Der britischen Regierung war diese Erklärung wohl nicht bekannt, denn das Foreign Office verlangte nun ebenfalls eine offizielle Verpflichtung der Bundesregierung, wonach Kriegsverbrecher sich auch in Zukunft vor deutschen Gerichten zu verantworten hätten. Andernfalls zeige sich auch London nicht bereit, deutschen Forderungen in der Auslieferungsfrage entgegenzukommen.[32]

Wenn von der Bundesregierung schriftliche Bekenntnisse gefordert wurden, dann ist dies ein deutliches Indiz für Skepsis, gar wirklichen Zweifel an der Bereitschaft deutscher Strafverfolgungsbehörden, sich mit dem Komplex Kriegsverbrechen auseinanderzusetzen.

Die Gnadendebatte und die Zurückhaltung der deutschen Justiz wie der deutschen Politiker schienen dabei eng miteinander verklammert. Das war auch während einer Unterredung John McCloys mit den Ministerpräsidenten seiner Zone deutlich geworden: Der amerikanische Hochkommissar redete seinen deutschen Gesprächspartnern ins Gewissen.

Zehn oder mehr Fälle, bei denen amerikanische Behörden die Auslieferung verweigert hatten, seien an die Justizbehörden der Länder überstellt worden. Seitdem habe er nichts mehr von diesen Verfahren gehört. Dringend ermahnte McCloy die Regierungschefs der Länder, die ihnen überlassenen Verdächtigen endlich zu überprüfen. Und er drohte: Falls sich deutsche Behörden weiterhin dieser Aufgabe verschlössen, könne er schwerlich auf Auslieferungen an das Ausland verzichten. Im selben Gespräch nahm sich der Hochkommissar aber auch viel Zeit, den Anwesenden sein Vorgehen hinsichtlich der Kriegsverbrecher in Landsberg zu erläutern – Zorn wegen der deutschen Forderungen nach Gnade mag seine Justizschelte mitbegründet haben.[33]

Als die Hohen Kommissare im Mai 1951 noch einmal über eine offizielle Verpflichtung der Bundesregierung zur Strafverfolgung von Kriegsverbrechern diskutierten, schlug sich McCloy auf die Seite des an sich weitaus deutschlandkritischeren François-Poncet. Der amerikanische Hochkommissar stimmte der Auffassung des Franzosen zu, wonach man einer Erklärung der Bundesregierung zur Verfolgung jener Verbrechen nicht trauen könne. Allzu großzügig gebe Bonn Versprechungen; mit immer anderen Vorwänden entzögen sich die Verantwortlichen dann der Einlösung ihrer Zusagen. Ein Verzicht auf Auslieferungen, so mahnte der französische Hochkommissar, dürfe in der Praxis keine Amnestie für die Verdächtigen bedeuten.[34] Gerade bei den Franzosen saß das Mißtrauen gegenüber der deutschen Justiz tief.[35]

Solches Mißtrauen wurde in der Folge genährt durch weitere Vorfälle. Deutsche Behörden zeigten sich beispielsweise wenig kooperativ, wenn es darum ging, aus alliierten Gefängnissen entflohene Häftlinge aufzuspüren. Im Herbst 1952 war zwei Gefangenen der Ausbruch aus Werl gelungen. Die britischen Besatzungsbehörden baten das Bundeskriminalamt um Mithilfe bei der Verbreitung von Fahndungsplakaten. Was sie erhielten, war ein – ihrer Meinung nach – »unverschämter Brief«.[36] Tatsächlich waren die Entflohenen erst auf die Fahndungsliste gesetzt worden, um dann dort wieder gestrichen zu werden.[37]

Die Bundesregierung lenkte ein. Beamte des Bundesinnenministeriums versprachen, künftig »loyal an der Wiederergreifung der Entflohenen mitzuwirken«. Mit Hinweisen aus der Bevölkerung aber sei generell kaum zu rechnen. Hiermit sprachen die Ministerialbeamten den eigentlichen Punkt an: Die Mithilfe deutscher Stellen sei nur bei absoluter

Diskretion möglich. Um jeden Preis wollte das Innenministerium in der Öffentlichkeit den Eindruck vermeiden, man unterstütze die Alliierten in der Kriegsverbrecherfrage.[38]

Nachahmer fanden die Werl-Häftlinge in der holländischen Haftanstalt Breda. Kurz nach Weihnachten 1952 entwichen dort sieben deutsche Kriegsverbrecher und flohen in die Bundesrepublik.[39] Die mehr als zögerliche Reaktion der deutschen Polizei auch in ihrem Fall führte in den Niederlanden zu heftigen Protesten.[40] Die holländische Regierung suchte schließlich bei der Alliierten Hohen Kommission jene Unterstützung, die sie bei deutschen Behörden nicht fand.[41]

Wenn es überhaupt Reibungspunkte zwischen Besatzungsmächten und Bundesregierung hinsichtlich der Ahndung von Verbrechen des Dritten Reiches durch deutsche Behörden gab, dann betraf es Probleme wie das Kontrollratsgesetz Nr. 10, eben die Überreste des alliierten Programmes zur Verfolgung von Kriegsverbrechern. Es ist hingegen nicht festzustellen, daß bundesdeutsche Politiker oder Juristen Anfang der fünfziger Jahre sonderlich gedrängt worden wären, eigenständige und systematische Schritte zur justiziellen Aufarbeitung von NS-Verbrechen in die Wege zu leiten. Offene Kritik des Westens blieb aus, selbst wenn leise, interne Äußerungen Unmut an der Milde westdeutscher Urteilssprüche verrieten.[42] Nur von John McCloy ist eine heftige Reaktion überliefert: Als am 23. März 1950 in München zwei ehemalige Gestapoleute freigesprochen wurden,[43] ärgerte er sich so sehr über diesen Richterspruch, daß er einen Protest bei der Bundesregierung ankündigte. Obwohl ihm sein britischer Kollege Robertson dringend abriet mit dem Argument, ein solcher Schritt sei durch das Besatzungsstatut nicht gedeckt, ließ McCloy sich nicht beirren. Er wollte deutschen Politikern ins Gewissen reden.[44]

Ob und wann er es tat – darüber geben die Quellen keine Auskunft.

II
VERBRECHER UND BELASTETE IN DEUTSCHER VERANTWORTUNG:

VON DER ENTNAZIFIZIERUNG ZUR RENAZIFIZIERUNG?

Bisher war die Rede vom Umgang mit dem verbrecherischen Erbe nationalsozialistischer Herrschaft über Europa. Ein anderes Thema, genauer: ein anderer Personenkreis soll im folgenden im Mittelpunkt stehen. Jene, die nicht als schuldig, wohl aber durch ihr Mitwirken als politisch belastet angesehen wurden.

Am Anfang stand die Entnazifizierung, jener ambitionierte Versuch der alliierten Siegermächte – allen voran der USA, und in völlig anderer Zielsetzung der Sowjetunion –, durch einen personellen Austausch dem demokratischen Neuanfang in Deutschland zum Durchbruch zu verhelfen.[1] An die Stelle der ausgebliebenen trat die »künstliche Revolution«.[2] Die alten, belasteten Funktionsträger in Staat und Gesellschaft sollten weichen, neuen Eliten Platz machen. Von Zone zu Zone mit unterschiedlicher Intensität gehandhabt, ging das Entnazifizierungsprogramm bei Fortdauer der Besatzung in deutsche Verantwortung über.[3] Mit dem *Gesetz zur Befreiung von Nationalismus und Militarismus* wurde in der Amerikanischen Zone im März 1946 ein Vorbild geschaffen, das – modifiziert – auch die britisch und französisch verwalteten Teile Deutschlands übernahmen. Jeder Deutsche über achtzehn Jahre hatte auf einem Fragebogen seine Vergangenheit offenzulegen. Die Bewertung der individuellen Biographien anhand von fünf Kategorien (Hauptschuldige, Belastete, Minderbelastete, Mitläufer und Entlastete) übernahmen Spruchkammern, eine Art »Laienbürokratie mit schöffengerichtlicher Verfassung«.[4]

Daß das mit Energie begonnene Entnazifizierungsprogramm scheiterte, die Entnazifizierung gar zum Instrument der Rehabilitierung Belasteter geriet, gilt als erwiesen.[5] Zu überhastet verlief der Abschied der westlichen Mächte, allen voran der Amerikaner, von dem immer weniger geliebten Kind Besatzung. Verantwortlich dafür war auch die internationale Lage, die dem Westen Deutschlands schon bald eine neue Rolle verhieß: Der Kalte Krieg zwischen Ost und West verwandelte den einstigen Gegner in einen potentiellen Verbündeten. Auch stellte sich den rigiden Säuberungen die Einsicht entgegen, daß für die immense Aufgabe des Wiederaufbaus in Deutschland belastete Experten immer noch besser waren als unbelastete Laien.

Deutsche Kritik an der Entnazifizierung verstummte nicht. Zunächst war die Zustimmung zum alliierten, konkret zum amerikanischen Vorgehen relativ groß gewesen; noch im November 1945 zeigten sich fünfzig Prozent der Befragten in der US-Zone mit den Entnazifizierungsmaßnahmen einverstanden. Im September 1947 waren es noch 32 Prozent und im Januar 1949 gerade mal siebzehn Prozent – bei 65 Prozent Ablehnung.[6]

Vor allem die Kirchen taten sich mit Kritik an der Entnazifizierung hervor.[7] Oft schwang ein selbstgefälliges Lächeln über die Besatzungsmächte in den Protesten mit; Ernst von Salomons Buch *Der Fragebogen* verzerrte die Entnazifizierung zur Satire.[8] Als »Nürnberg des kleinen Mannes« karikierte ein konservativer Kritiker die alliierten Maßnahmen ähnlich abschätzig.[9]

Was aber bedeutet es, vom Scheitern des Entnazifizierungsprogrammes in den westlichen Besatzungszonen zu sprechen? Sicherlich mißlang die Entnazifizierung, mißt man sie an den hehren Zielen der Besatzungsmächte, allen voran der USA. Scheiterte sie aber auch in dem Sinne, daß ein gegenläufiger Prozeß eintrat – eine »Renazifizierung« der deutschen Behörden, der deutschen Wirtschaft, des deutschen Bildungswesens, um nur einige Bereiche zu nennen? Schon früh tauchte jener Begriff der »Renazifizierung« auf, um die negativen Folgen der fehlgeschlagenen Säuberungen zu beschreiben.[10]

Renazifizierung kann zweierlei bedeuten: die Wiederbesetzung von Positionen in Staat und Gesellschaft mit ehemaligen Parteigenossen und -bonzen und die Wiederkehr des Alten im Neuen auch in ideologischer Hinsicht.

Wie sah und bewertete man die Vorgänge in Deutschland aus der Perspektive des Westens? Gab es Konflikte zwischen der Bundesrepublik und den Westmächten hinsichtlich der Auswahl des Personals? Schufen ehemalige Nationalsozialisten im neuen, demokratischen Gewand deutsch-amerikanische, deutsch-französische und deutsch-britische Probleme?

Weniger von Zahlen soll die Rede sein. Das numerische Ausmaß der

MILITARY GOVERNMENT OF GERMANY
Fragebogen

WARNING: Read the entire Fragebogen carefully before you start to fill it out. The English language will prevail if discrepancies exist between it and the German translation. Answers must be typewritten or printed clearly in block letters. Every question must be answered precisely and continuously and no space is to be left blank. If a question is to be answered by either "yes" or "no", print the word "yes" or "no" in the appropriate space. In the questions is inapplicable, so indicate by some appropriate word or phrase such as "none" or "not applicable". Add supplementary sheets if there is not enough space in the questionnaire. Omissions or false or incomplete statements are offenses against Military Government and will result in prosecution and punishment.

WARNUNG : Vor Beantwortung ist der gesamte Fragebogen sorgfältig durchzulesen. In Zweifelsfällen ist die englische Fassung maßgebend. Die Antworten müssen mit der Schreibmaschine oder in klaren Blockbuchstaben geschrieben werden. Jede Frage ist genau und gewissenhaft zu beantworten und keine Frage darf unbeantwortet gelassen werden. Das Wort „ja" oder „nein" ist an der jeweilig vorgesehenen Stelle unbedingt einzusetzen. Falls die Frage durch „Ja" oder „Nein" nicht zu beantworten ist, so ist eine entsprechende Antwort, wie z. B. „keine" oder „nicht betreffend" zu geben. In Ermangelung von ausreichendem Platz in dem Fragebogen können Bogen angeheftet werden. Auslassungen sowie falsche oder unvollständige Angaben stellen Vergehen gegen die Verordnungen der Militärregierung dar und werden dementsprechend geahndet.

A. PERSONAL / A. Persönliche Angaben

1. List position for which you are under consideration (include agency or firm). — 2. Name (Surname). (Fore Names). — 3. Other names which you have used or by which you have been known. — 4. Date of birth. — 5. Place of birth — 6 Height. — 7. Weight. — 8. Color of hair — 9. Color of eyes — 12. Scars, marks or deformities. — 11. Present address (City, street and house number). — 12 Permanent residence (city, street and house number). — 13. Identity card type and Number. — 14. Wehrpaß No. — 15. Passport No — 16. Citizenship — 17. If a naturalized citizen, give date and place of naturalization. — 18. List any titles of nobility ever held by you or your wife or by the parents or grandparents of either of you. — 19. Religion. — 20. With what church do you affiliated? — 21. Have you ever severed your connection with any church, officially or unofficially? — 22 If so, give particulars and reason. — 23. What religious preference did you give in the census of 1939? — 24. List any crimes of which you have been convicted, giving dates, locations and nature of the crimes. —

1. Für Sie in Frage kommende Stellung: _____
2. Name _____ Zu- (Familien- Name) _____ 3. Andere von Ihnen benutzte Namen oder solche, unter welche Sie bekannt sind. _____
6. Geburtsdatum 4 2 74 5. Geburtsort München
6. Größe 177 cm 7. Gewicht 65 kg Haarfarbe dkl. blond 9. Farbe der Augen graugrün
10. Narben, Geburtsmale oder Entstellungen Schußnarbe am rechten Oberschenkel
11. Gegenwärtige Anschrift _____
12. Ständiger Wohnsitz _____ (Stadt, Straße und _____)
13. Art der Ausweiskarte Reg. Ausw. 14. Wehrpaß-Nr. _____ 15. Reisepaß Nr. keinen
16. Staatsangehörigkeit deutsch 17. Falls naturalisierter Bürger, geben Sie Datum und Einbürgerungsort an. nein
18. Aufzählung aller Ihrerseits oder seitens Ihrer Ehefrau oder Ihrer beiden Großeltern innegehabten Adelstitel. keinen
19. Religion kath. 20. Welcher Kirche gehören Sie an? r.K. 21. Haben Sie je offiziell oder inoffiziell Ihre Verbindung mit einer Kirche aufgelöst? nein 22. Falls ja, geben Sie Einzelheiten und Gründe an. keine
23. Welche Religionsangehörigkeit haben Sie bei der Volkszählung 1939 angegeben? kath. 24. Führen Sie alle Vergehen, Übertretungen oder Verbrechen 2 Vorst. für welche Sie je verurteilt worden sind, mit Angaben des Datums, des Orts und der Art April 33 Mchn. Okt. 1934 Mchn. (7 Monate Gefängnis wegen Verstoß ___ Gefängnis (Kommun. Religion) Blatt hier selbig

B. SECONDARY AND HIGHER EDUCATION / B. Grundschul- und höhere Bildung

Name & Type of School (if a special Nazi school or military academy, so specify) Name und Art der Schule (Im Fall einer besonderen NS oder Militärakademie sollen Sie dies an)	Location Ort	Dates of Attendance Wann besucht?	Certificate Diploma or Degree Zeugnis (Diplom oder akademischer Grad)	Did Matric personel. Did certany matriculational Berechtigt (Abitur od. Erlangung zur Universität matriculational theses)	Date Datum
Volksschule	München	1910-21	Entl. Zgn.		
Stadt. Kaufmanns Schule	München	1921-24	Entl. Zgn.		

25. List any German University Student Corps to which you have ever belonged. — 26. List (giving location and dates) any Napola, Adolph Hitler School, Nazi Leaders College or military academy in which you have ever been a pupil. — 27. Have your children ever attended any of such schools? Which ones, where and when? — 28. List (giving location and dates) any school in which you have ever been a teacher (formerly Jugendwalter)?
25. Welchen deutschen Universitäts-Studentenburschenschaften haben Sie je angehört? keinen
26. In welchen Napola, Adolf-Hitler-, NS-Führerschulen oder Militärakademien waren Sie Lehrer? Anzugeben mit genauer Orts- und Zeitbestimmung. keiner
27. Haben Ihre Kinder eine der obengenannten Schulen besucht? Welche, wo und wann? nicht betroffen
28. Führen Sie (mit Orts- und Zeitbestimmung) alle Schulen auf, welchen Sie je Vertrauenslehrer (vormalig Jugendwalter) waren. keiner

C. PROFESSIONAL OR TRADE EXAMINATIONS / C. Berufs- oder Handwerksprüfungen

Name of Examination Name der Prüfung	Place Taken Ort	Result Resultat	Date Datum
keine			

Fragebogen in der Amerikanischen Besatzungszone zur NS-Vergangenheit.

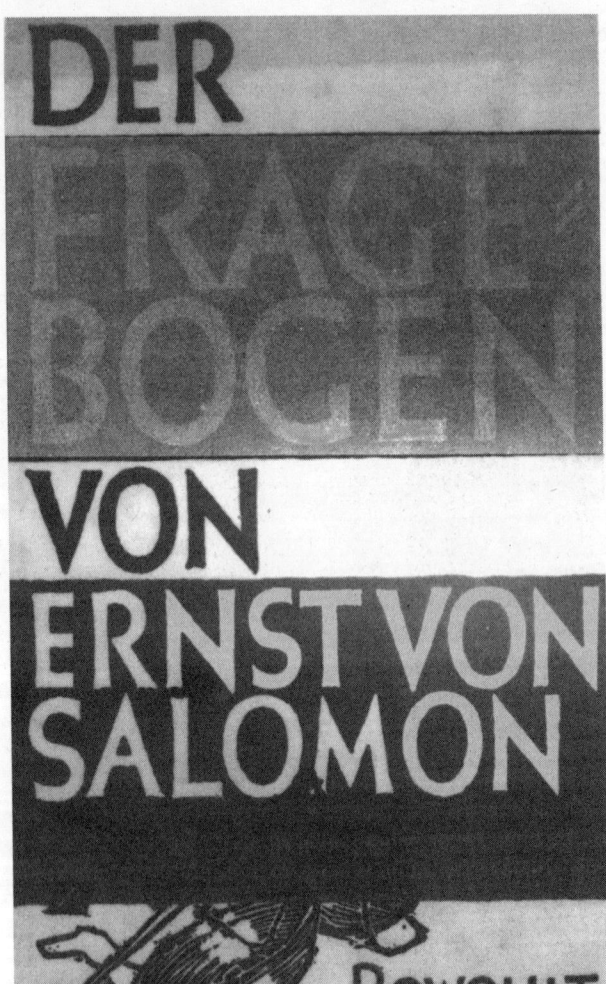

Ein Bestseller, der die Entnazifizierung karikierte:
Ernst von Salomons »Der Fragebogen«.

Rückkehr von Belasteten war, folgt man einer amerikanischen Studie aus dem Jahr 1960, eher begrenzt.[11]

Auch das gesonderte Problem des Rechtsradikalismus/Rechtsextremismus soll an dieser Stelle ausgeklammert bleiben. Schon Theodor W. Adorno unterschied zwischen dem Nachleben des Nationalsozialismus *in* der Demokratie und dem Nachleben faschistischer Tendenzen *gegen* die Demokratie.[12] Von ersterem soll vor allem die Rede sein.[13] Wenn die Rückkehr der alten Ideologie drohte, dann war es nur allzu begreiflich, daß der Westen und die Bundesregierung hierauf reagierten. Das Verbot der Sozialistischen Reichspartei (SRP) – der einzigen Partei, in der sich ehemalige Nationalsozialisten so richtig zu Hause fühlen konnten[14] – und die britische Razzia gegen den Naumann-Kreis Anfang 1953 beschreiben dabei Höhepunkte.[15]

»Renazifizierung« – entsprach dies nicht bis zu einem gewissen Grade Zwängen gesellschaftlicher Integrationsprozesse? Entnazifizierung bedeutete Ausschluß, Stigmatisierung. Daß durch die Einbindung ehemaliger Nationalsozialisten in die neue Ordnung auch ein Beitrag zur Stabilisierung der Demokratie geleistet wurde, ja werden mußte, wurde immer wieder betont;[16] von einem »Wunder der Integration« war gar die Rede.[17]

Auch hier soll wieder aus der Sicht des Westens eine Antwort auf die Frage versucht werden, inwieweit die Besatzungsmächte solche Notwendigkeiten sahen und akzeptierten.

11. DIE USA ALS KRITIKER VON
RENAZIFIZIERUNGSTENDENZEN

Als die Bundesrepublik 1949 gegründet wurde, lag die Entnazifizierung politisch wie rechtlich in ihren letzten Zügen.[1] Noch einige Personenkreise standen zur Beurteilung an; Spätheimkehrer, Kriegsgefangene und ähnliche Fälle mußten sich der Prozedur noch unterziehen. Die Besatzungsmächte hatten sich im Besatzungsstatut keine Rechte hinsichtlich der Entnazifizierung vorbehalten; allenfalls sah man sich noch gegenüber den Angestellten der Spruchkammern verpflichtet. In Hochzeiten hatten die in der Bevölkerung alles andere als beliebten Entnazifizierungsstellen bis zu 23 000 Angestellte beschäftigt. Nun drohte diesen wegen ihrer Tätigkeit die gesellschaftliche, vor allem aber die berufliche Diskriminierung.[2]

Nachdem auf Länderebene bereits zahlreiche Gesetze zur Beendigung der Entnazifizierung verabschiedet worden waren, trafen sich am 16. Dezember 1949 die zuständigen Minister von Bund und Ländern zu einer koordinierenden Besprechung. Sie kamen überein, nur noch Personen der Kategorien 1 und 2 (Hauptschuldige und Belastete) strafrechtlich zu verfolgen und die anderen zu amnestieren. Die Länder vollzogen schon bald entsprechende Schritte in der Gesetzgebung. Im September 1950 betrachtete die französische Hochkommission die Entnazifizierung als praktisch abgeschlossen.[3]

Schon früh analysierte die amerikanische Besatzungsmacht, in welchem Ausmaß sich gegenläufige Tendenzen zur Entnazifizierung bemerkbar machten. »Renazifizierung der öffentlichen Verwaltung des Landes Bremen« lautete etwa eine Analyse des dortigen amerikanischen Generalkonsulates. Für einige Bereiche der Senatsverwaltung wurden bedenkliche Zahlen ermittelt: Der Anteil ehemaliger Parteigenossen lag etwa in der Behörde für Justiz und Verfassungsfragen bei 45 Prozent, in der Finanzbehörde bei 39,2 Prozent. Aus den vorliegenden Zahlen schloß die amerikanische Vertretung in Bremen, daß der Säuberungsversuch sogar im kleinsten Bundesland fehlgeschlagen war.[4]

Der amerikanische Land Commissioner für Bayern meldete im November 1949 von dort »Einige Aspekte der Renazifizierung«. McCloy hatte seine Beamten auf Länderebene ausdrücklich angewiesen, Informationen zum Thema zu sammeln. Was aus München gemeldet wurde, deckte sich mit den Beobachtungen in Bremen:

> »Das Scheitern des Entnazifizierungsprogramms und die Tatsache, daß sehr wenige Bayern bereit sind, eine Person mit Strafe zu belegen, die eine mutmaßlich wahrheitsgetreue Erklärung für ihre NS-Vergangenheit liefern kann, haben zu einer offensichtlichen Renazifizierung in vielen Bereichen des öffentlichen Lebens in Bayern geführt. Die Staatsregierung [...] beschäftigt in wenigstens 30 Prozent der hochrangigen Beamtenstellungen frühere Mitglieder der Nazi-Partei. Es gibt eine deutliche Neigung, ›große‹ Nazis noch eher einzustellen als diejenigen, die früher nur unwichtige Positionen innehatten.«

Eine düstere Analyse, die lediglich durch eine Bemerkung entdramatisiert wurde: Die frühere Mitgliedschaft in der NSDAP, so meinte der Land Commissioner, bedeute keineswegs zwangsläufig antidemokratisches Verhalten.[5] Im Juni 1950 bestätigte er seine Prognose. Zwar kehrten viele Nazis zurück in ihre Ämter, und dieser Trend setze sich fort; es gebe aber keine Hinweise dafür, daß sie nationalsozialistische oder neofaschistische Ideologien begünstigten.[6]

BEAMTENGESETZ UND STUTTGARTER ENTNAZIFIZIERUNGSSKANDAL

John McCloy ließ keinen Zweifel daran: Die amerikanische Besatzungsmacht würde von Anfang an kritisch beobachten, wer beim Wiederaufbau staatlicher Strukturen in übergeordnete Positionen rückte. Ihm war die Entnazifizierung, obgleich besatzungspolitisches Auslaufmodell, vom US-Außenministerium besonders ans Herz gelegt worden. Es sei, so hieß es in der Direktive zu seinem Amtsantritt als Hochkommissar, eines der vorrangigen Ziele der Besatzung, nationalsozialistischen Einfluß aus dem politischen, wirtschaftlichen und kulturellen Leben Deutschlands auszuschließen. McCloy wurde aufgefordert, immer dann auf Grundlage des Besatzungsstatutes einzuschreiten, wenn »das Erscheinen von Nazi-Führern im öffentlichen Leben eine Gefahr für die Sicherheit, für das Grundgesetz oder für die Länderverfassungen« bedeute.[7]

McCloy kannte die Grenzen konsequenter Säuberungen. Er wußte: Neben der wirtschaftlichen Entwicklung, der Arbeitslosigkeit und der Flüchtlingsfrage war die Wiedereingliederung ehemaliger Parteimitglieder in die Gesellschaft eine der großen deutschlandpolitischen Unbekannten. Vor amerikanischen Diplomaten sprach er sich beispielsweise dafür aus, Belastete eher an ihrem gegenwärtigen als an ihrem vergangenen Verhalten zu messen. Hinter solchen Äußerungen stand auch die Furcht, Problemfälle könnten in den Untergrund abwandern und von dort aus zu einer Gefahr für die demokratische Entwicklung in Deutschland werden.[8]

Schon frühzeitig trat McCloy auch an Adenauer heran: Während einer Sitzung der Hochkommission mit dem Kanzler äußerte er seine »ernsthafte Sorge über die Rückkehr von führenden Persönlichkeiten der früheren Naziperiode in wirklich bedeutende Positionen«. McCloy betonte, daß er die ehemaligen Nationalsozialisten keineswegs für alle Zeiten aus der Gesellschaft ausgeschlossen wissen wolle. Die »Mitläufer und die nicht allzu beteiligten Nazis« durfte man seiner Meinung nach nicht vor verschlossene Türen und an den Rand stellen. Es sei besser, jene in das normale gesellschaftliche Leben einzubeziehen. McCloy wiederholte zudem, was er bereits gegenüber amerikanischen Diplomaten geäußert hatte: »Ich glaube, daß jetzt der Zeitpunkt gekommen ist, an dem es wichtiger ist, die Haltung dieser Leute heute zu betrachten, als sich auf die Betrachtung ihrer früheren Haltung und ihrer ehemaligen Schwächen zu beschränken.«[9]

Man solle die Deutschen »an ihren Früchten« erkennen, das hatte auch Adenauer gegenüber einem britischen Gesprächspartner einmal hintergründig angemerkt.[10] Waren diese frisch und demokratisch, so konnte man sie genießen. Waren sie Ausdruck des alten, nazistischen Denkens, dann waren sie unbekömmlich, ja sogar schädlich …

Trotz allem ermahnte McCloy den Kanzler, den personalpolitischen Bogen nicht zu überspannen. Wenn Angepaßte und Mitläufer diejenigen, die Widerstand gegen den Nationalsozialismus geleistet hatten, aus einflußreichen Positionen verdrängten, dann werde er persönlich einschreiten. Der amerikanische Hochkommissar sprach von Entwicklungen, die er vor allem auf Länderebene beobachtet hatte. Ausdrücklich lobte er die Personalpolitik auf Bundesebene: Er habe sich über keinen einzigen Fall einer Ernennung zu beschweren.

Adenauer wich dem Problem aus – und erwies sich als kluger Taktiker. Natürlich, er verstehe die Sorgen. Und aus heiterem Himmel brachte er dann das Beispiel des Kölner Gestapochefs Rudolf Diels zur Sprache. Der habe soeben seine Memoiren geschrieben, wetterte der Kanzler und bedauerte es im gleichen Atemzug, daß die Bundesregierung keine größeren Befugnisse habe, um gegen entsprechende Publikationen vorzugehen. Mit McCloys Renazifizierungsvorwurf hatte das zwar nichts zu tun, doch es war ein wohlplazierter Wink mit dem Zaunpfahl: Der Kanzler forderte mehr Souveränität für die nur wenige Wochen alte Republik. Über Diels wußte der ehemalige Kölner Oberbürgermeister zudem für die Besatzungsmächte wenig schmeichelhafte Details: Der Gestapo-Mann war in Nürnberg monatelang Gast der Alliierten gewesen, hatte dort Jagdausflüge unternehmen können und auch sonst ganz unbehelligt gelebt.

Wenig Verständnis brachte Adenauer der Vorliebe des amerikanischen Hochkommissars für Angehörige des Widerstandes entgegen. Zu gut kannte er die Mechanismen der Weißwaschung brauner Flecken, die sich schon während der Besatzungszeit herausgebildet hatten: »Ich glaube, am 20. Juli sind fast mehr Leute beteiligt, als in Deutschland wohnen«, so Adenauer ironisch. Zugleich suchte er dem Eindruck entgegenzuwirken, als bagatellisierc er die Probleme. Wenn Adenauer zunächst auf die Ernennung Hans Globkes zum Staatssekretär verzichtete, dann entsprach das solchen Rücksichtnahmen auf westliche Empfindlichkeiten,[11] zumal auch im Bundestag schon früh Kritik an dem ehemaligen Ministerialrat im Reichsinnenministerium laut geworden war.[12]

Der Kanzler wußte, daß es auch 1949 noch eine Art Solidargemeinschaft ehemaliger Nationalsozialisten gab: »Da wird man natürlich aufpassen müssen und wird sehen, daß das nicht zu weit geht.« Man sollte das aber, so sein Rezept, »nicht zu wichtig nehmen: [...] Die Unordnung im politischen Denken der Deutschen ist noch außerordentlich groß.«[13]

Die Gesprächsrunde vom 17. November 1949 wandte sich anschließend einem Thema zu, welches seit längerem für erheblichen deutsch-alliierten, vor allem deutsch-amerikanischen Konfliktstoff gesorgt hatte: der Neuordnung des deutschen Beamtenwesens.[14] Letzteres galt den USA als undemokratisches Relikt Weimarer und vor allem noch früherer Zeiten. So wandte sich amerikanischer Reformwille, wie McCloy es ausdrückte, in der Beamtengesetzgebung weniger gegen Nazi-Einflüsse als vielmehr gegen den Geist Bismarcks.[15]

Schon auf Länderebene hatten sich dabei die deutschen Beharrungskräfte als kaum überwindbar erwiesen; wie eine heilige Kuh verteidigte nun auch die Bundesregierung das überkommene deutsche Berufsbeamtentum. Frankreich und Großbritannien hatten die Hoffnung auf eine grundlegende Reform um diese Zeit bereits aufgegeben, während die USA sich noch immer an entsprechende Pläne klammerten.[16]

Die Methoden, mit denen die Bundesregierung Ansätze zur Neuordnung bekämpfte, empfand man in der amerikanischen Hochkommission als »höchst fragwürdig«.[17] Tatsächlich hatte sich die Bundesregierung unmittelbar nach ihrer Konstituierung mit dem Entwurf für ein Beamtengesetz über amerikanische Vorstellungen hinweggesetzt, denn das neue sollte in weiten Teilen das alte sein. Im wesentlichen war vorgesehen, das alte – allerdings »entnazifizierte« – Beamtenrecht von 1937 wieder in Kraft zu setzen. Die Hochkommission legte ihr Veto ein. Die Bundesregierung spielte daraufhin auf Zeit, behalf sich mit Provisorien, bis im Februar 1952 der Widerstand der USA gebrochen war. 1953 wurde das endgültige Bundesbeamtengesetz verabschiedet, welches eindeutig in der Kontinuität des überkommenen Beamtenrechts stand.[18] Das Ausführungsgesetz zu Artikel 131 des Grundgesetzes vom 11. Mai 1951 hatte schon ein übriges getan und die nach der Kapitulation entlassenen Beamten weitestgehend rehabilitiert.

Abgesehen von der künftigen Rechtsstellung der Beamten bildeten sich um die Jahreswende 1949/50 auch auf anderem Gebiet deutsch-amerikanische Konflikte heraus: so bei der Beseitigung von Relikten der Entnazifizierung. Nur noch wenige Fälle standen in der Amerikanischen Zone zur Beurteilung; Ende November 1949 lag die Zahl nach Angaben der amerikanischen Hochkommission bei 3681.[19]

Im Bundesland Württemberg-Baden stand es mit der Abwicklung der letzten Entnazifizierungsfälle nicht zum Besten, zumal dort Ministerpräsident Reinhold Maier schon früh gegen die amerikanischen Säuberungsmaßnahmen ins Feld gezogen war.[20] Beim sogenannten Stuttgarter Entnazifizierungsskandal, der bis zum Ende des Jahres 1950 schwelen sollte, ging es in erster Linie um den Vorwurf der Bestechung bei Entnazifizierungsverfahren – und die nicht konsequente strafrechtliche Verfolgung derartiger Vorkommnisse. Darüber hinaus kamen im Rahmen dieser Affäre allzu milde Einstufungen der Spruchkammern – so etwa beim früheren Reichsbankchef Hjalmar Schacht – ans Licht.[21]

Entnazifizierungsskandal, Beamtengesetz, aber auch nationalistische Töne von Bundespolitikern und ein Prozeß wegen antisemitischer Äußerungen des SRP-Abgeordneten Hedler im Bundestag[22] – war das die deutsche Demokratie, die der Westen aufzubauen trachtete? François-Poncet forderte in dieser Situation gar ein Gesetz zum Schutze der Republik, nicht zuletzt, »um die abnehmende Autorität der Bundesregierung im Ausland wieder zu festigen«.[23]

John McCloy wiederum brachte seine Sorgen in Form einer scharfen Warnung an die deutsche Öffentlichkeit zum Ausdruck. Zufall mag es gewesen sein, daß für den 6. Februar 1950 ausgerechnet die Eröffnung des Stuttgarter Amerikahauses auf seinem Terminkalender stand; kein Zufall aber war es, daß McCloy sich mit seinem kritischen Appell unmittelbar nach einer längeren USA-Reise zu Wort meldete. Dort in den USA, so unterstrich der amerikanische Hochkommissar vor den versammelten Ehrengästen, seien überaus kritische Fragen an ihn herangetragen worden – Fragen nach dem Wiederaufleben des Nazismus, des Nationalismus, nach den Chancen für die Demokratie in Deutschland. Was aber habe er geantwortet? »Ich erklärte dem amerikanischen Volk, daß ich über das Wiederaufleben nationalistischer Gruppen besorgt bin, daß es meiner Ansicht nach im deutschen Leben noch zu viel Traditionsgebundenheit und Autoritätsbedürfnis gibt, daß zahlreiche unerwünschte frühere Nazis und Nationalisten ihren Weg in wichtige Positionen zurückgefunden haben, daß es Widerstände gegen längst fällige Reformen gibt und daß zu viele Deutsche bei der Übernahme ihrer politischen Verantwortung apathisch sind und eine negative Haltung einnehmen.« McCloy wäre nicht McCloy gewesen, hätte er es versäumt anzufügen: »Ich sagte aber auch, daß meiner Ansicht nach das Gesamtbild eher positiv als negativ erscheint.«[24]

Es folgten programmatische Stellungnahmen zu aktuellen politischen Problemen (»Es wird keine deutsche Armee oder Luftwaffe geben.«) und Überlegungen zu Kollektivschuld und deutscher Verantwortung für die

Vergangenheit (»Es ist die höchste Form der Selbstachtung, Fehler einzugestehen und sie auszumerzen.«). Die Rede schloß mit einem erneuten
Appell an die Deutschen, Nazi-Einflüsse im politischen, gesellschaftlichen
und kulturellen Leben auszuschalten. Auf einer anschließenden Pressekonferenz nahm er auch Stellung zum Stuttgarter Entnazifizierungsskandal. McCloy übte scharfe Kritik am Verhalten von Ministerpräsident
Reinhold Maier in dieser Affäre.[25]

Die Rede des amerikanischen Hochkommissars wurde als mittlere
Sensation aufgenommen; Briten und vor allem Franzosen fühlten sich in
ihren Sorgen angesichts der innenpolitischen Situation in der Bundesrepublik bestätigt.[26] Selbst wenn McCloy behauptete, er habe die Deutschen nicht so sehr kritisieren, als vielmehr ermutigen wollen,[27] so gab er
sich doch auch gegenüber Adenauer deutlich verstimmt.[28]

Amerikanische Pläne für eine Untersuchung von Renazifizierungstendenzen

Es war mehr als ein rhetorischer Kniff, wenn McCloy seinen Zuhörern die
Stimmung in den Vereinigten Staaten derart drastisch vor Augen führte.
Ihm war tatsächlich nicht verborgen geblieben, daß man auch jenseits des
Atlantiks wegen allzu nationalistischer Töne aus Deutschland, aber auch
über Meldungen, daß ehemalige Nationalsozialisten in wichtige Positionen zurückkehrten, beunruhigt war. Immerhin befand sich der Aufbau
der Bundesorgane in Bonn noch im Entwicklungsstadium: Selbst wenn
die Bundesregierung nach eigenen Angaben mit einer kleinen Verwaltung auskommen wollte, so mußten doch Personalprobleme gelöst werden.[29]

Wo auch immer McCloy in den USA auftrat: Er mußte Stellung
beziehen, sei es vor dem außenpolitischen Ausschuß des Senats, sei es vor
dem *United Council for World Affairs*, sei es in einem NBC-Interview.[30]
Gegenüber den NBC-Reportern hatte der Hochkommissar zugeben müssen, daß einige wichtige – wenngleich nicht höchste – Regierungsstellen
mit früheren Parteimitgliedern besetzt worden waren. Doch auch den
amerikanischen Rundfunkhörern legte er nahe, nun sei die Zeit gekommen, »den sogenannten kleineren Nazis zu gestatten, ihre Loyalität ge-

genüber dem neuen Deutschland zu zeigen, und sie nunmehr lieber auf dieser Grundlage zu beurteilen als nach ihren Schwächen und Fehltritten in der Vergangenheit«. Ausdrücklich aber schloß er Verbrecher und Hauptverantwortliche von einem solchen Weg der Rehabilitierung aus.[31]

McCloy gelang es nicht, mit solchen oft wenig konkreten Aussagen amerikanische Kritiker ruhigzustellen. Vor allem amerikanisch-jüdische Organisationen zeigten sich seit längerem beunruhigt angesichts der in der Bundesrepublik wahrgenommenen Renazifizierungstendenzen. Der *American Jewish Congress* hatte schon im April 1949 das Scheitern der amerikanischen Entnazifizierung scharf kritisiert.[32] Seitdem setzte er sich energisch für eine Fortschreibung dieser Politik – freilich mit anderen Mitteln – ein. Der Kampf gegen die Renazifizierung in Deutschland müsse von Washington und New York aus geführt werden, schrieb Robert Marcus, Politischer Direktor der Dachorganisation des *World Jewish Congress,* einem britischen Parlamentarier. Skeptisch gab er sich im Hinblick auf Fähigkeit und Willen der Deutschen, selbst mit der Vergangenheit abzurechnen: Die einzige Waffe gegen die Erben Hitlers sei bislang schließlich die alliierte Kontrolle gewesen.[33]

Auch die jüdische Loge *B'nai B'rith* wandte sich gegen eine allzu beschönigende Sicht der innenpolitischen Lage in Deutschland. Eine solche vertrat nach Auffassung der Loge der Stellvertreter McCloys, Benjamin B. Buttenwieser. Für Mai war dieser von *B'nai B'rith* in die USA eingeladen worden, was man postwendend widerrief, als die Rede bekannt wurde, die Buttenwieser anläßlich einer Tagung halten wollte. Vor allem dessen Aussage, der Nazismus sei zerstört und werde niemals wieder auferstehen, hatte den Zorn der Loge erregt: Buttenwiesers Rede sei eine Apologie der gescheiterten Entnazifizierungspolitik und eine Ermutigung des neuen deutschen Nationalismus, nichts anderes.[34]

Das Interesse an der Renazifizierungsproblematik beschränkte sich keineswegs auf jüdische Kreise. Auch aus dem Kongreß waren kritische Stimmen zu hören. »Wir werden nicht leugnen, daß gewisse Individuen, die früher Mitglieder der Nazipartei waren, heute in Deutschland in verantwortlichen Positionen angetroffen werden können. […] Wir können nicht behaupten, daß wir vollständig erfolgreich waren bei dem Versuch, ehemals aktive Nazis aus einflußreichen Positionen im öffentlichen, wirtschaftlichen und kulturellen Leben Deutschlands fernzuhalten«,[35] das mußte das State Department gegenüber einem kritischen Senator einräumen – auch wenn dies nicht für Schlüsselpositionen gelte.

Als sich der *American Jewish Congress* im März 1950 auf einer eilig einberufenen Konferenz über die Renazifizierungstendenzen in Deutschland beraten wollte, erreichte ihn eine Stellungnahme des demokratischen Senators Guy M. Gilette aus dem US-Bundesstaat Iowa. Den Senator aus dem Mittleren Westen bewegten andere Sorgen als die jüdische Organisation, die Ziele aber deckten sich. Gilette drang auf eine Fortsetzung der alliierten Kontrolle über Deutschland, denn nur so könne gesichert werden, daß Deutschland und die Sowjetunion nicht erneut zusammenfänden.[36] Aus diesem Grunde forderte er die Einsetzung eines Senatsausschusses, der die amerikanische Politik in Deutschland überprüfen sollte.

Gilette ging es darum, die nach 1945 formulierten deutschlandpolitischen Ziele an der Realität des Jahres 1950 zu messen. Dem Senat legte er wenig später seine präzisierten Überlegungen als Resolution Nr. 260 vor. Die Arbeit der von ihm angeregten Kommission sollte sich auf die unterschiedlichsten Bereiche konzentrieren. So wollte er u. a. das deutsche Erziehungswesen sowie die Fortschritte bei der Dekartellisierung der deutschen Industrie überprüft wissen. Brisant klang Punkt F seines bis zum Buchstaben J reichenden Forderungskatalogs: Die einzusetzende Senatskommission solle prüfen, »ob und in welchem Ausmaß Personen mit vorheriger Verbindung zu den Nazis oder anderen antidemokratischen Überzeugungen ihren Weg in das politische, justizielle, wirtschaftliche, erzieherische und kulturelle Leben, vor allem aber in die Beamtenschaft gefunden haben.«[37]

Gilettes Vorstoß kam zu einem Zeitpunkt, als in Washington gerade beraten wurde, ob und inwieweit man Kontrollrechte in der Bundesrepublik aufgeben sollte. Wie gefestigt war die junge Bonner Demokratie? Innerhalb des amerikanischen Außenministeriums gab es hierzu starke Vorbehalte, ja Mißtrauen angesichts der Nachrichten aus der Bundesrepublik.[38] Zu einem wichtigen Kriterium wurde dabei zweifellos die deutsche Personalpolitik. Schon Anfang des Jahres war in der Deutschlandabteilung erwogen worden, Vizekanzler Blücher während einer Amerikareise auf das Erscheinen ehemaliger Nationalsozialisten in Regierungskreisen anzusprechen.[39] Damals hatte man die Dinge dann aber laufen lassen.

Ende Juni 1950 nun empfing man im State Department einen Beamten

der Hochkommission, der seit vier Jahren in Deutschland für den Bereich
Entnazifizierung zuständig war. Das Bild, welches der Experte zeichnete,
schien überaus düster. Als unheilvollste Entwicklung galt ihm die Rückkehr von Belasteten in das Erziehungswesen. Er wies auf den Widerspruch hin, daß die USA jährlich fünf Millionen Dollar für Austausch-Pro-
gramme ausgaben, es aber andererseits zuließen, daß die deutsche Jugend wieder unter den Einfluß von NS-Ideologen und -Indoktrinatoren
geriet. Wie ließ es sich gegenüber den Kritikern der deutschen Renazifizierungstendenzen rechtfertigen, wenn ehemalige NS-Aktivisten wieder
in Lehrpositionen einrückten?[40]

Die Warnung des Beamten der US-Hochkommission wurde in Washington sehr wohl verstanden und ernstgenommen, zumal noch andere
Quellen berichteten, wie beunruhigt Mitarbeiter der amerikanischen Besatzungsbehörden angesichts der Wiedereinsetzung früherer hochrangiger Nationalsozialisten seien. Der Erziehungsminister von Württemberg-
Baden, so wußte man, war wegen solcher Tendenzen bereits abgemahnt
worden.[41]

Konnte man dann nicht auch ganz auf Kontrolle und Besatzung in
Deutschland verzichten, wenn man stillschweigend bei der Renazifizierung des Bildungswesens und anderer Bereiche des politischen wie öffentlichen Lebens zusah? Das fragte sich Perry Laukhuff, Mitarbeiter der
Deutschlandabteilung des amerikanischen Außenamtes. Die von ihm
postulierte Konsequenz: Sollten die Deutschen nicht selbst in der Lage
sein, diese Verhältnisse zu klären, müsse das als Bedrohung fundamenta-
ler Besatzungsziele interpretiert und auf Drei-Mächte-Ebene behandelt
werden.[42]

Am 18. Juli wurde die US-Hochkommission über den Stand der Diskussionen in Washington ins Bild gesetzt. Man sei, so hieß es in dem
Geheimtelegramm, »äußerst besorgt« angesichts der Berichte über die
Rückkehr ehemaliger Parteimitglieder der Entnazifizierungsstufen 1–3 in
das Erziehungswesen. Die Hochkommission wurde aufgefordert, der Sache auf den Grund zu gehen; ein Fragebogen sollte an die Länderbehör-
den in der Amerikanischen Zone verschickt werden. Auf diesem Wege, so
hoffte das State Department, würde man genaues statistisches Material
über den Umfang der Wiedereinsetzung ehemaliger Parteigenossen in
Politik und Bildungswesen erhalten. Darüber hinaus sollten die Verantwortlichen in Deutschland dann aufgefordert werden, die aufgrund ihrer

Vergangenheit untragbar erscheinenden Fälle aus dem Lehrbetrieb zu entlassen. Andernfalls – das sollte den Deutschen nahegebracht werden – seien die Drei Mächte zum Eingreifen bereit.[43]

Die Planungen für die von Senator Gilette auf den Weg gebrachte Untersuchungskommission wie auch die anberaumte Fragebogenaktion gerieten jedoch bald in den deutschlandpolitischen Strudel, der durch den Korea-Krieg ausgelöst wurde. Seit Ende Juni wurde in Korea gekämpft – mit den an anderer Stelle diskutierten Folgen für die Situation in der Bundesrepublik. McCloy warf angesichts dieser prekären Lage all seine Überzeugungskraft in die Waagschale, um das State Department von der Entsendung einer Untersuchungskommission abzubringen.[44]

In Washington war man inzwischen mit dem Senat übereingekommen, daß eine unabhängige Kommission unter Federführung des Außenministeriums – nicht des Senates – nach Deutschland reisen sollte, um vor Ort die Lage zu analysieren. Einiges sprach dafür, trotz der internationalen Entwicklung von dieser Vereinbarung nicht überstürzt abzurücken: Schickte man die Kommission nicht nach Deutschland, dann fühlten sich nur diejenigen auf den Plan gerufen, die ohnehin das Bild Deutschlands in den dunkelsten Farben malten – oder solche, die selbst politischen Gewinn aus der Krise zu ziehen suchten. Vor allem aber verfehlte der Korea-Krieg auch in den USA seine Wirkung nicht. »Wir alle«, so teilte der Leiter der Deutschlandabteilung, Henry Byroade, dem amerikanischen Hochkommissar mit, »arbeiten wie ein Goldfisch in der Glaskugel [...]. Jeder Schritt des Außenministeriums [...] wird von der Öffentlichkeit genauestens geprüft [...].«[45] Die geplante Untersuchungskommission hatte nach Byroades Meinung jedoch immer noch erhebliche Bedeutung:

> »Wir glauben, daß wir die Verpflichtung haben, sowohl der amerikanischen wie auch der deutschen Öffentlichkeit zu beweisen, daß die konsequente Durchführung der Demokratisierungspolitik in Deutschland nicht den gegenwärtigen Plänen zur Stärkung der Stellung Deutschlands nach außen hin widerspricht, sondern sie ergänzt, ja sogar als Vorbedingung gelten kann. Die vornehmliche Absicht einer solchen Kommission bestünde darin, die amerikanische Öffentlichkeit von der Folgerichtigkeit und Ehrlichkeit unserer Anstrengungen in dieser Richtung zu überzeugen.«[46]

Keine Stärkung Deutschlands ohne Demokratisierung, kein Wiederaufbau um jeden Preis – so lesen sich die Sätze des Chefs der Deutschlandabteilung im State Department. Byroade schien überzeugt, daß die Kommission ein positives Bild von der Lage in Deutschland mit nach Hause
bringen würde. McCloy antwortete umgehend. Eindringlich warnte er
noch einmal vor dem Risiko einer Untersuchungskommission. Angesichts
der internationalen Lage hatten Stabilität und Zusammenarbeit mit der
Bundesrepublik für ihn unbedingten Vorrang. Jede mögliche Kritik an
der innenpolitischen Lage in Deutschland sei Wasser auf die Mühlen der
sowjetischen Propaganda. Außerdem wies er darauf hin, daß weder
Franzosen noch Briten Nachforschungen dieser Art planten. Dann kam er
noch einmal auf das entscheidende Problem zurück:

> »Meine Mitarbeiter und ich sind ganz außerordentlich mit sehr ernsten
> Problemen wie der Aufrechterhaltung der deutschen Moral und ande-
> rer äußerst delikater Fragen befaßt; Revision des Besatzungsstatutes,
> Fortschritte beim Schuman-Plan, Probleme der Verteidigung und Vor-
> bereitung der Außenministerkonferenz, Sicherheitsplanungen für Ber-
> lin […]. Ich hätte keine ernsthaften Bedenken […], wenn die Lage hier
> weniger problematisch wäre.«[47]

Deutlicher konnte die Bedeutung des Korea-Krieges für die innenpolitische Lage in der Bundesrepublik wie für die Zielsetzung amerikanischer
Deutschlandpolitik kaum ausgesprochen werden. Die Prioritätenliste
McCloys war eine andere als die Byroades: Für den Hochkommissar
waren der Wiederaufbau und die Verankerung Deutschlands in der
westlichen Vertragsgemeinschaft wichtiger als bohrende Fragen einer
amerikanischen Kommission nach dem Stand der Demokratisierung, gar
nach möglichen Renazifizierungstendenzen. Letzteres hätte in der angespannten Lage gestört, den deutschen Durchhaltewillen insgesamt untergraben.

McCloy setzte sich in Washington durch, selbst wenn Byroade die
Argumente des Hochkommissars als ein wenig übertrieben empfand. Bei
Senator Gilette traf die Haltung McCloys schließlich auf Verständnis.[48]
Das Argument, mit dem McCloy erfolgreich die Untersuchungskommis-
sion abgewehrt hatte, brachte er nun auch gegen die geplante Versen-
dung besagter Fragebögen zur Ermittlung von Daten bezüglich der Wie-

dereinsetzung Belasteter ins Spiel. Er empfahl, die in Hessen bereits angelaufene Aktion abzublasen, denn der Zeitpunkt sei denkbar ungeeignet. Derartige Maßnahmen würden in Deutschland unfreundlich aufgenommen – was um so schlimmer sei in einer Zeit, wo die »Beziehungen mit den Deutschen wegen der Sicherheitsprobleme angespannt sind und wo alle Irritationen vermieden werden sollten«.[49]

Das amerikanische Außenministerium ließ auch hier nicht lange auf Zustimmung warten. Selbst wenn aus dem Kongreß und von anderen kritischen Stellen weiterhin Anfragen zu ehemals hochrangigen Nationalsozialisten eingingen,[50] so beugte sich das State Department doch den veränderten Gegebenheiten. Ganz in McCloys Sinne wurden die amerikanischen Besatzungsbehörden angewiesen, in Zukunft nur noch Fälle »exzessiver Renazifizierung« zu untersuchen – und wenn überhaupt, dann in aller Stille.[51]

Das amerikanische Abrücken vom Entnazifizierungsprogramm verlief damit insgesamt keineswegs schmerzlos, schmerzhafter jedenfalls als bei den anderen Besatzungsmächten. Es ist nicht erkennbar, daß Briten oder Franzosen zu Beginn der fünfziger Jahre in der Wiedereinsetzung Belasteter ein reales deutschlandpolitisches Problem gesehen hätten – vorausgesetzt, die Ehemaligen erwiesen sich nicht auch ideologisch als Gestrige. Die seit Gründung der Bundesrepublik immer wieder aufkommenden amerikanischen Proteste gegen Renazifizierungstendenzen verklangen im Sommer 1950 in Folge der akuten Ereignisse in Asien. Noch hier und da gab es kritische Töne, so etwa, als in Schleswig-Holstein im September 1950 mit dem CDU-Politiker Walter Bartram erstmals ein ehemaliges NSDAP-Mitglied zum Ministerpräsidenten gewählt wurde.[52] Auch der *World Jewish Congress* meldete sich im Oktober 1950 zu Wort und beklagte den völligen Zusammenbruch des Entnazifizierungsprogrammes: Ehemalige Nazis und deren Sympathisanten bildeten nicht nur einen erheblichen Anteil der Beschäftigten auf lokaler Ebene, die Bundesregierung zögere auch nicht, »solche Männer in verantwortliche Positionen zu berufen, die offen eine Rolle im NS-Regime gespielt hatten«.[53]

Insgesamt verlor sich das Problem der Wiedereinsetzung Belasteter in den allgemeinen Erörterungen zum Stand des deutschen Nationalismus und Neonazismus oder der Gefährdung der Demokratie durch derartige Strömungen. Der Erfolg der Entnazifizierungsmaßnahmen müsse daran gemessen werden, inwieweit die Demokratie in Deutschland gedeihe,

inwieweit sich die kommende Generation Standfestigkeit gegen die Bedrohung demokratischer Freiheiten erworben habe, so hieß es in einem
Bericht der US-Hochkommission vom Juli 1952.[54]

Doch die Zielrichtung der Demokratisierung verschob sich allmählich
gegenüber den Vorgaben: Die Schaffung demokratischer Strukturen sollte ursprünglich den Aufstieg einer neuen diktatorischen deutschen Regierung als Gefahr für den Weltfrieden verhindern. »Während diese ursprüngliche Absicht immer noch gültig ist, so müssen wir hierzu die
drängende Notwendigkeit hinzufügen, eine westliche deutsche Demokratie aufzubauen, um der Ausbreitung des kommunistischen Imperialismus
entgegenzutreten.« So las sich die Neuorientierung in einer politischen
Stellungnahme (Policy Statement) des amerikanischen Außenministeriums, datiert auf den 1. Februar 1952.[55] Entnazifizierung hieß nun
Demokratisierung. Und Demokratisierung bedeutete längst nicht mehr
nur Überwindung der Relikte nationalsozialistischer Gewaltherrschaft:
Demokratisierung zielte auch auf die Verhinderung einer kommunistischen Diktatur im westlichen Teil Deutschlands.

»Die Entnazifizierung hat eine gewisse Identitätsfindung bei vielen
ehemaligen Parteimitgliedern erzeugt, und die Entnazifizierung wird,
zu Recht oder zu Unrecht, den USA zugeschrieben. [...] Der plötzliche
Kurswechsel der amerikanischen Politik im Jahre 1950 wird von den
meisten Deutschen nicht als Großzügigkeit, sondern als reiner Zynismus gesehen. Vor allem sind die Deutschen dessen überdrüssig und
fast neurotisch, und jede Ermahnung ist dazu geeignet, von ihnen
zurückgewiesen zu werden [...].«

Es war der junge Harvard-Professor Henry Kissinger, der auf diese Weise
die Folgen jenes amerikanischen Kurswechsels für die deutsche Psyche zu
beschreiben suchte.[56]

12. DER HAUSGEMACHTE
»RENAZIFIZIERUNGSSKANDAL«:
DER AUFBAU DES AUSWÄRTIGEN AMTES

Im Frühjahr 1951 begann die Bundesregierung damit, eine für das Verhältnis zum Ausland bedeutsame Institution aufzubauen: das Auswärtige Amt und den Auswärtigen Dienst. Bislang hatte man sich mit einer »Dienststelle für Auswärtige Angelegenheiten« im Bundeskanzleramt zufrieden geben müssen, denn der Bundesrepublik war bei ihrer Gründung ein eigenes Außenministerium verwehrt geblieben. Daß die Dienststelle in ihrer Personalpolitik die höchsten Maßstäbe an die Vergangenheit von Bewerbern anlegen würde, hatte man den Westmächten seinerzeit versprochen. Während eines Treffen am 23. Januar 1950 garantierten Vertreter der Bundesregierung, unter ihnen Herbert Blankenhorn, der Alliierten Hohen Kommission, daß niemand, der mit der NS-Bewegung in Verbindung gestanden habe, als Konsularbeamter ins Ausland geschickt würde. Herbert Blankenhorn bestätigte diese Haltung im April 1950 gegenüber amerikanischen Journalisten.[1]

Derartige Versprechungen aber wurden zu Makulatur, änderten sich doch die deutschlandpolitischen Rahmenbedingungen – und damit, wie gezeigt, das Interesse vor allem der USA an einer konsequenten personellen Vergangenheitsbewältigung in der Bundesrepublik. Das Auswärtige Amt nahm nach einer Revision des Besatzungsstatuts am 15. März 1951 offiziell die Arbeit unter Außenminister Konrad Adenauer auf. Bald aber geriet dessen Personalpolitik in die Schlagzeilen: Nicht nur der Name des Bonner Außenministeriums bezeugte Kontinuität zu den Jahren vor 1945. Waren schon im April 1951 einige – wenig beachtete – Stimmen gegen die Wiederkehr der Alten im neuen Auswärtigen Amt zu hören gewesen,[2] so konnten im September die mittlerweile angestauten Wogen kaum noch geglättet werden: »Ihr naht euch wieder ...«, unter dieser Überschrift prangerte die *Frankfurter Rundschau* in einer Artikelserie Mißstände im Auswärtigen Amt an.[3] Auch Persönlichkeiten wie der amerikanische

Seine NS-Vergangenheit ist
»vertrauensgefährdend«:
Herbert Dittmann.

Entlastet: Hasso von Etz-
dorf, stellvertretender Leiter der Länderabteilung.

»Keine Bedenken« gegen
Theodor Kordt, den Chef
der Länderabteilung.

Ankläger bei den Nürnberger Prozessen, Robert Kempner, bekundeten Unbehagen angesichts einer allzu sorglosen Wiederbeschäftigung von Diplomaten aus der Berliner Wilhelmstraße.

Der stellvertretende französische Hochkommissar Bérard hatte sogar schon ein Jahr zuvor, im September 1950, entsprechende Tendenzen beobachtet und nach Paris gemeldet. Etwa die Hälfte der Mitarbeiter im Auswärtigen Dienst – also in der für die Außenpolitik zuständigen

Personalwechsel im Bonner Auswärtigen Amt

Karikatur zu den Vorgängen um das Auswärtige Amt (Aus: *Deutsche Woche*, 9. 9. 1953)

Oben: Drei Beamte des Auswärtigen Amtes, deren Vergangenheit der Untersuchungsausschuß durchleuchtete: Herbert Dittmann, Hasso von Etzdort und Theodor Kordt.

Dienststelle im Kanzleramt – waren nach seinen Erkenntnissen ehemalige Parteigänger der Nationalsozialisten. Ein Beispiel von vielen: Herbert Blankenhorn, schon damals eine der Schlüsselfiguren um den Kanzler.[4] Ein Jahr später wußte Bérard zu berichten, daß 62 von hundert Beamten oder Angestellten im Auswärtigen Dienst von Spruchkammern in die Kategorien 3 oder 4 eingestuft worden waren. Außerdem zählte er 43 ehemals aktive SS-Mitglieder und 17 frühere Angehörige von SD oder Gestapo.[5]

Wie schmal der Grat zwischen Restauration und Wiederaufbau sei, hatte Adenauer bereits im Juni 1951 gegenüber Journalisten darzustellen versucht: Er wolle kein Urteil über die fällen, die während des Dritten Reiches im Auswärtigen Amt gewirkt hätten; er selbst hätte in einer solchen Situation dort nicht weitergearbeitet. Trotzdem warb er um Verständnis dafür, daß man nicht ganz auf ehemalige Parteigenossen verzichten könne. In Italien und Frankreich habe man keine Anhänger Mussolinis oder Pétains eingestellt; aber genau dort habe man dann »aufgrund gemachter, sehr trüber Erfahrungen gesagt: Wir fügen dem Lande einen größeren Schaden zu, wenn wir ein Ministerium ausbauen mit lauter Herren, die guten Willens sind und vielleicht auch recht gute Eigenschaften haben, aber von dem ganzen Geschäft noch nichts verstehen«. Seine Schlußfolgerung: Die »wirklich üblen Nazielemente« müssen entfernt und der Anteil der Übernommenen dürfe nicht zu hoch werden. »Auf der anderen Seite muß die Maschine laufen.«[6]

Als konkretes Konzept waren solche Allgemeinplätze nicht brauchbar. Der Kanzler sah sich schon bald nach den ersten Angriffen in der Presse gezwungen, ein Gutachten über die Vorwürfe gegen den Auswärtigen Dienst einzuholen.[7] Aber auch das beruhigte die Gemüter nicht; auf Antrag der SPD-Fraktion beschäftigte sich ab Oktober 1951 ein Untersuchungsausschuß des Bundestages mit dem Thema Personalpolitik im Auswärtigen Amt. Es dauerte ein volles Jahr, bis die Ergebnisse dem Parlament vorlagen. Insgesamt waren 21 Beamte überprüft worden. In vier Fällen wurde die Eignung für eine Weiterbeschäftigung verneint, bei sieben Diplomaten eine lediglich eingeschränkte Verwendung empfohlen.[8]

»Wenn es jetzt im Ausland so aussieht, als wäre das Auswärtige Amt eine Nazizentrale, so schadet das den deutschen Interessen.« Diese Befürchtung hatte Adenauer während eines seiner Teegespräche geäußert, sie galt der Öffentlichkeit im In- und Ausland.[9] Und der Kanzler schien mit seinen Sorgen Recht zu behalten. »Die Streitigkeiten […] um die Wiederbeschäftigung von Funktionären, die durch das frühere Regime kompromittiert sind, können uns nicht gleichgültig sein«, meinte auch François-Poncet noch lange bevor die Presse diesem Thema Seite um Seite widmete.[10] Jene Querelen um den Auswärtigen Dienst blieben dem französischen Hochkommissar in der Tat nicht gleichgültig; mehrfach berichtete er dem Außenministerium in Paris über neueste Entwicklungen. Zudem mußten gerade ihm als Botschafter in Berlin von 1931 bis 1938 Kontinuitäten besonders ins Auge stechen.[11]

Im Oktober 1951 sah François-Poncet Funktionäre der Wilhelmstraße – fast allesamt ehemalige Nationalsozialisten – wieder in den Auswärtigen Dienst eintreten. Seiner Meinung nach waren es vor allem Arrivisten – jener Typ von Mensch also, der bereit sei, jedem Regime zu dienen. Doch François-Poncet sah im früheren Auswärtigen Amt auch den Widerstand gegen Hitler beheimatet, was die Sache in seinen Augen ein wenig relativierte. Zudem hielt er die Parteizugehörigkeit von Diplomaten in vielen Fällen für rein nominell.

Vor allem aber mache es die kaum zu bezweifelnde Kompetenz der Diplomaten schwer, auf sie zu verzichten. François-Poncet stellte hierzu eine eigenwillige Rechnung auf: »Wenn man sich in Erinnerung ruft […], daß 90 Prozent der Deutschen Hitler gefolgt sind, dann muß man sich fragen, ob es möglich wäre, ein diplomatisches Corps nur aus denjenigen 10 Prozent zu rekrutieren, die in der Opposition gestanden haben.«[12] Bis zu einem gewissen Grade – abgesehen von der Besetzung hochrangiger Positionen nämlich – brachte er also für den personellen Engpaß, auf den sich Adenauer immer wieder berief, Verständnis auf. »Was auch immer die Fehler sind, die man Adenauer gerechterweise […] vorwerfen könnte, so rechtfertigen sie doch nicht die Heftigkeit dieser Kampagne, die im Hinblick auf Ausmaß und Brutalität ziemlich ungeschickt erscheint«, so der Hochkommissar.

Aber sein Urteil sollte nicht so milde bleiben. Als ein überaus kritisches Hörspiel des Journalisten Alexander von Cube zum Thema Auswärtiges Amt im März 1952 über den Äther ging, hielt François-Poncet dessen Angriffe mittlerweile für völlig angemessen: Inzwischen sei das Außenministerium in Bonn eine »Brutstätte des Nationalismus«.[13] Allerdings: François-Poncet sprach von *nationalisme*, nicht von *national-so-*

cialisme. Als der Untersuchungsausschuß des Bundestages im Sommer 1952 seinen Abschlußbericht vorlegte, konstatierte François-Poncet nur noch lapidar, die Verfasser hätten weder eine flinke Feder noch Rachsucht bewiesen.[14]

War die Haltung des französischen Hochkommissars in sich widersprüchlich, so zeigte sein britischer Kollege durchgängig wenig Verständnis für den Wirbel um das Auswärtige Amt. Und auch Kirkpatrick kannte sich aus: Wie François-Poncet hatte er bis Ende 1938 in der Berliner Botschaft seines Landes Erfahrungen mit dem deutschen Diplomatischen Dienst sammeln können.[15] Als die Kampagne ausbrach, machte er hierfür zunächst noch Fehler des Kanzlers verantwortlich. Adenauer hätte, so Kirkpatrick, den Auswärtigen Dienst besser mit Außenseitern wie Hallstein aufgebaut – was übrigens des Kanzlers persönlicher Abneigung gegen Karrierediplomaten würde entsprochen haben.[16] Kirkpatrick fürchtete, dieser Fehler könne sich auch langfristig zum Nachteil auswirken, wenn die Bundesrepublik erst einmal außenpolitisch voll handlungsfähig wäre.

Als dem britischen Hochkommissar der Abschlußbericht der Untersuchungskommission des Bundestages vorgelegt wurde, bekundete er Sympathie mit einigen der durch die Ergebnisse Belasteten. Zugleich betonte er seine Abneigung gegen eines der Ausschußmitglieder, den früheren Bundestagspräsidenten Erich Köhler (CDU). Dieser sei »außergewöhnlich dumm und eitel«. Noch einmal wiederholte auch Kirkpatrick, daß auf erfahrene ehemalige Ribbentrop-Mitarbeiter kaum verzichtet werden konnte, wollte das Auswärtige Amt effizient arbeiten. Und letzteres schien ihm nicht immer der Fall zu sein – immerhin diskutierten Deutsche und Westalliierte unentwegt über die Gestaltung des Generalvertrages. »Aber es ist nicht an uns, den Eifer zu kritisieren, den die Deutschen dabei gezeigt haben, den Geist der Nazi-Zeit zu bannen«,[17] so der Brite. Es drohte also seiner Meinung nach ein tendenzieller Übereifer im Kampf gegen die Gespenster der Vergangenheit – von Kritik an fehlendem deutschen Engagement keine Rede.

Auch innerhalb der amerikanischen Hochkommission traf die Krise des Auswärtigen Amtes auf kein sonderliches Interesse. Als McCloy von Jacob Javits ein kritisches Memorandum über das Personal des Auswärtigen Amt erhielt – der Demokrat aus New York erwähnte die Aufmerksamkeit, mit der der *American Jewish Congress* die Debatte in Deutschland verfolge – tat er nichts weiter, als das Papier an Staatssekretär Hallstein weiterzuleiten. Der wiederum wandte sich gegen die entsprechende Presseberichterstattung, sie sei tendenziös und übertrieben. Zudem verwies er auf die Arbeit des Untersuchungsausschusses. Kommentarlos übermittelte McCloy daraufhin Hallsteins Antwort an Javits.[18]

Zeigten sich die drei Hochkommissare im Hinblick auf die Vorgänge um das Auswärtige Amt nicht besonders besorgt, so ist erst recht nicht erkennbar, daß sie zu irgendeinem Zeitpunkt eingeschritten wären.[19] Wohl nahm vor allem Paris diejenigen Diplomaten unter die Lupe, die Bonn nach Frankreich zu schicken gedachte, und es kam auch vor, daß sich darunter die eine oder andere *persona non grata* befand.[20] Trotzdem: Die Krise um das Auswärtige Amt war hausgemacht. Die drei Mächte schauten eher unbeteiligt – bisweilen sogar verständnislos – zu. »Viel Geschrei und wenig Worte«,[21] so kommentierte Adenauer die Krise um das Auswärtige Amt einmal etwas abschätzig.

Das Ausland kann er mit dem »Geschrei« nicht gemeint haben.

13. DER VERMIEDENE
»RENAZIFIZIERUNGSSKANDAL«:
DER AUFBAU DER BUNDESWEHR

Deutschlandpolitik bedeutete in der ersten Hälfte der fünfziger Jahre zu einem wesentlichen Teil Sicherheitspolitik. Die Gründerjahre der Bundesrepublik wurden innen- wie außenpolitisch geprägt durch die Frage, *ob* und schließlich *wie* der westliche Teil Deutschlands wiederbewaffnet werden sollte. Nachdem die Grundsatzentscheidung sehr bald gefallen war, bereitete die Form der Wiederaufstellung deutscher Truppen die größeren Probleme. Erst EVG, dann die NATO-Lösung stellten die Weichen für den Aufbau einer Bundeswehr.[1]

Wer sollte künftig im neuen deutschen Militär Führungspositionen übernehmen? Auf der Wehrmacht, vor allem aber auf der SS lastete durch den Zweiten Weltkrieg eine schwere Hypothek. Der »Orden unter dem Totenkopf« (Heinz Höhne) war durch die Nürnberger Richter sogar als verbrecherisch verurteilt worden. Demgegenüber drängten deutsche Militärs auf eine Wiederherstellung der Ehre des deutschen Soldaten. Daß dieser Forderung im Zuge der Wiederbewaffnungsdebatte immer mehr Gewicht zukommen mußte, blieb auch den Westmächten, allen voran den USA, nicht verborgen. John McCloy hatte schon im Rahmen der Kriegsverbrecherdebatte zwischen Schuld und Pflichterfüllung des einzelnen Soldaten zu unterscheiden gesucht. Nur selten aber war er dabei auf deutscher Seite auch verstanden worden.[2]

Darüber hinaus wußte McCloy, daß NATO-Oberbefehlshaber Dwight D. Eisenhower ein besonderer Dorn in den Augen ehemaliger deutscher Militärs war. Der US-General hatte vor allem in seinen Memoiren *Crusade in Europe* nicht mit Kritik an der deutschen Wehrmacht und ihren Offizieren während des Zweiten Weltkrieges gespart.[3]

Als sich General Eisenhower für den Januar 1951 zu einem Deutschlandbesuch ankündigte, instruierte ihn McCloy genauestens für sein Verhalten gegenüber den deutschen Ex-Soldaten. Es schien zu prekär zu sein, den General angesichts der offenen Wiederbewaffnungsfrage und der anstehenden Landsberg-Entscheidung unvorbereitet zu lassen. Die Kriegsverbrecherprozesse gegen die deutschen Offiziere seien eine »psychologische Barriere«, schrieb McCloy dem US-General. Und er verschwieg nicht, daß es einige Sätze in Eisenhowers Memoiren waren, die diese Barriere noch verstärkt hatten. McCloy empfahl Eisenhower, sich erst gar nicht in Diskussionen über deutsche Soldatenehre oder seine Weltkriegsmemoiren verstricken zu lassen. Vielmehr riet er dazu, explizit den Willen zu bekunden, künftig mit demokratisch gesinnten Soldaten und Offizieren zusammenzuarbeiten. Vor allem aber komme es, so McCloy, in Deutschland gut an, wenn der Tapferkeit der deutschen Soldaten Respekt gezollt würde – um so mehr, als sich weite Teile ehemaliger Soldaten wenig um die Ehre der Generalstabsoffiziere scherten. Sollte Eisenhower schließlich zu den Kriegsverbrechern befragt werden, riet McCloy ihm, nichts anderes zu sagen, als daß die Verbrechen, für die jene Männer verurteilt worden seien, nichts mit militärischer Ehre zu tun hätten.[4]

Der General spielte die ihm zugedachte Rolle während seines Deutschland-Aufenthalts gut. »Der Deutsche ist ein Biest«; »Gott, ich hasse die Deutschen« – solche überlieferten Äußerungen Eisenhowers im Angesicht des Grauens nationalsozialistischer Verbrechen standen sicherlich nicht mehr für dessen Deutschlandbild im Jahre 1951.[5] Allerdings wußte Armand Bérard zu berichten, daß Eisenhower während seines Besuches in internen Gesprächen sein fortlebendes großes Mißtrauen gegenüber den Deutschen unterstrichen habe.[6] Ihm hatte sich der Anblick deutscher Konzentrationslager tief eingeprägt – noch 1955 reflektierte er gegenüber jüdischen Gesprächspartnern seine damaligen Eindrücke.[7]

Gegenüber der Öffentlichkeit spielte Eisenhower seine Rolle sogar besser, als McCloy erwarten durfte. Gleich während einer Pressekonferenz am 20. Januar 1951 hatte er offen ausgedrückt, gegenüber den Deutschen und allem, wofür die Nazis standen, seinerzeit tiefe Feindschaft und Haß empfunden zu haben. Aber Vergangenes sei vergangen, und er hoffe, Deutschland werde eines Tages in die Gemeinschaft der freien Welt zurückkehren.[8]

Bei einem Treffen mit den Planern des deutschen Wehrbeitrags, Theodor Blank, Hans Speidel und Adolf Heusinger, entschuldigte sich Eisenhower für die negativen Äußerungen über die deutsche Armee in seinen

Memoiren. Niemals habe er die Ehre des deutschen Soldaten und des Offiziers antasten wollen, nur weil einige Mitglieder der Wehrmacht Verbrechen begangen hätten. Damals, nach 1945 habe er den – sicherlich falschen – Eindruck gehabt, die deutsche Armee und die Hitler-Bande seien ein- und dasselbe gewesen. Seine deutschen Gesprächspartner zeigten sich höchst erfreut über derartige Bekenntnisse.[9] Kurz vor seiner Abreise kam Eisenhower noch einmal auf dieses Thema zurück: Die Tatsache, daß Individuen Verbrechen begangen haben, werfe einen Schatten auf die Individuen selbst, nicht aber auf die große Mehrzahl der deutschen Soldaten und Offiziere.[10]

McCloy dankte Eisenhower nach dessen Besuch ausdrücklich, vor allem für seine Worte über (bzw.: an) die deutschen Soldaten. Dennoch sei nicht leicht einzuschätzen, welche Wirkungen der Besuch hinsichtlich der Wiederbewaffnungsfrage haben werde – bei der »gegenwärtigen Konfusion im Bewußtsein der Deutschen«.[11]

Noch einmal, im Jahre 1956, sollte Eisenhower gegenüber einer Delegation von Bundestagsabgeordneten auf seine Differenzierung von individueller und kollektiver Schuld zurückkommen. Eisenhower, inzwischen Präsident, betonte, daß er während des Zweiten Weltkrieges zwar um den Unterschied zwischen den traditionsgebundenen deutschen Truppen und den SS-Verbänden gewußt habe; dennoch sei er damals zugegebenermaßen von der Kollektivschuld des deutschen Volkes ausgegangen. Erst nach seinem Eintreffen in Deutschland habe er eingesehen, daß sich unzählige Deutsche anfänglich von den Versprechungen des Hitlerregimes angezogen gefühlt hatten, um sich dann von dessen wahrem Charakter zu überzeugen. Zu diesem Zeitpunkt aber sei es ihnen unmöglich gewesen, ihre wahre Gesinnung kundzutun. Bei der Gelegenheit suchte Eisenhower auch seine eigene Rolle in günstiges Licht zu rücken: Er gab gegenüber den deutschen Parlamentariern vor, sein damaliger Gesinnungswandel habe ihn in Washington in große Schwierigkeiten gebracht – denn dort sei man weiter von der Kollektivschuld des deutschen Volkes ausgegangen.[12]

AUSSERHALB ODER INNERHALB DER DEMOKRATIE?
DIE EHEMALIGEN SOLDATEN

Adenauer gab am 5. April 1951 im Bundestag eine öffentliche Ehrenerklärung für die deutschen Soldaten ab: Die Zahl derjenigen, die sich
wirklich schuldig gemacht hätten, sei so »außerordentlich gering und so
außerordentlich klein«, daß damit der Ehre der früheren deutschen
Wehrmacht kein Abbruch getan werde.[13] Später dehnte er dieses Bekenntnis sogar auf ehemalige Angehörige der Waffen-SS aus, aber nur
insoweit diese »ausschließlich als Soldaten ehrenvoll für Deutschland
gekämpft« hätten.[14] Auch der SPD-Vorsitzende Kurt Schumacher wandte
sich mit demonstrativen Gesten gegen die pauschale Stigmatisierung
früherer SS-Angehöriger.[15]

Die Ehre der deutsche Soldaten wiederherzustellen entsprach ganz
dem Willen großer Teile der Bevölkerung, denn hier galt – was schon im
Rahmen der Kriegsverbrecherdebatte unübersehbar geworden war – das
deutsche Militär als weitgehend nicht verantwortlich für die verbrecherischen Exzesse während des Zweiten Weltkrieges. Im August 1953 wurde
in Umfragen ermittelt, daß 55 Prozent der Befragten die Ansicht vertraten, man könne den deutschen Soldaten keinen Vorwurf wegen ihres
Verhaltens in den besetzten Gebieten machen.[16] Wohlgemerkt: Nach
Soldaten, nicht explizit nach SS-Angehörigen war gefragt worden.

Darüber hinaus war es der erklärte Wille der Bundesregierung, die
zahlreichen ehemaligen Militärs für die neue Demokratie zu gewinnen.
Nicht deren Ausgrenzung, sondern ihre Integration war das politische
Ziel. Veteranenorganisationen sollten an den demokratischen Staat gebunden werden, bevor sie etwa politisch nach rechts außen abglitten.
Ohnehin galt die soziale Entwurzelung und wirtschaftliche Lage der
Soldaten als prekär – und damit politisch als brisant.[17] Daß sich vor
allem die ehemaligen Wehrmachtsoffiziere wie die Geächteten der Nation
vorkamen, versuchte Adenauer auch den Besatzungsmächten klarzumachen. Man dürfe, so der Kanzler, die Soldaten nicht dem Osten überlassen.[16]

Bei den Westmächten traf diese Politik auf gemischte Gefühle –
einerseits Zustimmung, andererseits starke Bedenken. François-Poncet
fühlte sich schon bald an die Worte des Kanzlers erinnert, als er seinen
Vorgesetzten in Paris von einem großen Treffen ehemaliger Wehrmachts-

NR. 16 MÜNCHEN, 19. APRIL 1952 50 PF.

REVUE
★ ★ ★ ★ ★
die Weltillustrierte

IN DIESEM HEFT: **VOR LENI RIEFENSTAHLS NEUEM START**

Rehabilitierung
des deutschen Soldaten
unerwünscht?

Auch die großen Illustrierten beschäftigen sich mit der Vergangenheit der deutschen Wehrmacht.

Veteranentreffen 1953 in München.

angehöriger in Kassel zu berichten hatte. Der Politik des Kanzlers atte-
stierte er dabei erste Erfolge, fielen doch die von ihm vernommenen Töne
ehemaliger Soldaten gemäßigt, gar demokratisch aus.[19] Doch je stärker
sich die Veteranen organisierten, desto beunruhigter zeigten sich die
Franzosen. So war es etwa für den französischen Verteidigungsminister
Jules Moch durchaus vorstellbar, daß die wie Pilze aus dem Boden
schießenden Soldatenverbände eines Tages zur Bedrohung für die eigene
Sicherheit werden konnten.[20]

Auch den Briten und Amerikanern war diese Entwicklung keineswegs
entgangen.[21] Das für die militärische Sicherheit zuständige Amt der
Hochkommission (Military Security Board) riet jedoch im Oktober 1951
dazu, die vermehrte Gründung von Veteranenorganisationen vorerst nur
zu beobachten. Einzugreifen gelte es, sollten alliierte Sicherheitsbelange
auf dem Spiel stehen.[22] Selbst als sich ehemalige SS-Angehörige in der
Hilfsgemeinschaft auf Gegenseitigkeit (HIAG) zusammenschlossen, wurde

dieser Kurs der Nicht-Einmischung durch die Westmächte beibehalten. Schon der Name dieser SS-Veteranenorganisation ließ vermuten, daß es sich um einen Interessenverband handelte, der weniger politische Ziele als vielmehr die sozialen Belange seiner Mitglieder im Auge hatte. Ein Rechtsgutachten der Hochkommission kam insofern zu dem Schluß, daß das Besatzungsstatut aufgrund der sozialen Ausrichtung der HIAG keine Möglichkeiten zum Eingreifen bot.[23]

Nicht eingreifen also, sondern beobachten:[24] »Die Organisation ehemaliger deutscher Soldaten bildet einen der potentiell gefährlichen Faktoren im politischen Leben Deutschlands, und sie muß beobachtet werden«, notierte auch der im Foreign Office für Deutschland zuständige Unterstaatssekretär Frank Roberts am 19. Juni 1952. Die EVG war inzwischen beschlossen worden. Was er wohl im Hinterkopf hatte, als er fortfuhr: »Der Blick in die Zukunft bleibt jedoch unsicher, zumal der Einfluß der ehemaligen Soldaten sicherlich wachsen wird, sollte der EVG-Vertrag erst einmal ratifiziert sein und die Deutschen damit begonnen haben, ihre Streitkräfte aufzubauen.«[25]

SS-Veteranentreffen 1956 in Göttingen.

Hier genau lag das Problem für die Zukunft. Würde Deutschland die vereinbarten neuen Streitkräfte unbesehen mit den alten Soldaten aufbauen? Oder würde Bonn die Lebensläufe der Bewerber genauer unter die Lupe nehmen?

DIE DEUTSCH-ALLIIERTE DEBATTE UM DIE REKRUTIERUNG VON SOLDATEN UND OFFIZIEREN FÜR DIE BUNDESWEHR

Nein, unbesehen würde man die ehemaligen Soldaten nicht in die neuen deutschen Streitkräfte aufnehmen. Das machte Adenauer bereits früh und wiederholt deutlich. Schon im September 1950 gab Adenauer dem amerikanischen Hochkommissar McCloy die Zusage, daß das deutsche Militär grundlegend reformiert werde. Offiziere wurden nach fachlichem Können und vor allem nach ihrer demokratischen Grundhaltung ausgewählt werden.[26] Auch dem nur wenige Monate amtierenden britischen Außenminister Herbert Morrison versprach der Kanzler, bei der Auswahl der Generäle höchste Sorgfalt walten zu lassen. Vor allem eines wolle er verhindern: einen Staat im Staate. Nur solche Offiziere sollten in die neue deutsche Armee aufgenommen werden, die den Vorrang des Zivilen vor dem Militärischen anerkannten.[27]

Die Besatzungsmächte mochten solchen Willensbekundungen zwar mehr oder weniger Glauben schenken; das Mißtrauen aber blieb. Es schien naheliegend, zunächst einmal jene Dienststelle um Theodor Blank unter die Lupe zu nehmen, die sich den »mit der Vermehrung der alliierten Truppen zusammenhängenden Fragen« widmete.[28] Es war der Londoner *Daily Express,* der das Amt Blank mit dem »deutschen Generalstab, jener erbarmungslosen Maschine des Militarismus« gleichsetzte und damit zunächst das französische Verteidigungsministerium auf den Plan rief. Um den Gerüchten aus der Londoner *Fleet Street* entgegenzuwirken, sandte François-Poncet eine minutiöse Beschreibung der Organisationsstruktur jener Keimzelle eines künftigen Verteidigungsministeriums nach Paris – außerdem biographisches Material über diejenigen, die im Amt Blank tätig waren.[29] In England flammten weitere Proteste gegen die emsigen Aktivitäten deutscher Ex-Militärs auf, als Hans Speidel im Frühjahr 1953 die britische Insel besuchte.[30]

„Alles in Ordnung, es sind noch genug von uns übrig."

+ Daily Worker, London 19. 1. 53

Karikatur in einer britischen Zeitung zur Wiederaufstellung deutscher Truppen.

Im Washingtoner Außenministerium gingen ebenfalls Briefe ein, in denen behauptet wurde, Kriegsverbrecher und ehemalige SS-Leute seien bei Blank untergekommen und würden bald in die deutschen EVG-Kontingente übernommen.[31] Die US-Hochkommission konnte derartige Gerüchte ebensowenig bestätigen wie François-Poncet. Aber immerhin handelte auch sie nach dem Prinzip: Vertrauen ist gut, Kontrolle noch besser. Aus diesem Grunde hatte man die personelle Zusammensetzung des Amtes Blank überprüft. Das Ergebnis war beruhigend. Die amerikanischen Beamten fanden auf der Personalliste nur zwei ehemalige Angehörige der Waffen-SS in untergeordneten Rängen, von Kriegsverbrechern keine Spur. Es gebe, so meldete man nach Washington, keinerlei Hinweise dafür, daß solche Personen in die EVG übernommen würden. Doch die US-Hochkommission versprach, die Sache auch künftig im Auge zu behalten.[32]

Als das State Department wegen weiterer kritischer Anfragen im eigenen Land noch einmal nachhakte, suchte Hochkommissar Conant

Theodor Blank.

Washington zu beruhigen. Theodor Blank und der unmittelbare Führungszirkel seiner Behörde seien »vollkommene Anti-Nazis«.[33] Wenn er bei dort tätigen Militärs etwas vom alten Denken entdecke, dann sei es eine konservative, keinesfalls aber eine nazistische Gesinnung. Conants Schlußfolgerung: Solange überzeugte Demokraten wie Theodor Blank, Franz Josef Strauß oder Politiker der SPD die Fäden zögen und die Entwicklung kritisch beobachteten, bestehe kein Grund zur Sorge.[34]

Immerhin konnte der amerikanische Hochkommissar den SPD-Vorsitzenden Ollenhauer als Zeugen benennen; auch dieser habe keinen Makel an Blanks Personalpolitik gefunden. Mit den Briten sei man darin einer Meinung. Blank selbst habe darüber hinaus immer wieder versichert, alle Bewerber für höhere Positionen wurden sowohl von ihm persönlich geprüft als auch vom Verfassungsschutz und vom Berlin Document Center – dort lagen Millionen von NS-Personalakten.[35] Sicher, Blank habe einräumen müssen, daß einige seiner zivilen Mitarbeiter in untergeordneten Positionen rein nominelle Parteimitglieder gewesen seien. Aber zugleich habe er betont, unmöglich auf ausgebildete Kräfte verzichten zu können. Während der zwölf Jahre der Hitler-Diktatur habe fast jeder Deutsche irgendwelche Beziehungen zu den Nationalsozialisten unterhalten müssen. Trotz dieser Versicherungen von seiten des quasi-Verteidigungsministers machten sich amerikanische Beamte noch einmal an die Arbeit: Sie inspizierten selbst jene Materialien im Berliner Document Center, die über die Vergangenheit der sechshundert Mitarbeiter des Amtes Blank Aufschluß gaben.[36] Vertrauen war gut, Kontrolle besser …

Aktenordner mit Bewerbungen zur Bundeswehr in der Dienststelle Blank.

»Ich denke schon mit Schrecken daran, wenn wir einmal eine
europäische Wehrmacht haben, und wir müssen dann frühere Offiziere,
auf die wir ja gar nicht Verzicht leisten können, einberufen. Wir
können uns da die größte Mühe geben, und dann kommt ein Untersuchungsausschuß.«[37] Mit diesen Worten hatte Adenauer schon im April
1952 gegenüber Journalisten seine Sorgen ausgedrückt, und zwar
anläßlich der beschriebenen Affäre um das Auswärtige Amt. Damit
nicht eines Tages ein Untersuchungsausschuß im nachhinein die Ein-
stellungspraxis der neuen deutschen Streitkräfte untersuchen müßte,
kreisten die Gedanken führender Politiker und Militärs schon früh um
das Problem der Auswahl von Bewerbern. Denn blieben die Westmächte im Hinblick auf das »Geschrei« (Adenauer) um das Auswärtige Amt
eher gelassen, so interessierten sie sich in doch erheblichem Maße
dafür, wer in der künftigen deutschen Armee führende Positionen
innehaben würde.[38]

Das Problem spitzte sich auf die Frage zu, ob und in welchem Umfang
Soldaten der SS wieder eingestellt werden durften.[39] Noch Ende 1953
hatte Theodor Blank mehrfach betont, sein Amt werde keine prinzipielle
Unterscheidung vornehmen zwischen den Bewerbungen ehemaliger
Wehrmachts- und früherer SS-Soldaten.[40] Als britische Beamte bei der
Dienststelle um genauere Auskunft nachsuchten, wurde ihnen dort von
einem Abteilungsleiter der Unterschied zwischen Waffen-SS und Allge-

meiner SS erläutert. Die Stellungnahme des Beamten zur Personalfrage klang eindeutig – und eindeutig anders als die Worte Theodor Blanks: Angehörige der Allgemeinen SS werde man keineswegs in die deutschen Streitkräfte übernehmen. Die Zugehörigkeit zur Waffen-SS – in der Bundesrepublik immerhin ein Personenkreis von etwa 450 000 Männern – schließe jedoch nicht prinzipiell von einer Beschäftigung in der neuen deutschen Armee aus.[41]

Das eine solche Unterscheidung im Ausland wohl kaum verstanden und noch weniger akzeptiert würde, hätte dem Mitarbeiter des Amtes Blank bewußt sein müssen. Die Nürnberger Richter hatten nämlich sowohl Waffen-SS als auch die Allgemeine SS als verbrecherisch verurteilt. Und tatsächlich, im Londoner Foreign Office wuchsen die Vorbehalte. SS-Leute in den neuen deutschen Streitkräften? Scharfe Reaktionen in der britischen Öffentlichkeit wären geradezu vorprogrammiert – und das, obwohl die EVG-Streitkräfte ohne britisches Kontingent aufgestellt werden sollten. Ein Beamter des Foreign Office konnte sich allerdings einen Seitenhieb auf die Franzosen nicht verkneifen: Rekrutierte nicht auch die französische Fremdenlegion ohne Hemmungen SS-Leute?[42]

Auf der anderen Seite mußte man bedenken, daß von den Deutschen auch nicht zuviel verlangt werden konnte: »Wir wollen einen deutschen Verteidigungsbeitrag. Wir sollten nicht unnötige Forderungen aufstellen«, so hieß es in einer internen Aufzeichnung vom Februar 1954.[43] Sir Ivone Kirkpatrick, inzwischen Unterstaatssekretär im Foreign Office, stimmte dieser Beurteilung zu. Zudem, wandte er ein, könne man rechtlich ohnehin nicht gegen die Personalpolitik der EVG einschreiten, denn diese sei in den Statuten der Verteidigungsgemeinschaft genauestens geregelt.[44] Sein Kollege im Amt des Unterstaatssekretärs, Anthony Nutting, sah darüber hinaus keinen rechten Sinn darin, SS-Leute prinzipiell aus den deutschen Streitkräften auszuschließen. Sein Argument: Würde dann nur einer durch die Maschen schlüpfen, wäre innenpolitisch schon ein Aufschrei der Empörung zu erwarten.[45] Auch Außenminister Eden mischte sich in die Debatte ein. Seine Sorge galt den möglichen negativen Auswirkungen innenpolitischer Proteste auf die deutsch-britischen Beziehungen.[46]

Nachdem sich die Verantwortlichen im Foreign Office auf diese Weise ihre Meinung gebildet hatten, wurden die Schlußfolgerungen an die britischen Behörden in Deutschland übermittelt. Zentral blieb die Aufforderung, beim Amt Blank auf eine scharfe Kontrolle von Bewerbern aus den Reihen der früheren SS zu dringen.[47]

Ende März 1954 kam die Alliierte Hochkommission insgesamt überein, die Bundesregierung mit Nachdruck auf das allseitige Interesse am Thema SS und neue deutsche Streitkräfte hinzuweisen. Man diskutierte beispielsweise darüber, ob nicht bestimmte SS-Ränge vom Dienst in der künftigen deutschen Armee ausgeschlossen werden könnten, jene etwa, die von Himmler persönlich ernannt worden waren.[48] Der amerikanische Hochkommissar Conant legte Adenauer eine andere Überlegung vor: Konnte man nicht diejenigen fernhalten, die sich seinerzeit freiwillig zur SS gemeldet hatten? Der Kanzler ging auf den Vorschlag nicht ein. Zumindest wußte er nun, welche Überlegungen die Westmächte plagten.[49]

Die Signale, die die Bundesregierung nach dieser recht unzweideutigen Ermahnung aussandte, versprachen mehr, als die Westmächte gefordert hatten. Adenauer wolle, so hatten die Franzosen über Staatssekretär Hallstein in Erfahrung gebracht, ganz und gar auf SS-Leute in den neuen deutschen Streitkräften verzichten. Man kolportierte sogar, Hallstein habe das Amt Blank scharf kritisiert, weil es einen zu hohen Anteil von ehemaligen SS-Angehörigen beschäftige.[50]

Es ging um die EVG, und dies alles spielte sich – wohl nicht zufällig – unmittelbar vor der entscheidenden Sitzung der französischen Nationalversammlung ab. Doch die Bemühungen fruchteten nicht: Der Plan einer Europäischen Verteidigungsgemeinschaft scheiterte – natürlich nicht an der Frage der ehemaligen SS-Angehörigen. Durch die Ablehnung der EVG am 30. August 1954 änderte sich nun der sicherheitspolitische Rahmen. Das Thema SS aber blieb auch während der Beratungen über den NATO-Beitritt der Bundesrepublik und den Aufbau der Bundeswehr auf der Tagesordnung.

Adenauers deutliche Distanz zur Wiederverwendung von SS-Leuten traf im Londoner Foreign Office auf ungeteilte Zustimmung: »Wir sind sehr erfreut, von der Ansicht des Kanzlers zu erfahren. Wir hoffen, Sie werden keine Gelegenheit versäumen, alles mögliche zu tun, um die Deutschen davon zu überzeugen, an diesem Entschluß festzuhalten. Die Rekrutierung von SS-Leuten würde hier Streit entfachen.«

Dies übermittelte man der britischen Hochkommission.[51] Noch erfreuter zeigte sich das Foreign Office, von Hans Globke zu hören, daß inzwischen auch Blank seine Meinung geändert habe und ehemaligen Soldaten der Waffen-SS der Weg in die bundesdeutschen Streitkräfte verschlossen bliebe.[52] Natürlich wunderte man sich über die »Freigebigkeit« der Bundesregierung, aber einem geschenkten Gaul schaue man nicht ins Maul,[53] so ein britischer Beamter. Denn tatsächlich kredenzte Adenauer ein »Geschenk«, das deutlich über die Forderungen hinausging.

In London vermutete man nicht zu Unrecht, daß der Schlüssel für diese Zugeständnisse in den USA lag.[54] Adenauer war im Oktober 1954 dorthin gereist. Beim Dinner entwickelte sich eine ausgedehnte Unterhaltung zwischen ihm und Außenminister Dulles über die Schaffung eines neuen militärischen Establishments in Deutschland. Nein, er werde nicht den eingetretenen preußischen Pfaden folgen, versprach der Rheinländer Adenauer. Er werde sich diesem Problem persönlich und mit erheblichem Engagement widmen. Wieder einmal betonte der Kanzler, er bestehe auf einer Unterordnung des Militärs unter zivile Kontrolle.[55] Auch gegenüber Eisenhower hob Adenauer hervor, er strebe eine deutsche Armee auf ganz neuer Grundlage an. Der Präsident vereinbarte mit Adenauer, er möge ihn auf dem laufenden halten, wenn der Druck in der Wiederbewaffnungsfrage zu stark werde und dadurch die Art und Weise der Aufstellung neuer Truppen in falsche Bahnen zu geraten drohe.[56]

Diesen politischen Vorgaben entsprach es, wenn Bonn sich dazu durchrang, Bewerber für höhere Ränge durch einen unabhängigen Personalgutachterausschuß prüfen zu lassen. Die Weichen für die Einrichtung dieses Gremiums waren nach längeren Vorüberlegungen im September 1954 gestellt worden; am 15. Juli 1955 wurde das Gesetz über die Einsetzung des Personalgutachterausschusses für Bundeswehr-Bewerber verabschiedet.[57] Bereits im Oktober 1955 hatte der Ausschuß vorläufige Richtlinien für die Rekrutierung von SS-Angehörigen aufgestellt, aus denen hervorging, daß die Zusage der Bundesregierung, überhaupt keine Soldaten aus Reihen der ehemaligen SS zu übernehmen, nicht mehr uneingeschränkt galt. Der Wiedereinsetzung ehemaliger SS-Angehöriger sollten immerhin enge Grenzen gezogen werden: Bewerbern vom Rang des SS-Oberst aufwärts würde nach dem Willen der Gutachter die Einstellung generell verweigert werden. Die übrigen Bewerber aus den Reihen der ehemaligen SS – zwischen Allgemeiner und Waffen-SS wurde nicht mehr unterschieden – sowie des SD sollten nur nach persönlicher Entscheidung des Verteidi-

gungsministers in die Truppe übernommen werden können. Eine Armee
zu planen war eine Sache, sie aufzustellen und auszurüsten eine andere.
Noch im August 1955 hatte das State Department den demokratischen
Senator Hubert Humphrey, einen der Wortführer im Außenpolitischen
Ausschuß des Senats, zu beruhigen gesucht: In Deutschland sei man sich
in hohem Maße bewußt, welche potentiellen Gefahren in der Bildung der
neuen Armee lägen. Das amerikanische Außenamt verwies auf die bevor-
stehende Einsetzung des Personalgutachterausschusses und hob die moralische Integrität der Mitglieder des Gremiums hervor: Größtenteils seien
sie an der Verschwörung gegen Hitler beteiligt gewesen.[58] Gab es Anlaß
für diesen vom State Department nach außen getragenen Optimismus?

Die Wehrgesetzgebung – das Soldatengesetz war am 6. März, das
Wehrpflichtgesetz am 7. Juli 1956 verabschiedet worden – hatte die Frage,
ob ehemalige SS-Angehörige in der Bundeswehr dienen durften, ausgeklammert. Entsprechende Regelungen blieben also Sache des Personalgutachterausschusses.

Das aus dem Amt Blank hervorgegangene Bundesverteidigungsministerium bestätigte am 24. Mai 1956 die vom Personalgutachterausschuß
ausgearbeiteten Bestimmungen in den wesentlichen Punkten. Die Hardthöhe präzisierte lediglich das Verfahren bei Bewerbern aus den unteren
SS-Rängen: Jene mußten drei persönliche Referenzen vorlegen, und zwar
von Bürgen, die selbst nicht der SS oder dem SD angehört hatten.
»Daneben ist besondere Aufmerksamkeit auf die Feststellung zu richten,
ob der Bewerber innerlich überzeugt von den Vorstellungen des Nationalsozialismus und der SS abgerückt ist. Im Prüfbericht ist zu dieser Frage
ausdrücklich Stellung zu nehmen«, hieß es weiter. SS-Angehörige konnten nach diesen Personalrichtlinien eingestellt werden, wenn sie:

1. zur SS gezwungen oder ohne ihr Zutun aus der Wehrmacht oder
   Polizei in die Waffen-SS übernommen worden waren;
2. am 8. Mai 1945 oder vor ihrem endgültigen Übertritt in die ehemalige
   Wehrmacht als Berufssoldat oder längerdienender Freiwilliger das
   22. Lebensjahr noch nicht vollendet hatten;
3. nur einen Mannschaftsdienstgrad in der Waffen-SS oder den Rang
   eines SS-Mannes in der Allgemeinen SS bekleidet hatten;
4. vor dem 1. Januar 1945 ihren Austritt aus der ehemaligen Allgemeinen
   SS erklärt hatten.

Alter, Rang, Zwang oder Freiwilligkeit beim Eintritt in die SS sowie die demokratische Grundhaltung – das waren die Kriterien für eine Übernahme in die neue Bundeswehr. In den näheren Erläuterungen wurden auch SS-Angehörige von der Beschäftigung ausgeschlossen, deren Einheiten an der Bewachung von Konzentrationslagern oder an Verbrechen beteiligt gewesen waren. Der Verteidigungsausschuß des Bundestages billigte diese Grundsätze am 13. September 1956.[59]

Daß die Spreu vom Weizen bei der SS nicht immer so leicht zu trennen war, wie dies in der Theorie möglich erschien, wußte man im Bundeskanzleramt. »Es dürfte schwierig sein, die KZ-Bewacher und die anderen SS-Gruppen mit verbrecherischen Aufträgen von der eigentlichen Waffen-SS abzugrenzen. [...] Die früheren Angehörigen der Waffen-SS betonen heute, daß sie als anständige Soldaten wie die anderen Wehrmachtsteile gekämpft und mit den KZ-Bewachern und den die Mordbefehle Hitlers ausführenden Einsatzgruppen nichts gemein hätten. Das dürfte für den größten Teil der Waffen-SS auch zutreffen.«[60] So der Wortlaut einer internen Denkschrift, die Staatssekretär Globke vorgelegt wurde. Doch ebenso war dort zu lesen, daß sich zum Beispiel die 3. Division der Waffen-SS mit dem Namen »Totenkopf« aus gleichnamigen Totenkopfverbänden – den KZ-Wachmannschaften also – rekrutiert hatte. Sprachen nicht solche historischen Erkenntnisse letztlich dafür, eine prinzipielle Sperre gegen Bewerber aus Reihen der SS zu errichten? In der Tat, auch im Bundeskanzleramt sah man dieses Problem: Auch Adenauer sollte während einer CDU-Vorstandssitzung darlegen, wie schwierig im Einzelfall das Urteil sein konnte: Einer seiner Söhne sei gegen den eigenen Willen beinahe in die SS abkommandiert worden.[61]

Der maßvolle Zugang von SS-Angehörigen zur Bundeswehr schien unter dem Deckmantel der Vertraulichkeit zur Zufriedenheit aller geregelt – da platzte die Bombe aus heiterem Himmel: In der ersten Ausgabe eines offiziellen Bulletins des neugegründeten Bundesverteidigungsministeriums wurden die Empfehlungen des Personalgutachterausschusses vom Oktober 1955 – immerhin bereits ein Jahr alt – in voller Länge abgedruckt. Hierdurch entstand in der Öffentlichkeit der Eindruck, als werde nun plötzlich massiv die Aufnahme ehemaliger SS-Leute in die Bundeswehr betrieben.[62] Für Hans Globke war die Veröffentlichung eine »Instinktlosigkeit sondergleichen«,[63] und Adenauer forderte, dem Verfasser der Meldung keine Aufgaben mehr anzuvertrauen, die »politisches

Taktgefühl« erforderten. »Was kann man jetzt machen?« - fragte er seinen Intimus im Bundeskanzleramt.[64]

Es war tatsächlich mehr als »Taktgefühl«, das jenem Beamten des Verteidigungsministeriums fehlte. Schlafende Hunde waren geweckt worden, und zwar in der Bundesrepublik, in Frankreich und Großbritannien,[65] vor allem aber in den USA. Wollte die Bundesregierung etwa jene erheblichen Organisations- und Rekrutierungsprobleme der neuen Armee, die sich im Sommer 1956 immer deutlicher abgezeichnet hatten, dadurch lösen, daß sie auf die alten SS-Kämpfer zurückgriff? Immerhin hatten zu hohe Vorgaben überzogene Erwartungen im Hinblick auf das Tempo geweckt, mit dem man die neuen deutschen Streitkräfte würde aufbauen können. Im Oktober 1956 zog Adenauer eine Konsequenz: An Stelle von Theodor Blank wurde Franz Josef Strauß Verteidigungsminister.[66]

Es half wenig, daß rein zahlenmäßig die Verpflichtung von SS-Leuten für die Bundeswehr begrenzt geblieben war: Bis zum 30. September 1956 hatten sich 3117 ehemalige SS-Angehörige für die Bundeswehr beworben, davon 1310 im Offiziersrang; 508 waren bereits eingestellt worden, davon lediglich 33 als Offiziere.[67] Das Faktum an sich war es, was heftige Proteste hervorrief. In der deutschen Presse wurde beträchtliche Kritik an der Öffnung der deutschen Streitkräfte für SS-Angehörige laut.[68] Auch der *Zentralrat der Juden in Deutschland* wandte sich gegen derartige Entwicklungen. Adenauer hatte alle Mühe, die Entscheidung der Bundesregierung zu erklären: »Ich habe Verständnis für die Besorgnis und Bedenken innerhalb der jüdischen Gemeinschaft. Ich bin aber davon überzeugt, daß das Offizierskorps der Bundeswehr mit der größten Sorgfalt ausgewählt wird und daher volles Vertrauen verdient«, schloß der Kanzler sein Schreiben an den Zentralrat.[69] Hendrik van Dam, der Vorsitzende des Zentralrates, wußte zudem zu berichten, daß das Thema SS und Bundeswehr bei einer Sitzung der europäischen Exekutive des *World Jewish Congress* »große Erregung« ausgelöst hatte. Daß van Dam dabei eher auf der Seite der Bundesregierung stand, machte er deutlich: »Ich hatte erhebliche Mühe, die Angelegenheit auf ihre richtigen Proportionen zurückzuführen«, schrieb er an das Bundeskanzleramt.[70]

Vor allem in den USA hatte die Affäre um den Aufbau der Bundeswehr eine schlechte Presse.[71] Und auch hier meldeten sich jüdische Organisationen lautstark zu Wort. Das ansonsten der Entwicklung im westlichen

Konrad Adenauer vor den ersten Soldaten der Bundeswehr.

Teil Deutschlands aufgeschlossen gegenüberstehende *American Jewish Committee* diagnostizierte ein »erstes größeres Abweichen von einer insgesamt verantwortlichen Politik der Bundesrepublik Deutschland« – »eine Wende mit unkalkulierbaren Folgen«.[72] Der insgesamt deutschlandkritischere *American Jewish Congress* meinte, die Entscheidung hinsichtlich der SS werde die, Sorgen über die Entwicklung der deutschen Demokratie verstärken.[73]

Das State Department aber suchte zu beruhigen. Hier gab man sich mit der Art und Weise zufrieden, wie Bonn gegen die Rückkehr problematischer Fälle in die Bundeswehr vorging.[74] Die wenigen SS-Leute, die durch die Maschen der strengen Prüfung schlüpfen würden, seien kein größerer Anlaß zur Sorge, schrieb das Außenministerium einem kritischen Senator. Darüber hinaus seien die zivilen Kontrollmechanismen über die deutsche Armee geradezu beeindruckend.[75] Kein Mann, der KZ-Wächter oder Mitglied einer Einsatzgruppe gewesen sei, werde in die neuen deutschen Streitkräfte aufgenommen. Dies unterstrich das State Department gegenüber dem *American Jewish Committee*. Darüber hinaus berief man sich auf Adenauer: Der Kanzler selbst habe eingeräumt, die

Entscheidung für die Aufnahme von SS-Leuten wäre nie gefallen, wenn er die Proteste vorausgesehen hätte. Das State Department schloß das Schreiben mit dem Hinweis, die deutsche Reaktion auf das Problem der SS-Angehörigen sei eine »überzeugende Demonstration der Wachsamkeit, um die deutschen Streitkräfte nicht antidemokratischen Einflüssen zu unterwerfen«.[76]

Das Thema SS und Bundeswehr wurde nach diesem letzten Strohfeuer zu den Akten gelegt. Abgesehen davon, daß das Verteidigungsministerium in Bonn noch einmal beim State Department nachfragte, ob man dort etwas gegen die Wiedereinstellung eines in Nürnberg wegen Kriegsverbrechen verurteilten und 1951 begnadigten Deutschen einzuwenden habe,[77] ging aus amerikanischer – wie auch aus britischer und französischer – Sicht der Aufbau der Bundeswehr ohne große Probleme hinsichtlich der personellen Vergangenheitsbewältigung vonstatten. Festzuhalten aber bleibt: Bis dahin war dieses Problem sehr ernst genommen worden.

Im November 1959 zog die amerikanische Botschaft in Bonn eine ausführliche Bilanz der Entwicklung der letzten Jahre: »Die Bundeswehr im neuen deutschen Staat und in der Gesellschaft« hieß die zehnseitige Denkschrift, die nach Washington übermittelt wurde. Wie sich die Bundeswehr in das politische und gesellschaftliche Leben des Staates eingepaßt habe, beschrieben die amerikanischen Analytiker mit folgendem Bild:

»Die Bundeswehr kann heute in Analogie zu einer Familie gesehen werden. Die deutsche Bevölkerung sind die Eltern, sie sind ziemlich stolz auf ihr Kind: die Bundeswehr; aber sie sind nicht sicher, ob sie dieses kontrollieren oder es sich überhaupt leisten können, und sie sind aufgrund anderer Erfahrungen ein wenig besorgt, daß dieses Kind sie in Schwierigkeiten bringen könnte. Es gibt Meinungsverschiedenheiten unter den Eltern, wie das Kind großgezogen werden solle [...]. Das Kind ist so ziemlich wie die anderen Kinder in der Nachbarschaft, es ist gesund und zufrieden, aber vielleicht mehr als die anderen mit eigenen Problemen des Wachstums sowie des Mangels an militärischer Reife beschäftigt. Das Kind ist dem Willen der Eltern auf eine vernünftige Weise untergeordnet; es hat keinen wirklichen Grund, widerspenstig zu sein, und es ist zu sehr mit eigenen Dingen beschäftigt, als daß es sich über Gebühr um die Angelegenheiten der Eltern kümmern würde, für die es sich ohnehin nur in geringem Maße verantwortlich fühlt. Erbanlagen und Umgebung haben dem Kind einige Merkmale der Vergangenheit der Eltern gegeben, aber es gab verantwortungsvolle und bisweilen ziemlich erfolgreiche Anstrengungen, die besten Einflüsse wirken zu lassen. Die Atmosphäre des Hauses war von gutnachbarlichem Verhalten der (atlantischen) Gemeinschaft gegenüber geprägt. Das Kind mag seine Spielgefährten, und die Vorzüge und die Sicherheit, die davon herrühren, daß es eines von ihnen ist – zumal mit den besten Beziehungen zum wichtigsten Mitglied der Gemeinschaft, den USA –, führen dazu, daß es keine Neigung hat, mit den Kommunisten auf der anderen Seite der Bahngleise zu spielen. Es steht diesen sogar bemerkenswert feindlich gegenüber. Es ist nicht möglich, die Charakterstärke von jemandem abzuschätzen, der so jung ist wie die Bundeswehr, und der Betreffende wird künftig immer beträchtlich beeinflußbar sein aufgrund veränderter Situationen um ihn herum.«[78]

Es war offenbar eine beschauliche Familie, die da im Frieden mit der westlichen – und in Feindschaft zur östlichen – Nachbarschaft lebte. Schwarze SS-Schafe in dieser Familie? Das war im Jahr 1959 kein Thema mehr.

14. DER MUTMASSLICHE
»RENAZIFIZIERUNGSSKANDAL«: ANGRIFFE
VON SEFTON DELMER UND OTTO JOHN

Der eine war während des Krieges für die britische Propaganda zuständig. Der andere betätigte sich unter anderem als Agent für den britischen Geheimdienst. Beide kannten sich gut. Der eine hatte den anderen in einem Internierungslager für britische Dienste »entdeckt«.[1] Auch nach dem Krieg riß der Kontakt nicht ab. Der eine machte in Großbritannien Karriere als Zeitungsjournalist und galt als Deutschlandexperte. Der andere kehrte in seine Heimat zurück und rückte dort an die Spitze des Bundesamtes für Verfassungsschutz.

Beide, der Brite Sefton Delmer und der Deutsche Otto John, profilierten sich zudem im Jahre 1954 als scharfe Kritiker der bundesdeutschen Innenpolitik.[2] Beide geißelten vor allem die Rückkehr der alten, belasteten Eliten in einflußreiche Positionen. Delmer wählte als Medium englische Zeitungen. Otto John hingegen wechselte aus bis heute umstrittenen Gründen in die DDR über und kritisierte von dort aus Renazifizierungs- und Restaurationstendenzen in der Bundesrepublik.

Wie aber reagierte man im Westen auf die Anschuldigungen? Immerhin konnte Otto John als vertraut mit gefährlichen Entwicklungen gelten, er hatte lange genug an der Informationsquelle gesessen. Auch Delmer verstand es, umfangreiches Material zur Wiederkehr der Alten zu sammeln – und an die Öffentlichkeit zu tragen.

SEFTON DELMERS ANGRIFFE IM FRÜHJAHR 1954

Sefton Delmer erregte erstmals im Frühjahr 1954 Aufmerksamkeit mit einer Artikelserie, die im Londoner *Daily Express* erschien. Massiv griff er darin bundesdeutsche Politiker, ja die Bundesrepublik insgesamt an.

»Wie tot ist Hitler?« fragte er am 22. März, um dann darzulegen, daß zumindest der Geist des Führers in Deutschland noch überaus lebendig sei. »Jobs für die Jungs von der Gestapo. Sie sind zurück beim alten Spiel.« So las man am Tag darauf. Einer der Interviewpartner: Otto John. »Das ist der Deutsche für Erpressungen« – dieser Artikel folgte zwei Tage später. Delmer stützte sich hier auf ein Memorandum, das ein untergeordneter Beamter im Amt von Vizekanzler Blücher verfaßt haben sollte. Jener hatte angeblich eine deutsche Erpressungspolitik gegenüber den Westmächten empfohlen – Erpressung mit der Drohung, sich an die Sowjetunion anzunähern.

Am 29. März folgten neue Enthüllungen. »Ich nenne die drei, die Beweis sind für die lauernde Gefahr«, versprach Delmer in der Überschrift. Ob er dieses Versprechen hielt, bleibt dahingestellt. Auf jeden Fall konnten sich die britischen Zeitungsleser ausführlich über die NS-Vergangenheit der Bundesminister Oberländer (Vertriebene), Kraft (Sonderaufgaben) und Preusker (Wohnungsbau) informieren.[3]

Wie eine »kleine Bombe« schlugen die Artikel nach Beobachtungen von Hochkommissar François-Poncet in Deutschland ein. Deutsche Zeitungen widmeten sich ausführlich den Vorwürfen Sefton Delmers. Der französische Diplomat selbst schüttelte zugleich innerlich den Kopf: Jeder, der die Lage in Deutschland kenne, müsse die Behauptungen des Briten als naiv und allzu pauschal empfinden.[4] Doch François-Poncet änderte seine Meinung im Laufe der weiteren Beiträge aus Delmers Feder. Gerade die Fakten gegen die drei umstrittenen Bundesminister schienen ihm kaum widerlegbar. Sowohl ihm als auch seinem Stellvertreter Bérard war dabei aufgefallen, daß aus Bonn keinerlei Dementi zur Vergangenheit der Bundesminister laut wurden. Bérard bemerkte auch, daß in offiziellen Lebensläufen der drei Minister die Jahre 1933–45 regelmäßig ausgespart blieben – und er ergänzte aus eigener Kenntnis biographische Einzelheiten zur Information der Zentrale in Paris.[5] François-Poncet fühlte sich durch Delmers Artikelserie bestätigt: Hatte er nicht schon immer über das »Wiedererwachen der nationalistischen Mikrobe« berichtet? Doch es gebe auch entgegengesetzte Kräfte, und die gelte es zu unterstützen.[6]

Anthony Nutting im Londoner Foreign Office reagierte hingegen erbost auf den Delmerschen Enthüllungsjournalismus: »Je mehr Delmers, desto mehr Hitlers und desto weniger Adenauers«, notierte er.[7] Kämpfte

Delmer mit seiner antideutschen Propaganda während der Kriegsjahre gegen Hitler, so richtete er seine Feder nun gegen Adenauer – und trug damit nach Nuttings Ansicht zur möglichen Rückkehr eines neuen Hitler bei. Sein Rat: Die EVG sollte so schnell wie möglich eingerichtet werden, und der deutschen Demokratie müsse eine Chance gegeben werden, sich gegen die Angriffe Delmers und seines skrupellosen Bosses – Nutting meinte den Großverleger und überaus deutschlandkritischen Lord Beaverbrook – zu verteidigen.[8]

Vom amerikanischen State Department wurde die Serie im *Daily Express* eher gelassen aufgenommen; als nicht überzeugend wies Washington die Anschuldigungen zurück. Der Autor, so wurde einem Senator mitgeteilt, sei voreingenommen und zeichne mit aus dem Zusammenhang gerissenen Fakten ein schiefes Bild der wirklichen Situation. Darüber hinaus ignoriere er die Anstrengungen der Westmächte und der Bundesregierung, einem Wiederaufleben des Nazismus oder Militarismus entgegenzuwirken, Das amerikanische Außenamt verwies dabei auch auf Erfolge der Entnazifizierungspolitik.[9]

Auch die amerikanische Hochkommission in der Bundesrepublik sah in den Delmer-Artikeln keinen unmittelbaren Anlaß zur Sorge. In einem Kommentar zu einer neuen deutschlandpolitischen Direktive des Nationalen Sicherheitsrats (National Security Council), der Anweisung NSC 160/1, beurteilte der stellvertretende Hochkommissar Dowling am 22. April 1954 das politische Leben in der Bundesrepublik als demokratisch, gemäßigt und stark antikommunistisch. Die Demokratie habe allerdings auch noch keinen wirklichen Test bestehen müssen: »Ein Element der Schwäche in dieser unerfahrenen Demokratie ist die Tatsache, daß die Angelegenheiten des neuen deutschen Staates von einer relativ kleinen Gruppe gelenkt werden, bei denen kaum ein Anzeichen oder gar der Wunsch zu erkennen ist, die Basis der politischen Partizipation zu verbreitern.«[10] Dunkle Flecken in der Vergangenheit von Mitgliedern dieser »relativ kleinen Gruppe« erschienen ihm offenbar nicht als Problem.

Nur vier Tage später wandte sich auch sein Vorgesetzter Conant vor dem außenpolitischen Ausschuß des Senates gegen Befürchtungen, die Nazis könnten an die Macht zurückkehren.[11] Er meinte damit allerdings weniger die Rückkehr von Ehemaligen in wichtige Positionen als vielmehr rechtsradikale Strömungen. Daß Rechtsradikalismus im Sommer 1954 so unbedeutend wie noch nie während der letzten dreißig Jahre war, bestätigte zudem eine ausführliche Analyse der amerikanischen Hochkommission. Immerhin wurde dort die Rückkehr von früheren Parteigenossen in prominente Stellungen registriert und als eher peinlich bezeichnet. Drei Bundesminister mit dunkler Vergangenheit – so etwas wäre nach Meinung der amerikanischen Beobachter im ersten Kabinett Adenauer noch undenkbar gewesen. Die Analyse der Hochkommission erkannte dann einen grundlegenden Meinungswandel in der Bevölkerung. Drohte doch Gefahr? Nicht direkt, denn die bloße Zugehörigkeit zum Kabinett bedeute noch keine wirkliche Gefährdung der Bundesregierung:

> »Das wirkliche Problem [...] besteht darin, daß nun ein Präzedenzfall vorliegt für Männer mit ähnlicher Vergangenheit, die wichtige Positionen in der Bundesregierung übernehmen wollen, und wenn das mit der Zeit in größerem Ausmaß geschieht, dann könnte der kollektive Einfluß der Denkweise von solchen Männern gefährliche Folgen haben. [...] Beim Versuch, kommende Entwicklungen zu analysieren, wird es notwendig sein, die Vergangenheit der betreffenden Individuen und deren mutmaßlichen gemeinsamen Einfluß [...] sorgfältig zu prüfen.«[12]

Unterwanderung der demokratischen Institutionen durch ehemalige Nationalsozialisten oder durch Sympathisanten der alten Ordnung – die Hochkommission schien eine solche Entwicklung nicht ganz auszuschließen. Auch in einer anderen Analyse wurden personell-restaurative Tendenzen nach Washington gemeldet: »Auf der Ebene unter dem Staatssekretär liest sich eine große Anzahl von Namen wie eine Personalliste der alten Reichsministerien.« Die Schlußfolgerung: »Zum gegenwärtigen Zeitpunkt ist die Infiltration wahrscheinlicher als der offene Marsch zur Macht.«[13]

Das klang nicht ungefährlich. Voraussetzung für den Marsch an die Macht wäre allerdings gewesen, daß frühere Nationalsozialisten, sollten sie in wichtige Positionen vorrücken, sich nicht den demokratischen Gegebenheiten anpaßten, sondern weiter antidemokratisches Gedankengut vertraten und verbreiteten. Tatsächlich erkannte auch der Verfasser der Denkschrift, daß keiner der Belasteten – zumindest nicht jene auf Verwaltungsebene – einen schädlichen Einfluß ausübte: »Man kann sicher sein, daß es sich hier um ›Techniker‹ oder Experten handelt, die keine politischen Neigungen haben, sondern in der alten Beamtentradition stehen und jedem an der Macht befindlichen Regime dienen [...].«[14]

Daß eine Belastung durch individuelle Vergangenheit schon für sich genommen von politischer Verantwortung ausschließen könnte – das Stichwort lautet »politische Hygiene« –, kam den amerikanischen Beobachtern der deutschen Politik nicht in den Sinn. Und nannte man nicht selbst einen Grund hierfür, wenn man nach Washington berichtete: »[...] Es sollte festgehalten werden, daß es in der deutschen Gesellschaft eine starke Tendenz gibt, ein tiefes Schuldgefühl angesichts der Verbrechen und Fehler des Nazismus durch das völlige Leugnen von Verantwortung zu begraben – eine Art Amnesie im Hinblick auf dieses Kapitel deutscher Geschichte.«

Geschichtsvergessen, so sah man die Deutschen. Keinesfalls aber galt dies als reale Gefahr für die demokratische Entwicklung in der Bundesrepublik.

ANFEINDUNGEN AUS DER DDR DURCH OTTO JOHN

Geschichtsbewußt gab sich hingegen Otto John – oder wer hinter ihm stand –, als er, früher selbst den Widerstandskreisen um den 20. Juli verbunden, am 10. Jahrestag des fehlgeschlagenen Hitler-Attentats im Osten Deutschlands auftauchte.[15] Schon seit längerem hatte sich der Verfassungsschutz-Chef beunruhigt gezeigt. Er beschwor die Gefahren für die Demokratie angesichts der zahlreichen ehemaligen Nationalsozialisten in den Reihen von Regierung und Parteien – Gefahren vor allem dann, wenn die Politik des Kanzlers scheitern oder eine schwere Wirtschaftskrise die Bundesrepublik erschüttern sollte.[16]

In Ost-Berlin traf John mit derartigen Thesen auf mehr Interesse als in der Bundesrepublik selbst. Zunächst meldete sich der prominente Westdeutsche mit Radio-Ansprachen über DDR-Sender zur Wort. Schon an jenem 20. Juli 1954 erklärte er, mit dem Verlassen Deutschlands wolle er ein Zeichen in Richtung Wiedervereinigung setzen. John gab sich stets gesamtdeutsch. Dann behauptete er, in der Bundesrepublik sei ihm nach und nach die Basis seiner politischen Arbeit entzogen worden: und zwar von Nazis, die ihren Einfluß überall im politischen wie öffentlichen Leben

Otto John (Mitte) im Café Warschau anläßlich der Besichtigung der Ostberliner Stalin-Allee. Neben ihm Otto Correns, Präsident des Nationalrates, und der Architekt Professor Henselmann.

ausdehnten.[17] In der Bundesrepublik seien die »wildesten Nazis und Militaristen wieder hoffähig gemacht worden. [...] Überall in den Verwaltungen, in der Wirtschaft, in der Industrie, an den Universitäten, wo immer sie auch hinblicken, die Nazis sind wieder da, und mit ihnen ist der Geist wieder lebendig geworden, der das deutsche Volk in die totale Katastrophe geführt hat.« Den angeblich Schuldigen klagte John ebenfalls an: »Das stetige Vordringen der unverbesserlichen nazistischen Elemente in der Bundesregierung ist die logische Folge der Politik Dr. Adenauers [...].«[18] Auch in den folgenden Wochen blieb die »Renazifizierung« der durchgängige – wenngleich nicht alleinige – Vorwurf an die Adresse der Bundesregierung.

Die Umstände und Folgen des Wechsels bzw. der Entführung Johns waren in der Bundesrepublik ein heiß debattiertes Thema. Vom Inhalt seiner aus der DDR vorgetragenen Anklagen nahm die Öffentlichkeit jedoch kaum Notiz. Bei einer Umfrage im August 1954 stellte sich heraus, daß weniger als die Hälfte derjenigen, die von Johns Verschwinden

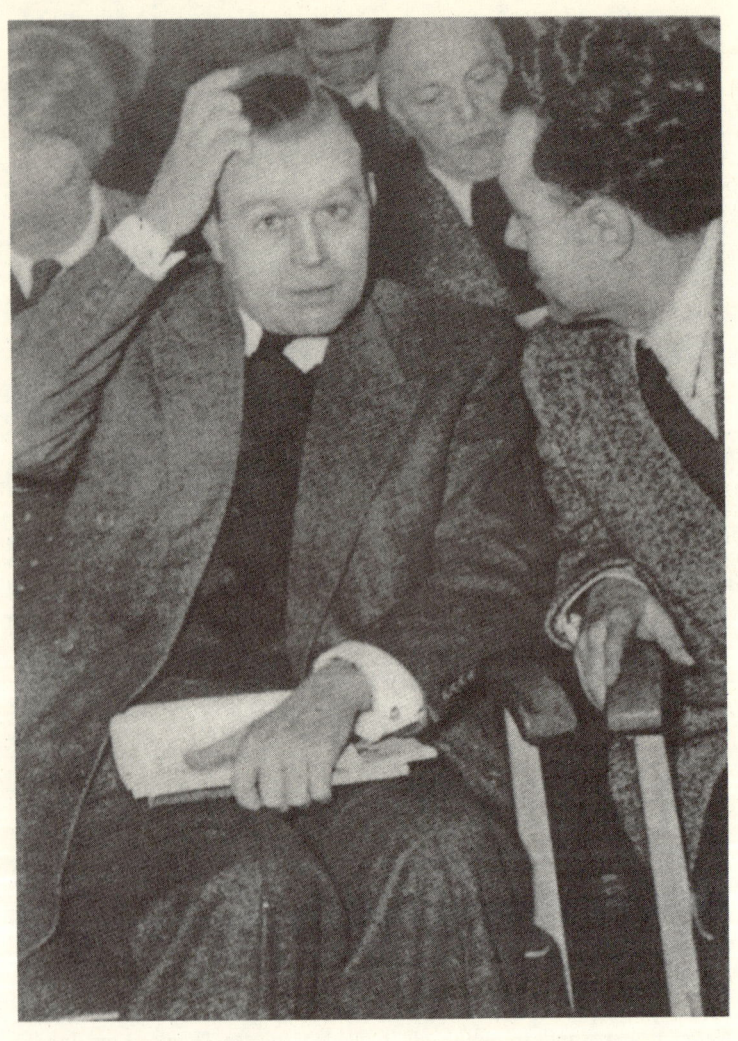

Otto Jahn während einer Pressekonferenz in Ost-Berlin.

wußten, auch über seine Aussagen im Bilde waren. Seine Thesen ließen die Westdeutschen kalt - so urteilte auch die amerikanische Hochkommission. Außer für einige Idealisten oder die SPD sei es weder neu noch sonderlich aufregend, daß ehemalige Nationalsozialisten wieder in der Regierung säßen.[19] Wie sehr diese Analyse zutraf, belegt eine andere Studie, die um die gleiche Zeit durchgeführt wurde. »Würden Sie sagen, daß viele hochrangige Nationalsozialisten heute in der Politik Westdeutschlands aktiv sind, oder nicht?« fragte das Meinungsforschungsinstitut Allensbach die Bundesbürger. Nur rund ein Viertel bejahten dies, während die Hälfte (49 Prozent) der Auffassung war, ehemalige hohe Nationalsozialisten seien nur in wenigen Fällen oder überhaupt nicht aktiv.[20]

Was bedeutete nun der Wechsel Otto Johns für die Stellung der Bundesrepublik im Westen? Immerhin: Die EVG-Entscheidung der französischen Nationalversammlung stand unmittelbar bevor, so daß Zweifel an der Zuverlässigkeit der Bundesregierung laut wurden. Als Verfassungsschutzchef hatte John selbstverständlich Zugriff auf Geheiminformationen, und die Sorge wuchs, er könnte diese im Osten Deutschlands ausplaudern.[21]

Wie schon bei den Artikeln Sefton Delmers im Frühjahr blieben Stellungnahmen der Bundesregierung auch jetzt aus.[22] Intern gab es im Auswärtigen Amt sehr wohl Sorgen, die Vorwürfe könnten das internationale Vertrauen in die Bundesrepublik untergraben.[23]

Zumindest im Hinblick auf den französischen Hochkommissar war diese Furcht kaum begründet, denn François-Poncet fand die »Enthüllungen« Johns wenig originell.[24] In seiner Bewertung der Affäre mag Verachtung für die Person, diesen »mittelmäßigen und wenig ehrenhaften Mann«, jenen »typischen Agenten«, mitgeschwungen haben.[25] Auf jeden Fall mahnte François-Poncet einmal mehr eine differenzierte Betrachtungsweise der Probleme an: Natürlich, Männer wie Oberländer, Kraft und Seebohm saßen in der Bundesregierung; alte Generäle hatten wieder einige Bedeutung erlangt; aber man müsse sich nur einmal die umgekehrte Situation vor Augen führen: Die völlige Eliminierung ehemaliger Nationalsozialisten und aller Diener des Dritten Reiches aus dem öffentlichen Leben würde eine »menschliche Wüste« hinterlassen; so tief sei das Phänomen Hitlerismus in Deutschland verwurzelt gewesen. Außerdem reichte es nicht aus, auf diesen oder jenen Funktionär mit dem Finger zu deuten, stets müsse hinzugefügt werden, welche Art von Nazi er gewesen sei: Würdenträger, militanter Nationalsozialist oder einfacher Mitläufer. Vor allem aber forderte der französische Hochkommissar, die Entwicklung jedes einzelnen *nach* 1945 in jegliche Be- und Verurteilung mit einzubeziehen. Das Bild, das John von der Bundesrepublik zeichne, sei unvollständig und voreingenommen, denn es übersehe das Potential demokratischer und freiheitlicher Kräfte. Die ganze Sache habe aber auch ein Gutes: Deutschland werde aufgerüttelt, um nazistischen Machenschaften und vor allem nationalistischen Bestrebungen energischer entgegenzutreten.[26]

Gefahren sah François-Poncet woanders: in der Diskreditierung des Widerstandskreises um den 20. Juli. Dem Anschein nach hatte sich einer der ihrigen für den anderen – besseren? – Teil Deutschlands entschieden.[27] Und umgekehrt, aus widerstandskritischer Perspektive könnte es heißen: Da ist einer, der nach Widerstand und Agententätigkeit sein Land zum zweiten Mal verriet.[28] Ohnehin blieb die moralische Bewertung des 20. Juli 1944 seinerzeit umstritten: Mußten die Verschwörer als Kämpfer für die Befreiung vom Hitler-Joch gefeiert oder als Verräter verurteilt werden?[29] François-Poncet bestätigte seinen Vorgesetzten, daß durch den Fall John unter Umständen diejenigen als die wirklichen Patrioten aufgewertet würden, die bis zum Ende treu an Hitlers Seite gekämpft hatten. Es drohe insofern eine Rehabilitierung der ehemaligen Nationalsozialisten[30] – eine Befürchtung, die auch seitens der amerikanischen Hochkommission geäußert wurde.[31] Tatsächlich forderte ein rechtsextremes Blatt nach der Entnazifizierung eine »Entjohnifizierung«.[32]

Das Washingtoner State Department sorgte sich um den Durchschnittsdeutschen, der, nachdem er entnazifiziert worden sei, nie so recht gewußt habe, wie er den moralischen Mut der Männer des 20. Juli bewerten solle. Ähnlich wie François-Poncet bewertete das Außenministerium mögliche Konsequenzen:

»Er [der Durchschnittsdeutsche, U. B.] wird sich mit Gedanken an seine eigene Treue trösten: Er war dem Führer treu, er blieb ihm treu, bis der Krieg beendet war, er ist jetzt Deutschland treu; John hingegen war gegenüber Hitler illoyal, war britischer Agent im letzten Kriegsjahr, war dann angeblich britisch-amerikanischer Agent beim Verfassungsschutz und ist nun kommunistischer Agent. Man wird sich auf den chamäleonartigen Charakter des Mannes konzentrieren. Politisch könnte diese Reaktion zu einer deutlichen Selbstrechtfertigung ehemaliger Nazis und aller Oppositioneller gegen Adenauer von links bis rechts führen. [...].«

Die Bundesregierung sollte nach dem Willen Washingtons aufgefordert werden, darauf hinzuarbeiten, daß ehemalige Nazis nicht zu den Nutznießern der Affäre John würden.[33] In innenpolitischer Hinsicht gab es für das State Department wiederum kaum Anlaß zum Handeln; die amerikanische Öffentlichkeit ließ sich durch Johns Angriffe nicht gegen die Bundesrepublik aufbringen. Im Oktober 1954 antworteten fast zwei Drittel der befragten Amerikaner (62 Prozent) auf die Frage: »Glauben Sie, es besteht viel Aussicht, daß die Nazis in Deutschland wieder mächtig werden?« mit Nein.[34]

Auf der britischen Insel fand die John-Affäre ebenfalls einige Aufmerksamkeit, er war ja dort aufgrund seiner Dienste während des Krieges kein Unbekannter. Johns Behauptung, frühere Nazis befänden sich auf dem Marsch durch die Institutionen, fand in der britischen Presse immer wieder Beachtung.[35] Vor allem die Organisation Gehlen, Keimzelle des späteren Bundesnachrichtendienstes,[36] wurde nun durch die NS-Lupe betrachtet. Es war wiederum Sefton Delmer, der sich hervortat, sah er doch durch den Wechsel seines ehemaligen Mitarbeiters John seine Ahnungen und Mahnungen bestätigt. »Das Come-Back der Nazis beginnt«, hieß es im *Daily Express*.[37] Einige Zeitungen schienen die aus Ost-Berlin lancierten Anklagen für bare Münze zu nehmen.[38]

Ein Konkurrenzblatt, der *Daily Telegraph*, veröffentlichte demgegenüber eine Photomontage: John und Delmer selbst unter einem Hakenkreuz.[39] Die Montage diente als Illustration eines ganzseitigen Artikels, in welchem ein gerade neu erschienenes Buch besprochen wurde: *The Scourge of the Swastica* – Die Geißel des Hakenkreuzes. Als Verfasser zeichnet ein gewisser Lord Russell von Liverpool.[40] Im Jargon des Auswärtigen Amtes handelte es sich hier um ein »deutschfeindliches Greuelbuch«. Bonn suchte der Hohen Kommission klarzumachen, wie brisant die Veröffentlichung derartiger Werke im Zusammenhang mit der John-Affäre sei, zumal angesichts der unsicheren EVG-Ratifizierung.[41] Tatsächlich war Russells Œuvre nichts anderes als eine – historisch nicht immer korrekte – Gesamtdarstellung deutscher Kriegsverbrechen.[42]

Die britische Regierung selbst hielt sich in der John-Affäre bedeckt; immerhin hatte der Mann für den eigenen Geheimdienst gearbeitet (weswegen wohl die Akten des Foreign Office zur John-Affäre vor ihrer Freigabe auch »gesäubert« wurden).[43] Ein wenig geheimnisvoll ließ Außenminister Eden Churchill wissen, man könne die Öffentlichkeit nicht über die wahren Hintergründe informieren, außer wenn sichergestellt sei, daß die Informationsquellen nicht kompromittiert würden.[44] Das Buch von Lord Russell hatte allerdings ein politisches Nachspiel. Vordergründig Stein des Anstoßes war Russells Status eines Regierungsbeamten: Regierungsamt – er war als Jurist beschäftigt – und derart kontroverse Veröffentlichungen seien formal nicht miteinander vereinbar, mahnte der Lordkanzler (Lord Chancellor).[45] Wenn Russell sich mit dem Argument zur Wehr setzte, keineswegs ein kontroverses Thema angepackt zu haben – seine Studie beruht vielmehr auf historischen Fakten –, dann berührte dies schon eher das eigentliche Problem.[46] Denn der Lordkanzler antwortete:

»Die ganze Behandlung des Themas, die Aufmachung des Einbandes durch den Verleger, vor allem aber die Fotos sind dazu geeignet, Haß auf das deutsche Volk in seiner Gesamtheit zu erzeugen; deshalb unterstützt das Buch die stärksten Kritiker unserer Politik, die Deutschland unter anderem durch die Wiederbewaffnung wieder in die Lage versetzen will, Einfluß zu nehmen auf die Weltpolitik.«[47]

Ein Buch über die Verbrechen der Vergangenheit bedrohte also die Deutschlandpolitik der Gegenwart. Ein Beamter der Deutschlandabteilung des britischen Außenministeriums formulierte es noch schärfer:

»Ich sehe nicht ein, warum wir über Gebühr verschweigen sollten, weshalb wir es für wenig wünschenswert halten, daß die Asche der Vergangenheit durchwühlt wird. Die Regierung Ihrer Majestät hat sich zu einer kontrollierten deutschen Wiederbewaffnung verpflichtet sowie zu einer Politik, die als wichtiges Element den Glauben an die Möglichkeit der Wiedergeburt eines freien Deutschlands auf demokratischer Grundlage enthält. Wenn diese Politik zum Erfolg führen soll, dann muß von uns die Führung übernommen werden bei Gegenmaßnahmen gegen den wachsenden Chor von Nazi-Jägern und Miesmachern.«[49]

Zur Demokratisierung Deutschlands gehörte nach Auffassung dieses Beamten (und nicht nur *dieses* Beamten) keineswegs der Blick zurück; Nazi-Jäger störten bloß. Nebenbei: Der prominenteste unter ihnen, Simon Wiesenthal, mußte um die gleiche Zeit aus Mangel an Interesse – nicht an Beweisen oder an offenen Fällen – seine Wiener Dokumentationszentrale schließen.[49]

So blieb auch die John-Attacke gegen Bonn bemerkenswert folgenlos. In den westlichen Hauptstädten dachte man zwar über die Vorwürfe dieses Westdeutschen im deutschen Osten nach, handelte aber nicht. Weit waren London, Paris und Washington davon entfernt, in Bonn auf eine personelle Vergangenheitsbewältigung zu dringen, die den alten belasteten Kräften keine und den neuen mehr Chancen verhieß. Dies war kein Thema, welches im Jahre 1954 auf der deutschen oder westalliierten Tagesordnung gestanden hätte.

In eben diesen Monaten hatte auch ein Mitarbeiter des Auswärtigen Amtes das Russell-Buch gelesen: Axel Freiherr von dem Bussche-Streithorst. Er kam aus dem Widerstand gegen die Nationalsozialisten, motiviert dadurch, daß er im Herbst 1942 selber Zeuge einer Massenexekution von Juden in der Ukraine geworden war.[50] Was seine Kollegen als »deutschfeindliches Greuelbuch« verwarfen, hatte ihn nachdenklich gestimmt. Deutsche können sich ihrer historischen Hypothek nicht entziehen, schrieb er nach der Lektüre von Russells NS-Buch: »Vielmehr müssen wir zu unserer Vergangenheit ebenso sehr im Guten wie im Schlechten stehen.«[51]

Dies war eine Forderung, die schon bald neue Nahrung erhalten sollte!

15. DIE LAST MIT DEN BELASTETEN:
»DIE RICHTER SIND UNTER UNS«

Immer wieder wurde die Wende beschrieben – jener Wandel in Politik und Gesellschaft, der auf die Verdrängung eine Hinwendung zur NS-Vergangenheit folgen ließ. Nach Michael Wolffsohn vollzog sich jener Umschwung von der »verordneten« – also alliierten – zur »freiwilligen Vergangenheitsbewältigung« bereits Mitte der fünfziger Jahre, und zwar zunächst auf Regierungsebene. Gesellschaftlich sei diese Entwicklung dann Ende der fünfziger und vor allem zu Beginn der sechziger Jahre voll zum Tragen gekommen.[1] Peter Steinbach datiert die Wende in das Jahr 1958; »Schockartig« seien durch den Ulmer Einsatzgruppenprozeß die NS-Verbrechen in Erinnerung gerufen worden.[2] Hans-Peter Schwarz sieht die Hinwendung zur Vergangenheit etwas später: Alles habe sich »schlagartig im Jahr 1960« verändert.[3] Für Hermann Lübbe setzte vor allem in der Zeit der Studentenrevolte eine kritische Auseinandersetzung mit dem Nationalsozialismus ein.[4] Ohnehin hat Lübbe die interessante – wenngleich empirisch kaum zu be- oder widerlegende – Beobachtung gemacht, daß sich die NS-Vergangenheit um so stärker aufzudrängen scheint, je weiter sich die Gesellschaft zeitlich von ihr entfernt.[5]

Was aber änderte sich im Hinblick auf die hier thematisierte Fragestellung? Wie kam es zu einem Wandel in der personellen Vergangenheitsbewältigung der Bundesrepublik? Eugen Kogon hatte noch im September 1954 unter dem Eindruck der John-Affäre resigniert vermerkt: »Die stille, allmähliche, schleichende, unhaltsame Wiederkehr der Gestrigen scheint das Schicksal der Bundesrepublik zu sein. Angetan mit alten und neuen Gesetzesmänteln der Gerechtigkeit, lassen sie sich einzeln auf den hohen, reihenweise auf den mittleren Sesseln der Verwaltung, der Justiz und der Verbände nieder.«[6] Damals blieb er ein einsamer Rufer in der Wüste.

Wann und warum wurde die NS-Vergangenheit von Politikern immer stärker zum Politikum? Wenn Karl Jaspers später schreiben würde, daß

»das Fortwirken der alten Nationalsozialisten [...] ein Grundverbrechen der inneren Verfassung der Bundesrepublik« sei, dann blickte er schon auf eine längere Debatte um Belastete in der deutschen Öffentlichkeit zurück.[7] Jene Ohrfeige, die Beate Klarsfeld Bundeskanzler Kurt Georg Kiesinger wegen dessen dunkler Vergangenheit verabreichte, steht hierfür als schallendes Symbol.[8]

Ein Wendepunkt war zweifellos die Gründung der Ludwigsburger Zentralstelle zur Verfolgung von NS-Verbrechen Ende des Jahres 1958. Mit Ludwigsburg wurde der politische Wille deutlich, sich auf juristischer Ebene dem kriminellen Erbe der NS-Vergangenheit systematisch zu widmen.

Soweit grob skizziert bekannte und immer wieder zitierte Fakten. *Erklärungen* für die inneren Zusammenhänge aber fehlen noch. Vor allem die Haltung des Westens, also insbesondere Frankreichs, Großbritanniens und der USA ist bisher nicht annähernd berücksichtigt worden. Es wird im folgenden zu fragen sein, ob von dort Einflüsse auf jenen Wandel im Umgang mit individueller Schuld und Verantwortung festzustellen sind.[9]

»ROSEN FÜR DEN STAATSANWALT« UND ERSTE ANGRIFFE AUS OST-BERLIN

Es war die Kino-Geschichte des Gefreiten Kleinschmidt, die Ende der fünfziger Jahre die deutsche Öffentlichkeit aufrüttelte. *Rosen für den Staatsanwalt* hieß der Film. Martin Held spielt darin einen Juristen, der in der Schlußphase des Krieges den Soldaten Kleinschmidt wegen des Diebstahls von Schokolade zum Tode verurteilt hatte. Kleinschmidt entgeht der Exekution nur durch ein Wunder. Er schlägt sich nach Kriegsende als fliegender Händler durch, bis er durch Zufall den Richter von damals wiedertrifft. Dieser lebt unbehelligt in seiner bürgerlichen Behaglichkeit, seinen »Schatz an Erfahrungen, Kenntnissen und Arbeitskraft« hatte er der bundesdeutschen Justiz angetragen und es bis zum Oberstaatsanwalt gebracht. Um den Blutrichter zu enttarnen, stiehlt Kleinschmidt erneut Schokolade. In einer dramatischen Gerichtsverhandlung verliert der Oberstaatsanwalt die Fassung und fordert für den Ex-Gefreiten erneut das Todesurteil: das Ende einer Juristenkarriere!

Rosen für den Staatsanwalt wurde mit dem Bundesfilmpreis ausge-

Ein Filmklassiker zum Thema NS-Juristen.

zeichnet. So ganz schien Bonn der Film allerdings nicht zu behagen. Bundesinnenminister Schröder blieb der Prämierung demonstrativ fern. Immerhin schickte er seinen Staatssekretär vor, und nicht umsonst betonte dieser in seiner Ansprache die besondere Verantwortung bei der Herstellung von zeitkritischen Filmen.[10]

Dabei hatte *Rosen für den Staatsanwalt* nur ein Thema aufgegriffen, welches immer heftiger diskutiert wurde: die Rolle von Juristen im Dritten Reich und ihre Übernahme in den Justizdienst der Bundesrepublik. Ohnehin war es das Medium Film, durch welches zunehmend zeitgeschichtliche Inhalte publikumswirksam vermittelt werden konnten. Das regierungsamtliche Bonn sah darin auch Gefahrenpotential, das hatte bereits das Jahr 1953 gezeigt. Damals verbot die Bundesregierung den Hitler-Film *Bis 5 nach 12* – nicht zuletzt aus Sorge, ein solches Bohren in der Vergangenheit könnte die Beziehungen der Bundesrepublik zum Westen gefährden.[11]

Drohte 1958 ähnliches aus der anderen Richtung? Im Mai 1958 sollte dem britischen Fernsehpublikum ein Dokumentarfilm vorgeführt werden. *Ferien auf Sylt* lautete der Titel, was nach einer Dokumentation des Tourismus in der Schönheit der nordfriesischen Inselwelt klang. Das war es aber nicht: *Ferien auf Sylt* war ein Streifen der DEFA, der in Ost-Berlin beheimateten Filmgesellschaft, und inhaltlich höchst brisant. Hauptfigur war der Bürgermeister von Westerland, Heinz Reinefarth. Aufmerksame Leser werden im Gedächtnis behalten haben, daß Polen einst die Auslieferung des SS-Obergruppenführers verlangt hatte, die USA sich jedoch weigerten, den wertvollen Informanten preiszugeben.[12]

Reinefarth war ein Kriegsverbrecherverfahren in Polen erspart geblieben, statt dessen hatte er politische Karriere machen können. Zunächst Stadtoberhaupt von Westerland, griff er bald nach Höherem: Er kandidierte als Mitglied des Bundes der Heimatvertriebenen und Entrechteten (BHE) für den Landtag von Schleswig-Holstein.

Holte ihn nun seine Vergangenheit ein? Immerhin hatten die findigen DEFA-Leute britischen Pressevertretern schon am 6. Mai 1958 einen Vorgeschmack darauf gegeben, was demnächst über die Mattscheibe in Millionen britischer *living rooms* flimmern sollte.[13] Der Grundtenor des Films: Ein ehemaliger SS-Mann mit verbrecherischer Vergangenheit hat sich im politischen Leben der Bundesrepublik etabliert. Wohlgemerkt, Reinefarth wurden Kriegsverbrechen nie nachgewiesen. Auch ein Ermittlungsverfahren in der Bundesrepublik erbrachte keine Anklagepunkte; wenige Tage nach dem Einzug Reinefarths in den Kieler Landtag wurden die staatsanwaltlichen Ermittlungen ergebnislos eingestellt.[14]

Es gelang, den Wirbel abzuwenden, der durch eine Ausstrahlung der DEFA-Dokumentation entstanden wäre. In London hatte die Bundesregierung einen alten Bekannten, einen einflußreichen zumal: den früheren Hochkommissar Sir Ivone Kirkpatrick. Als hohem Beamten im Foreign Office war es ihm zu verdanken, daß der Reinefarth-Film – wegen »technischer Schwierigkeiten« – aus dem Programm genommen wurde.[15] Die deutsche Botschaft atmete erleichtert und dankbar auf, und zwar in allen Abteilungen – so wußte man im Foreign Office.[16]

Die Reinefarth-Episode zeigt, woher die Vorwürfe gegen die Bundesrepublik kamen: aus dem Osten Deutschlands. Und sie illustriert, wo das Interesse an Nachrichten über die »Renazifizierung« der Bundesrepublik offenbar besonders groß war: auf der britischen Insel. Nicht umsonst warnte der deutsche Botschafter in London, Hans von Herwarth, vor einer

Heinz Reinefarth (rechts) 1958 bei einer Wahlveranstaltung
des Bundes der Heimatvertriebenen und Entrechteten.

neuen geplanten Filmproduktion über das Land, welches er vertrat. Arbeitstitel: *Was wurde aus den Nazis?*

Nicht noch einmal sollte der DDR so freie Hand bei einer Propaganda-Aktion gelassen werden; Bonn wollte beim neuen Projekt *Was wurde aus den Nazis?* Ost-Berlin zuvorkommen. Das Auswärtige Amt bot den britischen Produzenten an, bei der Materialbeschaffung für die neue Fernsehdokumentation zu helfen.[17] Das Bundesinnenministerium machte konkrete Vorschläge für die Gestaltung des Films: Im ersten Teil sollten die alliierten Entnazifizierungen und Kriegsverbrecherprozesse, anschließend der Widerstand der westdeutschen Öffentlichkeit gegen die Rückkehr von Nazi-Größen in die Politik dargestellt werden. Als Abschluß und Höhepunkt müsse dann die Wiedereinsetzung von Nationalsozialisten in der SBZ angeprangert werden. Insgesamt solle auf diese Weise veranschaulicht werden, »wie weitgehend die nationalsozialistische Weltanschauung aus dem Denken« der deutschen Öffentlichkeit ausgemerzt ist«.[18]

Ein Flop wäre eine solche Dokumentation geworden, nichts anderes. Das für die deutsche Filmförderung zuständige Bundesministerium hätte Geschmack und Interesse des britischen Publikums kaum mehr verfehlen können. Es ging Ende der fünfziger Jahre weniger darum, wieviele »Nazis« sich in die Dienste »Pankows« geflüchtet hatten. Es waren gerade die »Nazis« in bundesdeutschen Diensten, die zunehmend ins Kreuzfeuer der Kritik gerieten – vor allem in Großbritannien. Es ging auch weniger um ein akutes Wiederaufleben nationalsozialistischer Weltanschauung, vielmehr wurden bohrende Fragen gestellt nach dem Umgang mit denjenigen, die dieser Weltanschauung einst angehangen hatten. Von Herwarth telegraphierte aus London:

>»Was von britischer Seite zur Abwehr kommunistischer Angriffe auf die Bundesrepublik bereits geschehen ist, entspringt der Überzeugung, daß der Weltkommunismus ständig die westliche Abwehrfront auf dem Gebiet der psychologischen Kriegsführung nach schwachen Stellen abtastet und versuchen wird, Mißtrauen zu säen. Um so dringlicher erscheint es mir, rechtzeitig geeignete Gegenaktionen vorzubereiten und diese mit unseren Verbündeten abzustimmen [...].«[19]

War der »Weltkommunismus« beim Suchen nach »schwachen Stellen« in der »westlichen Abwehrfront« fündig geworden?

Von langer Hand war die ostdeutsche Propagandaoffensive gegen den westdeutschen Staat geplant. Hatte das Auswärtige Amt etwas davon geahnt, als man im Februar 1957 alle Botschaften aufforderte, über DDR-Aktivitäten zu berichten? Damals – mehr als ein Jahr vor der Reinefarth-Episode – klangen die Antworten aus aller Welt noch beruhigend. Paris meldete ausführlich, weder auf politischem noch auf kulturellem oder wirtschaftlichem Gebiet sei eine Intensivierung der Beziehungen zwischen Frankreich und der DDR festzustellen.[20] Knapper klang der Bericht aus Washington: Eine »systematische Propaganda- und Werbetätigkeit der SBZ in den Vereinigten Staaten [ist] bisher nicht feststellbar.«[21] Von der deutschen Botschaft in London kamen ähnliche Meldungen: »Die Propagandatätigkeit der SBZ in Großbritannien ist, insgesamt gesehen, kaum als nennenswert zu bezeichnen [...].«[22]

Die Ruhe erwies sich jedoch gerade dort als trügerisch und für die Bundesrepublik als eine Ruhe vor dem Sturm. Noch 1956 hatte die DDR das Nachsehen gehabt: Der Leiter der Ostabteilung im Auswärtigen Amt, Otto Bräutigam, war von seiner Vergangenheit eingeholt worden. Als Beamter des früheren Reichsministeriums für die besetzten Ostgebiete wurde er mit dem Völkermord an den Juden in Verbindung gebracht. Mit Léon Poliakovs 1955 erschienenen Buch über den Holocaust war der Stein ins Rollen gekommen, und *Der Spiegel* hatte die Geschichte gern aufgegriffen.[23] Die DDR allerdings reagierte zu spät, als sie am 1. März 1956 belastende Dokumente gegen Bräutigam – und andere bundesdeutsche Politiker – ankündigte: Die Wogen hatten sich geglättet.[24]

Im November 1957 nun sagten die in Moskau versammelten kommunistischen Parteien dem friedenbedrohenden »westdeutschen Militarismus und Revanchismus« den Kampf an. Vom 27. bis zum 29. Juni 1958 fand in Ost-Berlin ein Treffen von Vertretern kommunistischer Parteien aus fünfzehn Ländern statt, bei dem vor Atomwaffen in Händen von »Hitlergeneralen und SS-Offizieren« gewarnt wurde. Den politischen Hintergrund bildete die schwelende Debatte um die atomare Bewaffnung der Bundeswehr. In Ost-Berlin erklärte man jede Aktion, die sich gegen den deutschen Imperialismus und Militarismus wendete, für notwendig und nützlich. Ulbricht rief dann auf dem V. Parteitag der SED zu Taten auf: Die Vorherrschaft der Faschisten in der Bundesrepublik müsse beseitigt werden, denn der neuerstandene deutsche Imperialismus – Verbündeter des amerikanischen Imperialismus – habe Westdeutschland zum Zentrum der Kriegsgefahr in Europa gemacht.[25]

Mit diesem ideologischen Rüstzeug gewappnet, wirkte schon seit geraumer Zeit ein *Ausschuß für Deutsche Einheit* in Ost-Berlin als Propagandavehikel gegen die Bundesrepublik. Er war durch einen Beschluß des Ministerrates vom 7. Januar 1954 gebildet worden, und zwar als Regierungsstelle zur politisch-publizistischen Unterstützung der Deutschlandpolitik der SED.[26] Die Einheit beider deutscher Staaten hatte der Ausschuß auf seine Fahnen geschrieben – Einheit zu Ostberliner Bedingungen wohlgemerkt.

Man hatte mit der Ausschuß-Arbeit bisher kaum Erfolg gehabt. 1957 wurde wieder einmal eine der zahllosen gegen Bonn gerichteten Pressekonferenzen veranstaltet. Das ZK-Mitglied Albert Norden verteilte den anwesenden Journalisten eine Broschüre mit dem reißerischen Titel *Hitlers Blutrichter, heute Bonner Justizelite.*[27]

War er überrascht, welchen Erfolg dieser Angriff gerade gegen belastete Richter in westdeutschen Diensten haben würde? Jedenfalls schob der Ostberliner Einheits-Ausschuß im Laufe der Monate regelmäßig Informationen nach. Und andere Themen wie die Kinderprostitution in Westdeutschland, die Rekrutierung Deutscher für die Fremdenlegion oder jene 18 000 Angestellten des Berliner Senats und dreihundert Wirtschaftsleute mit NS-Hintergrund, die im Februar 1958 zur »Feier« des 25. Jahrestages der nationalsozialistischen Machtergreifung »demaskiert« wurden, rückten demgegenüber in den Hintergrund.[28] Gewiß, die Titel der Broschüren verrieten Phantasie:

- *Hitlers Sonderrichter – Stützen der Adenauer-Regierung* (14. 10. 1957);
- *600 Nazi-Juristen im Dienste Adenauers* (21. 10. 1958);
- *Wir klagen an: 800 Nazi-Blutrichter Stützen des Adenauer-Regimes* (1959);
- *1000 Sonder- und Kriegsrichter im Dienste der deutschen Militaristen. – Bonner Regierung deckt Hitlers Massenmörder* (3. 11. 1959); *und mit gleichem Inhalt:*
- *Freiheit und Demokratie im Würgegriff von 1000 Blutrichtern. Dokumente entlarven weitere 2000 Adenauer-Juristen als Büttel Hitlers* (3. 11. 1959);
- *Hitlers Kriegsrichter und Wehrstrafexperten im Dienste der Bonner Kriegsvorbereitungen* (14. 10. 1960).[29]

Aus einer Dokumentation des Ausschusses für Deutsche Einheit.

Die bundesdeutsche Justiz stand am Pranger. Genauer: deren Repräsentanten – Richter und Staatsanwälte, die sowohl vor als auch nach 1945 Recht sprachen.[30]

Ein jüdischer Abgeordneter der Labour Party, Sydney Silverman – im übrigen einer der wenigen, die während des Zweiten Weltkrieges das Thema Judenvernichtung vor das Parlament brachten –,[31] hielt die Broschüre vom Mai 1957 für bedeutend genug, um eine parlamentarische Anfrage im Unterhaus einzubringen. Vom Chef des Foreign Office wollte er wissen, ob sich dieser darüber im klaren sei, daß im Widerspruch zum Potsdamer Abkommen immer noch zweihundert Personen in Deutschland als Richter oder Staatsanwälte tätig waren, die Todesstrafen oder andere harte Urteile bei Verstößen gegen die Nürnberger Rassengesetze oder anderes Nazi-Recht ausgesprochen hatten. Ob er deswegen mit den anderen Unterzeichnern des Potsdamer Abkommens Kontakt aufgenommen habe? Ob und wie er gegenüber der Bundesregierung aktiv werden wolle?[32]

Pressekonferenz des Ausschusses für Deutsche Einheit zur NS-Vergangenheit bundesdeutscher Richter. Am Rednerpult Professor Albert Norden.

Der Außenminister der seit 1957 amtierenden Regierung Macmillan, Selwyn Lloyd, antwortete dem Oppositionspolitiker, nach seinen Informationen habe die Bundesregierung bereits Ermittlungen in Sachen belasteter Juristen eingeleitet. Die Ernennung von Richtern und Staatsanwälten sei zudem eine Angelegenheit, die in die Verantwortung der Bundes- und der Länderregierungen falle. Auf einen Satz Lloyds sollte sich jedoch die Opposition später immer wieder berufen: »Ich versichere dem hochverehrten Abgeordneten, daß wir uns trotzdem auch in Zukunft für diese Angelegenheit interessieren werden und daß wir sie weiterverfolgen.«[33]

Silvermans Anfrage blieb nicht die letzte ihrer Art. In den folgenden Monaten und Jahren sollte vor allem der linke Labour-Flügel – allen voran der Abgeordnete Arthur Lewis (West Ham North) – das Thema NS-Juristen wieder und wieder auf die Tagesordnung des *House of Commons* setzen.[34] Der Vorgang lief stets gleich ab. Die Parlamentarier erkundigten sich bei der Regierung, was denn in Sachen NS-Juristen geschehen sei, und sie forderten von ihrer Regierung, die Bundesrepublik auf die versprochene Untersuchung der Vorwürfe zu verpflichten.

Keineswegs war hierbei Sorge um die bundesdeutsche Demokratie die einzige Triebkraft. Lewis galt als enger Freund der DDR; er wurde auf Pressekonferenzen des *Ausschusses für Deutsche Einheit* gesehen und traf im März 1958 sogar mit Ulbricht zusammen.[35] Das Fernziel jener Gruppe von Labour-Parlamentariern war die Anerkennung der DDR durch die britische Regierung.[36]

QUERELEN INNERHALB DER BUNDESREGIERUNG UM DIE RICHTIGE STRATEGIE

Es war anfangs kaum mehr als Routine, wenn sich die britische Botschaft in Bonn im Juli 1957 auf der Suche nach Informationen für die Unterhausdebatte an das Auswärtige Amt wandte. Dort erhielt man jene Mitteilung, die dann an Sydney Silverman weitergegeben wurde: Ermittlungen in der Juristenfrage seien im Gange.[37]

Davon konnte allerdings bei rechtem Licht besehen keine Rede sein. Vom Auswärtigen Amt um eine Stellungnahme zu den DDR-Vorwürfen gebeten,[38] verweigerte Bundesjustizminister von Merkatz seine Mitarbeit.

Er ließ verlauten, daß es keine allgemeinen Untersuchungen zu den DDR-Vorwürfen geben werde; er betrachte die britische Anfrage als Einmischung in die inneren Angelegenheiten der Bundesrepublik. Der Vergleich, den er dabei anstellte, hinkte allerdings in vielfacher Hinsicht: Was würde wohl die britische Regierung antworten, so der Minister, wenn man von ihr Auskunft über das Verhalten britischer Soldaten und Offiziere gegenüber Eingeborenen einforderte? Die Vorwürfe aus der DDR seien Teil einer der üblichen östlichen Verleumdungskampagnen. Aufgrund der Fürsorgepflicht des Bundes für seine Juristen sei es nicht statthaft, die ganze Angelegenheit aus außenpolitischen Erwägungen an die große Glocke zu hängen.[39]

Die Regierungsneubildung nach den Bundestagswahlen im September 1957 verzögerte weitere Schritte. Kaum war jedoch Außenminister von Brentano wieder im Amt, ließ er sich den Vorgang um die »sogenannte NS-Vergangenheit hoher deutscher Richter« erneut persönlich vorlegen: Die Sache eile.[40] Im Auswärtigen Amt wollte man neuen ostdeutsch-britischen Vorwürfen zuvorkommen,[41] und zwar diesmal mit Informationen statt amtlichem Schweigen.

Von Brentano wandte sich deshalb an den Nachfolger des DP-Politikers von Merkatz im Bundesjustizministerium, Fritz Schäffer, mit der Bitte, die Angelegenheit doch noch einmal zu überdenken.[42] Der CSU-Politiker gab sich flexibler als sein Amtsvorgänger. Schäffer teilte zwar dessen Auffassung, wonach »die Behauptungen [...] in den Rahmen der üblichen östlichen Taktik gehören und den Zweck verfolgen, die staatliche Ordnung zu untergraben«. Immerhin konnte er mitteilen, daß das Problem Ende Oktober 1957 bei einer Justizministerkonferenz in Berlin zur Sprache gekommen war.[43] Dort hatte man vereinbart, die in den DDR-Broschüren genannten Richter und Staatsanwälte zu einer Stellungnahme aufzufordern. Wenn notwendig, sollten Ermittlungsverfahren eingeleitet werden – solche dienstrechtlicher Art. Denn strafrechtliche Ermittlungen konnten selbstverständlich nur von den Strafverfolgungsbehörden in die Wege geleitet werden.[44]

Nun aber griff Bundesinnenminister Schröder ein. Er machte darauf aufmerksam, daß der *Ausschuß für Deutsche Einheit* ein »Instrument der Sowjetzonenregierung« war; wie Schäffer und von Merkatz hatte auch Schröder erkannt, daß es sich bei den Aktionen um »Kampfmaßnahmen kommunistischer Kreise« handelte mit dem Ziel, die staatliche Ordnung der Bundesrepublik zu untergraben und deren Beziehungen zur freien Welt zu schädigen. Mit seiner Analyse lag er durchaus richtig, sie deckte sich mit den ostdeutschen Absichten. Die Strategie, die Schröder nun vorschlug, unterschied sich wiederum fundamental von den Plänen des Auswärtigen Amtes:

>»Ich möchte insbesondere davon abraten, ausländischen Stellen gegen-
>über einzuräumen, daß wegen dieser kommunistischen Veröffentli-
>chungen Überprüfungen durchgeführt werden. Durch einen Hinweis
>auf die rechtsstaatlichen Prinzipien der Bundesrepublik und eine ein-
>deutige Charakterisierung des ostzonalen ›Ausschusses für Deutsche
>Einheit‹ dürfte den verfassungsfeindlichen Zielen der sowjetzonalen
>Aktion auch im Auslande am besten entgegengewirkt werden kön-
>nen.«[45]

Nach seinem Dafürhalten sollte es also außenpolitisch ausreichen, dem – trotz belasteter Juristen – Rechtsstaat Bundesrepublik den Unrechtsstaat DDR gegenüberzustellen. Schröder übersah dabei, daß man in Großbritannien an die Bundesrepublik andere Maßstäbe anlegte als an die DDR.

Aufgrund der wiederholten parlamentarischen Anfragen erkundigte sich die britische Botschaft auch weiterhin regelmäßig über den Stand der Dinge: Im Unterhaus mußte man zugleich zugeben, daß nichts Neues über die Untersuchungen in der Bundesrepublik bekannt war,[46] auch wenn sich das Auswärtige Amt überaus bestrebt zeigt, die Briten eingehend über alles zu informieren.[47]

Im Londoner Foreign Office selbst gewann man zunehmend den Eindruck, Bonn wolle die ganze Geschichte so abtun, als interessiere sich auf der Insel doch nur eine Handvoll linker Labour-Abgeordneter für das Thema NS-Juristen. Bis März 1958 waren immerhin zwanzig Nachfragen von Parlamentariern eingegangen – und zwar von Parlamentariern beider Parteien. Weitaus größer fiel die Zahl der Briefe aus, die Privatpersonen an das Foreign Office gerichtet hatten.[48]

Der Leiter der Westabteilung (Western Department) im Foreign Office, Hancock, unterstrich, daß es nicht nur darum ging, den unbelehrbaren Arthur Lewis zu überzeugen. Die Deutschen sollten Flagge zeigen; außerdem sah er, daß die Vorwürfe gegen die Justiz zunehmend zur Waffe in der Hand des Ostens wurden. So hatte er auch für die kritische Haltung im eigenen Land eine entsprechende Erklärung: Die meisten Leser der DDR-Pamphlete wüßten selbstverständlich, daß es sich hier um Propaganda handele; aber viele könnten den Gedanken nicht loswerden: Wo Rauch ist, da ist auch ein Feuer. Sehr diplomatisch las sich dann auch die Haltung der britischen Regierung, wie sie der Botschaft in Bonn übermittelt wurde:

»Die Bundesregierung sollte zur Kenntnis nehmen, daß die Regierung Ihrer Majestät kein eigenes spezielles Interesse an irgendwelchen Ermittlungsergebnissen hat […]. Aber sollte die Bundesregierung nichts unternehmen, dann könnte ihre Reputation leiden, wodurch die Spannungen in den deutsch-englischen Beziehungen vergrößert würden. Es kann durchaus sein, daß die Behauptungen innerhalb Deutschlands wenig Besorgnis hervorrufen, und daß es die Bundesregierung aus innenpolitischen Gründen nicht für nötig befunden hat, diese Frage energisch weiterzuverfolgen; aber da, wo ihre internationale Reputation auf dem Spiel steht, sehen die Dinge anders aus.«[49]

Genügten im Jahre 1958 tatsächlich einige Hinweise auf belastete Juristen, vorgebracht aus der DDR, um die »internationale Reputation« der Bonner Republik in Frage zu stellen? Um Bonn über die Haltung der Regierung Ihrer Majestät nicht im unklaren zu lassen, zeigten die Mitarbeiter der britischen Botschaft einem Beamten des Auswärtigen Amtes die Stellungnahme aus London. Der deutsche Diplomat schien überrascht und bestätigte, daß die DDR-Pamphlete in der Bundesrepublik, anders als in Großbritannien, bislang kaum Staub aufgewirbelt hatten.[50]

Das Auswärtige Amt war nun alarmiert. Von Brentano wandte sich erneut an Fritz Schäffer. Der Bundesaußenminister schlug vor, aus der Vielzahl der in den DDR-Broschüren genannten Juristen einige Fälle herauszugreifen, um die Vorwürfe anhand von Einzelbeispielen zu widerlegen und damit der ganzen Kampagne den Wind aus den Segeln zu nehmen.

Schäffer hingegen sah seine Position eher durch die Argumentation von Innenminister Schröder bestärkt: War nicht die beste Strategie gegen die DDR-Agitation ein Bekenntnis zum bundesdeutschen Rechtsstaat? Der Justizminister unterstrich überdies die gründlichen Auswahlkriterien bei der Ernennung von Richtern und Staatsanwälten. Es sei ausgeschlossen, daß »eine erhebliche Verfehlung [...] unbekannt bleiben könnte«. Schäffer wehrte sich gegen pauschale Anklagen. Daß ein Sonderrichter Todesurteile gefällt hatte, schien ihm nicht genug für eine Suspendierung aus dem bundesdeutschen Justizdienst. Jene Sondergerichte im Nationalsozialismus hätten sich in hohem Maße für die gewöhnliche, also nicht politisch motivierte Kriminalität zuständig gezeigt.

Dennoch, es schien Bewegung in die Sache gekommen zu sein. Schäffer teilte mit, daß man alle Juristen im Dienste des Bundes überprüft habe. Das Resultat: Die Ost-Verdächtigungen seien haltlos.[51] Das Justizwesen war jedoch im wesentlichen Ländersache, und auf dieser Ebene geschah vorerst nichts. Botschafter von Herwarth hielt dieses offiziöse Schweigen in der Bundesrepublik für überaus gefährlich:

»Ich darf daran erinnern, daß ich im Fall der angeblichen Wiederverwendung von Richtern und Staatsanwälten auf meine zahlreichen Bitten um Übersendung geeigneter Unterlagen [...] bisher noch keine Weisung erhalten habe. Es ist auf die Dauer schwer vertretbar, daß die Botschaft der Bundesrepublik britische Wünsche um Unterstützung bei der Abwehr von Angriffen gegen die Bundesrepublik aus Mangel an Informationen und Unterlagen abschlägig bescheiden muß. Es wird sich nicht vermeiden lassen, daß allmählich auch bei wohlmeinenden Engländern der Eindruck entsteht, als bestünden auf Seiten der Bundesregierung gewisse Hemmungen, solchen Vorwürfen eindeutig entgegenzutreten.«[52]

Schon einen Monat zuvor hatte er im Telegrammstil gewarnt: »Einzige Möglichkeit, Wirkung sowjetzonaler Propaganda aufzuheben, besteht in Vorlage hieb- und stichhaltigen Tatsachenmaterials. Schweigen wird zwangsläufig als Eingeständnis der Richtigkeit sowjetzonaler Behauptungen aufgefaßt.«[53] Das Bonner Schweigen wurde immer mehr zum Schuldgeständnis.

Noch einmal intervenierte das Auswärtige Amt bei Schäffer, und die Art und Weise läßt darauf schließen, daß man wohl zu wissen glaubte, warum sich der Bundesjustizminister so vehement gegen eine eingehende Überprüfung des bundesdeutschen Justizwesens wehrte: »Sollte sich in dem einen oder anderen Falle die Wahrheit dieser Behauptungen ergeben, so würde das Eingeständnis, etwa verbunden mit der Mitteilung der daraufhin verhängten Maßnahmen, politisch von größerem Nutzen sein als ein einfaches Schweigen.« Mauerte der Bundesjustizminister, weil er wußte, daß die DDR-Angriffe in manchen Fällen zutrafen? Das Auswärtige Amt hielt es außenpolitisch für klüger, mit offenen Karten zu spielen: Die »Ausräumung des Mißtrauens in den demokratischen Aufbau der Bundesrepublik und die Erweckung des Vertrauens in die Wachsamkeit der deutschen Behörden gegenüber etwaigen neonazistischen Bestrebungen [können] außenpolitisch nicht hoch genug veranschlagt werden.«[54] Und langsam schien der Druck des Auswärtigen Amtes auch Wirkung zu zeigen. In der Kabinettssitzung vom 3. September 1958 sagte Schäffer zu, die Richterfrage mit den Länderministern zu besprechen.[55]

Auch weiterhin wollte das Innenministerium die »kommunistischen Zersetzungsbemühungen« der DDR in Zukunft lieber ignorieren: Es sei weitaus sinnvoller, die englischen Medien auf die Zwangsherrschaft in der SBZ hinzuweisen, als daß diese sich auf vermeintliche Renazifizierungstendenzen in der Bundesrepublik stürzten.[56] Daß sich die britische Presse nicht so leicht lenken ließ, übersah das Bundesinnenministerium dabei ebenso geflissentlich wie die Tatsache, daß auch deutsche Medien das Thema NS-Juristen längst »entdeckt« hatten. Sarkastisch hatte *Der Spiegel* im August 1958 die »Kontinuität der Rechtspflege« auf- und angegriffen.[57] Schon seit einiger Zeit brachte zudem die *Frankfurter Illustrierte* einen Fortsetzungsroman mit dem Titel: *Die Richter sind unter uns*. Schlimmer noch: Der Roman sollte verfilmt werden. Das Justizministerium suchte wiederum nach geeigneten Wegen, dies zu verhindern; ein offizielles Verbot der Bundesregierung erschien als der falsche Weg. Der Rummel um den Nitribitt-Film steckte zudem noch in den Knochen. Man hatte versucht, die Produktion über den Mord an der Frankfurter Prostituierten zu unterbinden – was den Film erst recht interessant werden ließ.[58]

Als sich die Justizminister der Länder Anfang Oktober 1958 in Bad Harzburg trafen, stand die Richterproblematik, ganz wie im Bundeskabinett beschlossen, auf der Tagesordnung.[59] Schäffer bat nun seine Amtskollegen aus den Ländern, ähnlich wie auf Bundesebene Verfahren zur Prüfung der wegen ihrer NS-Vergangenheit bezichtigten Juristen einzuleiten. Dabei betonte er, es reiche ihm aus, die Ermittlungsergebnisse auch ohne Nennung von Namen mitgeteilt zu bekommen. Die Justizminister der Länder willigten ein. Und Schäffer hob am Ende noch einmal hervor,

Fritz Schäffer.

daß die Zugehörigkeit zu einem Sondergericht oder zum Volksgerichtshof für sich genommen noch kein Verfahren rechtfertigt.

Im übrigen sprach man auf dieser Sitzung ausgiebig über die »Beunruhigung der Justiz« und die Gefährdung der »freien, unabhängigen richter-
lichen Tätigkeit«, sollten Untersuchungen in Gang gesetzt werden. Immerhin verständigten sich die Justizminister darauf, daß es nicht ratsam
wäre, ehemalige Sonderrichter derzeit mit Strafsachen zu befassen.[60]

ZU STARKER DRUCK AUF BONN?
ÜBERLEGUNGEN IN LONDON UND WASHINGTON

Auf der britischen Seite mehrten sich die Zweifel, ob es ratsam sei, immer
wieder auf die problematische Juristenfrage zurückzukommen. Seit November 1958 häuften sich erneut die Anfragen im britischen Unterhaus,
und in der Tat hatte die britische Botschaft in Bonn dem Foreign Office
wenig Neues zu übermitteln.[61] Vor allem aber suchte die britische Vertretung die deutschlandpolitischen Planer in der Heimat darüber aufzuklä-
ren, welche negativen Folgen zu starker Druck auf Bonn haben könnte.
Vier Faktoren dürften nicht außer acht gelassen werden:

- Es sei zu wünschen, und zwar sowohl von deutscher wie von britischer Seite, daß Kriegsverbrecher und »wirklich unangenehme Nazis« *(really unpleasant Nazis)* keinen Platz im deutschen Justizwesen fänden.
- Zugleich dürfe nicht vergessen werden, daß die von der kommunistischen Propagandamaschinerie fabrizierten Vorwürfe das Ziel verfolgten, innere Zwietracht in der Bundesrepublik und Mißtrauen bei den NATO-Verbündeten zu säen.
- Die Bundesregierung müsse darauf bedacht sein, Untersuchungen durchzuführen, ohne die Ziele der kommunistischen Propaganda zu fördern. Vor allem versuche Bonn, eine Neuauflage des McCarthyismus auszuschließen. Schließlich sei es aus Mangel an Beweisen nicht immer einfach, nach so langer Zeit den Vorwürfen nachzugehen.
- Eine erhebliche Anzahl von Richtern und Justizbeamten unter den in Verruf geratenen seien von der britischen Militärregierung eingesetzt worden. Zu großer Druck auf die Bundesregierung berge die Gefahr, daß sich dieses Argument gegen die eigene Position wenden könnte.[62]

Vor allem aber warnte die Botschaft: Britisches *Interesse* in der Juristenfrage dürfe nicht mit britischer *Verantwortung* verwechselt werden.[63]

Eine *Restverantwortung* für die Geschicke der Bundesrepublik habe man nun doch noch, und zwar aufgrund des Potsdamer Abkommens, hielt man im Londoner Foreign Office dagegen. Im Lichte sowjetischer Pressionen auf Berlin – Stichwort: Chruschtschows Berlin-Ultimaten[64] – könne dies in Deutschland nicht ganz unwillkommen sein, fügte man hinzu.[65]

Die Botschaft in Bonn wandte sich jedoch energisch gegen derartige Behauptungen und erinnerte an die Bestimmungen des Deutschlandvertrages von 1955.[66] Natürlich, wegen der offenen Berlin-Problematik dürfe das Potsdamer Abkommen nicht in Frage gestellt werden. Wenn sich aber die britische Regierung auf dieser Grundlage ein Interesse an der Wiederverwendung von Richtern und Staatsanwälten in Deutschland vorbehalte, dann würde die Bundesregierung dem umgehend widersprechen müssen – was wiederum von den Russen als gefundenes Propagandamaterial ausgenutzt werden könnte.[67] Und dabei blieb es dann.

»Wir haben uns [...] daran erinnern müssen, daß der sich bei den Engländern ohnehin so langsam vollziehende Prozeß des Vergessens nicht ungestört verläuft«, klagte das England-Referat des Auswärtigen

Amtes.[68] Tatsächlich blieben die Briten mit ihren Sorgen um die Belasteten im deutschen Justizwesen weitgehend allein. Weder in Paris noch in Washington kümmerte man sich über Gebühr um die DDR-Attacken. Schon im Mai 1956 hatte die amerikanische Botschaft der Bundesrepublik ein großes Kompliment erteilt: Seit ihrer Gründung sei sie »ein durchschlagender Erfolg« gewesen – auch im Hinblick auf den Umgang mit der Vergangenheit. Anders als im Fall der Weimarer Republik sei ein grundlegender Bruch mit dem vorhergehenden Regime vollzogen worden. Die amerikanischen Diplomaten hatten dabei keineswegs die restaurativen Tendenzen übersehen, zu allerletzt im Justizwesen: In den meisten Fällen seien die Gerichte mit Juristen besetzt, die auch in der Nazi-Ära die Richterbank gedrückt hätten.[69]

Das US-Außenministerium sah darin jedoch keinen Anlaß zum Handeln, selbst dann nicht, als die DDR genau in diese Kerbe schlug. Washington empfahl lediglich, doch einmal die Volkskammerabgeordneten in der DDR durch die NS-Lupe zu betrachten! »Dokumentarische Beweise, daß sich NS-Repräsentanten in der DDR in Regierungsfunktionen befinden, könnten ab einem gewissen Moment von Nutzen sein, um diese spezielle Art von Propaganda zu schwächen«, so spekulierte das State Department.[70]

Solche Vorstöße blieben wenig erfolgreich. Die »Haust-Du-meinen-Nazi-hau-ich-Deinen-Nazi«-Methode (Originalton: Staatssekretär Thedieck vom Gesamtdeutschen Ministerium)[71] blieb weitgehend ohne Wirkung. Zwar wurde im ZK der SED der ehemalige KZ-Wächter Ernst Grossmann enttarnt und abgelöst; zwar mußte sich der stellvertretende Chefredakteur des *Neuen Deutschland,* Kertzscher, wegen seiner SA- und NSDAP-Mitgliedschaft verantworten; zwar konnte mit Hilfe des Document Center in Berlin bewiesen werden, daß so manch einer in der DDR bezüglich seiner eigenen Vergangenheit gelogen hatte. Trotzdem: Das Ergebnis der Recherchen blieb mager. Letztlich förderte man nur kleine Fische mit brauner Vergangenheit in den Akten des Document Center zutage: den Präsidenten der Reichsbahndirektion Halle, den Direktor der Deutschen Rauchwaren Import-Export oder den Direktor des Hygiene-Instituts der Humboldt-Universität.[72] Die waren belastet, aber wer waren die schon, verglichen mit den westdeutschen Juristen!

Und selbst wenn man die Ehemaligen zahlreicher auf Ostberliner Chefetagen angetroffen hätte: Für die Bundesrepublik hätte dies kaum Entlastung bedeutet.

16. »DIE MÖRDER SIND UNTER UNS« —
PROZESSE, PROZESSE, PROZESSE

Kritische Stimmen zum Zustand der deutschen Justiz gab es in London reichlich. Aber Richter seien im Dritten Reich nun einmal gezwungen gewesen, Nazi-Recht anzuwenden, differenzierte ein Beamter des Foreign Office. Ohne die Übernahme dieser Juristen nach 1945 wäre der Wiederaufbau des deutschen Justizwesens kaum gelungen. Und mit einem politischen Seitenhieb fügte er an: Die meisten Ernennungen deutscher Richter seien unter Aufsicht der Labour-Regierung vorgenommen worden.[1]

Auch der Unterstaatssekretär im Foreign Office, Ormsby-Gore, suchte die Bundesrepublik gegenüber einem besorgten Parlamentarier in Schutz zu nehmen: Er halte es für bemerkenswert, daß die deutschen Behörden immer noch Prozesse gegen Kriegsverbrecher anstrengten, und das dreizehn Jahre nach Ende des Zweiten Weltkriegs. Überdies hätten die Deutschen große Sorgfalt bewiesen bei der Rekrutierung der Offiziere und Soldaten für die neuen Streitkräfte.[2] Es zahlte sich außenpolitisch offenbar aus, daß Bewerber für die Bundeswehr strengen Auswahlkriterien unterworfen gewesen waren.

Wie kam Ormsby-Gore zu dieser Würdigung deutscher Unnachgiebigkeit gegenüber den Verbrechen des Dritten Reiches? Waren nicht die fünfziger Jahre durch gegenläufige Tendenzen geprägt gewesen, so daß die Zahl der Prozesse stetig abnahm? Hatte man nicht jahrelang die Freiheit »sogenannter Kriegsverbrecher« gefordert – ohne sich ernsthaft der juristisch komplizierten und politisch problematischen Frage zu stellen, wer dabei die »wirklichen Kriegsverbrecher« waren?

Wenn die deutsche Justiz im Februar 1958 eine solche Anerkennung finden konnte, dann mußte doch einiges geschehen sein.

KRIEGSOPFER ODER KRIEGSVERBRECHER?
DIE HEIMKEHRER AUS DER SOWJETUNION

Die Heimführung der deutschen Kriegsgefangenen aus Rußland – noch 1975 galt dies in der deutschen Öffentlichkeit als Konrad Adenauers größte Leistung.[3] Zwei Jahre zuvor, im Jahre 1973, waren die Memoiren von Charles Bohlen erschienen, seinerzeit amerikanischer Botschafter in Moskau. Er erinnerte sich ebenfalls an die Moskau-Reise des Kanzlers, kam aber zu einer weitaus nachdenklicheren Beurteilung als die bundesdeutsche Öffentlichkeit. Unter den 9626 Gefangenen hätten sich, so Bohlen, einige »eingefleischte Nazi-Kriegsverbrecher« befunden.[4]

Die Moskau-Reise Adenauers im September 1955 war ein spektakuläres Ereignis, nicht zuletzt für die Medien. Worauf man dabei nicht gefaßt war: Die Frage der deutschen Verbrechen und der dafür Verantwortlichen erhielt durch die Moskauer Verhandlungen neue Brisanz.

Die Diskussion über die Deutschen im Osten war so alt wie die Bundesrepublik selbst, ja älter noch. Die Ministerpräsidenten der Länder hatten schon im Juni 1949 in einer Note für die Pariser Außenministerkonferenz die Rückführung aller Deutschen aus der Sowjetunion gefordert.[5] Die Bundesrepublik setzte nach 1949 ihre Bemühungen fort und fand dabei auch Unterstützung der Westmächte, allen voran der USA. Washington protestierte beispielsweise 1952 in Moskau scharf gegen das weitere Festhalten Deutscher in der Sowjetunion. John McCloy hatte dies ins Rollen gebracht – allerdings weniger aus humanitären Gründen. Ihm war seinerzeit daran gelegen, neutralistischen Tendenzen in der Bundesrepublik den Wind aus den Segeln zu nehmen.[6]

Dabei entließ Moskau während der fünfziger Jahre immer wieder Deutsche in ihre Heimat, was übrigens im Widerspruch zu eigenen Angaben des Jahres 1950 stand, nach denen die Repatriierung von Kriegsgefangenen als abgeschlossen bezeichnet worden war.[7] Oder gab es hier doch keinen Widerspruch? Schon früh lagen der US-Hochkommission Geheimdienstberichte vor, denen zufolge in der Sowjetunion verstärkt Kriegsverbrecherprozesse durchgeführt wurden, um die Deutschen nach einer Verurteilung auch in Zukunft festhalten zu können.[8] Die Debatte, ob es sich bei den in der Sowjetunion festgehaltenen Deutschen nun vornehmlich um Kriegsverbrecher oder um Opfer sowjetischer Willkürjustiz - oder um beides - handelte, war insofern bereits lange vor der Moskau-Reise des Kanzlers entbrannt.

Als Moskau im Vorfeld der für den Januar 1954 angesetzten Berliner Vier-Mächte-Konferenz mit großzügigen Entlassungen politische Vorteile zu erkaufen suchte, meldete das französische Hochkommissariat nach Paris, viele der repatriierten Deutschen seien begnadigte Kriegsverbrecher.[9] Das State Department hingegen bezweifelte die offiziellen sowjetischen Angaben, nach denen Begnadigte, die schwerste Verbrechen gegen die Menschlichkeit und gegen den Frieden begangen hatten, nach Deutschland überführt worden waren. Trotzdem erbat man von den US-Behörden in der Bundesrepublik nähere Informationen, um auf der Berliner Konferenz gegenüber der Sowjetunion eventuell gerüstet zu sein.[10] Die Antwort der US-Hochkommission: Es handele sich bei den Taten, für die jene Deutschen von sowjetischen Gerichten abgeurteilt worden waren, nicht um Kriegsverbrechen »im international anerkannten Sinne«.[11]

Als Anfang Januar 1955 Gerüchte umgingen, die Sowjetunion habe der FDP und der SPD Gespräche über die festgehaltenen Deutschen angeboten - in Adenauers Augen der Versuch, ihn durch ein sozialliberales Bündnis zu stürzen,[12] läuteten in den USA die Alarmglocken. Hier bestand die Sorge, Moskau könne im Trüben fischen wollen und mit der Offerte die Ratifizierung des Pariser Vertragswerks durch den Bundestag torpedieren. Von Kriegsverbrechern war da auch nicht mehr die Rede, lediglich von deutschen Kriegsgefangenen in der Sowjetunion.[13]

Die offizielle sowjetische Position lernte der Westen dann während der Genfer Gipfelkonferenz im Juli 1955 kennen. Anthony Eden hatte nicht zuletzt auf Drängen Adenauers am Rande der Konferenz die Problematik angesprochen und um die Freilassung der letzten deutschen und italienischen Kriegsgefangenen nachgesucht. Chruschtschows eindeutige Antwort: Es gebe keine deutschen Kriegsgefangenen in der Sowjetunion, wohl aber deutsche und japanische Kriegsverbrecher - und damit Schluß. Eden vermied eine Diskussion.[14] Er wußte wohl noch aus eigener Erfahrung mit den Deutschen in Werl, wie vertrackt derartige Debatten verlaufen konnten.

An der Tatsache selbst, daß auch noch im Jahre 1955 Deutsche in der Sowjetunion interniert waren, konnte kein Zweifel bestehen. Zu den ehemaligen Angehörigen von Wehrmacht und SS kamen sogenannte

Zivilverschleppte, die bei Vorrücken der Roten Armee zwangsweise nach Osten transportiert worden waren. Erhebliche Unsicherheit bestand jedoch im Hinblick auf die Zahlen. Im April 1953 hatte Adenauer gegenüber Dulles von 300 000 identifizierten Kriegsgefangenen und Verschleppten gesprochen;[15] im August 1953 schätzte die deutsche Delegation bei der UNO-Kommission für Kriegsgefangene deren Zahl auf 102 958,[16] und beim Neujahrsempfang Anfang 1955 sprach Adenauer noch von 40 000–50 000 Personen.[17] Das Auswärtige Amt schließlich bezifferte unmittelbar vor der Moskau-Reise die Zahl der Kriegsgefangenen in der Sowjetunion auf rund 9000.[18]

Infolge der Einladung des Kreml an Adenauer, die am 7. Juni 1955 erging, gewann die Problematik in der Bundesrepublik an Aktualität.[19] Selbst wenn verantwortlichen Politikern im Westen Deutschlands niemals der Gedanke gekommen wäre, den Totalitarismus sowjetischer Prägung mit der freiheitlichen Ordnung des Westens in einen Topf zu werfen, so mußten sich doch gewisse Parallelen aufdrängen. Hielt nicht auch der Westen noch immer Deutsche wegen Kriegsverbrechen in Haft, und das auf der Grundlage von Urteilen, deren Anerkennung die Bundesregierung stets verweigerte?

Im Vorfeld der Moskau-Reise deutete Außenminister von Brentano diese Zusammenhänge an – nicht zufällig in Anwesenheit des britischen Botschafters: Würde die Sowjetunion nicht auf die gleichartige Praxis westlicher Staaten verweisen können, wenn sie die weitere Inhaftierung Deutscher wegen Kriegsverbrechen zu rechtfertigen suchte.[20] Führende (aber in der amerikanischen Quelle ungenannte) CDU-Politiker kehrten dieses Argument folgerichtig um: Würde es nicht die Verhandlungsposition des Kanzlers in Moskau stärken, wenn der Westen einen baldigen Schlußstrich unter das Kriegsverbrecherproblem ankündigte?[21]

Im Anschluß an Adenauers Moskau-Reise, bei der die Rückkehr der Deutschen aus der Sowjetunion definitiv vereinbart worden war, sollte Vizekanzler Blücher in dieselbe Kerbe hauen. An Außenminister von Brentano schrieb er:

»[…] Die Heimkehr der von den Sowjets verurteilten Gefangenen hat bei vielen Deutschen und auch bereits in der Presse die Frage ausgelöst, ob sich die westlichen Gewahrsamsländer nicht zu einer ebenso großzügigen Maßnahme bereit finden könnten oder müßten. Selbst

von englischer Seite ist darauf hingewiesen worden, daß die westliche
Welt sich nicht an die peinliche Innehaltung [sic, U. B.] des Gesetzes
klammern dürfe, während ihr kommunistischer, früherer Verbündeter
die christlichen Prinzipien der Gnade und Vergebung anwende. Wenn
ich auch die psychologischen Schwierigkeiten nicht verkenne, die in
einigen westlichen Gewahrsamsländern einer allgemeinen Amnestierung der deutschen Kriegsgefangenen entgegenstehen, so halte ich
doch angesichts des sowjetischen Verhaltens ähnliche Maßnahmen in
den jeweiligen Ländern für unausweichlich.«

Blücher galt das sowjetische Verhalten, motiviert durch die »christlichen
Prinzipien der Gnade und Vergebung«, als Vorbild für den Westen. Der
Vizekanzler malte dabei eine erhebliche innenpolitische Gefährdung
deutscher Außenpolitik an die Wand: »Abgesehen von einer Verstärkung
des Widerstandes der Bevölkerung gegen die Wiederbewaffnung könnte
sich eine im schroffen Gegensatz zu der Politik der Bundesregierung
stehende außenpolitische Konzeption verbreiten, nämlich die Abkehr
vom Westen.«[22]
   Da war es wieder, jenes Gespenst eines deutschen Neutralismus,
wiederum ausgelöst durch die Sowjetunion. Und anders als im Jahr 1952
schickte Moskau nun keine propagandistisch aufbereiteten diplomatischen Noten, sondern Menschen. Die Sowjetunion erwies Gunst dort, wo
die Westmächte sie schon seit langem verweigerten.
   Die Bundesregierung suchte aber jenes Gespenst bereits im Ansatz zu
bannen; ohnehin wurde im Bonner Auswärtigen Amt zunehmend Rücksicht auf Stimmungen – und mögliche Verstimmungen – im Westen
genommen.[23] Blüchers Vorschlag, die Sowjetunion und die Westalliierten
in der Kriegsverbrecherfrage gegeneinander auszuspielen, wies das Auswärtige Amt zurück. Vor Bundestagsabgeordneten legte Staatssekretär
Hallstein die Gründe dar: Westliche Urteile könnten nicht mit den sowjetischen Scheinverurteilungen auf eine Stufe gestellt werden. Dies war
natürlich ein schwaches Argument, galten doch auch die westlichen
Urteile für die Bundesregierung als kaum akzeptable Scheinverurteilungen. Vielleicht war sich Hallstein dessen bewußt; immerhin hoffte er, die
Entlassungen aus der Sowjetunion würden die Westmächte »in Verlegenheit« bringen und damit zum Handeln zwingen.[24]
   Zurück nach Moskau. Hier gelang es Adenauer in zähen Verhandlun-

gen, der sowjetischen Seite die Freigabe der noch festgehaltenen Deutschen abzuringen. Der Preis – die Aufnahme diplomatischer Beziehungen zwischen Bonn und Moskau – war allerdings sehr hoch. Von Brentano hatte ihn, anders als Adenauer, nicht zahlen wollen, erschien ihm doch die Freilassung der Deutschen nicht als angemessene Gegenleistung.[25]

Ohnehin geriet die Reise eines deutschen Bundeskanzlers in die Sowjetunion nur zehn Jahre nach Kriegsende zu einer Rückkehr in die jüngste deutsche Vergangenheit.[26] Der deutsche Dolmetscher stenographierte den Wortschwall mit, als Adenauer von Ministerpräsident Bulganin in der Frage der festgehaltenen Deutschen zunächst abgekanzelt wurde:

»In der Sowjetunion befinden sich nur die deutschen Kriegsverbrecher aus der ehemaligen Hitler-Armee, Verbrecher, die durch die sowjetischen Gerichte für besonders schwere Verbrechen an dem sowjetischen Volk, gegen den Frieden und gegen die Menschlichkeit verurteilt wurden. Es sind in der Tat auf den 1. September 9626 Personen […]. Aber das sind Menschen, die nach den humansten Normen und Regeln in Gewahrsam bleiben müssen. Das sind Menschen, die ihr Menschengesicht verloren haben. Das sind Gewalttäter, Brandstifter, Mörder von Frauen, Kindern und Greisen. Sie sind […] durch das sowjetische Gericht verurteilt und können nicht als Kriegsgefangene betrachtet werden. Das sowjetische Volk kann nicht die schweren Verbrechen vergessen, die von diesen kriminellen Elementen verübt wurden. Wenn wir zu dieser Frage zurückkommen, dann können wir nicht vergessen, wie die Erschießung von 70 000 schuldlosen Menschen auf dem …«
– hier kam der Übersetzer nicht mehr ganz mit –
»wir können nicht vergessen die Millionen von Menschen, die erschossen, erwürgt und am lebendigen Leibe verbrannt wurden. Man kann nicht vergessen die Tonnen von schönen prachtvollen Frauenhaaren, die von diesen Verbrechern tonnenweise aus den Lagern gebracht wurden. Wir, die wir hier anwesend sind, haben es selbst mit eigenen Augen gesehen und nicht nur im … Die sowjetischen Menschen wissen, daß es Millionen von Erschossenen, Erwürgten und … z. B. auch in O … gab.«[27]

Das Land des Lächelns

Größter Erfolg der Moskaureise Adenauers: Heimkehr der deutschen Kriegsgefangen

Sogar bei Außenminister Molotow erhellten sich die Züge, wenn er sich in der Öffentlichkeit bewegte. Dafür war er aber in Konferenzraum um so sperrer. Der letzte Konferenztag jedoch brachte Überraschung in einigen Fragen. Die diplomatischen Beziehungen zwischen der Sowjetunion und der Bundesrepublik sollen wieder aufgenommen werden. Damit beginnt nach 14jähriger Unterbrechung ein neues Kapitel in der dramatisch bewegten Geschichte beider Völker.

Lächeln, freundliches Händeschütteln und spontane Gesten kennzeichneten den äußeren Verlauf der deutsch-russischen Konferenz in Moskau. Man lächelte eifrig vor dem Hintergrund vieler ungelöster weltgeschichtlicher Probleme. Wie es bei der Russen „in drin armat", hinter den Türen des Verhandlungssaales, das sagen manches harte Wort und manches nach härteres „Halt". Interessant ist ein kleiner Ausschnitt aus einer Sonntagsrede zwischen dem Bundeskanzler und Parteichef Chruschtschow, der redend erklärte: „Die Deutschen sind ein Kommunismus offizell schuld. Marx und Engels waren ja geborene Deutsche. Wer sich die Augen eingebrannt hat, muß sie auch anschätteln." Darauf Dr. Adenauer: „Sie kennen doch sicher den Herrn Marktmanns (Berliner und Freund des Kanzlers, der in nämlich ein direkter Verwandter von eben Herrn Engels." Chruschtschow: „Na, dann wissen wir ja, wo das kommt." Zu einer Frage aber mehr, in der Hilflosmachen ermöglicht mehr französische Züge an. Moskau hat die Absicht, alle deutschen Kriegsgefangenen zu entlassen. Das ist das schönste Ergebnis der Konferenz. Ein Erfolg, für den angestellte Mutterherzen dankbar sind.

Schnappschuß am Rande: Wie alle Kinder in der Welt scharen sich noch russische Kinder um chromblitzende Autos. Der Herzchen des Bundeskanzlers fuhlte verbeigehende vollkommen Schullkinder zu einer kurzen Sachkundestunden über Mercedastyfe im allgemeinen und besondere an. „Das ist eigentlich, man harte das Bild", berichtete unser Sonderbericht aus Moskau. „Sens is einig – idenek von aller Politik – einen eindrucksvollen Wissensung des Menschen, ihn keine politische Hacke kannt die Neugier, harmlose Wissensdurst. In aller Welt sind alle Kinder alach. Und das war wie ein Bild von?

Mit gutem Gewissen auf ein sanftes Ruhekissen konnte sich der Bundeshandler nach dem dramatischen Ringen mit den Moskauer Diplomaten gestehen legen; er hat das historische Ergebnis für uns erzielt. Christenwelt Ursula Traub von der Deutschen Lufthansa bereitete das für dem Rückflug ...

Auch ein Medienspektakel: Die Moskau-Reise Adenauers.

Das sowjetische Einlenken kam zwei Tage später. Das deutsche Protokoll der Verhandlungen liest sich an der entscheidenden Stelle ebenfalls spannend:

> »Bulganin schien beim Zuhören intensiv nachzudenken. In einer kleinen Gesprächspause erklärte er dann unvermittelt und sehr impulsiv: ›Lassen Sie uns zu einer Einigung kommen: Schreiben sie mir einen Brief (gemeint war die Aufnahme der diplomatischen Beziehungen), und wir geben sie Ihnen alle – alle! Eine Woche später! Wir geben Ihnen unser Ehrenwort!‹ Der Bundeskanzler fragte sofort, ob damit auch ›die Andern‹ gemeint seien, nicht nur die Verurteilten. Bulganin wiederholte in derselben impulsiven Art nur: ›alle, alle, alle!‹ [...] Der Bundeskanzler erwiderte darauf, daß der Ministerpräsident ihn mit diesen Worten ›ganz glücklich gemacht habe‹.«[28]

Als der Kanzler am folgenden Tag eine schriftliche Bestätigung dieser Zusage von Chruschtschow erbat, wischte jener ein solches Ansinnen als »erniedrigend und beleidigend« vom Tisch: Immerhin habe er sein »Gentlemanwort« gegeben.

Und nun folgte ein Eingeständnis des Kanzlers, vom Dolmetscher protokolliert: »Im übrigen sei es ihm klar, daß unter den in der Sowjetunion Verurteilten auch solche Menschen [...] sind, die tatsächlich die Freiheit nicht verdienen; diese könnten den deutschen Gerichten übergeben werden.« Obwohl vielleicht eher aus taktischen Gründen, so gab Adenauer damit doch zu, daß die in der Sowjetunion festgehaltenen Deutschen keineswegs alle unschuldige Kriegsgefangene waren. Chruschtschow kam ihm entgegen: Die 9626 in der Sowjetunion verurteilten Deutschen würden begnadigt oder den deutschen Gerichten zu weiteren Ermittlungen auf der Grundlage deutscher Gesetze übergeben. Von Adenauer wurde dies als »faires Angebot« wohlwollend aufgenommen.[29]

Er habe das Recht beleidigt zu sein. Er werde wie ein »Lakai der Amerikaner« behandelt, schmetterte der Kanzler an anderer Stelle der Verhandlungen Chruschtschow entgegen.[30] Lakai der Amerikaner war er sicher nicht, sein Handeln war jedoch mit Washington abgestimmt. Eisenhower hatte ihm, obwohl sich das State Department mit dem Verlauf der Verhandlungen insgesamt nicht zufrieden zeigte, durch die Moskauer Botschaft eine Art Blankovollmacht übermittelt: Er, der Präsident, werde hinter ihm stehen, was auch immer er entscheide.[31] Der amerikanische Botschafter in Moskau, Charles Bohlen, zeigte ganz offen Unverständnis über die deutsch-sowjetische Übereinkunft – die er mit ähnlich harten Worten später in seinen Memoiren tadelte. Er telegraphierte nach Washington:

> »Die einzige Konzession, die Adenauer erreichte, ist das Versprechen (das, wie ich glaube, eingehalten wird), daß 9626 Kriegsverbrecher nach Hause zurückkehren werden. [...] Auch wenn sich darunter wahrscheinlich unschuldige deutsche Soldaten befinden, so handelt es sich doch auch um widerwärtige Charaktere und eingefleischte Nazis, die aller Wahrscheinlichkeit nach in der Sowjetunion Greueltaten begangen haben.«[32]

In Bohlens Beurteilung mag noch etwas anderes hineingeklungen haben. Er wußte, daß die Sowjetunion immer noch acht Amerikaner in Gefangenenlagern hielt, einige davon seit Kriegsende. Am 16. Juli 1955 hatte die

Rückkehr des Kanzlers nach seiner Moskau-Reise: Die Mutter eines in der Sowjetunion internierten Deutschen dankt dem Kanzler.

US-Botschaft der sowjetischen Regierung eine Namensliste übergeben. Zudem war bekannt, daß die Besatzung eines Schiffes der US-Navy, das man 1950 aus der Ostsee gefischt hatte, noch am Leben war – genauer gesagt, in sowjetischen Lagern litt.[33]

Wer fand nun tatsächlich aus den Weiten der Sowjetunion den Weg zurück in die Heimat? Man darf dabei nicht vergessen, daß viele in eine Heimat zurückkehren würden, die nun DDR hieß. Ende September kündigte der Oberste Sowjet die Entlassung der insgesamt 9626 Deutschen an, 749 von ihnen blieben von der Amnestie ausgeschlossen; sie sollten in den deutschen Strafvollzug übernommen werden.

Der Kanzler sei in Moskau keine bindende Verpflichtung eingegangen, ließ das Auswärtige Amt die amerikanische Botschaft dazu wissen. Trotzdem werde die Sache natürlich geprüft, zumal die Sowjetunion behauptet hatte, ein früherer Lagerleiter aus Auschwitz sei unter den Heimkehrern. Selbstverständlich, so betonte das Auswärtige Amt, werde die Bundesregierung aus einer solchen Person keinen Helden oder Märtyrer machen.[34]

Zunächst geschah nur wenig. Am 11. Oktober 1955 meldete die amerikanische Botschaft, die deutsche Justiz habe sich immer noch nicht jener Heimkehrer angenommen, die möglicherweise »schwerer Kriegsverbrechen« schuldig waren. Die Bundesrepublik habe dieses Problem wohl übersehen.[35] Allmählich machte man sich in der amerikanischen Vertretung auch Gedanken darüber, wie jene Heimkehrer behandelt werden sollten, würden sie Visa-Anträge zur Einreise in die USA stellen. Kriegsverbrechern war natürlich die Einreise verwehrt; aber bei den Rußland-Heimkehrern war es ja kaum möglich, zwischen Kriegsverbrechern und unschuldig Verurteilten zu unterscheiden.[36]

»Einflußreiche und an Deutschland interessierte Kreise der Vereinigten Staaten« widmeten sich ebenfalls zunehmend dem Problem, das meldete der deutsche Botschafter aus Washington. Er hatte Schwierigkeiten, diesen Kreisen die deutsche Haltung gegenüber den Heimkehrern nahezubringen.

»Unsere Bemühungen, amerikanische Freunde zu überzeugen, daß

1. der größte Teil der Kriegsgefangenen keine Verbrechen begangen hat;
2. diejenigen, die sich Verbrechen schuldig gemacht haben, die noch

Heimkehrende Kriegsgefangene.

ungesühnt sind, vor deutsche Gerichte gestellt werden, gestalten sich dadurch sehr schwierig, daß immer wieder Nachrichten nach hier gelangen, in denen behauptet wird, daß Personen, bei denen ungesühnte Verbrechen vermutet werden können, die gleiche Behandlung wie die übrigen Kriegsgefangenen erfahren. […] Der […] Vorwurf, daß deutsche Behörden anscheinend nicht beabsichtigen, etwas gegen diese Kriegsgefangenen zu unternehmen, erschwert es uns sehr, im Sinne des Obengesagten aufklärend zu wirken.«[37]

Auch in London war man aufgeschreckt. Einige der Rückkehrer, so spekulierte man im Kriegsministerium, könnten durchaus KZ-Kommandanten oder ähnliches gewesen sein. Auch hier lag das Hauptaugenmerk des einst für die Kriegsverbrecherprozesse zuständigen Ministeriums weniger auf der Strafverfolgung jener Täter als vielmehr darauf, daß diesen die Möglichkeit der Einreise nach Großbritannien verwehrt bleiben müsse.[38] Wer hätte ahnen können, daß Großbritannien zu Beginn der neunziger Jahre nach langen Debatten ein Gesetz zur Strafverfolgung eben solcher Fälle verabschieden würde?[39]

Der britische Botschafter Hoyer Millar entdeckte unter den Heimkehrern einen Arzt und SS-Offiziere des KZ Sachsenhausen.[40] Jene befanden sich zu diesem Zeitpunkt noch in der DDR – und dort wurde großzügig amnestiert.[41] Die britischen Diplomaten in Bonn dachten weiter: Würden die Deutschen gegen einige der Heimkehrer gerichtlich vorgehen, konnte man dann nicht selbst mit um so größerer Berechtigung die eigenen Gefangenen ihre Strafen in Werl absitzen lassen?[42]

Mit den immer neuen Gruppen von Deutschen, die aus der Sowjetunion zurückkehrten, verstärkte sich die Debatte auch in der Bundesrepublik selbst. Vor allem die oppositionellen Sozialdemokraten übten Kritik an der Untätigkeit der Bundesregierung. Der SPD-Vorsitzende Ollenhauer griff den Minister für Gesamtdeutsche Fragen, Jakob Kaiser, scharf an: Die Kriminellen unter den heimkehrenden Deutschen würden genauso behandelt wie die Unschuldigen; nichts werde wegen der wirklichen Verbrecher unternommen.[43] Das seien ziemlich lästige Weihnachtsgeschenke, jene »Nichtamnestierten« aus Rußland, die da in Deutschland ankämen, stichelte der französische Geschäftsträger in Bonn und Nachfolger von François-Poncet, de Margerie, am 20. Dezember 1955. Er sah die Bundesregierung am Scheidepunkt: Würde sie beweisen, daß der Nazis-

Münchner Illustrierte

„Aufhängen muß man diese Leute!" SS-Gruppenführer Max Simon (oben), Kommandierender General des 13. SS-Korps, bestätigte mit diesen Worten ein Standgerichtsurteil gegen drei Bürger des Dorfes Brettheim. Einer von ihnen hatte in den letzten Kriegstagen, als auch für den gewissenlosesten Fanatiker der Krieg verloren ... die Panzerfäuste abgenom... Heimat...

Gut überstanden ... Im funkelnden Mercedes 300 fuhr SS-General Simon (vorne rechts) nach seinem Freispruch davon. Er lebt in Dortmund und gibt als Beruf bescheiden „Versicherungsangestellter" an. Simons Chef hatte es sich nicht nehmen lassen den Freigesprochenen abzuholen. Übrigens: der Staatsanwalt hat Revision eingelegt

Bericht über den Simon-Prozeß in einer deutschen Illustrierten.

mus wirklich überwunden war? Dann müßte man seiner Meinung nach gegen einige der Rußland-Heimkehrer hart ins Gericht gehen. Oder würde man in Deutschland Forderungen nach Gnade und Amnestie nachgeben?[44]

NEUE PROZESSE UND DIE GRÜNDUNG DER ZENTRALSTELLE IN LUDWIGSBURG

Der Umgang mit dem verbrecherischen Erbe deutscher Vergangenheit wurde immer mehr zum Prüfstein für die Glaubwürdigkeit der Bonner Demokratie. Tatsächlich wurde die deutsche Justiz bei den Rußland-Heimkehrern in einigen Fällen aktiv, und das nicht zuletzt eben aufgrund kritischer Stimmen im In- und Ausland. Bis zum Dezember 1955 hatte man als einzigen den Auschwitz-Arzt Karl Clauberg festgenommen; Clauberg war mit Experimenten zu Massensterilisationen befaßt gewesen.[45] Erst nach einer heftigen Kampagne in der deutschen Presse und einem Protest des *Zentralrates der Juden in Deutschland* war die Justiz aktiv geworden.[46] Jene SS-Wachen aus Sachsenhausen, die der britische Botschafter unter den Heimkehrern identifiziert hatte, hießen Gustav Sorge und Wilhelm Schubert. Gegen sie ermittelte nach ihrer Rückkehr die Bonner Staatsanwaltschaft; beide wurden im Februar 1959 wegen Mordes und Mordversuchs zu lebenslänglichem Freiheitsentzug verurteilt.[47]

Am spektakulärsten verlief jedoch der Prozeß gegen Generalfeldmarschall Ferdinand Schörner. Am 28. Januar 1955, also noch vor der Adenauer-Reise, konnte Schörner nach fast zehnjähriger Gefangenschaft die Sowjetunion verlassen. Er war der erste Wehrmachtsgeneral, der sich vor einem deutschen Gericht zu verantworten hatte, was angesichts der Debatte um den Aufbau der Bundeswehr für besonderes Aufsehen sorgte. Nicht Massaker an der Zivilbevölkerung wurden dem General zur Last gelegt, sondern die Erschießung eines Obergefreiten im März 1945, ohne daß ein Standgericht ein Urteil gesprochen hatte. Mitte Oktober 1957 wurde Schörner wegen Totschlags zu viereinhalb Jahren Gefängnis verurteilt.[48]

Ohnehin waren es solche Standgerichtsprozesse – Verfahren gegen Verantwortliche für willkürliche Hinrichtungen in der Endphase des

REVUE

Die Mörder sind unter uns

Heute sind sie angesehene Bürger - 1945 ließen sie 208 Menschen brutal durch Genickschüsse „liquidieren"

Ein Filmtitel wird zur Anklage.

Krieges –, die sich seit Mitte der fünfziger Jahre häuften. Ein Verfahren gegen den SS-Generalleutnant Max Simon und andere Angehörige seiner Einheit, denen die Verhängung von Todesurteilen Ende April 1945 vorgeworfen wurde, zog sich über Jahre. Derartige Prozesse fanden große Aufmerksamkeit bei der Presse: Es waren Deutsche gewesen – meist einfache Soldaten –, die kurz vor Kriegsende unter oft fadenscheinigen Anschuldigungen hingerichtet worden waren. Als Simon 1955 freigesprochen wurde, traf das Urteil des Ansbacher Schwurgerichtes auf heftige Kritik. »Unglaublich« nannte etwa der bayerische Ministerpräsident Hoegner den Richterspruch, und deutsche Zeitungen stimmten in diese Beurteilung ein.[49] Der Bundesgerichtshof hob daraufhin das Urteil auf. Der Prozeß wurde 1958 in Nürnberg neu aufgerollt – mit dem gleichen Ausgang: Freispruch.

Ein ähnlich mildes Urteil gegen SS-Angehörige, die in den letzten Kriegstagen 151 russische Fremdarbeiter wegen Plünderungen erschossen hatten, fand ebenso kritische Aufnahme. Der Rechtsausschuß des Bundestages bemängelte den Spruch der Richter, der SPD-Bundestagsabgeordnete und Rechtsexperte Adolf Arndt sprach gar von einem »Mord am Recht«.[50] In einem anderen Fall wurde dann im Juli 1958 ein Wächter aus dem Konzentrationslager Buchenwald, Gerhard Martin Sommer, wegen Mordes zu lebenslangem Zuchthaus verurteilt. Vor allem aber *ein* Prozeß erregte die Gemüter in der Bundesrepublik: das Verfahren gegen Mitglieder des »Einsatzkommandos Tilsit« der Einsatzgruppe A, das im Sommer 1958 in Ulm in seine entscheidende Phase trat.[51]

»Prozesse, Prozesse, Prozesse«, wunderte sich die *Allgemeine Wochenzeitung der Juden in Deutschland* schon im Dezember 1957.[52] Sogar ein Sepp Dietrich, eben erst aus Landsberger Haft entlassen, mußte sich nun wieder vor einem deutschen Gericht verantworten. Allerdings nicht wegen Kriegsverbrechen – der Generalvertrag des Jahres 1955 zwischen der Bundesrepublik und den Westmächten hatte ja vorgesehen, daß die Kriegsverbrecherverfahren vor alliierten Gerichten von der deutschen Justiz nicht aufgegriffen werden durften –,[53] sondern wegen der Beteiligung am sogenannten Röhm-Putsch.[54]

Einige Verdächtige jedoch reagierten schnell, schnell genug, um sich dem Zugriff der deutschen Justiz zu entziehen. Ein KZ-Arzt aus Buchenwald, Dr. Hanns Eisele, setzte sich nach Ägypten ab. Er hatte sich schon vor amerikanischen Militärgerichten verantworten müssen und war dort

Szenen aus dem DEFA-Film: »Die Mörder sind unter uns«. Hauptdarsteller waren
u. a. Hildegard Knef und Ernst Wilhelm Borchert.

wegen Mordes durch Injektionen zum Tode verurteilt worden. Die Gna-
denwelle der fünfziger Jahre hatte ihm die Freiheit gebracht; er prakti-
zierte anschließend jahrelang als Arzt.[55]

Die Mörder sind unter uns. So hieß es immer wieder. 1946 hatte
Wolfgang Staudte einen Film mit diesem Titel produziert. Es war die
Geschichte eines Kriegsheimkehrers, der seinen Vorgesetzten wegen Gei-
selerschießungen eigenhändig richten will, schließlich aber von seinen
Plänen abläßt. Vergeben und vergessen, so lautete das Credo dieses
Films.[56] Wenn der Film im Jahre 1958 zitiert wurde, dann genau mit der
umgekehrten Forderung: strafen und erinnern.

»Die Öffentlichkeit wird wach«, schrieb auch der Vorsitzende des
Zentralrates der Juden in Deutschland, van Dam, am 11. Juli 1958.[57] Oder
schlief sie doch noch? Einen Monat nach van Dams Artikel wurde die
deutsche Öffentlichkeit erstmals vom Meinungsforschungsinstitut Allensbach zu den NS-Prozessen in Deutschland befragt. Eine deutliche Mehrheit – 54 Prozent – war der Ansicht, man solle damit aufhören, Menschen
wegen Verbrechen zu richten, die schon so lange Zeit zurücklägen.
Immerhin aber ein Drittel (34 Prozent) sprach sich gegen einen solchen
Schlußstrich unter die Vergangenheit aus. (Nebenbei, die Vergleichszah-
len für 1963: 54/34 Prozent und 1965: 52/38 Prozent zeigen, daß sich das
Meinungsbild auch in den folgenden Jahren kaum verschieben sollte.)[58]

Die Gründe für die neue Prozeßwelle, so erklärte das Bundesjustizministerium später, seien nicht »mit letzter Sicherheit festzustellen«.[59] Da
waren einerseits die Rußland-Heimkehrer, die die deutsche Justiz vor

Herausforderungen stellten;[60] andererseits wurde immer wieder auf Zufälle verwiesen: So etwa auf den früheren Polizeidirektor von Memel, Fischer-Schwedler, der mit seiner Klage auf Wiedereinstellung in den Staatsdienst die eigene Vergangenheit offenlegte und damit den Ulmer Einsatzgruppenprozeß ins Rollen brachte.[61] Ausgeschlossen wurde hingegen, daß die »Weltmeinung« oder eine mögliche Einflußnahme ausländischer Regierungen für die Wende im justiziellen Umgang mit NS-Verbrechen verantwortlich gewesen sein könnte.[62]

Stets wurde bei solchen Wertungen übersehen, daß die deutsche Justiz seit 1957 im Hinblick auf die Vergangenheit ihrer Richter und Staatsanwälte massiv unter Druck geraten war. Sollte da ein Zusammenhang bestehen? Am ehesten wäre dieser dann in den deutsch-britischen Beziehungen zu fassen, denn auf diesen lastete ja das Problem der *Nazi Judges* explizit.

Die britische Botschaft in Bonn beobachtete die Vorgänge um die neuen Prozesse in Deutschland genau – auf jeden Fall genauer als die Vertretungen Frankreichs und der USA. Und schon bald differenzierte man dort sehr genau zwischen den Fragen, *wer* Recht sprach in Deutschland und *wie* Recht über Folgen des Nationalsozialismus gesprochen wurde. Eine zustimmende Haltung gegenüber NS-Methoden könne man deutschen Richtern keinesfalls vorwerfen – selbst wenn diese unter Hitler gedient hätten, meldete die britische Vertretung in Bonn Anfang November 1957 nach London. Und man unterstrich: »Die Tatsache, daß diese Prozesse immer noch stattfinden – und das 12 Jahre nach Kriegsende – ist vielleicht an sich schon überraschend.«[63] Es sprach demnach für die deutsche Justiz, daß sie – obwohl personell belastet – die Augen vor dem verbrecherischen Erbe des Dritten Reiches nicht verschloß.

Der milde Urteilsspruch im Standgerichtsprozeß Simon, der in der Bundesrepublik selbst heftige Proteste hervorrief, schien im Widerspruch zum Bild einer energischen deutschen Justiz zu sehen. Aber die innerdeutschen Klagen über das Urteil galten der Botschaft wiederum als ermutigendes Zeichen: Der Staat versuche keineswegs, Ex-Nazis von Schuld reinzuwaschen. Es sei eher die Öffentlichkeit, die dem »Leben-und-leben-lassen«-Prinzip huldige.[64] Der harte Richterspruch im Sommer-Prozeß wurde ebenfalls positiv aufgenommen. Die Reaktion der deutschen Presse und erneut auch die Tatsache, daß der Prozeß überhaupt stattgefunden hatte, bewerteten die britischen Diplomaten in Bonn als »gesundes Zeichen«.[65]

Beim Ulmer Einsatzgruppenprozeß deutete die Botschaft noch einmal auf die psychologischen Mechanismen in der deutschen Öffentlichkeit hin: »[...] Die Reaktion der meisten Deutschen scheint, so weit man dies sagen kann, in einer persönlichen Distanzierung zu bestehen, und zwar indem sie sagen: ›Wer auch immer solche Verbrechen begangen hat, ich war es nicht, und es war auch niemand, den ich kannte oder mit dem ich aufgewachsen bin.‹« Immerhin gebe es Anzeichen für die Kritikfähigkeit der jungen Generation; sie trete dafür ein, daß Gerechtigkeit walte.[66]

Am 13. Oktober 1958 bestätigte Botschafter Sir Christopher Steel noch einmal persönlich die Beurteilung seiner Beamten. Das Vorgehen gegen Kriegsverbrecher galt auch ihm als Beweis für moralisches Bewußtsein in der Bundesrepublik. Gerade die kritische Haltung der Jugend zur NS-Zeit barg seiner Meinung nach die größte Hoffnung für die Zukunft.[67]

Es war ein hohes Lob, welches die britische Botschaft der deutschen Justiz – und der Bundesrepublik insgesamt – zollte. Und es war kaum ein

Bernhard Fischer-Schweder, Hauptangeklagter beim Ulmer Einsatzgruppenprozeß.

Zufall, wenn die Konferenz der Justizminister in Bad Harzburg Anfang Oktober 1958, auf der die Richterproblematik – wie erwähnt – erstmals behandelt wurde, auch die Gründung einer Zentralstelle der Landesjustizverwaltungen zur Aufklärung nationalsozialistischer Verbrechen beschloß. Natürlich hatte man solchen Entwicklungen – den neuen Prozessen, allen voran dem Ulmer Einsatzgruppenprozeß – Rechnung tragen wollen. Die Zentralstelle in Ludwigsburg erhielt den Auftrag, systematisch Tatkomplexe aufzuarbeiten, um Verantwortliche für Verbrechen, die außerhalb des Bundesgebietes begangen worden waren, zu ermitteln.[68] NS-Verbrechen oder nationalsozialistische Gewaltverbrechen (kurz: NSG) wurden diese künftig genannt, um den durch die (verachtete) alliierte Justiz diskreditierten Begriff »Kriegsverbrechen« zu ersetzen.[69]

Das Auswärtige Amt erkannte die außenpolitische »Verwertbarkeit« der Ludwigsburger Stelle, man wollte von Fritz Schäffer Näheres wissen: »Das Auswärtige Amt ist an einer Mitteilung über nähere Einzelheiten

Karteikarten bei der Zentralstelle zur Verfolgung
nationalsozialistischer Verbrechen in Ludwigsburg.

deswegen interessiert, weil es glaubt, daß diese als besonders überzeu-
gungskräftiges Argument dafür verwendet werden können, daß es den
verantwortlichen Stellen der Bundesrepublik mit der Überwindung des
Nationalsozialismus ernst gemeint ist.«[70] Schäffer antwortete jedoch, die
Stelle in Ludwigsburg stehe in keinem »unmittelbaren Zusammenhang
mit der Frage der Wiederverwendung von Richtern und Staatsanwälten
der nationalsozialistischen Zeit«.[71]

Diese Mitteilung muß schon im Hinblick auf die Vergangenheit des
ersten Leiters von Ludwigsburg, Erwin Schüle, als eine fatale Ironie
erscheinen. Mit Bravour hatte Schüle als Staatsanwalt im Ulmer Einsatzgruppenprozeß ermittelt – er, das ehemalige SA- und NSDAP-Mitglied.
1965 mußte er aufgrund seiner Vergangenheit in Ludwigsburg den Platz
räumen.[72] In Windeseile hatte auch die DDR-Propaganda die Ludwigsburger Staatsanwälte unter die Lupe genommen und im Januar 1959 als
angebliche Handlanger der Nazi-Justiz angeprangert.[73]

Auch wenn Schäffer es nicht wahrhaben wollte, erwies sich die zentrale Ermittlungsstelle außenpolitisch als Gewinn. In den USA traf die
bundesdeutsche Prozeßwelle auf deutliches Interesse. Nach den Worten
des deutschen Generalkonsuls in New York wurden die Verfahren geradezu als Maßstab für die Ernsthaftigkeit deutscher Bemühungen gewertet,
mit der eigenen Vergangenheit fertig zu werden.[74] Da war Ludwigsburg
eine wichtige Hilfe. Auch die britische Regierung konnte nun auf die
Zentralstelle verweisen, wenn der aufdringliche Arthur Lewis im Unterhaus wieder einmal nach den Nazi-Richtern fragte.[75]

Tatsächlich hatte auch das Bonner Innenministerium empfohlen, die
Briten auf die Ludwigsburger Ermittlungsbehörde hinzuweisen.[76] Das
Auswärtige Amt mißachtete Schäffers Rat, Ludwigsburg von der Richter-
frage zu trennen. Selbstverständlich habe die Ermittlungsstelle indirekte
Bedeutung für die Behandlung des Problems der NS-Richter, erfuhren
Angehörige der britischen Botschaft im Bonner Außenministerium.[77]
Ludwigsburg und die neu einsetzende sowie immer wieder bekräftigte
Strafverfolgung von Verbrechen der nationalsozialistischen Zeit sollten
dem Vertrauensverlust der bundesdeutschen Justiz entgegenwirken.[78]

Die Deutschen zögen wie der Vogel Strauß den Kopf aus dem Sand
und stellten sich der eigenen Vergangenheit, notierte ein Mitarbeiter des
britischen Außenministeriums anläßlich eines Berichts über die Urteilsverkündung gegen die Rußland-Heimkehrer Schubert und Sorge. »Ohne

Zweifel werden diese Prozesse und die Ernsthaftigkeit der Absichten, die diese hervorgebracht haben, dem moralischen Ansehen des westdeutschen Staates nützen [...].« Daß solche Prozesse auch eine gegenläufige Wirkung hatten, wußte er: »Weitere Erinnerungen, so wie sie durch die Beweise in diesem Prozeß hervorgerufen werden, Erinnerungen an das, wozu manche Deutschen fähig waren und was viele andere bereit waren zu vergeben, all das könnte den gegenteiligen Effekt in der öffentlichen Meinung der ›zivilisierten Welt‹ hervorrufen.«[79] Auch Adenauer sprach ähnliche Sorgen an.[80]

Selbst wenn Kriegsverbrecherprozesse die Erinnerung an die gewaltsame deutsche Vergangenheit wachhielten und damit möglicherweise in die Tagespolitik hineinspielten, setzte die Bundesregierung am Ende doch auf die »moralische Reputation«, die sich international gewinnen ließe, indem Verbrecher aus der Zeit des Nationalsozialismus konsequent zur Verantwortung gezogen wurden.

17. KRISEN IN DEN DEUTSCH-BRITISCHEN BEZIEHUNGEN: ZWISCHEN GESCHICHTS- UND TAGESPOLITIK[1]

Anfang Februar 1959 legte das Auswärtige Amt der britischen Botschaft in Bonn den lange erwarteten Bericht über die NS-Vergangenheit von Richtern und Staatsanwälten in der Bundesrepublik vor. Er bestand im wesentlichen aus Stellungnahmen der Länderjustizminister. Demnach entbehrten die Vorwürfe des *Ausschusses für Deutsche Einheit* jeder Grundlage; es habe kaum Anlaß bestanden, disziplinarische oder strafrechtliche Schritte gegen Juristen im Staatsdienst einzuleiten – so hieß es immer wieder. Nordrhein-Westfalen meldete lediglich neue Strafverfahren gegen zwei pensionierte Juristen, während gegen einen noch im Dienst stehenden Richter ein Disziplinarverfahren eingeleitet worden sei. Rheinland-Pfalz berichtete von einem Disziplinarverfahren und der Möglichkeit, daß gegen einen zweiten Juristen ermittelt würde. Schleswig-Holstein meldete ein strafrechtliches Ermittlungsverfahren.[2]

Waren denn die Vorwürfe gegen die deutsche Justiz ein reines Phantasieprodukt, von den SED-Propagandisten an den Haaren herbeigezogen? Oder waren die Angaben aus den Hauptstädten der Länder unehrlich?

Nicht zuletzt von der SPD-Opposition wurden zunehmend bohrende Fragen gestellt.[3] Insgesamt aber blieb der Blick nach Großbritannien gerichtet. Das Jahr 1959 sollte eine tiefe Krise für die deutsch-britischen Beziehungen bringen; eine Krise, bei der sich die Richterfrage mit anderen, aus der Vergangenheit belasteten Themen verbinden sollte: Eine hochbrisante Mischung für die Tagespolitik!

Die Krise um Berlin –
und um die deutsche Vergangenheit

Trotz des Berichtes der Länderjustizminister wurde das Thema NS-Richter und Staatsanwälte im britischen *House of Commons* nicht fallengelassen. Arthur Lewis und andere Parlamentarier brachten weiterhin ihre Anfragen ein, und die britische Regierung wich aus. Am 17. Februar 1959 stellte Lewis die deutsche Innenpolitik erstmals in einen internationalen Bezugsrahmen: Ob der Premierminister bei seinen Gesprächen mit Chruschtschow darauf dringen werde, in einem möglichen Friedensvertrag mit Deutschland gemäß dem Potsdamer Abkommen die Entlassung der Nazi-Richter sowohl in Ost- als auch in Westdeutschland zu fordern? Ob er sich in Moskau für die Einsetzung einer Untersuchungskommission stark machen werde, um Vorwürfen nachzugehen, denen zufolge 596 ehemalige Sonderrichter immer noch in Westdeutschlands Justiz tätig waren? Premierminister Macmillan wich aus: Er könne nicht vorwegnehmen, was er in Moskau besprechen werde. Wie immer verwies der britische Premierminister darauf, daß die Ernennung von Juristen eine innerdeutsche Angelegenheit sei, an der sich die britische Regierung nur ein gewisses Interesse vorbehalte.[4]

Den Hintergrund der parlamentarischen Anfrage bildete eine für den 21. Februar 1959 geplante Reise Macmillans nach Moskau. Immerhin würde er der erste Regierungschef der drei westlichen Siegermächte sein, der sich nach Jahren der Konfrontation nach Moskau begab. Macmillan verfolgte dabei auch die Absicht, die sowjetische Position zur deutschen Frage, vor allem aber zum Berlin-Problem auszuloten. Die Krise um die geteilte Stadt schwelte seit November des Vorjahres. Damals hatte Chruschtschow den Rückzug der alliierten Truppen aus Berlin gefordert und eine Note an die Westmächte gesandt, in der die Vier-Mächte-Kontrolle über Berlin aufgekündigt wurde. Berlin sollte zur »Freien Stadt« erklärt werden. All dies war verbunden mit einer Drohung: Falls innerhalb von sechs Monaten keine Lösung gefunden sei, würden die Zufahrtswege nach Berlin blockiert.[5]

Die Bundesregierung insistierte in dieser prekären Situation auf westliche Standhaftigkeit. Schlaflose Nächte bereitete es Bonner Politikern, wenn etwa der amerikanische Außenminister Dulles davon sprach, den Verkehr zwischen dem Bundesgebiet und West-Berlin könnten ostdeutsche Behörden als Beauftragte (»agents«) der Sowjetunion regeln. Tendenziell drohte hierdurch eine Anerkennung der DDR.[6]

Die britische Regierung unter Macmillan schien nachgiebig, da verhandlungsbereit. In dieser angespannten Situation waren es jene schon lange debattierten Themen aus der deutschen Vergangenheit – belastete Richter und Staatsanwälte, Kriegsverbrecher –, die plötzlich wieder in neuem Licht erschienen. Andere Themen sollten hinzukommen. Krupp wurde erneut, wie damals 1951 bei seiner Entlassung aus der Landsberger Haft, zum Reizwort. Adenauer hatte gebeten, die letzten alliierten Beschränkungen zur Dekonzentration der deutschen Industrie aufzuheben; vor allem das Krupp-Vermögen wäre davon betroffen gewesen. Macmillan notierte auf einer Vorlage zum Fall des Industriemagnaten: »Die öffentliche Meinung [in Großbritannien, U. B.] ist verstört. Ich habe festgestellt, daß aus diesem Grunde und wegen der angeblich milden Behandlung von Nazis und Kriegsverbrechern eine ganze Menge antideutscher Stimmung im Wachsen ist.« Eben darauf sollte Adenauer nach dem Willen Macmillans aufmerksam gemacht werden, und zwar angelegentlich der Berlin-Krise.[7]

Darüber hinaus rangen die Bundesrepublik und die westeuropäischen Staaten seit längerem zäh um das Thema Wiedergutmachung. Bereits im Juni 1956 hatten Großbritannien und andere Staaten Entschädigungsleistungen für eigene Staatsbürger gefordert, soweit sie unter der NS-Herrschaft gelitten hatten. Unter Hinweis auf den Reparationsverzicht im Londoner Schuldenabkommen von 1952 hatte die Bundesregierung solche Forderungen zurückgewiesen, gleichzeitig aber humanitäre Hilfe zugesagt.[8] Am 23. Juli 1957 hatten die Westmächte diesem Rechtsstandpunkt widersprochen[9] – und nun, Anfang 1959, war das Problem so ungelöst wie zuvor.[10]

Daß Macmillan und Adenauer in der Berlin-Politik nicht übereinstimmten, wußte man.[11] Der Premierminister bestellte deshalb den deutschen Botschafter von Herwarth für den 11. Februar 1959, 17 Uhr, in seinen Amtssitz Downing Street No. 10. Von Herwarth schaute zuvor im Foreign Office vorbei, um bei Sir Frederic Hoyer Millar, seit seiner Rückkehr aus Deutschland Unterstaatssekretär im Foreign Office, Informationen darüber einzuholen, was ihn beim Premier erwarte.

Was er vom früheren Hochkommissar hörte, wird ihn nicht wenig verwundert haben. Selbst Sir Christopher Steel, britischer Botschafter in

Bonn, sollte sich die Augen reiben, als ihm die Aufzeichnung des Gespräches zwischen Hoyer Millar und von Herwarth vorgelegt wurde.[12]

Die Unterredung beider Diplomaten drehte sich nämlich nicht um Berlin, nicht um die anstehende Moskau-Reise Macmillans – und das, obwohl
im Foreign Office bekannt war, daß der deutsche Kanzler empört auf
Macmillans Pläne reagiert hatte.[13] Ein Beamter im Foreign Office notierte:

> »Es ist richtig, daß der Kanzler nicht allzu gut auf die Nachricht vom
> Besuch des Premierministers in Moskau reagiert hat. In dieser Hinsicht
> dürfte es kein guter Augenblick sein, um unsere Bemerkungen über
> die öffentliche Meinung in unserem Land loszuwerden. Auf der ande-
> ren Seite könnte der jetzige Zeitpunkt nicht besser sein, und es ist
> zweifelhaft, ob sich wieder eine so gute Gelegenheit in der näheren
> Zukunft bieten wird.«[14]

Eine gute Gelegenheit wozu? Der deutsche Botschafter wurde von Hoyer
Millar in dieser so delikaten politischen Situation mit innenpolitischen
Entwicklungen in der Bundesrepublik – und ihren Auswirkungen in der
britischen Öffentlichkeit – konfrontiert. Da war zunächst Krupp. In Großbritannien sei einige Kritik in Sachen Krupp geübt worden, begann Hoyer
Millar das Gespräch. Dann folgten andere Probleme: Wegen des Antisemitismus in Deutschland – Hintergrund waren vereinzelte antisemitische
Vorfälle[15] – und angesichts der milden Behandlung von Kriegsverbrechern seien böse Stimmen laut geworden. Der Unterstaatssekretär und
Deutschlandkenner räumte ein, daß einige dieser Stimmen zu »professio-
nell antideutschen Elementen« im Land gehörten, warnte allerdings
davor, die britische öffentliche Meinung zu unterschätzen. Die kommenden Wochen würden wahrscheinlich kritisch, nicht nur für Deutschland,
sondern auch für die Beziehungen zwischen dem Vereinigten Königreich
und dem Rest Europas – sicherlich eine Anspielung auf die schwelende
Debatte über Pläne des Nicht-EG-Mitglieds Großbritannien, eine europäische Freihandelszone einzurichten. Es sei wichtig, so Hoyer Millar, daß
die deutschen Verantwortlichen der britischen Öffentlichkeit in besonderem Maße Rechnung trügen. Anderenfalls bestehe die Gefahr einer
Entfremdung beider Staaten. Er habe gehört, der Kanzler sei über Gebühr
für französische Einflüsse empfänglich – ein Hinweis auf die argwöhnisch
beobachtete Annäherung zwischen Adenauer und de Gaulle:[16] Adenauer

möge daran erinnert werden, wie wichtig es sei, britische Ansichten angemessen zu berücksichtigen. So schloß Hoyer Millar das Gespräch mit Botschafter von Herwarth, der sich diese Ausführungen im wesentlichen schweigend angehört hatte.[17]

Kurz darauf begab sich der deutsche Diplomat zum Amtssitz des Premierministers und bekam dort von Macmillan noch einmal jene bemerkenswerte Mischung aus aktuellen Problemen und geschichtlich abgeleiteten Vorbehalten zu hören, die ihm Hoyer Millar im Foreign Office bereits vorgetragen hatte.[18]

Jene scharfe Kritik an der Nachgiebigkeit gegenüber NS-Tätern – widersprach sie nicht ganz und gar dem, was laufend aus Bonn berichtet worden war? Von mangelnder Gewissenhaftigkeit bei der Strafverfolgung von Kriegsverbrechern könne keine Rede sein, dies war der Grundtenor aller Schreiben der britischen Botschaft hierzu gewesen. Noch an dem Tag, als von Herwarth im Foreign Office vorsprach, hatte der britische Botschafter Sir Christopher Steel über die Verurteilung der Rußland-Heimkehrer Schubert und Sorge berichtet und der deutschen Justiz ein hohes Lob gezollt. Seine Schlußfolgerung klang verheißungsvoll: »In der Tat dürften die gegenwärtigen Prozesse dazu beitragen, die Rehabilitation Deutschlands in der zivilisierten Welt auf lange Sicht zu fördern.«[19] Steel schien bald klar, warum vor der Moskau-Reise Macmillans andersartige Signale nach Bonn gesandt worden waren: »Taktische Gründe« vermutete der britische Botschafter in der Bundesrepublik.[20]

Tatsächlich hatte es im Foreign Office Bedenken gegeben, die Deutschen derart massiv mit den alten Vorbehalten zu konfrontieren. Hoyer Millar hatte vor dem Gespräch mit dem deutschen Botschafter Zweifel geäußert, ob Vorwürfe hinsichtlich der Schonung ehemaliger Nationalsozialisten und Kriegsverbrecher denn überhaupt gerechtfertigt wären. Auch der Wirbel um Krupp schien ihm übertrieben: War jener abgeurteilte und begnadigte Kriegsverbrecher wirklich so schlimm? So schlimm wie diejenigen Männer, mit denen man inzwischen in der japanischen Regierung zu verhandeln hatte ...? Diese Anspielung auf die Rückkehr verurteilter Kriegsverbrecher in das politische Leben Japans – ein Beispiel: Kishi Nabosuke, seit 1957 japanischer Premierminister, war 1945 als »japanischer Albert Speer« verurteilt worden[21] – erschien dem britischen Diplomaten doch zu abwegig (oder zu verfänglich). Er strich die Zeilen auf einer Vorlage durch.[22]

Auch in den Vorlagen des Foreign Office für das Gespräch Macmillans mit dem deutschen Botschafter waren die Probleme mit der deutschen Vergangenheit eher vorsichtig formuliert worden. Unter der Überschrift »Nazis, Kriegsverbrecher usw. – Vorgeschlagene Argumentation« hieß es:

> »[...] Dies ist eine Angelegenheit, die für die deutsch-britischen Beziehungen von Wichtigkeit ist. Es wäre ein Desaster, wenn der Eindruck, den die Ostdeutschen zu vermitteln suchen, daß nämlich Teile der Bundesregierung ernsthaft von Ex-Nazis infiltriert sind, an Boden gewinnen würde.«

Auch die angebliche deutsche Milde gegenüber Kriegsverbrechern wurde relativiert:

> »Die Bundesregierung hat eine Zentrale Stelle eingerichtet, um wegen Kriegsverbrechen zu ermitteln, und immer noch finden Prozesse statt. Wenn man berücksichtigt, wieviel Zeit seit diesen Verbrechen verstrichen ist, dann ist das ziemlich bemerkenswert.«[23]

Die Reizworte fielen: Nazis, Kriegsverbrecher, Antisemitismus, Krupp. Übergeordnete politische Fragen blieben unberücksichtigt. Hoyer Millar schien eines klar: Deutschland war in Großbritannien nicht beliebt, und die deutsch-britischen Beziehungen waren eine zarte Pflanze, die es zu pflegen galt.[24] Die Atmosphäre zwischen beiden Staaten schien frostig aufgrund von Macmillans Deutschlandpolitik, aber auch wegen des vermeintlichen Erwachens einiger Relikte der Vergangenheit. Indem London die Vergangenheit ansprach, suchte es in der Gegenwart Entlastung.

DIE MACMILLAN-REISEN NACH MOSKAU UND BONN IM FRÜHJAHR 1959

Drei Tage nach dem Gespräch mit Botschafter von Herwarth im Februar reiste Macmillan nach Moskau. Elf Tage lang verhandelte er dort mit der sowjetischen Führung. Ein greifbares deutschlandpolitisches Ergebnis erzielte er nicht. Ungeachtet dessen, wollte er auch weiterhin mit der Sowjetunion in bezug auf Berlin im Gespräch bleiben, jedoch nicht bis zur Selbstverleugnung. Im Kabinett zog Macmillan die Grenze: »Ich werde kein Mr. Chamberlain sein.«[25] Es werde keine neue britische *appeasement*-Politik geben – *appeasement* nun gegenüber dem russischen, nicht dem deutschen Feind.

Während einer Reise durch die europäischen Hauptstädte sollte diese Linie vermittelt werden; gleichzeitig wollte Macmillan für eine neue Gipfelkonferenz mit der Sowjetunion werben. Für den 12. März 1959 hatte er sich in Bonn angemeldet. Wenn die deutsche Botschaft im Vorfeld des Besuches zu dem Schluß kam, grundsätzliche deutsch-britische Meinungsverschiedenheiten bestünden nicht, so war dies Schönfärberei. Immerhin gab man zu, daß Antisemitismus und »Renazifizierung« Reibungspunkte in den Beziehungen darstellten. In Bonn war man darauf vorbereitet, daß Macmillan die geschichtspolitisch heiklen Themen ansprechen würde. Das Foreign Office hingegen riet dem Premier davon ab, noch einmal auf die Punkte zurückzukommen, die bereits mit Botschafter von Herwarth besprochen worden waren.[26]

Von Herwarth selbst war unmittelbar nach den Gesprächen mit Hoyer Millar und Macmillan zur Berichterstattung nach Bonn gereist; und umgehend hatte er nach seiner Rückkehr im Foreign Office vorgesprochen. Alle Probleme habe er in Bonn zur Sprache gebracht, betonte der deutsche Botschafter: Krupp, die angebliche Nachlässigkeit im Umgang mit ehemaligen Nazis, die Berichte über den zunehmenden Antisemitismus in Deutschland und die ausgebliebene Wiedergutmachung für nichtdeutsche Opfer der NS-Gewaltherrschaft. Von Herwarth schilderte dabei seine Eindrücke, die er im Gespräch mit Adenauer über die ehemaligen Nationalsozialisten gewonnen habe. Der Kanzler habe zugegeben, daß einige ziemlich zweifelhafte Charaktere durch die Maschen geschlüpft und in offizielle Positionen eingerückt seien. Seiner Meinung nach handelte es sich aber nur um wenige Fälle. Von Herwarth verschwieg nicht, daß der Kanzler auch die Alliierten in eine Art Mitverantwortung verwickelt hatte. Adenauer habe kritisiert, daß nach Ende der alliierten Kriegsverbrecherprozesse die Aktenbestände in alle Winde zerstreut worden seien. Es sei deshalb für die deutschen Behörden schwer, die schwarzen Schafe ausfindig zu machen und unter Kontrolle zu halten. Die Bundesregierung sei sich der Bedeutung des Problems bewußt, und die Entwicklungen würden aufmerksam beobachtet.

Die Antisemitismus-Vorwürfe wies von Herwarth als unbegründet zurück, dennoch bleibe die Bundesregierung auch hier wachsam. Im

Hinblick auf die Wiedergutmachung stelle sich die Bundesregierung ihrer
Verantwortung; nur, gab von Herwarth zu bedenken, aus Polen und der
Tschechoslowakei könnten lange Wiedergutmachungsrechnungen eintreffen, sollte man eines Tages diplomatische Beziehungen mit diesen
Ländern des Ostblocks aufnehmen.[27]
    Die Vergangenheit schien die deutschlandpolitische Gegenwart von
der Tagesordnung zu verdrängen. Wenn Macmillan nach dem Willen des
Foreign Office in Bonn nicht noch einmal in diese Kerben hauen sollte,
dann lag dies nicht zuletzt an den Berichten von Botschafter Sir Christopher Steel zur tatsächlichen Lage in Deutschland:

> »Im Hinblick auf die Beschäftigung von Nazis und den Antisemitismus
> bin ich der festen Überzeugung, daß die Aufregung in der britischen
> Presse künstlich ist. Im Moment wird eine Menge getan, um KZ-Wa-
> chen und anderes hinterhältiges Gesindel zu verfolgen, und die Äuße-
> rungen gegen den Nationalsozialismus sind besonders laut, in der
> Presse und auch sonstwo. Das gilt in noch höherem Maße für den
> Antisemitismus. Wo in England hat man jemals von einem Fall gehört,
> daß jemand zu einem Jahr Gefängnis verurteilt worden wäre, nur weil
> er einen anderen als ›dreckigen Juden‹ bezeichnet hatte.«[28]

So schrieb Steel am 2. März nach London. Er hielt in Sachen Antisemitismus den Briten den Spiegel vor. Zugleich zeigte er sich verwundert, daß
die wirklichen bilateralen deutsch-britischen Probleme – etwa die Freihandelszone – gegenüber dem deutschen Botschafter in London nicht
angesprochen worden waren.[29]
    Am 9. März schickte Steel Außenminister Lloyd eine neunseitige
Analyse der gegen die Bundesrepublik vorgetragenen Anschuldigungen,
wobei er das Problem des Antisemitismus ausdrücklich ausklammerte.
Folgende Fragen wollte er beantworten:
    Was machen die ehemaligen Nazis?
    Ist der Nazismus eine politische Kraft in Deutschland?
    Steel schrieb einleitend, daß circa drei bis fünf Millionen ehemalige
NSDAP-Mitglieder – immerhin sechs bis zehn Prozent der Bevölkerung –
in Deutschland lebten. Dann ging er ausführlich auf die alliierten Entnazifizierungsmaßnahmen ein, denen er einen Erfolg nicht ganz abspre-
chen mochte. Immerhin seien »gefährliche oder aktive Nazis« damals

gezwungen worden, sich ins Privatleben zurückzuziehen. Der Großteil der Parteigenossen – »die Schafe, die den NS-Führern folgten« – sei hingegen in das gesellschaftliche Leben integriert worden. Steel war dabei nicht verborgen geblieben, daß sich ehemalige Parteimitglieder ihren Weg bis in die Bundesregierung gebahnt hatten.

Die deutsche Justiz nahm er einmal mehr in Schutz: Die Vorwürfe aus dem Osten seien eindeutig Teil einer Propagandakampagne zur Diskreditierung der Bundesrepublik.

Nach einem Überblick über die Situation in den Ländern kam Steel auf die Lage in Wirtschaft und Industrie zu sprechen. Schon seinem Vorgänger im Amt war aufgefallen, daß hier die Macht noch immer in denselben Händen lag wie zur Zeit des Dritten Reiches. Steel schloß sich dieser Beurteilung an mit dem Hinweis, ein Friedrich Flick beherrsche inzwischen ein größeres Imperium als jemals zuvor.

Bei der Bundeswehr sah er – dank der »extrem strengen Prüfung der Kandidaten« durch den Personalgutachterausschuß – keine derartigen personellen Kontinuitäten. Steel wußte sogar zu berichten, daß man in Einzelfällen Bewerber zurückgewiesen hatte, deren Personalakte britischen Militärbehörden noch unanfechtbar schienen. Steel kam zu einer optimistischen Gesamtbeurteilung:

»Wenn diese Analyse korrekt ist, dann kann man die Frage, was mit den Nazis geschehen ist, so beantworten: Die schlimmsten zogen sich – in einigen Fällen nach Haft oder Internierung – ins Privatleben zurück, einige gingen ins Ausland; der Rest, drei Millionen oder mehr, wurde in das normale Leben des Landes wieder aufgenommen, bis zu einem gewissen Grade auch in die Verwaltung. Nur wenige besetzen Spitzenstellungen in der Bundesregierung oder der Verwaltung. Das gilt in noch höherem Maße für die Streitkräfte. Bei den Länderverwaltungen ist die Lage unterschiedlich, aber der Anteil [der ehemaligen Parteigenossen, U. B.] ist relativ klein. Andererseits haben die Geschäftsleute, die Nazis gewesen waren, in der Industrie ihre führenden Positionen wiedergewonnen.«

Anschließend widmete sich Steel der zweiten Frage, ob der Nazismus eine politische Kraft in der Bundesrepublik sei. Sein Kommentar: »Die kurze Antwort lautet ›Nein‹.« Gelegentliche rechtsradikale Vorfälle seien nichts im Vergleich zu den Kräften in Deutschland, die sich gegen derartige Tendenzen wandten. Aussagen von Theodor Heuss und Konrad Adenauer zur deutschen Verantwortung für die Verbrechen der Vergangenheit und gegen ein Wiederaufleben von Antisemitismus und Neonazismus galten ihm als Beleg. Darüber hinaus lobte er – wie schon so oft – die konsequente Strafverfolgung von NS-Verbrechern durch die deutsche Justiz. Als Positivum deutscher Vergangenheitsbewältigung wertete er auch das Wiedergutmachungsabkommen mit Israel. Durch die Katastrophen von Niederlage, Besatzungsherrschaft und Teilung Deutschlands hielt der britische Botschafter den Nationalsozialismus für völlig diskreditiert, eine Wiederkehr des Alten erschien ihm »höchst unwahrscheinlich«.

Steel konnte sich allerdings politische und soziale Umstände vorstellen, unter denen die Deutschen wieder blind einem Diktator folgen würden, so etwa, wenn die Bonner Demokratie wie die Vierte Republik in Frankreich unterginge oder wenn eine Welle der Emotionen in der Bevölkerung energische Schritte in Richtung auf eine Wiedervereinigung beider deutscher Staaten fordere. Dann, so Steel, könne ein autoritärer Führer auf der Bildfläche erscheinen – ein Nationalist oder eine Art von »Gaullist«:

> »Dessen Regime würde nicht notwendigerweise die schlimmsten Exzesse und Verbrechen des Nazismus wiederholen, aber ein Vertrauen darauf, daß dies verhindert würde, kann nicht auf dem moralischen Empfinden der Deutschen beruhen. Da wir Deutschland nicht länger direkt kontrollieren können, besteht meiner Auffassung nach der sinnvollste Weg, mit diesem latenten Risiko umzugehen, darin, die Bundesrepublik so eng wie möglich an West-Europa zu binden und sie somit als Verbündeten auf unserer Seite zu haben.«[30]

Sprach aus dem ganzen Schreiben Steels Vertrauen in das neue, demokratische Deutschland, so stellte die letzte Äußerung doch eine erhebliche Einschränkung dar. Vertrauen: Ja, aber Kontrolle schien noch besser.

Am 13. März trafen Adenauer und Macmillan zusammen. Es war der Kanzler, der das Gespräch auf die tiefgreifenden Meinungsverschiedenheiten brachte. Er hielt dem Premierminister britische Presseartikel mit –

wie er meinte – unfairen Angriffen gegen Deutschland vor. Und was die aus der deutschen Geschichte herrührenden Probleme betraf: Die Bundesregierung könne, so der Kanzler in Anspielung auf die Kritik an der bundesdeutschen Justiz, keinen Einfluß auf die Gerichte nehmen.

Um die Vertrauenswürdigkeit der Justiz zu untermauern, wies Adenauer auf das energische Vorgehen gegen Fälle von Antisemitismus hin. Ohnehin sei der Antisemitismus nahezu verschwunden, auf jeden Fall sei er geringer, als man hätte erwarten dürfen. Darüber hinaus brachte Adenauer die nach seinen Worten exzellenten Beziehungen zu Israel vor – wobei er verschwieg, daß diese aufgrund deutscher Vorbehalte noch nicht einmal diplomatische waren:[31] Die Deutschen hätten ihre Verpflichtung gegenüber Israel – Adenauer meinte das Wiedergutmachungsabkommen – erfüllt. Auch den Juden in Deutschland gehe es soweit gut (Wortlaut im englischen Protokoll: »The Jews in Germany were quite all right«), neue Synagogen wurden gebaut. Die Russen hingegen verbreiteten unwahre Geschichten über Deutschland.

Macmillan hatte – dem Geheiß des Foreign Office folgend – gar nicht über diese Themen sprechen wollen. Und als wolle er die Probleme vom Tisch wischen, betonte er, die beiderseitigen Beziehungen seien doch gut. Nein, das seien sie nicht, gab der Kanzler nun zurück. Er hatte als Schuldigen hierfür die Presse ausgemacht. Der Herausgeber der Londoner *Times* werde bald nach Deutschland kommen, und auch ihm werde er das sagen. Macmillan räumte daraufhin ein, daß man auf der britischen Insel natürlich sensibel sei im Hinblick auf Deutschland. Emotionale Reaktionen würden häufig durch Namen oder Symbole hervorgerufen: Krupp zum Beispiel. Hierzu berichtete Adenauer, daß die Sowjetunion und die DDR vor kurzem jegliche Anti-Krupp-Propaganda eingestellt hätten. Er frage sich, so der Kanzler, ob die Leute überhaupt noch richtig dächten. Macmillan räumte ein, daß es in seiner Heimat schon allerlei komische Käuze gebe. Und dann unternahm er einen enormen Gedankensprung: Er kam auf britische Wünsche hinsichtlich einer europäischen Freihandelszone zu sprechen. Hier ging es um Geld. Adenauer wiederum kam von diesem Thema – die Deutschen redeten seiner Meinung nach viel zu viel über das, was sie verdienten – noch einmal auf die deutsche Geschichte zu sprechen. Diese sei in diesem Jahrhundert sehr schwierig verlaufen, das müsse berücksichtigt werden. Einen antibritischen Seitenhieb konnte Adenauer sich dabei nicht verkneifen: Die Jugend sei besser geraten, als er erwartet habe – und daß, obwohl die Alliierten den Fehler begangen hätten, an den Schulen keinen Geschichtsunterricht erteilen zu lassen. Ob dies stimmte oder nicht, konnte der britische Premierminister natürlich nicht auf der Stelle nachprüfen. Aber er antwortete: Man müsse sich in jedem Fall noch über die Freihandelszone unterhalten ...[32]

Perlen vor die Säue? Versuche zur Verbesserung des Deutschlandbildes in Grossbritannien

Wenig Erhellendes zum deutschen Umgang mit der jüngsten Geschichte brachte der reichlich konfus anmutende Meinungsaustausch, der sich da im März zwischen Adenauer und Macmillan abgespielt hatte. Seine Eindrücke über das Treffen mit dem britischen Premierminister gab Adenauer in einem Hintergrundgespräch an Journalisten weiter: »In Großbritannien kommt noch hinzu – ich habe auch darüber mit Macmillan gesprochen – ein großer Haß gegen die Deutschen, ein wirklicher Haß, der übrigens zum Teil von Sowjetrußland systematisch geschürt wird.«[33] Entsprachen diese Wahrnehmungen auch der Realität? Gab es ihn wirklich, diesen großen Haß gegen die Deutschen?

Die Tatsache, daß das amerikanische Meinungsforschungsinstitut Gallup gerade zu Beginn des bewegten Jahres 1959 britische Ansichten zum Thema »Deutschland und Vergangenheit« ermittelte, ist schon für sich genommen ein Zeichen, wie hoch die Wellen damals schlugen. »Was glauben Sie, besteht eine oder besteht keine große Aussicht, daß die Nazis in Deutschland wieder mächtig werden?« Natürlich war die Frage recht suggestiv formuliert – allein der Begriff »the Nazis« vergegenwärtigte den Befragten automatisch die Schrecken der Vergangenheit. Immerhin: Nach zehn Jahren demokratischer Entwicklung der Bundesrepublik antworteten noch 27 Prozent mit »Ja«, gut ein Viertel hielt also die Rückkehr »der Nazis« für eine Gefahr. Fünfzig Prozent verneinten dies wiederum. Deutliche Vorbehalte lassen sich aus den Zahlen ablesen. Aber großer Haß ...?

Was man denn tun könne, um die Rückkehr der Nazis zu verhindern, fragte Gallup zusätzlich. Mehrere Antworten waren möglich. Die meisten Briten – 32 Prozent – hielten für das sinnvollste, was Sir Christopher Steel als politisch unzeitgemäß ausgeschlossen hatte: eine strikte alliierte Kontrolle und Besatzung Deutschlands. 25 Prozent der Befragten entschieden, »die Nazis« müßten aus wichtigen Positionen ferngehalten werden; 21 Prozent setzten auf das Verbot der Wiederbewaffnung, zwanzig Prozent auf die Erziehung der Deutschen.[34]

Im April 1959 führten die amerikanischen Meinungsforscher noch einmal die gleiche Umfrage durch, und die Zahl derjenigen, die sich um eine Wiederkehr »der Nazis« sorgten, lag erneut bei 27 Prozent.[35] Die Reisen Macmillans nach Moskau und Bonn hatten an diesem Meinungsbild also wenig geändert. Ein anderes wichtiges Ergebnis aber ermittelten die Gallup-Forscher im Hinblick auf das Verhältnis zur DDR: Arthur Lewis stand mit seiner aufgeschlossenen Haltung gegenüber dem ostdeutschen Staat keineswegs allein. »Wenn die Russen ihren Sektor von Berlin den Ostdeutschen übergeben, sollte der Westen dann einer Anerkennung der ostdeutschen Regierung zustimmen und mit ihr verhandeln, oder sollte der Westen eine Anerkennung verweigern?« Auf diese Frage wollte nahezu die Hälfte der befragten Briten (49 Prozent) der DDR eine Anerkennung zugestehen. Nur dreizehn Prozent redeten der bisherigen Nichtanerkennungspolitik das Wort.[36] Eine Ursache für die Glaubwürdigkeit der DDR-Propaganda gegen die Bundesrepublik könnte also in der Akzeptanz des ostdeutschen Staates selbst gelegen haben.

Adenauer und Macmillan stützten sich bei ihrer Beurteilung der Stimmung im eigenen Land nicht auf solche Umfragen. Ohnehin vertrauten Briten und Deutsche in jenen Jahren eher ihrem politischen Instinkt und Beobachtungsvermögen; vielleicht aber verwechselten sie auch die öffentliche mit der veröffentlichten Meinung.

Adenauer hatte gegenüber Macmillan die britische Presse heftig angegriffen, und es war dies nicht das erste Mal, daß er sich über die Deutschlandberichterstattung der Londoner Medien beklagte. Bereits im April 1958 hatte sich der Kanzler über einige Artikel in der *Times* und über Sendungen der BBC geärgert und seinen Botschafter deshalb ins Foreign Office geschickt. Von Herwarth muß dieser Gang ein wenig peinlich gewesen sein. Zwar beklagte er sich im britischen Außenministerium weisungsgemäß über die antideutsche Einstellung der britischen Öffentlichkeit, räumte aber zugleich ein, daß Adenauer mit seiner Auffassung, es handele sich dabei um eine organisierte Pressekampagne, wohl falsch läge. Der Botschafter kritisierte einen Regierungschef, der nicht ausreichend berücksichtige, in welchem Maße unterschwelliger Argwohn und Zweifel an Deutschland in den Köpfen der Briten verankert seien; deren Gedächtnis sei ohnehin beträchtlich länger als etwa das der Amerikaner.[37]

Im Oktober 1958 hatten dann die »deutsch-britischen Pressebeziehungen« auf der Tagesordnung eines Gesprächs zwischen Adenauer und Macmillan im Palais Schaumburg gestanden. Wieder kritisierte Adenauer die antideutsche Berichterstattung der britischen Zeitungen. Macmillan versprach damals immerhin, einen Beamten nach Bonn zu entsenden, um zu prüfen, wie man solchen Tendenzen begegnen könnte.[38]

Jedoch erst nach dem Spitzengespräch im März 1959 begannen die Verantwortlichen in London, sich wirklich Gedanken darüber zu machen, ob und wie das Deutschlandbild auf der britischen Insel verbessert werden könnte.[39] Grundlage der Überlegungen bildete Sir Christopher Steels ausführliche Analyse zum Umgang mit den personellen Relikten der deutschen NS-Vergangenheit.

Die für Deutschland zuständigen Abteilungen des Foreign Office zeigten sich gespalten. Einerseits war man geneigt, dem Urteil Steels zuzustimmen und die Leistungen der Bundesrepublik bei der personellen Vergangenheitsbewältigung gerade angesichts der riesigen Zahl ehemaliger Nationalsozialisten anzuerkennen. Man spürte auch, daß die antideutsche Stimmung im eigenen Land, wie sie von den rechten und linken Rändern des politischen Spektrums – nicht aber von jüdischen Organisationen, was man festhielt – verbreitet wurde, die Politik der Westintegration störte. Um hier Abhilfe zu schaffen, sollte die für die politischen Beziehungen zu Deutschland zuständige Abteilung gemeinsam mit der Presseabteilung Möglichkeiten ausloten, um der antideutschen Stimmung im Lande gegenzusteuern.[40] Doch hier erhob sich Widerspruch. Man könne noch so viel Pressearbeit leisten – all das sei wenig ergiebig, wenn bezogen auf das Verhältnis zu Großbritannien aus Bonn nur Schlechtes zu berichten sei. Skeptisch fügte ein Beamter einen persönlichen Gedanken an:

»Was die britische Öffentlichkeit den Westdeutschen in Wirklichkeit übel nimmt, ist deren wirtschaftlicher Erfolg und die Arroganz, mit der dieser in allem Prunk demonstriert wird – ohne dabei die Rolle zu berücksichtigen, die wir (und andere) gespielt haben, um das zu ermöglichen. [...] Ich kann nicht erkennen, wie grundlegende Verbesserungen des Meinungsklimas in den Bereich der Wahrscheinlichkeit rücken könnten.«[41]

Ein Kollege aus der Presseabteilung des Foreign Office, der nach seiner Meinung befragt worden war, pflichtete dieser Beurteilung bei und illustrierte dies mit einem englischen Sprichwort: »Es ist unmöglich, Perlen aus den Ohren einer Sau zu holen.« Übersetzt: Was immer man tat, es war nutzlos. Perlen vor die Säue? – so die deutsche Redensart![42]

Auch jener Angestellte aus dem Bereich Öffentlichkeitsarbeit kannte den britischen Neid auf den schnellen deutschen Erfolg, machte aber gleichzeitig die Bundesregierung für Mißverständnisse mitverantwortlich. »Insgesamt waren die Briten als Rasse im letzten Jahrhundert mehr von Deutschland angezogen als von Frankreich« – in dieser (geschichtlich mehr als problematischen) Erinnerung an vergangene Zeiten mochte Kummer darüber mitklingen, daß die Brücke Bonn – Paris inzwischen weitaus bedeutender schien als der schwankende Steg nach London.

Auch zu seinem eigentlichen Arbeitsbereich, der britischen Presse, hatte dieser Beamte einiges zu sagen. Die Londoner Fleet Street, Zentrum des britischen Zeitungswesens, zeige geradezu defätistische Neigungen gegenüber der Sowjetunion. Chauvinistisch äußerten sich die Blätter eher bei kleinen lateinamerikanischen Ländern – und eben dann, wenn die Deutschen ihre Muskeln spielen ließen. Aber dahinter vermutete der Medienexperte auch kommerzielle Interessen: »Schließlich leben die Zeitungen von den verkauften Auflagen – und sie verkaufen antideutsches Material nur deshalb, weil sie denken, daß ihre Leser das lesen wollen.«[43] Ein Kollege aus der gleichen Abteilung warnte allerdings davor, die Rolle der Presse bei der Trübung der deutsch-britischen Beziehungen zu überschätzen: »Dr. Adenauer ist praktisch der einzige Deutsche, der die Sache ernst nimmt, und mir scheint das Problem darin zu liegen, sowohl Dr. Adenauer als auch die britische Presse kurieren zu müssen.«[44]

Andere Abteilungen des britischen Außenministeriums – die Kulturabteilung, die für internationale Austauschprogramme im Foreign Office zuständigen Stellen[45] – gaben gleichfalls Stellungnahmen ab, bevor die für Deutschland zuständige Westabteilung (Western Department) die eingegangenen Vorschläge und Überlegungen kommentierte. Dort war man vom Ergebnis enttäuscht. Als man Sir Christopher Steels Analyse

Careful, Herr Chancellor! Someone else thought
that only HE knew what was best for Germany.

Karikatur des Londoner *Daily Express* vom Juni 1959.

zur Situation ehemaliger Nationalsozialisten in der Bundesrepublik durch die Abteilungen gereicht hatte, suchte man nach Antworten auf die konkrete Frage, wie antideutscher Stimmungsmache entgegengewirkt werden konnte. Was hatte man erhalten? Lange Exkurse über das Verhältnis von Briten zu Deutschen.[46] Diese erschienen den deutschlandpolitischen Planern nun weitgehend wertlos. Zudem hatte man den Eindruck gewonnen, daß die britische Presseberichterstattung über Deutschland inzwischen objektiver geworden war.[47] So stand das Ergebnis in keinem Verhältnis zu Aufwand und Dauer der internen Beratungen – immerhin hatte diese fast sechs Monate gekostet.

DIE LONDON-REISE ADENAUERS IM NOVEMBER 1959

Knapp einen Monat nach dem Macmillan-Besuch in Bonn sorgte Adenauer für einen mittleren deutsch-britischen Eklat. Am 8. April 1959 sprach er in aller Öffentlichkeit die Misere der deutsch-britischen Beziehungen an. Er vermutete »Drahtzieher, die geflissentlich darauf ausgehen, das Verhältnis zwischen dem britischen Volke und dem deutschen Volke zu verschlechtern, und zwar aus außenpolitischen Gründen«. Systematisch würden die Beziehungen in letzter Zeit verschlechtert. Mit welchen Inhalten dies geschah, verschwieg er allerdings.[48] Hinter den Kulissen ließ Adenauer wissen, daß er sich besonders über einen Artikel im Londoner *Daily Herald* aufgeregt habe. In diesem sei behauptet worden, der Kanzler wolle Großbritannien in einen Dritten Weltkrieg verwickeln. Die britische Presse lasse sich leider durch antideutsche Propaganda aus Moskau allzu leicht beeinflussen.[49]

Ein wenig verrückt sei er wohl geworden, der Kanzler, notierte Macmillan am Tag darauf in seinem Tagebuch – nicht die letzte Eintragung dieser Art.[50] Noch über Wochen und Monate sollten sich die deutsch-britischen Meinungsverschiedenheiten hinquälen. Immer wieder ging es dabei neben dem aktuellen Thema – etwa die unterschiedlichen Auffassungen in der Deutschlandpolitik – um die aus der Erinnerung an die Vergangenheit herrührenden deutschlandkritischen Stimmen und Stimmungen auf der britischen Insel und die Deutschlandberichterstattung der Presse. Zudem war 1959 in Großbritannien Wahljahr; dies mag, auch wenn die Quellen es nicht direkt offenbaren, bei all dem mitgeschwungen haben.

Als hätte er alles noch nie gehört, wurde Botschafter von Herwarth am 15. Juli 1959 von Premier Macmillan wieder einmal über die Pressefreiheit in Großbritannien aufgeklärt: Die Regierung sei nun mal nicht in der Lage, Zeitungen zu kontrollieren. Zudem ließ der britische Premier dem Kanzler übermitteln, er solle die Zeitungen genauer lesen. Er würde dann zweifellos mehr antiamerikanische als antideutsche Töne entdecken.[51]

Auch im Auswärtigen Amt machte man sich zunehmend Gedanken über das angespannte Verhältnis zu den Briten. Immerhin war für November eine Reise Adenauers und von Brentanos nach London geplant. Da galt es, im Vorfeld Mißverständnisse und Fehleinschätzungen auszuräumen. »Skepsis« des »Durchschnitts-Engländers« gegenüber den Deutschen nahm das für Großbritannien zuständige Referat wahr. Woher diese Skepsis des (nicht näher definierten) »Durchschnitts-Engländers« rührte, glaubte man ebenfalls zu wissen:

> »Sie nährt sich im wesentlichen aus den Erfahrungen zweier Weltkriege und den Veröffentlichungen über deutsche Verbrechen in den Konzentrationslagern und über Judenvernichtung. Mißtrauen gegen das deutsche Volk kennzeichnet die Einstellung mancher Engländer zur deutschen Wiedervereinigung.«

Trotz alledem gab man sich nicht allzu pessimistisch: Die Englandreise des Kanzlers könne durchaus »in Harmonie« verlaufen.[52] Die Unterlagen, welche die Botschaft in London und das Auswärtige Amt für die Reise von Kanzler und Außenminister zusammengestellt hatten, enthielten zunächst keine Informationen zum Thema Nationalsozialismus und deutsche Justiz.[53] Als aber der unermüdliche Arthur Lewis anläßlich des Kanzler-Besuches erneut eine Anfrage zu den *nazi judges* im Unterhaus einbrachte, ergänzte das Auswärtige Amt die Papiere. Die Londoner Botschaft riet zu einer offensiven Strategie: Die Briten sollten darauf aufmerksam gemacht werden, daß, anders als in der Bundesrepublik, in der »Sowjetzone Deutschlands [...] Terrorurteile nicht nur für geringfügige strafrechtliche Vergehen, sondern vor allem für die Bekundung einer dem kommunistischen Regime nicht genehmen freiheitlich-demokratischen Gesinnung an der Tagesordnung [sind]«.[54] Gegenwärtiges Unrecht sollte also die Erinnerung an vergangenes Unrecht relativieren.

Adenauer benötigte diese Argumentationshilfen nicht. Das Foreign Office hatte sich zwar vorgenommen, beim Kanzler Fehleinschätzungen der britischen Politik auszuräumen – die Frage belasteter Richter und Staatsanwälte gehörte aber nicht zu den Themen, die man ansprechen wollte.[55]

Trotz der idyllischen Umgebung, in der die Gespräche stattfanden – man bat Kanzler und Außenminister nach Chequers, auf den Landsitz des Premierministers – wurde dort Klartext geredet. Die wohlwollende Einleitung Macmillans, sie seien ja »alte Freunde«, wich bald konkreten Vorwürfen gegen Adenauer wegen dessen scharfer Kritik an Großbritannien. Der Brite fuchtelte mit Akten herum und zitierte aus ihnen, um gleich anzudeuten, daß die Verteidigung des Kanzlers auf schwachen Füßen stehe; Adenauer hatte nämlich behauptet, nie und nimmer Vorwürfe gegen den britischen Premier erhoben zu haben. Nachdem Macmillan eine ganze Liste von Ausbrüchen vorgelesen hatte, gab sich der Kanzler beunruhigt. Wurde da etwa vermutet, er – Adenauer – stecke hinter all diesen Geschichten? Zur eigenen Entlastung kam der Kanzler auf sein Lieblingsthema zurück: die britische Presse. Den Schlagabtausch beendete Macmillan. Immerhin fand dieser zum Abschluß noch versöhnliche Töne. Angesichts dessen, so der Premierminister, was in den letzten Jahren zwischen beiden Ländern geschehen sei, halte er es für bemerkenswert, welch gute Kameradschaft (das Protokoll notiert: »comradeship«, nicht etwa »friendship«) jetzt bestehe. Das britische Volk habe von der Queen abwärts seine Entschlossenheit demonstriert, nach vorne und nicht zurück zu schauen.[56]

So schienen die Wogen zunächst geglättet. Innerhalb der britischen Regierung aber brodelte es weiter. Der Blick zurück, nicht – wie von ihm selbst gefordert – der nach vorne sprach aus einem Memorandum mit dem Titel »Anti-deutsche Stimmungen in Großbritannien«, welches Macmillan einen Monat nach dem Adenauer-Besuch an seinen Außenminister richtete:

»Abgesehen von den Zeitungen, die darauf spezialisiert sind, antideutsche Stimmungen zu erzeugen (vor allem Beaverbrook usw.), gibt es doch aufrichtige Besorgnis. Ich bin ziemlich sicher, daß wir uns auf sicherem Grund bewegen mit unserer Zustimmung zu einer nuklearen

Bewaffnung deutscher Truppen – solange der Schlüssel zum Schrank in amerikanischen Händen liegt. Die Konzessionen, die wir im Hinblick auf Luft-Luft- und Boden-Boden-Raketen gemacht haben, können also verteidigt werden, die Konfusion über die Sprengköpfe wird sich bereinigen lassen.«

Den Hintergrund solcher Äußerungen bildete die schwelende Debatte um die nukleare Bewaffnung der Bundeswehr. Harold Macmillan schränkte jedoch ein:

> »Aber hinter all dem steckt doch das Gefühl, daß die Deutschen eine ziemlich ambivalente Politik betreiben. Niemand weiß zum Beispiel, wieviele Ex-Nazis wirklich bei Armee, Beamtenschaft oder im Justizwesen beschäftigt sind. Das Wiedererstarken von Krupp ist hier nicht sehr populär [...].«[57]

Man kann darüber spekulieren, ob Macmillan ein gerade erschienenes Buch im Sinn hatte, welches laut Verlagsankündigung »eine erschreckende Bloßstellung des Wiederauftretens der Nazis in Deutschland in romanhafter Form« bot. *Die Furchtmacher (The Fearmakers)* hieß das Werk – aber weniger den Briten als vielmehr den Bonner Verantwortlichen flößte der Roman Furcht ein.[58]

Wie dem auch sei: Macmillan stellte erneut eine Verbindung her zwischen der deutschen personellen Vergangenheitsbewältigung und den Weichenstellungen für die Zukunft der Bundesrepublik. Hierin lag nicht einfach eine Instrumentalisierung der Vergangenheit; die ehemaligen Nationalsozialisten in deutschen Ämtern hatten in britischen Augen sehr wohl etwas mit den aktuellen Problemen zu tun. Es gab einen Schlüsselbegriff, welchen Adenauer in seinen Erinnerungen später hervorheben sollte: Vertrauen im Ausland in die Entwicklung der Bundesrepublik.[59] Ein allzu sorgloser Umgang mit dem personellen Erbe des Nationalsozialismus, sowohl mit den Tätern als auch mit den Belasteten, zehrte zunehmend am deutschen Vertrauenskredit. Und die Vertrauenskrise sollte schließlich vollends zum Ausbruch kommen durch Ereignisse, die mehr als alles andere die Rückkehr des alten Denkens und der hierfür Verantwortlichen zu symbolisieren schienen: Hakenkreuzschmierereien an jüdischen Gotteshäusern.

18. DER DAMMBRUCH:
DIE ANTISEMITISCHE WELLE
DES JAHRES 1959/60

»Ich glaube nicht, daß es jetzt oder in absehbarer Zukunft irgendeinen Grund zur Sorge gibt im Hinblick auf die Behandlung der Juden in diesem Lande [...].« Mit dieser Feststellung schloß der britische Hochkommissar Hoyer Millar im Januar 1955 eine ausführliche Analyse zur Situation der Juden in der Bundesrepublik.[1] Im November 1957 bekräftigte die britische Botschaft in Bonn dieses Urteil. Die Bundesregierung zeige sich über alle Maßen bestrebt, Deutschland nicht dem etwaigen Vorwurf des Antisemitismus auszusetzen. Dabei sei es eine Tatsache, daß es nur sehr wenig offen geäußerten Antisemitismus in Deutschland gebe.[2]

Im Januar 1959 lieferte die britische Botschaft in Bonn erneut einen achtseitigen Bericht zum Thema. Dieses Mal jedoch waren eine ganze Reihe vereinzelter antisemitischer Vorfälle aus der jüngsten Zeit zu vermelden. Da wurde seit April 1958 einem Lehrer namens Ludwig Zind wegen antisemitischer Äußerungen der Prozeß gemacht – und Zind setzte sich ins Ausland ab. Wohin? Wie viele andere zog es auch ihn zur deutschen Kolonie nach Kairo.[3] Da gab es den deutschen Konsul in New York, Hans von Saucken, der eilends in die Heimat zurückbeordert wurde, weil er einen amerikanischen Journalisten als »dreckigen Juden« beschimpft hatte; da wurde im Dezember 1958 der Staatsanwalt Dr. Otto Schweinsberger ähnlicher Äußerungen beschuldigt. Was fand man bei ihm? Ein Flugticket nach Kairo!

Am 7. Januar 1959 wurden zwei Mitarbeiter der Wiedergutmachungsstelle beim Land Hessen suspendiert. Der Vorwurf: antisemitische Äußerungen. Mehr Aufsehen erregte ein gewisser Friedrich Nieland in Hamburg, der in Pamphleten wieder einmal eine »jüdische Weltverschwörung« aufdecken wollte. Das zuständige Hamburger Gericht sprach den Mann zunächst frei, und zwar mit der seltsam klingenden Begründung, Nieland habe ja nicht die jüdische Rasse, sondern das internationale

Judentum beleidigt. Daraufhin deckte eine Zeitung auf, daß einer der Richter sich schon selbst als Schriftsteller über »Judenfragen« betätigt hatte, und zwar im Dritten Reich. Belastete Justiz!? Adenauer schaltete sich daraufhin höchstpersönlich ein. Um des guten Rufes im Ausland willen beschloß die Bundesregierung, eine Ergänzung des Straftatbestandes der Volksverhetzung auf den gesetzgeberischen Weg zu bringen.

Natürlich wußte die britische Botschaft auch über anderes zu berichten. Antisemitismus werde von deutschen Politikern übereinstimmend verurteilt, meldete man nach London. Den Willen zur Wiedergutmachung beweise das Abkommen mit Israel. Es gebe keine Anzeichen für eine antisemitische Ausrichtung der Jugend, während bei einigen Angehörigen der älteren Generation noch einiges an antijüdischen Gefühlen vorhanden sei. Nicht zuletzt angesichts der verschwindenden Größe der jüdischen Gemeinden in Deutschland sei ein breites Wiederaufleben antisemitischen Denkens nur eine sehr entfernte Eventualität.[4]

In dem detaillierten Bericht hatte man auch auf die Grundsteinlegung für eine neue Synagoge in Düsseldorf am 7. September 1958 Bezug genommen. Das Schreiben war kaum in London eingetroffen, da wurde der Neubau in Düsseldorf mit antisemitischen Schmierereien geschändet.[5]

Es mehrten sich nun von Politikern offen nach außen getragene Akte des Bedauerns und der Solidarität mit der jüdischen Gemeinschaft in Deutschland. Der deutsche Generalkonsul in Amsterdam spendete beispielsweise 100 000 DM für das Haus, in dem die Jüdin Anne Frank sich so lange hatte verbergen können, um schließlich doch deportiert und ermordet zu werden. Konrad Adenauer wohnte am 20. September 1959 persönlich der Einweihung einer Synagoge in Köln bei.[6]

Doch auch dieses jüdische Gotteshaus wurde in der Weihnachtsnacht des Jahres 1959 mit Hakenkreuzen beschmiert. Es folgte eine Welle antisemitischer Manifestationen in der ganzen Bundesrepublik, um dann auch auf das Ausland überzugreifen. Bis zum 28. Januar 1960 wurden 470 Vorfälle registriert.[7]

Antisemitische Parolen an der Kölner Synagoge.

Die geschändete Kölner Synagoge.

Professor Albert Norden bei einer Pressekonferenz.

ÖSTLICHE GEHEIMDIENSTE ALS DRAHTZIEHER?

Antisemitismus in Deutschland – das weckte zwangsläufig Erinnerungen an das dunkelste Kapitel der deutschen Geschichte, den Völkermord an den Juden. Daß die DDR-Propaganda dieses neue Betätigungsfeld für sich entdeckte, muß nicht verwundern. Professor Albert Norden, einer der Agitatoren im *Ausschuß für Deutsche Einheit*, griff am 6. Januar 1960 die Bundesrepublik in scharfer Form an.[8] Noch offizieller wurde es zehn Tage später: Der Nationalrat der Nationalen Front des Demokratischen Deutschlands wandte sich mit einem Protest gegen die Renazifizierung und den Antisemitismus in der Bundesrepublik an die britische Regierung. Mit Hinweis auf das Potsdamer Abkommen forderte man die Briten zum Handeln auf. Das Memorandum trug berufene Unterschriften jüdischer Organisationen in der DDR; auch Schriftsteller jüdischer Herkunft wie Stefan Heym, Arnold Zweig und Stefan Hermlin hatten den Aufruf unterzeichnet.[9]

Protestierten sie gegen etwas, das ihr Staat aller Wahrscheinlichkeit nach selbst inszeniert hatte? Nach dem Fall der Mauer gestand ein ehemaliger KGB-General, daß der sowjetische Geheimdienst während der sechziger Jahre auch in den USA antisemitische Aktionen fingierte.[10] Und ein Überläufer des tschechischen Geheimdienstes hatte schon immer behauptet, die antisemitische Welle sei von östlichen Geheimdiensten gesteuert worden.[11] Zahlreiche Indizien deuten auf eine wenigstens teilweise von außen gelenkte Aktion. Letzte Beweise fehlen bislang. Was aber wußte Bonn damals?

Daß die seit längerem laufende DDR-Propaganda gegen das bundesdeutsche Justizwesen auf Destabilisierung und Diskreditierung der Bundesrepublik zielte, war offenkundig. In öffentlichen Pressekonferenzen wurden die westdeutschen Richter auf die Anklagebank gesetzt. Nun stand ein anderer politisch überaus sensibler Bereich – das deutsch-jüdische Verhältnis – am Ostberliner Pranger.

Schon nach den ersten antisemitischen Zwischenfällen zu Beginn des Jahres 1959 deutete Adenauer an, die Drahtzieher seien im Osten zu suchen. Er wählte wohl nicht zufällig die Londoner BBC, um am 2. Februar 1959 in einem Interview die Vorfälle ins rechte Licht zu rücken. Vehement wehrte er sich gegen Behauptungen, nach denen der Antisemitismus in Deutschland zu einer Gefahr geworden sei. Die Täter seien irgendwelche Rowdies. Und er gab der Öffentlichkeit einen Fingerzeig: Die Kommunisten suchten den Eindruck zu erwecken, daß der National-sozialismus in der Bundesrepublik noch lebendig sei.[12]

In einem Hintergrundgespräch für Journalisten kurz nach dem Mac-millan-Besuch im März wurde Adenauer noch deutlicher: »Diese antise-mitischen Sachen, die hier und da bei uns passieren – unsere jungen Leute kennen ja gar keine Juden mehr; ich glaube, es leben in Deutsch-land noch 30 000 –, was da gemacht wird, wird von Kommunisten gemacht und wird dann in der gesamten Welt verbreitet als ein Beweis dafür, daß die Deutschen noch so wären wie die Nazis.«[13]

All diese Äußerungen waren für die Öffentlichkeit bestimmt. Viel-leicht nicht in dieser Eindeutigkeit, doch in der Grundannahme ent-sprachen sie dem, was Bonner Regierungsstellen intern als Vermutung handelten. Das Auswärtige Amt ließ am 24. Februar 1959 verlauten, es bestehe genug Grund zu der Annahme, daß »von kommunistischer Seite eine Propagandaoffensive gegen Deutschland gestartet worden ist«.[14] Das Bundesamt für den Verfassungsschutz erstattete daraufhin umgehend Bericht. Die Kölner Behörde drückte sich vorsichtig aus: Antisemitische Schmieraktionen geschähen »möglicherweise auf Betrei-ben von Dienststellen aus der SBZ, um auf diese Weise Unruhe in der Bundesrepublik hervorzurufen und im Ausland das Ansehen der Bun-desrepublik zu beeinträchtigen«. Der Titel des Verfassungsschutzberich-tes schien um so deutlicher: »Die Lage auf dem Gebiet von Nationalis-mus und Antisemitismus und ihre Entstehung durch die kommunisti-sche Propagandaoffensive.« Einen anderen unbestrittenen Sachverhalt brachten die Verfassungsschützer im letzten Satz ihrer Analyse auf den Punkt:

»Die weltweite kommunistische Propagandaoffensive, auch soweit sie in Großbritannien in Erscheinung tritt, ist als Teil der internationalen kommunistischen Bestrebungen anzusehen. Sie richtet sich darauf, das Vertrauen zur Bundesrepublik bei ihren Verbündeten zu untergraben und die Zusammenarbeit der Bundesrepublik mit den übrigen Staaten der Freien Welt zu beeinträchtigen. Zugleich versuchen die Kommuni-sten, die Willkürherrschaft in der Sowjetzone zu verdecken sowie die Anerkennung der sowjetzonalen Regierung zu erreichen.«[15]

Dem Auswärtigen Amt lag zudem ein Bericht des deutschen Botschafters in Moskau, Hans Kroll, vor. Demnach war der DDR von der sowjetischen Führung der Auftrag erteilt worden, die Bundesrepublik »mit allen Mitteln« zu verleumden »und das in der Welt auf Grund der Hitlerzeit noch bestehende Mißtrauen gegen die angeblich faschistische, militaristische und revanchistische Bundesrepublik zu aktivieren«. Das Ziel schien klar: Die Bundesrepublik sollte im Rahmen der Berlin-Krise isoliert werden.[16]

Das Auswärtige Amt nutzte die ihm vorliegenden Informationen aber nicht zur Verteidigung, denn die Hinweise blieben wenig konkret. Man wußte zwar, daß wegen der Schändung der Düsseldorfer Synagoge ein ehemaliger FDJ-Funktionär als Verdächtiger festgenommen worden war, doch das reichte als Beweis für die kommunistischen Hintergründe nicht aus.[17] So hielt sich auch Adenauer im Gespräch mit Harold Macmillan mit entsprechenden Vermutungen zurück – dabei hatte gerade dem britischen Premierminister schon im Februar ein Geheimpapier des Foreign Office vorgelegen, wonach »möglicherweise« die Kommunisten hinter den antisemitischen Aktionen steckten.[18]

Es gab insofern schon vor den Ereignissen der Weihnachtsnacht 1959 mehr oder weniger deutliche Anhaltspunkte – aber eben keine Beweise – für eine kommunistische Urheberschaft. Eines hingegen galt als gewiß: Die Bundesrepublik war ein Rechts-, die DDR ein Unrechtsstaat. Die Mechanismen lagen offen, die ostdeutsche Diktatur wollte die westdeutsche Demokratie im westlichen Lager isolieren, indem sie die »Gegenwart der Vergangenheit« (Alfred Grosser) zum Propagandathema machte.

War Bonn damit nicht gewappnet gegen die Reaktionen, welche durch die nicht abreißende Serie antisemitischer Vorfälle seit Ende Dezember 1959 hervorgerufen wurden?

BUNDESDEUTSCHE VERTEIDIGUNGSSTRATEGIEN

Jäh aus der Weihnachtsruhe gerissen, wies das Auswärtige Amt in einer ersten Stellungnahme am 29. 12. 1959 die Botschaften in London, Paris und Washington sowie die Generalkonsulate New York und San Francisco an, bei Gesprächen hervorzuheben, daß die übergroße Mehrzahl der deutschen Jugend mit derartigen Schmierfinkereien nichts zu tun habe.

Protestkundgebung gegen Antisemitismus am 8. Januar in Berlin.

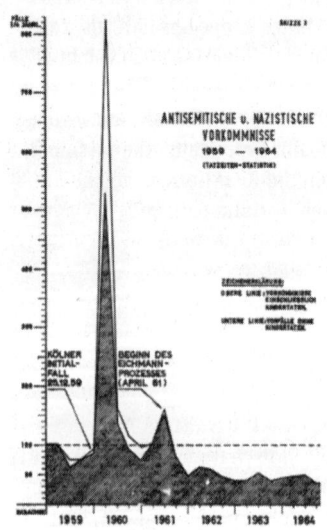

Den Höhepunkt erreichte die antisemitische
Welle um die Jahreswende 1959/60.

Kein Wort über eine möglicherweise kommunistische Anzettelung der Vorfälle fand sich in dem Schreiben. Das Auswärtige Amt gestand vielmehr die Sorge ein, die Schändung der Kölner Synagoge könnte in der Welt erneut Mißtrauen gegen das demokratische Bewußtsein in Deutschland wecken.[19]

Schon in dieser frühen Stellungnahme schlug sich ein Thema nieder, das in den kommenden Wochen und Monaten immer wieder aufgeworfen werden sollte: Mängel bei der Vermittlung von Wissen um die Vergangenheit in Erziehung und Ausbildung der Jugend.[20]

In einem Rundschreiben des Auswärtigen Amtes an alle Auslandsvertretungen vom 7. Januar 1960 zeichneten sich die Konturen künftiger deutscher Verteidigungsstrategien deutlich ab. Einerseits hob das Auswärtige Amt das schnelle und harte Durchgreifen der Behörden bei der Ermittlung der Täter hervor. Zum anderen wurden die Botschaften angewiesen, die Empörung von Politikern und Öffentlichkeit in der Bundesrepublik über die Vorfälle zu betonen. Schließlich baute Bonn auf die Unterstützung durch die deutschen Juden: Karl Marx, Herausgeber der *Allgemeinen Wochenzeitung der Juden in Deutschland,* und Heinz Galinski vom *Zentralrat der Juden in Deutschland* hätten die demokratische Grundhaltung des deutschen Volkes unterstrichen und ein Wiedererwachen des Antisemitismus in Abrede gestellt.[21] Ein weiterer Verbündeter, das sollte sich bald herausstellen, wurde Israel.

Es entsprach jenem ersten Punkt der Strategie, wenn das Bundeskabinett am 6. Januar noch einmal bekräftigte, daß die für die antisemitischen Äußerungen Verantwortlichen zur Rechenschaft gezogen würden. Um entsprechenden Maßnahmen Nachdruck zu verleihen, beschloß die Ministerrunde, den Bundestag aufzufordern, den am 5. März des Vorjahres eingebrachten Gesetzentwurf zum Tatbestand der Volksverhetzung vorgezogen zu behandeln.[22] Dabei opponierten SPD und FDP und auch der Zentralrat der Juden gegen den Gesetzentwurf – jeweils mit dem Argument, hier werde ein Sonderrecht für eine Minderheit geschaffen und damit deren gesellschaftliche Isolation begründet.[23] Am 17. Februar 1960 beschloß das Kabinett, Wünschen der Sozialdemokraten in einigen Aspekten entgegenzukommen.[24] Mit dem 6. Strafrechtsänderungsgesetz vom 30. Juni 1960 wurde schließlich der Straftatbestand der Volksverhetzung – bemerkenswerterweise ersetzte er den alten Paragraphen 130: »Anreizung zum Klassenkampf« – in das Strafgesetzbuch aufgenommen.

Recht unorthodox waren andere Maßnahmen zur Ahndung der Vorfälle, zu denen der Kanzler aufrief: »Wenn ihr irgendwo einen Lümmel erwischt, vollzieht die Strafe auf der Stelle und gebt ihm eine Tracht Prügel. Das ist die Strafe, die er verdient.«[25] Dies sei wohl kaum mit rechtsstaatlichen Prinzipien in Einklang zu bringen, bemerkte hierzu ein englischer Parlamentarier bissig.[26]

Ebenso unorthodox schien der Einfall vom Leiter des für die deutsche Innenpolitik zuständigen Referates im Auswärtigen Amt zu sein. Um den zweiten Aspekt der Verteidigung – eine dem Ausland deutlich erkennbare Verurteilung der Vorfälle durch Politiker und Öffentlichkeit – hervorzukehren, wollte er den Mann auf der Straße mobilisieren: Zum ermäßigten Preis von fünfzig Pfennigen sollte es den Bundesbürgern ermöglicht werden, Protesttelegramme gegen die Antisemitismus-Welle an die Bundesregierung zu senden. Die Absender würden dabei wählen können zwischen einigen kurzen standardisierten Texten und eigenen Formulierungen.[27]

Es zeigte sich auch ohne organisierte Spontaneität, daß die Öffentlichkeit die antisemitischen Aktionen überwiegend ablehnte bzw. verurteilte, nach einer EMNID-Umfrage zu 79 Prozent. Zehn Prozent bagatellisierten die Vorfälle, während sich nur ein Prozent offen antisemitisch äußerte.[28] Wenig sagte diese Umfrage allerdings über antisemitische Einstellungen unabhängig von strafrechtlich relevanten Ereignissen aus.[29] Hier warnte die Bundeszentrale für Politische Bildung, allzu tief zu bohren. Bei der letzten Umfrage zum Thema Antisemitismus habe sich bei einem Drittel der Befragten eine Anfälligkeit für derartige Neigungen herausgestellt.[30]

Vor allem aber mußten Bundesregierung und Bundestag selbst zu den Vorfällen Stellung beziehen. Außenminister von Brentano wollte die Initiative nicht dem Parlament überlassen; die Bundesregierung müsse aktiv werden, schrieb er an Adenauer am 8. Januar.[31] Und diese nutzte die elektronischen Medien: Innenminister Schröder erklärte am 11. Januar im Fernsehen, eine Machtergreifung antisemitischer Gruppen stehe nicht bevor; zugleich sprach er davon, »einige dunkle Vorurteile« müßten ausgerottet werden.[32] Eine über Rundfunk- und Fernsehen verbreitete Erklärung Adenauers, in der von einer »Welle der Empörung gegen die Täter« in Deutschland die Rede war, folgte wenige Tage später.[33] Auch Bundespräsident Lübke tat das Seine, als er dem amerikanischen Präsidenten zur alljährlichen deutsch-jüdischen Woche der Brüderlichkeit schrieb:

»Zum Beginn der Woche der Brüderlichkeit übermittelt das deutsche
Volk Ihnen und allen denen, die mit Ihnen guten Willens sind, herzli-
che Wünsche für dieses Unternehmen. Uns verbinden die gleichen
Ideale der Menschlichkeit und Brüderlichkeit, die wir im täglichen
Leben zu verwirklichen trachten. Aufrichtige und dauernde Wachsamkeit werden auch bei uns die letzten Vorurteile gegen Religion, Rasse
und Nationalität beseitigen.«[34]

Das war ein wenig verwirrend, denn die Versöhnungswoche fand alljähr-
lich in Deutschland statt – nur anders herum, nämlich von Eisenhower an
die Deutschen, hätte ein so formulierter Glückwunsch Sinn gemacht.

Schließlich waren es spektakuläre Akte des Gedenkens an die dunklen
Seiten und Zeiten deutscher Geschichte, mit denen die antisemitische

Kranzniederlegung auf dem Gelände des ehemaligen KZ Bergen-Belsen
durch Konrad Adenauer und Nahum Goldmann.

Welle in der Bundesrepublik zur Randerscheinung relativiert werden
sollte. Den Kanzler trieb es nun erstmals in ein ehemaliges Konzentrationslager (zur Erinnerung: das britische Kriegsverbrechergefängnis in
Werl hatte er bereits im Wahlkampf 1953 aufgesucht).[35] Gemeinsam mit
dem Präsidenten des *World Jewish Congress*, Nahum Goldmann – seit
den Wiedergutmachungsverhandlungen 1951/52 ein wichtiger jüdischer
Ansprechpartner[36] –, legte er in Bergen-Belsen einen Kranz nieder. Erneut
wurde die Rede des Kanzlers über das Radio verbreitet.[37]

Zwei Verbündete: die deutschen Juden und Israel

»Mit tiefer Ergriffenheit habe ich gestern am Radio der Feierstunde in
Bergen-Belsen zugehört und dabei auch meiner vielen Verwandten gedacht, meiner 80jährigen Mutter, Brüder und Schwestern, die im Konzentrationslager totgeschlagen, verscharrt und vergast worden sind. Mehr als
Ihre Worte bedeutete jedoch für mich Ihre persönliche Anwesenheit auf
dem mit Blut und Tränen gedüngten Boden.«

Mit diesem Dank an Adenauer verband der jüdische Bundestagsabgeordnete Jakob Altmaier einen Protest: Pressesprecher von Eckhardt habe
in Jordanien zugesichert, die Bundesregierung werde keine diplomatischen Beziehungen zu Israel aufnehmen. Zudem habe er betont, die
Wiedergutmachungsleistungen würden bald eingestellt, und danach ver-
binde Bonn und Israel nichts mehr als sehr begrenzte Wirtschaftsbezie-
hungen. Altmaier weiter:

»Ist dies nicht geradezu eine Umkehrung Ihrer Worte von Bergen-Belsen und eine derart zynische Auslegung, daß sie jeden Menschen im
In- und Ausland verletzen muß, dem an einer Aussöhnung zwischen
dem deutschen Volk und den Juden der Welt gelegen ist?«[38]

Auch Nahum Goldman sorgte sich um ähnliches, als er sich in einem
Schreiben an Adenauer auf ein langes Gespräch bezog, welches er und
der Kanzler während der Autofahrt nach Bergen-Belsen geführt hatten.
Noch einmal unterstrich Goldmann, daß die Frage der Beziehungen
zwischen Deutschland und Israel »viel wesentlicher [sei] für das deutsch-

Treffen zwischen Adenauer und Ben Gurion in New York.

jüdische Verhältnis als die antisemitischen Episoden«. Der Kanzler nahm sich dies zu Herzen. Er versprach, diese Auffassung im Kabinett vorzutragen.[39]

Schon früh, am 5. Januar 1960, hatte die israelische Regierung in der Knesseth gegen die antisemitische Welle in Deutschland protestiert.[40] Um über den Weg einer deutsch-israelischen Annäherung eine Entspannung zu bewirken, plante Adenauer Mitte Januar, gemeinsam mit dem israelischen Regierungschef David Ben Gurion im Fernsehen zu diskutieren. Doch sein Außenminister war dagegen; von Brentano meinte, die antisemitische Welle sei im Abflauen begriffen – zu diesem Zeitpunkt sicherlich eine Fehleinschätzung. Außerdem war Ben Gurion Regierungschef eines Landes, mit dem die Bundesrepublik keine diplomatischen Beziehungen unterhielt – und nach Ansicht von Brentanos in nächster Zukunft auch nicht unterhalten sollte. Der Hintergrund: Bonn sorgte sich um die Reaktionen in der arabischen Welt und deren mögliche Hinwendung zur DDR.[41] Schließlich widersprach von Brentano der Einschätzung Nahum Goldmanns im Hinblick auf die Bedeutung Israels: »Die israelische Regierung gilt [...] in weiten Teilen des Judentums nicht als der legitime Sprecher. Wir würden unter Umständen diese Kreise, die der Bundesrepublik aufgeschlossen gegenüberstehen, verstimmen.«[42]

Adenauer verzichtete zwar auf die Fernsehdiskussion mit Ben Gurion, setzte aber weiter auf die israelische Karte. Er traf sich in New York medienwirksam mit dem israelischen Regierungschef.[43] Während des Treffens mit Ben Gurion sei »nichts Konkretes« vereinbart worden, berichtete Botschafter Wilhelm Grewe den in den USA akkreditierten deutschen Diplomaten später.[44] Daß dies so nicht stimmte, wurde einige Jahre später bekannt: Die in New York bekräftigte Fortsetzung geheimer deutscher Waffenlieferungen an das bedrängte Israel war ein überaus konkretes Ergebnis.[45]

Was aber sagten die wirklich Betroffenen, die jüdischen Gemeinden in der Bundesrepublik? Es waren ja deren Synagogen und Friedhöfe, die geschändet wurden. Am 19. Februar – die Welle antisemitischer Vorfälle hatte ihren Zenit überschritten – traf sich ein Mitarbeiter des Auswärtigen Amtes mit dem Generalsekretär des Zentralrats der Juden in Deutschland, Hendrik van Dam. Dessen Sicht der Dinge klang in Bonner Ohren so ermutigend, daß man den Wortlaut des Gespräches umgehend allen Auslandsmissionen übermittelte. Van Dam stellte sich eindeutig hinter die Bundesregierung. Nicht im Antisemitismus, sondern in einem im Ausland verbreiteten Antigermanismus sah er den wirklichen Grund für die teilweise heftigen Vorwürfe an die Adresse der Bundesrepublik. Van Dam erläuterte: »Für viele Ausländer hätten die antisemitischen Vorfälle eine willkommene Gelegenheit geboten, einer latent vorhandenen, aus verschiedenen Motiven gespeisten Feindseligkeit gegenüber der Bundesrepublik freien Lauf zu lassen.« Den Deutschen zollte er hohes Lob: »Die Juden hätten […] das Gefühl, daß sich in den letzten 500 Jahren der Geschichte deutsch-jüdischer Beziehungen niemals eine derartige schützende Mauer des deutschen Volkes um seine jüdischen Mitbürger gebildet habe wie in den vergangenen Wochen.« Van Dam sah es als Beleg an, daß sich im Januar nur zehn Juden um eine Auswanderung bemüht hätten, davon nur vier aufgrund der antisemitischen Welle. Immerhin räumte er ein, nicht alle in seiner Umgebung würden diese zurückhaltende Position teilen.

Deutlich wurde in dem Gespräch noch etwas anderes. Van Dams Beurteilung verfolgte nebenbei auch eine Aufwertung der jüdischen Gemeinschaft in Deutschland, national wie international. Jahrelang sei man, so van Dam, von jüdischen Verbänden des Auslandes (das Gesprächsprotokoll benutzt hier den unseligen Begriff »Weltjudentum«)

verächtlich als »kleiner Klüngel« angesehen worden, um nun plötzlich zum »Hätschelkind« vieler Organisationen aufzusteigen.[46]

In der Tat reisten zahlreiche Vertreter diaspora-jüdischer Organisationen an den Rhein und trafen im Auswärtigen Amt, beim Außenminister und selbst beim Kanzler auf offene Türen. Schon am 7. Januar war von Brentano mit Alexander Easterman vom *World Jewish Congress* zusammengetroffen und darüber in Kenntnis gesetzt worden, wie besorgt dieser Verband wegen der antisemitischen Vorfälle sei.[47] Die deutsche Botschaft in London hatte jenes Treffen angeregt:»Easterman vertritt ruhige, faire Ansichten und besitzt erheblichen Einfluß. Er beabsichtigt nicht, Vorwürfe zu erheben, sondern Fragen zu stellen und Vorschläge zu machen.«[48] Genau das erwies sich als Fehleinschätzung. Nach dem Treffen mit dem Bundesaußenminister wetterte Easterman in einer Pressekonferenz gegen die Bundesrepublik – und zwar nicht wegen antisemitischer Tendenzen, sondern wegen der beträchtlichen Zahl ehemaliger Nationalsozialisten in Diensten der Bundesregierung. Er versprach, demnächst eine Liste vorzulegen.[49]

Knapp zwei Wochen später traf sich der Staatssekretär im Auswärtigen Amt, van Scherpenberg, mit einem Repräsentanten des *American Jewish Committee*.[50] Und auch das britische *Board of Deputies of British Jews* hatte gegen die antijüdischen Ausschreitungen in der Bundesrepublik protestiert.[51]

Äußerst kritisch über die »höchst ungewöhnliche Vorstellung« des Alexander Easterman äußerte sich Benjamin Epstein, Repräsentant der amerikanisch-jüdischen Loge des *B'nai B'rith*.[52] Er plante ebenfalls eine Reise nach Bonn. Und auch Epstein eilte innerhalb der deutschen Diplomatie der Ruf voraus, in der Öffentlichkeit »äußerst maßvolle Erklärungen« zu den Vorfällen in Deutschland abgegeben zu haben.[53] Botschafter Grewe hatte deshalb eine besonders zuvorkommende Behandlung Epsteins bei dessen Bonn-Besuch empfohlen. Tatsächlich wurde der Vertreter des *B'nai B'rith* mit einer Delegation von Außenminister von Brentano empfangen. Epstein teilte bei dieser Gelegenheit mit, seine Organisation plane den Aufbau einer eigenen Loge in der Bundesrepublik.[54]

Angesichts dieser Entwicklung intervenierte der Zentralrat. Hinter den Kulissen ließ man die Bundesregierung wissen, daß man es als Eingriff in die eigene Interessensphäre empfände, wenn sich amerikanisch-jüdische

Organisationen mit ihren Wünschen und Vorschlägen direkt an die
Bundesregierung und den Kanzler wandten. Adenauer trug diesem Protest Rechnung und sagte ein geplantes Treffen mit Epstein ab.[55] Am
heftigsten protestierte der Zentralrat gegen die geplante Repräsentanz des
B'nai B'rith in der Bundesrepublik;[56] van Dam sollte in dieser Sache
später sogar mit seinem Rücktritt drohen.[57]

Ein für die USA zuständiger Mitarbeiter im Auswärtigen Amt mochte
den Vertretern der deutschen Juden in diesem Konflikt Recht geben – und
das, obwohl er eine erhebliche Verstimmung bei amerikanisch-jüdischen
Organisationen voraussah:

> »Der Zentralrat der Juden in Deutschland weist nicht zu Unrecht
> darauf hin, daß er wohl der erste Gesprächspartner der Bundesregie-
> rung ist, wenn Angelegenheiten unserer deutschen jüdischen Mitbür-
> ger erörtert werden. Auch läge es weder im Interesse des Zentralrates
> noch jüdischer Organisationen des Auslandes, wenn durch die Häu-
> fung gut gemeinter Interventionen der Eindruck entstünde, die in der
> Bundesrepublik lebenden Juden benötigten zur Wahrung ihrer Interes-
> sen oder gar zu ihrem Schutz eine ›Lobby‹ ihrer ausländischen Glau-
> bensgenossen.«[58]

DIE KOMMUNISTEN WAREN ES! ODER DOCH NICHT?

Jener USA-Experte des Auswärtigen Amtes hatte an anderer Stelle selbst-
kritisch eingeräumt: »Wir sind durch diese Vorfälle offensichtlich überrascht worden. Unsere Bemühungen, die Schäden klein zu halten, waren
nicht immer hinreichend durchdacht und aufeinander abgestimmt.«[59]
Tatsächlich hatte Bonn bisher versucht, es allen jüdischen Gruppen
irgendwie recht zu machen.

Ohnehin waren die meisten politischen Maßnahmen zur Schadensbegrenzung der antisemitischen Vorfälle defensiver Natur. Sie alle zielten
darauf ab, ja nicht den Eindruck zu erwecken, solche Ereignisse seien
repräsentativ für Deutschland, etwa für ein Deutschland, welches die
Verantwortung für die jüngste Geschichte abzustreifen suche.

Nicht allen behagte dieser Kurs.

»Ich habe den Eindruck, daß Zahl, Charakter und Zeitpunkt (Weihnachtsruhe!) der Zwischenfälle auf organisierte kommunistische Aktionen zur Diffamierung der Bundesrepublik hindeuten. Werde darin
durch heutige Pressemeldungen bestärkt, die von Synagogenschändung in London mit Hakenkreuzen und deutschsprachigen Inschriften
berichten.«

Das meldete Wilhelm Grewe am Neujahrstag dem Auswärtigen Amt aus
Washington.[60] »Bitte Bundeskanzler, Bundesminister und Staatssekretär
sofort vorlegen« – unterstrich er die Dringlichkeit seiner Botschaft. Grewe
insistierte, Beweise für die kommunistischen Hintergründe der Aktionen
müßten so schnell wie möglich auf den Tisch gelegt werden. Nach seiner
Einschätzung wäre die amerikanische Öffentlichkeit »im Augenblick
noch« bereit, an die Verantwortlichkeit des Ostens für die antisemitische
Welle zu glauben. Scharf ging Grewe mit den bisherigen Verlautbarun-
gen der Bundesregierung ins Gericht. Sie dienten in keiner Weise dem
Zweck, die wahren Hintermänner zu enttarnen; vielmehr erweckten sie
aufgrund eines zu selbstanklägerischen Grundtenors den Eindruck, als
handele es sich tatsächlich um eine ernstzunehmende antisemitische
Welle.[61]

»Im Augenblick noch ...«, hatte er geschrieben, und daß ihn die
Presseberichterstattung in den USA mit zunehmender Sorge erfülle. Drei
Tage später sah er die öffentliche Meinung in den Vereinigten Staaten am
Scheidepunkt. Er mußte feststellen, daß die Debatte über Themen wie
Neonazismus und Antisemitismus nicht mehr zur Ruhe kam – mit allen
Gefahren für aktuelle politische Probleme wie die Berlin-Frage. Trotz-
dem: Immer noch – oder gerade jetzt – hielt der Botschafter es für die
einzig wirksame Verteidigungsstrategie, wenn die Bundesregierung die
These einer kommunistischen Urheberschaft vertrat. Grewe glaubte sogar, die östlichen Hintergründe der antisemitischen Vorfälle in den USA
auch ohne konkrete Beweise vertreten zu können. War nicht die Welle
des Antisemitismus von der Bundesrepublik auf andere westliche Staaten
und schließlich sogar nach Australien und in die USA übergesprungen?
Grewes Schlußfolgerung:

»Eine solche Aktion ist nur vorstellbar auf Grund sorgfältig organisier-
ter Vorarbeit und gelenkt von einer Organisationszentrale, die über

Geld und geeignete Vertrauensleute in zahlreichen Ländern verfügt. [...] Nur kommunistische Kräfte haben einen solchen Apparat zu ihrer Verfügung.«

Auch der dümmste Rechtsextremist käme nicht auf die Idee, im Ausland antisemitische Inschriften in deutscher Sprache anzubringen, fügte Grewe hinzu. Die Zeitplanung – Beginn der Aktion in der Weihnachtswoche – entsprach nach seiner Einschätzung ganz der altbekannten kommunistischen Taktik, die eingeschränkte Handlungsfähigkeit westlicher Regierungen in diesen Tagen zu nutzen.[62]

Aus London und Paris erhielt das Auswärtige Amt ebenfalls Meldungen, wonach Diplomaten im Ausland die These kommunistischer Hintermänner für nicht abwegig hielten. Ihm persönlich erscheine es nicht unwahrscheinlich, daß die Urheber im Osten Deutschlands zu suchen seien, deutete der für Deutschland zuständige Abteilungsleiter im Pariser Außenministerium an. Aber er fügte auch hinzu, daß die Öffentlichkeit nach Beweisen rufe.[63] Dem Leiter der Westabteilung im britischen Foreign Office schien die ganze Angelegenheit so gut in die Politik des Ostblocks zu passen, daß sich ihm die Vermutung geradezu aufdrängte, sie sei von kommunistischer Seite angezettelt worden. Er erwähnte die atomare Bewaffnung der Bundeswehr, die der Ostblock mit aller Macht verhindern wolle. Doch auch der britische Diplomat wollte Beweise.[64] Nebenbei bemerkt: In einer Allensbach-Umfrage äußerten seinerzeit 32 Prozent der befragten Deutschen, die Schmierwelle sei ihrer Ansicht nach von den Kommunisten im Osten organisiert worden.[65]

Beweise habe man nicht, gestand das Auswärtige Amt in seinem Rundschreiben vom 7. Januar 1960. Es fehlten noch Informationen, um zu beurteilen, ob es sich bei den antisemitischen Äußerungen um Taten einzelner oder um eine – möglicherweise von Kommunisten – geplante Aktion handele.[66] In der arabischen Welt wurde übrigens Israel als Drahtzieher der Kampagne bezichtigt, aber das steht auf einem anderen Blatt.[67]

In Bonn hatte man also nicht auf den Rat Grewes gehört, auch ohne konkrete Beweise in die Offensive zu gehen. Die Gründe hierfür zeigen sich in Äußerungen von Brentanos gegenüber Alexander Easterman; aus ihnen sprach erhebliche Verunsicherung bei der Beurteilung der Lage: Einer der Kölner Täter, so der Bundesaußenminister, sei nicht nur Mitglied der rechtsradikalen Deutschen Reichspartei gewesen, sondern habe auch ein SED-Abzeichen getragen. Man kenne diese Nationalbolschewisten sehr wohl. Daß vom Osten her alles getan werde, um die Glaubwürdigkeit der Bundesrepublik zu erschüttern, sei ohnehin bekannt. Diese vagen Andeutungen wurden überlagert von der Sorge, solche Worte könnten als Bagatellisierung der Vorfälle mißverstanden werden. Nein, von der eigenen Verantwortung wolle man sich nicht freisprechen. Für das, was sich im eigenen Land abspiele, trage man nun einmal selbst die Verantwortung.[68] Auch sein Staatssekretär, van Scherpenberg, gab sich entsprechend vorsichtig, als ihn britische Gesprächspartner darauf aufmerksam machten, daß die wegen der Kölner Synagogenschändung gefaßten Täter auch in den Osten Deutschlands gereist waren.[69]

Ein weiteres Rundschreiben des Auswärtigen Amtes enthielt genaues statistisches Material über die bislang gefaßten 93 Täter. Anhaltspunkte für eine kommunistische Steuerung suchten die bundesdeutschen Diplomaten in dieser neuen Anweisung des Auswärtigen Amtes vergeblich. Vielmehr lasen sie, daß den Schmierereien möglicherweise auch unerwartet positive Folgen abgewonnen werden konnten:

> »Sie [die antisemitischen Vorfälle, U. B.] haben die deutsche Öffentlichkeit erschreckt und ihr die Greuel eines totalitären Regimes ins Gedächtnis gerufen. Die Demokratie in der Bundesrepublik wird gestärkt werden, weil die schon seit einiger Zeit im Gange befindliche offene und öffentliche Auseinandersetzung mit der unheilvollen Vergangenheit eine starke Belebung erfahren wird […].«

Als ein Indiz für diese Entwicklung galt, daß sich das Tagebuch der Anne Frank inzwischen einer Auflage von einer Million Exemplaren näherte.[70] Der Blick zurück als Stütze der Demokratie – so der Grundtenor dieses Rundschreibens des Auswärtigen Amtes.

Nicht alle Mitglieder der Bundesregierung billigten diesen Kurs, eigene Defizite im Hinblick auf den Umgang mit der Vergangenheit anzuerkennen; als »demokratischen Defätismus« geißelte gar der Zentralratsvorsitzende van Dam das Hochspielen der antisemitischen Vorfälle in der Bundesrepublik.[71] Mitte Januar kam ein Konflikt zwischen Innenminister Gerhard Schröder und Verteidigungsminister Franz Josef Strauß an die Öffentlichkeit. Schröder hielt die kommunistische Urheberschaft der

Schmierereien für wahrscheinlich, aber für nicht bewiesen. Strauß behauptete das Gegenteil: Er sei in der Lage, sie nachzuweisen.[72]

In der Kabinettssitzung vom 20. Januar 1960 bezog Adenauer zu diesem Streit eindeutig Position. Der Kanzler gab zu Protokoll, er sei nach Prüfung der ihm vorgelegten Berichte zu der Überzeugung gelangt, daß die antisemitischen Vorfälle von kommunistischer Seite gesteuert wurden, und zwar mit der Absicht, vor der nächsten Gipfelkonferenz Stimmung gegen die Bundesrepublik zu machen. Der Kanzler meinte die in Paris geplante Konferenz der vier Siegermächte über Deutschland – sie sollte allerdings nicht aufgrund der Vorfälle in der Bundesrepublik, sondern wegen des Abschusses des amerikanischen Aufklärungsflugzeugs U2 über sowjetischem Territorium scheitern. Adenauer weiter: Die judenfeindlichen Aktionen bereiteten der Bundesrepublik erhebliche politische Schwierigkeiten. Für das Fehlen der immer wieder eingeforderten Beweise gegen die kommunistischen Drahtzieher hatte der Kanzler auch eine Erklärung: Vielleicht seien die Täter nicht darüber im Bilde, daß sie einer einheitlich gelenkten Aktion dienten. Auch könne man nicht erwarten, daß in den laufenden gerichtlichen Verfahren die wahren Hintermänner aufgedeckt würden.[73]

Es war der Osten, so die unerschütterliche Meinung Adenauers. Schon früher hatte er entsprechende Einschätzungen über die Presse an die Öffentlichkeit lanciert; doch nun hatte er im Kabinett gesprochen.

Bemerkenswerterweise folgte diesem Machtwort des Kanzlers zur Frage der kommunistischen Hintermänner – gemessen an dem, was an die Öffentlichkeit drang – wenig. Ein von der Bundesregierung Mitte Februar 1960 herausgegebenes Weißbuch zu den antisemitischen Vorfällen widmete zwar diesem Aspekt sieben Seiten;[74] für ausgesprochen schwach und unschlüssig hielt jedoch ein kenntnisreicher Beobachter wie der britische Botschafter Steel die hier aufgeführten Belege.[75] Und auch Adenauer kritisierte gegenüber Journalisten die Broschüre. Er teilte ihnen außerdem mit, daß er gerade einen Bericht der Abwehr – der Geheimdienste also – vorgelegt bekommen habe, wonach der Osten hinter den antisemitischen Aktionen stecke. Die Medienvertreter forderte der Kanzler nun auf, mitzuhelfen und gegen »Ulbricht und Konsorten« massiver vorzugehen.[76]

Innenminister Schröder ging bei der Präsentation des Weißbuchs im Bundestag kurz auf dieses Problem ein – und wich ihm zugleich aus:

LIFE
INTERNATIONAL

STRATEGY FOR THE FREE WORL
BY GENERAL JAMES M. GAVIN
AUSTRALIA'S DARING SWIMMERS
THE FINAL TRAGEDY OF ANNE FRAN

Dit
foto
ik n
wen
alti
te z
Dan
ik nog wel een k
om naar Holywood

NNE FRANK ON PAGE FROM HER DIARY

UBSCRIPTION COPY

SEPTEMBER 15, 1958

Das Schicksal des jüdischen Mädchens Anne Frank erschütterte Millionen.

»Über den kommunistischen Hintergrund eines Teils der Vorkommnisse sind wir uns völlig im klaren. Es liegt zum Greifen nahe, daß der konzentrische Angriff, den der Kommunismus auf die Bundesrepublik als den Hort der Freiheit in Deutschland und die einzige Hoffnung für die Freiheit aller Deutschen macht, jedes nur denkbare Kapital aus den Ereignissen seit der Weihnachtsnacht in Köln zu schlagen versucht. Dabei ist er selbstverständlich bemüht, die Spuren seiner Mitwirkung mit aller Hinterlist zu verwischen und in aller Welt Angst und Abscheugefühle gegen die Bundesrepublik zu organisieren. Daß der Kommunismus dabei zahlreiche Helfershelfer gefunden hat und findet, die ihn bei seinem Vorhaben aus mannigfachen Gründen unterstützen, liegt ebenso auf der Hand. Dieses Kapitel, so wichtig es ist, will ich heute nicht weiter vertiefen. [...]«[77]

Vertieft wurden in der Bundestagsrede andere Stichworte wie Aufklärung, Geschichtsunterricht, Geschichtsaufarbeitung.

Der Konflikt innerhalb der Bundesregierung hinsichtlich der richtigen Strategie brach erneut auf, als das Auswärtige Amt am 10. März Hintergrundmaterial zu den antisemitischen Vorfällen in Deutschland an die Botschaften im Ausland versandte. Auch hier war viel von deutscher Vergangenheitsbewältigung die Rede – aus dem Nichts hatte dieser Begriff plötzlich Eingang in die sonst trockene Diplomatensprache gefunden. Es sei aufgrund der antisemitischen Welle im Ausland die Befürchtung laut geworden, »daß die sog. ›unbewältigte Vergangenheit‹ in der Bundesrepublik auch nach den antisemitischen Ausschreitungen weiterhin unbewältigt bleiben könnte«. Auch im Ausland waren Synagogen beschmiert worden – »Glück im Unglück«, befand das Auswärtige Amt. Aber selbst wenn Vergleichbares in Deutschland und außerhalb Deutschlands geschah – dasselbe war es deshalb noch lange nicht:

»Dieselben Ereignisse, die im eigenen Land und überhaupt außerhalb der Bundesrepublik als ›Psychose‹ diagnostiziert wurden, waren in Deutschland ›unbewältigte Vergangenheit‹ und Alarmzeichen einer drohenden Gefahr.«[78]

Nichts, gar nichts sei im Ausland vergessen, faßte das Rundschreiben zusammen:

»Namen wie Lidice und Oradour, Begriffe wie Konzentrationslager und Gaskammern erwiesen sich als so fest mit dem Namen Deutschland verbunden, daß es nur eines Anstoßes in Form der antisemitischen Schmierereien bedurfte, um die entsprechenden Erinnerungsbilder wieder aufsteigen zu lassen.
Es zeigte sich deutlich, daß auch im westlichen Ausland nichts vergessen worden ist, und daß die Decke des Vertrauens, auf der die Bundesrepublik steht, äußerst dünn ist. Zusammen mit den Erinnerungsbildern brachen die alten Ressentiments wieder auf, besonders in denjenigen Ländern, die im Zweiten Weltkrieg unter der deutschen Besatzung gelitten haben.«

Warum aber schien gerade jetzt die äußerst dünne Decke des Vertrauens einzubrechen? Antisemitismus und schlummernde Erinnerungen – und dann ein dritter Punkt:

»[...] Zu den Erinnerungsbildern und dem Ressentiment mußte als dritter Faktor noch die sich wieder einmal abzeichnende Möglichkeit einer Entspannung im Ost-West-Konflikt kommen, um die Kritik in manchen Ländern jenes Ausmaß annehmen zu lassen, welches sie dann im Verlauf der sich wechselseitig aufschaukelnden internationalen Meinungsbildung tatsächlich erreichte.«

Es war nach der Wahrnehmung des Auswärtigen Amtes die Entspannung zwischen den Blöcken, die ein solches Aufbrechen von Erinnerungen an Vergangenes bewirkte. Daß sich der östliche Block diese Tatsache zunutze machte, um den westlichen Block zu spalten, hatte man ja schon lange erkannt:

»Dem Grundprinzip ihrer gesamten antideutschen Propagandakampagne, nämlich der Gleichsetzung von Bundesrepublik und ›Drittem Reich‹, von Adenauer und Hitler, von Bundeswehr und Naziwehrmacht, von Demokratie und Faschismus, war unversehens eine neue Beweisgrundlage gegeben. Es konnte jetzt in neuen Variationen dargestellt werden, daß das freie Deutschland von heute mit dem unfreien von gestern praktisch identisch sei, daß der Bundeskanzler die Politik des ›Führers‹ unter einem dünnen demokratischen Tarnanstrich wei-

terführe und daß der neue Staat nur ein äußerlich etwas anders
konstruiertes, aber von den alten Kräften mit denselben Hintergedan-
ken angesetztes Werkzeug der ›imperialistischen, militaristischen und
faschistischen‹ Kräfte darstelle.

Je näher die Gipfelkonferenz rückt, um so mehr wird die sowjetische
Propaganda versuchen, das im westlichen Lager geweckte Mißtrauen
und Ressentiment gegenüber der Bundesrepublik auszunutzen und
letztere als atomar gerüsteten, ›faschistisch verseuchten‹, von ›Hitler-
Generälen‹ und anderen unbekehrten Nazis gelenkten Aggressor-Staat
erscheinen zu lassen, dessen Verantwortliche nur darauf sinnen, die
Welt um der Wiedervereinigung oder der Oder-Neiße-Linie willen in
einen neuen Krieg zu stürzen.«[79]

Das alles war nicht neu, die Mechanismen waren seit der 1957 einsetzen-
den DDR-Kampagne gegen die deutsche Justiz bekannt. Dem eigentlichen Problem aber, inwieweit die antisemitischen Aktionen vom Ostblock nicht nur ausgenutzt, sondern tatsächlich auch inszeniert wurden,
ging das Rundschreiben des Auswärtigen Amtes erneut aus dem Weg.

Aber nicht hierüber regte sich Franz Josef Strauß auf, als ihm dieses
vom Auswärtigen Amt vorgelegt wurde. Es waren andere Formulierungen, die sein Mißfallen erregten. In einem Brief an Staatssekretär van
Scherpenberg ließ der Bundesverteidigungsminister seiner Empörung
freien Lauf:

»Ich muß Ihnen [...] leider nach persönlicher Prüfung des Dokuments
und nach Stellungnahme durch die zuständige Stelle meines Hauses
mitteilen, daß diese Ausarbeitung in der Darstellung der Zusammenhänge falsch, in den Schlußfolgerungen gefährlich und hinsichtlich der
politischen Gesamtkonzeption geradezu bestürzend ist.
Ich empfehle Ihnen zunächst persönlich, dieses Dokument zurückzuziehen und in Zusammenarbeit mit BND, Verfassungsschutzamt und
den zuständigen Stellen meines Hauses neu bearbeiten zu lassen. [...]
Diese Denkschrift schadet den deutschen Interessen, schont die kommunistischen Drahtzieher und ist typisch für die Unfähigkeit und
Hilflosigkeit, mit der die offiziellen Stellen in der Bundesrepublik die
ganze Angelegenheit bearbeitet haben.
Ich habe es nicht für möglich gehalten, daß ein deutsches Auswärtiges

Amt fähig ist, eine solche Denkschrift als offizielle Sprachregelung den diplomatischen und berufskonsularischen Auslandsvertretungen zukommen zu lassen. Ich bin empört darüber und protestiere dagegen. Ich werde den Militärattachés eine klare Sprachregelung zukommen lassen und beabsichtige, die ganze Angelegenheit im Kabinett zur Sprache zu bringen.«[80]

Das waren deutliche Worte. Aber Strauß besaß »sorgfältig ausgesuchtes und überprüftes nachrichtendienstliches Material«, um seine Behauptung der kommunistischen Urheberschaft – konkret: der Planung durch das Zentralkomitee der SED – zu stützen. Dem Bundesverteidigungsministerium lägen, so Strauß, seit Anfang 1959 Informationen vor, nach denen das ZK der SED Erklärungen und Veröffentlichungen über antisemitische Strömungen für besonders wirkungsvoll und geeignet befunden hätte, um das Ansehen der Bundesrepublik zu schmälern. Mitte Januar 1959 habe das Zentralkomitee der SED dann beschlossen, Aktionskommandos in Westdeutschland einzusetzen mit dem Auftrag, planmäßig jüdische Kultstätten und Grabmäler zu schänden sowie »nazistische Ausschreitungen« zu organisieren.

Am 10. Februar 1959 hatte der *Ausschuß für Deutsche Einheit* dazu passend eine Schrift mit dem Titel *Hexenjagd gegen die Juden – Adenauer-Regierung fördert Antisemitismus* veröffentlicht. Auch in der DDR-Presse erschienen entsprechende Artikel.

Anfang Dezember 1959 trafen sich nach den Informationen des Bundesverteidigungsministeriums dann in Ost-Berlin Funktionäre zur Planung von Störaktionen im Vorfeld der Pariser Gipfelkonferenz. Dort sei beschlossen worden, Störmaßnahmen in Zusammenarbeit mit diversen Organisationen in der Bundesrepublik durchzuführen. Vor allem habe sich die Deutsche Reichspartei (DRP) als lohnendes Infiltrationsobjekt erwiesen. Es lagen der Hardthöhe an die Nationaldemokratische Partei der DDR gerichtete Anweisungen vor, nach denen die DRP und andere rechtsradikale Gruppierungen unterwandert werden sollten.

Mitte Januar 1960 hätten sich mehrere der Hardthöhe namentlich bekannte SED-Funktionäre zu einer vertraulichen Besprechung (die so vertraulich wohl doch nicht war, denn Details der Unterredung hatte man in Bonn in Erfahrung bringen können) getroffen. So wurde ein Offizieller mit den Worten zitiert: »Die antisemitischen Zwischenfälle in Westdeutschland verlaufen ganz nach Wunsch. Westdeutschland ist vor der gesamten Weltöffentlichkeit als faschistischer und militaristischer Staat von Nazi-Verbrechern bloßgestellt worden. Von diesem Schlag wird sich die BRD lange nicht erholen. Es ist der größte außenpolitische Erfolg, den die DDR seit ihrer Gründung errungen hat.« Einer der SED-Leute ergänzte, dieser Erfolg sei der DDR nicht in den Schoß gefallen, und er wollte wohl Lob einheimsen, wenn er darauf verwies, daß er nur mit großer Not einer Verhaftung durch die westdeutschen Sicherheitsbehörden entgangen war. Er werde jetzt erst recht vorsichtig sein, da Adenauer fieberhaft nach Beweisen für die SED-Beteiligung an den Vorfällen suche. Es dürfe keine Pannen mehr geben. Ein Kollege hierzu: »Wir werden alles tun, um von dem kläglichen Versuch der westdeutschen Regierung, die ›DDR‹ [noch im wörtlichen Zitat betrieb das Verteidigungsministerium Nicht- anerkennungspolitik, U. B.] als Drahtzieher oder Manager zu beschuldi- gen, abzulenken. Jetzt machen sich die Tausende in die BRD eingeschleus- ten Gewährsleute bezahlt, deren Einsatz so oft auch in den eigenen Reihen als zu kostspielig kritisiert wurde.«

Geradezu zynisch klang folgende Äußerung: »Wir haben keinerlei Anzeichen für eine echte antisemitische Bewegung in der BRD, und wir sind nicht schlecht informiert. Die Entwicklung beweist: Es genügen lächerliche Mittel, um eine Diffamierung der BRD zu erreichen.«[81]

19. DAS WESTLICHE AUSLAND: ANTISEMITISMUS UND DIE VERGANGENHEIT DEUTSCHER POLITIKER

Warum reichten so »lächerliche Mittel« aus, um die Bundesrepublik in Verruf zu bringen? In den geheimdienstlichen Unterlagen des Bundesverteidigungsministeriums fanden sich auch die Plaudereien eines namentlich nicht genannten sowjetischen Diplomaten. Hakenkreuze, so der Repräsentant Moskaus, seien die »besten Dolchstöße« in den Rücken der an sich schon brüchigen westlichen Einheitsfront. Man sei in der UdSSR überrascht von der Hysterie, mit der weite Kreise im Westen auf die antisemitischen Vorfälle reagierten; dies galt ihm als Anzeichen für die innere Labilität des Bündnisses.[1]

Tatsächlich verhielt es sich wie schon bei den Vorwürfen gegen die Belasteten in der bundesdeutschen Justiz: Der Westen interessierte sich nicht dafür, was im Osten Deutschlands geschah; es spielte keine Rolle, wieviele Nationalsozialisten – wenn überhaupt – den Weg in die DDR-Justiz gefunden hatten. Wenn Gerhard Stoltenberg für die Junge Union forderte, die Bundesregierung solle der östlichen Diskreditierungskampagne mit Angriffen auf das Regime in Pankow entgegentreten, dann erfuhr er vom Bundesaußenminister, wie wenig Erfolg dieser Weg verspreche.[2]

Ebensowenig zählte es, wie die DDR mit den Überlebenden des Holocausts umging.[3] Der ungenannte sowjetische Diplomat hatte eines erstaunlich gefunden: Warum gehe Bonn die DDR gerade in dieser Frage nicht wirksamer an? Die Ostberliner Verantwortlichen säßen doch im Glashaus. Die DDR habe es nämlich verstanden, 95 Prozent der Juden zu verscheuchen, indem man allen Wiedergutmachungsansprüchen ausgewichen sei und nur eine kümmerliche Rente für die Opfer des NS-Regimes angeboten habe. Hatte nicht auch Sir Christopher Steel Staatssekretär van Scherpenberg geraten, der sowjetischen Propaganda hinsichtlich der Behandlung der Juden den Spiegel vorzuhalten?[4]

Letztlich hatte sich aber nur der Westen des geteilten Deutschlands kritischen Fragen zur innenpolitischen Situation zu stellen. An die Bonner Republik wurden andere Maßstäbe angelegt als an den ostdeutschen Staat.

Dieses Faktum versuchte das Auswärtige Amt auch Verteidigungsminister Strauß nahezubringen. Der Verfasser jenes Rundschreibens, welches Strauß so in Rage versetzt hatte, rechtfertigte sich: Er habe sich nach den Bedürfnissen der deutschen Botschaften im Ausland richten müssen. Und deren Bedürfnisse schilderte er überaus dramatisch:

»Die Vorfälle haben dem Ansehen der Bundesrepublik im Ausland erheblich geschadet. Dabei sind die Vorfälle als solche in vielen Ländern nur der Anlaß gewesen, um die offensichtlich latent vorhandenen, mehr oder weniger starken Gefühle des Mißtrauens gegenüber der Bundesrepublik als offene und zum Teil sehr scharfe Kritik zu Tage treten zu lassen. Infolgedessen standen die Vorfälle selbst schon sehr bald in gar keiner Proportion zu der durch sie ausgelösten Kritik. [...] Angesichts dieser Situation war es praktisch irrelevant, bei dem Versuch einer Beantwortung der Fragen des Auslands den Hauptakzent auf die Interpretation des Ursprungs der Vorfälle zu legen. Damit hätte man das Symptom mit der Krankheit des Mißtrauens verwechselt und wäre an der eigentlichen Kritik vorbeigegangen.«[5]

Hakenkreuze auf Synagogen waren demnach nur der Stein des Anstoßes. Der Prüfstein des Westens im Hinblick auf die Vertrauenswürdigkeit der Bundesrepublik lag woanders: nämlich in der »Art und Weise, wie sich die Bundesrepublik mit dem Problem der deutschen Vergangenheit auseinandersetzte.«[6]

Immerhin gelang es, in einem Gespräch zwischen dem Auswärtigen Amt und dem Verteidigungsministerium die Meinungsverschiedenheiten auszuräumen. Man kam überein, den bundesdeutschen Vertretungen im Ausland ergänzend zu den bisherigen Informationen Material über die kommunistische Propagandakampagne zukommen zu lassen.[7] Am 5. April versandte das Bonner Außenamt ein entsprechendes Rundschreiben, in welchem in allgemeiner Form Ziele und Hintergründe der ostdeutschen Diffamierungsstrategie erläutert wurden. Auch das geheimdienstliche Material des Bundesverteidigungsministeriums war als Anlage beigefügt.[8]

Aber solche Reaktionen kamen spät – viel zu spät.

Reaktionen im Ausland auf die Schmierwelle

Es waren ohnehin Einzelpersonen, in Großbritannien beispielsweise Lord Mountbatten und ein Mitglied des Königshauses, Prinz William – letzterer glaubte fest an die sowjetische Urheberschaft –, die es in bezug auf Täter und Hintergründe genauer wissen wollten.[9] Angesichts der heftigen Proteste im Ausland schien die These von der kommunistischen Täterschaft, von der Adenauer und Strauß fest überzeugt waren, kaum zu vermitteln. Zu diesem Schluß kam auch eine Bilanz, die Ende Januar im Auswärtigen Amt gezogen wurde:

> »In den meisten Ländern hat seit Kriegsende kein Ereignis in Deutschland die Öffentlichkeit so beschäftigt wie die Welle antisemitischer Vorfälle [...]. Am heftigsten war die Reaktion in Großbritannien, während die kritischen Stimmen in den USA insgesamt objektiv und ausgewogen blieben. [...] In der überwiegenden Mehrzahl der Länder haben die Vorfälle der Bundesrepublik erheblich geschadet.«

Und weiter:

> »Seit dem gleichen Zeitpunkt stehen folgende drei Fragen im Vordergrund:
> a) Inwieweit ist die deutsche Demokratie vertrauenswürdig?
> b) Inwieweit werden ernsthafte Maßnahmen zur Verbesserung des Geschichtsunterrichts in den Schulen ergriffen?
> c) Inwieweit werden ehemalige NS-Funktionäre, die sich heute in der Bundesrepublik in einflußreichen Stellungen befinden, einer Überprüfung unterzogen?
> [...] Der bestehende Vertrauenskredit gegenüber der Bundesregierung erschöpft sich langsam; vor allem das offizielle Stillschweigen zum Problem der nationalsozialistischen Vergangenheit prominenter Persönlichkeiten wirkt in zunehmendem Maße belastend.«[10]

Die antisemitischen Vorfälle schärften also den Blick für andere Probleme. Hakenkreuze an Synagogen konnten vielleicht übertüncht oder abgewaschen werden; die Vergangenheit von Politikern, von Richtern und Staatsanwälten ließ sich nicht so einfach wegwaschen. Nicht umsonst traf das konsequente Vorgehen von Politik und Justiz gegen die antisemitischen Schmierer und Friedhofsschänder überall auf Lob und Zustimmung, während das amtliche Schweigen über die ehemaligen Nationalsozialisten in bedeutenden Ämtern auf Unverständnis und Kritik stieß.

Hier sei kurz noch ein Gedankengang eingeschoben: Wichtige Protagonisten im Umgang mit den antisemitischen Vorfällen waren Innenminister Schröder, Verteidigungsminister Strauß, Bundeskanzler Adenauer und nicht zuletzt Wilhelm Grewe, der deutsche Botschafter in Washington. Auch sie hatten eine Vergangenheit im Nationalsozialismus. Adenauer galt als unbelastet. In Bergen-Belsen sollte er – ganz wie seinerzeit im Kriegsverbrechergefängnis von Werl – auf seine eigenen Erfahrungen der Gestapo-Haft zurückkommen.[11] Ebensowenig hatten von Brentano und Strauß wegen ihrer Vergangenheit zu befürchten – der Verteidigungsminister bezeichnete seinen Kollegen im Außenministerium sogar als »leidenschaftlichen Gegner des Nationalsozialismus«.[12] Ganz anders Schröder und Grewe. Beide sind Parteimitglieder gewesen, und beide wurden zu verschiedenen Zeiten das Ziel von Angriffen aus der DDR; Schröders Name etwa fiel beim *Ausschuß für Deutsche Einheit*.[13] Die Mutmaßung, daß Schröder – anders als Strauß – aufgrund seiner persön-

Vertriebenenminister Oberländer (links) mit
CDU-Fraktionschef Heinrich Krone einige Tage vor seinem Rücktritt.

lichen Vergangenheit die These einer kommunistischen Täterschaft nicht offensiv vertreten wollte, um damit nicht den Vorwurf einer Verharmlosung der Ereignisse zu riskieren, bleibt – wohlgemerkt – im Bereich des Spekulativen. Wilhelm Grewe hatte genau umgekehrt argumentiert.

Globke. Oberländer. Schröder. Seebohm. Das waren die Namen, die von der DDR-Propaganda immer wieder in die Debatte geworfen wurden. Gegen den Vertriebenenminister »ermittelte« die DDR mit großem Propagandaaufwand;[14] der *Ausschuß für Deutsche Einheit* verfaßte ein Braunbuch.[15] Aber auch innenpolitisch geriet Oberländer immer stärker unter Druck, so daß er am 11. Februar den Ehrenrat der CDU mit der Prüfung der Vorwürfe gegen seine Person beauftragte. Genauso stand Hans Globke zunehmend im Kreuzfeuer der Kritik; Adenauer stellte sich hinter seinen Staatssekretär. Als ihm ein Privatmann anläßlich der Woche der Brüderlichkeit den von Globke verfaßten Kommentar zu den Nürnberger Gesetzen zusandte, antwortete der Kanzler, Globke habe nicht der NSDAP angehört, er habe seinerzeit die Blutschutzgesetze weitmöglichst zu Gunsten der Betroffenen ausgelegt und damit viele gerettet: »Man tut Herrn Globke in der ganzen Sache sehr großes Unrecht.«[16] Globke sollte erst 1963 mit dem Kanzler aus dem Amt scheiden. Der Kanzler hatte auch Oberländer zunächst noch verteidigt, wenngleich er selbst meinte, der Vertriebenenminister habe im Nationalsozialismus zur Gruppe der Anständigeren, nicht aber der Anständigen gehört.[17] Ein feiner Unterschied! Theodor Oberländer zog schließlich die Konsequenzen: Er trat im April 1960 zurück.

Wie sehr sich im Ausland die Empörung über die antisemitischen Vorfälle mit bohrenden Fragen nach der Vergangenheit von Politikern verband, registrierte auch das Auswärtige Amt:

»Aus den Berichten unserer Vertretungen geht hervor, daß die antisemitischen Vorfälle der Bundesrepublik sehr geschadet haben. Sie haben gezeigt, daß der Boden des Vertrauens, auf dem die Bundesrepublik im Ausland steht, äußerst dünn ist. [...] In diesem Zusammenhang werden bei unseren westlichen Verbündeten immer wieder die Namen Globke, Schröder und Oberländer genannt.«[18]

Die Vorlage hierzu weiter: »Das bisherige Schweigen der Bundesregierung wird zweifellos vom Ausland als schuldiges aufgefaßt.«[19]

Freundlich war da allenfalls noch die Reaktion von François Seydoux, dem französischen Botschafter in Bonn. Eingehend berichtete er über die Schmierereien an der Kölner Synagoge, vergaß dabei jedoch nicht, die energische Ablehnungsfront von Politikern und Öffentlichkeit wie auch das energische Eingreifen der Strafverfolgungsbehörden herauszustellen.[20] Noch im Juli 1960 betonte er, daß der Antisemitismus in der Bundesrepublik politisch gesehen der Vergangenheit angehöre.[21] In Frankreich selbst wurden die Vorfälle zwar stark beachtet, keineswegs aber feindlich gegenüber der Bundesrepublik kommentiert.[22]

Beunruhigender klangen die Meldungen aus den USA. Hatte Botschafter Grewe anfangs noch die Strategie befürwortet, die kommunistischen Hintermänner vorzuführen, so rückte er angesichts der Reaktionen in den USA bald davon ab. Nun setzte er ganz auf spektakuläre Solidaritäts- und Trauerbekundungen. Grewe schlug etwa vor, die deutsche Studentenschaft zu Protestkundgebungen zu veranlassen, um dem in den USA verbreiteten Eindruck entgegenzutreten, die deutsche Jugend sei anfällig für antisemitisches Denken.[23] Auch in einer Botschaft, die Grewe am 5. Januar an das State Department richtete, war nicht von den kommunistischen Hintergründen der Antisemitismuswelle die Rede; vielmehr brachte er die Besorgnis der Bundesregierung über die Vorfälle zum Ausdruck und betonte die Entschlossenheit, die Schuldigen zur Rechenschaft zu ziehen sowie ähnlichen Vorfällen entgegenzuwirken.[24]

Noch beunruhigender mußten in Bonner Ohren die Berichte des Generalkonsuls in New York, Federer, klingen. New York war das »Zentrum der jüdischen Organisationen« und zugleich eines der »Zentren der jüdischen Emigration aus Deutschland«.[25] Nach dem Urteil Federers hatten die antisemitischen Vorfälle »nicht nur in jüdischen Kreisen, sondern weit in das amerikanische Volk hinein kaum begrabenen Haß geweckt, Furcht und Bestürzung ausgelöst, Mißtrauen in die Deutschen, in die Zukunft der Bundesrepublik wachgerufen«. Mißtrauen gegen die Bundesrepublik – auf eben diesen Nenner brachte Federer die Folgen der antisemitischen Vorfälle.[26]

Schon der Katalog vertrauensbildender Maßnahmen, den er dem Auswärtigen Amt vorschlug, verdeutlicht die Tragweite des Problems. Es waren keineswegs der Antisemitismus und das deutsch-jüdische Verhältnis allein, welche seiner Meinung nach die Amerikaner gegen Deutschland aufbrachten. Einerseits wollte Federer die deutschen Schulbücher

Reichsbürgergesetz
vom 15. September 1935

Gesetz zum Schutze des deutschen Blutes
und der deutschen Ehre
vom 15. September 1935

Gesetz zum Schutze der Erbgesundheit des
deutschen Volkes (Ehegesundheitsgesetz)
vom 18. Oktober 1935

nebst allen Ausführungsvorschriften
und den einschlägigen Gesetzen und Verordnungen

erläutert von

Dr. Wilhelm Stuckart und Dr. Hans Globke
Staatssekretär   Oberregierungsrat
im Reichs- und Preußischen Ministerium des Innern

Hans Globke.

Globke-Ausstellung in
Ost-Berlin.

Protestkundgebung gegen die antisemitische Welle
vor dem deutschen Generalkonsulat in New York.

überprüft und Vortragsreisen prominenter Deutscher zum Thema der deutsch-jüdischen Beziehungen organisiert wissen; andererseits bat der Generalkonsul um Information über den tatsächlichen Prozentsatz ehemaliger Nationalsozialisten im Auswärtigen Dienst oder in der Bundeswehr.[27] Danach hatten ihn seine Gesprächspartner wohl gefragt. Federer hatte darüber hinaus zu seinem Leidwesen erfahren müssen, daß offizielle Stellungnahmen der Bundesregierung zu den Fällen Oberländer und Globke sowie zu den Vorwürfen gegen die bundesdeutsche Justiz ausblieben.[28]

In Bonn nahm man die Probleme, die der Generalkonsul in New York mit der Selbstdarstellung der Bundesrepublik hatte, zur Kenntnis. Wenig aber geschah im Hinblick auf das von Federer angesprochene, so brennende Thema der ehemaligen Nationalsozialisten. So riet etwa das USA-Referat des Auswärtigen Amtes vor der Amerikareise Adenauers im März 1960 davon ab, dieses Problem in einer Rede vor dem New Yorker

American Council on Germany anzuschneiden. Allerdings müsse man damit rechnen, daß der Kanzler auf die Belasteten angesprochen werde.[29]

Nachdem die erste Welle von Reaktionen auf die Vorfälle in Deutschland abgeflaut war, zog Botschafter Wilhelm Grewe Mitte Januar eine erste Bilanz: Kein Ereignis in Deutschland habe die amerikanische Öffentlichkeit seit Kriegsende in so starkem Maße beschäftigt wie die antisemitische Welle. Grewe hatte aber auch beobachtet, daß die Stimmen im amerikanischen Kongreß – von Ausnahmen abgesehen – erfreulich ausgewogen geblieben waren.[30] Mit etwas größerer zeitlicher Distanz schien es ihm noch offensichtlicher, wie zurückhaltend die amerikanischen Äußerungen gewesen waren – vor allem, wenn man sie mit den Reaktionen auf der britischen Insel verglich.[31]

Als Adenauer im März 1960 in die USA reiste, bestätigte sich, daß das Thema Antisemitismus in Deutschland auch von der amerikanischen Administration nicht mehr allzu heiß gekocht wurde. Und das, obwohl der amerikanische Botschafter in Bonn die deutschen Reaktionen auf westliche Kritik an den Vorfällen als neuen Nationalismus interpretiert und sogar eine Versteifung der deutschen Position in der Berlin-Frage für möglich gehalten hatte.[32] Das State Department schlug vor, über Antisemitismus nur dann zu sprechen, wenn der deutsche Gast die Initiative selbst ergreifen würde. Falls Adenauer das Problem doch ansprach, was wollte man ihm sagen? Das State Department empfahl, Bedauern auszudrücken – Bedauern bemerkenswerterweise nicht über die antisemitischen Vorfälle selbst, sondern darüber, daß die Reputation der Bundesrepublik – von ihr jahrelang so mühsam aufgebaut – international Schaden genommen hatte. Man wollte hier den Untersuchungsergebnissen der Bundesregierung auf jeden Fall Glauben schenken, wonach die Vorfälle in Deutschland weder von neonazistischer noch von kommunistischer Seite gesteuert worden waren. Nur einen kleinen Kritikpunkt mochte man dem Kanzler nicht ersparen: Adenauer sollte darauf hingewiesen werden, daß die Ereignisse möglicherweise unzureichendes Wissen der Deutschen über die Vergangenheit widerspiegelten.[33] Darüber hinaus schlug der neue US-Außenminister Herter Präsident Eisenhower vor, dem Kanzler darzulegen, wie sehr man selbst sich bemüht habe, die Dinge angesichts der positiven Haltung der Bundesregierung ins rechte Licht zu rücken.[34]

Auch aus der Perspektive der US-Administration verband sich das

Problem des Antisemitismus mit dem der ehemaligen Nationalsozialisten in politischen Ämtern. Aber selbst hier schien das State Department den Kanzler eher mit Samthandschuhen anfassen zu wollen; das Problem an sich bereitete den außenpolitischen Planern offenbar keine Kopfschmerzen. Allenfalls sollte Adenauer auf die negativen Auswirkungen im Bereich Öffentlichkeitsarbeit hingewiesen werden, welche sich daraus ergaben, daß in wichtigen Regierungspositionen und in der Verwaltung immer noch Personen saßen, die – sei es zu Recht oder Unrecht – wegen ihrer Verbindungen zum NS-Regime angegriffen wurden.[35]

So weit die Pläne des State Departments für die Gespräche zwischen den Regierungschefs. Tatsächlich unterhielten sich Eisenhower und Adenauer bei ihrem Treffen am 15. März über vielerlei. Zunächst unter vier Augen fragte der Präsident den Kanzler, was er denn auf dem Herzen habe. Adenauer zog daraufhin eine Denkschrift über die intellektuellen Grundlagen des Kommunismus aus der Tasche. Eisenhower gefielen darin besonders die Abschnitte, die besagten, der Kommunismus werde von marxistisch-leninistischen Prinzipien beherrscht, und die kommunistische Partei sei die oberste Macht in der Sowjetunion. Große Erkenntnisse waren das allerdings nicht! Wenn Adenauer hier gehofft hatte, Eisenhower auf die bundesdeutschen Probleme mit der östlichen Propaganda zu stoßen, dann war dieser Vorstoß mißlungen.

Die Unterhaltung wandte sich der Abrüstungsfrage zu, dann der Archivierung des Nachlasses des verstorbenen Außenministers Dulles; schließlich sprach man über die Gastgeschenke. Adenauer riet dem Präsidenten, den aus Deutschland mitgebrachten Wein nicht gefrieren zu lassen – vor allem, ihn nicht zu knapp zu genießen.[36] Antisemitismus in Deutschland? Für beide kein Thema.

Wohl kündigte Adenauer in der nachfolgenden offiziellen Gesprächsrunde an, sein Land werde die Ausgaben für Propaganda erhöhen. Von Eisenhower auf dieses »schlimme Wort« angesprochen, betonte der Kanzler, die Nazis seien für dessen Mißbrauch auch verantwortlich. Leider könne man keinen bekehrten Goebbels aus dem Himmel herbeizaubern – das wäre eine schöne Sache –, da waren sich beide Staatsmänner einig.[37] Antisemitismus in Deutschland? Kein Thema!

BRITISCHE PLÄNE FÜR EINE KONZERTIERTE AKTION
GEGEN »DIE NAZIS« IN ÄMTERN DER BUNDESREPUBLIK

Adenauer ahnte früh, wo die antisemitischen Vorfälle die höchsten Wellen schlagen würden. Am 15. Januar 1960 bat er das Auswärtige Amt um eine Zusammenstellung aller hierzu eingehenden Telegramme der deutschen Botschaft in London.[38] Den Anlaß bildete wohl ein Gespräch mit deutschen Journalisten am selben Tag. Adenauer gab sich bestens informiert: »Ich bekomme eben die Nachricht von unserer Botschaft, daß Sonntag ein riesiger Marsch vom Hyde Park aus zur Botschaft in London gehen soll wegen dieser verfluchten Geschichte. [...] Meine Herren, wir haben z. B. jetzt folgende Sachen laufen. Ein Geschwader von uns macht eine große Rundreise und sollte auch zwei englische Häfen anlaufen. Vorerst ist das ausgeschlossen; denn wenn da Beschimpfungen stattfänden, wäre die Sache schlimm. [...] Manche haben nun einmal eine große Antipathie gegen die Deutschen, zum Teil mit Recht.«[39]

Tatsächlich: Was von der britischen Insel gemeldet wurde, mußte Besorgnis wachrufen. Und zwar in einem Maße, daß sich Staatssekretär van Scherpenberg veranlaßt sah, bei der britischen Botschaft über die im Vergleich zu den USA überaus feindlichen Reaktionen in Großbritannien Beschwerde einzulegen.[40] Es kursierten Berichte über den Boykott deutscher Waren durch britische Unternehmen; nur in einem einzigen unbedeutenden Fall war ähnliches aus den USA gemeldet worden.[41] Demonstrationen vor der Botschaft - ohnehin Tag und Nacht unter Polizeischutz - wechselten einander ab. Zunächst handelte es sich um Mitglieder der britischen Kommunistischen Partei mit gelben Armbinden und schwarzen Davidsternen;[42] dann protestierten an die 15 000 Mitglieder des Verbandes jüdischer Veteranen *(Association of Jewish Ex-Servicemen)* - jener Protestmarsch im Hyde Park, von dem Adenauer sprach.[43] Nicht nur das von Adenauer erwähnte Flottengeschwader blieb in deutschen Häfen. Angesichts der Stimmung im Lande riet die Londoner Botschaft dem Regierenden Bürgermeister von Berlin, Willy Brandt, dringend davon ab, einen Werbebus für seine Stadt auf der britischen Insel fahren zu lassen.[44]

Immerhin erschien den deutschen Diplomaten in London die Haltung der britischen Presse zu der antisemitischen Welle mehr oder minder ausgewogen.[45] Die deutsche Botschaft protestierte allerdings beim For-

Protest vor der deutschen Botschaft in London.

Protestdemonstration in London.

eign Office, als der *Daily Express* Adenauer als Krokodil mit kullernden Tränen karikierte – dahinter Männer mit Hakenkreuzbinden, die NS-Symbole an Hauswände malen – und untertitelte: »Es sind ja nur wenige Unverantwortliche.« Das britische Außenministerium sprach sein Bedauern aus: Die Veröffentlichung sei ungehörig, geschmacklos und unwürdig.[46]

Wichtig aber war: In Großbritannien ging es nur am Rande um das Problem des Antisemitismus und die Situation der kleinen jüdischen Gemeinschaft in der Bundesrepublik. Die antisemitischen Vorfälle in der Bundesrepublik bildeten kaum mehr als den Anlaß, um ein anderes seit einiger Zeit schwelendes Problem aufzugreifen: die Vergangenheit deutscher Politiker.

Und hier legte einmal mehr die DDR die Lunte ans Pulverfaß. Vor Journalisten, dann sogar vor Parlamentariern wurde in den altehrwürdigen Räumen des *House of Commons* ein Oberländer-Film vorgeführt – im Jargon des Auswärtigen Amtes ein »sowjetzonaler Hetzfilm«.[47] Deutschland und die Nationalsozialisten lautete das Thema auch der britischen Medien. Der deutschen Botschaft in London blieb kaum anderes übrig, als gegen die negative Berichterstattung zu protestieren.[48] Immerhin zeigte das in einem Fall Erfolg: Als die Londoner BBC eine Kabarettsendung brachte, die nach Auffassung der deutschen Botschaft »das deutsche Volk in seiner Gesamtheit als Nazis beschrieb«, erhob sich dagegen nicht nur deutscher Protest; auch zahlreiche britische Hörer hatten in Telefonanrufen ihr Mißfallen bekundet, und die BBC entschuldigte sich in aller Form für die Sendung.[49]

Was aber war von seiten der britischen Regierung zuhören? Seltsam still blieb man zunächst nach außen hin.[50] Innen aber brodelte es.

»Was denken Sie, wie ernsthaft sind antideutsche Gefühle derzeit in Großbritannien? Wir gefährlich ist Ihrer Meinung nach das Wiederaufleben oder die mangelnde Bekämpfung des Hitlerismus in Deutschland? [...].«

Es war Premierminister Macmillan, der diese Fragen am 3. Januar 1960 seinem Außenminister Selwyn Lloyd vorlegte.[51] Lloyd antwortete zwei Tage später in einem ausführlichen Memorandum. Der Chef des Foreign Office offenbarte, daß er sich von den antisemitischen Zwischenfällen

Deutschlandkritische Karikaturen in der britischen Presse.
(Aus: *Daily Express*, 5. 1. 1960 und *Daily Mirror*, 30. 12. 1959)

pädagogische Wirkungen erhoffe, und verband dies mit einer laienpsy-
chologischen Analyse des deutschen Seelenzustands:

>Das kürzlich erfolgte Ausbrechen antisemitischer Vorfälle hat auch
erzieherische Wirkungen. Die Deutschen werden dadurch gezwungen,
ihre schändliche Vergangenheit zu erkennen, und die Vorfälle werden
einige heilsame Wirkungen haben. Ein Arzt würde sagen, daß das
deutsche Volk seit langem an einer psychopathischen Hysterie litt.
Wenn ein Psychopath einen Schock erfährt, der ihn die Ereignisse
vergessen läßt, die ihn dazu brachten, dann besteht die notwendige
Behandlung darin, ihn immer wieder daran zu erinnern. Und zwar bis
der Punkt erreicht ist, wo er sich an das Geschehene gewöhnt, und
bis er dazu in der Lage ist, die Realität als >normale Person< zu
begreifen.«

Die These kommunistischer Täterschaft wischte Lloyd mit einem Feder-
strich vom Tisch. Nicht, daß er entsprechende Berichte für falsch halte –

"Did I hear a crack?"

möglicherweise sei an ihnen einiges wahr. Vielmehr wolle er es nicht zulassen, daß die Deutschen die Verantwortung auf andere abwälzten.

Und jene Verantwortung bezog sich weniger auf die Bekämpfung antisemitischer Umtriebe als auf die Beseitigung der Infektionsherde in der Bundesrepublik. Sah Lloyd die Bundesrepublik von einer Epidemie überzogen? Er führte aus, wen und was er als Infektionsherd ansah: Mit Oberländer sitze zumindest ein prominenter Nazi in der Regierung; einer der führenden Kanzlerberater, Hans Globke, habe einen Kommentar zu den Nürnberger Gesetzen geschrieben; Richter, die unter dem Nationalsozialismus gedient hatten, seien teilweise noch im Amt; ehemalige SS-Leute arbeiteten bei der Polizei. Lloyds Schlußfolgerung: Der Bundesregierung müsse klargemacht werden, daß man von ihr ein mehr als hartes Vorgehen gegen Neonazis erwarte. Zur Stimmung in Großbritannien schrieb er:

»[…] Ich denke, es gibt – und es gab immer – eine erhebliche antideutsche Stimmung in Großbritannien. Ich möchte betonen, daß wir uns zusammen mit den Norwegern und Holländern rühmen können, unter den ehemaligen Gegnern Hitlers die am stärksten antideutsch eingestellten zu sein. Auf der anderen Seite wird diese Stimmung durch eine

Menge an gutem Menschenverstand aufgewogen. Die meisten erkennen, daß wir nicht in die Fehler der zwanziger Jahre zurückfallen dürfen, und ich denke, es wird im allgemeinen akzeptiert, daß der beste Weg, um die Wiederkehr des Nazismus zu verhindern, darin besteht, Westdeutschland politisch, ökonomisch und militärisch so fest wie möglich an den Rest Westeuropas zu binden und es als Alliierten – nicht als potentiellen Feind – zu behandeln.«[52]

Eine britische Liebeserklärung an das neue Deutschland war das nicht, allenfalls die Einsicht, das kleinere zweier Übel wählen zu müssen.

Am 15. Januar legte Selwyn Lloyd dem Premierminister ein zweites Memorandum vor, welches sich ausschließlich dem Problem der Belasteten in öffentlichen Ämtern widmete. Wie Sir Christopher Steel schon im Frühjahr 1959,[53] so klopfte auch Lloyd die verschiedenen Bereiche des öffentlichen Lebens in Deutschland auf das Wirken ehemaliger Nationalsozialisten hin ab. Wegen der Einsetzung des Personalgutachterausschusses kam die Bundeswehr am besten dabei weg: Kein bekanntes schwarzes Schaf sei dort eingestellt worden. Ansonsten fielen die alten Namen: Globke, Schröder, Oberländer, nun auch Seebohm, letzterer immer noch Verkehrsminister. Nur einen oder zwei Ex-Nazis gebe es in der CDU/CSU und der DP, keinen in der SPD. Die FDP hingegen habe zwei oder drei richtig schwarze Schafe.

Die im Gegensatz zur Analyse selbst ausdrücklich als geheim gekennzeichnete Schlußfolgerung Lloyds rief zum Handeln auf. Das Gesamtbild, das sich hinsichtlich der ehemaligen Nationalsozialisten ergebe, sei keineswegs erfreulich. Lloyd schlug vor, Druck auf die Deutschen auszuüben, um die unerwünschten Personen aus ihren Ämtern zu heben. Die öffentliche Meinung im eigenen Land, aber auch die in den USA sei ein machtvolles Instrument, zumal die Deutschen extrem empfindlich darauf reagierten, wie über sie geredet werde. Auf genau diese Öffentlichkeit im Ausland sollte Bonn von den britischen Diplomaten immer wieder hingewiesen werden.

Aber Lloyd schwebte auch vor, die Bundesregierung direkt aufzufordern, gegen die ehemaligen Parteigenossen in hohen Ämtern vorzugehen. Nur sollte dies nicht durch britische Diplomaten geschehen. Lloyd ahnte, daß Adenauer sich dem angesichts der deutsch-britischen Mißstimmungen energisch widersetzen würde – schon ein entsprechender Versuch könne kontraproduktiv ausgehen. Die Franzosen und Amerikaner sollten nun dazu gebracht werden, gegenüber den Deutschen das Thema der Belasteten zur Sprache zu bringen. Obwohl Lloyd erwartete, daß sich die Verbündeten sträuben würden, empfahl er doch, daß britische Diplomaten in Paris und Washington entsprechend einwirkten.[54]

Macmillan schien von der Idee seines Außenministers begeistert. Immerhin versprach dieses politische Manöver, Adenauer in Verlegenheit zu bringen. Der Pariser Gipfel mit der Sowjetunion stand an, und der britische Premier fürchtete im westlichen Lager ernsthafte Meinungsverschiedenheiten zur Berlin-Frage. Die Amerikaner, so hoffte Macmillan, würden durch ein entsprechendes Vorgehen ermutigt, eine konstruktivere Position einzunehmen. Macmillan – er befand sich auf einer Afrikareise – erteilte also seine Zustimmung zu den Plänen des Außenministers.[55]

Spät, sehr spät sollten damit Versäumnisse bei der Entnazifizierung nachgeholt werden – ein an sich schon bemerkenswerter Vorgang. Die Verbindung zum Genfer Gipfel und zur Berlin-Krise ist unübersehbar. Tagespolitik überlagerte die Forderung an Bonn, sich stärker der personellen Vergangenheitsbewältigung zu widmen.

Paris und Washington, das zeigte sich bald, waren jedoch nicht bereit, diesen von London eingeschlagenen Weg mitzugehen. Wenig kooperativ zeigte sich der französische Botschafter in Großbritannien, als er von Unterstaatssekretär Hoyer Millar über die britischen Pläne ins Bild gesetzt wurde. Zunächst spielte der Franzose den Ball zurück. Er hinterließ bei Hoyer Millar den deutlichen Eindruck, daß man sich in Paris über die antideutsche Stimmung in Großbritannien ebenso sorge wie über die Vorfälle in der Bundesrepublik selbst. Geflissentlich überhörte der französische Botschafter die Andeutung des britischen Gesprächspartners, Paris sei doch in einer günstigeren Ausgangsposition als London, um bei den Deutschen etwas zum Thema NS-Vergangenheit anklingen zu lassen. Chauvel forderte von dem Briten im Gegenzug, dieser solle etwas gegen die deutschfeindliche Stimmung im eigenen Land tun. Hoyer Millar ließ sich nicht beirren. Selbstverständlich, so der hohe Beamte des Foreign Office, ermutige man die britische Presse nicht, die Dinge hochzuspielen. Natürlich strebe auch er keine dauerhafte Trübung der deutsch-britischen Beziehungen an. Doch Hoyer Millar gab zu verstehen, er persönlich sei nicht unbedingt traurig über die zurückliegenden Ereignisse in Deutschland; gar nicht so schlecht seien diese für die Deutschen: In der Bundesrepublik sei man über alle Maßen bestrebt, die Vergangenheit unter den Teppich zu kehren. Die Deutschen gehörten daran erinnert, daß sie eine Vergangenheit hatten und diese durch ihr gegenwärtiges Handeln vergessen mußten. Ohnehin, so schloß Hoyer Millar das Gespräch, seien die Deutschen im Ausland nicht beliebt.[56]

Aus Paris würde es keinen Druck auf die Bundesregierung in der Angelegenheit der ehemaligen Nationalsozialisten geben, das machte dieses Gespräch deutlich. Offensichtlich zahlte sich nun das besondere Verhältnis zwischen Adenauer und de Gaulle, zwischen der Bundesrepublik und Frankreich aus. Sir Christopher Steel vermutete dann auch, der französische Botschafter habe sich auf Bonner Bitten hin so verschlossen gezeigt.[57]

Auf die entsprechende Initiative des britischen Botschafters in Washington[58] gab man sich im amerikanischen Außenministerium genauso zugeknöpft. Natürlich hatte man dort Verständnis dafür, daß die Briten aufgrund des ohnehin gespannten Verhältnisses zu Deutschland die letzten sein wollten, die in dieser Angelegenheit vorpreschten. Auch das britische Argument, wonach es erhebliche Schwierigkeiten bereite, trotz dieser Vergangenheit der Bundesrepublik einen so hohen bündnispolitischen Kurswert zuzubilligen, wurde nicht in Frage gestellt. Doch in Washington wog die Sorge schwerer, die Bundesregierung könne in dieser sensiblen Angelegenheit allzu heftig auf Vorhaltungen reagieren. Immerhin versprachen die Beamten der Deutschlandabteilung im State Department, das Problem zu prüfen.[59]

Von Zeit zu Zeit fragten die britischen Diplomaten dann nach dem Stand der Dinge. Man konnte in Erfahrung bringen, daß in Washington immerhin erwogen worden war, Adenauer während seines USA-Aufenthalts auf das Problem der Belasteten anzusprechen. Dann aber habe sich das State Department gegen einen solchen Schritt entschieden, denn die Deutschen seien allem Anschein nach dabei, ihr Haus selbst in Ordnung zu bringen. Washington habe einen unnötigen Affront vermeiden wollen, der ja vorprogrammiert gewesen wäre, hätte man Adenauer auf das Problem der ehemaligen Nationalsozialisten hingewiesen.[60]

Und inzwischen – immerhin waren zwei Monate verstrichen – hatte man sogar im Londoner Foreign Office das Interesse an den eigenen Plänen verloren.[61]

DIE KORREKTUR DES BRITISCHEN KONFRONTATIONSKURSES

Am 21. Januar zählte man im Foreign Office die Briefe, die aus der britischen Öffentlichkeit zu den antisemitischen Vorfällen eingegangen waren; ganze 24 Schreiben waren es. Das war wenig, weniger jedenfalls als sonst schon bei so gewöhnlichen Themen wie der Vatikanrepräsentanz im Vereinigten Königreich.[62] Auch die deutsche Botschaft hatte nur wenig Post erhalten.[63]

Ohne dieses Ergebnis überbewerten zu wollen, so bestand wohl eine gewisse Diskrepanz zwischen der Bedeutung, die man in britischen Regierungskreisen den innerdeutschen Problemen beimaß, und dem Interesse, mit dem die breite Öffentlichkeit – trotz der eben erwähnten Protestkundgebungen – die Ereignisse verfolgte. Ein Beamter der Deutschlandabteilung beurteilte die Lage folgendermaßen:

»Es gab immer gewisse prodeutsche Kreise in diesem Land: Das waren Leute, die behaupteten, wir wären von den Franzosen im Stich gelassen worden, und wir hätten ›auf der falschen Seite‹ gekämpft. Die gibt es immer noch. Ebenso gibt es kultiviertere Kreise, die realisieren, daß wir mit einem mächtigen Deutschland leben müssen [...]. Zwischen diesen Gruppen gibt es eine Menge von Leuten, denen die Deutschen zutiefst unsympathisch sind: wegen der Hitler-Tyrannei; wegen der Brutalität der Konzentrationslager; wegen ihrer Arroganz vor dem Krieg, während des Krieges und nach dem Krieg; wegen der Bombardierung dieses Landes; wegen ihres Verhaltens im Ausland heutzutage; und aus anderen weniger klaren aber nichtsdestoweniger bedeutenden Gründen.«

Seine Erklärung für den mangelnden Briefsegen: Die meisten in der von ihm genannten letzten Gruppe gehörten zu denjenigen, die die konservative britische Regierung unterstützten – und deshalb keine Protestschreiben an sie verschickten.[64] Trotzdem warnte Hoyer Millar erneut davor, die antideutsche Stimmung im Lande zu unterschätzen; er schöpfte dabei aus dem eigenen Erfahrungsschatz: Viele Freunde hätten ihn auf die Vorgänge in Deutschland angesprochen.[65]

Zu einer ganz anderen Auffassung kam Sir Christopher Steel. Angesichts der überaus deutschlandkritischen Haltung Macmillans und des

Foreign Office entwickelte sich der britische Botschafter in Bonn zu einem prononcierten Anwalt der Bundesregierung und der deutschen Öffentlichkeit. Trotz der antisemitischen Vorkommnisse seit der Weihnachtsnacht des Jahres 1959 korrigierte er seine positive Lagebeurteilung, die er im Vorjahr zu dem überaus sensiblen Thema Antisemitismus abgegeben hatte, nur geringfügig. Er sah in den zahlreichen Vorfällen keine wirkliche Gefahr, sie schienen ihm allenfalls leicht beunruhigend.[66] Und er sandte unter dem Eindruck der Kölner Ereignisse einen Bericht nach London, in dem festgehalten wurde, daß der Antisemitismus in Deutschland schwächer ausgeprägt sei als etwa in den USA.[67]

Steel blieb nicht verborgen, daß sich in London einiges zusammenbraute. Er wandte sich deshalb am 26. Januar 1960 persönlich an Selwyn Lloyd. Steel drückte die Hoffnung aus, sein Außenminister werde ein paar anerkennende Worte für die energische Haltung der Bundesregierung während der zurückliegenden Wochen finden. Vor allem solle dieser das höchst dümmliche In-einen-Topf-Werfen aller Deutschen als Nazis verurteilen. Anderenfalls spiele man nur Reaktionären und Spinnern in die Hände und gefährde damit die westliche Allianz.[68] Eben dieses Argument machte sich Außenminister Lloyd später zu eigen: Wenn man die Deutschen unterschiedslos als Nazis abstempele, dann mache man aus ihnen Nazis, betonte er gegenüber jüdischen Gesprächspartnern. Ohnehin, so Lloyd, litten die Deutschen an einem Minderwertigkeitskomplex.[69]

Von einer konzertierten Aktion der Westmächte hinsichtlich der Nationalsozialisten in wichtigen Positionen hielt Botschafter Steel überhaupt nichts. Wie sollte den Franzosen erklärt werden, daß man in London eine Ablösung Globkes wünschte? Anstatt Druck auf Bonn auszuüben, empfahl Steel, bei dieser Sache die Bundesregierung in ihren eigenen Bemühungen zu unterstützen.[70]

Dabei waren die britischen Diplomaten in Bonn alles andere als unkritisch. Mehrfach stellten sie ausführliche Listen mit den neuesten Informationen über die NS-Vergangenheit prominenter deutscher Politiker und Beamter zusammen.[71] Und vor allem ein Name stach den Briten als politisch untragbar immer wieder ins Auge: Theodor Oberländer.[72]

Steels Forderung nach einer nüchternen und objektiveren Beurteilung der innenpolitischen Lage in Deutschland zeigte Wirkung. Hoyer Millar im Foreign Office gab zu, die britische Presse habe oft maßlos übertrieben

– nur schien ihm Steel ein wenig zu unterschätzen, wie zutiefst unbeliebt Deutschland in Großbritannien sei.[73] Immerhin fand man im Vorfeld einer außenpolitischen Debatte im Unterhaus Mitte Februar im Foreign Office gemäßigte Worte für die Deutschen.[74] Ein Redeentwurf zum Thema ehemaliger Nationalsozialisten war mit der Notiz versehen: »Nur benutzen, wenn von der Opposition angesprochen.« »Nicht benutzt«, vermerkte Selwyn Lloyd nach der Unterhausdebatte auf der Vorlage.[75]

Auch das Material über die antisemitischen Vorfälle in Deutschland sollte nach Auffassung des Foreign Office nur bei Anfragen aus Reihen der Abgeordneten genutzt werden. In der Redevorlage wurde die Sorge deutlich, mit zu harten Angriffen die Falschen zu unterstützen: Die wahren und demokratischen Freunde Großbritanniens in Deutschland dürften nicht vor den Kopf gestoßen werden.[76]

Auch aus Bonn war Material für die Unterhausdebatte nach London geschickt worden. Selwyn Lloyd selbst hatte um Informationen über die ehemaligen Nationalsozialisten gebeten – allerdings über solche in der DDR. Zudem hatte er Interesse an den Hinweisen von Franz Josef Strauß bezüglich der kommunistischen Hintergründe der Antisemitismus-Welle gezeigt. Außerdem wollte der britische Außenminister Genaueres über den Geschichtsunterricht an deutschen Schulen wissen. Botschafter von Herwarth hatte bereits vorsorglich um »möglichst überzeugendes Material zum Thema ›frühere Nationalsozialisten in hohen Stellungen der Bundesrepublik‹« gebeten.[77] Tatsächlich schickte die Bundesregierung zahlreiche Unterlagen nach London. Nur eines fehlte: Das »möglichst überzeugende Material« zu den ehemaligen Nationalsozialisten. Die knappe Begründung aus Bonn: Hierzu gebe es keine offiziellen Stellungnahmen der Bundesregierung.[78]

Tatsächlich wurde die Rede Selwyn Lloyds im Unterhaus – zumindest die Teile, die sich auf den deutschen Umgang mit der Vergangenheit bezogen – in Bonn wohlwollend aufgenommen. Staatssekretär van Scherpenberg telegraphierte Außenminister von Brentano sogar nach Neu Delhi, der britische Außenminister habe »sachliche und verständnisvolle Erklärungen« abgegeben.[79] Auch Sir Christopher Steel gratulierte dem britischen Außenminister; besonders gut gefiel ihm die Aussage Lloyds, viele Briten seien der seit Monaten und Jahren laufenden östlichen Propagandakampagne gegen die Bundesrepublik aufgesessen.[80]

Heinrich Krone, Vorsitzender der CDU/CSU-Fraktion im Bundestag, konnte knapp zwei Wochen nach der Unterhausdebatte erkunden, ob sich die Stimmung innerhalb der britischen Regierung wirklich verbessert hatte. Von Selwyn Lloyd erfuhr er Altbekanntes, nämlich wie sensibel britische Presse und Öffentlichkeit auf Themen wie die deutsche Wiederbewaffnung und den Antisemitismus reagierten.[81] Beim darauffolgenden Gespräch in Downing Street 10 stellte Premierminister Macmillan dies in eine geschichtliche Perspektive. Ein ständiges Auf und Ab habe es in den beiderseitigen Beziehungen gegeben. Und Macmillan gab zu, daß hierzu weniger die Bürger als vielmehr die Regierungen selbst einiges beitrugen. Diese Empfindlichkeit der britischen Medien und der Öffentlichkeit beruhe seiner Meinung nach nicht auf dem Unrecht, welches man sich während zweier Kriege angetan habe; es seien weniger diese Kriegserinnerungen, die eine Gefahr bildeten, als vielmehr gegenwärtige Ereignisse, nämlich solche, die eine bestimmte Geisteshaltung widerspiegelten: Antisemitismus, Neonazismus und das Verbleiben prominenter Nationalsozialisten in einflußreichen Positionen.[82]

Das war ein erneuter und kaum verdeckter Hinweis auf fortbestehende deutsch-britische Meinungsverschiedenheiten! Erst im Sommer schienen sich jene Turbulenzen wieder halbwegs gelegt zu haben. Als Macmillan im August erneut nach Bonn reiste, schlug er leisere Töne an. Vom deutschen Antisemitismus oder den belasteten ehemaligen Nationalsozialisten war nicht mehr die Rede. Auch der Kanzler gab sich eher versöhnlich: Die Differenzen, die in den letzten Jahren zwischen beiden Ländern bestanden hätten, seien auf Verdächtigungen, nicht auf Tatsachen aufgebaut gewesen.[83] Das Auswärtige Amt blieb dennoch skeptisch hinsichtlich des britischen Deutschlandbildes:

»Immer noch sind viele Engländer bereit, die Bundesrepublik mit jenem Deutschlandbild zu identifizieren, das seit 60 Jahren so oft in Konflikt zu Großbritannien stand. Nur so ist es zu erklären, daß gewisse sowjetzonale Propagandaaktionen zur Diffamierung leitender Persönlichkeiten in der Bundesrepublik, zur Unterstellung nationalistischer Revancheideen und militaristischer Exzesse mehr Gehör fanden als anderswo. Das Ziel dieser sowjetzonalen Propagandaaktion ist es, die Deutschen in der Bundesrepublik als unverbesserliche, säbelrasselnde Nazis darzustellen, sich selbst aber als das ›neue‹ Deutschland, das ›andere‹ Deutschland zu empfehlen. [...] Es ist die groteske Situation entstanden, daß das SBZ-Regime selbst nahezu aus dem Spiel bleibt, die durch seine Propaganda geförderten Angriffe sich [...] ausschließlich gegen die Bundesregierung wenden. Der Terrorcharakter des Regimes hingegen, seine Weigerung etwa, Wiedergutmachung zu leisten [...] werden bewußt oder unbewußt übersehen.«[84]

Dies war Resümee und pessimistischer Blick in die Zukunft zugleich.

20. AKTEN UND FAKTEN

Akten bieten Zugang zur Vergangenheit. Nicht umsonst hatte Adenauer Anfang der fünfziger Jahre mehrfach die westlichen Siegermächte zur Herausgabe von beschlagnahmten Aktenbeständen zur Geschichte des Dritten Reiches aufgefordert.[1]

Akten können aber auch Einblicke bieten in individuelle Lebensläufe, Fragen beantworten zu Verstrickungen in das alte Regime, gar zu Täterschaften bei Verbrechen. Daß Anfang der fünfziger Jahre ein Aktenbestand ganz besondere Sprengkraft besaß, wußten die Verantwortlichen in Bonn genau: Wohin mit den Entnazifizierungsunterlagen? Es waren im Zuge der alliiert-deutschen Entnazifizierung Berge von Dokumenten entstanden, nicht zuletzt durch die Arbeit der Spruchkammern. Kaum eine andere Quelle hätte über individuelles Verhalten bzw. Fehlverhalten im Dritten Reich genauer Auskunft geben können – trotz aller darin abgehefteter »Persilscheine«.

Heinrich Hellwege, einer der entschiedensten Streiter gegen die Entnazifizierung, hatte schon 1951 eine radikale Lösung vorgeschlagen: Die Entnazifizierungsakten sollten vernichtet werden. Otto Lenz, Staatssekretär im Bundeskanzleramt, widersprach dem jedoch entschieden. Er forderte »einheitliche Vorschriften über die Aufbewahrung und die Einsichtnahme in die Entnazifizierungsakten«. Dabei ging es ihm weniger darum, die Vergangenheit von Politikern früher oder später durchleuchten zu können, sondern um das Treiben der rechtsradikalen Sozialistischen Reichspartei.[2]

Das Thema Akten wurde schließlich buchstäblich zu den Akten gelegt. Wer interessierte sich in den folgenden Jahren noch dafür, was dieser Politiker und jener Jurist während des Dritten Reiches gesprochen, geschrieben oder getan hatte? Erst Ende der fünfziger und Anfang der sechziger Jahre rückten solche Fragen, wie gesehen, wieder in den Mittelpunkt der Diskussion. Wer mehr über führende Persönlichkeiten wissen wollte, der benötigte Unterlagen. Akten – das bedeutete oft auch neue Fakten zur Vergangenheit derer, die in der Bundesrepublik Verantwortung trugen.

Belastete Justiz – die Akten

Die Diskussion über belastete Richter und Staatsanwälte im deutschen Justizdienst wurde durch die antisemitische Welle keineswegs weggespült. Im Gegenteil. Dadurch, daß man im In- und Ausland immer genauer auf den deutschen Umgang mit dem Vergangenen blickte, gewann auch dieses Thema neue Brisanz. Mehr noch, durch die antisemitischen Vorfälle wurden die bisher schleppenden und eher von Unwillen geprägten Untersuchungen zur NS-Vergangenheit deutscher Juristen erheblich beschleunigt.

Die Vorwürfe waren stets aus der DDR gekommen und hatten durch britische Rufe nach Aufklärung deutlich an Gewicht gewonnen. Dabei basierte die DDR-Propaganda auf Informationen, die in der Bundesrepublik nicht ohne weiteres greifbar waren. Zuhauf sammelten sich inkriminierende Akten im Osten Deutschlands. Im Bonner Justizministerium nahm man an, daß im Deutschen Zentralarchiv in Potsdam umfangreiche Archivalien des früheren Reichsjustizministeriums, des Oberreichsanwalts beim Reichsgericht, des Reichsgerichts, des Volksgerichtshofs und des Oberreichsanwalts beim Volksgerichtshof lagerten.[3] War es also nicht naheliegend, sich direkt an DDR-Stellen zu wenden, um von hier Aktenmaterial über belastete Juristen zu erhalten? Allerdings war dies ein politisch überaus heikler Gedanke: Konnte man der DDR einerseits die Anerkennung verweigern und die Vorwürfe aus dem Osten als geist- und inhaltslose Agitation abtun, andererseits aber von dort brisantes Material anfordern und entgegennehmen?

Es hörte sich insofern deutschlandpolitisch geradezu ketzerisch an, wenn das Justizministerium in Baden-Württemberg Mitte des Jahres 1959 anregte, sich direkt beim Ostberliner *Ausschuß für Deutsche Einheit* um Akteneinsicht zu bemühen! In Stuttgart wurde behauptet, Hessen habe sogar schon zwei Beamte nach Ost-Berlin entsandt, um dort Kopien anzufertigen. Das Bundesjustizministerium untersagte jedoch auf Weisung des Gesamtdeutschen Ressorts jegliche Kontaktaufnahme mit dem Gremium in Ost-Berlin. Die Obersten Landesbehörden hatten der Bonner Nichtanerkennungspolitik zu folgen. Ein anderer Weg schien dem Bonner Bundesjustizministerium immerhin gangbar, nämlich der ins Potsdamer Zentralarchiv. Außerdem gestand Bonn den Landesjustizverwaltungen zu, im Rahmen ihrer Untersuchungen auf dem Wege der offiziellen Amtshilfe Akteneinsicht bei der Generalstaatsanwaltschaft der DDR zu beantragen.[4]

Im Oktober 1959 befaßte sich eine Konferenz der Justizminister erneut mit dem Problem der Vorwürfe gegen Richter und Staatsanwälte. In einer abschließenden Erklärung äußerten die Minister Verständnis für die Kritik an vielen Urteilen der Justiz im Dritten Reich, und zwar, »weil unter der Herrschaft der nationalsozialistischen Gesetze und Verordnungen der Sicherung der staatlichen Allmacht der Vorrang vor der Wahrung der unverletzlichen und unveräußerlichen Menschenrechte« eingeräumt worden sei. Worte, die man in dieser Deutlichkeit noch nie öffentlich ausgesprochen hatte! Die Minister relativierten ihr Bekenntnis aber auch gleich: Die Vorwürfe seien geprüft worden – und in verhältnismäßig wenigen Fällen von Bedeutung gewesen. Dennoch traten die Justizminister dafür ein, die noch anhängigen Untersuchungen zu beschleunigen und genauso in Zukunft Ermittlungen gegen einzelne Richter und Staatsanwälte anzustrengen, sollten neue Vorwürfe auftauchen.[5] Auch der Rechtsausschuß des Deutschen Bundestages befaßte sich in einer vertraulichen Sitzung mit dem Problem. Und auch hier hieß es, die Überprüfung der problematischen Fälle solle möglichst bald abgeschlossen werden, um der DDR den Wind aus den Propagandasegeln zu nehmen.[6]

Das Eingeständnis, daß die bundesdeutsche Justiz mit einigen – wenn auch geringen – personellen Mängeln behaftet war, änderte nichts am Bonner Veto gegen direkte Ost-Kontakte. Das Bundesjustizministerium blieb dabei: Oberste Bundes- wie Landesbehörden durften nicht mit DDR-Dienststellen in Kontakt treten; und das Ministerium für Gesamtdeutsche Fragen betonte noch einmal: »Mit dem ›Ausschuß für Deutsche Einheit‹ ist in keinem Falle ein Kontakt möglich, weil er als Organ der SED anzusehen ist und mit einem solchen Träger der politischen Macht in der Zone eine Verbindung nicht nur politisch unerwünscht, sondern nach den festgelegten Richtlinien unerlaubt ist.« Das beste erschien

Ungesühnte Nazijustiz = 43 Strafanzeigen

Auf Grund der vom Bundesvorstand des Sozialistischen Deutschen Studentenbundes eingeleiteten „Aktion Ungesühnte Nazijustiz", die mit einer Dokumentenausstellung in Karlsruhe begann und in verschiedenen Großstädten der Bundesrepublik vom Sozialistischen Deutschen Studentenbund gezeigt werden wird, wurde am 18. Januar 1960 gegen 43 ehemalige NS-Richter und Staatsanwälte Strafanzeige erstattet.

Die ihnen in diesen Strafanzeigen zur Last gelegten Straftaten sind durchweg Todesurteile aus nichtigen Gründen. Die Anzeigen wurden wegen Totschlag erstattet. Sie richten sich gegen:

Die **Oberlandesgerichtsräte** Eisele (Stuttgart), Dr. Lenhardt (Neustadt/W.), Muhs (Hamm), Riepenhausen (Bamberg),

die **Landgerichtsräte** Blankenburg (Hannover), Füllgrabe (Duisburg), Dr. Hühn (Oldenburg), Krügers (Essen), Dr. Reimers (Ravensburg), Weiß (Oldenburg), Dr. Neiseke (Düsseldorf), Dr. Teuchert (Stuttgart), v. Zeschau (Ulm),

die **Amtsgerichtsräte** Claasen (Berlin-Wedding), Garn (Büdingen), Dr. Holleit (Minden), Dr. Kleiner (Stuttgart), Kolhoff (Wolfenbüttel), Kohlstadt (Koblenz), Kühne (Hannover), Dr. Lösch (Zeven), Wendik (Eschershausen),

die **Staatsanwälte** Dr. Breustedt (Gießen), Dr. Bruchhaus (Wuppertal), Dr. Haase (Hildesheim), Jaager (Schleswig), Dr. Ludwig (Düsseldorf), Dr. Rehder-Knöspel (Mannheim),

die **Oberstaatsanwälte** Dr. Görner (Berlin), Dr. Törnig (Essen),

die **Landgerichtsdirektoren** Dr. Kowalski (Essen), Dr. Hucklenbroich (Wuppertal),

die **Senatspräsidenten** Dr. Bömmels (Saarbrücken), Dr. Dr. Neubauer (Essen),

die **Oberamtsrichter** Dr. Danneger (Wiedenbrück), Dr. Unterhinninghofen (Dortmund),

den **Landtagsabgeordneten** Dr. Albrecht (Saarbrücken),

den **Justizrat** Curth (Mannheim),

den **Kammergerichtsrat** Herfurth (Berlin),

den **Arbeitsgerichtsrat** Kühs (Herne),

den **Verwaltungsgerichtsdirektor** Dr. Makart (Köln),

den **Oberregierungsrat** Rhode (Kiel), den **Rechtsanwalt** Dr. Neuhäuser.

Die Anzeigen wurden von den Initiatoren der Karlsruher Ausstellung, den Berliner Studenten Reinhard Strecker und dem Vorsitzenden der SDS-Gruppe Karlsruhe TH, Wolfgang Koppel, erstattet.

Die „Aktion Ungesühnte Nazijustiz" des SDS gewinnt besondere Bedeutung durch die jüngsten antisemitischen und neonazistischen Exzesse in Westdeutschland und Westberlin.

Die Aktion wird fortgesetzt. Mit weiteren Ausstellungen, Publikationen und Anzeigen gegen heute noch amtierende ehemalige NS-Richter und Staatsanwälte ist zu rechnen.

Aus einer Publikation des Sozialistischen Deutschen Studentenbundes (SDS).

Der Nazi-Richter

Oft hat man ihn gerüttelt, / jetzt wird er rausgeschüttelt.
Auf goldbesticktem Kissen / ruh' sanft nun sein Gewissen!

Karikatur aus der *Bonner Rundschau* (19. 6. 1961).

demnach, Photokopien der gewünschten Akten auf dem Amtshilfe-Weg aus der DDR anzufordern.[7]

Am 21. Dezember 1959 erhielt das in Sachen NS-Justiz besonders eifrige Baden-Württembergische Justizministerium erneut ein Schreiben aus dem Osten Deutschlands. Der Generalstaatsanwalt der DDR versicherte darin einmal mehr, daß er bereit sei, Beweismaterial zu liefern – aus höchst uneigennützigen Motiven, versteht sich:

> »Betrachten Sie meine Hilfe als einen Beitrag zum Gelingen Ihrer Pläne, die darin bestehen, belastete NS-Juristen aus dem Dienst zu entfernen. Für diese verantwortungsvolle Aufgabe, deren Erfüllung im Interesse des deutschen Volkes von großer Bedeutung ist und von der ganzen Welt außerordentlich beachtet werden wird, wünsche ich Ihnen einen vollen Erfolg.«

Die Westdeutschen sollten allerdings das Material bei ihm abholen, von einem Versand der Kopien war keine Rede.[8] Inzwischen war das Thema der belasteten Juristen nach relativer Ruhe auch innenpolitisch brisanter geworden. Schon im Januar 1959 hatte sich der Bundestag infolge einer Anfrage der SPD ausführlich mit dem Problem beschäftigt.[9] Am 2. Dezember 1959 widmete sich dann der bayerische Landtag den Vorwürfen in einer Debatte; der Landtag von Baden-Württemberg reagierte mit einer eigenen Untersuchungskommission zur Durchleuchtung der Vergangenheit belasteter Juristen.[10] Auch die Presse, allen voran *Der Spiegel*, nahm sich der Angelegenheit an.[11]

Darüber hinaus informierte seit November 1959 eine Ausstellung in der Karlsruher Stadthalle über die »Ungesühnte Nazijustiz«. Veranstalter war der *Sozialistische Deutsche Studentenbund* (SDS). Diesem wiederum fehlten, anders als Bonn, die Berührungsängste mit dem Osten Deutschlands. Die Exponate – darunter hundert Schnellhefter mit Unterlagen – hatte der SDS vom Ostberliner Einheitsausschuß erhalten. Die SPD, ansonsten eine treibende Kraft bei der Untersuchung der Vorwürfe gegen die bundesdeutsche Justiz, distanzierte sich vom SDS; die Organisatoren wurden später sogar aus der SPD ausgeschlossen.[12]

Die Ausstellung in Karlsruhe fand keinen großen Anklang. Deshalb ging man auf Wanderschaft. Und zwar dorthin, wo man sich mehr Interesse versprach: nach England.[13] Zunächst folgte der SDS der Einladung einer Studentenzeitschrift nach Oxford.[14] Schließlich kam es noch ehrwürdiger: Der Organisator der Ausstellung, ein Student namens Reinhard Strecker, wurde zweimal ins Unterhaus geladen; dort nahmen Parlamentarier beider Parteien die belastenden Unterlagen zu deutschen Richtern und Staatsanwälten zur Kenntnis.[15]

Die DDR hatte neben dem SDS einen weiteren Verbündeten im Kampf gegen die belastete bundesdeutsche Justiz – in Wirklichkeit ein Kampf gegen die Bundesrepublik – gefunden: die Tschechoslowakei. Zeitlich aufeinander abgestimmt traten am 10. März 1960, zwei Tage vor Beginn der Adenauer-Reise in die USA, in Prag ein Verband antifaschistischer Widerstandskämpfer und in Großbritannien und Frankreich die tschechischen Botschaften mit neuen Anschuldigungen an die Öffentlichkeit. Die Tschechen brachten eine Broschüre in Umlauf: »Verbrecher in Richterroben«. Der tschechische Botschafter in London attackierte während einer etwa vierzigminütigen Pressekonferenz vehement die politisch belasteten Juristen in der Bundesrepublik. Er kündigte an, demnächst Belastungsmaterial aus tschechischen Archiven in den Westen Deutschlands zu senden.[16]

Es war mehr als außergewöhnlich, wenn akkreditierte Diplomaten in dieser Weise an die Öffentlichkeit gingen. In Paris bezeichnete ein Mitarbeiter des Außenministeriums dieses Verhalten als unakzeptabel;[17] in London führte die »Öffentlichkeitsarbeit« der tschechischen Botschaft zu einem geharnischten Protest durch den Staatsminister im Foreign Office, Profumo – ein Protest nicht gegen den Inhalt der Pressekonferenz, sondern den Bruch diplomatischer Regeln.[18]

Auch die DDR-Regierung selbst entwickelte weitere Aktivitäten in der Richterfrage, nachdem bisher der *Ausschuß für Deutsche Einheit* als vornehmliches Sprachrohr gedient hatte. Am 2. Mai übersandte das Ministerium für Auswärtige Angelegenheiten der DDR eine offizielle Note an die Regierung in London. Da man keine diplomatischen Beziehungen unterhielt, mußte Ost-Berlin den Umweg über die britische Botschaft in Prag wählen; und dort landeten solche Materialien schon mal gern ungelesen im Papierkorb.[19] Diesmal erreichte das Papier die Regierung in London ebenso wie den UNO-Generalsekretär. Die Anklage gegen die Bundesrepublik war nicht neu:

»In den Justizorganen der Bundesrepublik Deutschland befinden sich über 2000 Richter und Staatsanwälte […], die durch ihre Tätigkeit bei den Kriegs- und Sondergerichten des Hitlerregimes aufs schwerste belastet sind. [...] Sie haben [...] unzählige Kriegsverbrechen und Verbrechen gegen die Menschlichkeit begangen.«

Es folgten Hinweise auf die bindende Wirkung des Potsdamer Abkommens und die dort festgeschriebene Entnazifizierung; Ost-Berlin klopfte sich selbst anerkennend auf die Schulter:

»Entsprechend dieser Forderung wurden auf dem Gebiet der Deutschen Demokratischen Republik die Kriegs- und Naziverbrecher aus dem öffentlichen Leben entfernt und zur Verantwortung gezogen. Leider ist das in der Bundesrepublik Deutschland bis heute noch nicht erfolgt.«

Freigebig zeigte sich die DDR auch im Hinblick auf Aktenbestände:

»Die Regierung der Deutschen Demokratischen Republik hat der Öffentlichkeit seit Jahren ständig Dokumentationen [...] unterbreitet. Die auf den Originalakten der faschistischen Justiz fußenden Dokumentationen sind auch den verantwortlichen Stellen in der Bundesrepublik Deutschland übermittelt worden. Gleichzeitig wurde das Angebot unterbreitet, die Originalakten einzusehen und auszuwerten.«

Nazis in der Justiz – das bedeutete in dieser Perspektive automatisch Unrechtsprechung. Vor dem Hintergrund der ersten Verjährungsdebatte – auf diese wird noch eingegangen – suchte die DDR-Regierung die bundesdeutsche Justiz wegen ihres mangelnden Eifers bei der Verfolgung nationalsozialistischer Verbrechen bloßzustellen:

»Das [die für Totschlag eintretende Verjährung, U. B.] offenbart das Bestreben der Regierung der Bundesrepublik, die Verfolgung dieser Verbrechen endgültig unmöglich zu machen, um sich dieser nazistischen Kräfte auch weiterhin bedienen zu können. Genauso wie diese Richter und Staatsanwälte früher die Gegner des Hitler-Regimes und seiner Aggressionspolitik zu schwersten Strafen verurteilten, fällen sie heute in Westdeutschland wieder Urteile gegen alle, die sich der Militarisierung und Atomaufrüstung sowie der Revanchepolitik widersetzen.«

Kritik mußte sich auch London gefallen lassen:

»Die Regierung der Deutschen Demokratischen Republik gestattet sich, dabei auf die Verpflichtung hinzuweisen, die die Regierung des Vereinigten Königreichs von Großbritannien und Nordirland in den Dokumenten der Anti-Hitler-Koalition übernommen hat und die, soweit es die Bestrafung der unter dem Hitlerregime begangenen Verbrechen betrifft, im Zusammenhang mit den Pariser Verträgen ausdrücklich bestätigt worden ist.«[20]

Auch wenn die Veröffentlichung der DDR-Note in Großbritannien keine Aufmerksamkeit erregte,[21] so klagte doch die bundesdeutsche Botschaft in London erneut über die nur spärlichen Informationen zur Richterfrage aus Bonn. Die Bundesrepublik selbst müsse aktiv werden, was bislang nicht ausreichend geschehen sei. Die Aktivitäten müßten sich in zwei Richtungen entfalten:

»1) Gegenwehr gegen die sowjetzonale Propaganda, und zwar durch
    a) Verteidigung gegen sowjetzonale Angriffe und Vorwürfe;
    b) Angriff auf das sowjetzonale Regime.
2) Die sehr viel entschiedenere Werbung für die eigene Sache.«

Punkt 1 b) schien noch realisierbar: »Es muß den Briten vor Augen geführt werden, daß das Ulbricht-Regime trotz seines biedermännischen Auftretens eine Terrordiktatur ist, mit der eine freie westliche Nation nicht auf gleichem Fuße verkehren kann.« Was aber mit dem prekären Punkt 1 a)? Hierzu hieß es:

»Es genügt [...] nicht der allgemeine Hinweis, daß es sich hier um kommunistische Propaganda, Diffamierung und dergleichen handelt. Es muß vielmehr die Unrichtigkeit der Behauptungen der Sowjetzone durch eindeutige Tatsachen bewiesen werden. Am wirkungsvollsten geschieht dies durch den präzisen Nachweis der Unrichtigkeit in einzelnen Fällen; pauschale Zurückweisungen sind wenig wirksam.«

Die Botschaft schlug sogar vor, in Bonn eine eigene Stelle zur Abwehr östlicher Propaganda einzurichten.[22]

Die infolge der antisemitischen Vorfälle intensivierten Bemühungen der Justizbehörden der Länder hatten wohl wenig Früchte getragen. Am 12. Februar 1960 hatte die Justizministerkonferenz öffentlich Bereitschaft signalisiert, zur Prüfung von Fällen belasteter Juristen auch Aktenmaterial aus der DDR zuzulassen. Man hoffte aber immer noch, auf dem Weg einer deutsch-deutschen Amtshilfe an die Akten heranzukommen und die Angelegenheit damit von der politischen Ebene fernzuhalten. Bonn verweigerte jedoch weiterhin Reisen von Justizbeamten in den Osten als potentielle »Aufwertung [der DDR, U. B.] zu propagandistischen Zwecken«[23].

Als die Londoner *Times* am 15. Februar unter Bezugnahme auf diese Erklärung meldete, die Bundesregierung habe ein Informationsangebot durch den Generalstaatsanwalt der DDR zurückgewiesen, reagierte Justizminister Fritz Schäffer mit einem Leserbrief. Die Entsendung bundesdeutscher Bevollmächtigter zur DDR-Generalstaatsanwaltschaft komme nicht in Frage. Das Argument, welches er anführte, wich aber dem eigentlichen Problem aus: Angesichts des Umfangs der Akten würden Bevollmächtigte zu lange brauchen, um die zahlreichen Fälle zu studieren.[24]

In die Höhle des Löwen wollte sich Bonn aus deutschlandpolitischen Erwägungen nicht begeben. Doch der Löwe kam selbst: Zwei DDR-Staatsanwälte überbrachten am 1. März 1960 dem Generalbundesanwalt 22 Hüllen mit Kopien von Urteilen, die während des Dritten Reiches gefällt worden waren – und zwar von in der Bundesrepublik tätigen Juristen.[25] Am 3. Mai folgten auf dem gleichen Weg 510 Urteile, gesprochen von 357 wieder aktiven Richtern.[26] Die DDR-Staatsanwälte wurden in der Generalbundesanwaltschaft, nicht jedoch im Bundesjustizministerium empfangen. Verwundert und erzürnt gab sich darüber der Ostberliner Generalstaatsanwalt. Außerdem müsse er »darauf bestehen, daß auf Grund des umfangreichen bisher übergebenen Dokumentenmaterials endlich wirksame Maßnahmen zur Entfernung und Bestrafung der schwerster Verbrechen überführten Richter und Staatsanwälte ergriffen werden«. Da die »Ausschaltung der Blutrichter des Hitlerregimes im Interesse des ganzen deutschen Volkes und seiner friedlichen Zukunft« liege, übermittelte er über zwei DDR-Juristen weitere 150 Todesurteile. Und er erneuerte sein Angebot, die Dokumente an Ort und Stelle in Ost-Berlin einzusehen.[27]

Die Bundesregierung bemühte sich zusätzlich in der Tschechoslowakei und Polen um Akten über die NS-Vergangenheit von Juristen. Da man selbst, abgesehen von der UdSSR, keine diplomatischen Beziehungen zum Ostblock unterhielt, bat das Auswärtige Amt die britische Regierung, in dieser Angelegenheit zu vermitteln.[28] Zunächst zeigte sich das Foreign Office geneigt, der deutschen Bitte zu entsprechen und gegenüber Prag und Warschau aktiv zu werden.[29] Die britische Botschaft in Polen aber warnte. Die polnische Regierung strebe diplomatische Beziehungen mit Bonn an; alle deutschen Vorstöße, die über London vorgetragen würden, müßten mit einer Zurückweisung rechnen. Zudem würden die Briten in Polen verdächtigt, den Deutschen gegenüber nicht genügend Strenge zu zeigen.[30] Der britische Vertreter in Prag schien ebenfalls nicht begeistert von der Idee, für die Deutschen um Akten zu bitten.[31] Das Foreign Office beschloß deshalb, erst einmal abzuwarten, bis die Bundesregierung von sich aus die Sache erneut ansprechen würde.[32]

Aber Bonn meldete sich nicht noch einmal, denn die Bundesregierung hatte die Landesjustizverwaltungen inzwischen ermächtigt, wegen der Vorwürfe gegen Richter und Staatsanwälte direkt mit den polnischen bzw. tschechoslowakischen Militärmissionen in Berlin Verbindung aufzunehmen.[33] Dies war ein mehr als unübliches Vorgehen, politisch nur zu erklären durch den Druck, der in dieser Sache auf dem bundesdeutschen Justizwesen lastete. Nebenbei gesagt: Bundesdeutschen Staatsanwälten sollte ähnliches bei ihren Ermittlungen zu NS-Verfahren noch lange verwehrt bleiben.

Nicht nur aus dem Ostblock gingen Unterlagen über die Vergangenheit einzelner Mitarbeiter in der deutschen Justiz ein, man forschte genauso in den USA nach Akten zur Vergangenheit ihrer Richter und Staatsanwälte.[34]

Erbrachte die Auswertung des Materials nun auch Ergebnisse? Ungefähr zwanzig Juristen waren vom Dienst suspendiert oder in den vorzeitigen Ruhestand versetzt worden – das erfuhren die wißbegierigen Beamten des Foreign Office Anfang März.[35] Es handelte sich hier um vorläufige Zahlen, denn die Ermittlungen waren ja keineswegs abgeschlossen. Am 30. März unterstrich Schäffer im Kabinett, daß er jedem einzelnen Vorwurf nachgehe.[36]

Wenig später lagen die ersten Ergebnisse bezüglich personeller Kontinuitäten zwischen Volksgerichtshof und bundesdeutscher Justiz vor; vor allem die SPD hatte hier auf genauer Aufklärung bestanden:[37]

Übersicht über wiederverwendete oder als Rechtsanwälte zugelassene frühere Richter (und Hilfsrichter) und Staatsanwälte (Hilfsstaatsanwälte) beim früheren Volksgerichtshof und seiner Reichsanwaltschaft[38]:

	Staatsanwalt	Rechtsanwalt	Richter
Bund	–	–	–
Bd.-Württemb.	11	1	1
Bayern	11	–	4
Berlin	2	1	–
Bremen	–	1	1
Hamburg	1	2	6
Hessen	1	1	2
Niedersachsen	4	3	2
Nordrh.-Westf.	8	8	5
Rheinl. Pfalz	1	1	–
Saarland	2	–	–
Schlesw.-Holst.	–	–	–

Doch auch diese Zahlen mußten Ende des Jahres 1960 erneut geprüft und korrigiert werden, da die geschichtsträchtige Berliner Erde neues Material freigab: Bauarbeiter stießen bei Aufräumarbeiten auf dem Gelände des ehemaligen Volksgerichtshofes auf einen Tresor mit den Akten zu über 5000 Urteilen aus dem Schicksaljahr 1944.[39] Der Regierende Bürgermeister Willy Brandt kündigte in einer Besprechung mit den Berlin-Kommandanten der drei westlichen Siegermächte an, die Dokumente würden im Hinblick auf noch tätige Volksrichter geprüft werden; es bestehe ein dringendes deutsches Interesse in dieser Angelegenheit.[40]

Und dennoch, kein einziger Richter oder Staatsanwalt des berüchtigten Volksgerichtshofes sollte während der folgenden Jahre rechtskräftig verurteilt werden. Immer wieder wurde dieses Faktum als erhebliches Versäumnis bei der Aufarbeitung von Justizverbrechen im Dritten Reich angeprangert.[41]

Mitte April 1960 wandte sich Bundesjustizminister Schäffer mit weiteren Untersuchungsergebnissen an die Öffentlichkeit. Die alleinige Zugehörigkeit zu einem Kriegsgericht stelle noch keinen strafrechtlichen oder disziplinarischen Tatbestand dar, so Schäffer. Ähnliches gelte für die

Sondergerichte: »Ein Teil der Mitglieder der Sondergerichte hat das richterliche Ethos bewahrt, ein anderer Teil hat allerdings das richterliche Ethos preisgegeben.« Das Verhängen drakonischer Strafen und das Fällen eines Todesurteils dürfe nicht als verwerflich gelten, denn:

> »Gemeine Verbrechen wie Mord oder Raub hat es zu allen Zeiten gegeben. Sie müssen jederzeit und mußten auch in der nationalsozialistischen Zeit und besonders im Kriege hart abgeurteilt werden. Solange in einem Staat die Todesstrafe eingeführt ist, wird der gemeine Mord mit dem Tode bestraft. [...] Es ist daher unzulässig, einem Richter wegen einer Mitwirkung an Zuchthaus- oder Todesstrafe unbesehen einen Vorwurf zu machen.«

Insgesamt hatten Ost-Berlin und Prag gegen 1146 Personen – knapp zehn Prozent der in Bund und Ländern tätigen Juristen – Anschuldigungen vorgebracht. Die Bilanz der Untersuchungen in der Bundesrepublik sah ganz nach einer Widerlegung der östlichen Kampagne aus: Knapp fünfzig Personen waren in irgendeiner Form gemaßregelt worden. Lediglich gegen einen Beschuldigten ermittelten noch Strafgerichte; zwei Fälle waren außer Verfolgung gesetzt worden; staatsanwaltliche Untersuchungen liefen gegen zwölf Beschuldigte; in siebzehn Fällen hatte man die Ermittlungen eingestellt, beamtenrechtliche Disziplinarverfahren waren noch gegen drei Verdächtige anhängig; eine Amtsenthebung hatte stattgefunden; ohne jedes Verfahren waren zehn Betroffene in den Ruhestand und einer in den beamtenrechtlichen Wartestand versetzt worden.[42]

Der Bericht Schäffers traf bei Innenminister Schröder auf eindeutige Zustimmung. Nun, so schrieb er seinem Amtskollegen im Justizressort, sei der Zeitpunkt gekommen, die kommunistische Kampagne gegen die Bundesrepublik nicht mehr ohne Gegenwehr so weiterlaufen zu lassen.[43] Tatsächlich wurde der Schäffer-Bericht an alle Missionen der Bundesrepublik im Ausland versandt, ergänzt durch ausführliche Erläuterungen über Zweck und Ziel der DDR-Kampagne: Außer der Diffamierung der Bundesrepublik stehe dahinter der Versuch, von eigenen Unrechts- und Todesurteilen abzulenken.[44] Darüber hinaus verschickte das Bundespresseamt Broschüren, in denen man das »Pankow-Regime« als den wahren Erben der NS-Diktatur angriff.[45]

Das war die neue Strategie gegen die Justizkritik aus der DDR: Schild und Schwert – Verteidigung durch eigene Untersuchungen und Angriffe in Form von Hinweisen auf die Unrechtsherrschaft im ostdeutschen Staat. Das eine machte erst die Glaubwürdigkeit des anderen aus. Und deshalb riet das Bundesjustizministerium im Juni 1960 dringend davon ab, ein Ende der Untersuchungen gegen belastete Juristen anzukündigen:

> »Die Unrechtshandlungen der nationalsozialistischen Zeit, darunter Gerichtsurteile, haben in der Vorstellungs- und Empfindungswelt der Menschen starke negative Eindrücke hinterlassen. Bei der Erinnerung an jene Unrechtshandlungen wirken diese Eindrücke erneut. Sie wirken gleichermaßen bei der Betrachtung solcher Handlungen aus der nationalsozialistischen Zeit, die nicht zu beanstanden sind, wenn für diese eine Ordnungs- und Wertgleichheit mit jenen Unrechtshandlungen vorgespiegelt wird und der Betrachter den Ordnungs- und Wertunterschied nicht erkennt.«

Eine Beendigung aller Überprüfungen hätte nach Ansicht des Bundesjustizministeriums nur zu einer Verschärfung der Angriffe aus der DDR geführt.[46] Tatsächlich war es ein weiter Weg gewesen von der Weigerung durch Justizminister von Merkatz aus dem Jahr 1957, den DDR-Vorwürfen gegen die deutsche Justiz überhaupt nachzugehen, bis hin zu der Feststellung einer Justizministerkonferenz vom Oktober 1960, wonach die Prüfungen von Richtern und Staatsanwälten »mit allem Nachdruck« fortgesetzt würden.[47] Dort ging man dann sogar so weit, gesetzliche Regelungen ins Auge zu fassen, mit denen sich eine Entfernung von Richtern und Staatsanwälten aus dem Justizdienst besser handhaben ließe, sollten diese sich wegen ihrer Beteiligung an Terror-Urteilen als unhaltbar erweisen.[48]

Dem Rechtsausschuß des Bundestages wurde im Februar 1961 eine neue Statistik vorgelegt, derzufolge sich die Zahl der Ermittlungsverfahren deutlich erhöht hatte: Insgesamt seien inzwischen 43 Richter und Staatsanwälte aus dem aktiven Dienst ausgeschieden.[49] Höchst kritisch blieb der Rechtsausschuß auch in der Folgezeit; am 14. Juni 1961 brachte er im Bundestag eine – von diesem einstimmig angenommene – Entschließung ein, wonach »jeder Richter und Staatsanwalt, der wegen seiner Mitwirkung an Todesurteilen mit begründeten Vorwürfen aus der Vergangenheit rechnen muß, sich seiner Pflicht bewußt wird, jetzt aus dem Dienst auszuscheiden«.[50]

Aber reichten solche Appelle an das Gewissen aus? Die Frage scheint gut dreißig Jahre später beantwortet – heute, nachdem sich zahlreiche Kritiker über die »furchtbaren Juristen« (Ingo Müller) des Dritten Reiches und jene personelle »Fortsetzung« in der Bundesrepublik ausgelassen haben.[51] Es sei bemerkenswert, daß nur etwa vierzig Prozent der rund 11 500 Justizbeamten der Bundesrepublik bereits unter dem NS-Regime tätig gewesen waren, schrieb Außenminister von Brentano zur eigenen Entlastung der jüdischen Loge *B'nai B'rith*.[52]

Nur vierzig Prozent? – so fragte sich schon damals, in jenen bewegten Jahren seit 1957, manch einer.

NS-Verbrechen – die Akten

Auch andere Bestände erfreuten sich mit einem Mal größeren Interesses: Die Akten der amerikanischen und britischen Kriegsverbrecherprozesse. Angesichts der deutschen Zurückweisung alliierter Kriegsverbrecherjustiz während der ersten Hälfte der fünfziger Jahre liegt hierin eine späte Ironie.

Anläßlich der Flucht des KZ-Arztes Eisele nach Ägypten war die Forderung laut geworden, alle Dokumente aus amerikanischen Prozessen nach Hinweisen zu noch nicht ergriffenen Tätern zu durchkämmen. Niemand solle der »gerechten Strafe« entgehen, so drückte es Fritz Schäffer im Juli 1958 aus. Die Zeit drängte: Noch lagerten die Bestände in der Bundesrepublik; sie waren aber schon auf halbem Weg zur Archivierung in die USA.[53] Und Schäffers Behörde wußte sehr genau, daß die Amerikaner sich nicht gern in die Papiere schauen ließen. Wenn das US-Außenministerium trotzdem von der Bundesregierung offiziell gebeten wurde, alle Akten der Nürnberger Nachfolgeprozesse offenzulegen, so verfolgte dieser Vorstoß – angesichts der erwarteten Ablehnung – allein den Zweck, der Öffentlichkeit die Ernsthaftigkeit bei der Strafverfolgung von NS-Tätern zu demonstrieren.[54]

Am 2. Juli 1958 erging eine Note mit der entsprechenden Bitte an die US-Botschaft in Bonn.[55] Einen Monat später kam die Antwort: Wie bisher würde man in Einzelfällen Material zur Verfügung stellen; eine allgemeine Prüfung der Akten aber wurde abgelehnt; keinesfalls dürften die Archivalien amerikanische Obhut verlassen.[56]

Die Zentralstelle in Ludwigsburg bat zwei Jahre später, im Mai 1960, auch die britische Regierung um Zugang zu den Akten der Militärregierung in Sachen Kriegsverbrecherprozesse.[57] Der für die riesigen Bestände zuständige Offizier ließ keinen Zweifel daran, was er von solchen Vorschlägen hielt: Schon längst, so meinte er, hätten die Dokumente vernichtet werden müssen. An die einhundert Meter Aktenmaterial hatte die für die Ermittlung von Kriegsverbrechen gebildete *British War Crimes Group* im Laufe der Jahre zusammengetragen. Besonders zu den von Ludwigsburg angestrengten Untersuchungen zum Auschwitz-Komplex lagerte hier einiges an Informationen.

Das Foreign Office sprach sich dafür aus, die Akten, die seit 1949 nicht mehr benutzt worden waren, den Deutschen zugänglich zu machen.[58] Das hierfür zuständige britische Kriegsministerium äußerte hingegen Bedenken: Das Material könnte Informationen enthalten, die nicht in die Hände der Deutschen gehörten – Informationen über Informanten und ähnliches. Deutsche sollten deshalb keinen Zugang erhalten. Man könne anbieten, anhand von Namen die Akten auf relevantes Material hin selbst durchzusehen.[59] Immerhin gewährte man beispielsweise dem deutschen Historiker Eberhard Kolb, der im Auftrag der niedersächsischen Landeszentrale für politische Bildungsarbeit zur Geschichte des Konzentrationslagers Bergen-Belsen forschen wollte, Zugang zu den Dokumenten.[60]

Ein Großteil der nationalsozialistischen Verbrechen war im europäischen Osten begangen worden. Damit deutsche Gerichte auch von dort Beweismaterial erhalten konnten, war schon auf der Hamburger Justizministerkonferenz im Oktober 1959 über die Notwendigkeit gesprochen worden, den Rechtshilfeverkehr mit Polen und der ČSSR formal aufzunehmen. Das Auswärtige Amt sperrte sich damals aus rechtlichen wie politischen Gründen.[61] Noch lange blieben die Ludwigsburger Ermittler deshalb auf das Material angewiesen, welches Ostblockstaaten von sich aus zur Verfügung stellten.[62]

Es fehlten Akten, also Beweise: Das behinderte die Ermittlungen gegen NS-Verbrecher nicht unerheblich. Andererseits rächte sich nun, daß die systematische Strafverfolgung von Verbrechen aus der NS-Zeit erst so spät in Gang gekommen war: Im Mai 1960 drohte die Verjährung von Totschlag!

Wie sollte es anders sein: Aus London ließ man ernste Bedenken wegen der Verjährungsfrist verlauten. Schon Mitte März häuften sich die Presseberichte, denen zufolge mit einer weiteren Ahndung nationalsozialistischer Verbrechen nicht mehr zu rechnen sei. Die deutsche Botschaft in London empfahl, angesichts der ohnehin kritischen öffentlichen Meinung zu den ehemaligen Nationalsozialisten in öffentlichen Ämtern sowie im Hinblick auf die anstehende Pariser Gipfelkonferenz auf solche Anschuldigungen mit eindeutigen Stellungnahmen zu antworten.[63]

Nicht nur die britische Presse rührte sich. Nach einem der beiden Unterhaus-Auftritte des SDS-Mitglieds Strecker richteten 49 Parlamentarier – Liberale sowie Labour-Abgeordnete – einen Brief an das Foreign Office mit der Forderung, in Bonn gegen die Verjährung von Totschlagsverbrechen zu protestieren. Umgehend leitete die britische Regierung den Protest an das Auswärtige Amt weiter.[64] Einige Parlamentarier gaben sich damit nicht zufrieden; sie wandten sich direkt an den Kanzler.[65]

Auch die SPD erkannte die Gefahr, daß Verbrechen aus der NS-Zeit in Zukunft wegen eintretender Verjährung nicht mehr adäquat bestraft werden könnten. Aus diesem Grund hatte man am 23. März 1960 einen Gesetzentwurf eingebracht, wonach der »Rechtsstillstand«, der für die Jahre 1933 bis 1945 ohnehin galt, um die Jahre der Besatzungsherrschaft ausgedehnt werden sollte. Die Verjährung für Totschlag wäre so um vier Jahre aufgeschoben worden.[66]

Bundesjustizminister Schäffer pochte dagegen auf die Geltung des Rechts. Gemeinsam mit den Justizministern der Länder war er zu dem Schluß gekommen, daß der Ablauf der Verjährung keineswegs das Ende der NS-Prozesse bedeutete. Alle Totschlagsdelikte seien bereits juristisch erfaßt, deshalb werde die Verjährung nicht greifen können, meinten die Justizminister. Zudem bestanden verfassungsrechtliche, rechtsstaatliche und rechtspolitische Bedenken gegen eine Aufschiebung der Verjährung. Keine Sondergesetze! – so lautete der Grundtenor einer Entschließung der Justizministerkonferenz vom April 1960.[67]

Das deutsche Ansehen im Ausland sprach für, der Rechtsstaat als solcher gegen den Gesetzentwurf der oppositionellen SPD. Die Rechtsabteilung des Auswärtigen Amtes tendierte zur Haltung des Bundesjustizministers. In einer Kabinettsvorlage hieß es dementsprechend, das eigene Image würde durch die Betonung des rechtsstaatlichen Standpunktes doch gerade gestärkt. Es solle

»nicht verkannt werden, daß es in einigen westlichen Ländern vielleicht begrüßt würde, wenn bestimmte nationalsozialistische Verbre-

chen, die erst in der Zukunft bekannt werden, noch weiterhin verfolg-
bar bleiben. Dem ist aber entgegenzuhalten, daß der Grundsatz der
Rechtsstaatlichkeit den Vorrang hat und dessen Verletzung das Ansehen der Bundesrepublik erheblich beeinträchtigen würde.«[68]

Das im Auswärtigen Amt für die deutsche Innenpolitik zuständige Referat, federführend im Umgang mit den über die Bundesrepublik hereinbre-
chenden geschichtspolitischen Problemen, hielt in jener Vorlage außenpolitische Überlegungen für nicht genügend berücksichtigt: Der Eintritt
der Verjährung für Totschlag sei Öl ins Feuer der DDR-Propaganda. Der
Ostblock warte nur darauf, der These von der »nazistischen Verseuchung«
der bundesdeutschen Justiz neue Nahrung geben zu können.
    Und schlimmer noch: »Die Wirkung einer derartigen Ostblock-Propa-
ganda auf die freie Welt und selbst auf den engeren Kreis der NATO-Verbündeten darf nicht unterschätzt werden.« Man war deshalb der Meinung,
im Ausland würde die Annahme des SPD-Gesetzentwurfes begrüßt, »weil
auf Grund des latent vorhandenen Mißtrauens gegenüber der ›unbewäl-
tigten Vergangenheit‹ des deutschen Volkes in den meisten westlichen
Ländern ein Interesse daran besteht, daß die Möglichkeit einer Sühne für
noch unentdeckte schwere Verbrechen der nationalsozialistischen Zeit
offengehalten wird«.[69]
    Außenminister von Brentano folgte diesem Rat jedoch nicht. Ihm
erschienen außenpolitische Bedenken nicht bedeutsam genug, um eine
rechtspolitisch problematische Entscheidung wie den Verjährungsauf-
schub vertreten zu können. Er erachtete den SPD-Entwurf als ungeeignet,
um gelenkter Propaganda entgegenzutreten, derzufolge Bonn Naziverbrecher schütze. Vielmehr baute auch er darauf, außenpolitisch zu gewinnen,
wenn man auf rechtsstaatliche Prinzipien pochte.[70]
    Die Bundesregierung lehnte die SPD-Initiative schließlich ab. Schäffer
deutete in der Kabinettssitzung vom 6. Mai noch einmal auf die rechtliche
Problematik hin; zudem hob er die Arbeit der Zentralstelle in Ludwigsburg hervor. Das Kabinett bestätigte den Bundesjustizminister: Man
entschied, es beim gegenwärtigen Rechtszustand zu belassen.[71]
    Mit diesem Beschluß war der SPD-Vorstoß zum Scheitern verurteilt.
Die Verjährung für Totschlagsdelikte trat am 9. Mai 1960, nur drei Tage
nach der Kabinettssitzung, in Kraft.

Die Vergangenheit von Politikern – die Akten

Die Reißwölfe knirschten und die Papiermühlen mahlten in der Schlußphase des Dritten Reiches ohne Unterlaß; es galt, die Spuren zwölfjähri-
ger Terrorherrschaft in Deutschland zu vernichten. So auch eine Papier-
mühle in der Nähe von München: Hier waren Tonnen von Material
angekarrt worden, um aus dem Altpapier weißes – oder besser: leicht
angebräuntes – neues Papier zu machen. Doch in diesem Falle griffen
amerikanische Truppen schneller zu als die bayerischen Mühlräder: Sie
konfiszierten die riesigen zur Vernichtung bereitstehenden Aktenberge.
Als besonders aufschlußreich galt die Mitgliederkartei der NSDAP: Mehr
als zehn Millionen Namen hatte man auf bunten Karten gespeichert. Die
Bestände wurden nach Berlin geschafft; hinter Stacheldraht hatte man
dort eigens ein Depot für die Verwaltung der Akten eingerichtet – das
Berlin Document Center.[72]

In der ersten Hälfte der fünfziger Jahre durchlebte es einen Dornrös-
chenschlaf. Erst durch die zunehmend lauteren Fragen nach der Vergangenheit von Politikern und dem Verbleib der Täter gewannen die Bestän-

Das Berlin Document Center.

Karteikarten und Aktenbestände im Berlin Document Center.

de des Document Center neue Bedeutung. Allein im Jahre 1959 beantwortete das Berliner Archiv 89 753 Anfragen, vor allem von deutschen Stellen.[73] Im Jahre 1960 waren es 78 759 Anfragen, davon allein 58 752 von deutscher Seite.[74]

Der historischen Forschung stand das Zentrum nur in Ausnahmefällen offen: Das biographische Material blieb größtenteils unter Verschluß. Nur befreundete Regierungen bekamen Zugang zu diesen Papieren.[75]

Das Document Center blieb unter amerikanischer Verwaltung; und so sollte es nach dem Willen der Bundesregierung auch bleiben. Als SPD-Abgeordnete im Bundestag forderten, das Material des Archivs der Zentralstelle in Ludwigsburg zur Verfügung zu stellen, antwortete Fritz Schäffer, man habe im Hinblick auf den Zugang zu den Berliner Beständen noch nie Probleme mit den USA gehabt. Hinter den Kulissen ließ die Bundesregierung die amerikanische Botschaft wissen, daß ihrerseits kein Interesse bestehe, die Bestände in deutsche Obhut zu übernehmen.[76]

Andere aber wollten das Archiv geöffnet sehen. Es waren wieder einmal britische Unterhausabgeordnete, die ihre Regierung unter Druck setzten.[77] In den USA stellte der American Jewish Congress bohrende Fragen zu diesen Altakten mit neuen und brisanten Informationen; man vermutete ein »Gentlemen's Agreement« aller Beteiligten zur Verschleierung der NS-Vergangenheit deutscher Politiker.[78]

Anfragen des Foreign Office in Washington ergaben, daß man dort sehr wohl um die Brisanz der Berliner Bestände wußte. Um unliebsame Veröffentlichungen zu vermeiden – solche etwa, durch die die Bundesregierung in Verlegenheit gebracht werden konnte –, verwehrten die US-Behörden in Berlin der amerikanischen Presse den Zugriff auf die Materialien.[79]

Angesichts der zahlreichen parlamentarischen Anfragen meinte die britische Regierung, in Washington auf eine Überprüfung der bisherigen Zugangspraxis dringen zu müssen. Das Argument, welches die Beamten des Londoner Foreign Office ins Feld führten, widersprach fundamental dem, was man im State Department für ratsam hielt: Eine Offenlegung der Materialien, so die Briten, könne auch manchen entlastenden Beweis erbringen. Außerdem werde bislang der Eindruck vermittelt, die westlichen Regierungen verfolgten gemeinsam mit der Bundesrepublik die Strategie, nachteilige Informationen über die Vergangenheit von Personen in leitenden Positionen zu vertuschen.[80]

Das State Department verschloß sich dieser Argumentation. So, wie man seinerzeit die britischen Vorschläge abgelehnt hatte, auf die Bundesregierung wegen der Belasteten im öffentlichen Dienst Druck auszuüben,[81] so wollte man auch in Zukunft den Zugang zu dem brisanten Berliner Aktenmaterial in engen Grenzen halten. In Washington fürchtete man explizit den Enthüllungsjournalismus britischer Prägung, dem sich die US-Medien bald anschließen würden. Das einmal entzündete Feuer würde sich immer wieder neu entfachen. Gerade das aber gelte es mit Blick auf die Pariser Gipfelkonferenz zu vermeiden: Die Einheit des Westens, so das Argument des State Departments, müsse gewahrt bleiben. Immerhin bot Washington Gespräche an.[82]

Zwei Mitarbeiter des britischen Außenministeriums wurden daraufhin nach Berlin entsandt, um sich an Ort und Stelle über das Material des Document Center zu informieren. Der Bericht, den sie in London erstatteten, schien die amerikanischen Befürchtungen zu bestätigen: Es sei kein Problem, in den Berliner Beständen irgendwelche Nazi-Verbindungen von deutschen Prominenten auszugraben. Man habe das am Beispiel des deutschen Botschafters in Washington, Wilhelm Grewe – auch er war Parteimitglied gewesen – getestet. Tatsächlich könnten die Berliner Akten für Nachweise genutzt werden, daß Nazis in allen Bereichen des öffentlichen Lebens – die Bundesregierung eingeschlossen – wirkten. Aus diesem Grund rieten die beiden in Übereinstimmung mit den amerikanischen Hütern der Bestände zur Vorsicht, sie empfahlen eine Beibehaltung der bisherigen strengen Richtlinien für die Akteneinsicht.[83]

Im Foreign Office wurde dieser Ratschlag in den Wind geschlagen. Enthielt man der Presse Informationen vor, dann beflügelte man geradezu deren Phantasie – so warnten Mitarbeiter des britischen Außenamtes in einer Vorlage für Außenminister Selwyn Lloyd. Und, so lautete ein weiteres Argument: Wenn einer der gegenwärtigen Politiker in Deutschland eine bislang unentdeckte kriminelle NS-Vergangenheit hatte, warum sollten solche Informationen nicht offengelegt werden, selbst wenn dies dann Wasser auf die Mühlen der DDR-Propaganda wäre?[84]

Letztlich aber konnte sich London hinsichtlich einer Liberalisierung des Zugangs zum *Berlin Document Center* nicht durchsetzen.

21. AUCH DAS NOCH!
DER EICHMANN-PROZESS IN JERUSALEM

Aus den Akten, die in aller Herren Länder zu Rate gezogen wurden, ließ sich vielleicht ermitteln, *wer* die Täter waren. Aber *wo* sie waren, war damit noch lange nicht beantwortet. Der SPD-Rechtsexperte Adolf Arndt fragte im Juni 1960 bei Bundesjustizminister Schäffer an, welche Fahndungsmöglichkeiten zur Ergreifung von NS-Tätern im Ausland genutzt werden konnten. Das Bundesjustizministerium mußte in seiner Antwort einräumen, daß die Internationale Polizeiorganisation (Interpol) ihre Mitarbeit verweigerte. Die Statuten von Interpol verböten jede Betätigung in Fällen politischen, militärischen, religiösen oder rassischen Charakters. Die Bundesregierung habe, so betonte das Justizministerium gegenüber dem SPD-Politiker, immer wieder versucht, flüchtige Personen im Ausland ergreifen zu lassen. Dies sei oft gescheitert, denn die meisten Länder interpretierten NS-Strafsachen als politische Delikte. Es blieben die deutschen Auslandsvertretungen; dort habe man in eigener Initiative Ermittlungen aufgenommen, und in Argentinien sei man fündig geworden: Der Auschwitz-Arzt Josef Mengele lebe dort, sein genauer Aufenthaltsort sei dennoch unbekannt. Das Bundesjustizministerium wies schließlich darauf hin, daß auch der Bundesnachrichtendienst zur Ergreifung von NS-Verbrechern nicht eingeschaltet werden könne, da dies seiner Aufgabenstellung widerspreche.[1]

Der israelische Geheimdienst *Mossad* kannte derartige Skrupel nicht. In einem spektakulären Coup gelang es ihm, Adolf Eichmann, den Planer des Völkermordes an den Juden im Reichssicherheitshauptamt, in Argentinien aufzuspüren und im Mai 1960 nach Israel zu bringen. (Daß arabische Länder wie die Vereinigte Arabische Republik in David Ben Gurion den viel größeren Verbrecher sahen und die Statistiken ermordeter Juden für gefälscht hielten, sei hier wieder nur am Rande erwähnt).[2] In Jerusalem wurde Eichmann der Prozeß gemacht, im Dezember 1961 das Todesurteil über ihn gefällt.[3]

Ruhig war es um den Organisator der »Endlösung« bis zu seiner Entführung gewesen. Allenfalls Abraham Kalmanowitz, ein Rabbiner aus Brooklyn, zeigte Interesse an Eichmann. Er bombardierte das State Department in den Jahren 1953 und 1954 mit Eingaben. Karl Eichmann [sic, U. B.] sei in Begleitung des ehemaligen Muftis von Jerusalem in einem Zug von Bagdad nach Damaskus gesehen worden. Eichmann sei eine Bedrohung für den Nahen Osten, ja für die ganze Welt.[4] Es handele sich nicht um das Problem der Bestrafung eines Kriegsverbrechers, es gehe um die Sicherheit der Welt.[5] Dramatisch klangen die Appelle des Rabbiners, doch endlich nach Eichmann zu fahnden.

Wenig könne man in der Angelegenheit unternehmen, meinte hingegen das State Department: Es lägen keine Informationen vor, nach denen Eichmann von irgendeinem Land gesucht werde. Und die USA hätten selbstverständlich nicht die Möglichkeit, seine Verhaftung im Ausland zu fordern, solange kein Gerichtsbeschluß vorliege.[6]

Dem wirklichen Versteck Eichmanns kam Kalmanowitz dann im Mai 1954 näher. Ihm lag ein Brief von Simon Wiesenthal an Nahum Goldmann vor, in dem Argentinien als wahrscheinlicher Aufenthaltsort genannt wurde. Den Brief sandte der Rabbiner umgehend an State Department und CIA,[7] um aus Washington erneut kaum mehr als den freundlichen Hinweis zu erhalten, ohne konkrete Informationen könne man nun mal nichts unternehmen.[8]

Erst Ende der fünfziger Jahre gewann das Thema Eichmann an Aktualität. Der *World Jewish Congress* wies im Juli 1958 darauf hin, daß Eichmann noch lebe und forderte für Ermittlungen Zugang zu den Akten des *Berlin Document Center*.[9] Ende 1959 geisterten dann Meldungen durch die Presse, Eichmann befände sich in Kuwait; das Emirat stand damals noch faktisch unter britischer Kontrolle. Die Gerüchte erwiesen sich jedoch als falsch. »Wenn Eichmann jemals in Kuwait auftauchen sollte, dann sollten wir wahrscheinlich tun, was wir können, um ihn zu fassen, auch wenn seine Kriegsverbrechen hierfür keine rechtliche Grundlage böten [...].« So las sich die Haltung des Foreign Office für den Fall, daß Eichmann eines Tages im Golfemirat gesichtet werden sollte.[10]

Deutsche Reaktionen im Vorfeld des Eichmann-Prozesses

Antisemitismus, NS-Verfahren, Belastete in der deutschen Justiz und Politik – all das war durch die Ereignisse der Jahre 1959/60 in der Bundesrepublik hochgespült worden. Und nun Eichmann! Israel plante einen Prozeß in Jerusalem. Ein historischer Prozeß sollte es werden; ein Tribunal, vor dem das größte der NS-Verbrechen wie ein Film abliefe. Ohnehin war es zu Beginn der fünfziger Jahre mehr als ruhig gewesen um den Völkermord an den Juden – damals, als man um die Begnadigung verurteilter Kriegsverbrecher stritt. Hatte der Nürnberger Prozeß die Details der nationalsozialistischen Judenvernichtung zu einem Gesamtbild vereinigt, so wurde der Holocaust als Verbrechenskomplex in den fünfziger Jahren kaum diskutiert, und zwar wenig in den USA[11] und am allerwenigsten in Deutschland. Hier wußte man wohl, *daß* etwas geschehen war – ein deutsch-jüdisch-israelisches Wiedergutmachungsabkommen wäre sonst kaum möglich gewesen. Doch *was* genau geschehen war, darüber sprach man kaum. So lösten auch die deutsch-israelischen Verhandlungen keine breite Debatte über die Hintergründe des Völkermordes an den Juden aus, wohl aber über die Finanzierbarkeit der deutschen Zahlungen.

Während der fünfziger Jahre drohte selbst Gedenkprojekten in Israel das Scheitern. 1953 war mit den Planungen für die Gedenkstätte *Yad Vashem* begonnen worden. Doch schon bald geriet man in ernsthafte finanzielle Schwierigkeiten. Als der britische Generalkonsul in Jerusalem die Stätten im Jahre 1960 besuchte, wunderte er sich über die vielen unvollendeten Gebäude: »Nach jüdischen Maßstäben verlief die Entwicklung relativ langsam und schleppend, und sie wurde von wachsender Kritik begleitet«, schrieb er nach London. Bei den Verantwortlichen traf der Diplomat auf tiefe Frustration. Einer der Planer der Gedenkstätte, ein früherer ungarischer Oberrabbiner und selbst Überlebender des Holocausts, erläuterte zunächst enthusiastisch die Ziele von *Yad Vashem.* Und bei einer Tasse Tee offenbarte er dann im Vertrauen, er habe keine rechte Lust mehr an seiner Arbeit. In England wolle er einen Job suchen. Ob der Konsul ihm wohl bei einem Visum behilflich sein könne?[12] Die Organisatoren von *Yad Vashem* wandten sich auf der Suche nach Mitteln auch an deutsche Stellen. Und man fand sie. »Nichts Nachteiliges« hätten Nachforschungen über die Organisation in Jerusalem ergeben, so das Auswärtige

Amt im August 1961: »Unter außenpolitischen Gesichtspunkten bestehen keine Bedenken dagegen, daß die Tätigkeit der Yad Vashem in der Bundesrepublik von amtlichen deutschen Stellen unterstützt wird.«[13]

Der Eichmann-Prozeß richtete nun das Augenmerk auf Israel und das Schicksal der Juden während des Dritten Reiches. Eigentlich sei die Verurteilung Eichmanns sekundär, betonte Felix Shinnar, Israels Vertreter in der Bundesrepublik, gegenüber Beamten des Auswärtigen Amtes. Vielmehr gehe es um eine Dokumentation der geschichtlichen Zusammenhänge.[14]

Für die Bundesregierung lag genau darin das Problem: Mit allen Mitteln galt es zu verhindern, daß auch Bonn – im übertragenen Sinne – in Jerusalem auf die Anklagebank gesetzt würde. Das neue demokratische Deutschland mußte deutlich vom alten, nazistischen und völkermordenden Deutschland abgegrenzt werden.

Wie schon zu Zeiten der antisemitischen Welle zahlte sich auch jetzt, im Vorfeld des Eichmann-Prozesses, die gute Verbindung zu Israel aus: Noch vor der offiziellen Bekanntgabe war Bonn über die Festnahme Eichmanns in Kenntnis gesetzt worden.[15] Vor Prozeßbeginn suchte Shinnar dann noch einmal zu beruhigen: Es gehe seiner Regierung um die Aufklärung von Unrecht. Alle anderen Auswirkungen des Prozesses, vor allem solche, die zu Angriffen auf die Bundesregierung führen könnten, beabsichtige seine Regierung zu vermeiden. Shinnar ahnte, von wo Probleme zu erwarten sein würden: Insbesondere sei es der Wunsch der israelischen Regierung, daß der Ostblock, der die führenden Persönlichkeiten Israels genau wie die der Bundesregierung angreife, das Verfahren nicht zu Propagandazwecken ausnutzen könne.[16] Adenauer bedankte sich in Jerusalem auf seine Weise: Öffentlich erklärte er während einer USA-Reise, Israel habe vom moralischen Standpunkt das Recht, »den Mann zu richten, der ihm als einer der ärgsten Massenmörder erscheint«.[17] Er nahm damit nicht zuletzt zu einem innerjüdischen Konflikt Stellung, denn in der jüdischen Diaspora war das Vorgehen Israels keineswegs unumstritten gewesen. Es bestand die Furcht vor einem infolge des Prozesses anwachsenden Antisemitismus, nicht zuletzt in den USA.[18]

Auf die freundschaftlichen Beziehungen zu Israel und zu Ben Gurion bezog sich Adenauer überdies in einer Fernseherklärung am Tag des Prozeßbeginns.[19] Außenminister von Brentano hatte schon früh zu einer

Stellungnahme der Bundesregierung geraten und an Adenauer geschrieben: »Wir werden uns aus Anlaß dieses schaurigen Prozesses eindeutig von diesen Verbrechen distanzieren müssen.«[20]

Unmittelbar nach der sensationellen Entführung Eichmanns, die angesichts der Verletzung argentinischer Souveränität durch das israelische Kommando sogar den UNO-Sicherheitsrat beschäftigte, entwickelte Bonn fieberhafte Aktivitäten zur eigenen Schadensbegrenzung. Am 14. Juli 1960 erging ein erstes Rundschreiben des Auswärtigen Amtes mit künftigen Strategien bundesdeutscher Selbstdarstellung an die wichtigsten Botschaften der Bundesrepublik.[21] Deutlich wird darin das Bemühen, Israels Vorgehensweise – besonders die völkerrechtswidrige Entführung Eichmanns – keiner Kritik zu unterziehen. Darüber hinaus enthielt man sich jeden Kommentars zur Rechtsgrundlage des anstehenden Prozesses. Dabei haftete am israelischen Gesetz zur Verfolgung von Nationalsozialisten aus dem Jahre 1950, welches auf den Fall Eichmann angewendet wurde, derselbe Makel wie seinerzeit an den Grundlagen der alliierten Kriegsverbrecherprozesse: Das Gesetz brach mit dem ehernen Prinzip *nulla poena sine lege.* Während die Bundesregierung damals unter anderem mit genau diesem Argument gegen die alliierte Kriegsverbrecherjustiz ins Feld zog, hielt sie sich nun zurück: »Die Bundesregierung sieht davon ab, zu der Frage Stellung zu nehmen, ob dieses Gesetz mit den internationalen Strafrechtsgrundsätzen vereinbar ist; sie muß die Verantwortung hierfür den Umständen nach der israelischen Regierung überlassen.«[22] So stand es im Rundschreiben des Auswärtigen Amtes. Ein Mitarbeiter der Rechtsabteilung wußte Bonns verhaltenes Schweigen richtig einzuschätzen – die Zeiten hatten sich geändert: Der Verzicht auf eine Stellungnahme zum israelischen Gesetz, so notierte er, dürfte weniger »einem Mangel an rechtlicher Legitimation als vielmehr naheliegenden politischen Erwägungen entspringen«.[23]

Die Bundesregierung beantwortete die sich aufdrängende Frage nach einem Auslieferungsantrag für Eichmann schon bald: und zwar mit einem unmißverständlichen Nein. Auswärtiges Amt und Bundesjustizministerium, in Fragen des Umgangs mit der Vergangenheit oft konträr, zeigten diesmal Einigkeit. Beide Ministerien waren entschlossen, nicht auf eine Auslieferung Eichmanns zu dringen. Vordergründig deutete man auf die rechtliche Situation: Zwischen Israel und der Bundesrepublik bestanden keine diplomatischen Beziehungen, geschweige denn Verträge über Auslieferungen.[24] Also ließ man die Auslandsvertretungen wissen: »Die Bundesregierung hat eine Auslieferung Eichmanns aus Israel deshalb nicht beantragt, weil ein solches Ersuchen keine Aussicht auf Erfolg hätte.«[25] Nur für den – äußerst unwahrscheinlichen – Fall, daß Eichmann infolge der UNO-Debatte von Israel nach Argentinien zurückgeführt werden mußte, hatte das Auswärtige Amt einen Antrag im Schrank, adressiert an die Regierung in Buenos Aires.[26]

Lediglich ein Szenario hätte ansonsten zu einem bundesdeutschen Auslieferungsersuchen an die israelischen Behörden geführt: Bonn wollte handeln, sollte Eichmann nach Polen überstellt werden. Als kurz vor Prozeßbeginn entsprechende Gerüchte kursierten, genehmigte es Adenauer persönlich, vom bisherigen Kurs abzuweichen. Zu groß erschien das Risiko eines propagandistisch aufbereiteten und gegen die Bundesrepublik gerichteten Eichmann-Prozesses in Polen.[27]

Daß aber Eichmann in Jerusalem und nirgendwo sonst vor Gericht stehen sollte, rettete die Bundesregierung aus mancher Verlegenheit. Konnte es andererseits nicht als mangelnder Eifer bei der Strafverfolgung von NS-Tätern interpretiert werden, wenn man nicht energisch die Auslieferung des Deutschen verlangte? Die Auslandsvertretungen sollten nach dem Willen des Auswärtigen Amtes entsprechenden Verdächtigungen deutlich entgegentreten. Dabei konnte man darauf verweisen, daß seit dem 24. November 1956 beim Amtsgericht in Frankfurt ein Haftbefehl gegen Eichmann vorlag; sein Name tauchte sogar im Fahndungsbuch auf. Außerdem kündigte das Auswärtige Amt an, man werde bei der israelischen Regierung nachfragen, ob Eichmann auch wegen der in Deutschland anhängigen NS-Verfahren vernommen werden dürfe und ob im Rahmen der Anklageerhebung gegen weitere Personen in Deutschland ermittelt würde. Schließlich wurde betont, die Bundesrepublik sei jederzeit zur Übernahme des Strafverfahrens gegen Eichmann bereit.[28]

Eine besonders prekäre Frage wußte das Auswärtige Amt zum Zeitpunkt des Rundschreibens noch nicht zu beantworten: Wer würde Eichmann verteidigen? Israel werde wohl einen Pflichtverteidiger stellen, so vermutete man. Darüber hinaus war bekanntgeworden, daß Angehörige einen Kölner Rechtsanwalt, Dr. Robert Servatius, mit der Verteidigung Eichmanns betraut hatten. In dem Rundschreiben fiel auch der Name einer in diesem Zusammenhang bedeutsamen Institution: die Zentrale Rechtsschutzstelle des Auswärtigen Amtes. Jahrelang wurde hier die

Verteidigung Deutscher, die im Ausland wegen Verbrechen aus der Zeit der deutschen Besatzungsherrschaft angeklagt waren, organisiert und finanziert. Das Auswärtige Amt deutete an, dies solle auch im Fall Eichmann geschehen: Die Bestellung eines Verteidigers durch die Zentrale Rechtsschutzstelle sei »in Erwägung zu ziehen«. Die Rechtsabteilung des Auswärtigen Amtes hatte allerdings weitaus deutlicher Position bezogen. Die Zentrale Rechtsschutzstelle habe die Aufgabe, »deutschen Staatsangehörigen für im Ausland durchgeführte Strafverfahren Rechtsschutz zu gewähren, sofern die vorgeworfene Straftat im Zusammenhang mit den Kriegsereignissen steht«. Demzufolge sei die Rechtsschutzstelle nicht nur berechtigt, sondern sogar verpflichtet, einen Verteidiger für Eichmann zu stellen.[29]

Doch welche Gefahr drohte hier! Schlagzeilen wie »Bonn finanziert Eichmanns Verteidigung« – wie leicht hätte daraus »Bonn verteidigt Eichmann« werden können? Der Rechtsexperte im Auswärtigen Amt hatte selbst erkannt, wie leicht der Bundesregierung pronazistisches Verhalten vorgeworfen werden konnte. Dies mußte aber seiner Ansicht nach in Kauf genommen werden: »In dem Konflikt zwischen politischer Zweckmäßigkeit und der Forderung nach Einhaltung strenger Rechtsgrundsätze haben diese den Vorrang.«[30]

Tatsächlich schien sich diese Auffassung im Auswärtigen Amt zunächst durchzusetzen; um mögliche Kritik zu mildern, wurde erwogen, einen ausländischen Strafverteidiger zu berufen.[31] Außenminister von Brentano sprach schließlich ein Machtwort: »Ich halte eine Finanzierung durch die BR für unmöglich«, notierte er auf einer Vorlage. Er wandte sich damit gegen seinen Staatssekretär, der – um einer möglichen Finanzierung der Verteidigung Eichmanns durch den Osten vorzubeugen – die Rechtsschutzstelle hatte einschalten wollen.[32] »Eichmanns Taten haben nichts mit dem Krieg und alles mit der nationalsozialistischen Rassenpolitik zu tun«, so die Begründung von Brentanos.[33] In den fünfziger Jahren waren solche Unterscheidungen hinsichtlich der Gewährung eines Rechtsschutzes nie getroffen worden: Ohne Prüfung des Einzelfalls hatte die Bundesregierung Verteidiger gestellt, so auch in den französischen Kriegsverbrecherverfahren gegen Carl-Albrecht Oberg und Helmut Knochen.[34] Daß beiden Gestapoleuten auch Judendeportationen vorgeworfen worden waren – Eichmanns Kölner Anwalt Servatius wies darauf hin –, hatte seinerzeit keine Rolle gespielt.[35]

Wie schwierig es im Jahre 1960 geworden war, die Existenz einer Zentralen Rechtsschutzstelle zu erklären, belegt auch eine Stellungnahme zum Thema Verteidigerkosten, die von Brentano offiziell der Presse zuspielte:

> »Die Zentrale Rechtsschutzstelle ist nicht eingerichtet worden, um Verbrechen aus der nationalsozialistischen Zeit oder gar nationalsozialistische Verbrechen zu schützen, sondern um rechtsstaatliche Lücken zu füllen, welche gegenüber den Besonderheiten des Kriegsrechts gegeben sind.«[36]

Die Zentrale Rechtsschutzstelle hatte sich politisch überlebt, sie konnte allzu leicht als »Verbrecherschutzstelle« gebrandmarkt werden. Der Ludwigsburger Zentralen Ermittlungsstelle gehörte die Zukunft.

Am Ende kam Jerusalem auch beim Thema Verteidigungskosten Bonn zu Hilfe: Die israelischen Behörden zahlten die offenen Rechnungen des Rechtsanwaltes Dr. Robert Servatius.[37]

DER EICHMANN-PROZESS
UND DIE EIGENE BILANZ DER STRAFVERFOLGUNG

»Die Bundesregierung hat aus Gründen, die keiner Erörterung bedürfen, in der Angelegenheit Eichmann bisher besondere Zurückhaltung gezeigt. Diese Linie soll beibehalten werden.«[38] So hatte es im Rundschreiben des Auswärtigen Amtes an die Botschaften von Juli 1960 allgemein geheißen. Diese Taktik mußte zwangsläufig in Frage gestellt werden, je mehr durch Prozeßvorbereitungen und schließlich Prozeßbeginn die deutsche Geschichte medienwirksam rekonstruiert wurde.

Doch nicht nur Hiobsbotschaften trafen in Bonn ein. Unmittelbar vor Prozeßbeginn telegraphierte Herbert Blankenhorn aus Paris, die französische Presse sehe im Jerusalemer Prozeß kein Verfahren gegen das heutige Deutschland, sondern eine Abrechnung Israels mit dem Nationalsozialismus. Der Gedanke einer nationalen deutschen Schuld an den Verbrechen Eichmanns sei kaum aufgekommen; die Bundesrepublik werde nur selten erwähnt.[39] Ähnliches dachte man auch in der französischen Öffentlichkeit:

Bei einer Gallup-Umfrage im Mai 1961 – also kurz nach Prozeßbeginn – äußerten 77 Prozent dem Befragten, die Gefühle gegenüber Deutschland hätten sich durch den Eichmann-Prozeß nicht geändert, während nur neun Prozent geringere Sympathien für Deutschland eingestanden.[40]

Dieselbe Frage wurde zur selben Zeit den deutschlandkritischen Briten gestellt: Sechzehn Prozent gaben an, daß durch den Eichmann-Prozeß ihre Sympathie für die Deutschen gelitten habe; doch sogar hier hoben immerhin noch zwei Drittel der befragten Briten (67 Prozent) eine unveränderte Haltung gegenüber Deutschland hervor.[41] Vor allem aber stand die gelassene Reaktion der britischen Regierung in deutlichem Gegensatz zu den früheren heftigen Attacken gegen die Bundesrepublik. Der Eichmann-Prozeß führte zu keiner weiteren Trübung im deutsch-britischen Verhältnis. Ohnehin hatte sich dieses bereits »unermeßlich verbessert«, wie es in einer Vorlage des Foreign Office vom Februar 1961 hieß. Die Faktoren, die von deutscher Seite zu diesem Fortschritt beigetragen hätten, lauteten unter anderem: Wiedergutmachung – 1960 war eine Übereinkunft hinsichtlich deutscher Zahlungen an staatenlose Opfer des NS-Regimes erzielt worden –, das konsequente Vorgehen gegenüber den Belasteten und die energische Strafverfolgung von Kriegsverbrechern.[42] Die veränderte Stimmungslage mag auch durch den Wechsel an der Spitze des Foreign Office begünstigt worden sein: Außenminister Selwyn Lloyd war durch Lord Home abgelöst worden.[43]

Wenn im Auswärtigen Amt Sorgen angesichts möglicher Auswirkungen des Eichmann-Prozesses umgingen, dann blickte man vor allem in die Vereinigten Staaten. Auch hier hatte das Meinungsforschungsinstitut Gallup nach den Folgen des Eichmann-Prozesses für das Deutschlandbild gefragt: Siebzehn Prozent der befragten Amerikaner hegten weniger Sympathie für die Deutschen.[44] Das war nicht dramatisch – auf jeden Fall nicht so dramatisch wie die Meldungen deutscher Diplomaten über einzelne amerikanische Reaktionen. Da war es noch das wenigste, wenn man erfuhr, daß die Lufthansa ihre Inserate in jenen Nummern des amerikanischen Magazins *Life* zurückgezogen hatte, in denen über den Eichmann-Prozeß berichtet wurde.[45]

»Selbst bei neutraler Berichterstattung wird der Prozeßverlauf einen Schock in der öffentlichen Meinung bewirken, der Anlaß zu deutschfeindlichen Kommentaren sein wird. Das sowieso recht dünne Eis der

Der Eichmann-Prozeß.

Deutschfreundlichkeit wird einer Belastung ausgesetzt, die in den letzten 15 Jahren keine Parallele gehabt hat.«

So bewertete das USA-Referat des Bonner Außenministeriums schon im Dezember 1960 einen denkbaren dramatischen Stimmungsumschwung aufgrund der durch den Jerusalemer Prozeß zutage tretenden »grauenhaften Verirrungen des Nationalsozialismus«. Wohlgemerkt: Die antisemitische Welle in Deutschland hatte dies nicht erreichen können.

Vor Prozeßbeginn sollten deshalb Gegenmaßnahmen anlaufen, die allesamt darauf zielten, die deutsche Vergangenheit nicht nur als dunkel erscheinen zu lassen. Kernpunkte bildeten die Aufklärungsarbeit über das deutsch-jüdische Verhältnis während der Weimarer Jahre und über den Widerstand gegen den Nationalsozialismus. Vor allem aber sollte eines geschehen:

»Mit allen verfügbaren Mitteln der Öffentlichkeitsarbeit sollten Amerikaner und Kanadier darüber aufgeklärt werden, daß durch deutsche Gerichte Naziverbrechen nachdrücklich verfolgt werden und daß auch der Eichmann-Prozeß nicht zuletzt im Interesse einer klaren Scheidung zwischen Deutschen und Nazis begrüßt wird«.[46]

Ähnliches, nämlich die Erstellung eines Weißbuches zum Thema Strafverfolgung von NS-Tätern, schlug auch das Generalkonsulat in New York vor, denn die dortigen Diplomaten befürchteten ebenfalls Spannungen in den deutsch-amerikanischen Beziehungen, gar innerhalb der westlichen Allianz. Es waren amerikanisch-jüdische Organisationen wie *B'nai B'rith* gewesen, die diese und andere Maßnahmen angeregt hatten, um »deutlich den Unterschied zwischen dem nationalsozialistischen Regime und dem neuen, demokratischen Deutschland, vertreten durch die Bundesrepublik, herauszustellen«.[47]

Der Vorschlag des Generalkonsulats fiel in Bonn auf fruchtbaren Boden, wollte man doch damit Behauptungen entkräften, Kriegsverbrecher seien in der Bundesrepublik nie richtig bestraft worden[48] – Behauptungen, die angesichts des anstehenden Eichmann-Prozesses fatale Folgen für die internationale Reputation der Bundesrepublik gehabt hätten. Das Bundesjustizministerium wurde vom Auswärtigen Amt aufgefordert, entsprechende Materialien zur Verfügung zu stellen.[49]

Tatsächlich sollte das Bundesjustizministerium eine Broschüre über Leistungen bei der Strafverfolgung von NS-Verbrechern ausarbeiten.[50] Man arbeitete gründlich – allerdings nicht schnell genug, um durch eine solche Veröffentlichung die Selbstdarstellung der Bundesrepublik in Zeiten des Eichmann-Prozesses zu verbessern: Die Broschüre erschien erst im Jahre 1964.[51]

So konnte man dem Kanzler wenig an die Hand geben, als dieser im April 1961 in die USA reiste, um erstmals mit Präsident Kennedy zusammenzutreffen. Am 11. April begann der Prozeß in Jerusalem, und in diesen Tagen trat auch der Kanzler seine Reise an.[52] Die Meldungen der deutschen Vertretungen in Washington und vor allem in New York klangen wenig optimistisch: Gerade das, was man immer angestrebt habe – die klare Trennung zwischen dem vergangenen und dem gegenwärtigen Deutschland –, habe sich in der Berichterstattung der amerikanischen Medien keineswegs immer niedergeschlagen.[53]

Das Büro des Staatssekretärs im Auswärtigen Amt gab dem Kanzler einen Sprechzettel mit auf die Reise nach Washington; möglichen Interviewfragen neugieriger amerikanischer Journalisten waren Stichworte gegenübergestellt, entsprechend den seit längerem bekannten Positionen: keine Stellungnahme zur Eichmann-Entführung; kein Auslieferungsbegehren seitens der Bundesregierung; keine Kritik an der israelischen

Prozeßgrundlage und Prozeßführung. Problematischer erschienen andere potentielle Fragen:

> »Warum hat sich die Bundesrepublik nicht bemüht, Eichmann selbst zu verhaften?«

Die Antwort, die das Auswärtige Amt mit Hinweis auf den Haftbefehl gegen Eichmann vom November 1956 anregte:

> »Justizbehörden der Bundesrepublik haben jahrelang nach Eichmann gesucht.«

Dies entsprach genausowenig der Wahrheit wie die Aussage: »Nach Mengele wird ebenfalls seit Jahren gefahndet.« Der deutsche Haftbefehl gegen den Auschwitz-Arzt – ausgestellt von der Staatsanwaltschaft Freiburg – datierte auf den 25. Februar 1959.

Und weiter:

> »Warum werden gerade in der letzten Zeit so viele Nazi-Verbrecher bestraft? Ist das eine Folge der Nachlässigkeit in der Vergangenheit?«

In der Zusatzfrage steckte schon die eigentliche Antwort. Die vom Auswärtigen Amt vorgeschlagene Erwiderung schob Formalia vor, die obendrein schlichtweg falsch waren:

> »Die Bundesregierung besteht erst seit 1949. Bis 1955 haben die Alliierten diese Verfahren durchgeführt.«

Das war eine glatte Lüge, der letzte alliierte Prozeß in Deutschland, das Verfahren gegen von Manstein, hatte im Dezember 1949 stattgefunden. Ebenso ungenau war das folgende:

> »Die einschlägigen Akten der für die Judenverfolgung verantwortlichen Stellen wie Reichssicherheitshauptamt und Polizei befinden sich zum überwiegenden Teil noch heute nicht in unserem Besitz, sondern in den USA. Damit bestand bisher auch keine Möglichkeit, diese Verbrecher selbst zu verfolgen.«[54]

Immerhin konnte auf die Zentrale Ermittlungsstelle in Ludwigsburg verwiesen werden – außenpolitisch das eigentliche Positivum. Dem entsprach es, wenn die britische Botschaft in Bonn am 4. Juli 1961 das Londoner Außenministerium ausführlich über bundesdeutsche Anstrengungen in Sachen Strafverfolgung von NS-Tätern informierte: Es sei bemerkenswert, daß eine so große und ermutigende Wende innerhalb der letzten fünfzehn Jahre stattgefunden habe.[55]

Was wäre die Selbstdarstellung der Bundesrepublik vor dem Hintergrund von antisemitischen Schmierereien und Eichmann-Prozeß ohne die Ludwigsburger Stelle, ohne die Gewähr einer systematischen justiziellen Aufarbeitung der verbrecherischen Vergangenheit wert gewesen? Wohl wenig, war es doch für die internationale Glaubwürdigkeit der Bundesrepublik immer wichtiger geworden, sich nicht nur in Worten, sondern vielmehr im Handeln vom nationalsozialistischen Erbe zu distanzieren.

»Begleiterscheinungen« des Eichmann-Prozesses

»Es ist durchaus möglich, daß im Verlauf des Eichmann-Prozesses belastendes Material gegen Bedienstete der Verwaltung des Bundes und der Länder bekannt wird.« Staatssekretär van Scherpenberg aus dem Auswärtigen Amt sandte diese Warnung ausgerechnet an einen durch seine NS-Vergangenheit belasteten Kollegen im Bundeskanzleramt, Hans Globke: Jenes Belastungsmaterial werde »vielleicht die schwerwiegendste Begleiterscheinung des Prozesses« sein. Das Kabinett wie auch die Länderregierungen sollten sich deshalb über Gegenmaßnahmen klar werden, um möglichen außenpolitischen Problemen entgegenzuwirken; van Scherpenberg fügte hinzu, selbstverständlich solle damit keine neue Entnazifizierung in Gang gesetzt werden.[56]

Der britische Botschafter in Tel Aviv prophezeite ähnliches, aber er sah auch bohrende Fragen an die Adresse Londons voraus: Der Eichmann-Prozeß werde »eine Menge Schmutz über die Nazis sowohl in der Bundesregierung als auch in Ostdeutschland zu Tage fördern, aber auch über das Verhalten der Alliierten – der Briten natürlich eingeschlossen – gegenüber dem Hinschlachten der Juden«.[57]

Tatsächlich sollte während des Eichmann-Prozesses die Suche nach deutschen Mitverantwortlichen und britischen Nicht-Verhinderern der Judenvernichtung beginnen. »Eichmanns Zeugnis wird Globke schwer belasten. Die sowjetische Botschaft ist sich dessen bewußt und trifft schon ihre Vorbereitung.« Dies ließ die britische Botschaft in Tel Aviv schon im November 1960 verlauten.[58] Es war Hans Globke, der während des Eichmann-Prozesses am stärksten unter Druck geriet. Neben dem Kommentar zu den Nürnberger Gesetzen wurde dem Staatssekretär Adenauers die Mitwirkung an Deportation und Ermordung von Juden auf dem Balkan und in Griechenland vorgeworfen; staatsanwaltliche Ermittlungen in der Bundesrepublik sollten hierfür allerdings keine Beweise erbringen.[59]

Der Osten Deutschlands blieb in dieser Situation mal wieder nicht untätig. Professor Albert Norden hatte Globke bereits am 28. Juli 1960 in einer spektakulären Pressekonferenz angelastet, die Gaskammern von Auschwitz ideologisch vorweggenommen und damit die »Endlösung der Judenfrage« vorbereitet zu haben. In Ost-Berlin wurde eine Broschüre mit dem Titel »Globke und die Ausrottung der Juden« in Umlauf gebracht, und zwar in einer Auflage von 100 000 Exemplaren. Globke wurde auf zahlreichen Veranstaltungen in die Nähe Eichmanns gerückt – letzterer geriet demgegenüber in den Hintergrund. Nach Informationen des Bundesamtes für Verfassungsschutz war der Deutsche Fernsehfunk sogar angewiesen worden, täglich einen Fernsehfilm über Globkes Verbindungen zur Judenvernichtung und zu Eichmann zu senden.[60] Doch angeblich hatten die DDR-Propagandisten auch neue schwarze bzw. braune Schafe entdeckt: ehemalige SS-Angehörige im Polizeidienst.[61]

Darüber hinaus versuchte die DDR, in Jerusalem mitzumischen, indem sie – wenn auch vergeblich – beantragte, über den Rechtsanwalt Professor Friedrich Kaul als Nebenkläger zugelassen zu werden. Immerhin auf einen Verbündeten im jüdischen Staat konnte die SED bauen: die dortige Kommunistische Partei. Nachdem der erste Vorstoß gescheitert war, erging gegen Prozeßende von den israelischen Kommunisten die Aufforderung nach Ost-Berlin, Kaul noch einmal nach Jerusalem zu entsenden:

»Die Genossen in Israel bitten, daß Dr. Kaul für die letzten Tage des Prozesses nach Israel kommt und Originaldokumente über den Neonazismus in Westdeutschland mitbringt. Gemeint sind Regierungspublikationen wie Gesetze, Verordnungen und offizielle Drucksachen der

Fotomontage des Ausschusses für Deutsche Einheit mit dem Titel:
»Der Bonner Staat – Paradies für Judenmörder«.

westdeutschen Regierung, z. B. die Privilegien der Nazis in der Bundesrepublik beinhalten. Die Genossen der KP Israel sehen darin die
Möglichkeit, die Materialien gegen Globke auszunutzen.«[62]

Die Ost-Kritik gegen Globke – letztlich Kritik an der ganzen Bundesrepublik[63] – wurde von der West-Presse aufgenommen und mit eigenen
Kenntnissen ergänzt. Auch die SPD opponierte immer stärker gegen den
Staatssekretär im Bundeskanzleramt.[64] Und Globke? Der Staatssekretär
blieb.

Selbst wenn Globkes Vergangenheit so dunkel nicht sei, so diskreditie-
re ihn doch seine NS-Karriere für seine gegenwärtige Tätigkeit; man
könne zu keiner anderen Schlußfolgerung gelangen als der, daß der
Kanzler mit der Ernennung Globkes einen Fehler begangen habe. Diese
als geheim gekennzeichnete Beurteilung sandte die britische Botschaft in
Bonn an das Foreign Office.[65]

In London verlor man jedoch keinen Gedanken daran, wegen der
Belasteten in Bonner Ämtern aktiv zu werden, wie es ja noch anläßlich
der antisemitischen Welle ins Auge gefaßt worden war.[66] Nicht nur die
deutlich verbesserten Beziehungen zu Bonn ließen dies geboten erscheinen. Vielmehr geriet die britische Regierung selbst unter Druck: Hatte am
Tag des Prozeßbeginns ein Beamter im Foreign Office mit Blick auf
Äußerungen Ben Gurions noch befürchtet, die restriktive Einwanderungs-
politik nach Palästina während des Zweiten Weltkrieges könnte sich
gegen die eigene Regierung wenden,[67] so ergaben sich im Verlauf des
Verfahrens andere Fragen an die Adresse Londons:[68]

- Warum war die britische Regierung nicht auf ein Angebot eingegangen, jüdische Menschenleben gegen Rüstungsmaterial wie Lastwagen einzutauschen? Joel Brand, ein ungarisch-jüdischer Kontakt-
  mann Eichmanns, hatte in Jerusalem als Zeuge ausführlich über
  diese Option berichtet.[69]
- Warum hatten es die Briten versäumt, Auschwitz zu bombardieren?[70]
- Warum hatte London Anfang 1944 einen Vorschlag Chaim Weiz-
  manns und der Jewish Agency zurückgewiesen, Juden aus Palästina
  über Ungarn mit dem Fallschirm abspringen zu lassen, um die
  Vernichtung des ungarischen Judentums zu verhindern?[71]

- Warum hatte sich die britische Regierung einem Vorschlag unter anderem von Chaim Weizmann verschlossen, alle Juden in deutsch besetzten Gebieten zu britischen (bzw. durch die USA zu amerikanischen) Staatsbürgern zu erklären?[72]

Durch einen *Times*-Artikel beunruhigt, daß seine eigene Rolle als Außenminister während des Zweiten Weltkrieges in schlechtem Licht erscheinen könnte, wandte sich Anthony Eden am 2. Juni 1961 an Außenminister Home. Zudem war er von einer jüdischen Zeitung, dem *Jewish Chronicle*, direkt zu einer Stellungnahme aufgefordert worden.[73] Weniger die Joel-Brand-Einlassung bereitete Eden Kopfschmerzen. Ihn beschäftigte vielmehr die Frage, warum seinerzeit keine Bomben auf Auschwitz gefallen waren. Er könnte sich das nur so erklären, daß man eine Bombardierung wegen der zahlreichen potentiellen jüdischen Opfer für undurchführbar gehalten habe. Auf jeden Fall bat er seinen Nachfolger um Aufklärung.[74] Eden gab sich zuversichtlich, daß das damalige Verhalten der Regierung unangreifbar sein würde. Deshalb hielt er es für wichtig, daß die britische Regierung von sich aus eine Erklärung abgab zur eigenen Rolle während des Völkermordes an den Juden.[75] Auch ein Parlamentarier fragte an, ob die Regierung bereit sei, ein *White Paper* zu den brisanten Fragen zu veröffentlichen.[76]

So setzten im Foreign Office fieberhafte Überlegungen ein und ebenso fieberhafte Recherchen in den Archiven.[77] Knapp einen Monat später lagen die Ergebnisse vor. Die Prüfung der Akten zu den einzelnen Angriffspunkten hatte folgendes ergeben:[78]

- Das Verhalten gegenüber den Vorschlägen Joel Brands sei seinerzeit völlig richtig gewesen. Man habe jeden nur erdenklichen Grund gehabt, dem Angebot Brands zu mißtrauen, wäre doch mit den Lastwagen lebenswichtiges Kriegsmaterial an die Deutschen geliefert worden, und zwar in einer Art und Weise, die dazu geeignet gewesen wäre, die Alliierten zu entzweien.[79]
- Die Überlegung, Auschwitz zu bombardieren, habe man damals an die Amerikaner weitergegeben, denn nur diese hätten entsprechende Einsätze durchführen können. Aufgrund der geringen topographischen Kenntnisse seien Aktionen dann verzögert worden. Die britische Regierung habe schließlich die Sache nicht weiter verfolgt,

nachdem Berichte eingegangen waren, daß die Deportationen von Juden aus Ungarn gestoppt worden seien.[80]

– Alle Pläne, palästinensische Juden über Ungarn abspringen zu lassen, seien von der militärischen Entwicklung – der anstehenden Invasion Ungarns – am Ende überholt worden. Zuvor seien Rücksichtnahmen auf Rußland, vor allem aber der Unwillen der Mandatsregierung in Palästina, Juden militärisch auszubilden, entscheidend gewesen. Wenn diese Tatsache publik würde, müsse allerdings mit scharfer Kritik aus jüdischen Krisen und seitens Israels gerechnet werden.

– Überlegungen, europäischen Juden über die Staatsbürgerschaft Schutz zu gewähren, seien damals als völlig unwirksam zurückgewiesen worden.

Wie man diese Stellungnahme, gemessen an der historischen Wirklichkeit, auch bewerten mag – nicht umsonst notierte ein Leser des Memorandums einige Fragezeichen am Rand –, so gab sie doch den Stand des Wissens, genauer gesagt, des Wissen-Wollens, im Jahr 1961 wieder.

Wie konnten nun solche Informationen genutzt werden? Sollte man wirklich ein *White Paper* herausgeben? Das Memorandum enthielt hierzu eine unmißverständliche Warnung: In einem solchen Falle müßten auch Geheimunterlagen veröffentlicht werden; zudem begebe man sich wegen der nicht erfolgten Bombardierung von Auschwitz und der Zurückweisung des jüdischen Fallschirmkommandos in brisante Gefilde.

Oder konnte man den Premierminister mit einer allgemeinen Stellungnahme ausstatten, die nicht direkt auf den Inhalt geheimer Dokumente einging? Auch das schien kaum sinnvoll, wären doch bohrende Fragen nach den Quellen vorprogrammiert.

Am besten würde die lautlose Lösung sein: Der Premierminister könnte den interessierten Unterhausabgeordneten und Sir Anthony Eden mitteilen, er habe alle relevanten Akten geprüft und dürfe deshalb persönlich versichern, daß die britische Regierung alles in ihrer Macht Stehende getan habe, um die Juden im nationalsozialistisch besetzten Europa zu retten.[81]

Dies schien der goldene Weg zu sein, denn das Interesse der Presse an diesem Thema war inzwischen erschöpft. Man durfte also hoffen, daß sich die Fragesteller auch ohne weitere detaillierte Informationen beruhigen ließen.[82] Edward Heath, seinerzeit Lordsiegelbewahrer (Lord Privy Seal), warnte hingegen, Eden werde sich wohl kaum so leicht zufrieden geben.[83] Auch Außenminister Home hatte Bedenken. Für ihn stand die britische Politik gegenüber den europäischen Juden auf festem Grund, er fürchtete insofern den Schritt an die Öffentlichkeit nicht. Home notierte: »Alle Vorschläge – außer vielleicht das Abspringen israelischer Juden mit dem Fallschirm – waren bestenfalls unpraktikabel, schlimmstenfalls unmoralisch, so daß ich mich frage, ob nicht ein *White Paper* nach allem die beste Lösung wäre.«[84]

Am 24. Juli trafen sich Home, Heath und einige Mitarbeiter des Foreign Office zu einer Besprechung über das weitere Vorgehen. Man kam überein, den neugierigen Parlamentariern solle eher allgemein geantwortet werden. Eden hingegen würde man genauere Informationen zukommen lassen, da dieser ja sein eigenes Verhalten zu verteidigen suchte. Alle Anwesenden – darunter nun auch Home – sprachen sich energisch dagegen aus, Originalmaterial zu veröffentlichen. Einfach denkende Leute (»simple people«) könnten andernfalls zu dem Schluß kommen, einige der Vorschläge zur Rettung der Juden hätten zumindest getestet werden sollen. In einer solchen Veröffentlichung müßten eben zu viele Geheimakten und sogar Kabinettsprotokolle offengelegt werden. Überdies sei das Interesse der Presse und der Öffentlichkeit abgeklungen. Und selbst wenn man alles unternehme, um die eigene Politik zu rechtfertigen, würden Kritiker doch immer noch Angriffspunkte finden. Der Premierminister solle Eden diese Punkte nahebringen und darauf dringen, daß dieser auf eine öffentliche Rechtfertigung seiner eigenen Position verzichte.[85]

So geschah es. Den Unterhausabgeordneten brachte Premierminister Macmillan bei, wie unmöglich es aufgrund von Geheimhaltungsvorschriften sei, eine ausführliche Dokumentation zu erstellen; ansonsten wurden die Ergebnisse der Archivrecherchen mitgeteilt.[86]

Wenig Selbstkritik, vielmehr die Furcht vor Kritik, spricht aus dem Antwortschreiben, welches Außenminister Home an seinen langjährigen Amtsvorgänger Anthony Eden richtete:

»[...] Während klar ist, daß die verschiedenen Vorschläge zur Rettung der Juden in Nazi-Europa von der [britischen, U. B.] Regierung so wohlwollend wie möglich geprüft worden sind, so fürchte ich doch,

daß einige Leute dazu neigen könnten [...], die überwältigende Bedeutung der Fortsetzung der Kriegsanstrengungen zu übersehen, und daß
diese das Gefühl beschleichen könnte, einige dieser Vorschläge hätten
ausprobiert werden können und sollen. Dies ist ein Eindruck, der sich
meiner Ansicht nach von uns nicht ausräumen läßt, ohne eine gewisse
Zahl von besonders sensiblen Dokumenten, Kabinettsprotokolle eingeschlossen, zu veröffentlichen; und das sollten wir natürlich nicht.«[87]

Inzwischen, dreißig Jahre nach diesem Brief und rund fünfzig Jahre nach
den umstrittenen Ereignissen, liegen die Akten der britischen Regierung
offen. Sie haben nicht nur Entlastendes gebracht, wie es der britische
Außenminister Home im Jahre 1961 noch für selbstverständlich gehalten
hatte.[88] Aus den Dokumenten konnte herausgelesen werden, daß die
Prioritäten tatsächlich so lagen, wie Homes es auch formulierte: zuerst
und allererst Krieg und Sieg, wenig, fast nichts für eine Rettung der
Juden.

So schloß sich 1961 der Kreis : Jenes so schwer faßbare Phänomen
Vergangenheitsbewältigung holte die sonst gegenüber der Bundesrepublik so geschichtsbewußte britische Regierung ein.

Bedeutet das Mitverantwortung? Gar Mitschuld? Fragen, die gestellt
wurden, bei denen aber nie vergessen werden darf, daß die Juden von
Deutschen und ihren willigen Handlangern in den Tod getrieben wurden.

NACHBEMERKUNG

Nein, die Debatte um die personelle Bewältigung der NS-Vergangenheit endet nicht mit dem Jahr 1961. Die DDR hetzte weiter gegen »Kriegs- und Naziverbrecher in der Bundesrepublik«.[1] Die Revolte der 68er sollte kritisch hinter die Fassade des Alten – vor allem: der Alten – blicken und Fragen nach der individuellen Vergangenheit stellen. Auch bundesdeutsche Politiker sollten immer wieder von ihrer Vergangenheit eingeholt werden. Und die deutsche Justiz blieb tätig: Auschwitz-Prozeß, Majdanek-Prozeß … Stichworte, die belegen, daß – bei aller Kritik an milden Urteilssprüchen vieler NS-Verfahren – die politischen Weichenstellungen der späten fünfziger Jahre den Zug unumkehrbar in andere Gleise hatten fahren lassen. Inzwischen scheint die Bundesrepublik an einem Endpunkt angelangt:

- Ein Gericht verurteilte am 18. März 1992 den ehemaligen Kommandanten des polnischen Lagers Rozwadow und des Ghettos A in Przemysl, Josef Schwammberger, zu lebenslanger Haft. Kommentatoren waren sich einig: Aller Voraussicht nach handelte es sich hier um den letzten großen NS-Prozeß in der Bundesrepublik.
- Im März 1992 legte der Alterspräsident und Vorsitzende des Verfassungsausschusses des Brandenburger Landtags, der SPD-Politiker Gustav Just, seine Ämter nieder. Ihm wurde die Beteiligung an Erschießungen von Juden in der Ukraine vorgeworfen. Vielleicht war er der letzte deutsche Politiker, den seine NS-Vergangenheit einholte.

Die personelle Vergangenheitsbewältigung der NS-Diktatur hat zudem längst über die Grenzen Deutschlands hinausgegriffen:

- So gab die argentinische Regierung im Frühjahr 1992 Dokumente über die langjährige Protektion von NS-Verbrechern im eigenen Land frei.

– Das britische Unterhaus verabschiedete im Jahr 1990 nach heftigen
  Debatten ein neues Gesetz, das die Strafverfolgung von eingebürgerten
  Kriegsverbrechern ermöglichte. Kanada und die USA hatten zuvor
  ähnliche Maßnahmen getroffen. Ende Mai 1992 wurde etwa bekannt,
  daß ein deutschstämmiger, inzwischen eingebürgerter Hausmeister
  aus Chicago als früherer Wächter des KZ Sachsenhausen aus den USA
  ausgewiesen werde.

In all diesen Ereignissen liegt eine späte historische Ironie, wenn man auf
die frühen fünfziger Jahre blickt. Mit Billigung des Westens hatte die
Bundesrepublik das Problem der personellen Vergangenheitsbewältigung
möglichst lautlos lösen wollen. Dann aber kam es zu einem deutlichen
Wandel, dessen Ursachen auch in der Kritik des Westens zu suchen sind.
Die Bundesrepublik wurde Ende der fünfziger Jahre von ihrer Vergangenheit überwältigt.

Inzwischen wurde das Kürzel »NS« durch »Stasi« ersetzt. Als die
Arbeiten an dieser Studie im Jahre 1988 begannen, war nicht vorauszuse-
hen, welche Aktualität das Problem des Umgangs mit den personellen
Relikten des Vergangenen erhalten würde.

DANK

Der Blick zurück auf über drei Jahre Forschungsarbeit und all diejenigen, die Hilfestellung und Unterstützung beim Entstehen dieser Studie leisteten, ruft in Erinnerung, daß eine Liste aller Helfer endlos würde. (Daß darunter ebenso viele Helferinnen waren, versteht sich auch ohne die Endung -*innen* von selbst.) Wieviele Archivare in den USA, Frankreich, Großbritannien und in der Bundesrepublik haben sich bemüht, mir immer wieder Akten, Akten und nochmals Akten vorzulegen? Wieviele Bücher beschafften mir die unermüdlichen Mitarbeiter der Bibliothek der Universität der Bundeswehr in München oft über Fernleihen? Wieviele Historiker gaben mir Ratschläge bei der Erforschung der deutschen Vergangenheitsbewältigung?

Offen gesagt: Ich habe sie nicht gezählt. Eines aber weiß ich: Ohne sie wäre diese Arbeit nicht entstanden. So danke ich zunächst den nicht namentlich Genannten. Ebensowenig entstanden wäre diese Studie ohne ein umfangreiches Forschungs- und Reisestipendium, welches mir die Volkswagen-Stiftung bewilligte: Der unbürokratischen und überaus effizienten Förderung sei sehr herzlich gedankt.

Das Hamburger Institut für Sozialforschung hat von Anfang an besonderes Interesse für die Resultate der Forschungsarbeit gezeigt. Deshalb freut es mich sehr, daß die Arbeit in der Schriftenreihe des Institutes erscheinen kann. Gedankt sei hier besonders Frau Barbara Hoffmeister für das vorzügliche und höchst kompetente Lektorat.

Gedankt sei ebenso meinen Mitstreitern Douglas Bokovoy und Sylke Tempel; meinen unermüdlich korrekturlesenden und mich immer wieder ermutigenden Eltern; meiner Freundin Christina, die die Einsamkeiten wissenschaftlicher Forschung aufzufangen wußte.

Die hier leicht gekürzt und überarbeitet vorliegende Studie wurde im Frühjahr 1993 von der Sozialwissenschaftlichen Fakultät der Universität der Bundeswehr München als Dissertation angenommen. Herrn Professor Dr. Hagen Schulze danke ich sehr herzlich für die Bereitschaft, die Zweitkorrektur der Arbeit zu übernehmen. Wenn ich schließlich meinem Doktorvater zu danken habe, ja danken möchte, dann soll dies über sonst übliche Höflichkeitsformeln hinausgehen. Nur, was kann ich nach all der Zeit sagen? Vielleicht dieses: Professor Michael Wolffsohn förderte, unterstützte, ja prägte mich über Jahre hinweg. Zugleich aber lehrte er mich, geistige Unabhängigkeit und Kritikfähigkeit zu bewahren. Er lehrte mich den Mut, abweichende Meinungen zu äußern – wobei er auch in der Zusammenarbeit eigene Auffassungen nie der Kritik verschloß. Im Reich der Universitätshierarchien und -loyalitäten war all das eine Erfahrung, die nicht hoch genug eingeschätzt werden kann. Ich werde mich auch in Zukunft gern daran erinnern.

Danke an alle!

München/Dresden, im Oktober 1993

ANHANG

ANMERKUNGEN

Einleitung

1 Vgl. hierzu Peter Reichel, Vergangenheitsbewältigung als Problem unserer politischen Kultur. Einstellungen zum Dritten Reich und seinen Folgen, in: Jürgen Weber und Peter Steinbach (Hrsg.), Vergangenheitsbewältigung durch Strafverfahren? NS-Prozesse in der Bundesrepublik Deutschland, München 1984, S. 145–163. Ferner den Überblick von Eckhard Jesse, »Vergangenheitsbewältigung« in der Bundesrepublik Deutschland, in: Der Staat 26 (1987), S. 539–565. Vgl. auch Christa Hoffmann und Eckhard Jesse, Vergangenheitsbewältigung – ein sensibles Thema. Über Geschichtsbewußtsein und justizielle Aufarbeitung, in: Neue Politische Literatur 32 (1987), Nr. 3, S. 451–564.
2 Grundsätzlich vorweggeschickt sei, daß die völlig andere Entwicklung in der DDR ausgeblendet wird.
3 »Historikerstreit«. Die Dokumentation der Kontroverse um die Einzigartigkeit der national-sozialistischen Judenvernichtung, München 1987. Vgl. zum gleichen Themenkreis auch Dan Diner, Ist der Nationalsozialismus Geschichte? Frankfurt/M. 1987 und Christian Meier, 40 Jahre nach Auschwitz. Deutsche Geschichtserinnerung heute, München 1987.
4 Arno Plack, Wie oft wird Hitler noch besiegt? Heidelberg 1982, S. 13.
5 Armin Mohler, Der Nasenring. Im Dickicht der Vergangenheitsbewältigung. Essen 1989. Wenn Mohler dabei fordert, jenen »Leuchter-Report«, der einmal mehr die Massentötungen in Gaskammern in Frage stellt, ernst zu nehmen wie kann selbiges im Hinblick auf ihn erwartet werden? Vom selben Autor auch: Armin Mohler, Vergangenheitsbewältigung, in: Handbuch zur Deutschen Nation, hrsg. v. Bernd Willms, Bd. 2 (Nationale Verantwortung und liberale Gesellschaft), Tübingen/Zürich/Paris 1987. Armin Mohler, Vergangenheitsbewältigung. Von der Läuterung zur Manipulation, München 1967. Vgl. zu den Behauptungen des Leuchter-Reports: Werner Wegner, Keine Massenvergasungen in Auschwitz? Zur Kritik des Leuchter-Gutachtens, in: Uwe Backes, Eckhard Jesse und Rainer

Zitelmann (Hrsg.), Die Schatten der Vergangenheit. Impulse zur Historisierung des Nationalsozialismus, Frankfurt M./Berlin 1990, S. 450–476.

6 Zit. nach Peter Reichel, Vergangenheitsbewältigung, S. 146.

7 Ralph Giordano, Die zweite Schuld oder von der Last ein Deutscher zu sein, Hamburg/Zürich 1987.

8 Vgl. etwa Wolfgang Fritz Haug, Vom hilflosen Antifaschismus zur Gnade der späten Geburt, Hamburg/Berlin 1987.

9 Gabriele von Arnim, Das große Schweigen. Von der Schwierigkeit mit dem Schatten der Vergangenheit zu leben, München 1989.

10 Dietrich Goldschmidt, Unter der Last des Holocaust. 1945–1989: Entsetzen, Trauer, bemühter Neuanfang, in: Neue Sammlung. Vierteljahrsschrift für Erziehung und Gesellschaft 29 (1989) Nr. 2, S. 145–160.

11 Rolf Steininger, Deutsche Geschichte 1945–1961. Darstellung und Dokumente in zwei Bänden, Frankfurt 1983, Bd. I, S. 15.

12 Sebastian Fetscher, Das Dritte Reich und die Moral der Nachgeborenen. Vom Dünkel der Betroffenheit, in: Neue Sammlung. Vierteljahrsschrift für Erziehung und Gesellschaft 29 (1989) Nr. 2, S. 161–185.

13 Ganz deutlich wird dies etwa bei Theodor W. Adorno, Was bedeutet: Aufarbeitung der Vergangenheit, in: ders., Gesammelte Schriften Bd. 10/2, Frankfurt 1977, S. 555–572. Es handelt sich um einen Vortrag, den Adorno 1959 vor dem Deutschen Koordinierungsrat der Gesellschaften für christlich-jüdische Zusammenarbeit hielt.

14 Immerhin liegt hier ein Versuch vor, Vergangenheitsbewältigung als eigenständiges geschichtliches Phänomen zu begreifen und darzustellen. Peter Graf Kielmansegg, Lange Schatten. Vom Umgang der Deutschen mit der nationalsozialistischen Vergangenheit, Berlin 1989. Auch Bernd Faulenbach war dem Wandel in der Sicht der NS-Vergangenheit auf der Spur: Bernd Faulenbach, NS-Interpretationen und Zeitklima. Zum Wandel der Aufarbeitung der jüngsten Vergangenheit, in: Aus Politik und Zeitgeschichte B 22, 1987, S. 19–30. Das Bild des Schattens nutzen auch: Uwe Backes, Eckhard Jesse und Rainer Zitelmann (Hrsg.), Die Schatten der Vergangenheit. Impulse zur Historisierung des Nationalsozialismus, Frankfurt M. /Berlin 1990.

15 Kurt Sontheimer, Die Adenauer-Ära. Grundlegung der Bundesrepublik, München 1991, Kap. IV, 1. Hans-Peter Schwarz, Adenauer. Der Staatsmann, 1952–1967, S. 526 ff. Vgl. auch ders., Die Ära Adenauer. Epochenwechsel 1957–1963, Stuttgart 1983 (Geschichte der Bundesrepublik Deutschland, Bd. 3, hrsg. v. Karl Dietrich Bracher), S. 204 ff. Schon früh: Alfred Grosser, Geschichte Deutschlands seit 1945, 11. Aufl., München 1984: Kap. I, 9: Die Last der Vergangenheit. Auch Fachzeitschriften widmen inzwischen ganze Ausgaben dem Thema. Vgl. etwa: Erinnern oder Verweigern. Das schwierige Thema Nationalsozialismus, in: Dachauer Hefte 6 (1990), S. 2–239. Vgl. auch die sieben Beiträge in Babylon 1990, Heft 7.

16 So schöpft Ralph Giordano, Die Zweite Schuld, bei den Kapiteln über die Entnazifizierung und den Umgang mit Kriegsverbrechern ausgiebigst aus den

Forschungen von Jörg Friedrichs, Die Kalte Amnestie. NS-Täter in der Bundesrepublik, Frankfurt/M. 1984.

17 Vgl. hierzu Einführung und Kapitel 1. Darüber hinaus liegt für den Umgang der Landtage mit dem Phänomen Nationalsozialismus eine Studie vor, die mit inhaltsanalytischer Methodik vor allem die Plenardebatten der Länderparlamente auswertet. Rudolf Billerbeck, Die Abgeordneten der ersten Landtage (1946–1951) und der Nationalsozialismus, Düsseldorf 1971 (Beiträge zur Geschichte des Parlamentarismus und der politischen Parteien 41).

18 Babro Eberan, Luther? Friedrich der Große? Wagner? Nietzsche? ...? ...? Wer war an Hitler schuld? Die Debatte um die Schuldfrage 1945–1949, 2. Aufl., München 1985. Eberan stützte sich genauso wie Ingrid Laurien auf die zahlreichen nach 1945 erschienenen – in vielen Fällen aber schon bald wieder verschwundenen – Zeitschriften, die sich politischer und kultureller Themen annahmen. Ingrid Laurien, Die Verarbeitung von Nationalsozialismus und Krieg in politisch-kulturellen Zeitschriften der Westzonen 1945–1949, in: Geschichte in Wissenschaft und Unterricht 39 (1988), S. 220–233. Eine besonders bedeutsame Zeitschrift untersucht Barbara Müller, Die Bewältigung und die Formulierung eines neuen gesellschaftspolitischen Programms in den Frankfurter Heften, 1946–1948, in: Archiv für Frankfurts Geschichte und Kunst 61(1987), S. 375. Müller (S. 376) kommt zu dem Schluß, die Bewältigung des Nationalsozialismus sei nicht das Hauptthema der Frankfurter Hefte gewesen; eher sei man auf der Suche gewesen nach einem neuen gesellschaftspolitischen Konzept. Vgl. auch Hans Meiser, Der Nationalsozialismus und seine Bewältigung im Spiegel der Lizenzpresse der britischen Besatzungszone von 1946–1949, Diss. Osnabrück 1980. Meiser kommt zu einem ähnlichen Ergebnis wie Eberan: Die Chance der Stunde Null sei völlig unzureichend genutzt worden; die Ursachen lägen in der Praxis der Besatzungspolitik, die mit allen Relikten der NS-Zeit leider auch alle positiven Neuansätze u. a. aus Sicherheitsgründen unterdrückt habe. Was er als positiv empfindet, bleibt allerdings sein Geheimnis. Äußerst schmal ist die Grundlage seiner Beurteilung: Ganze vier Zeitungen hat er ausgewertet. Die Artikel unterzieht Meiser dann einer doppelten »Analyse«: Einer quantitativen, in der kaum mehr als die Artikel abgezählt werden, und einer qualitativen, die wenig mehr liefert als Inhaltsangaben der Beiträge, und das seitenweise.

19 Immerhin wurden die Umfragen, die von Besatzungsmächten und bundesdeutschen Meinungsforschungsinstituten im Hinblick auf das Verhältnis der Deutschen zum Nationalsozialismus durchgeführt wurden, ausführlich ausgewertet. Vgl. nur Richard L. Merrit, Digesting the Past: Views of National Sozialism in Semi-Souverein Germany, in: Societas 7, Nr. 2, Frühjahr 1977, S. 93–119. Werner Bergmann und Rainer Erb, Antisemitismus in der Bundesrepublik Deutschland. Ergebnisse der empirischen Forschung 1946–1989, Opladen 1991. Michael Wolffsohn, Deutsch-israelische Beziehungen im Spiegel der öffentlichen Meinung, in: Aus Politik und Zeitgeschichte B 46–47 (1984), S. 19–30.

20 Michael Schornstheimer, Bombenstimmung und Katzenjammer. Vergangenheitsbewältigung: Quick und Stern in den fünfziger Jahren, Köln 1989.

21 Vgl. aus der inzwischen breiten Literatur Michael Wolffsohn, Das deutsch-israelische Wiedergutmachungsabkommen im internationalen Zusammenhang, in:
Vierteljahrshefte für Zeitgeschichte 36 (1988) Nr. 4, S. 691–731. Kai v. Jena,
Versöhnung mit Israel? Die deutsch-israelischen Verhandlungen bis zum Wiedergutmachungsabkommen von 1952, in: Vierteljahrshefte für Zeitgeschichte Nr.
34(1986) Nr. 4, S. 457–480. Vor allem den Sammelband: Ludolf Herbst und
Constantin Goschler (Hrsg.), Westdeutschland und die Wiedergutmachung, München 1988. Schließlich die Magisterarbeit des Verfassers: Ulrich Brochhagen, Der
Standort Großbritanniens und Frankreichs im Rahmen deutsch-israelischer Wiedergutmachungsverhandlungen, 1951–1953, unveröffentlichte Magisterarbeit,
Ludwig-Maximilians-Universität München.

22 Michael Wolffsohn, Ewige Schuld? 40 Jahre deutsch-jüdisch-israelische Beziehungen, 3. Aufl., München 1989.

23 Vgl. die Diskussion der Literatur in den folgenden Kapiteln.

24 Die Wurzeln des Begriffs liegen in den fünfziger Jahren. Grete Klingenstein stieß
auf ihn erstmals bei einer Tagung der Evangelischen Akademie in Berlin 1955;
Grete Klingenstein, Über Herkunft und Verwendung des Wortes »Vergangenheitsbewältigung«, in: Geschichte und Gegenwart 7(1988), S. 301–312, hier S.
301. Eckhard Jesse hat die Ursprünge bei Theodor Heuss ausgemacht; Eckhard
Jesse, »Vergangenheitsbewältigung«, S. 550. Jesse wies zu Recht auf die Problematik bereits der Wortbildung hin: »Ist ›Vergangenheit‹ ein apologetischer Begriff (man deckt die Zeit des Dritten Reiches gleichsam zu), so ist der Wortbe-
standteil ›Bewältigung‹ von systemsprengender Natur: Die mangelnde Aufarbeitung läßt sich immer einklagen, wie sehr man sich auch um das ›Wachhalten‹
bemüht.« (ebd., S. 552).

25 Vgl. Michael Wolffsohn, Keine Angst vor Deutschland, Erlangen/Bonn/Wien
1990, S. 96.

26 Alfred Grosser hat es dann auch brillant verstanden, die Klippen des Historiker-
streits zu umschiffen, als er »das Verbrechen und die Erinnerung« beschrieb.
Alfred Grosser, Le Crime et la mémoire, Paris 1989. Der deutsche Titel scheint
nicht so glücklich gewählt: Ermordung der Menschheit. Der Genozid im Gedächtnis der Völker, München/Wien 1990. Vgl. auch den Überblick über die Völker-
morde des 20. Jahrhunderts von Leo Kuper, Genocide. Its Political Use in the
Twentieth Century, New Haven/London 1982. Andreas Maislinger schwebt ebenfalls ein Vergleich zahlreicher europäischer und außereuropäischer Staaten vor,
wobei er strafrechtliche, finanzielle, psychologisch-pädagogische und politische
Maßnahmen der Vergangenheitsbewältigung zu unterscheiden sucht. Diese Unterscheidungen sind allerdings schon für sich so weit gefaßt, daß der Begriff
Vergangenheitsbewältigung dahinter verschwimmt – so wagt es auch Maislinger
nicht, ihn ohne Anführungszeichen zu zitieren. Durch den Vergleich versucht er
herauszuarbeiten, wie viel bzw. wie wenig »bewältigt« wurde. Um eine wertneu-
trale Darstellung der unterschiedlichen Prozesse des Umgangs mit Relikten der
Vergangenen scheint es auch ihm nicht zu gehen. Andreas Maislinger, »Vergangenheitsbewältigung« in der Bundesrepublik Deutschland, der DDR und Öster-

reich. Psychologisch-pädagogische Maßnahmen im Vergleich, in: Europa Archiv 23 (1990), S. 1358–1367. Ganz im Sinne der politikwissenschaftlichen Methode der *Comparative Politics* hat zudem John J. Herz schon 1982 den Umgang mit den Hinterlassenschaften von Diktatur und Totalitarismus in verschiedenen Staaten verglichen. John J. Herz (Hrsg.), From Dictatorship to Democracy. Coping with the Legacies of Authoritarianism and Totalitarism, Westport Conn. 1982. Gern wurde auch die Vergangenheitsbewältigung in Österreich und in der Bundesrepublik zueinander in Beziehung gesetzt. Eckhard Jesse, Vergangenheitsbewältigung in Österreich und in der Bundesrepublik Deutschland. Ein Vergleich, in: Beiträge zur Konfliktforschung 19 (1989) Nr. 2, S. 77–90. Agnes Blänsdorf, Zur Konfrontation mit der NS-Vergangenheit in der Bundesrepublik Deutschland, der DDR und in Österreich. Entnazifizierung und Wiedergutmachungsleistungen, in: Aus Politik und Zeitgeschichte B. 16–17, 1987, S. 3–18.

27 Paul Sérant, Die politischen Säuberungen in Westeuropa am Ende des 2. Weltkrieges in Deutschland, Österreich, Belgien, Dänemark, Frankreich, Großbritannien, Italien, Norwegen, den Niederlanden und in der Schweiz, Oldenburg/Hamburg 1966.

28 Klaus-Dietmar Henke und Hans Woller (Hrsg.), Politische Säuberung in Europa. Die Abrechnung mit Faschismus und Kollaboration nach dem Zweiten Weltkrieg, München 1991.

29 Zur Diskussion der Forschungsliteratur dazu vgl. unten, Einleitung zu Teil I und Kapitel 11.

30 Hermann Lübbe sieht hier den eigentlichen Einschnitt, vgl. Hermann Lübbe, Der Nationalsozialismus im deutschen Nachkriegsbewußtsein, S. 591 ff.

31 So der Germanist Hans Mayer, zit. nach Michael Wolffsohn, Von der verordneten zur freiwilligen »Vergangenheitsbewältigung«? Eine Skizze der bundesdeutschen Entwicklung 1955–1965. (Zugleich eine Dokumentation über die Krisensitzung des Bundeskabinetts vom 4. und 5. März 1965 und die Böhm-Schäffer-Kontroverse 1957/1958), in: German Studies Review 12 (1989), Nr. 1, S. 111–137, hier S. 111 mit Anm. 2. Der Restaurationsbegriff wurde vor allem auch von Eugen Kogon und Walter Dirks in den Frankfurter Heften geprägt. Ralph Giordano, Die Zweite Schuld, S. 86, schreibt: »Die Ära Adenauer ist die Ära der bundesdeutschen Restauration, also der Bewahrung überkommener gesellschaftlicher Zustände, nicht ihrer Wiederherstellung, denn sie sind niemals grundlegend geändert worden.« Vgl. ferner Lutz Niethammer, Zum Wandel in der Kontinuitätsdiskussion, in: Ludolf Herbst (Hrsg.), Westdeutschland 1945–1955. Unterwerfung, Kontrolle, Integration, München 1986 (Schriftenreihe des Instituts für Zeitgeschichte, Sondernummer), S. 65–84.

32 So das Urteil von Walter Euchner, Unterdrückte Vergangenheitsbewältigung: Motive der Filmpolitik in der Ära Adenauer, in: Rainer Eisfeld und Ingo Müller, Gegen Barbarei. Essays. Robert W. M. Kempner zu Ehren, Frankfurt 1989, S. 346–359, hier S. 346 f.

33 Alexander und Margarete Mitscherlich, Die Unfähigkeit zu trauern. Grundlagen kollektiven Verhaltens, München 1967. Hermann Glaser variiert dieses in wieder-

kehrenden Wendungen für seine *Kulturgeschichte der Bundesrepublik Deutschland*. Hermann Glaser, Kulturgeschichte der Bundesrepublik Deutschland, Band II: Zwischen Grundgesetz und Großer Koalition, München/Wien 1986, bes. S. 65 f. und 315 f.

34 Hans-Peter Schwarz, Die Ära Adenauer. Epochenwechsel, S. 208.

35 Peter Steinbach, Nationalsozialistische Gewaltverbrechen. Die Diskussion in der deutschen Öffentlichkeit nach 1945, Berlin 1981, S. 48.

36 Wolfgang J. Mommsen, Weder Leugnen noch Vergessen befreit von der Vergangenheit. Die Harmonisierung des Geschichtsbildes gefährdet die Freiheit, in: »Historikerstreit«. Die Dokumentation der Kontroverse um die Einzigartigkeit der nationalsozialistischen Judenvernichtung, München 1987, S. 300–321, hier S. 301. Ähnlich auch Bernd Faulenbach, NS-Interpretationen, S. 29.

37 Manfred Kittel, Die Legende von der Zweiten Schuld. Vergangenheitsbewältigung in der Ära Adenauer, Berlin 1993. (Die Studie, die dem Verfasser nur als Manuskript vorlag, konnte nicht mehr im einzelnen für die vorliegende Arbeit berücksichtigt werden.) Christa Hoffmann, Stunde Null? Vergangenheitsbewältigung in Deutschland 1945–1989, Bonn/Berlin 1992. Beide gehen über die Auswertung bekannter Literatur und Presse nicht hinreichend hinaus.

38 Karl Jaspers, Schuldfrage: Von der politischen Haftung Deutschlands, München 1987 (erstmals 1946), S. 17 ff. Karl Jaspers begrüßte den Nürnberger Prozeß noch in der Erstfassung seiner Schrift (S. 31 ff.). Später änderte er seine Meinung gründlich. In einem Nachwort aus dem Jahr 1962 zur »Schuldfrage« schrieb er, die angelsächsische Idee sei großartig gewesen, um dann zu der Schlußfolgerung zu gelangen: »Er war im Effekt ein einmaliger Prozeß von Siegermächten gegen die Besiegten, bei dem die Grundlage des gemeinsamen Rechtszustandes und Rechtswillens der Siegermächte fehlte. Daher hat er das Gegenteil erreicht von dem, was er sollte. Nicht Recht wurde begründet, sondern das Mißtrauen gegen das Recht gesteigert. Die Enttäuschung ist angesichts der Größe der Sache niederschmetternd.« (S. 88 f.) Jaspers Definition erscheint damit fragwürdig, denn mit dieser Aussage werden sowohl die von ihm geforderten »eindeutigen Gesetze« als auch »das Gericht« in Frage gestellt. Zu weiteren Widersprüchen bei Jaspers vgl. Klaus-Michael Groll, Wie lange haften wir für Hitler? Zum Selbstverständnis der Deutschen heute, Düsseldorf 1990, S. 37 ff. Groll fragt anhand des Begriffsfeldes Schuld, Haftung, Tilgung und Bewährung: »Wie lange haften wir für Hitler?« und findet zwischen den Antworten »gar nicht« und »für immer« eine (bei ihm freilich wenig originelle) mittlere Position.

39 Vgl. hierzu auch Ulrich Brochhagen, Die Geheimniskrämer in der Bonner Ministerialbürokratie, Süddeutsche Zeitung, 3. 4. 1993.

40 Hans-Peter Schwarz, Adenauer. Der Staatsmann, 1952–1967, Stuttgart 1991.

41 Schreiben von Philippe Husson, Ministre Plénipotentiaire, Directeur des Archives, vom 9. 1. 1991.

»Nürnberg braucht ein ordentliches Begräbnis«:
Die deutsch-alliierte Kriegsverbrecherdebatte 1949–1958

1 Norbert Elias, Engagement und Distanzierung. Arbeiten zur Wissenssoziologie, Frankfurt/M. 1983.

2 Die Forschung hat die deutsch-alliierte Gnadendebatte – wie gesagt – lange ignoriert. Wenig Genaues wußte man, und deshalb zitierte man immer wieder Robert W. Kempners Diktum von der Gnadenlobby, die in der Bundesrepublik aktiv gewesen sei. Zit. nach Peter Steinbach, Nationalsozialistische Gewaltverbrechen. Die Diskussion in der deutschen Öffentlichkeit nach 1945, Berlin 1981, S. 44. Vgl. auch die Erinnerungen Kempners: Robert W. Kempner, Ankläger einer Epoche. Lebenserinnerungen, Frankfurt/Berlin/Wien 1983. Erst seit kurzem liegt eine Gesamtdarstellung dieser Zusammenhänge von Frank M. Buscher auf der Grundlage unveröffentlichter Akten vor, darüber hinaus lieferte Buscher bereits Untersuchungen zu Teilaspekten dieser Frage. Buschers Studie wird an manchen Stellen zu korrigieren, vor allem aber zu erweitern sein, nicht zuletzt um die alles andere als unerhebliche Rolle Großbritanniens. Frank M. Buscher, The US War Crimes Trial Programm in Germany, 1946–1955, New York 1989. Ders., Kurt Schumacher, German Social Democracy and the Punishment of Nazi Crimes, in: Holocaust and Genocide Studies 5 (1990) S. 261–273. Ders. und Michael Phayer, German Catholic Bishops and the Holocaust, 1940–1952, in: German Studies Review Vol. XI, Nr. 3, Oktober 1988, S. 463–485. Darüber hinaus lieferte Thomas Allan Schwartz eine Darstellung der Gnadenentscheidungen John McCloys vom Januar 1951. Thomas Allan Schwartz, Die Begnadigung deutscher Kriegsverbrecher. John J. McCloy und die Häftlinge von Landsberg, in: Vierteljahrshefte für Zeitgeschichte 38 (1990) Nr. 3, S. 375–414. Schwartz bietet wichtige Einblicke in politische und rechtliche Entscheidungsprozesse; aber auch er hat keineswegs alle wichtigen Quellen zum Thema ausgewertet. Schwartz und Buscher berücksichtigten nicht den zentralen Aktenbestand der Decimal Files mit der Signatur 662.0026 wie auch die umfangreichen Akten des Stellvertretenden Rechtsberaters des US-State Departments.

1. Die Alliierten und die verbrecherische
Hinterlassenschaft des Dritten Reiches

1 Das alliierte Programm zur Verfolgung von Kriegsverbrechen kann hier nur grob umrissen werden. Kaum übersehbar ist inzwischen die Literatur zu den Nürnberger Prozessen, weniger wurde über die Prozesse vor amerikanischen Militärtribunalen geschrieben. Die Studie von Frank M. Buscher, The U. S. War Crimes Trial Program, hält für die Jahre 1945–1949 nicht, was der Titel verspricht. Keine historische Studie existiert zu den Prozessen vor britischen und französischen

Militärgerichten während der Jahre 1945-1949. Hier sei nur verwiesen auf die ausführliche Bibliographie von Norman E. Tutorow, War Crimes, War Criminals and War Crimes Trials. An Annotated Bibliography and Source Book, New York 1986.

2 Zit. nach Heinz Düx, Vorläufer der Nürnberger Prozesse vor dem 1. Weltkrieg, in: Martin Hirsch, Norman Peach u. Gerhard Stuby (Hrsg.), Politik als Verbrechen. 40 Jahre »Nürnberger Prozesse«, Hamburg 1986, S. 47-51, hier S. 47. Grundlegend: James F. Willis, Prologue to Nuremberg: The Politics and Diplomacy of Punishing War Criminals in the First World War, Westport, Connecticut, 1982. Ferner David Albert Foltz, The War Crimes Issue at the Paris Peace Conference, 1919-1920, Ph. D. Thesis, The American University, Washington D. C., 1978.

3 So der Titel eines Beitrags im Literary Digest 70 (1921), Nr. 4, S. 11. Die Londoner Times sprach von einem »scandalous failure of justice«, vgl. James F. Willis, Prologue, S. 139. Ferner in diesem Sinne Gordon Wallace Bailey, Dry Run for the Hangman: The Versailles – Leipzig Fiasco, 1919-1921, Feeble Foreshadow of Nuremberg. Ph. D. Thesis, University of Maryland, 1971.

4 Die negative Erfahrung des Leipziger Prozesses war Politikern wie Churchill und Eden durchaus bewußt; vgl. James F. Willis, Prologue, S. 174 ff. Auch in späteren Dokumenten finden sich immer wieder Hinweise auf die Lehren des Leipziger Verfahrens; vgl. etwa Kirkpatrick an Lord Reading, 6. 7. 1949, PRO FO 371/77058 und General Handy, amerikanischer Oberbefehlshaber der US-Armee in Deutschland, an Department of the Army, Office of the Secretary of the Army, Washington, 11. 2. 1950, NA RG 59 Lot 59 D Box 16.

5 Zit. nach Michael Ratz, Die Justiz und die Nazis. Zur Strafverfolgung von Nazismus und Neonazismus seit 1945, Frankfurt/M. 1979, die Erklärung hier auf S. 11 f.

6 Vgl. Martin Gilbert, Auschwitz und die Alliierten, München 1982 und David S. Wyman, Das unerwünschte Volk. Amerika und die Vernichtung der europäischen Juden, München 1986.

7 Tom Bower behauptete dies. Tom Bower, The Pledge Betrayed. America and Britain and the Denazification of Postwar Germany, New York 1982, S. 42.

8 Vgl. Frank M. Buscher, The U. S. War Crimes Trial Program, S. 9 ff.

9 Als solche wurden bezeichnet »Deutsche, die an Massenerschießungen von polnischen Offizieren oder an der Exekution von französischen, holländischen, belgischen Geiseln oder kretischen Bauern teilnehmen oder die teilgehabt haben an den Blutbädern unter dem polnischen Volk oder in den Gebieten der Sowjetunion«.

10 Zur Vorgeschichte des Nürnberger Prozesses ausführlich Bradley F. Smith, The Road to Nuremberg, New York 1981. Ferner William J. Bosch, Judgment on Nuremberg. American Attitudes Toward the Major German War-Crime Trials, Chapel Hill 1970.

11 Vgl. hierzu die Schilderung bei Karl Dietrich Erdmann, Das Ende des Reiches und die Neubildung deutscher Staaten, 4. Aufl., München 1984 (Gebhard Handbuch der deutschen Geschichte, Bd. 22), S. 98 f. und Bradley F. Smith, Der

Jahrhundert-Prozeß. Die Motive der Richter von Nürnberg – Anatomie einer Urteilsfindung, Frankfurt 1977, S. 41 ff.

12 Reichlich unhistorisch gedacht ist die Aussage von Ingo Müller, die Alliierten hätten gar keine andere Möglichkeit als den Prozeß gehabt; vgl. Ingo Müller, Nürnberg und die deutschen Juristen, in: Rainer Eisfeld und Ingo Müller (Hrsg.), Gegen Barbarei: Essays Robert W. M. Kempner zu Ehren, Frankfurt 1989, S. 257–277, hier S. 258.

13 Vgl. den Text bei Michael Ratz, Die Justiz, S. 15 ff. Eine ausführliche Schilderung von Vorgeschichte und Verlauf der Londoner Konferenz findet sich bei Bradley E. Smith, Der Jahrhundert-Prozeß, Frankfurt 1977, S. 60 ff.

14 Viel ist von Zeitgenossen, Historikern und Juristen über den Prozeß in der Stadt der Reichsparteitage berichtet worden. Eine gute Zusammenfassung der verschiedenen Phasen in der Beurteilung der Nürnberger Prozesse findet sich bei Bradley f. Smith, Der Jahrhundert-Prozeß, S. 8 ff. Kritik wurde laut an den rechtlichen Grundlagen der Prozesse. Vgl. zusammenfassend etwa Karl Doehring, Völkerrechtliche Beurteilung des Kriegsverbrecherprozesses von Nürnberg. Auch nach 40 Jahren sind die Prinzipien von Nürnberg nicht anwendbar geworden, in: Beiträge zur Konfliktforschung 16 (1986), S. 75–84. Wohlwollender Geoffrey Francis Andrew Best, Nuremberg and After: The Continuing History of War Crimes and Crimes Against Humanity, Reading 1984 (University of Reading: The Stepton Lecture 1983). Aber auch politisch motivierte Kritik wurde an dem Verfahren geübt: Polemik vor allem gegen alliierte »Siegerjustiz«, die mit doppelter Moral deutsche Verbrechen anprangere, alliierte, vornehmlich sowjetische Verbrechen aber verschweige und ignoriere. Ganz in diesem Sinne schreibt Werner Maser, Nürnberg. Tribunal der Sieger, Düsseldorf/Wien 1977. Die Nürnberg-Debatte läßt sich dabei recht mühelos in politische Rechts-Links-Schablonen einordnen. »Fortschrittliche, d. h. Juristen, die in wesentlichen gesellschaftspolitischen Positionen wider die herrschende Meinung in der Bundesrepublik stehen«, kamen zum vierzigsten Jahrestag des Prozesses zu einer insgesamt positiven Bewertung des Nürnberger Verfahrens; vgl. den Sammelband von Martin Hirsch, Norman Peach und Gerhard Stuby (Hrsg.), Politik als Verbrechen. 40 Jahre »Nürnberger Prozesse«, Hamburg 1986. Zitat aus dem Vorwort, S. 9. Trotz gewisser Skepsis ist ein zustimmender Grundtenor im Hinblick auf Legalität und Legitimität des Nürnberger Tribunals nicht zu übersehen. Noch »nürnbergfreundlicher«, ja »nürnbergapologetisch«: Jörg Friedrich und Jörg Wollenberg (Hrsg.), Licht in die Schatten der Vergangenheit. Zur Enttabuisierung der Nürnberger Kriegsverbrecherprozesse, Frankfurt 1987. Die Teilnehmer der Konferenz jener »fortschrittlichen Juristen« mußten von der Polizei vor rechtsradikalen Demonstranten geschützt werden. Der 30. Jahrestag des Prozesses war in diesen Kreisen Anlaß für eine vorbehaltlose Verurteilung des »Siegertribunals«. Vgl. Sammelband von Peter Dehoust (Hrsg.), Die Niederwerfung des Reiches. Krieg, Verrat, Prozesse. Revisionistische Thesen zur Zeitgeschichte, Coburg 1984.

15 Vgl. den Text des Kontrollratsgesetzes Nr. 10 bei Telford Taylor, Die Nürnberger Prozesse. Kriegsverbrechen und Völkerrecht, Zürich 1951, S. 145 ff.

16 Vgl. die Tabelle bei Norman E. Tutorow, War Crimes, S. 477, Appendix 9. Die Zahlenangaben variierten freilich immer wieder. Vgl. etwa das Schreiben des State Department vom 6. 7. 1953, wo von 177 Fällen die Rede war; NA RG 59 Lot 59 D 609 Box 17.

17 Zu Ilse Koch vgl. Arthur L. Smith, Die »Hexe von Buchenwald«. Der Fall Ilse Koch, Köln 1983.

18 Das Malmédy-Massaker war von nicht zu unterschätzender Wirkung auf die inneramerikanische Entscheidungsfindung für die Verfolgung von Kriegsverbrechern; vgl. Bradley F. Smith, The Road, S. 114 ff. Die genaueste Darstellung über die historischen Umstände und den nachfolgenden Prozeß lieferte James J. Weingartner, Crossroads to Death: The Story of the Malmédy Massacre and Trial, Berkeley 1979. Eher reißerisch: Carles Whiting, Massacre at Malmédy, The Story of Jochen Peiper's Battle Group, Ardennes December 1944, London 1971. Von deutscher Seite wurde verneint, es habe sich hier um eine mutwillige Tötung von Kriegsgefangenen gehandelt, so etwa: Lothar Greil, Die Wahrheit über Malmédy, München 1958 oder auch der Roman von Will Berthold, Das Recht des Siegers: Malmédy, 3. Aufl., München 1983. Weingartner hält es dagegen für wahrscheinlich, daß die gefangenen amerikanischen Soldaten bei einem Fluchtversuch erschossen wurden oder daß sie aus Versehen für Kampftruppen gehalten wurden. Es sei sicher, daß das Massaker in Malmédy ein »kollektiver, vorsätzlicher Bruch der Gesetze und Gebräuche des Krieges« war; James J. Weingartner, Crossroads, S. 241.

19 Mit Ausnahme eines Falles, dem Verfahren gegen Jürgen Stroop u. a., deren Mitgliedschaft in einer kriminellen Vereinigung in die Anklageschrift einging; vgl. die ausführliche Darstellung über Arbeitsweise und Zusammensetzung der amerikanischen Militärgerichte durch Maximilian Koessler, American War Crimes Trials in Europe, in: The Georgetown Law Journal 39 (1950), Nr. 1, S. 18–112.

20 Zahlen nach John Mendelsohn, War Crimes and Clemency in Germany and Japan, in: Robert Wolfe (Hrsg.), Americans as Proconsuls. US-Military Gouvernment in Germany and Japan, 1944–1952, Carbonale/Edwardswille 1984, S. 226–259, hier S. 228.

21 Den Entscheidungsprozeß schildert auf der Grundlage unveröffentlichter Quellen Priscilla Dale Jones, British Policy Towards German Crimes Against German Jews, 1939–1945, in: Leo Baeck Institute Yearbook 36 (1991), S. 339–366.

22 Zu allen Angaben vgl. das Memorandum des Foreign Office, O'Grady, 6. 5. 1949, PRO FO 371/77055; der Fall Manstein (vgl. hierzu das folgende Kapitel) war freilich noch nicht in diese Statistik eingegangen. Diese Zahlen entsprechen der offiziellen deutschen Darstellung: Bundesjustizministerium (Hrsg.), Die Verfolgung nationalsozialistischer Straftaten im Gebiet der Bundesrepublik Deutschland seit 1945, Bonn 1964, S. 37. Vgl. ferner die kurze Übersicht von D. A. L. Wade, A Survey of the Trials of War Criminals, in: Journal of the Royal United Services Institution 96 (1951), S. 66–70.

23 Vgl. Viscount Maugham, UNO and War Crimes, London 1951, S. 20. Maugham war ehemals Lord Chancellor der britischen Regierung.

24 Vgl. Heinz Boberach, Das Nürnberger Urteil gegen verbrecherische Organisationen und die Spruchgerichtsbarkeit der britischen Zone, in: Zeitschrift für Neuere Rechtsgeschichte 12 (1990), S. 40-50. Vgl. auch Robertson an Bevin, 26. 1. 1949, mit dem Abschlußbericht der Old Lace Prozesse, PRO FO 371/77072.

25 Zahlen nach Adalbert Rückerl, NS-Verbrechen, S. 99. Die gleichen Zahlen finden sich bei Viscount Maugham, U. N. O. and War Crimes, S. 24. Er nennt als Quelle die französische Botschaft in London.

26 Vgl. Adalbert Rückerl, NS-Prozesse, S. 99 f.

27 Aufzeichnung Kirkpatrick, 28. 3. 1949, PRO FO 371/77052.

28 Vgl. den Text des Statements von Lord Henderson im Telegramm des Foreign Office an Berlin, 5. 5. 1949, PRO FO 371/77054. Die Erklärung war zuvor im Kabinett verabschiedet worden, vgl. Aufzeichnung der 32. Kabinettssitzung vom 5. 5. 1949, PRO CAB 127/15.

29 Zit. nach Foreign Office an Robertson, 11. 1. 1949, PRO FO 371/77045.

30 Policy Directive for the United State High Commissioner for Germany (McCloy), 17. 11. 1949, FRUS 1949, Bd. III, S. 319 ff. hier S. 336. Zur Entstehung der Direktive vgl. Hermann Josef Rupieper, Der besetzte Verbündete. Die amerikanische Deutschlandpolitik 1949–1955, Opladen 1991, S. 34 ff.

31 Vgl. etwa die Denkschrift Mallet/Lord Henderson für Bevin, 2. 5. 1949, PRO FO 371/77055. Ferner auch das Aide Mémoire der französischen Botschaft an das britische Außenministerium vom 29. 4. 1949, PRO FO 371/77053 und Harvey, Paris, an Foreign Office, 30. 4. 1949, PRO FO 371/77053.

32 Bevin an Sir O. Harvey, Paris, 5. 5. 1949, PRO FO 371/77055.

33 Vgl. die Statistik: Übersicht über die Entwicklung des Kriegsverurteiltenproblems in den westlichen Ländern, PA AA II 515-01k.

34 Aufstellung in PA AA II 515-00h Bd. 2.

35 Dies betont Karl Dietrich Erdmann, Das Ende, S. 104.

36 Nürnberger Prozesse. Der Prozeß gegen die Hauptkriegsverbrecher vor dem Internationalen Gerichtshof Nürnberg, 14. 11. 1945–1946, 42 Bde., Nürnberg 1947–1949.

37 Telford Taylor, Final Report to the Secretary of the Army on the Nuernberg War Crimes Trials under Control Council Law No. 10, Washington, D. C., 15. 8. 1949, NA RG 319, P&O Dec. 000. 5.

38 Vgl. State Department an die US-Hochkommission, 8. 8. 1952, NA RG 59 Dec. 662A.0026/7-3152. Es existiert nur eine englische Ausgabe der Akten der Nürnberger Nachfolgeprozesse: Trials of War Criminals before the Nuernberg Military Tribunals under Control Council Law No. 10, 15 Bde., Washington 1946–1949.

39 Gray an Secretary of State, 15. 9. 1949, NA RG 59 Lot 59 D 609 Box 16.

40 Vgl. zu den Anklagepunkten im einzelnen: Anfänge deutscher Sicherheitspolitik 1945–1946, hrsg. vom Militärgeschichtlichen Forschungsamt, Bd. 1: Von den Anfängen bis zum Pleven-Plan, München/Wien 1982, S. 626, mit deutlicher Kritik am Verfahren. Vgl. auch die Schrift des Manstein-Verteidigers Paul Leverkuehn, Verteidigung Manstein, Hamburg 1950. Ferner Reginald T. Paget, Manstein. Seine Feldzüge und sein Prozeß, Wiesbaden 1951. Schließlich Mansteins Erinne-

rungen: Erich von Manstein, Verlorene Siege, Bonn 1955. Ders., Aus einem Soldatenleben, 1887-1939, Bonn 1958. Zum politischen Hintergrund des Falles Manstein vgl. (auf der Grundlage unveröffentlichter Quellen) J. H. Hoffman, German Field Marshalls as War Criminals, A British Embarassment, in: Journal of Contemporary History 23 (1988), S. 17-35.

41 Vgl. hierzu J. H. Hoffmann, German Field Marshals, S. 18 ff.

42 Robertson an das Foreign Office, 7. 8. 1948, zit. nach J. H. Hoffmann, German Field Marshalls, S. 25.

43 Vgl. ausführlich J. H. Hoffmann, German Field Marshalls, S. 26.

44 Am 28. 10. 1948; zit. nach Lord Hankeys Nachwort in Viscount Maugham, U. N. O. and War Crimes, S. 126.

45 So Rudolf Morsey, Die Bundesrepublik Deutschland. Entstehung und Entwicklung bis 1969, München 1987 (Oldenburg Grundriß der Geschichte 19), S. 17. Vgl. auch Michael Bell, Die Blockade Berlins. Die Konfrontation der Alliierten in Deutschland, in: Josef Foschepoth (Hrsg.), Kalter Krieg und deutsche Frage. Deutschland im Widerstreit der Mächte, 1945-1952, Göttingen 1987, S. 217-239, hier S. 238.

46 Zit. nach Anfänge westdeutscher Sicherheitspolitik I, S. 624.

47 Vgl. auch den Brief Churchills an Eden vom 13. 9. 1948, zit. nach Martin Gilbert, Winston Churchill, Vol. 8: »Never Dispair«, 1945-1965, London 1988, S. 131 f.

48 Vgl. 61. Kabinettssitzung, 22. 9. 1948, PRO CAB 128/13.

49 Vgl. etwa Shinwell (Secretary of State for War) an Bevin, 10. 2. 1949, PRO FO 371/77026 und das Kabinettspapier Shinwells mit beigefügten medizinischen Berichten vom 28. 3. 1949, PRO CAB 129/34.

50 Peterson, britische Botschaft Moskau, an Foreign Office, PRO FO 371/77027.

51 Vgl. 24. Kabinettssitzung, 31. 3. 1949, CAB 128/15.

52 30. Kabinettssitzung, 28. 4. 1949, PRO CAB 128/15.

53 Kabinettspapier des Lord Chancellor vom 3. 5. 1949, PRO CAB 129/34 und Aufzeichnung der 32. Kabinettssitzung vom 5. 5. 1949, PRO CAB 128/15.

54 Kelly, Moskau, an Foreign Office, 25. 7. 1949, PRO FO 371/77031.

55 So zumindest die Einschätzung des German Morale Report Nr. 38, Oktober 1949, erstellt durch das Public Opinion Research Office der britischen Zone, Bielefeld, PRO FO 371/76709.

56 Wahnerheide an Foreign Office, Personal Weekly Report from the High Commissioner, 3. 1. 1950, PRO FO 371/85913. Am 24. 2. 1950 bat die Bundesregierung in einer offiziellen Note zum Fall Manstein um eine »Begnadigung, Strafaussetzung oder zum mindesten eine Strafmilderung«, dies mit Hinweis auf die schlechte Gesundheit des Verurteilten, aber auch aufgrund der Tatsache, »daß die dem Urteil zu Grunde liegenden Tatbestände sich auf einem Kriegsschauplatz abgespielt haben, auf dem die anerkannten Regeln des Völkerrechts vom Gegner unbeachtet geblieben sind«. Adenauer an Robertson, PA AA II Bd. 1305; auch abgedruckt in Konrad Adenauer, Briefe 1949-1951, S. 232 f.

57 Aufzeichnung Kirkpatrick für Minister of State, 11. 1. 1950, PRO FO 371/85913.

58 Kirkpatrick, Foreign Office, an Robertson, 4. 1. 1950, PRO FO 371/85913.

59 Robertson an Kirkpatrick, 9. 1. 1950, PRO FO 371/85913.
60 Robertson an Kirkpatrick, 1. 2. 1950, PRO FO 371/85913.
61 Vgl. zu Shawcross das Porträt von Gerd Kröncke in der *Süddeutschen Zeitung,* 15./16. 12. 1990: »Der Gefürchtete plädiert gegen spätere Vergeltung.«
62 Shawcross an Shinwell, 14. 2. 1950, PRO FO 371/85914.
63 Bevin an Shinwell, 18. 2. 1950, PRO FO 371/85914.
64 Geraghty, war office, an Helsby?, top secret, 21. 2. 1950, PRO FO 371/85914. Vgl. auch die Zustimmung des Premierministers, Pumphrey, Downing Street 10, an Stephen, War Office, 22. 2. 1950, PRO FO 372/85914.
65 Vgl. *Daily Telegraph,* 23. 4. 1951, Ausschnitt in PRO FO 371/93547.
66 Foreign Office an Wahnerheide, 23. 3. 1951, PRO FO 371/93547. Auch Kirkpatrick zeigte sich sehr wütend über diese Vorkommnisse; vgl. Aufzeichnung Gainer für Strang über ein Telefongespräch mit Kirkpatrick vom gleichen Tag (ebd.).
67 Amerikanische Botschaft Bonn an das State Department, 25. 6. 1956, über ein Gespräch mit Mende vom 22. 6., NA RG 59 Dec. 762A.00/6-2556.
68 Memorandum Raymond für Byroade, 18. 10. 1949, NA RG 59 Lot 59 D 609 Box 16.

2. Die amerikanischen Begnadigungen vom Januar 1951

1 Resident Officer Landsberg an Chief Field Operations Division Munich, 8. 1. 1951, NA RG 466 GR Dec. 321.6 Box 22.
2 So der Bericht der *New York Times* vom 8. 1. 1951.
3 Department of the Army, Office of the Advocate General, Memorandum for McCain, 9. 9. 1949, NA RG 59 Lot 59 D 609 Box 16.
4 US-Hochkommission an State Department, 4. 2. 1950, NA RG 59 Dec. 662. 0026/2-450.
5 Das Besatzungsstatut ist oftmals abgedruckt, vgl. etwa die (gekürzte) Fassung bei Christoph Kleßmann, Die doppelte Staatsgründung. Deutsche Geschichte 1945–1949, 4. Aufl., Bonn 1986, S. 459 ff.
6 Hierzu Frank M. Buscher, The US War Crimes Trial Program, ausführlich S. 29 ff. und 49 ff.
7 Freilich vermischten sich während der Untersuchungen rechtliche und politische Argumente. Inneramerikanische Stimmen – der neoisolationistische Senator Robert A. Taft und der Antikommunist Joseph McCarthy waren hier die treibenden Kräfte – wandten sich zunehmend gegen das amerikanische Kriegsverbrecherprogramm. So konnte zwar der Abschlußbericht des Malmédy-Ausschusses keine gravierenden prozessualen Versäumnisse feststellen, dennoch griffen hier erstmals amerikanische und deutsche Kritik an Legitimität und Legalität der Prozesse ineinander. Zum Malmédy-Ausschuß vgl. Frank M. Buscher, The US

War Crimes Trial Program, S. 38 ff. und mit einer ausführlichen Darstellung der Vorgeschichte James J. Weingartner, Crossroads, S. 196 ff. Am 19. 11. 1949 übersandte das State Department der amerikanischen Hochkommission die Empfehlungen des Malmédy-Ausschusses, NA RG 59 Lot 59 D 609 Box 16.

8 Thomas Alan Schwartz, Die Begnadigung, S. 387. Allzu reißerisch ist die Darstellung von Tom Bower, The Pledge Betrayed, vor allem S. 343 ff.

9 Vgl. hierzu eine Auflistung der einzelnen zu prüfenden Fälle, NA RG 59 Lot 59 D 609 Box 16.

10 Thomas Alan Schwartz, Die Begnadigung, S. 392 ff. Der Peck-Bericht vom 28. 8. 1950 in NA RG 59 Lot 59 D 609 Box 5 und in NA RG 466, McCloy Papers D (50) 2063.

11 Hans-Peter Schwarz, Die Ära Adenauer. Gründerjahre der Republik 1949–1957, Stuttgart 1981 (Geschichte der Bundesrepublik Deutschland, Bd. 2, hrsg. von Karl Dietrich Bracher), S. 105. Zur Entwicklung der Wiederbewaffnungsfrage sei hier als grundlegend genannt: Anfänge westdeutscher Sicherheitspolitik, Bd. 1 und Bd. 2.

12 Reactions Analysis Staff, Report No. 57, Series No. 2, January 1951, übersandt von der US-Hochkommission an das State Department am 15. 1. 1951; NA RG 59 Dec. 762A.5/1-1551. Die Zusammenfassung des Berichts ist veröffentlicht bei Anna J. Merrit und Richard L. Merrit (Hrsg.), Public Opinion in Semisovereign Germany. The Hicog Surveys 1949–1955, The University of Illinois Press 1980, Urbana u. a. 1980, S. 101. Vgl. ferner die Interpretation bei Richard L. Merrit, Digesting the Past: Views of National Socialism in Semi-Sovereign Germany, in: Societas 7, Nr. 2, Frühjahr 1977, S. 93–119, hier S. 105.

13 Ausführlich hierzu Frank M. Buscher, The U. S. War Crimes Trial Program, S. 92 ff.

14 Zur Haltung der Kirchen: Anfänge deutscher Sicherheitspolitik Bd. 2, S. 524 ff. Zum Katholizismus grundlegend: Anselm Doering-Manteuffel, Katholizismus und Wiederbewaffnung. Die Haltung der deutschen Katholiken gegenüber der Wehrfrage, 1948–1955, Mainz 1981 (Veröffentlichungen der Kommission für Zeitgeschichte, Reihe B, Bd. 32).

15 Amerikanisches Generalkonsulat Bremen an State Department, 1. 11. 1948, NA RG 59 Dec. 740.00116 EW/11–148.

16 Vgl. das Schreiben McCloys an Neuhäusler, 30. 1. 1951, NA RG 466, McCloy Papers D (51)119. Neuhäusler war selbst inhaftiert gewesen; vgl. hierzu Neuhäuslers oft romantisierende und den kirchlichen Widerstand überhöhende Darstellung: Johann Neuhäusler, Kreuz und Hakenkreuz. Der Kampf des Nationalsozialismus gegen die katholische Kirche und der kirchliche Widerstand, München 1946. Im Dezember 1949 trafen sich McCloy und Frings zu einem Gespräch, in dem McCloy dem Kölner Kardinal sein Vorgehen erläuterte; vgl. hierzu Frank M. Buscher und Michael Phayer, German Catholic Bishops, S. 476. Allerdings ist der Grundtenor des Aufsatzes kaum erträglich, wenn er, wohl mit Blick auf den Historikerstreit, davon spricht, daß der »Holocaust has once again become ›salonfähig‹ in Germany«. Vgl. auch Buschers Darstellung der Haltung der

Kirchen in der Gnadenfrage: Frank M. Buscher, The U. S. War Crimes Trial Program, S. 92 ff. Er macht es sich aber zu einfach, wenn er die Zurückweisung der alliierten Kollektivschuldthese einzig dadurch zu erklären versucht, daß die katholische Kirche eigenes Versagen angesichts der Verbrechen des Dritten Reiches überdecken wollte.

17 Frings an den britischen König, 2. 4. 1949, PRO FO 371/77054.

18 Landkommissar für Bayern, Hale, an McCloy, 4. 1. 1952, NA RG 466 McCloy Papers D (52)193.

19 Schreiben des Bischof von Fargo, Muench, an McCloy, 19. 12. 1949, NA RG 466 McCloy Papers D (50) 57/58. Auch gegenüber der britischen Regierung wurde der päpstliche Nuntius aktiv; Brown, britische Hochkommission, an Priss, Foreign Office, 16. 12. 1950, PRO FO 371/85892.

20 McCloy erläuterte in einem Schreiben an den World Jewish Congress, er habe keinesfalls vor, eine Generalamnestie oder allgemeine Strafkürzung durchzuführen, McCloy an Marcus, 29. 3. 1950, NA RG 466 McCloy Papers D (501) 1011. Vgl. auch das Schreiben Marcus an McCloy, 23. 10. 1950, American-Jewish Archives, World-Jewish Congress Collection H 131/14. Auch die Jewish War Veterans wandten sich im März 1950 gegen Begnadigungen; Young, War Crimes Division, an Raymond, State Department, 9. 3. 1950, mit einer entsprechenden Resolution, NA RG 59 Dec. 662.0026/3-950.

21 Vgl. ausführlich Frank M. Buscher, The U. S. War Crimes Trial Program, S. 97 ff.

22 Denkschrift der EKD, 9. 12. 1949, NA RG 446 Dec. 321.6 GR Box 12.

23 1950 wiederholte die EKD ihre wichtigsten rechtlichen Einwände; EKD, Dibelius, übersandt von Niemöller an Attlee, vom 6. 12. 1950, PRO FO 371/85892. Die Denkschrift löste keinerlei erkennbare Diskussionen im Foreign Office aus.

24 Vgl. hierzu auch Anfänge westdeutscher Sicherheitspolitik 1, S. 623 ff.

25 Office of Land Commissioner for Bavaria, Shuster, 27. 8. 1951, an McCloy, beiliegend ein Memorandum der Political und Public Affairs Section des Amerikanischen Generalkonsulates in München über Gespräche in Kreisen ehemaliger deutscher Militärs vom 20. 8.: NA RG 466 Dec. 321.6 CGR Box 28. Vgl. auch Guderian an McCloy, Übersetzung 1. 1. 1951, NA RG 466 McCloy Papers, D (51) 3.

26 General Lindemann an McCloy, 13. 12. 1950, NA RG 466 McCloy Papers D (59), 2849.

27 Vgl. zu diesen immer wieder vorgebrachten Argumenten die Denkschriften des Verbandes der deutschen Soldaten, Hansen, 4. 2. 1951, PRO FO 1060/53 und vom 25. 3. 1951, PRO FO 1060/ 454. Handeln auf Befehl wurde vom Gesetz Nr. 10 nicht als Strafausschließungs-, sondern nur als Strafmilderungsgrund angenommen. Vgl. die historische Einordnung dieses Problems durch Hans Buchheim, Das Problem des sogenannten Befehlsnotstandes aus historischer Sicht, in: Peter Schneider und Hermann J. Meyer (Hrsg.), Rechtliche und politische Aspekte der NS-Verbrecherprozesse, Main 1968, S. 25–37.

28 Memorandum der US-Hochkommission, Hagan für Debevoise, 24. 9. 1951, NA RG 466 Dec. 321.6 GR Box 28.

29 Vgl. zu diesem Problem auch unten, Kapitel 13.

30 Vgl. hierzu Erich Maschke (Hrsg.), Zur Geschichte der deutschen Kriegsgefangenen des Zweiten Weltkrieges, Bielefeld 1965. Arthur L. Smith, Heimkehr aus dem Zweiten Weltkrieg. Die Entlassung der deutschen Kriegsgefangenen, Stuttgart 1985 (Schriftenreihe der Vierteljahrshefte für Zeitgeschichte Nr. 51). Das Schicksal deutscher Kriegsgefangener in amerikanischen und französischen Lagern ist durch das Buch eines kanadischen Autors in die öffentliche Diskussion geraten. Vgl. James Bacque, Der geplante Tod. Deutsche Kriegsgefangene in amerikanischen und französischen Lagern, 1945–1946, Frankfurt 1989. Bacque geht von einem geplanten Massensterben deutscher Kriegsgefangener aus, er kommt zu Opferzahlen von nahezu einer Million.

31 Vgl. etwa: Verband der Heimkehrer-, Kriegsgefangenen- und Vermißten-Angehörigen Deutschlands e. V., Landesverband Bayern, 11. 1. 1951, gegen die Vollstreckung der Landsberger Todesurteile, PRO FO 1060/453.

32 Vgl. den Essay Alfred Grossers über Adenauer in: Alfred Grosser und Konrad D. Müller, Die Kanzler, Bergisch Gladbach 1989, S. 6, wo er beklagt, die erste Regierungserklärung Adenauers habe außer der Warnung vor neuem Antisemitismus nichts über die Vergangenheit enthalten, nicht einmal ein Gedenken oder ein Dank an die deutschen Widerstandskämpfer.

33 Verhandlungen des Deutschen Bundestages, Stenographische Berichte, 1. Wahlperiode, 1949, Bd. I, S. 27.

34 Adenauer an McCloy, 28. 2. 1950, PA AA II 515-01a. Der Brief an McCloy war von Justizminister Thomas Dehler entworfen worden; vgl. den Entwurf Dehler, 20. 2. 1950 PA AA II 515-01b. Am 27. 3. wiederholte Adenauer seinen Vorstoß, PA AA II 515-01a.

35 McCloy an Adenauer, 24. 4. 1950, PA AA II 515-01a.

36 Adenauer an McCloy, 3. 11. 1950, Konrad Adenauer, Briefe 1949–1951, S. 329. Am 21. 12. 1950 setzte er sich bei der Alliierten Hohen Kommission für Beurlaubungen bzw. Begnadigungen zu Weihnachten ein (ebd.).

37 Vgl. hierzu den Antwortbrief McCloys vom 28. 12. 1950, PA AA II 515-01a.

38 McCloy an Secretary of State, top secret, Eyes only Acheson/Byroade, 17. 11. 1950, FRUS 1950 Bd. 4, S. 782. Am 24. September war der Kanzler von McCloy über den Stand der Dinge informiert worden; Kabinettsprotokolle, Bd. 3 (1950), Dokumentenanhang, Besprechung Adenauer – McCloy vom 24. 9. 1951, S. 152 ff., hier S. 155 f.

39 Heuss an McCloy, 16. 1. 1951, PA AA II 515-01a.

40 Aufzeichnung über eine Sitzung des Auswärtigen Ausschusses vom 5. 1. 1951, PA AA II 515-01b.

41 Memorandum für Reber, 21. 12. 1950, NA RG 466 Dec. 321.6 GR Box 12.

42 Aufzeichnung Böker, Bundeskanzleramt, 10. 1. 1951 (fälschlich 1950) an von Trützschler, PA AA II 515-01c.

43 Aufzeichnung von Trützschler, 11. 1. 1951, darauf handschriftlicher Vermerk von Böker für von Trützschler: »H. MD Blankenhorn hält es unter diesen Umständen für besser, daß kein weiterer Schritt der Bundesregierung erfolgt.« PA AA II 515-01c.

44 Heuss an McCloy, 16. 1. 1951, PA AA II 515-01a.
45 So schrieb er an Heuss, mit keinem anderen Thema habe er sich so intensiv
    befaßt, seitdem er Hochkommissar geworden sei, wie eben mit der Kriegsverbre-
    cherfrage. McCloy an Heuss, 24. 1. 1951, PA AA II, 515-01a. Vgl. auch die
    Erinnerungen von George N. Shuster, In Amerika und Deutschland. Erinnerun-
    gen eines amerikanischen College-Präsidenten, Frankfurt/M. 1965, S. 238 f.
46 Aufzeichnung Noack, 5. 3. 1951, über ein Gespräch Adenauer-McCloy am 2. 3.
    1951, PA AA II Bd. 1299. Ferner McCloy an Neuhäusler, 30. 1. 1951, NA RG 466
    McCloy Papers D (51)119.
47 Thomas Alan Schwartz, Die Begnadigung, S. 381 f.
48 Vgl. Martin Gilbert, Auschwitz, vor allem S. 279 f., 291 f., 300 und 356 und David
    Wyman, Das unerwünschte Volk, vor allem S. 409 ff. Bemerkenswert ist, daß
    Thomas Alan Schwartz zwar das erste, nicht aber das zweite Faktum erwähnt.
    Ohnehin erscheint McCloy bei Schwartz oft ohne Fehl und Tadel, gerade in
    seiner Dissertation wird dies recht deutlich: Thomas Alan Schwartz, America's
    Germany: John J. McCloy and the Federal Republic of Germany, Cambridge,
    Mass. 1991.
49 Vgl. Memorandum Byroade für Secretary of State, 15. 11. 1950, NA RG 59 Lot 57
    D 540 Box 29 und Acheson an McCloy, 16. 11. 1950, NA RG 59 Lot 57 D 540 Box
    29.
50 Gesprächsaufzeichnung Acheson, 16. 11. 1950, NA RG 59 Lot 57 D 540 Box 29.
51 Truman an Acheson, 15. 2. 1951, NA RG 59 Dec. 862A.413/2–1551. Dort auch das
    Schreiben von Dibelius vom 1. 2. 1951 an Myron Taylor und dessen Notiz für das
    Weiße Haus vom 11. 2.
52 Mitte Januar 1951 erhielt Truman einen Brief von einem Mitglied seiner Frei-
    maurerloge in der Landsberg-Angelegenheit. Er notierte für Acheson: »I know
    nothing about what Dr. Vogel and Ray [die Absender des Briefes, U. B.] are
    discussing but I thougth it might be well for you to take a look at it.« Truman
    Library, President's Secretary's Files Box 179. Am 31. 1. 1951 informierte Ache-
    son den Präsidenten über die McCloy-Entscheidungen vom selben Tag. NA RG 59
    Lot 53 D 444 Box 18. Am Tag darauf sandte Truman seiner Loge in Kansas City
    ein Memorandum zur Kriegsverbrecherfrage und bemerkte, dieses zeige, »that
    the German war criminals have had much better treatment than they would have
    had under their own Government. I have to accept this as the situation because
    there is no way in the world for me to interfere with things inside Germany.«
    (Truman Library, a. a. O.) Gerade aus letzter Aussage spricht die völlige Unkennt-
    nis Trumans in Sachen Kriegsverbrecherproblematik.
53 Vgl. die Berichte vom 1. 8. 1950, NA RG 466 McCloy Papers D (50)1887 und vom
    26. 9. 1950, D (50) 2227.
54 Gesprächsaufzeichnung, Entwurf, 9. 1. 1951, NA RG 466 McCloy Papers D (51)
    17a.
55 Auch in einem Schreiben an Adenauer hatte McCloy den Hinweis auf die
    Bestimmung des Grundgesetzes aus eben diesen Gründen zurückgewiesen;
    McCloy an Adenauer, 24. 4. 1950, PA AA II 515-01a.

56 McCloy an Wurm, 10. 2. 1951, NA Rd 466 McCloy Papers D (51) 126.

57 Vgl. hierzu auch den Brief McCloys an General Lindemann, 29. 12. 1950, NA RG 466 McCloy Papers D (50) 2849.

58 McCloy an Heuss, 24. 1. 1951, NA RG 466 Dec. 321. 6 GR Box 12.

59 McCloy an Frings, 5. 3. 1951, NA RG 466 McCloy Papers D (51)126.

60 McCloy an Shuster, Land Commissioner for Bavaria, 15. 5. 1951, NA RG 466 McCloy Papers D (51)126.

61 Ebd. Vgl. auch das Schreiben McCloys an Eleanor Roosevelt, 12. 3. 1951, NA RG 59 Lot 59 D 609 Box 18.

62 McCloy an State Department über ein Gespräch mit Bundestagspräsident Ehlers, 12. 1. 1951, NA RG 466 Dec. 321.6 CGR Box 28.

63 Vgl. hierzu die Übersicht bei Thomas Alan Schwartz, Die Begnadigung, S. 406 ff.

64 Aufzeichnung Blankenhorn für Adenauer, 31. 1. 1951, PA AA II 515-01b, darauf handschriftliche Notiz Adenauers.

65 Kabinettsprotokolle, Bd. 3 (1950), Dokumentenanhang, Besprechung Adenauer – McCloy vom 24. 9. 1950, S. 156.

66 Kaghan, Information Services Division, Office of Public Affairs, an State Department, 21. 2. 1951, NA RG 59 Dec. 662.0026/2-2151.

67 Landsberg, ein dokumentarischer Bericht, hrsg. von der Information Division der US-Hochkommission, München 1951. Vgl. die Verteilerliste des Schreibens von Kaghan an State Department, 21. 2. 1951 (a. a. O.). Eine deutsche Gegendarstellung zum Landsberg-Bericht veröffentlichte der deutsche Verteidiger Rudolf Aschenhauer, Landsberg. Ein dokumentarischer Bericht von deutscher Seite, München 1951.

68 Vgl. hierzu die Kabinettssitzung vom 9. 2. 1951, Kabinettsprotokolle Bd. 4(1951), S. 159. Ferner von Trützschler an Konsulat New York, 23. 2. 1951, PA AA II 515-01c.

69 Vgl. Aufzeichnung Noack, 5. 3. 1951 über eine Besprechung Adenauers mit McCloy am 2. 3. 1951, PA AA II Bd. 1299. Adenauer äußerte daraufhin sein Bedauern über diese Vorfälle, und McCloy antwortete, diese seien nicht typisch für das »deutsche Volk in seiner Gesamtheit«; vgl. McCloy an Adenauer, 6. 3. 1951, Pa AA II, 515-01a. Ferner Otto Lenz, Im Zentrum der Macht: Das Tagebuch von Staatssekretär Lenz, 1951–1953, bearbeitet von Klaus Gotto, Hans-Otto Kleinmann und Reinhard Schreiner, Düsseldorf 1989 (Forschungen und Quellen zur Zeitgeschichte, Bd. 11), S. 45.

70 McCloy an State Department, 5. 3. 1951, NA RG 59 Lot 57 D 540 Box 29. Ferner Otto Lenz, Tagebuch, S. 51.

71 Alle Reaktionen aus dem Dokument: Office of the U. S. High Commissioner für Germany, Public Relations Division, »Review of German and Foreign Press Reactions to the Clemency Decisions of Landsberg War Crimes Cases«, 10. 2. 1951, NA RG 466 Dec. 321.6 GR Box 12.

72 McCloy an State Department, 1. 2. 1951, NA RG 466 McCloy Papers D (51)122–126 (Signatur nicht genau zu ermitteln.) Ferner Kirkpatrick an Foreign Office, 1. 2. 1951, PRO FO 1060/453.

73 Amerikanisches Generalkonsulat München an State Department, 9. 2. 1951, NA RG 59 Dec. 662.0026/2-951.

74 Shute, Director Office of Intelligence, US-Hochkommission, an State Department, 19. 3. 1951, NA RG 59 Lot 59 D 609 Box 18.

75 US-Hochkommission an State Department, Reactions Analyses Staff, Report No. 63, Series No. 2, 6. 3. 1951, NA RG 59 Dec. 662.0026/3-651.

76 Anna J. Merrit und Richard L. Merrit (Hrsg.), Public Opinion, S. 110: 39 Prozent äußerten sich gegen, 56 Prozent für die Entscheidungen.

77 US-Hochkommission, Reaction Analyses Staff, Office of Public Affairs, an State Department, 30. 3. 1951, NA RG 59 Lot 59 D 609 Box 18.

78 Liaison Bonn, McCloy, an US-Hochkommission, Frankfurt, 7. 3. 1951, NA RG 466 Dec. 321.6 CGR Box 28.

79 Memorandum Lewis für Acheson, 9. 2. 1951, NA RG 59 Dec. 662.0026/2-951.

80 Aufzeichnung Ward, copy, 12. 1. 1951, über ein Gespräch zwischen McCloy, Kirkpatrick und François-Poncet, PRO FO 1060/453.

81 Davis, Tel Aviv, an State Department über ein Gespräch mit Sharett, 12. 3. 1951, NA RG 59 Dec. 662.0026/3-1251 und US-Botschaft Tel Aviv an das State Department, 9. 3. 1951, NA RG 59 Dec. 662.0026/3-951.

82 American Embassy Kopenhagen an State Department, 15. 2. 1951, NA RG 466 Dec. 321. 6 CGR Box 28. Vgl. auch State Department an American Embassy Oslo, 13. 2. 1951, NA RG 59 Dec. 662.0026/2-1251.

83 Memorandum T. O. (Ted Olson) an HUK (Kellermann), 2. 1. 1951, NA RG 59 Dec. 662.0026/1-251; vgl. auch das Memorandum Kellermann an Lewis, 2. 1. 1951, NA RG 59 (ebd.).

84 Byroade an McCloy, 6. 1. 1951, secret, NA RG 59 Dec., 662.0026/1-651.

85 Vgl. den Text der Verlautbarung in BPA MF Rolle 953-2/6, dort auch das Statement von Handy.

86 State Department an HICOC, 19. 2. 1951, NA RG 59 Lot 59 D 609 Box 18. Auch die folgenden Reaktionen sind, wenn nicht anders angegeben, dieser Übersicht entnommen.

87 State Department an HICOC, 19. 2. 1951, NA RG 59 Lot 59 D 609, Box 18.

88 Hasset, Secretary for the President an Secretary of State, 27. 3. 1951, und Acheson an Hasset, 30. 3. 1951, NA RG 59 Dec. 662.0026/3-951.

89 Gesprächsaufzeichnung Kellermann und Delong, State Department, mit Bolz, American Jewish Congress, 2. 3. 1951, NA RG 59 Dec. 862A.413/3-251. Gerade der American Jewish Congress zeigte in der Kriegsverbrecherfrage großes Interesse; vgl. die Resolution vom 25. 2. 1951, in American Jewish Historical Society, American Jewish Congress Collection Box 3. Ferner die Abschrift eines Briefes an Außenminister Acheson, undatiert (ebd., Box 52).

90 Der Congrès Juif Mondial, Paris, protestierte am 2. 2. 1951, NA RG 84 Paris Embassy Files GR Box 531. Der World Jewish Congress in London protestierte in zwei Schreiben gegen Wiederbewaffnung und die anstehenden Begnadigungen; vgl. die Schreiben 17. 1. und 22. 1. 1951, übersandt an das State Department am 25. 1. 1951, NA RG 59 Dec. 762A.5/1-2551.

91 Vgl. den Protest bei McCloy gegen eine vermeintliche Abänderung seiner Entscheidungen und McCloys Antwort an Jacob Blaustein, Präsident des American Jewish Committee, 22. 3. 1951, NA RG 466 Dec. 321.6 GR Box 12.

92 Einladungsschreiben vom 8. 3. 1951, NA RG 59 Dec. 662.0026/3-851. Eine Niederschrift des Gesprächs konnte nicht ermittelt werden. Nur ein Memorandum einer internen Besprechung des World Jewish Congress vom 28. 3. 1951 gibt einen Hinweis. Das State Department habe u. a. mitgeteilt, Druck des Papstes, des Erzbischofs von Canterbury und von Lord Halifax hätte die Entscheidungen beeinflußt; American Jewish Archives, World Jewish Congress Collection, 20/1. Betrieben die Beamten des State Departments eine Art »name dropping«? Auf die Rolle des Papstes bzw. seines Nuntius in Deutschland wurde bereits eingegangen. Interventionen des Erzbischofs von Canterbury konnten nicht ermittelt werden, und die Einflußnahme von Lord Halifaz beschränkt sich offensichtlich auf einen Briefwechsel mit Truman zum Fall von Weizsäcker, vgl. Truman an Acheson mit Brief von Halifax, 31. 1. 1950, NA RG 59 Dec. 662.0026/1-3150 und das Memorandum Achesons mit einem Antwortentwurf für den Präsidenten, 2/1950, NA RG 59 Lot 53 D 444 Box 3.

93 Auszüge aus Byroades Stellungnahme im House of Appropriations Committee Hearing, 28. 2. 1951, NA RG 59 Lot 59 D 609 Box 18.

94 Memorandum Kellermann an Byroade, 7. 3. 1951, NA RG 59 Dec. 662.0026/3751.

95 Vgl. unten.

96 McCloy an State Department, 15. 5. 1951, NA RG 59 Dec. 662.0026/5-1551.

97 Vermerk Vogel über ein Gespräch mit General Handy, 22. 5. 1951 und Handy, Headquarters European Command US Army, an Franz Blücher, geheim, 24. 5. 1951 PA AA II 515-01a.

98 McCloy an State Department, 8. 6. 1951, NA RG 59 Lot 57 D 540 Box 29.

99 Office of the High Commissioner, Office of Public Affairs, 8. 6. 1951, NA RG 466 McCloy Papers D (51) 768.

100 Kaghan, US-Hochkommission, Chief Information Service Division, an State Department, NA RG 59 Lot 57 D 540 Box 29.

101 Vgl. zur Entwicklung der SRP u. a. Peter Dudek und Hans Gerd Jaschke, Entstehung und Entwicklung des Rechtsextremismus in der Bundesrepublik. Zur Tradition einer besonderen politischen Kultur, 2 Bde., Opladen 1984, bes. Bd. I, S. 64 ff.; Otto Büsch und Peter Furth, Rechtsradikalismus im Nachkriegsdeutschland. Studien über die »Sozialistische Reichspartei«, Köln 1967.

102 Vgl. als Beispiele den Protest des American Jewish Congress beim State Department vom 7. 5. 1951, NA RG 59 Dec. 762A.002/5-751 und vom 18. 6. 1951, Dec. 762A.002/6-1851. Ferner das Schreiben von Senator Lodge vom 14. 5. 1951, ganz im Stile des Kalten Krieges: Auch wenn man die Gefahr einer kommunistischen Diktatur drohender sei, so seien die »evil deeds of Nazis most similar in may different ways. This must not be forgotten [...].« NA RG 59 Dec. 762A. 002/ 5-145 1. Paris, Kessel, an das Auswärtige Amt, 30. 5. 1951, PA AA III 201–10. Schlange-Schöningen über die britische Pressereaktion, 10. 5. 1951 und 15. 5. 1951, PA AA II 210-01/24 Bd. 1 bzw. PA AA III Bd. 200.

103 Aufzeichnung über ein Gespräch Adenauers mit McCloy, 5. 7. 1951, PA AA II Bd. 1299.

104 Gesprächsaufzeichnung Adenauer – Morrison am 19. 5. 1951, PRO FO 800/642.

105 Der französische Hochkommissar nannte den SPD-Vorsitzenden als potentiellen Kanzler einmal einen »nouvel Hitler, aussi primitif, anormal et brutal que l'autre«, Denkschrift François-Poncet über die Außenpolitik Schumachers vom 19. Februar 1951, MAE EU Allemagne 1949–55 Bd. 223. Auch Hans-Peter Schwarz, Die Ära Adenauer 1949–1957, S. 59, weist auf diese französische Interpretation von Schumachers Nationalismus hin.

106 Shute, US-Hochkommission, Director, Office of Intelligence, an State Department, 1. 12. 1950, NA RG 59 Dec. 762A.00/12–150.

107 Aufzeichnung Werz, 21. 5. 1951, über ein Gespräch Heuss – Morrison, PA AA III 210-01/24, Bd. 1. Das englische Gesprächsprotokoll vom 21. 5. 1951 verzeichnet diese Hinweise von Heuss nicht, PRO FO 800/642.

108 Landkommissar Düsseldorf an Kirkpatrick, 10. 5. 1951, PRO FO 1060/454.

109 Schlange-Schöningen, London, an das Auswärtige Amt, 28. 6. 1951, PA AA III 210-01/24 Bd. 2.

110 Sitzung vom 9. 5. 1951, Akten zur Auswärtigen Politik der Bundesrepublik Deutschland, Bd. 1, S. 360 f.

111 Vgl. Josef Henke, Das Schicksal deutscher zeitgeschichtlicher Quellen in Kriegs- und Nachkriegszeit. Beschlagnahme – Rückführung – Verbleib, in: Vierteljahrshefte für Zeitgeschichte 20 (1982) Nr. 4, S. 557–620, besonders S. 582–620.

112 Adenauer an François-Poncet, 17. 6. 1950, Adenauer, Briefe, 1949–1951, S. 232 f.

113 McCloy an State Department, 3. 6. 1951, NA RG 466 McCloy Papers D (51) 745. Zur Gründung des Instituts für Zeitgeschichte: Helmut Auerbach, Die Gründung des Instituts für Zeitgeschichte, in: Vierteljahrshefte für Zeitgeschichte 18 (1970), S. 529–554. Ferner Winfried Schulze, Deutsche Geschichtswissenschaft nach 1945, München 1989, S. 229 ff.

114 State Department an McCloy, 31. 5. 1951, NA RG 466 McCloy-Papers (51)745.

115 Vgl. McCloy an Javits, 18. 4. 1951, NA RG 466 McCloy Papers D (51) 503.

116 Vgl. den Quartalsbericht McCloys an Acheson vom 31. 3. 1951, gedruckt bei Erika J. und Heinz Fischer (Hrsg.), John J. McCloy und die Frühgeschichte der Bundesrepublik Deutschland. Presseberichte und Dokumente über den amerikanischen Hochkommissar für Deutschland 1949–1952, Köln 1985.

3. Großbritannien als Bremse und Motor der Gnadenfrage

1 Brown, Private Office of the High Commissioner, Wahnerheide, an Andrew, Foreign Office, 29. 1. 1951, PRO FO 371/9353,5. Vgl. auch das Kabinettsmemoran-

dum Younger, secret, 6. 2. 1951, CAB 129/44. Ferner Ivone Kirkpatrick, The Inner Circle, London 1959, S. 251.

2 Aufzeichnung Attlee für Bevin, 18. 2. 1951, PRO FO 800/520.

3 Ivone Kirkpatrick, The Inner Circle, S. 251.

4 »Brief on 1951 Review of Sentences von War Criminals«, PRO FO 1060/468.

5 Foreign Office, Priss, an Sir Alfred Brown, Wahnerheide, 11. 12. 1950; Priss zitierte eine frühere Aussage Kirkpatricks, PRO FO 371/85892.

6 Shawcross an Attlee, 26. 1. 1951, PRO FO 371/93536.

7 Vgl. hierzu Peter Jones, Labour-Regierung, deutsche Wiederbewaffnung und EVG, 1950–1951, in: Hans-Erich Volkmann und Walter Schwengler im Auftrag des Militärgeschichtlichen Forschungsamtes (Hrsg.), Die Europäische Verteidigungsgemeinschaft: Stand und Probleme der Forschung, Boppard 1985, S. 51–80.

8 Shawcross an Attlee, 31. 1. 1951, PRO FO 371/93536. Vgl. auch den Bericht Schlange-Schöningens über eine Rede von Shawcross vor der Foreign Press Association, wo er u. a. sagte, »man müsse der Welt zeigen, daß Recht herrsche, auch dürfe man den Russen keine Propagandamittel in die Hand geben«. Botschaft London an das Auswärtige Amt, 24. 1. 1951, PA AA II Bd. 250; ferner das Schreiben von Shawcross an Kenneth Younger, Foreign Office, 2. 2. 1951, PRO FO 371/93537.

9 Rundschreiben des Foreign Office an verschiedene Botschaften, 24. 1. 1951, PRO FO 371/93538.

10 Kirkpatrick an Foreign Office, Gainer, 3. 2. 1951, PRO FO 371/93536.

11 Gifford, London, an State Department, 9. 2. 1951, NA RG 446 Dec. 321.6 CGR Box 28.

12 Vgl. hierzu die Bewertung »Probleme der britischen Deutschlandpolitik«, darauf handschriftlich: Original von Pfleiderer ausgehändigt, 27. 2. 1951, PA AA III 210-01/24 Bd. 1. Zur Entscheidung McCloys in Sachen Krupp und zu den Reaktionen hierauf vor allem in Großbritannien vgl. William Manchester, Krupp. Zwölf Generationen, München 1968, bes. S. 640 ff.

13 Aufzeichnung der 11. Kabinettssitzung, 1. 2. 1951, PRO CAB 128/19. Tatsächlich waren Kirkpatrick und der französische Hochkommissar François-Poncet am 25. 1. von McCloy über die anstehenden Begnadigungen und den Fall Krupp informiert worden; Aufzeichnung Gilchrist für Mallet, 14. 2. 1951, PRO FO 371/93543.

14 12. Kabinettssitzung, 8. 2. 1951, PRO CAB 128/19.

15 Memorandum Younger, 6. 2. 1951 (a. a. O.).

16 Kabinettsmemorandum Sir Hartley Shawcross, 11. 2. 1951, PRO CAB 129/44.

17 Bis zum 21. 2. 1951 hatte das Foreign Office 35 Proteste erhalten; Aufzeichnung Gilchrist für Henderson, 21. 2. 1951, PRO FO 371/93541. Vgl. die zahlreichen Protestresolutionen in PRO FO 371/93541 und 371/93542. Noch im Juli 1951 nahm die Transport and General Workers Union, damals eine der größten Einzelgewerkschaften der Welt, von dreißig Resolutionen nur eine an – die gegen die Begnadigung von Kriegsverbrechern, und zwar einstimmig! Resolutionen gegen die deutsche Wiederbewaffnung scheiterten dagegen. Vgl. Dunnigan, amerikanische Botschaft London, an State Department, 10. 8. 1951, NA RG 59 Dec. 662.0026/8–1051.

18 Vgl. World Jewish Congress, Easterman, an Foreign Office, 19. 1. 1951, PRO FO 371/93535. Vgl. auch die Anfrage von Barnett-Janner im Unterhaus, 29. 1. 1951, PRO FO 371/93543. Vgl. ferner den Protest der Anglo Jewish Association, Montagu, beim Foreign Office, 2. 2. 1951, University College London, Anglo Jewish Association 37/6/4/16, ebenso PRO FO 371/ 93536; ferner die Aufzeichnung des Foreign Affairs Committee der AJA über das Vorgehen bei der britischen Regierung, Anglo Jewish Association 37/6/4/16. Freilich beschloß man hier auch, bei den Protesten Maß zu halten. Der World Jewish Congress protestierte erneut am 27. 2. 1951, Easterman an Foreign Office: PRO FO 371/93543.

19 Aufzeichnung über die 13. Kabinettssitzung, 12. 2. 1951, PRO CAB 128/19.

20 Schumacher an Stokes, House of Commons, 9. 11. 1951, PRO FO 371/93556. Der Brief ist abgedruckt in Willy Albrecht (Hrsg.), Kurt Schurmacher. Reden, Schriften, Korrespondenzen, 1945–1952, Bonn/Berlin 1985, S. 899 ff. Vgl. ferner die Schreiben von Marion Gräfin Dönhoff u. a. vom 10. 7. 1951 an Stokes, PRO FO 371/93553 und den Bericht der amerikanischen Botschaft in London an das State Department vom 26. 11. 1951, NA RG 59 Dec. 662.0026/11-2651. Bereits im Oktober 1951 hatte Schumacher in Gütersloh eine Revision harter Urteile gefordert; vgl. die BBC-Meldung vom 21. 10. 1951 in PRO FO 371/93555. Noch eine andere Institution hatte sich für Kesselring eingesetzt: der Vatikan. Eine bemerkenswerte Koalition also; vgl. die Note des heiligen Stuhls an die dortige britische Gesandtschaft beim heiligen Stuhl, 18. 2. 1950, PRO FO 371/85899.

21 Kirkpatrick an Roberts, 29. 11. 1951, PRO FO 371/93556. Zur Haltung der SPD in der Kriegsverbrecherfrage – oft allzu moralisierend – Frank M. Buscher, Kurt Schumacher.

22 Kirkpatrick an Younger, 8. 2. 1951, PRO FO 371/93541.

23 Auszüge aus der Rede im Unterhaus, 12. 2. 1951, PRO FO 371/93541.

24 Auszug aus der Aufzeichnung Bevins für Attlee, 17. 2. 1951, PRO FO 371/93540.

25 Aufzeichnung Attlee für Bevin, 18. 2. I951, PRO FO 800/520.

26 Shawcross an Younger, 20. 3. 1951, PRO FO 371/93544.

27 Memorandum Shawcross, 28. 3. 1951 (Eingangsstempel), PRO FO 371/93544.

28 Seine Stellungnahme wurde in der *Times* am 29. 3. 1951 abgedruckt.

29 Kirkpatrick an Strang, Foreign Office, über ein Gespräch mit McCloy, 30. 3. 1951, PRO FO 371/93545.

30 Kirkpatrick an Foreign Office, 30. 3. 1951, mit dem Text des McCloy Statements, PRO FO 371/93545.

31 Kirkpatrick an Foreign Office, 31. 3. 1951, PRO FO 371/93545.

32 Gifford, amerikanische Botschaft, London, an State Department, 2. 4. 1951, NA RG 466 Dec. 321.6 GR Box 28. Auch der Lordkanzler (Lord Chancellor) der Regierung Attlee hatte intern dem juristischen Purismus des Generalanwalts widersprochen: Es sei zwar falsch, sich durch Gnadenmaßnahmen deutsche Gunst zu erkaufen, trotzdem könnten politische Gesichtspunkte nicht ganz außer acht gelassen werden. Jowitt an Younger, 21. 3. 1951, PRO FO 371/93544. Im Foreign Office fand eine solche Stellungnahme freudige Aufnahme: *Fiat justitia, ruat coelum* – dies sei sicher keine akzeptable Haltung. Aufzeichnung Gilchrist

für Secretary of State für ein Treffen mit dem Lord Chancellor und dem Attorney General, 21. 4. 1951, PRO FO 371/93548; dort auch eine ergänzende Überlegung von Gilchrist vom 26. 4. 1951. Vgl. ferner die Aufzeichnung von Gainer für dieses Treffen vom 5. 4. 1951, PRO FO 371/93547.

33 Am 3. 5. 1951 fand ein entsprechendes Treffen statt. Vgl. die Niederschrift des Treffens in PRO FO 371/93547.

34 Kabinettsmemorandum Morrison vom 21. Mai 1951, PRO FO CAB 129/45.

35 Aufzeichnung der Kabinettssitzung vom 31. 5. 1951, PRO CAB 128/19.

36 Zur Genese des Pleven-Plans vgl. Anfänge deutscher Sicherheitspolitik Bd. 2, S. 12 ff.

37 Dieses Kalkül wurde oft beschrieben; vgl. nur Ludolf Herbst, Option für den Westen. Vom Marshallplan bis zum deutsch-französischen Vertrag, München 1989, S. 88 ff.

38 Wilhelm Grewe, Rückblenden. 1976–1951, Frankfurt 1979, S. 134.

39 Bereits am 9. 8. 1951 hatte die Alliierte Hohe Kommission einen Bericht »Concerning the Establishment of a New Relationship Between the Allied Powers and Germany« vorgelegt. Das Kriegsverbrecherproblem wurde hier noch nicht gesondert genannt; nur für Gefangene, die von alliierten Gerichten verurteilt worden waren und in deutschen Haftanstalten einsaßen, schlug der Bericht einen gemischten deutsch-alliierten Gnadenausschuß vor; FRUS 1951, Bd. 3, S. 1501 ff.

40 Zum Verlauf der Konferenz Hermann-Josef Rupieper, Der besetzte Verbündete, 128 f.

41 McCloy an State Department, secret, 4. 9. 1951, NA RG 466 Dec. 350 CGR Box 32.

42 Zu dieser Charakterisierung Hans-Peter Schwarz, Die Ära Adenauer, 1949–1957, S. 109. Schwarz bezeichnet Adenauer als »Erzzivilist«, der dem Militär mit »instinktivem Mißtrauen« begegnete.

43 Drei Quellen über das Gespräch liegen der folgenden Darstellung zugrunde. Das amerikanische Protokoll, 13. September 1951, secret, NA RG 466 McCloy Papers D (51)1375, gedruckt in FRUS 1951, Bd. 3, S. 1200. Morrison informierte am 17. 9. 1951 das Foreign Office über die Gespräche in Washington, Morrison an Foreign Office, secret, PRO FO 371/93555. Schließlich der Bericht des französischen Botschafters in Washington, Bonnet, an das französische Außenministerium, 14. 9. 1951, MAE EU 1949–55 Généralités Bd. 95.

44 Vgl. zu diesem Sonderproblem Kapitel 8.

45 Aufzeichnung Direction Générale des Affaires Politiques, Sous-Direction d'Europe Centrale, 24. 8. 1951, MAE EU 1949–55 Généralités Bd. 95.

46 Ein Treffen der Rechtsberater der Alliierten Hohen Kommission kam bereits am 10. 10. 1951 zu diesem Ergebnis; vgl. die Aufzeichnung über dieses Treffen in PRO FO 1060/459. Im ersten Bericht der Rechtsberater an die Hohen Kommissare wurde diese Lösung aber nicht völlig ausgeschlossen. Vgl. First Report of the Legal Advisers to the High Commissioners of the Future Handling of War Criminals in Germany, secret, 26. 10. 1951, PRO FO 371/93555. Das State Department hielt in einer Weisung vom 7. 11. diese Lösung nicht für durchführbar; State Department an die US-Hochkommission, 7. 11. 1951, secret, NA RG 59 Lot 57 D 540 Box 29.

47 Der »First Report« vom 26. 10. 1951 (a. a. O.) wollte auch dieser Möglichkeit noch eine Chance einräumen, obwohl gerade Briten und Franzosen eingewandt hatten, es würden sich wohl kaum andere Staaten finden, die bereit wären, diese Verantwortung zu übernehmen. Jedoch auch diese internationale Lösung wurde vom State Department abgelehnt; State Department an die US-Hochkommission, 7. 11. 1951 (a. a. O.).

48 Notiz Kirkpatrick für Rechtsberater, 6. 10. 1951, PRO FO 1060/459.

49 Ward an Dean, britische Botschaft Rom, Kopie, undatiert, PRO FO 1060/455.

50 Britische Botschaft Rom, Russel, an Ward, 20. 10. 1951, mit einem Memorandum zum Problem der Kriegsverbrecherfrage in Italien, PRO FO 1060/455. Vgl. allgemein zum Problem der personellen Vergangenheitsbewältigung in Italien Hans Woller, »Ausgebliebene Säuberung«? Die Abrechnung mit dem Faschismus in Italien, in: Klaus Dietmar Henke und Hans Woller (Hrsg.), Politische Säuberung, S. 148-191.

51 Vgl. State Department, Webb, an die US-Hochkommission, 7. 11. 1951, secret, NA RG 59 Lot 57 D 540 Box 29 und amerikanische Botschaft London, Holmes, an Foreign Office, Roberts, 12. 11. 1951, PRO FO 371/93556.

52 Bereits in einem Treffen der Rechtsberater am 10. 10. 1951 war festgehalten worden, daß eine Anerkennung der Urteile von der Bundesrepublik kaum zu erreichen wäre (a. a. O.); auch der erste Bericht der Rechtsberater vom 26. 10. 1951 sah dies ebenso (a. a. O.).

53 US-Hochkommission, von Slater an State Department, secret, 8. 11. 1951, NA RG 466 McCloy Papers D (51) 1789. McCloy wollte mehr aus dem Kanzler herauslocken – während des gemeinsamen Fluges zur Außenministerkonferenz in Paris Mitte November. O'Neill, Wahnerheide, an Allen, Foreign Office, secret, 16. 11. 1951, PRO FO 371/93556. Immerhin war der Kanzler, anders als seinerzeit in Washington, diesmal eingeladen worden, um über deutschlandpolitische Fragen zu verhandeln. Das Thema Kriegsverbrecher wurde in Paris jedoch nicht angesprochen. Dies geht hervor aus der Notiz von Lord Strang auf der Aufzeichnung Roberts für Eden, 17. 11. 1951; PRO FO 371/93558. Adenauer erläuterte in Paris drei große Gefahren für Deutschland: Neo-Nazismus, Kommunismus und Flüchtlinge; Botschaft Paris an State Department, 22. 11. 1951, secret, NA RG 466 McCloy Papers D(51)1896. Zur Pariser Konferenz vgl. Hermann-Josef Rupieper, Der besetzte Verbündete, 131 ff.

54 Konrad Adenauer, Teegespräche 1950-1954, S. 161 f.

55 Reginald T. Paget, Manstein.

56 Aufzeichnung Allen, 26. 9. 1951, PRO FO 371/93555. Zu diesen Zusammenhängen auch Dunnigan, Amerikanische Botschaft London, an State Department, 1. 10. 1951, NA RG 59 Dec. 662.0026/10-151. Das »entschärfte« Statement von Shawcross erschien in der Londoner Times am 26. 9. 1951.

57 Oates, Downing Street 10, an Chapman/Shawcross, 25. 9. 1951, PRO FO 371/93555.

58 Ausführlich David E. Butler, The British General Election of 1952, London 1952, bes. S. 84 ff. und 105 ff.

59 Dunnigan, amerikanische Botschaft London, an State Department, 1. 10. 1951 (a. a. O.).

60 Vgl. allgemein Donald C. Watt, Die Konservative Regierung und die EVG, 1951–1954, in: Hans-Erich Volkmann und Walter Schwengler im Auftrag des Militärgeschichtlichen Forschungsamtes, Die Europäische Verteidigungsgemeinschaft: Stand und Probleme der Forschung, Boppard 1985, S. 81–99. Ders., Großbritannien und Europa, 1951–1959: Die Jahre konservativer Regierung, in: Vierteljahrshefte für Zeitgeschichte 28 (1980), S. 389–409.

61 So auf einer Pressekonferenz am 1. 2. 1946; zit. nach Martin Gilbert, Winston Churchill. »Never Dispair«, 1945–1965, Bd. 8, London 1988, S. 190.

62 Am 5. 6. 1946 zitierte Churchill im House of Commons Edmund Burke: »I cannot frame an indictment against an entire people« als Leitlinie seiner Deutschland-Konzeption; zit. nach Martin Gilbert, Winston Churchill, Bd 8, S. 240; ähnlich am 12. 11. 1946 im Unterhaus (ebd. S. 284).

63 Zit. nach Otto Kranzbühler, Wert oder Unwert historischer Strafprozesse – erörtert am Nürnberger Beispiel, in: Karl Foster (Hrsg.), Möglichkeiten und Grenzen für die Bewältigung von historischer und politischer Schuld in Strafprozessen, Würzburg 1962 (Studien und Berichte der Katholischen Akademie in Bayern Heft 19), S. 15–36, hier S. 36.

64 Zit. nach Martin Gilbert, Winston Churchill, Bd. 8, S. 285. Churchill nutzte eine Wendung, die kaum ins Deutsche übertragen werden kann: »You and I would be in a pretty pickle if we had lost.«

65 Aufzeichnung Churchill, 4. 2. 1952, PRO FO 800/793.

66 Churchill an Foreign Office, 29. 11. 1951, PRO FO 800/846.

67 Noch Anfang November herrschte im Foreign Office einige Unklarheit über den künftigen Kurs der neuen Regierung und des Premierministers, was aus Gesprächen des stellvertretenden Leiters der Deutschlandabteilung mit der amerikanischen Botschaft hervorgeht; vgl. hierzu die Telegramme Dunnigans an State Department vom 7. 11. und 14. 11. 1951, secret, NA RG 59 Dec. 662.0026/11-751 bzw. 662. 0026/11-1451.

68 Aufzeichnung Roberts für Eden, 17. 11. 1951, PRO FO 371/93558 mit beiliegender Vorlage der Deutschlandabteilung für den Außenminister. Zu den Aktivitäten der Soldatenverbände vgl. Kapitel 13.

69 »I agree«, notierte der britische Außenminister am 30. 11. auf der ihm vorgelegten Denkschrift von Roberts, 17. 11. 1951 (a. a. O.).

70 Vgl. die Aufzeichnung Roberts, 3. 12. 1951, über eine Pressekonferenz Adenauers, PRO FO 371/93456. Auch Kardinal Frings hatte Adenauer gebeten, sich für eine Amnestie oder einen Urlaub zu Weihnachten auszusprechen; Frings an Adenauer, 29. 11. 1951, STBKAH 10. 05.

71 Aufzeichnung Roberts für Eden über ein Gespräch mit Blankenhorn, 4. 12. 1951, PRO FO 371/93559.

72 Konrad Adenauer, Erinnerungen, 1945–1953 (Bd. I), Stuttgart 1965, S. 502. Adenauer beschreibt den Inhalt seiner Gespräche in London, vor allem das mit Churchill vom 4. 12., genau, erwähnt aber das wichtige Thema Kriegsverbrecher nicht.

73 Aufzeichnung über Besprechung Adenauer – Churchill am 4. 12. 1951, geheim,
    PA AA StS Bd. 211. Vgl. auch die – weniger ausführliche – englische Aufzeich-
    nung der Besprechung in PRO FO 371/93456.

74 Gesprächsaufzeichnung Eden – Adenauer am 6. 12. 1951, PRO FO 371/93456.
    Daß Adenauer das Thema selbst ansprach, geht aus einer Aufzeichnung Roberts'
    vom 10. 12. 1951 hervor (ebd.). Auch Blankenhorn hielt die wichtigsten Ge-
    sprächspunkte fest; vgl. BA NL Blankenhorn/9a. Im wesentlichen stimmen beide
    Aufzeichnungen über den Ablauf des Gespräches überein. Zusätzlich hielt Blan-
    kenhorn fest: »Im Fall Manstein traf der Kanzler englischerseits auf große
    Zurückhaltung« – ein weiterer Beleg dafür, daß der deutschen Seite gerade dieser
    Fall am Herzen lag, zugleich aber auch eine Fehlinterpretation der Haltung
    Churchills. Eine insgesamt irreführende, da lediglich auf einem Brief des Auswär-
    tigen Amtes an einen Bundestagsabgeordneten beruhende Darstellung der Lon-
    doner Gespräche liefert Frank M. Buscher, The U. S. War Crimes Trial Program,
    S. 135. von Churchills Rolle hat Buscher keine klare Vorstellung.

75 Vgl. auch Adenauer, Erinnerungen 1945–1953, S. 501 f. Auch Blankenhorn no-
    tierte zu einem Abendessen im Chatham House am 6. 12.: »Anschließend Rede
    des Bundeskanzlers vor Mitgliedern des Chatham-Houses. [...] Seine Rede wirkt
    ausgezeichnet. In der Frage- und Antwortzeit hat er wirklich Glänzendes gelei-
    stet. Die Fragen waren z. T. äußerst verfänglich: Judenproblem, Oder-Neiße,
    Rechtsradikalismus in Deutschland usw.«; BA NL Blankenhorn/9 a.

76 Vgl. Chancery Wahnerheide an Foreign Office, 11. 12. 1951. Der Bericht aller-
    dings sah in dieser Entwicklung auch Positives: »It seems, however, most unlike-
    ly that the older parties, especially the FDP and the DP, will allow the SRP to
    steal their thunder on the War Criminal Question. This new move may in fact
    have the salutary effect of driving a wedge between the SRP and these two
    parties.« PRO FO 371/93559.

77 Zit. nach Manfred Jenke, Die nationale Rechte. Parteien, Politiker, Publizisten,
    Berlin 1967, S. 39.

78 Ward, britische Hochkommission, an Adenauer, 4. 12. 1951, PRO FO 371/93456.

79 Aufzeichnung Roberts über eine Stellungnahme Adenauers, 7. 12. 1951, PRO FO
    371/93456.

80 Kabinettsmemorandum Eden, 3. 12. 1951, PRO CAB 129/36; Aufzeichnung der
    Kabinettssitzung vom 7. 12. 1951, PRO CAB 128/23. Churchill verlangte darüber
    hinaus Namenslisten derer, die von den Gnadenmaßnahmen profitieren würden,
    und wer weiterhin inhaftiert bleiben würde. Diese Listen wurden ihm von Eden
    am 18. 12. 1951 übersandt; Kesselring, von Manstein und Falkenhorst würden, so
    der Außenminister, in Haft bleiben; PRO FO 371/93559.

81 Kabinettspapier Edens vom 18. 12. 1951, PRO CAB 129/48. Vgl. zu den Kompe-
    tenzen des Gnadenausschusses auch den Briefwechsel zwischen Home Secretary
    David Maxwell Fyfe an Eden, 7. 12. 1951 und Eden an Fyfe, 19. 12. 1951, PRO FO
    371/93560, ferner Aufzeichnung Roberts für Außenminister, 18. 12. 1952, PRO
    FO 371/93560.

82 Aufzeichnung Eden, 14. 12. 1951; PRO FO 371/93557. Er wurde aber schließlich

von den Planern im Foreign Office überzeugt, daß bei einer solchen Zusammensetzung des Ausschusses ein ständiges Patt drohe; Aufzeichnung Roberts, 18. 12. 1951, PRO FO 371/93560.

83 Aufzeichnung der Kabinettssitzung vom 19. 12. 1951, PRO CAB 128/23. Das Kabinett bekräftigte darüber hinaus den Beschluß, die Inhaftierung vor der Verurteilung anzurechnen.

84 McCloy an State Department, 24. 12. 1951, NA RG 59 Lot 57 D 540 Box 29.

85 State Department an die US-Kommission, 5. 1. 1952, NA RG 59 Lot 57 D 540 Box 29. Frank M. Buscher, The U. S. War Crimes Trial Program, S. 73, ignoriert die Rolle der Briten als treibende Kraft in der Kriegsverbrecherfrage völlig.

86 Dies war bereits am 11. 1. 1952 bei einem Treffen des »Special Committee« der Hochkommission vom amerikanischen Mitglied festgestellt worden. Die Position wurde am 17. 1. vom State Department bestätigt; McCloy an State Department, 12. 1. 1952, NA RG 59 Lot 57 D 540 Box 29. Vgl. auch den Bericht über diese Sitzung von Kirkpatrick an Foreign Office, secret, 12. 1. 1952, PRO FO 371/97970.

87 Handy an Department of the Army, 30. 1. 1952, NA RG 466 Dec. 321.6 CGR Box 28.

88 Vgl. Kirkpatrick an Foreign Office, secret, 25. 1. 1952, PRO FO 371/97971.

89 Vgl. den Bericht der Hochkommission an die Außenminister über den Stand der Verhandlungen mit der Bundesrepublik über den Deutschlandvertrag, 12. 2. 1952, secret, PRO FO 800/793; gedruckt in FRUS 1952–1954, Bd. 5, S. 87 ff.

90 Aufzeichnung der 17. Kabinettssitzung, 14. 2. 1952, PRO CAB 128/24.

91 Vgl. die Gesprächsaufzeichnung Acheson – Eden mit Delegationen, 16. 2. 1952, FRUS 1952–1954, Bd. 5, S. 45 ff.; die britische Aufzeichnungen FO 800/793.

92 US-Delegation an das State Department, 18. 2. 1952 FRUS 1952–1954, Bd. 5, S. 55 f., über die Gespräche zwischen Acheson, Eden und Schuman mit Delegationen. Das britische Kabinett nahm von dieser Regelung am 18. 2. 1952 Kenntnis; Aufzeichnung der 18. Kabinettssitzung vom 18. 2. 1952, PRO CAB 128/24.

93 Die folgende Darstellung stützt sich vor allem auf das deutsche Wortprotokoll, abgedruckt in Akten zur Auswärtigen Politik der Bundesrepublik Deutschland, Bd. 2, S. 317 ff. Ferner das englische Ergebnisprotokoll in PRO FO 800/793 und die amerikanische Niederschrift, abgedruckt in FRUS 1952–1954, Bd. 5, S. 60 ff.

94 Die englischen Übersetzungen dieser Begriffe sind: »clemency« und »remission of penalty«. Im Entwurf hieß es ursprünglich in Artikel 2: »There is hereby established an Advisory Clemency Board [...].«

95 Artikel 2 wurde an den Anfang des Textes gestellt: »There is hereby established a Mized Board [...]«, so hieß es in der Neufassung; vgl. Paper Agreed Upon by Secretary of State Acheson, Foreign Secretary Eden, Foreign Minister Schuman and Chancellor Adenauer, 18. 2. 1952, FRUS 1952–1954, Bd. 5, S. 101 ff. und in PRO FO 800/793 bzw. PRO FO 371/97972. Der neue Artikel war in der Sitzung am Nachmittag beschlossen worden, vgl. die Aufzeichnung über diese Konferenz in FRUS 1952–1954, Bd. 5, S. 67 ff. Vgl. zu den Beratungen auch Konrad Adenauer, Erinnerungen 1945–1953, S. 525 f. Schon Ende 1951 hatte McCloy Zweifel geäußert, ob sich die Bundesregierung für den Strafvollzug von Kriegsverbre

chern überhaupt verantwortlich zeigen könnte, ohne die alliierten Urteile explizit anzuerkennen. McCloy an State Department, 24. 12. 1951, NA RG 59 Lot 57 D 540 Box 29. Tatsächlich wurde das Problem der Anerkennung in Paris, Washington, London und bei der Hohen Kommission in der Bundesrepublik angeschnitten. Die Vermutung und Hoffnung, diese sei bereits durch Klauseln im geplanten Generalvertrag stillschweigend abgedeckt, bestätigte sich nicht. Das State Department war etwa davon ausgegangen, daß die Bundesregierung mit ihrer Zustimmung zum »Agreement on Acts and Interest« diese Anerkennung bereits geleistet habe; State Department an die US-Hochkommission, 5. 1. 1952, NA RG 59 Lot 57 D 540 Box 29. McCloy verneinte dies nach Konsultationen mit den Rechtsberatern der Hohen Kommission, McCloy an State Department, 14. 1. 1952 (ebd.). Schon früh wurde deshalb in der Hochkommission erwogen, der Bundesregierung eine offizielle Erklärung zu den Urteilen abzuverlangen. So etwa der französische Vorschlag während eines Treffen der Rechtsberater der Hohen Kommission, vgl. Bathurst an Allen, Foreign Office, 31. 12. 1951, PRO FO 371/97969. John McCloy sah voraus, daß Bonn sich weigern würde, hoffte aber auf einen Ausweg: Die Bundesregierung sollte sich wenigstens dazu verpflichten, die alliierten Urteile nicht anzufechten. Kirkpatrick an Foreign Office, secret, 25. 1. 1952, über eine informelle Sitzung der Hohen Kommissare am 24. 1., PRO FO 371/97971.

96 Vgl. Foreign Office an Wahnerheide, 8. 2. 1952, secret, PRO FO 371/97972. Der Bericht der Hochkommissare vom 12. 2. 1952 über den Stand der Verhandlungen zum Deutschlandvertrag erwähnte das Problem gar nicht mehr. Am 11. 3. 1952 fragte das State Department bei der amerikanischen Hochkommission an, wie die Londoner Regelung in dieser Hinsicht zu interpretieren sei; NA RG 59 Lot 57 D 540 Box 29. Die US-Hochkommission antwortete: »[...] Secretary and Foreign Ministers agreed that no express recognition validity of judgments or undertaking to refrain from attacking was necessary [...].« NA RG 466 Dec. 321.6 CGR Box 28.

4. Die Kriegsverbrecherfrage im Deutschlandvertrag

1 Zit. nach dem deutschen Wortprotokoll, S. 317 (a. a. O.).

2 Adenauer, Teegespräche 1950–1954, S. 219.

3 Frank M. Buscher, The U. S. War Crimes Trial Program, S. 75, sieht in diesem Vorstoß des Kanzlers undifferenziert »a recipe for bis critics in the German veterans organisations and conservative parties who wanted greater Allied concessions, such as general amnesty für war criminals.«

4 Vgl. McCloy an State Department, secret, 28. 2. 1952, FRUS 1952–1954, Bd. 5, S. 264 f.; Alliierte Hochkommission, Generalsekretariat, Memorandum, secret,

28. 2. 1952, PRO FO 371/97974; Kirkpatrick an Foreign Office, 1. 3. 1952, PRO FO 1060/470.

5 Diese letzte Kategorie hatte McCloy zusätzlich vorgeschlagen; McCloy an State Department, 28. 2. 1952 (a. a. O.).

6 Handy an Department of the Army, Washington, 1. 4. 1952, NA RG 59 Lot 57 D 540 Box 29.

7 State Department an US-Hochkommission, 10. 4. 1952, secret, NA RG 59 Lot 57 D 540 Box 29.

8 Allen, Foreign Office, an Bathurst, Amt des Rechtsberaters, Wahnerheide, 7. 3. 1952, secret, PRO FO 1060/470.

9 Bathurst an Allen, Foreign Office, 10. 3. 1952, PRO FO 1060/455.

10 Aufzeichnung Rat der Hochkommission, Working Group for the Establishment of the List of War Criminals, 5. Juni 1952, PRO FO 1060/455.

11 Aufzeichnung der 21. Sitzung des Special Committee, 18. 6. 1952, PRO FO 1060/456.

12 O'Neill, Wahnerheide, an Foreign Office, 16. 7. 1952, PRO FO 371/97981.

13 Dieser Begriff findet sich in mehreren Aufzeichnungen, so etwa Hoppe, 5. 2. 1952, PA AA II 515-03; Aufzeichnung Hoppe, 13. 2. 1952, »Erläuterung zu den Vorschlägen für die Endlösung des sogenannten Kriegsverbrecherproblems«, PA AA II 515-00. Vgl. ferner die Aufzeichnung Brückner, 29. 6. 1955, der auch Jahre später auf der Suche nach einer solchen Endlösung war, PA AA III 246-00 Bd. 2.

14 Vgl. die so bezeichneten Bände in PA AA III 212-06.

15 Vgl. das Schreiben von Dr. jur. Edmund Marhefka an Adenauer, 10. 10. 1955, über ein Gespräch mit Hankey, PA AA III 246-00 Bd. 2. Hankey, ehemals Mitglied des Kriegskabinetts unter Churchill, »bombardierte« das Foreign Office und das House of Lords über Jahre hinweg mit Petitionen und Eingaben. So forderte er am 16. 2. 1952 anläßlich des Todes des britischen Königs weitere Begnadigungen von deutschen Kriegsverbrechern, PRO FO 371/97972. Lord Reading aus dem Foreign Office sollte am 24. 6. 1955 notieren: »Lord Hankey is obsessed with the sufferings of German and Japanese prisoners [...].« PRO FO 371/128430. Vgl. Hankeys Schrift zur Kriegsverbrecherfrage: Lord Hankey, Politics, Trials and Errors, Chicago 1950. Ein enger Verbündeter Hankeys war der Bischof von Chichester, George Bell. Vgl. etwa dessen Eingabe vom 27. 4. 1949 an Henderson, PRO FO 371/77055.

16 Hankey an Eden über ein Gespräch mit Adenauer, 7. 12. 1951, PRO FO 371/93559.

17 Aufzeichnung von Trützschler für Staatssekretär, 19. 11. 1951, PA AA II 515-00h. Auch in der Folgezeit sollte das Auswärtige Amt diese Position beibehalten, vgl. etwa die Aufzeichnung von Trützschlers angesichts einer Kampagne u. a. der Nordrhein-Westfälischen FDP zur Generalamnestie, 16. 5. 1952, PA AA II 515-11.

18 Aufzeichnung von Trützschler, 29. 10. 1951, für Staatssekretär, streng vertraulich, PA AA II 515-00b. Keineswegs wurde, wie Buscher glaubt, aus taktischen Gründen auf die Forderung nach einer Generalamnestie verzichtet; Frank M. Buscher, The U. S. War Crimes Trial Program, S. 134.

19 Carlo Schmid an Adenauer, 15. 11. 1951, PA AA Abt. II 515-00h. Vgl. auch
    Schmid an McCloy, 15. 11. 1951, NA RG 466 McCloy Papers D (51) 1964.
20 Carlo Schmid an Adenauer, 15. 11. 1951, PA AA II 515-00h.
21 Vgl. Dehler an Adenauer: »Vorschlag für die Behandlung des Kriegsverbrecher-
    problems aus Anlaß der Verhandlungen zur Ablösung des Besatzungsstatuts«,
    9. 2. 1952, PA AA II 515-11.
22 Bereits am 9. Januar 1952 hatte das Bundespresseamt Meldungen dementiert, die
    Alliierte Hohe Kommission habe von der Bundesregierung die Anerkennung der
    Urteile gefordert, vgl. die Pressemitteilung in PA AA II 515-00. Vgl. auch die
    Ausarbeitung des Bundesjustizministeriums, 9. 2. 1952 (a. a. O.), dort die Begrün-
    dung zur Ziffer 10.
23 Dehler an Adenauer, Abschrift, 12. 3. 1952, PA AA II 515-11. Das Schreiben auch
    in BA B 136/1878. Schon bald nach der Londoner Übereinkunft hatte die
    Zentrale Rechtsschutzstelle entsprechende Bedenken geäußert, vgl. die Stellung-
    nahme zu dem deutsch-alliierten Entwurf in BA B 141/9576.
24 Kirkpatrick an Foreign Office, 29. 4. 1952, PRO FO 371/97977.
25 Diese insgesamt sehr technischen Beratungen im Rahmen des Generalvertrages
    sollen hier nur kurz angeschnitten werden. Bereits am 28. 4. 1952 hatten
    Adenauer und die Hohen Kommissare im Grundsatz eine entsprechende Überein-
    kunft erzielt; am 1. 5. 1952 waren weitere Einzelheiten geklärt worden, vgl.
    Akten zur Auswärtigen Politik der Bundesrepublik Deutschland, Bd. 2, S. 133 ff.
    bzw. S. 164 ff. Ferner US-Hochkommission an State Department, 3. 5. 1952,
    secret, NA RG 59 Dec. 662A.0026/5-352 und Kirkpatrick an Foreign Office, 2. 5.
    1952, PRO FO 371/97978, dazu die Vorlage für das Treffen mit Adenauer, am 1.
    5. 1952, PRO FO 1050/460. Am 7. 5. 1952 stimmte Hallstein dem neuen Wortlaut
    der entsprechenden Passagen des Deutschlandvertrags zu; US-Hochkommission
    an State Department, 7. 5. 1952, NA RG 59 Dec. 662.0026/5-752. Am 2. Mai hatte
    sich zudem das Bundeskabinett mit dieser Möglichkeit befaßt; am 10. 5. 1952
    wurde im Kabinett die neue Regelung abschließend diskutiert; vgl. Kabinettspro-
    tokolle V, S. 248 f. bzw. S. 298 ff.
26 Aufzeichnung der 50. Kabinettssitzung in PRO CAB 128/24 und die Kabinettsvor-
    lage von Eden vom 6. 5. 1952, PRO CAB 129/52.
27 McCloy an State Department, 2. 5. 1952, secret, NA RG 59 Dec. 662A.00/5-252.
    Vgl. hierzu auch die Stellungnahme Adenauers in der Kabinettssitzung vom 2. 5.
    1952, Kabinettsprotokolle Bd. 5, S. 248 f.
28 McCloy an State Department, 9. 5. 1952, FRUS 1952–1954, Bd. 7, S. 55 f. Vgl. auch
    die Aufzeichnung über die Kabinettssitzung vom 10. 5. 1952, Kabinettsprotokolle
    5, S. 298 ff.
29 Aufzeichnung Bonn, 24. 5. 1952, PA AA II 515-11.
30 Kirkpatrick an Foreign Office, 19. 5. 1952 und 22. 5. 1952, PRO FO 371/97978.
31 Aufzeichnung der Besprechung der Außenminister der USA, Frankreichs und
    Großbritanniens vom 24. 5. 1952, FRUS 1952–1954, Bd. 7, S. 89 ff.
32 Der Darstellung liegen vier Aufzeichnungen der Konferenz vom 25. 5. 1952
    zugrunde. Die britische in PRO FO 800/758; ferner Wahnerheide, from Secretary

of State, an Foreign Office, 25. 5. 1952, secret, PRO FO 371/97979. Die amerikanische ist gedruckt in FRUS 1952–1954, Bd. 7, S. 104 ff., hier S. 108 f. Ein deutscher Vermerk über den Verlauf der Verhandlungen des Bundeskabinetts mit den drei Außenministern am 25. 5. zur Kriegsverbrecherfrage, geheim, Unterschrift unleserlich, BA B 141/9070. Schließlich das deutsche Verlaufsprotokoll in den Akten zur Auswärtigen Politik der Bundesrepublik Deutschland, Bd. 2, S. 340 ff. (Anlage 26), hier S. 356.

33 Vgl. das Schreiben (Abschrift) von Frings an Wahl über ein Gespräch mit Donelly, 9. 8. 1952, PA AA II 515-11/01 und das Telegramm von Donelly an das State Department, 11. 8. 1952, über dieses Gespräch; NA RG 59 Dec. 662. 0026/8–1152. Ferner die Eingabe des Rates der Evangelischen Kirche in Deutschland, Landesbischof Lilje, an die Ministerpräsidenten von Belgien, Dänemark, Frankreich, Großbritannien, Jugoslawien, Holland, Norwegen, USA, Griechenland, 15. 12. 1952, PRO FO 371/104142. In den USA fand diese Eingabe kaum Interesse. Zwei Monate ließ die Antwort auf sich warten, und dann war sie nur von der amerikanischen Hochkommission in der Bundesrepublik unterzeichnet; vgl. Corrigan, US-Hochkommission, an das State Department, 27. 2. 1953, NA RG 59 Dec. 662.0026/2-2753.

34 Seebohm an Adenauer, PA AA II 515-11E.

35 Hellwege an Adenauer, 15. 7. 1952, STBKAH 12.29. Ferner das Schreiben Hellweges an Wright, Amt des Land Commissioner, Hannover, 12. 9. 1952, PRO FO 1060/456.

36 Vgl. Jörg-Michael Gutscher, Die Entwicklung der FDP von ihren Anfängen bis 1961, 2. Aufl., Königstein/Ts. 1984, S. 240. Er unterscheidet zwei Flügel: einen demokratisch-liberalen und einen nationalliberalen; letzterer wurde vor allem durch die Landesverbände Hessen, Nordrhein-Westfalen und Niedersachsen vertreten.

37 Vgl. Wahnerheide an Foreign Office, 6. 3. 1952, über die Arbeit des Ausschusses zur Vorbereitung der Generalamnestie, PRO FO 371/97974 und die Aufzeichnung von Trützschler, 16. 5. 1952, PA AA II 515-11. Auch im FDP-Bundesvorstand wurde über diese Initiative diskutiert: FDP Bundesvorstand. Die Liberalen unter dem Vorsitz von Theodor Heuss und Franz Blücher, Sitzungsprotokolle 1949–1954, bearb. von Udo Wengst, 2 Bde., Düsseldorf 1990 (Quellen zur Geschichte des deutschen Parlamentarismus und der politischen Parteien, 4. Reihe, Bde. 7/1 und 7/2), S. 158 f. und 275 f. Im September 1952 unterrichtete der Sekretär der FDP-Landtagsfraktion in Nordrhein-Westfalen das amerikanische Generalkonsulat in Düsseldorf, daß SPD-Abgeordnete wie Wehner und Schmidt den Aufruf unterstützen würden; Düsseldorf an das State Department, 9. 9. 1952, NA RG 59 Dec. 762A.00/9-952. Noch im September 1953 forderte Middelhauve eine Generalamnestie; Middelhauve an die Alliierte Hohe Kommission, 3. 9. 1953, PA AA II 515-01b und Ward an Foreign Office, 5. 9. 1953, PRO FO 371/104150. Zur FDP Middelhauves vgl. nur die Aussage von Hans-Peter Schwarz, Die Ära Adenauer, 1949–1957, S. 133: »Besonders in der nordrhein-westfälischen FDP war es in den Jahren 1952–1953 verschiedentlich nicht mehr klar, was noch Integration und

was schon Unterwanderung war.« Ferner Jörg-Michael Gutscher, Die Entwicklung der FDP, S. 149 ff.

38 McCloy an State Department, 20. 6. 1952, über verschiedene Veröffentlichungen Mendes, NA RG 59 Lot 57 D 540 Box 29. Zur Haltung der FDP vgl. auch Ward, Wahnerheide, an Foreign Office, 21. 6. 1952, secret, PRO FO 371/97979. Ferner die Memoiren Mendes: Erich Mende, Die neue Freiheit, 1945–1961, München 1984, bes. S. 237 ff. und 249 ff. Zur Haltung der FDP zur Wehrfrage: Dietrich Wagner, FDP und Wiederbewaffnung. Die wehrpolitische Orientierung der Liberalen in der Bundesrepublik Deutschland, 1949–1955, Boppard 1978 (Militärgeschichte seit 1945, hrsg. vom Militärgeschichtlichen Forschungsamt, Bd. 5), zur Kriegsverbrecherproblematik bes. S. 25 ff.

39 Kirkpatrick an Foreign Office über eine Stellungnahme von Mende, 27. 7. 1952, PRO 371/97981.

40 Debevoise, US-Hochkommission, an State Department, 12. 12. 1952, über ein Gespräch mit Hütter und Mende am 28. 11.; NA RG 59 Lot 59 D Box 16 und Donelly an State Department, 28. 11. 1952 (ebd.).

41 State Department an die US-Hochkommission, 23. 12. 1952, NA RG 59 Lot 59 D 609 Box 16. Vgl. State Department an das amerikanische Konsulat in Straßburg, 4. 12. 1952. Dort wurde ein Prozeß gegen NS-Ärzte durchgeführt, bei dem ähnliche Behauptungen aufgestellt worden waren (ebd.).

42 Zur internen Diskussion vgl. FDP Bundesvorstand, Sitzungsprotokolle, Sitzung vom 29. 9. 1952, S. 470 ff.

43 Ward, Wahnerheide, an Foreign Office, 3. 7. 1952, PRO FO 371/97980. Tatsächlich legte er eine Aufstellung mit 146 Namen vor, die angeblich nicht rechtlichen, sondern humanitären Maßstäben folgte, vgl. Kirkpatrick an Foreign Office, 24. 7. 1952, PRO FO 371/97981 und die Kopie des Schreibens von Mende an Adenauer und die Liste, die von der Zentralen Rechtsschutzstelle ausgearbeitet worden war, 19. 7. 1952, PRO FO 1060/470.

44 Vgl. Aufzeichnung Tichy, 14. 10. 1952, PA AA II 515-11.

45 Vermerk, Schwartz, Delegation für die Ablösung des Besatzungsstatuts, 23. 10. 1952, PA AA II 515-04 e.

46 McCloy an State Department, 23. 6. 1952, NA RG 59 Dec. 661A.00/6-2352.

47 Donelly an State Department, 11. 8. 1952, NA RG 59 Dec. 662.0026/8-1152.

48 Donelly an State Department, 20. 8. 1952, NA RG 59 Dec. 662A.00/8-2052.

49 Vgl. etwa Reber an State Department, 11. 6. 1952, NA RG 59 Dec. 662A. 0026/6-1152. Ferner Kirkpatrick an Foreign Office, 14. 6. 1952, PRO FO 371/97979. Am 9. 9. 1952 intervenierte der deutsche Vertreter in den USA, Krekeler, bei Acheson, Washington an Auswärtiges Amt, 9. 9. 1952, PA AA III 210-01/80, Bd. 4.

50 Konrad Adenauer, Teegespräche 1950–1954, S. 315 ff., Gespräch vom 9. 6. 1952. Vgl. über dieses Gespräch auch das Schreiben von Liddell Hart an Lord Hankey, 10. 6. 1952, PRO FO 371/97979.

51 Verhandlungen des Deutschen Bundestages Stenographische Berichte, 1. Wahlperiode, Bd. 13, S. 10494 ff. Große Anfrage der DP betr. Lösung der Kriegsverbre-

cherfrage als »Voraussetzung für die Möglichkeit einer ehrenhaften Zustimmung zu einem deutschen Verteidigungsbeitrag«, Drucksachen, 21. 6. 1952, 1. Wahlperiode, Drucksache 3477. Vgl. auch die Aufzeichnung Born, 15. 9. 1952, PA AA II 515-00h.

52 Alle drei Hochkommissare bewerteten die Debatte als gemäßigt. Vgl. Kirkpatrick an Foreign Office, 17. 9. 1952, PRO FO 371/97986. Vgl. Donelly an State Department, 17. 9. 1952, NA RG 466 Dec. 321.6 CGR Box 28; Monatsbericht François-Poncets, 1. 10. 1952, AO AmbFr. Bonn Carton 23 XA, 5/J.

53 Donelly an State Department, secret, 15. 9. 1952, übermittelt den Text des Adenauer-Briefes, NA RG 59 Lot 57 D 540 Box 29. Der deutsche Text des Schreibens vom 13. 9. 1952 in PA AA II 515-11. Vgl. auch das Protokoll der Sitzung des Bundeskabinetts vom 16. 9. 1952, in der Adenauer seine Minister mit Rücksicht auf das Ausland auf eine Lösung der Kriegsverbrecherfrage »ohne viel Geräusch« einschwor; Kabinettsprotokolle 5, S. 571 ff.

54 Donelly an State Department, 15. 9. 1952, secret, NA RG 59 Lot 57 D 540 Box 29. Bereits am 13. 9. 1952 hatte Adenauer seine Initiative dem skeptischen Kirkpatrick erläutert; Kirkpatrick an Foreign Office, 13. 9. 1952, PRO FO 371/97985.

55 State Department an US-Hochkommission, 16. 9. 1952, NA RG 59 Lot 57 D 540 Box 29.

56 Aufzeichnung Allen, 8. 8. 1952, PRO FO 371/97984; Roberts an Kirkpatrick, 14. 8. 1952 (ebd.). Am 6. 8. 1952 sprach der deutsche Vertreter in London, Schlange-Schöningen, das Foreign Office auf den Vorstoß Hankeys im Oberhaus an; Schlange-Schöningen an Auswärtiges Amt, PA AA III 221-01/24, Bd. 2; Allen, Foreign Office, an Bathurst, 30. 9. 1952, PRO FO 371/97987.

57 Vgl. Aufzeichnung Allen, Foreign Office, über ein Gespräch mit Mattei von der französischen Botschaft, 10. 10. 1952, PRO FO 371/97987. Ebenso State Department an HICOC, 10. 10. 1952, NA RG 59 Lot 59 D 609 Box 16 und Herchenroder an Kirkpatrick über ein Gespräch mit einem Mitarbeiter der französischen Hochkommission, 13. 10. 1952, PRO FO 1060/456; ebenso Bathurst, Wahnerheide, an Allen, Foreign Office, 13. 10. 1952, PRO FO 371/97988.

58 Aufzeichnung, Direction Générale des Affaires Politiques, Europe, S/Direction d'Europe Centrale, ohne Datum, MAE EU 1949–55 Généralités Bd. 97.

59 Vgl. zum Problem Raymond Poidevin, La question de la Sarre entre la France et l'Allemagne en 1952, in: L'historien et les relations internationales (Hommage à Jacques Freymond), Genf 1981, S. 387–396.

60 Dunn, Paris, an State Department, NA RG 84 Paris Embassy CGR 1948–1953 Dec. 321. 6 Box 141.

61 Dunn, Paris, an State Department, 16. 10. 1952, secret, über ein Gespräch mit dem Chef der Abteilung Zentraleuropa im französischen Außenministerium; NA RG 59 Dec. 651.00/10–1652.

62 Vgl. zum innenpolitischen Aspekt der französischen EVG-Debatte Raymond Poidevin, Frankreich und das Problem der EVG: Nationale und internationale Einflüsse (Sommer 1951 bis Sommer 1953), in: Hans-Erich Volkmann und Walter Schwengler im Auftrag des Militärgeschichtlichen Forschungsamtes, Die Euro-

päische Verteidigungsgemeinschaft: Stand und Probleme der Forschung, Boppard 1985, S. 101-124, bes. S. 114 ff. Zur öffentlichen Meinung dort auch Jean-Pierre Rioux, Französische öffentliche Meinung und EVG: Parteienstreit oder Schlacht der Erinnerungen? S. 159-176.

5. Großbritannien und die USA: Selbstbewußtsein und Selbstzweifel in der Kriegsverbrecherfrage

1 McCloy an State Department 4. 2. 1952, NA RG 466 McCloy Papers D (52) 300.

2 Elisabeth Noelle und Peter Neumann, The Germans, Public Opinion Polls 1947–1966, Westport (Reprint) 1981, S. 202.

3 Elisabeth Noelle und Peter Neumann, The Germans, S. 202.

4 Konrad Adenauer, Teegespräche 1950–1954, S. 219, Gespräch vom 6. 3. 1952.

5 Vgl. etwa Aufzeichnung Roberts zu von Manstein, 28. 3. 1952; PRO FO 371/97976. Ferner Thayer, Chief, Reports Division, Office of Political Affairs, 12. 3. 1952: »Some German Comments on the continued Allied Imprisonment of German Generals«, NA RG 466 Dec. 321. 6 CGR Box 28.

6 Bruce, Paris, an Secretary of State, von McArthur, 29. 1. 1952, secret, Na RG 59 Lot 57 D 540 Box 29.

7 Gesprächsaufzeichnung, secret, 2. 9. 1952, u. a. zwischen Ridgway, Adenauer, Hallstein, Blank, Blankenhorn vom 2. 9. 1952, beiliegend zum Schreiben Fales, Foreign Service Officer, Heidelberg, an MacArthur II, Paris, 24. 9. 1952, NA RG 466 Dec. 350 CGR Box 32.

8 Vgl. die Aufzeichnung über die 84. Sitzung des britischen Kabinetts, 7. 11. 1952, PRO CAB 127/25.

9 Vgl. die Statistik: Übersicht über die Entwicklung des Kriegsverurteiltenproblems in den westlichen Ländern, PA AA II 515-01 k.

10 Dies geht hervor aus dem Political Briefing Paper No. 5 für den Dulles-Besuch in Deutschland, 5.-6. 2. 1952, hervor, übersandt von der US-Hochkommission ans State Department, 1. 2. 1953, NA RG 59 Lot 59 D 609 Box 17.

11 Zusammengestellt nach der Aufzeichnung von Trützschler, 3. 12. 1952, PA AA II 515-00h.

12 Aufzeichnung Churchill, 6/1952, PRO FO 371/97979.

13 Churchill für Minister of State, 23. 8. 1952, PRO FO 371/97985.

14 Aufzeichnung Roberts, 27. 8. 1952, PRO FO 371/97985.

15 Vgl. Eden an Secretary of Defense, 14. 4. 1952, PRO FO 800/846. Auf einer Denkschrift Selwyn Lloyds vom 23. 7. 1952 über mögliche Entlassungen der Generäle Manstein, Kesselring und Mackensen notierte er: »My desire is to administer my responsibilities as impartially as I can.« PRO FO 371/97981.

16 Aufzeichnung Eden für Churchill, 29. 8. 1952, PRO FO 371/97985. Dort auch eine

gesonderte Aufzeichnung über die Einzelfälle von inhaftierten deutschen hohen Militärs.

17 Vgl. hierzu als Beispiel für die Arbeitsweise die Eden vorgelegte Liste von Einzelfällen mit Bemerkungen Edens am Rande, 8. 8. 1952, PRO FO 371/97983.

18 Aufzeichnung Churchill, 8. 9. 1952, PRO FO 371/97985. Der Premier widersprach Eden dann auch noch einmal heftig, als der Außenminister auf seine richterliche – und mehr als ungeliebte – Funktion bei der Prüfung der Fälle hinwies. Notiz Eden, 10. 9. 1952, auf der Aufzeichnung Churchills vom 8. 9., PRO FO 371/97985. Bereits in seiner Aufzeichnung vom 29. 8. 1952 für Churchill hatte Eden auf seine »distasteful responsibility« hingewiesen (ebd.). Churchill forderte für sich und das Kabinett Mitspracherecht bei Begnadigungen, eben weil für ihn das Kriegsverbrecherproblem immer noch eine Frage der Politik (policy), keine Frage des Rechts (legality) darstellte. Aufzeichnung Churchill, 14. 9. 1952, PRO FO 371/97987. Vgl. hierzu die Aufzeichnung von Roberts, 25. 9. 1952 (ebd.).

19 Foreign Office, Hancock, an Warr, Wahnerheide, 18. 9. 1952, PRO FO 371/97986. Der Artikel erschien am 15. 9. im *Manchester Guardian* unter der Überschrift: »War Criminals allowed to sneak home.«

20 Aufzeichnung Kirkpatrick für Herchenroder, 8. 8. 1952, PRO FO 1060/470. Vgl. auch das Schreiben Herchenroder an Kirkpatrick, 7. 8. 1952 (ebd.).

21 Kirkpatrick an Foreign Office, Harrison, 20. 10. 1952, PRO FO 371/97989.

22 Kirkpatrick an Roberts, 12. 11. 1952, PRO FO 1060/470.

23 Kirkpatrick an Foreign Office, Harrison, 20. 10. 1952, PRO FO 371/97989.

24 Aufzeichnung Kirkpatrick an Herchenroder, 8. 8. 1952, PRO FO 1060/470.

25 Aufzeichnung Kirkpatrick, 8. 12. 1953, PRO FO 371/104155. Schon am 8. Februar 1952 hatte Kirkpatrick in anderem Zusammenhang auf die Historiker verwiesen, PRO FO 371/97973.

26 Vgl. Walter Nutz, Der Krieg als Abenteuer und Idylle. Landser-Hefte und triviale Kriegsromane, in: Hans Wagener (Hrsg.), Gegenwartsliteratur und 3. Reich. Deutsche Autoren in der Auseinandersetzung mit der Vergangenheit, Stuttgart 1977, S. 266–283, hier S. 269 ff.

27 Vgl. hierzu das Schreiben von Cheysson an Blankenhorn, 31. 1. 1951, PA AA II 515-04d und das Antwortschreiben von Adenauer an François-Poncet, 5. 4. 1951, Konrad Adenauer, Briefe, 1951–1953, S. 37 f. und Bundestagsprotokolle, Bd. 6, S. 4983 f.

28 Vgl. Anfänge westdeutscher Sicherheitspolitik, 1945–1956, Bd. 2, S. 591.

29 London, Schlange-Schöningen, an das Auswärtige Amt, 31. 8. 1951, PA AA III 200-00, Bd. 1, und Paris, Walther, an das Auswärtige Amt, ebd., Bd. 2. Am 10. August 1952 hatte Ramcke in Essen die Freilassung aller Kriegsverbrecher gefordert; Kirkpatrick an Foreign Office, 12. 8. 1952, PRO FO 371/97983.

30 Ward, Wahnerheide, an Foreign Office, 29. 10. 1952, PRO FO 371/97949. Vgl. den vollständigen Text der Rede Ramckes in Keesing 1952, 3718 A.

31 Vgl. die Telegramme der diplomatischen Vertretung in Washington an das Auswärtige Amt, 27. 10. 1952 und 30. 10. 1952, PA AA III 201-10.

32 Schlange-Schöningen an Auswärtiges Amt, 28. Oktober 1952, PA AA III 201-10.

Vgl. dort auch eine vom Auswärtigen Amt erstellte Übersicht über die internationale Pressereaktion auf die Ramcke-Rede vom 5. 11. 1952. Bereits am 28. 10.
hatte sich das Auswärtige Amt in einem Rundschreiben an alle Auslandsvertretungen von der Ramcke-Rede distanziert (ebd.). Am selben Tag war im Kabinett
auf Wunsch des Bundeskanzlers beschlossen worden, daß Blank über eine
»geeignete Persönlichkeit« auf Ramcke einwirken sollte. »Ramcke«, so erwartete
man, »werde sich mindestens dem Hinweis nicht verschließen, daß derartige
Äußerungen dem Interesse seiner noch im Gewahrsam der Westmächte befindlichen Kameraden zuwiderlaufen«, Kabinettsprotokolle, Bd. 5, S. 650 f.

33 Globke an Dehler, Entwurf, 5. 11. 1952 (Stempel abgesandt: 6. 11.) und Dehlers
Antwort am 15. 11. 1952; BA B 136/1752.

34 Kopie einer Aufzeichnung, Kirkpatrick, 5. 11. 1952, PRO FO 371/97991.

35 *Times*, London, 5. 12. 1952. Ivone Kirkpatrick, The Inner Circle, S. 247 ff.

36 Kirkpatrick an Emil Frotscher, *Abendpost,* Offenbach, 28. 11. 1952. Es handelt
sich offensichtlich um eine Übersetzung, sie ist mit handschriftlichen Verbesserungen versehen. Kirkpatrick hatte Adenauer mit Schreiben vom 29. 11. diesen
Brief und statistisches Material zu den Werl-Häftlingen übersandt, PA AA II
515-03. Kirkpatrick sandte Briefe auch an die beiden anderen Hochkommissare,
vgl. Kirkpatrick an Donelly, 28. 11. 1952, NA RG 466 Dec. 321.6 CGR Box 28.

37 Notiz Eden, 2. 12. 1952. Dort auch entsprechende Notizen von Nutting und
Strang. Am 3. 12. 1952 schrieb Roberts an Kirkpatrick: »All who have seen your
letter here, from the secretary of State downwards, thought it quite admirable.«
PRO FO 371/97994. Als Kirkpatrick kurz nach seinem Brief an die *Abendpost*
von einer erneuten Intervention des Kanzlers bei den amerikanischen Kollegen
in Sachen Kriegsverbrecher hörte, bemerkte er trocken, der werde den Kanzler
mit Sicherheit abblitzen lassen. Kirkpatrick an Roberts, 23. 12. 1952, PRO FO
371/103918. Vgl. auch die ausführliche Aufzeichnung Born, 19. 2. 1953, für die
Chefs der Mission im Ausland, PA AA II 515-11.

38 Vgl. Dunnigan, amerikanische Botschaft London, an State Department, 19. 11.
1952, über ein Gespräch mit einem Mitarbeiter des Foreign Office, NA RG 59 Lot
59 D 609 Box 16.

39 Aufzeichnung Roberts über ein Gespräch mit Schlange-Schöningen, 11. 12. 1952,
PRO FO 371/97868.

40 In der Regel wurden vor Weihnachten innerhalb eines gewissen Rahmens Strafen
verkürzt, um so eine Freilassung vor dem Fest zu ermöglichen. Der Stichtag wurde
von Eden bewußt so gewählt, daß kein Kriegsverbrecher in den Genuß dieser
Strafverkürzung kam; vgl. Aufzeichnung Roberts für Strang, 1. 12. 1952, darauf
handschriftliche Bemerkungen von Eden, und die Wiedervorlage von Roberts am
5. 12. 1952, auch dort handschriftliche Anweisungen Edens; PRO FO 371/97994.

41 Eden an Acheson, 17. 12. 1952, PRO FO 371/97995; die amerikanische Überliefe-
rung in NA RG 59 Dec. 662.0026/12–1752.

42 Kirkpatrick an Foreign Office, 19. 8. 1952, PRO FO 1060/456.

43 Vgl. hierzu den Auszug aus der Pressekonferenz Donellys am 4. 8. 1952, Donelly
an State Department, 6. 8. 1952, NA RG 59 Dec. 662A.0026/7-3152.

44 Report No. 153, 8. 9. 1952, vgl. Anna J. und Richard L. Merrit (Hrsg.), Public Opinion, S. 184 f. Es handelte sich um eine Blitzumfrage zwischen dem 26. und 31. August bei 400 Westdeutschen. Hierzu Donelly an State Department, 16. 9. 1952, NA RG 59 Lot 57 D 540 Box 29.

45 Reber an State Department, for Kellermann, 28. 7. 1952, NA RG 466 Dec. 321.6 CGR Box 28.

46 US-Hochkommission, Boerner, Office of Public Affairs, an State Department, 20. 8. 1952, NA RG 59 Lot 57 D 540 Box 29.

47 State Department an die US-Hochkommission, 7. 10. 1952, NA RG 59 Lot 59 D 609 Box 16.

48 Donelly, Bonn, an Kellermann, Public Affairs Guidance Nr. 193, 16. 10. 1952, NA RG 59 Lot 59 D 609 Box 16. Bereits am 17. 9. war die ursprüngliche Direktive durch die Public Affairs Guidance Nr. 188 ergänzt worden, die ebenfalls die Verbrechen aufschlüsselte, wegen derer die Landsberg-Häftlinge verurteilt wurden waren; NA RG 59 Lot 57 D 540 Box 29.

49 Donelly an State Department, 20. 10. 1952, NA RG 59 Lot 59 D 609 Box 16.

50 Bremen, McLaughlin, an das State Department, 25. 1. 1953, NA RG 59 Lot 59 D 609 Box 17.

51 Reber an State Department, 27. 1. 1953, NA RG 466 Dec. 321.6 CGR Box 164.

52 US-Hochkommission an State Department, 1. 2. 1953, mit Briefing Papers für den Dulles-Besuch vom 5.-6. 2. 1953, NA RG 59 Lot 59 D 609 Box 17.

53 Zu Umfrageergebnissen hinsichtlich der alliierten Kollektivschuldthese vgl. Richard L. Merrit, Digesting the Past, hier S. 99. Die ganze Kollektivschulddebatte nach 1945 kann hier nicht nachvollzogen werden. Vgl. nur die Wertung von Babro Eberan, Luther? S. 204. Ihrer Meinung nach sprechen aus der Kollektivschuldthese »jahrhundertealte Vorurteile«, sie war »rassistisch geprägt«. Eberan, aber auch Bernd Faulenbach weisen darauf hin, daß die Kollektivschuldthese auf deutscher Seite apologetische Tendenzen förderte; vgl. Bernd Faulenbach, NS-Interpretationen. Vgl. ergänzend dazu Josef Foschepoth, Zur deutschen Reaktion auf Niederlage und Besatzung, in: Ludolf Herbst (Hrsg.), Westdeutschland 1945–1955. Unterwerfung, Kontrolle, Integration, München 1986 (Schriftenreihe des Instituts für Zeitgeschichte, Sondernummer), S. 151–166, hier S. 154. Foschepoth weist darauf hin, daß die Alliierten die Kollektivschuldthese bald vorsichtig handhabten, so etwa bei der Eröffnung der Nürnberger Prozesse. Die Kollektivschuldthese sei aber dann von den Deutschen hochgespielt worden, um sich nicht nur »von der Schuld am Krieg, sondern auch von jeder Verantwortung für dessen Folgen freizusprechen«. Vgl. schließlich Friedrich Wilhelm Rothenspieler, Der Gedanke einer Kollektivschuld in juristischer Sicht, Berlin 1982.

54 So folgenlos blieb das Papier nicht, denn ganze Formulierungen gingen in die Briefing Papers für den Dulles-Besuch (a. a. O.) ein. Das Papier vom 22. 12. 1952 in NA RG 466 Dec. 321.6 CGR Box 28.

55 Memorandum Raymond für Morris, 5. 1. 1953, NA RG 59 Lot 59 D 609 Box 17.

56 Memorandum Auchincloss/Morris, 9. 1. 1953, NA RG 59, Lot Files, Lot 59 D 609 Box 17.

57 State Department, Acheson, eyes only for Reber, 7. 1. 1953, NA RG 466 Dec. 321. 6 CGR Box 164.

58 Sources of Anti-Americanism, 11. 2. 1953, NA RG 466 Dec. 350 CGR Box 172.

59 Ebd.

6. Ausklang der Gnadendebatte, 1953–1958

1 Kesselring an Hallstein, 19. 6. 1953. Bereits am 14. 1. 1953 hatte Kesselring um ein Treffen mit Hallstein gebeten, vgl. Aufzeichnung von Trützschler, 20. 1. 1953 und das Schreiben von Trützschlers an Neate, Generalsekretär der Alliierten Hohen Kommission, 23. 1. 1953. Am 11. 6. 1953 wies Kirkpatrick in einem Schreiben an Adenauer darauf hin, entsprechende Meldungen entbehrten »jeder Grundlage«. Vgl. auch die Schreiben Hallsteins an Heusinger und Kesselring, 11. 6. 1953; alle Dokumente in PA AA II 515-03.

2 Berlin, Coleman, an Foreign Office, 28. 6. 1953, PRO FO 371/104146.

3 Kirkpatrick an Foreign Office, 29. 6. 1953, PRO FO 371/104146.

4 Aufzeichnung Hancock, Foreign Office, 22. 10. 1953, PRO FO 371/104156.

5 Vgl. etwa die Berichte in *Die Welt*, 29. 6. 1953; *Neue Illustrierte*, 11. 7. 1953; *ABC-Illustrierte*, 12. 7. 1953; alle in PA AA II 515-03 E. Vgl. auch Hans-Peter Schwarz, Adenauer. Der Staatsmann, 1952–1967, Stuttgart 1991, S. 96. Schwarz hat bei seiner kurzen Darstellung die Position der Bundesregierung in der Kriegsverbrecherfrage verinnerlicht und nicht hinterfragt. Er spricht von »ehemaligen Wehrmachtsangehörigen«, von Kesselring als »angeblichem Kriegsverbrecher«, von »Kriegsverurteilten«, von »Opfern der Militärjustiz«.

6 Hellwege an Adenauer, 28. 8. 1953, PA AA II 515-03. Zufriedener zeigte sich Hans Speidel, einer der wichtigsten mit der deutschen Wiederbewaffnung befaßten Militärs. Der Besuch Adenauers in Werl habe einen »tiefen Eindruck« gemacht, »nicht nur bei den alten Soldaten in der Heimat, sondern vor allem auch bei vielen Menschen guten Willens im Ausland [...]. Es ist damit offenbar geworden, daß die Lösung der sogenannten ›Kriegsverbrecherfrage‹ nicht etwa eine politische Zweckmäßigkeit, sondern vielmehr eine echte Angelegenheit des Herzens ist.« Speidel an Kilb, 8. 7. 1953, BA B 136/1882.

7 Kirkpatrick an Foreign Office, 1. 7. 1953, PRO FO 371/104147.

8 Kirkpatrick an Foreign Office, 1. 7. 1953 (a. a. O.). Noch einmal sollte sich Adenauer im Rahmen einer im Herbst 1953 laufenden Pressekampagne gegen Werl auf seine eigenen Hafterfahrungen berufen. Der Kanzler beschwerte sich gegenüber dem britischen Hochkommissar vor allem darüber, daß das Licht in den Zellen so früh ausgehe. Dies sei, so Adenauer, eine der härtesten Maßnahmen, was er selbst aus seiner Zeit in einem Konzentrationslager wisse; Aufzeichnung Hoyer Millar, 20. 10. 1953, PRO FO 1060/528.

9 Adenauer an Kirkpatrick, 29. 6. 1953, PA AA II 515-03, ferner Aufzeichnung

Evans, 3. 9. 1953, auf dem Schreiben Adenauers (hier datiert 2. 7.), PRO FO 371/104147.

10 Churchill an Eisenhower, 12. 4. 1953, PRO FO 800/794. Gedruckt in Peter G. Boyle (Hrsg.), The Churchill - Eisenhower Correspondence, 1953-1955, Chapel Hill/London 1990, S. 44.

11 Conant an State Department, 17. 3. 1952, NA RG 59 Lot D 609 Box 17. Bereits am 23. 12. 1952 hatte Kirkpatrick geschrieben, der Kanzler habe das Thema seit seinem Brief an die *Abendpost* nicht mehr angesprochen; PRO FO 371/103918. Am 12. 4. 1953 schrieb er am Ende eines Briefes: »I may add that since I wrote to the Abendpost a month ago [...] no German has ventured to rag me on the war cnminals issue.« PRO FO 371/104144.

12 Kirkpatrick an Foreign Office, 21. 3. 1953, PRO FO 371/104144.

13 Conant an State Department, 30. 3. 1953, FRUS 1952-1954, Bd. 7, S. 419 ff.

14 US-Hochkommission an State Department, 1. 4. 1953, secret, NA RG 59 Dec. 662. 0026/4-153.

15 Vgl. bei der Materialsammlung das Office Memorandum, Hulse for Schwarz, 27. 3. 1953, NA RG 59 Dec. 662.0026/4-153.

16 Conant an State Department, 1. 4. 1953, NA RG 59 Lot 59 D 609 Box 18.

17 Hallstein an die diplomatische Vertretung Washington, 25. 3. 1953, PA AA III 752-01/80. Eine etwas andere Formulierung findet sich auf einer Liste der Gesprächsthemen vom 4. 4. 1953: »Psychologische Situation des deutschen Verteidigungswillen«, so hieß es dort; PA AA StS Bd. 214.

18 Vgl. Memorandum Auchincloss, 31. 3. 1953, NA RG 59 Lot D 609 Box 17. Ferner State Department an US-Hochkommission, 3. 4. 1953, secret, ebd. Box 18. Das State Department wollte bis nach der deutschen Ratifizierung warten; Conant ging darüber hinaus, indem er eine sofortige Einsetzung des Ausschusses forderte; Conant an State Department, 4. 4. 1953, ebd.

19 Schreiben Adenauers an Franz Josef Strauß, zit. nach Franz Josef Strauß, Die Erinnerungen, S. 204.

20 Der Darstellung liegen mehrere Quellen zugrunde: einerseits die amerikanische Aufzeichnung über diese Konferenz am 7. 4. 1953 in FRUS 1952-1954, Bd. 7, S. 429 ff. Ferner das Telegramm des State Department an die US-Hochkommission, 8. 4. 1953, secret NA RG 59 Dec. 611.61A/4-853; andererseits eine deutsche Aufzeichnung in BA NL Blankenhorn/19 a. Vgl. auch die Gesprächsprotokolle in PA AA StS Bd. 213. Ferner die Vorlage der Abteilung II, Born, 23. 3. 1953, PA AA StS Bd. 214. Zur Amerikareise Adenauers allgemein vgl. Hermann-Josef Rupieper, Der besetzte Verbündete, 310 ff.

21 Aufzeichnung über die Sitzung vom 8. 4. 1953 in FRUS 1952-1954, Bd. 7, S. 438 ff. und die beiden deutschen Niederschriften in BA NL Blankenhorn/19 a. Ferner die »Briefing Papers« zu dieser Konferenz in NA RG 59 Dec. 762A.00/4-653 und die Aufzeichnung des Auswärtigen Amtes vom 30. 3. 1953 in PA AA II 752-01.

22 Noch auf seiner Rückreise über Kanada lobte Adenauer die Briten wegen ihrer großzügigen Entlassungen; vgl. BBC Morning report, 18. 4. 1952, PRO FO 371/104144.

23 Bolte, US-Oberkommando Europa, an Department of the Army, secret, 8. 4. 1953, NA RG 466 Dec. 321.6 CGR Box 164.

24 Dulles an American Embassy London und Paris, 7. 5. 1953, NA RG 59 Dec. 762A. 00/5-753. Die Briten wurden auch über den Verlauf der Washingtoner Gespräche informiert; vgl. Makins, Washington, an Foreign Office, 10. 4. 1953, PRO FO 371/103951.

25 Vgl. Aufzeichnung Roberts, 12. 5. 1953, darauf die Zustimmungen von William Strang und Selwyn Lloyd, PRO FO 371/104145.

26 Aufzeichnung Weber über Tischgespräche zwischen Adenauer und Churchill, London, 14. 5. 1953, BA NL Blankenhorn/19 b.

27 Vgl. die Aufzeichnung über das Gespräch vom 15. 5. 1953 in PRO FO 800/794; die deutsche Niederschrift (Weber) in BA NL Blankenhorn/19 b. Ferner die Aufzeichnung Born für die London-Reise Adenauers, 8. 5. 1953, PA AA II 515-03.

28 Churchill sprach von »atrocity mongers«; Aufzeichnung über Gespräch beim Mittagessen zwischen Adenauer und Churchill am 15. 5. 1953, PRO FO 371/103705.

29 Vgl. den Tagebuchauszug Blankenhorns vom 15. 5. 1953: »Churchill machte gelegentlich einen recht uninformierten, fast abwesenden Eindruck; wenn er aus seinen Träumen aufwacht und Fragen stellt, so gehen sie sehr oft am Thema vorbei. Der alte Mann sitzt schwerfällig in seinem Stuhl, das linke Auge tränt unentwegt, und wenn er sich zu zusammenhängenden Äußerungen aufrafft [...] scheint er, wie das bei alten Leuten der Fall ist, den Tränen nahe zu sein. Wie dieser Mann angesichts seines Körperzustandes das britische Empire leiten will, ist kaum faßbar. Der Kanzler ist von diesem zeitweilig völligen Versagen seines Gesprächspartners sehr negativ beeindruckt [...].« BA NL Blankenhorn/19 b. Vgl. Anthony Adamthwaite, Overstretched and Overstrung: Eden, The Foreign Office and the Making of Policy 1951-1955, in: International Affairs 64 (Spring 1988), Nr. 2, S. 241-259, hier S. 251.

30 Committee of the Association of Former Members of the German Africa Corps, General Crüwell (retired), General Westphal (retired) and Churchill, undatiert, PRO PREM 11/573.

31 Downing Street an Priestman, Foreign Office, 11. 5. 1953 und Foreign Office an Montague Brown, Downing Street, 14. 5. 1953, PRO FO 371/104145.

32 Vgl. Anfänge westdeutscher Sicherheitspolitik, Bd. 2, S. 150 ff. Ferner Hans-Peter Schwarz, Adenauer. Der Staatsmann, S. 71 ff.

33 Bereits Ende April hatte man sich im Foreign Office in Abwesenheit Edens über die Verfahrensweise zu einigen versucht: Aufzeichnungen Roberts, 29. 4. 1953 und Hancock, 1. 5. 1953, PRO FO 371/104145. Auf Einzelheiten der Regelung zwischen Kriegsministerium und Foreign Office soll hier nicht eingegangen werden; vgl. hierzu das Memorandum Lloyd für Churchill, 7. 5. 1953, PRO FO 800/846. Vgl. ferner die Zustimmung Churchills zur endgültigen Freilassung von Mansteins (»I entirely approve«) auf einer entsprechenden Vorlage, 1. 5. 1953, PRO FO 371/104159. Ferner die Zustimmung Churchills zur Freilassung von Falkenborsts auf der Aufzeichnung von Selwyn Lloyd, 18. 5. 1953 und Downing Street, Oates, an Duff, Foreign Office, 25. 5. 1953, PRO FO 371/104146.

34 »[...] The French will block it«, notierte William Strang auf einer Aufzeichnung Roberts, 12. 5. 1953. Ferner: Aldrich, London, an State Department, 8. 5. 1953, secret NA RG 59 Dec. 762A.00/5-853.

35 Paris, Dillon, an State Department über ein Gespräch mit Latornelle, secret, 16. 5. 1953, NA RG 59 Lot 59 D 609 Box 18.

36 Gesprächsaufzeichnung Dulles mit Blankenhorn, 3. 6. 1953, Eisenhower Library, Ann Whitman File, International Series, Box 13. Vgl. auch die Gesprächsaufzeichnung Eisenhower – Blankenhorn, 4. 6. 1953, FRUS 1952–1954, Bd. 2, S. 468 ff. Bereits zuvor hatte Blankenhorn im State Department vorgesprochen; Memorandum of Conversation, 4. 6. 1953, Blankenhorn, Smith, Lewis, ebd. S. 466 f. Vgl. ferner die Zusammenfassung des Blankenhorn-Besuchs beim Präsidenten, State Department an US-Hochkommission, 6. 6. 1953, secret, Eisenhower Library, Ann Whitman File, International Series, Box 13.

37 Dulles, joint State/Defense Message, über ein Gespräch mit Eisenhower, secret, 25. 6. 1953, NA RG 59 Lot 59 D 609 Box 17. Entsprechendes war bereits am 15. 6. von Riddleberger vorgeschlagen worden; Memorandum für Dulles, 15. 6. 1953, NA RG 59 Lot 59 D 609 Box 18. Am 16. 6. hatte Conant in einen Memorandum für Dulles noch einmal auf eine Beschleunigung gedrängt und dabei sogar vorgeschlagen, der Hochkommission die Verantwortung auch für die Kriegsverbrecherfälle in Obhut der Armee zu übertragen, konnte aber damit nicht durchdringen; Memorandum Conant für Dulles, 16. 6. 1953, secret, ebd. Aus einem anderen Memorandum Riddlebergers vom 19. 6. geht freilich hervor, daß Dulles selbst noch zurückhaltend war, in Bermuda die Sache anzusprechen; NA RG 59 Lot 53 D 444 Box 23.

38 Kirkpatrick an Foreign Office, 3. 7. 1953, PRO FO 371/104147.

39 Kirkpatrick an Foreign Office, 6. 7. 1953, PRO FO 371/104147; Conant an State Department, 7. 7. 1953, secret, NA RG 59 Lot 59 D 609 Box 18.

40 Conant an State Department, 7. 7. 1953 (a. a. O.). Zwei Tage später wies Conant erneut auf den starken innenpolitischen Druck in der Kriegsverbrecherfrage hin, Conant an State Department, 9. 7. 1953 (a. a. O.).

41 Foreign Office an Wahnerheide, 10. 7. 1953, PRO FO 371/104147.

42 Conant an State Department, 8. 7. 1953, NA RG 59 Lot 59 D 609 Box 19 und Conant an State Department, 9. 7. 1953, NA RG 59 Lot 59 D 609 Box 18.

43 Am 8. 7. hatte das State Department der Hochkommission mitgeteilt, man wolle es noch einmal mit dem gemischten Ausschuß versuchen; State Department, Dulles, an US-Hochkommission, 8. 7. 1953, NA RG 59 Lot 59 D 609 Box 18. Vgl. auch Kirkpatrick an Foreign Office, 11. 7. 1953, PRO FO 371/104147.

44 Washington, von Lord Salisbury, an Foreign Office, 12. 7. 1953, PRO FO 10604/474; ferner Aufzeichnung Salisbury, 22. 7. 1953, über ein Gespräch mit Lord Hankey, PRO FO 371/104148. Die amerikanische Niederschrift in FRUS 1952–1954, Bd. 5, S. 1629 ff. Zum sonstigen Verlauf der Außenministerkonferenz vgl. Anfänge deutscher Sicherheitspolitik, Bd. 2, S. 156 ff.

45 Notiz Kirkpatrick zu einem Schreiben von Bathurst, 16. 7. 1953, PRO FO 1060/474.

46 Vgl. das Telegramm des Foreign Office an verschiedene diplomatische Posten im
    Ausland, 22. 7. 1953, wo man davon ausging, daß neben der deutschen Einheit
    die Kriegsverbrecherfrage eines der Hauptthemen des kommenden Wahlkampfes
    sein würde. PRO FO 1060/474.
47 Vermerk Brückner über Direktorenbesprechung, dort Bericht Hallsteins über ein
    Gespräch mit Conant, 31. 7. 1953, PA AA II 515-11/01.
48 Kirkpatrick an Foreign Office, 13. 8. 1953, PRO FO 1060/474. Vgl. ferner den Text
    der Ankündigung gegenüber Adenauer, Kirkpatrick an Foreign Office, 21. 7.
    1953, PRO FO 371/104148; das Originalschreiben in PA AA II 515-11/01.
49 Vgl. Lewis an McCloy, 4. 8. 1953, NA RG 59 Dec. 662. 0026/8-453.
50 Memorandum Phleger für Raymond, 15. 10. 1953, NA RG 59 Lot 59 D 609 Box 18.
51 Conant an State Department 19. 8. 1953, NA RG 59 Lot 59 D 609 Box 18; ferner
    Conant an State Department, für das Secretary, undatiert, NA RG 466 Dec. 321.6
    CGR Box 164.
52 Conant an State Department, 20. 10. 1953, NA RG 59 Lot 59 D 609 Box 18. Es
    handelte sich um: 1. Henry Lee Shattuck, Anwalt aus Boston (Vorsitz); 2.
    Generalmajor (Major General) Walter Joseph Muller, Stellvertretender General-
    stabchef für Logistik und Administration der alliierten Streitkräfte in Zentraleu-
    ropa (Deputy Chief of Staff for Logistics and Administration of Allied Forces); 3.
    Edwin Plitt, amerikanischer Karrierediplomat, früherer Präsident der Internatio-
    nalen Kontrollkommission in Tanger. Er sollte schon bald für Shattuck den
    Vorsitz übernehmen. Die deutschen Mitglieder waren: Dr. Emil Lersch, früher
    Richter am Bundesgerichtshof, und Dr. Hans Meuschel, Präsident des Oberlan-
    desgerichts in Landshut.
53 Vgl. Hoyer Millar an Roberts, Foreign Office, 30. 10. 1954, PRO FO 371/109729.
    Falsch ist die Darstellung bei Adalbert Rückerl, NS-Verbrechen, S. 130. Er spricht
    von einem »Gnadenausschuß, an dem seit 1952 auch Vertreter der Bundesregie-
    rung beteiligt waren und dort – laut Robert Kempner – die führende Rolle
    spielten«.
54 Handschriftliche Notiz Kirkpatrick, 31. 3. 1954, auf einer Vorlage von Roberts, 30. 3.
    1954, PRO FO 371/109722. Das Papier wurde von Lloyd und Eden abgezeichnet.
55 Maxwell an Hancock, 28. 5. 1954, PRO FO 371/109724. Am 14. und 15. Juni
    sprach Maxwell darüber auch mit Beamten des Foreign Office; vgl. die Aufzeich-
    nung ebd. Vgl. ferner die Eingabe von Maxwell für den britischen Außenminister
    mit erneuten schweren Vorwürfen; Maxwell für Secretary of State, 21. 6. 1954,
    PRO FO 371/109725. Ferner die Note Maxwell über drei problematische Einzel-
    fälle, 1. 7. 1954, PRO FO 1060/475.
56 Aufzeichnung Harrison über ein Gespräch mit Maxwell, 19. 11. 1954, PRO FO
    1060/475.
57 Roberts an Hoyer Millar, 12. 5. 1954, PRO FO 1060/457.
58 Vgl. die Statistik in PA AA II 515-00k.
59 Vgl. amerikanische Botschaft Bonn an State Department, »History of the Inte-
    rim Mixed Parole and Clemency Board…«, 19. 9. 1955, NA RG 59 Lot 59 D 609
    Box 18.

60 Vgl. »History of the Interim Mixed Parole and Clemency Board«, (a. a. O.).

61 Zu diesen Zusammenhängen Hans-Peter Schwarz, Die Ära Adenauer, 1949–1957, S. 246 ff. Ders., Adenauer. Der Staatsmann, 140 ff.

62 Vor allem die Notstandsklausel, d. h. ein alliiertes Interventionsrecht im Falle des Notstandes zum Schutze der eigenen Streitkräfte, wurde beseitigt. Vgl. hierzu und zu anderen Veränderungen Ludolf Herbst, Option, S. 101 ff.

63 Dowling, Bonn, an State Department, secret, 25. 9. 1954; State Department, Smith, an die US-Botschaft in London, 27. 9. 1954, secret, NA RG 59 Dec. 662A. 00/9-2554.

64 Hoyer Millar an Foreign Office, 11. 10. 1954, mit dem Text des Notenwechsels, PRO FO 371/109727.

65 Aufzeichnung A. R. (?), 25. 9. 1954, darauf handschriftlich Eden: »The point I want Dept. to bear in mind is that if there is a flush of these releases just an German unity with the west is being worked out, we shall not be helping that cause.« PRO FO 371/109727.

66 Foreign Office an Bonn, 13. 10. 1954, PRO FO 371/109727.

67 Hoyer Millar an Foreign Office, 13. 10. 1954; Hoyer Millar schrieb, Hallstein »took it fairly well«, PRO FO 371/109728.

68 Aufzeichnung von Trützschler, 17. 11. 1954, PA AA II 515-00g. Schon im Juli hatte Adenauer an Bundestagspräsident Ehlers geschrieben: »Ich bin mir der Schwierigkeiten, die in der Kriegsverurteiltenfrage immer noch überwunden werden müssen, zu sehr bewußt, als daß ich hätte glauben können, daß das gesamte Problem in 6 Monaten zu lösen gewesen wäre. Nur wenn die vor allem in der psychologischen Situation des Auslandes begründeten Schwierigkeiten nicht übersehen werden, wird eine zutreffende Beurteilung der Entwicklung möglich sein.« Adenauer an Ehlers, 16. 7. 1954, BA B 136/1882.

69 Große Anfrage der Fraktionen der DP und des GB/BHE, 3. 11. 1954, PA AA II 515-00h Bd. 4.

70 Adenauer an von Merkatz, streng vertraulich, Entwurf, 7. 12. 1954, PA AA II 515-00h Bd. 4. In seinem Antwortschreiben verzichtete von Merkatz vorläufig auf eine öffentliche Erörterung im Plenum (ebd.).

71 Verhandlungen des Deutschen Bundestages, Stenographische Berichte, 2. Wahlperiode, 62. Sitzung, 16. 12. 1954, S. 3188 ff.

72 Johnston, Bonn, an Hancock, 5. 1. 1955, PRO FO 371/118431.

73 Mitte Dezember 1954 hatte die Bundesregierung eine großzügige Weihnachtsamnestie gefordert; Schlange-Schöningen an Auswärtiges Amt, 15. 12. 1954, PA AA III 246-00 Bd. 2 und die Aufzeichnung Kirkpatricks über dieses Gespräch, 15. 12. 1954, PRO FO 371/109730. Auch in den USA wurde die Bundesregierung um Weihnachten aktiv; State Department an US-Hochkommission, 10. 12. 1954, 17. 12. 1954 und Conant an State Department, 20. 12. 1954, alle in NA RG 466 Dec. 370 Box 180.

74 Memorandum des Political Affairs Office der amerikanischen Botschaft in Bonn, Anlage zum Schreiben an das State Department, 3. 8. 1955, NA RG 50 Lot 59 D 609 Box 17.

75 Frings an Eisenhower sowie den Präsidenten Frankreichs und die Königin der Niederlande, 28. 6. 1955, PA AA II 515-00g. Das amerikanische Antwortschreiben auf der Grundlage von Instruktionen des State Departments, Hoover an US-Botschaft Bonn, 15. 7. 1955, NA RG 59 Lot 59 D 609 Box 18 und Conant an Frings, 29. 7. 1955, NA RG 466 Dec. 321.6 Box 59.

76 American Embassy Paris, Knight, an Dowling, American Embassy Bonn, 2. 6. 1955, und dort auch das Antwortschreiben Dowlings an Knight NA RG 466 Dec. 321.6 CGR Box 164.

77 Nicht alle Eingaben des Soldatenverbandes können hier aufgezählt werden. Vgl. nur die Petitionen vom 10. 11. 1953, 6. 6. 1954, PA 4A II 515-01b und vom 20. 11. 1954, PA AA It 515-00g.

78 Verhandlungen des Deutschen Bundestages, Stenographische Berichte, 2. Wahlperiode 1953, 93. Sitzung, S. 5272 ff. hier S. 5275.

79 Vgl. etwa Bérard an Bidault, 1. 4. 1954, mit biographischen Einzelheiten über Oberländer, aber auch über die ebenfalls belasteten Bundesminister Preusker und Kraft; MAE EU 1949–55 Allemagne Bd. 184. Zum Gesamtproblem unten, Kapitel 18 und 19.

80 Vgl. die Angaben im Abschlußbericht des gemischten Ausschusses aus dem Jahr 1958, PRO FO 371/137597.

81 Aufzeichnung Harrison über ein Gespräch mit Maxwell, 19. 11. 1954 (a. a. O.).

82 Vgl. zu den Einzelheiten das Memorandum des State Department, Bureau of German Affairs, Barbour, für Murphy, 10. 11. 1955, NA RG 59 Lot 59 D 609 Box 18. Eine kurze Biographie Dietrichs findet sich bei James J. Weingartner, Crossroads to Death. Ausführlich Charles Messenger, Hitler's Gladiator. The Life and Times of Obergruppenführer and Panzergeneral-Oberst der Waffen-SS Sepp Dietrich, Frankfurt 1988.

83 Lamb an Reinstein, 23. 12. 1955, NA RG 466 Dec. 321.6 CGR.

84 Kefauver an Dulles, 8. 11. 1955, NA RG 59 Dec. 662.0026/11-855; Memorandum Elbrick für Murphy und Hoover, 7. 11. 1955; Hoover, State Department, an American Embassy Bonn, 18. 11. 1955. [...]. Beide in NA RG 59 Lot 59 D 609 Box 18.

85 Lehman an Dulles, 3. 12. 1955, NA RG 59 Dec. 662.0026/12-355.

86 Vgl. das Antwortschreiben Murphy, State Department, an Timothy J. Murphy, Commander in Chief, Veterans of Foreign Wars, Washington, 29. 10. 1955; ferner State Department, Dulles an American Embassy Bonn, 12. 12. 1955, NA RG 466 Dec. 321. 6 CGR Box 164.

87 American Jewish Congress, Prinz, an Dulles, 3. 12. 1955, NA RG 59 Dec. 662. 0026/12-2355.

88 Dulles an Donant, eyes only for the Ambassador, 30. 12. 1955, NA RG 59 Dec. 662.0026/12-3055. Nach der tatsächlichen Freilassung Peipers 1956 erkundigte sich auch der spätere Präsident John F. Kennedy beim State Department nach dem Fall; vgl. das Antwortschreiben des State Department, 16. 1. 1957, NA RG 59 Lot 59 D 609 Box 19. Zum Einzelfall Peiper vgl. Frank M. Buscher, The U. S. War Crimes Trial Program, S. 167 f. und James J. Weingartner, Crossroads, S. 21 ff.

89 Vgl. hierzu »Proposed Answer for question at the Secretary's press conference on Tuesday, November 29, 1955«, NA RG 59 Lot 59 D 609 Box 18.

90 Conant, personal for Acting Searetary, 4. 11. 1955, NA RG 59 Lot 59 D 609 Box 18.

91 London, Butterworth, an State Department 5. 11. 1955, über eine entsprechende Aussage von Robert Murphy, vgl. auch ein entsprechendes Memorandum von Elbrick an Murphy und Hoover, 7. 11. 1955, NA RG 59 Lot 59 D 609 Box 18. Entsprechende Schreiben ergingen an die kritischen Senatoren; Kirlin, State Department, an Kefauver, 17. 11. 1955, NA RG 59 Dec. 662.0026/11-855; Morton, State Department, an Senator Lehman, 13. 12. 1955, NA RG 59 Dec. 662. 0026/12-355.

92 Conant an Merchant, 30. 11. 1955, NA RG 59 Lot 59 D 609 Box 18.

93 Merchant an Conant, 10. 12. 1955, NA RG 59 Lot 59 D 609 Box 18.

94 Conant an Merchant, secret, 20. 12. 1955, NA RG 59 Dec. 662.0026/12-2055.

95 Dulles an Conant, eyes only for the Ambassador, 30. 12. 1955, NA RG 59 Dec. 662.0026/12-3055. Conant wurde auch erneut ermahnt, den Ausschuß zu einer Erklärung hinsichtlich seiner Arbeitsweise zu veranlassen; Merchant an Conant, 30. 12. 1955, secret, NA RG 69 Lot 59 D 609 Box 18.

96 Berlin an State Department, für Secretary of State von Ambassador Conant, 1. 1. 1956, NA RG 59 Dec. 662.0026/1-156.

97 Erzbischof von Fargo an Dulles vom 25. 12. 1955, übermittelt von Conant am 3. 1. 1956, NA RG 59 Dec. 662. 0026/1-356.

98 Britische Botschaft Bonn, Bathurst, an Foreign Office, Johnston, 26. 1. 1956, PRO FO 371/ 124685.

99 Aufzeichnung Carstens, 24. 5. 1956, PA AA Ref. 305 Bd. 18.

100 Bereits im August 1956 hatte Außenminister von Brentano entsprechendes gefordert; vgl. das Schreiben von Brentanos an Hoyer Millar, 3. 3. 1956, PRO FO 371/124688. Am 18. 3. 1957 überreichte die deutsche Botschaft in Washington ein weiteres entsprechendes Memorandum; NA RG 59 Dec. 662.0026/3-1357.

101 Vgl. das Positionspapier des State Department zum anstehenden Adenauer-Besuch, 8. 6. 1956, NA RG 59 Lot 59 D 609 Box 19.

102 Aufzeichnung Lloyd für Eden, 21. 8. 1954, PRO FO 371/109726.

103 Aufzeichnung Hancock, 20. 11. 1956, PRO FO 371/124685.

104 Hoyer Millar an Harrison, Foreign Office, 4. 8. 1956, PRO FO 371/124688.

105 Aufzeichnung Johnston, 22. 8. 1956, PRO FO 371/124688. Zu einem Aspekt der deutschen Rolle in der Suez-Krise vgl. Michael Wolffsohn und Ulrich Brochhagen, Hakenkreuz unterm Burnus? Großbritannien und die deutschen Militärberater in Ägypten, 1951–1956, in: Deutsch-jüdische Geschichte im 19. und 20. Jahrhundert, hrsg. von Ludger Heid und Joachim H. Knoll, Stuttgart/Bonn 1992, S. 517–544.

106 Notiz Lloyd, 30. 8. 1956, PRO FO 371/124688.

107 Aufzeichnungen Johnston, 5. 8. 1956 und 7. 9. 1956, PRO FO 371/124688.

108 Foreign Office an britische Botschaft Bonn, 26. 9. 1956, PRO FO 371/124688.

109 Vgl. zu den Einzelheiten die Aufzeichnung Hancooks vom 23. 10. 1956 mit Zustimmung von Kirkpatrick und Lloyd, PRO FO 371/124689.

110 O'Shaughnessy, Bonn, an State Department, secret, 19. 12. 1956, NA RG 59 Lot 59 D 609 Box 19.
111 Dies geht hervor aus den Vorlagen für den Besuch des Premierministers in Deutschland, 7.–9. Mai 1957, undatiert, PRO FO 371/130727.
112 Aufzeichnung McCarthy, 3. 6. 1956, PRO FO 371/130851.
113 Memorandum Reinstein für Raymond, 21. 1. 1957, NA RG 59 Lot 59 D 609 Box 19.
114 Dulles an Wilson, Secretary of Defense, 23. 7. 1957, NA RG 59 Lot 59 D 582 Box 5.
115 Vorlage: Adenauer Visit, Washington, May 26–29, 1957, German War Criminals (to be raised only at foreign initiative), 26. 5. 1957, Eisenhower Library, White House Central Files, Confidential File, 1953–1961, Subject Series Box 74.
116 Gesprächsaufzeichnung Adenauer – Eisenhower 28. 5. 1957, Eisenhower Library, Ann Whitman Files, International Series, Box 14.
117 Vgl. den Abschlußbericht des gemischten Ausschusses, 21. 10. 1958, NA RG 59 Lot 59 D 609 Box 19 und die Notiz für den Präsidenten, 8. 5. 1958, Eisenhower Library, White House Office, Staff Research Group, Staff Notes Series, Box 18.

7. Das Viermächtegefängnis in Spandau

1 Aufzeichnung Churchill, 7. 8. 1954, PRO FO 371/109263.
2 Telegramm Frankfurt an Foreign Office, secret, 2. 3. 1949, PRO FO 371/77035.
3 Aufzeichnung für Secretary of State, Kürzel unleserlich, 12. 3. 1949, darauf handschriftlich von Bevin: »good work«, PRO FO 371/77035.
4 Wahnerheide an Foreign Office; 23. 11. 1949; Aufzeichnung Marsden-Smedley, 3. 12. 1949, PRO FO 371/77035.
5 Vgl. State Department, Webb, an Berlin, 29. 11. 1949, übersandt durch Berlin an US-Hochkommission, 30. 11. 1949, NA RG 466 Dec. 321.6 CGR Box 28.
6 Wahnerheide an Berlin, secret, über ein Treffen des Rates der Alliierten Hohen Kommission, 17. 12. 1949, PRO FO 371/77035.
7 Vgl. hierzu die allzu reißerische Darstellung von Jack Fishman, Long Knives and Short Memoirs: The Spandau Prison Story, London 1986. Ferner Ulrich Brochhagen, Kalter Krieg um Spandau, Die Zeit, 19. 2. 1993.
8 So Hugh Thomas, Der Mord an Rudolf Heß, München 1979.
9 Hugh Thomas, A Tale of Two Murders, London 1988. Auch der Sohn von Heß vertritt die Mordthese: Wolf Rüdiger Heß, Mord an Rudolf Heß? Der geheimnisvolle Tod meines Vaters in Spandau, Leoni 1989. Zu Heß vgl. auch die Darstellung des Verteidigers: Alfred Seidl, Der Fall Rudolf Heß, Dokumentation des Verteidigers, München 1984.
10 Adenauer an François-Poncet, 20. 6. 1950, PA AA II 515-01a. Das Schreiben ist abgedruckt in Adenauer, Briefe 1949–1951, S. 234 f.

11 Vgl. etwa die Aufzeichnung für den Deutschland-Besuch Morrisons in Deutschland, 18. 5. 1951, PRO FO 371/93549. Ferner McCloy an Adenauer, 20. 2. 1951, NA RG 466 Dec. 321.6 CGR Box 165.

12 Berlin, Mathewson, an State Department, secret, 14. 4. 1951, und Berlin, Jones, an State Department, 14. 4. 1951, NA RG 59 Dec. 762A.00/4-1451. Vgl. auch das Dankschreiben von Ministerpräsident Reinhold Maier an McCloy, 16. 3. 1951, NA RG 466 Dec. 321.6 GR Box. 59.

13 Aufzeichnung Gainer für Secretary of State, 18. 6. 1951, PRO FO 371/93551.

14 State Department an US-Hochkommission, 12. 7. 1951, NA RG Dec. 321.6 CGR Box 28.

15 Vgl. den Bericht des »British Medical Officers« zum Gesundheitszustand von Neuraths, 8. 5. 1959, PRO FO 371/85897.

16 So in Schreiben Adenauers vom 29. 1., 7. 3., 7. 6. und 23. 10. 1951; am 23. 11. 1951 sprach Adenauer mit Acheson in Paris über von Neurath; alle Angaben nach der Aufzeichnung, ohne Verfasser, »Lage der Häftlinge in der alliierten Strafanstalt Spandau«, 25. 6. 1952, PA AA II 515-01d. Auch bei der Unterzeichnung des Deutschlandsvertrags sprach Adenauer das Thema Neurath und Spandau an; Niederschrift der Besprechung Adenauers mit den westlichen Außenministern, 25. 5. 1952, FRUS 1952-1954, Vol. 7, S. 108. Ferner von Trützschler an Golay, 4. 6. 1952, mit der Bitte um Verlegung von Neuraths ins Krankenhaus; PRO FO 371/97979; Adenauer an die Alliierte Hohe Kommission, François-Poncet, 24. 9. 1953, PRO FO 1060/518. Zuletzt in zwei Schreiben Adenauers an die Alliierte Hohe Kommission vom 7. 10. 1954 und 18. 10. 1954 (ebd.).

17 Vgl. etwa das Schreiben Adenauers an die Alliierte Hohe Kommission, Kirkpatrick, 9. 7. 1952 und die Antwort Donellys, 29. 8. 1952, PRO FO 371/97981.

18 Robertson an Kirkpatrick, Foreign Office, 18. 3. 1950. Zunächst war das britische Außenministerium zurückhaltend, stimmte aber schließlich einem entsprechenden Vorstoß bei der Sowjetunion zu; Memorandum Marsden Smedley für Kirkpatrick, 28. 4. 1950 und Kirkpatrick an Robertson, 24. 5. 1950, PRO FO 371/85897.

19 Stellvertretender britischer Hochkommissar an Foreign Office, 10. 8. 1950, PRO FO 371/85898.

20 Vgl. Kirkpatrick an Foreign Office, 18. 4. 1952, top secret, PRO FO 371/97977. Bereits am 10. 1. 1952 hatte sich der Rat der Alliierten Hochkommission mit dem Problem der Wegschaffung und Verbrennung der sterblichen Überreste eines Häftlings befaßt; Bonn, von Slater, an State Department, 11. 1. 1952, secret, NA RG 59 Dec. 762A.00/l-1052. Noch im Juli 1953 diskutierten die westlichen Hochkommissare über dieses Problem. Conant an State Department, 28. 7. 1953; Conant an Chairman Secretary, Allied Kommandatura, Berlin, 11. 8. 1953, secret; Conant an State Department, 11. 8. 1953, secret, alle NA RG 466 Dec. 321.6 CGR Box 153. Ferner Lyon an State Department, 10. 8. 1953, top secret, NA RG 59 Dec, 662.0026/8-1053. Schließlich die ausführliche Denkschrift der US-Hochkommission: »Disposal of Remains of Spandau Prisoners«, 14. 8. 1953, NA RG 59 Dec. 662.0026/8-1453.

21 Schreiben Adenauers an die Alliierte Hohe Kommission, Hoyer Millar, 6. 1. 1954, PA AA II 515-00h.

22 State Department, Dulles, an US-Hochkommission, 20. 1. 1954, NA RG 59 Lot 59 D 609 Box 17. Vgl. auch das Memorandum Lewis für Merchant, 15. 1. 1954, aus dem hervorgeht, daß sich das State Department vor der Intervention Adenauers bereits gegen eine Erwähnung von Spandau in Berlin entschieden hatte; NA RG 59 Dec. 662.0026/1-1554.

23 Dulles, Berlin, an State Department, secret, 18. 2. 1954, NA RG 466 Dec. 321.6 CGR Box 164. Hier auch die Sprachregelung für das Treffen von Dulles mit Adenauer am 20. 2. 1954 auf dem Flughafen Wahn; Aufzeichnung des Gesprächs Dulles – Adenauer mit Delegationen, top secret, 20. 2. 1954, FRUS 1952-1954, Bd. 7, S. 1208.

24 Semenov an Conant, 25. 3. 1954, Übersetzung und Original, secret, NA RG 466 Dec. 321.6 CGR Box 153.

25 Vgl. Berlin, Parkman, an State Department, 30. 4. 1954, und die Kopie der Übereinkunft, 1. 5. 1954, NA RG 59 Lot 59 D 609 Box 17.

26 Memorandum Merchant für Secretary, 5. 8. 1954; es handelt sich um ein Memorandum anläßlich einer Anfrage McCloys zu Spandau; NA RG 59 Dec. 662. 0026/8-554. Noch 1957 konnte das amerikanische Außenministerium dem demokratischen Senator John F. Kennedy mitteilen, daß die Haftbedingungen durchaus amerikanischen Maßstäben gerecht würden. Robert C. Hill an John F. Kennedy, 24. 1. 1957, NA RG 59 Lot 59 D 609 Box 19.

27 Als sich Moskau im Sommer 1952 erneut weigerte, einer Verlegung von Neuraths in ein Krankenhaus zuzustimmen, rief dies Churchill auf den Plan. »Es hätte sicherlich eine positive Wirkung auf die deutsche Öffentlichkeit, wenn dies veröffentlicht würde«, empfahl er seinem Außenminister. Vom Argument des *tu quoque* versprach sich der britische Premier wohl Entlastung. Eden widersprach seinem Premier. Er setzte in sicher besserer Kenntnis der Probleme auf Vertraulichkeit. Aufzeichnung Churchill für Foreign Secretary, 8. 6. 1952, PRO FO 800/846. Eden an Churchill, 12. 6. 1952, (ebd.).

28 Vgl. Berlin an Foreign Office, 3. 11. 1954, mit der entsprechenden russischen Mitteilung, PRO FO 1060/518. State Department an US-Hochkommission, 3. 11. 1954; Conant an State Department, 3. 11. 1954, NA RG 59 Lot 59 D 609 Box 18; Hoyer Millar an Foreign Office, 4. 11. 1954, PRO FO 1060/518.

29 Hoyer Millar an Foreign Office, 8. 11. 1954, PRO FO 371/109729.

30 Aufzeichnung Hancock, 12. 11. 1954, zum Schreiben vom 8. 11., PRO FO 371/109729.

31 Aufzeichnung Hoyer Millar, 8. 11. 1954, PRO FO 371/109729.

32 Vgl. nur die Eingabe des Verbandes deutscher Soldaten, Hansen, beim britischen Premierminister, 10. 3. 1951, PRO FO 371/93543.

33 Mattews, Secretary of the Navy, an Acheson, undatiert (März 1951), NA RG 59 Dec. 611.6226/3-1351.

34 Aufzeichnung der Abteilung II zu Spandau für die USA-Reise Adenauers 23. 3. 1953, PA AA II 752-01.

35 Note von Brentanos an die alliierten Botschafter, i. A. von Welck, 21. 7. 1955, PA AA III 246-01 Bd. 2.

36 Aufzeichnung von Welck über ein Gespräch mit Hoyer Millar, 20. 7. 1955, PA AA III 246-01 Bd. 2. Von Welck war vom Staatssekretär im Auswärtigen Amt telefonisch zu dieser Intervention veranlaßt worden, vgl. Aktennotiz Welck, 19. 7. 1955 (ebd.). Ferner den Bericht Hoyer Millars über dieses Gespräch: Hoyer Millar an Foreign Office, 28. 7. 1955, PRO FO 371/118430.

37 Vgl. Hoyer Millar an Harrison, Foreign Office, 28. 7. 1955, PRO FO 371/118430.

38 Aufzeichnung Kirkpatrick für Reading, 23. 6. 1955, PRO FO 371/118430.

39 Aufzeichnung Harrison, 12. 8. 1955. Darauf die Zustimmung von Harold Macmillan, 13. 8. 1955, PRO FO 371/118430.

40 State Department, Hoover, an US-Hochkommission, 28. 2. 1955, secret, NA RG 59 Lot 59 D 609 Box 17. Ferner den ausführlichen Bericht von Johnston, Bonn, an Hancock, Foreign Office, secret, 5. 3. 1955, PRO FO 371/118429.

41 Vgl. Alliierte Hochkommission, General Committee, 26. 4. 1955, secret, PRO FO 1060/519, ferner die Aufzeichnung für das britische Mitglied des Komitees (ebd.).

42 Barnes, Bonn, an Hancock, Foreign Office, 4. 5. 1955, PRO FO 371/118429.

43 State Department, Dulles, an US-Hochkommission, 27. 7. 1955, secret, NA RG 59 Lot 59 D 609 Box 17.

44 Aufzeichnung der 28. Kabinettssitzung, 15. 8. 1955, PRO CAB 128/29. Ferner Warner, Foreign Office, an Allen, Bonn, 16. 8. 1955, PRO FO 371/118430.

45 Vgl. den Text des Telegramms an die Sowjetunion, übermittelt von Allen, Bonn, an Foreign Office, 23. 8. 1955 und die russische Zustimmung. Peck, Berlin, an Foreign Office, 24. 9. 1955, PRO FO 371/118430.

46 Cottrell-Hill, Berlin, an Foreign Office, 26. 9. 1955, PRO FO 371/118430.

47 Vgl. etwa das Telegramm des State Department an die amerikanischen Behörden in Berlin, 15. 2. 1955, secret, wo noch einmal betont wurde, daß ein Tod von Dönitz in alliierter Haft nicht wünschenswert erscheine. Ein neuer Vorstoß zur Freilassung aus medizinischen Gründen wurde ins Auge gefaßt, NA RG 59. Dec. 662.0026/2–1456.

48 Vgl. zur Moskaureise unten, Kapitel 16.

49 Walmsley, Moskau, an State Department, 22. 9. 1955, NA RG 466 Dec. 321.6 CGR Box 164.

50 Gufler, Berlin, an Bonn, secret 29. 11. 1955, NA RG 466 Dec. 321.6 CGR Box 164.

51 Vgl. hierzu die Aufzeichnung Perkins über ein Gespräch mit Brückner vom Auswärtigen Amt, 14. 12. 1955, PRO FO 1060/520.

52 Memorandum Strauss für Reinstein, 26. 9. 1955, NA RG 59, Decimal Files, 662.0026/9-2655.

53 Vgl. die Aufzeichnung Brückner über Eingaben für Dönitz, so etwa die vom Bund Deutscher Soldaten vom 21. Juni. Brückner wies auch auf das Interesse des Verteidigungsministeriums in der Angelegenheit hin, PA AA III 246-01 Bd. 2.

54 Memorandum Kellerman an Reinstein, 27. 9. 1955, NA RG 59 Dec. 662.0026-2755.

55 State Department an US-Botschaft Moskau, 7. 10. 1955, NA RG 59 Lot 59 D 609 Box 18.

56 Aufzeichnung Hoyer Millar für Bathurst, 17. 10. 1955, PRO FO 1060/520.

57 Bathurst, Bonn, an Johnston, Foreign Office, 15. 12. 1955, secret, PRO FO 1060/520.

58 Aufzeichnung Harrison, 16. 12. 1955, PRO FO 371/118430.

59 Kabinettsmemorandum Lloyd, 30. 12. 1955, secret, PRO CAB 129/78.

60 1. Kabinettssitzung, 3. 1. 1956, PRO CAB 128/30, Bd. 1. Vgl. auch Lloyd an Hoyer Millar, 10. 1. 1956, PRO FO 371/118430. Vgl. auch Dowling, Bonn, an State Department, 18. 1. 1956, secret, über die neuen Vorschläge, NA RG 59 Dec. 662. 0026/1–1856.

61 State Department an US-Botschaft Bonn, 6. 2. 1956, secret, NA RG 59 Dec. 662. 0026/1–1856.

62 Nicht umsonst fiel der Name Dietrich während eines Treffens der Rechtsberater der drei Westmächte; Hoyer Millar an Foreign Office, 18. 1. 1956, PRO FO 371/124690.

63 Vgl. die Aufzeichnungen Johnston, 18. 4. 1956 und 17. 5. 1956, secret, PRO FO 371/124691.

64 Hancock, Foreign Office, an Hoyer Millar, Bonn 14. 11. 1956, PRO FO 371/124692.

65 Wilkinson, Bonn, an Foreign Office, 16. 11. 1956, PRO FO 371/124692.

66 Beilage zum Schreiben Wilkinson an Hancock, 16. 11. 1956, PRO FO 371/124692.

67 Vgl. etwa die »Briefing Papers« für den Deutschland-Besuch des Premierministers vom 7. bis 9. Mai 1957, wo es u. a. hieß: »We have hitherto been unable to proceed with the matter because of American and French reluctance.« PRO FO 371/130727.

68 Die Westmächte hatten sich zwar für Funk eingesetzt. Das geht hervor aus einem Schreiben von Brentanos an den US-Botschafter Bruce, 23. 4. 1957, übersandt als Anlage zum Schreiben der US-Botschaft Bonn an das State Department, 2. 5. 1957, NA RG 59 Dec. 662.0026/5-257.

69 McCloy an Dulles, 22. 5. 1956, NA RG 59, Dec. 662.0026/5-2256.

70 Vgl. das Schreiben von Brentanos an den amerikanischen Botschafter Bruce, 23. 4. 1957 (a. a. O.).

71 US-Botschaft Bonn, Bruce, an State Department, 21. 11. 1957, NA RG 59 Dec. 662. 0026/11-2157.

72 State Department an US-Botschaft Bonn, 24. 12. 1957, NA RG 59 Dec. 662. 0026/11–1357.

73 Vgl. Staff Notes No. 304, White House, 14. 2. 1958, Eisenhower Library, White House Office, Staff Research Group, Box 25. Schon nach der Entlassung Funks hatte die amerikanische Berlin-Kommandantur das Erstellen einer Studie beschlossen, um nach Möglichkeiten für die Beseitigung des Problems Spandau zu suchen; Staff Summary Supplement, 19. 6. 1957, ebd. Box 17.

74 Frankreich hatte sich einem solchen Vorgehen zunächst widersetzt, während Briten und USA es befürworteten; US-Botschaft Bonn an State Department, 24. 5. 1958, NA RG 59 Dec. 662.0026/5-2258.

75 US-Botschaft Bonn, Bruce, an State Department, Dulles, personal and confidential, 31. 7. 1958, NA RG 59 Dec. 662.0026/7-3158.

76 Gesprächsaufzeichnung Adenauer – Macmillan mit Delegationen, 9. 10. 1958, PRO PREM 11/2328.

8. Französische Kriegsverbrecherprozesse

1 Haben bisher weder die französischen Kriegsverbrecherprozesse noch die Auslieferungsproblematik das Interesse der historischen Forschung gefunden, so sind
in Folge der intensiven Debatten um NS-Prozesse vor deutschen Gerichten seit
den sechziger Jahren zahlreiche Studien dazu erschienen. Sie wiesen in der Regel
auf erhebliche Defizite der deutschen Justiz im Umgang mit dem NS-Erbe hin,
vor allem für die Zeit der fünfziger Jahre. Von einer »Kalten Amnestie« gegenüber NS-Tätern spricht der Autor Jörg Friedrich. Friedrich hat breites empirisches
Material zusammengetragen, um seine Schlußfolgerungen zu belegen. Leider
gehen bedenkenswerte Überlegungen oft in einem polemischen und einseitig
verurteilenden Wortschwall verloren. Jörg Friedrich, Die Kalte Amnestie. NS-Täter in der Bundesrepublik, Frankfurt/M. 1984. Ders., Zur Ahndung von NS-Verbrechen in der Bundesrepublik, in: Liberal 28 (1986), S. 57–68. Nüchterner und
ausgewogener ist das Urteil von Peter Steinbach, der vor allem den pädagogi-
schen Aspekt der NS-Verfahren beleuchtet. Vgl. Peter Steinbach, Nationalsozialistische Gewaltverbrechen. Die Diskussion in der deutschen Öffentlichkeit nach
1945, Berlin 1981. Steinbach hat die Thematik immer wieder in neue Aufsätze
gegossen. Peter Steinbach, Nationalsozialistische Gewaltverbrechen in der deutschen Öffentlichkeit nach 1945. Einige Bemerkungen, Fragen und Akzente, in:
Jürgen Weber und Peter Steinbach (Hrsg.), Vergangenheitsbewältigung durch
Strafverfahren? NS-Prozesse in der Bundesrepublik Deutschland, München 1984,
S. 13–39. Peter Steinbach, Die Fünfziger Jahre – eine Herausforderung an Staat
und Kirche, in: Kirchliche Zeitgeschichte 3 (1990) Heft 2, S. 413–439. Ders., Zur
Auseinandersetzung mit nationalsozialistischen Gewaltverbrechen in der Bun-
desrepublik Deutschland. Ein Beitrag zur politischen Kultur nach 1945, in:
Geschichte in Wissenschaft und Unterricht Nr. 35 (1984), S. 65–85. Ferner ders.,
Vergangenheit als Last und Chance, Vergangenheitsbewältigung in den 50er
Jahren, in: Jürgen Weber (Hrsg.), Die Bundesrepublik wird souverän. 1950–1955,
München 1986 (Geschichte der Bundesrepublik Deutschland, Bd. IV, hrsg. von
der bayer. Landeszentrale für politische Bildungsarbeit). Peter Steinbach, Vergan-
genheitsbewältigung. Vom Erkennen nationalsozialistischer Verbrechen zur
»Wiedergutmachung«, in: Rainer A. Roth und Walter Seifert, Die zweite deutsche
Demokratie. Ursprünge, Probleme, Perspektiven, Köln/Wien 1990, S. 109–160.
Die grundlegende Darstellung zum Thema bundesdeutsche Justiz und NS-Verfahren verfaßte Adalbert Rückerl, lange Jahre Leiter der Zentralstelle der Landesjustizverwaltungen zur Ermittlung nationalsozialistischer Verbrechen in Ludwigsburg. Adalbert Rückerl, NS-Verbrechen vor Gericht: Versuch einer Vergangenheitsbewältigung, 2. Aufl., Heidelberg 1984. Vgl. auch ders. (Hrsg.), NS-Vernichtungslager und deutsche Strafprozesse. Belzec, Sobibor, Treblinca, Chelmno,
München 1977. Basierend auf Rückerl auch Albrecht Götz, Bilanz der Verfolgung
von NS-Straftaten, Köln 1986. Kaum mehr als eine pointierte Zusammenfassung
bekannter Positionen, aber keine neuen Aspekte bringt Christa Hoffmann, Die
justizielle »Vergangenheitsbewältigung« in der Bundesrepublik. Tatsachen und

Legenden, in: Uwe Backes, Eckhard Jesse und Rainer Zitelmann (Hrsg.), Die Schatten der Vergangenheit, S. 497–521. Dies., Stunde Null? Vergangenheitsbewältigung in Deutschland 1945 und 1989, Bonn/Berlin 1992, S. 71 ff. Deutlich werden hier juristische Probleme und Schwierigkeiten der NS-Verfahren. Auf der Grundlage unveröffentlichter Quellen hat sich überdies Martin Broszat schon 1981 diesem Thema für die Jahre der Besatzung gewidmet; seine Ergebnisse werden zu berücksichtigen sein. Martin Broszat, Siegerjustiz oder strafrechtliche »Selbstreinigung«. Aspekte der Vergangenheitsbewältigung der deutschen Justiz während der Besatzungszeit 1945–1949, in: Vierteljahrshefte für Zeitgeschichte 29, Nr. 4 (1981), S. 477–544. Ein holländisches Universitätsinstitut hat es zudem übernommen, sämtliche Urteile aus Verfahren der NS-Zeit zu sammeln. Justiz und NS-Verbrechen. Sammlung deutscher Strafurteile wegen nationalsozialistischer Tötungsverbrechen, 1945–1966, bearbeitet im »Seminarium voor Strafrecht en Strafrechtspleging Van Hamel« der Universität Amsterdam von L. Rüter Ehlermann, C. E Rüter u. a., Amsterdam 1968 ff.

2 Abschrift des Schreibens von Stempel an de Gaulle, 9. 2. 1962, als Anlage zu einem Brief an von Brentano, BA NL von Brentano/49.

3 Stempel an Adenauer, Abschrift, 21. 2. 1962, BA NL von Brentano/49.

4 Von Brentano an Stempel, 24. 2. 1962, BA NL von Brentano/49.

5 So zum Beispiel der Prozeß gegen den früheren Militärgouverneur von Belgien, Alexander Ernst Freiherr von Falkenhausen. Vgl. hierzu die Sitzung des Bundeskabinetts vom 13. 1. 1951, Kabinettsprotokolle 4, S. 135 mit Anm. 94 und 95. Zum Problem der Kriegsverbrecherfrage in Holland vgl. die Denkschrift der amerikanischen Botschaft in Den Haag an das State Department, 28. 11. 1955, NA RG 466 Dec. 321.6 CGR Box 164.

6 Vgl. etwa die Statistik: Anzahl der wegen Kriegsverbrechen inhaftierten deutschen Staatsangehörigen, Stand 1. 5. 1951, die folgende Zahlen liefert: Frankreich: 583 – Niederlande: 95 – Belgien: 43 – Luxemburg: 24 – Dänemark: 21 – Norwegen: 44 – Italien: 7 – Schweiz: 21 – Griechenland: 2 – Brasilien: 5 – Jugoslawien: ca. 700 – Polen: mehrere Hundert, davon 300 namentlich bekannt – ČSSR: mehrere Hundert – UdSSR: keine Angaben; in: PA AA II 515-00.

7 Vgl. in diesen Zusammenhängen vor allem die zeitgenössische französische und deutsche juristische Fachliteratur. Als Beispiele Hans-Heinrich Jeschek, Kriegsverbrecherprozesse gegen deutsche Kriegsgefangene in Frankreich, in: *Süddeutsche Juristenzeitung* 1949, S. 107–116. Maurice Patin, La France et la répression des crimes de guerre, in: Revue de science criminelle et de droit pénal comparé 1951, S. 393–405. Ausführlich: Jean-Pierre Maunoir, La répression des crimes de guerre devant les tribunaux français et alliés, Genf, Editions Médecine et Hygiène 1956 (thése de droit). Erich Schwifige, Angehörige der ehemaligen deutschen Wehrmacht und der SS vor französischen Militärgerichten, in: Monatsschrift für deutsches Recht 1949, S. 650–654. Schwinge war im Dritten Reich Strafrechtsprofessor und schließlich Kriegsgerichtsrat der Reserve, und er war Verfasser des Standard-Kommentars zum Wehrstrafgesetz. Seine Weltanschauung mag sich auch in diesem Aufsatz widerspiegeln, denn er bezeichnet u. a. das Oradour-Massaker als »Strafaktion«.

8 Einzelheiten bei Hans-Heinrich Jeschek, Kriegsverbrecherprozesse, S. 111.

9 So der französische Rechtsgelehrte Donnedieu de Vabres; zit. nach Erich Schwinge, Angehörige, S. 653. Ähnlich kritisch auch A. Eiselé, Réflexions sur les procès de criminels de guerre en France, in: Revue de droit pénal de criminologie, 1050/51, S. 305–317 und Raymond de Gouffre de la Pradelle, La répression des crimes de guerre en France, in: Écrits de Paris, Mai 1951, S. 74–80. Geouffre de la Pradelle sah in beiden Gesetzen sogar einen Verstoß gegen die Menschenrechte.

10 François-Poncet an Adenauer, 7. 12. 1949, PA AA II 515-04d.

11 Vgl. etwa François-Poncet an das französische Außenministerium, 23. 11. 1949, NAE EU 1949–55 Allemagne Bd. 111.

12 Adenauer an François-Poncet, 6. 12. 1949, PA AA II 515-04 d; gedruckt in Adenauer, Briefe 1949–1951, S. 142 f.

13 François-Poncet an Adenauer, 7. 12. 1949 (a. a. O.); vgl. ferner die Unterredung Adenauers mit den Hohen Kommissaren am 8. 12. 1949, Akten zur Auswärtigen Politik der Bundesrepublik Deutschland, Bd. 1, S. 48 f.

14 Aufzeichnung von Trützschler für Blankenhorn, 12. 1. 1950, PA AA II 515-00d.

15 Raymond Poidevin, Robert Schuman. L'homme d'état, Paris 1986, S. 216 f. Harold Marcuse, Das ehemalige Konzentrationslager Dachau. Der mühevolle Weg zur Gedenkstätte, 1945–1968, in: Dachauer Hefte 6 (1990), S. 182–205. Schließlich Ulrich Brochhagen, Vergessenes Gedenken. Die Geschichte des KZ-Friedhofs an der Leiten bei Dachau, in: Aufbau, New York, 16. 8. 1991.

16 Verhandlungen des Deutschen Bundestages, Stenographische Berichte, 1. Wahlperiode 1949, 26. Sitzung, 11. 1. 1950, S. 781 ff. Vgl. auch Dehler an Adenauer, 11. 1. 1950, PA AA II 515-04c.

17 Sitzung vom 12. 1. 1950, Akten zur Außenpolitik der Bundesrepublik Deutschland, Bd. 1, S. 86 ff. Vgl. auch das englische Wortprotokoll der Verhandlungen in PRO FO 1005/1126.

18 François-Poncet an Adenauer, 12. 1. 1950, PA AA II 515-04d. Auch über eine weitere Dehler-Rede mokierte sich der französische Hochkommissar, denn der Justizminister hatte in Hamburg die deutsche Schuld am Ersten Weltkrieg in Zweifel gestellt. Vgl. François-Poncet an Adenauer, 22. 1. 1950; François-Poncet an das französische Außenministerium, 23. 1. 1950 über ein Gespräch mit Blankenhorn; Haussaire, Bonn, an das französische Außenministerium, 24. 1. 1950, mit dem Text des Antwortbriefes Adenauers; alle in MAE EU 1949–55 Allemagne Bd. 256.

19 Vgl. hierzu aus der reichen Literatur nur Lea Rosh und Günther Schwarberg, Der letzte Tag von Oradour, Göttingen 1988.

20 Vgl. Haussaire, Bonn, an das französische Außenministerium, 28. 1. 1950, MAE EU 1949–55 Allemagne Bd. 111. Vgl. dort auch das Schreiben François-Poncets vom gleichen Tag.

21 Britische Hochkommission an Foreign Office, 17. 2. 1950, über ein Gespräch mit Adenauer nach einer offiziellen Sitzung der Hochkommission, PRO FO 371/85239.

22 François-Poncet an das französische Außenministerium vom 16. 1. 1950 mit

einer Zusammenfassung eines Gesprächs zwischen Schuman und Adenauer am 15. 1. 1950 nachmittags; MAE EU 1949–55 Allemagne Bd. 256. Bereits am 7. 1. 1950 hatte der französische Hochkommissar dem Quai d'Orsay Adenauers Themenwünsche übermittelt; das Thema Kriegsverbrecher war nicht darunter, ebd., Bd. 255. Dennoch hatte die französische Hochkommission den Außenminister mit einer Vorlage zur Kriegsverbrecherfrage versorgt; vgl. die Aufzeichnung Guiringaud an Bourbon-Busset für Schuman, »prisonniers de guerre allemands«, 15. 1. 1950, ebd., Bd. 111. Wie sehr sich die Gespräche um die Saarfrage drehten, zeigen auch die Memoiren von Armand Bérard, Un Ambassadeur se souvient. Washington et Bonn, 1945–1955, Paris 1978, S. 271 ff.

23 Niederschrift einer Pressekonferenz von Schuman am 18. 1. 1950, MAE EU 1949–55 Allemagne Bd. 256.

24 Aufzeichnung Hoppe, 23. 9. 1950, PA AA II 515-04d.

25 Memorandum, Abschrift, 16. 5. 1950, PA AA II 515-04d.

26 Aufzeichnung der Direction d'Europe, S/Direction d'Europe Centrale, 31. 5. 1950, MAE EU 1949–55 Allemagne Bd. 112.

27 Verhandlungen des Deutschen Bundestages, Stenographische Berichte, 1. Wahlperiode, Bd. 5, S. 3495 ff., Sitzung vom 26. 10. 1950.

28 François-Poncet an Adenauer, 3. 11. 1950, PA AA II 515-04d.

29 Aufzeichnung Hoppe, Übersicht über die Kriegsverbrecherprozesse in Frankreich, Stand: 1. 4. 1951, PA AA II 515-04c.

30 Justizminister Dehler äußerte im März 1950 die Überzeugung, daß weitergehende Vorstöße zur Änderung der gesetzlichen Grundlage französischer Prozesse kaum erfolgversprechend wären; Notiz von Trützschler für Dittmann, 8. 3. 1950, PA AA II 515-04c.

31 Aide Mémoire, ohne Verfasser, 14. 4. 1950, PA AA II 515-04d.

32 Die zentrale Rechtsschutzstelle ging aus dem »Koordinierungsbüro für den Rechtsschutz der Gefangenen im Ausland« in Stuttgart hervor. Über dessen Arbeit informiert die Aufzeichnung, Verfasser nicht zu ermitteln, 27. 10. 1949 und Aufzeichnung von Trützschler, 21. 11. 1949, beide in PA AA II 515-00. Die Rechtsschutzstelle wurde dann eine Abteilung des Justizministeriums, bis sie nach internen Meinungsverschiedenheiten im Februar 1953 in die alleinige Verantwortlichkeit des Auswärtigen Amtes überging. Vgl. hierzu nur die Aufzeichnungen von Trützschler, 29. 11. 1952 und 1. 1. 1953, PA AA II 515-11/01. Ferner den Briefentwurf Hallsteins an an Staatssekretär des Bundeskanzleramtes, PA AA II 515-14 und das Schreiben Strauss, Bundesjustizministerium, an das Auswärtige Amt, 10. 3. 1953, PA AA II 515-11. Gegen die »Machenschaften« der zentralen Rechtsschutzstelle protestierte der französische Hochkommissar am 2. 7. 1951, PA AA II 515-04e.

33 Adenauer hatte sich am 6. 6. 1950 wegen der Haftbedingungen beschwert, vgl. Seydoux an den französischen Hochkommissar, 16. 6. 1950, MAE EU 1949–55 Allemagne Bd. 112.

34 Adenauer an François-Poncet, 14. 3. 1950; François-Poncet an Adenauer, 25. 3. 1950. Der französische Hochkommissar lehnte in diesem Schreiben eine Intervention bei der Regierung in Paris ab; alles in PA AA II 515-04d.

35 So in einem Gespräch mit den Hohen Kommissaren vom 22. 3. 1950; Akten zur Auswärtigen Politik der Bundesrepublik Deutschland, Bd. 1, S. 158 f. und Gespräch vom 5. 4. 1950, ebd. S. 186 ff.

36 Blankenhorn an Botschaft Paris, 25. 6. 1951, PA AA StS Bd. 267.

37 Vgl. die Aufzeichnung über den Stand der Kriegsverbrecherprozesse am 1. 7. 1951 (a. a. O.).

38 Adenauer an Pius XII., 10. 4. 1951, BA B 141/9576.

39 Im April 1951 brachten die Sozialdemokraten eine Interpellation im Bundestag ein, um das Thema erneut an die Öffentlichkeit zu bringen. Interpellation der SPD, Drucksache Nr. 2178, 25. 4. 1951, in PA AA II 515-00h. Die Bundesregierung aber überzeugte die Sozialdemokraten davon, daß das Problem vorerst angemessener im stillen zu behandeln sei. Aufzeichnung Hoppe, 4. 6. 1951, PA AA II 515-00h.

40 Vgl. die Aufzeichnung, ohne Verfasser, 4. 7. 1951, PA AA II 515-00h.

41 Von Trützschler an Hausenstein, 5. 5. 1951, BA B 305/361.

42 Dies geht aus der Aufzeichnung über den Stand der Kriegsverbrecherprozesse, 1. 7. 1951, hervor (a. a. O.).

43 Geheime Aufzeichnung Blankenhorns vom 14. 8. 1951, PA AA II Bd. 1299. Bérard an das französische Außenministerium, 4. 8. 1951, AO, Ambassade française à Bonn, Carton 92 XP 5-0.

44 Aufzeichnung der Direction Générale des affaires Politiques, Sous-Direction d'Europe Centrale, 24. 8. 1951, MAE EU 1949–1955 Allemagne Généralités Bd. 95.

45 Aufzeichnung Blankenhorn, 14. 8. 1951, und Bérard an das französische Außenministerium, 4. 8. 1951 (a. a. O.). Zusammensetzung und Aufgaben der Kommissionen werden nicht ganz klar. Bérard sprach von einer »commission mixte franco-allemande, qui examinerait les cas des détenues qui attendent encore leur jugement, ou qui ont déjà été condamnés. Je l'ai mis en garde contre une pareille formule, en lui disant qu'elle ne serait jamais acceptée ni par l'opinion ni par le gouvernement français.« Bei Blankenhorn heißt es: »Er [Bérard, U. B.] könne sich vorstellen, daß eine Mitwirkung deutscher Persönlichkeiten, etwa in der Art, daß eine Gruppe von Bundestagsabgeordneten das Recht zur Akteneinsichtnahme erhalte, die Dinge erleichtere. Die von deutscher Seite mehrfach vorgeschlagene gemischte Kommission sei, wie er in Paris festgestellt habe, nicht annehmbar.«

46 Vgl. hierzu Kapitel 3.

47 Vgl. McCloy an State Department, 8. 11. 1951, NA RG 466 McCloy Papers D (51)1789.

48 Adenauer an Schuman, 23. 8. 1951, Adenauer, Briefe, 1951–1953, S. 113–117, hier S. 116.

49 Drei Quellen liegen der folgenden Darstellung der Gespräche zugrunde. Das amerikanische Protokoll, 13. September 1951, secret, FRUS 1951, Bd. 3, S. 1280 ff. Morrison an Foreign Office, secret, 17. 9. 1951 Washington; PRO FO 371/93555. Schließlich der Bericht des französischen Botschafters in Washington,

Bonnet, an das französische Außenministerium, 14. 9. 1951, MAE EU 1949–55 Généralités Bd. 95.

50 Aufzeichnung, W (von Walther?), 24. 11. 1951, BA B 305/361.

51 Vgl. hierzu oben, Kapitel 3.

52 Dehler an Adenauer, 9. 2. 1952, PA AA II 515-11.

53 Dehler an Adenauer: »Vorschlag für die Behandlung des Kriegsverbrecherproblems aus Anlaß der Verhandlungen zur Ablösung des Besatzungsstatutes«, 9. 2. 1952, PA AA II 515-11. Vgl. auch die Erläuterungen von Hoppe, 13. 2. 1952, PA AA II 515-00. Zu diesen Denkschriften vgl. Kapitel 3.

54 Verhandlungen des Deutschen Bundestages, Drucksachen, Drucksache Nr. 3078, Antrag von FDP, CDU/CSU, DP, 1. Wahlperiode 1949, vom 8. 2. 1952.

55 Vgl. Hausenstein, Paris, an das Auswärtige Amt, 13. 2. 1952, PA AA III 246-04 Bd. 1.

56 Die Darstellung stützt sich vor allem auf das deutsche Wortprotokoll, abgedruckt in Akten zur Auswärtigen Politik der Bundesrepublik Deutschland, Bd. 2, S. 317 ff. Ferner das englische Ergebnisprotokoll in PRO FO 800/793 und die amerikanische Niederschrift, abgedruckt in FRUS 1952–1954, Bd. 5, S. 60 ff.

57 Adenauer an François-Poncet, 10. 4. 1952, PA AA II 515-11.

58 François-Poncet an Adenauer, 10. 5. 1952, PA AA II 515-11. Am selben Tag erläuterte der Kanzler im Kabinett die Situation, Kabinettssitzung (Sondersitzung), 10. 5. 1952, Kabinettsprotokolle, Bd. 5, S. 298 f.

59 Kirkpatrick an Foreign Office, 22. 5. 1952, PRO FO 371/97978.

60 Vermerk, 26. 5. 1952, geheim, BA B 141/9070. Zum Verlauf der Konferenz vgl. Kapitel 4, dort auch Hinweise auf andere Quellen zu dieser Konferenz.

61 Adenauer an Schuman, 14. 6. 1952; ferner Botschaft Paris an Auswärtiges Amt, PA AA II 515-11.

62 Schuman an Adenauer, 11. 7. 1952, PA AA II 515-11.

63 Hallstein an Pleven, 14. 8. 1952, Entwurf mit Abgangsstempel (eine sprachliche Unebenheit wurde stillschweigend korrigiert), PA AA II 515-04e.

64 Adenauer an Schuman, 11. 8. 1952, PA AA II 515-11.

65 Vgl. Adenauer an Schuman, 21. 10. 1952, der von Trützschler und Rechtsanwalt Römer vorschlug. Am 6. 11. kam Schumans Antwort, in der er seinerseits die Namen Oberst Belin, Henry Meyer und Philipe Koenig nannte; der Briefwechsel in PA AA II 515-04d.

66 Adenauer an Schuman, 29. 11. 1952, PA AA II 515-04d.

67 François-Poncet an Adenauer, 8. 7. 1952, PA AA II 515-04d.

68 Monatsbericht François-Poncet, 1. 10. 1952, AO Ambassade française Bonn Carton 23 XA 5/J.

69 Vgl. hierzu Kapitel 4.

70 François-Poncet an das französische Außenministerium, 1. 12. 1952, MAE EU 1949–55 Allemagne Bd. 180. Zum Nationalismus-Konzept François-Poncets vgl. die Studie von Hans Manfred Bock, Zur Perzeption der frühen Bundesrepublik in der französischen Diplomatie. Die Bonner Monatsberichte des Hochkommissars François-Poncet 1949–1955, in: Francia 15 (1987), S. 579–658.

71 François-Poncet an Schuman, très secret, 21. 10. 1952, MAE EU 1949–1955 Allemagne Bd. 180.

72 Vgl. Kapitel 5.

73 Vgl. das Rundschreiben Hallsteins an die Auslandsvertretungen, 28. 10. 1952, PA AA III 210-10. Ferner Adenauer an Kirkpatrick, 30. 10. 1952. Vgl. auch die Unterlagen zur Ramcke-Rede in PA AA Büro StS Bd. 161. Während eines seiner Teegespräche mit Journalisten kam Adenauer am 19. Januar 1953 auch auf die Ramcke-Episode zurück: Er wisse, so Adenauer, nicht mehr, was Ramcke gesagt habe. »Ich weiß, daß er großen Blödsinn gesagt hat, und das ist ihm auch entsprechend zu Gemüte geführt worden.« Konrad Adenauer, Teegespräche 1950–1954, S. 401.

74 Aufzeichnung Allen, Foreign Office, 31. 10. 1952. Vgl. ferner den Bericht Kirkpatricks an das Foreign Office, 4. 11. 1952; alles PRO FO 371/97949. Ferner Bruce, State Department, an US-Hochkommission, 6. 11. 1952, NA RG 59 Lot 59 D 609 Box 16 und Donelly, Bonn, an State Department, 8. 11. 1952, NA RG 59 Dec. 762A.002/11-852.

75 Vgl. die Kopie des Schreibens von François-Poncet, übersandt von Ward an Foreign Office, 6. 11. 1952, PRO FO 371/97949. Ferner François-Poncet an das französische Außenministerium, 14. 11. 1952, MAE EU 1949–55 Allemagne Bd. 180.

76 Notiz, ohne Verfasser, für die deutsch-französischen Besprechungen am 10. und 11. 12. 1952, PA AA II 515-04e.

77 Aufzeichnungen von Trützschler, 11. 11. 1952 und 15. 12. 1952. Ferner die Aufzeichnung über eine vorbereitete Besprechung der deutschen Delegation, von Trützschler, 2. 10. 1952, alle in PA AA II 515-04e.

78 Vgl. auch Aufzeichnung von Trützschler, 15. 12. 1952 (a. a. O.).

79 Vgl. Aide Mémoire, 1. 6. 1950, ohne Verfasser. Es ist aber anzunehmen, daß die zentrale Rechtsschutzstelle dieses ausführliche Memorandum zu den deutschen Forderungen in der Kriegsverbrecherfrage verfaßte, denn es fand sich in deren Akten; BA B 305/364.

80 Hausenstein, Paris, an das Auswärtige Amt, 26. 2. 1954, und von Trützschler an Paris, 27. 2. 1954, PA AA II 515-04k.

81 Walther, Paris, an das Auswärtige Amt, 14. 1. 1952, PA AA III 246-04 Bd. 1.

82 Botschaft Paris an das Auswärtige Amt, 13. 6. 1953, PA AA III 246-04 Bd. 1.

83 François-Poncet an Bidault, 6. 3. 1953, MAE EU 1949–1955 Allemagne Bd. 263.

84 Hausenstein, Paris, an das Auswärtige Amt, 9. 1. 1953, über einen entsprechenden erfolglosen Vorstoß beim Pressechef des französischen Außenministeriums, PA AA II 515-04k.

85 Vgl. zu diesem Komplex nur Gerhard Kiersch und Anette Kleszez-Wagner, Frankreichs verfehlte Vergangenheitsbewältigung, in: Jürgen Weber und Peter Steinbach (Hrsg.), Vergangenheitsbewältigung durch Strafverfahren? NS-Prozesse in der Bundesrepublik Deutschland, München 1984, S. 164–176. Claus Leggewie, Frankreichs kollektives Gedächtnis und der Nationalsozialismus, in: Dan Diner (Hrsg.), Ist der Nationalsozialismus Geschichte? Frankfurt/M. 1987, S. 120–

140. Roy C. Macridis, France: From Vichy to the Fourth Republic, in: John H. Herz (Hrsg.), From Dictatorship to Democracy. Coping with the Legacies of Authoritarianism and Totalitarism, Westport Conn. 1982, S. 161–178. Vehement hält auch Alfred Grosser den Franzosen immer wieder den Spiegel vor; vgl. z. B. Alfred Grosser, Ermordung der Menschheit.

86 Mitteilung des Bundespresseamts Nr. 31/53, 12. 1. 1953. Die französische Hochkommission hob besonders diese Passagen hervor, Bérard an Ministère des Affaires Étrangères, 13. 1. 1953, MAE EU 1949–55 Allemagne Bd. 263.

87 Auch im CDU-Bundesvorstand äußerte sich der Kanzler zu Oradour: Sehr sorgfältig müsse jede Reaktion des Auslandes in Erwägung gezogen werden; Günter Buchstab (Hrsg.), Adenauer: »Es mußte alles neu gemacht werden.« Die Protokolle des CDU-Bundesvorstandes, 1950–1953, Stuttgart 1986, S. 312.

88 Vgl. Lothar Kettenacker, Nationalsozialistische Volkstumspolitik im Elsaß, Stuttgart 1973, S. 216 ff. Ferner Dieter Wolfanger, Die nationalsozialistische Politik in Lothringen, 1940–1945, Diss. Saarbrücken 1977, S. 209 ff.

89 Vgl. die Berichte der Diplomatischen Vertretung Paris, von Walther, an das Auswärtige Amt vom 6. 1. 1953 und 14. 1. 1953, PA AA II 515-04k.

90 Paris, von Walther, an AA, 6. 1. 1953 (a. a. O.). Gleichzeitig aber riet sie von einer Intervention bei französischen Behörden ab; Aufzeichnung Born, 8. 1. 1953, PA AA II 515-04k.

91 Von Walther, Paris, an das Auswärtige Amt, 28. 1. 1953, PA AA III 246-04, Bd. 1.

92 Vgl. etwa die Aufzeichnung von Trützschler für Staatssekretär, 2. 2. 1953, PA AA II 515-00h.

93 Zit. nach *Die Welt*, 14. 2. 1953, »Empörung im Elsaß über Oradour-Urteil.«

94 Vgl. Berichte von Dunn, US-Botschaft Paris, an State Department, 13. 2. 1953, NA RG 84 Paris Embassy 1948–1953 Dec. 321.6 CGR Box 563; Andrews, amerikanisches Generalkonsulat Straßburg, an das State Department, 17. 2. 1953, NA RG 59 Dec. 662.0026/2-1753.

95 Harvey, Paris, an Foreign Office, 20. 2. 1953. Dort auch der Auszug aus dem Journal Officiel: »Loi No 53–112 du 20 Février 1953 portant amnestie en faveur des Français incorporés de force dans les formations militaires ennemics.« PRO FO 371/107470. Ferner Dunn, Paris, an State Department, 21. 2. 1953, NA RG 59 Lot 59 D 609 Box 17.

96 In die gleiche Richtung zielte auch ein weiteres, am 24. 7. 1953 von der Nationalversammlung verabschiedetes Amnestiegesetz, welches sich einerseits auf Kollaborationshandlungen, andererseits aber auch auf Straftaten von Angehörigen der früheren Résistance bezog; Walther, Paris, an das Auswärtige Amt, 27. 7. 1953, PA AA II Bd. 249.

97 Hausenstein, Paris, an das Auswärtige Amt, PA AA III 246-04 Bd. 1.

98 Aufzeichnung von Trützschler für Blankenhorn, 20. 2. 1953, mit dem Entwurf einer Verbalnote an das französische Außenministerium, 20. 2. 1953, PA AA II 515-04k.

99 *Die Welt*, 20. 2. 1953, »Dehler kritisiert Elsässer-Amnestie«.

100 Von Walther, Paris, an von Trützschler, 21. 2. 1953, PA AA II 515-04.

101 Von Walter, Paris, an Auswärtiges Amt, über eine Intervention bei Seydoux, 26. 3. 1953, PA AA III 246-04 Bd. 1.

102 von Walther, Paris, an Auswärtiges Amt, 7. 4. 1953, PA AA III 246-04 Bd. 1.

103 Von Walther, Paris, an Auswärtiges Amt, 17. 7. 1953, PA AA II 515-04k Bd. 4. Unmittelbar nach seiner Reise in die USA war Herbert Blankenhorn mit Außenminister Bidault zusammengetroffen; Blankenhorn hatte auch die Kriegsverbrecherproblematik angesprochen. Wenig aber bewegte sich in Paris: »M. Bidault ne lui a pas dissimulé que le gouvernement de Bonn soulevait, de ce fait, un problème tres difficile.« Vgl. Parodi an Botschaft Bonn, 12. 6. 1953, MAE EU 1949-55 Généralités Bd. 100.

104 *Frankfurter Allgemeine Zeitung*, 12. 8. 1953.

105 State Department an Botschaft Paris, 22. 1. 1953, top secret, NA RG 59 Dec. 662. 0026/1-2153.

106 Vgl. zum Fall Ernst die ausführliche Aufzeichnung von Trützschlers für Staatssekretär, 21. 2. 1954, BA B 305/352.

107 Aufzeichnung von Trützschler, 19. 1. 1954, PA AA III 246-04 Bd. 2.

108 Zu den Reaktionen in der Bundesrepublik Conant an State Department, 22. 1. 1954, NA RG 466 Dec. 350 CGR Box 173.

109 Hausenstein, Paris, an Auswärtiges Amt, 18. 1. 1954, PA AA III 246-04 Bd. 2.

110 Adenauer an François-Poncet, 20. 1. 1954, BA B 305/352.

111 François-Poncet an Adenauer, 27. 1. 1954, BA B 305/352.

112 Vgl. Adenauer an François-Poncet, 2. 2. 1954, PA AA III 515-04 Bd. 2; ferner die Aufzeichnung von Trützschler für Blankenhorn, vertraulich, 9. 2. 1954, BA B 305/352.

113 Dem französischen Außenminister wollte die Bundesregierung daraufhin »in verbindlicher Form« antworten, daß man natürlich alles tun werde, um Presseangriffen keine neue Nahrung zu geben, daß es aber nicht in ihrer Hand läge, auf lange Sicht Angriffe zu vermeiden; Aufzeichnung von Trützschler, 9. 2. 1954 (a. a. O.).

114 Vgl. hierzu Hermann J. Rupieper. Die Berliner Außenministerkonferenz von 1954. Ein Höhepunkt der Ost-West-Spannungen oder die letzte Möglichkeit zur deutschen Einheit?, in: Vierteljahrshefte für Zeitgeschichte 34 (1986), Heft 3, S. 427-453.

115 Conant an State Department, 26. 1. 1954, NA RG 466 Dec. 350 CGR Box 173.

116 Sogar mit der Drohung, eine Rückführung Ernsts in amerikanisches Gewahrsam zu verlangen, sollte die französische Seite unter Druck gesetzt werden. US-Hochkommission an State Department, 17. 4. 1954, und Dowling, US-Hochkommission, an State Department, 27. 4. 1954. Smith, State Department, an die US-Hochkommission, 30. 4. 1954, NA RG 466 Dec. 321.6 CGR Box 165.

117 Ausführlich zu den Kompetenzen Ruth Bettina Birn, Die Höheren SS- und Polizeiführer. Himmlers Vertreter im Reich und in den besetzten Gebieten, Düsseldorf 1986, S. 252 ff. Sie sieht Oberg eher als gemäßigt, während Knochen ein »offensiverer Vertreter der Besatzungspolitik« gewesen sei. Vgl. allgemein Serge Klarsfeld, Vichy - Auschwitz. Die Zusammenarbeit der deutschen und

französischen Behörden bei der »Endlösung der Judenfrage« in Frankreich, Nördlingen 1989 mit zahlreichen Hinweisen auf Oberg und Knochen, bes. S. 46 ff. Seinerzeit bahnbrechend: Michael R. Maurrus und Robert O. Pazton, Vichy et les Juifs, o. O. 1981, dort auf S. 280 ein Hinweis auf die Deportation von Léon Blum. Allgemein zur deutschen Besatzungsherrschaft in Frankreich Jean-Pierre Azéma, De Munich à la Libération, 1938–1944, Paris 1979. Zuletzt François Georges Dreyfus, Histoire de Vichy. Vérités et légendes, Paris 1990.

118 Aufzeichnung Hallstein für von Trützschler, 14. 1. 1954, PA AA StS Bd. 162.
119 Aufzeichnung von Trützschler, 15. 2. 1954, PA AA III 246-04 Bd. 2. Vgl. zu diesem Thema ferner das Schreiben von Theodor Blank an Globke vom 13. 3. 1953. Blank riet damals davon ab, sich für Oberg und Knochen einzusetzen; BA B 136/1882.
120 Vgl. die Abschrift, von Trützschler an Botschaft Paris, 14. 2. 1954, PA AA III 246-04 Bd. 2.
121 Vgl. etwa Jean-Pierre Rioux, Französische öffentliche Meinung und EVG, hier S. 172. Rioux geht ausführlich auf die Auswirkungen der Kriegsverbrecherprozesse ein, sieht in ihnen gar einen wichtigen Faktor für die Ablehnung der EVG.
122 Achilles, Paris, an State Department, 15. 2. 1954, NA RG 59 Dec. 662.0026/2–1554.
123 Vgl. Parkman, Berlin, an State Department, 18. 2. 1954 und das Memorandum MacArthur II, Berlin, 18. 2. 1954 mit beiliegender Kopie der Denkschrift an Seydoux, NA RG 59 Dec. 662.0026/2-1854.
124 Joyce, US-Botschaft Paris, an State DePartment, 24. 2. 1954, NA RG 59 Dec. 662.0026/2-2454.
125 Vgl. die Aufzeichnung über die Aussprache Adenauer – Mendès-France in Baden-Baden, 14. 1. 1955, BA NL Blankenhorn/39. Dort auch ein Aide Mémoire zur Kriegsverbrecherfrage.
126 Wohl wurden aber in den Wochen nach dem Gespräch achtzehn Deutsche aus französischer Haft entlassen; vgl. die Stichwortübersicht über Schritte der Bundesregierung in der Kriegsverurteiltenfrage seit Oktober 1954, PA AA II 515-00h.
127 Instruktion für von Maltzan, 28. 4. 1955, PA AA Ref. 204 Bd. 7.
128 Aufzeichnung Walther, 7. 5. 1955, PA AA Ref. 204 Bd. 14.
129 So befanden sich am 10. 6. 1958 noch zehn deutsche Kriegsverbrecher aus fünf Verfahren in Haft; vgl. Aufzeichnung: »Rechtsschutz in Frankreich«, 10. 6. 1958, BA B 305/364.
130 Aufzeichnung Brückner, 18. 5. 1954, BA B 305/363.
131 Vgl. diplomatische Vertretung Paris, Weinhold, an Auswärtiges Amt, 19. 11. 1954 und Konsulat Lyon an das Auswärtige Amt, 30. 11. 1954, PA AA II 515-04i.
132 Diplomatische Vertretung Paris, Hausenstein, an das Auswärtige Amt, 2. 3. 1955, PA AA II 515-04i.

9. Die Auslieferungsproblematik

1 Diplomatische Vertretung Paris, Hausenstein, an Auswärtiges Amt, 2. 3. 1955, PA AA II 515-04i.

2 *Frankfurter Rundschau*, 18. 2. 1953: »Das Elsaß kämpft um Oradour-Verurteilte.« Zu de Gaulles deutschlandpolitischen Vorstellungen während der Jahre 1946–1958 vgl. Jean-Paul Bled, Le Général de Gaulle et l'Allemagne Pendant la traversée du désert (1946–1958), in: Revue d'Allemagne 22 (1990), Nr. 4, S. 513–538.

3 Vgl. hierzu und zum folgenden Foreign Office an die Botschaft Paris, secret, 4. 2. 1949, PRO FO 371/77048.

4 Ebd.

5 Harvey, Paris, an Foreign Office, 17. 2. 1949, PRO FO 371/77048.

6 Berlin, Militärgouverneur, an Foreign Office, secret, 23. 2. 1949, PRO FO 371/77049. »Scharfe Reaktionen« in Polen erwartete gleichzeitig der dortige britische Vertreter; Botschaft Warschau an Foreign Office, 28. 2. 1949, PRO FO 371/77050.

7 Die britische Regierung hatte sich am 29. 3. 1945 verpflichtet »to treat as an undesirable alien liable to deportation any alien against whom there was a prima facie case that he had been guilty of treachery involving active assistance to the enemy«; zit. nach der Aufzeichnung von L. Newton, 2. 5. 1949, PRO FO 371/77054. Zur Ankündigung der USA und Großbritanniens, künftig diesen Personenkreis nicht mehr zu deportieren, vgl. Berlin an Foreign Office, 5. 3. 1949 mit dem Text einer entsprechenden Ankündigung der amerikanischen Militärregierung, PRO FO 371/77051; ferner das Statement von Lord Henderson vom 5. 5. 1949, Foreign Office an Berlin, PRO FO 371/77054. Zu den französischen Protesten vgl. State Department an Botschaft Paris, 13. 4. 1949, NA RG 84 Paris Embassy CGR 1948–1953 Dec. 321.6 Box 502. Die französische Protestnote vom 28. 3. 1949 in NA RG 59 Dec. 740.00116 EW/3-2849. Gegenüber Außenminister Bevin protestierte auch Robert Schuman; Bevin an Harvey, Paris, PRO FO 371/77055. Im Juni 1949 protestierte die französische Regierung erneut; State Department an Berlin, 30. 6. 1949, NA RG 59 Dec. 740.00116 EW/6-3049.

8 Vgl. das Statement von Lord Henderson vom 5. 5. 1949 (a. a. O.).

9 James W. Gantenbein, Berlin, an State Department, 4. 8. 1949. Es handelte sich, im Gegensatz zur britischen Regelung, um eine »Kann«-, keine »Soll«-Bestimmung; Na RG 59 Dec. 740.00116 EW/8-449. Vgl. auch die Note des State Departments an die französische Botschaft in Washington, 20. 7. 1949, NA RG 59 Dec. 740.00116 EW/6-2449.

10 Ebd. Diese Richtlinie wurde von State Department am 25. 7. 1951 noch einmal verschärft. Dieses behielt sich seitdem eine Entscheidung bei Auslieferungsfragen an den Ostblock vor; State Department an US-Hochkommission, 25. 7. 1951, NA RG 59 Lot 57 D 540 Box 29.

11 Vgl. die Aufzeichnung der 47. Sitzung des Rates der Alliierten Hochkommission, 30. 11. 1949; der Rat beauftragte den Rechtsausschuß mit der Ausarbeitung einer Vorlage, die die Auslieferungspraxis koordinieren sollte; PRO FO 371/85892.

12 Kirkpatrick an Foreign Office, 18. 10. 1950, PRO FO 371/85891. Die britische Auslieferungspraxis beschreibt minutiös die Instruktion Nr. 70 für die britischen Besatzungsbehörden vom 7. 3. 1950. Demnach beriet über den Auslieferungsantrag ein deutscher »Extradition Tribunal« in Hamburg, während die letzte Entscheidung bei den britischen Besatzungsbehörden in letzter Instanz beim Hochkommissar lag, PRO FO 371/85888.

13 McCloy, Frankfurt, an State Department, 8. 11. 1950, NA RG 59 Dec. 662. 0026/11-850.

14 Kirkpatrick an Gainer, Foreign Office, über ein Gespräch mit McCloy und François-Poncet, 10. 11. 1950, PRO FO 371/85891.

15 Ebd.

16 Treffen des Kanzlers mit den Hohen Kommissaren vom 16. 11. 1950, Akten zur auswärtigen Politik der Bundesrepublik Deutschland, Bd. 1, S. 270 ff. Vgl. ferner das englische Wortprotokoll in PRO FO 1005/1126.

17 Adenauer an McCloy, 9. 11. 1951, übersandt vom State Department an die Botschaft in Paris, 17. 11. 1950, NA RG 84 Paris Embassy CGR 1948-53 Dec. 321.6 Box 60. Vgl. auch das Schreiben François-Poncet an Adenauer, 17. 11. 1950, PA AA II 515-10l.

18 Aufzeichnung Gainer für Bevin, 24. 11. 1950 (mit einer handschriftlichen Bemerkung Bevins), PRO FO 371/85891.

19 Shawcross an Beckett, Foreign Office, 7. 12. 1950, PRO FO 371/85892. Vgl. auch Shawcross an Beckett, 30. 1. 1951, PRO FO 371/93561.

20 State Department an US-Hochkommission, 28. 11. 1950, NA RG 59 Dec. 662. 0026/11-1550.

21 Bruce, Paris, an State Department, 21. 11. 1950, NA RG 84 Paris Embassy CGR 1948-1953 Dec. 321.6 Box 60.

22 Aide Mémoire der französischen Regierung, dem britischen Außenministerium übergeben am 7. 2. 1951. Schon zuvor war auch im »Judicial Sub-Committee« der Alliierten Hochkommission französisches Entgegenkommen zu erkennen; vgl. dessen Bericht, 8. 1. 1951, alle Dokumente in PRO FO 371/93561.

23 Aufzeichnung Andrews, 14. 2. 1951, PRO FO 371/93561. Ferner: Gilchrist an Mattei, französische Botschaft London, 2. 3. 1951, PRO FO 371/93561.

24 Brown an Gilchrist, Foreign Office, 16. 2. 1951, PRO FO 371/93561.

25 McCloy an State Department, 16. 3. 1951, NA RG 466 McCloy Papers D (51) 454.

26 McCloy an State Department, 16. 4. 1951, NA RG 59 Dec. 662.0026/4-1651.

27 Acheson an US-Hochkommission, 9. 4. 1951, NA RG 466 McCloy Papers D (51) 454. Ferner State Department an US-Hochkommission, 8. 5. 1951, NA RG 59 Dec. 662.0026/4-1651.

28 Zu den Verhandlungen – auf die technischen Einzelheiten soll nicht im einzelnen eingegangen werden – im Rat der Hochkommission vgl. Kirkpatrick an Foreign Office, 22. 5. 1951, PRO FO 371/93561.

29 Zum Verlauf der Sitzung der Hochkommission Bathurst an Gilchrist, 5. 6. 1951, PRO FO 371/93562.

30 Rat der Hochkommission, Extradition and Interzonal Transfer of War Criminal Suspects, 28. 5. 1951, PRO FO 371/93562.

31 Vgl. hierzu Kapitel 3.

32 Vgl. Kirkpatrick an Foreign Office, secret, 2. 11. 1951, PRO FO 371/93555.

33 Vgl. aus der umfangreichen Literatur zum Fall Barbie nur: Reißerisch: Tom Bower, Klaus Barbie. Lyon, Augsburg, La Paz – Karriere eines Gestapo-Chefs, Berlin 1984. Nachdenklich: Alain Finkielkraut, Die vergebliche Erinnerung. Vom Verbrechen gegen die Menschheit, Berlin 1989. Ehrlich: Allan Ryan, Klaus Barbie and the United States Government, Washington D. C. 1983. Belletristisch: Ted Morgan, An Uncertain Hour. The French, the Germans, the Jews, the Klaus Barbie Trial and the City of Lyon, 1940–1945, New York 1990. Kenntnisreich: John Loftus, L'affreux sécret. Quand les Américains recrutaient des espions nazis. De Gehlen à Klaus Barbie, Paris 1985. Zum gleichen Thema: Christopher Simpson, The US Recruitment of Nazis and its Effects on the Cold War, New York 1988.

34 Vgl. Webb, State Department, an die US-Hochkommission, 15. 11. 1949, NA RG 59 Dec. 740.0016 EW/11-749. Ferner das Memorandum des State Departments an die französische Botschaft in Washington, 2. 12. 1949 (ebd.). Eine weitere scharfe französische Note erhielt das State Department am 5. 5. 1950, Webb, State Department, an US-Hochkommission, 26. 5. 1950, secret, NA RG 59 Dec. 662.0026/5-550. Zuvor hatte sich der französische Conseil de la République mit dem Fall beschäftigt; Bonbright, amerikanische Botschaft Paris, an State Department, 10. 5. 1950, NA RG 59 Dec. 762A.00/5-1050.

35 McCloy an US-Botschaft Paris, 2. 5. 1950, RG 84 Paris Embassy CGR 1948-1953 Dec. 321.6 Box 60.

36 Memorandum der US-Hochkommission, Shute für Reber, 21. 6. 1949, top secret, NA RG 59 Dec. 662.0026/6-2150.

37 Lightner, Office of Political Affairs, Frankfurt, an Wallner, US-Botschaft Paris, 14. 6. 1950, NA RG 59 Dec. 662.0026/6-2150. Über die Maßnahmen, Barbie zu lokalisieren und festzunehmen, informiert ein Memorandum der US-Hochkommission, Bross an Lightner, 13. 6. 1950 (ebd.).

38 Gesprächsaufzeichnung Godley, State Department, mit de Margerie, 29. 6. 1950, NA RG 59 Dec. 662.0026/6-2950.

39 State Department an US-Hochkommission, secret, 1. 7. 1950, NA RG 59 Dec. 662. 0026/6-1950.

40 Auch der französische Hochkommissar François-Poncet wurde 1987 wegen der vermeintlichen Beteiligung an der Flucht Barbies beschuldigt; vgl. Annette Messemer, André François-Poncet und Deutschland. Die Jahre zwischen den Kriegen, in: Vierteljahrshefte für Zeitgeschichte 29 (1991), Nr. 4, S. 505–534, hier S. 505, Fußnote 3.

41 Vgl. Ruth Bettina Birn, Die Höheren SS- und Polizeiführer, S. 344 und S. 375 mit Fußnote 3.

42 Memorandum Ennis, Chief, Intelligence Group, General Staff, US Army, an Assistant Secretary of Political Affairs, Department of State, 2. 12. 1948, top secret, NA RG 59 Dec. 740.00116 EW/12-248.

43 O'Neill an Allen, Foreign Office, 8. 2. 1951, und Gilchrist an O'Neill, 9. 3. 1951, PRO FO 371/93561. Auch Reinhard Henkys, Die nationalsozialistischen Gewalt-

verbrechen. Geschichte und Gericht, Stuttgart/Berlin 1964, S. 190, erwähnt den Fall.

44 Britische Botschaft Washington, Burrow, an das Foreign Office, mit einem beiliegenden Memorandum des State Departments, top secret, PRO FO 371/93562.

45 Vgl. Kapitel 15.

46 Vgl. zur Division »Das Reich« Robert Guicheteau, La »Das Reich« et le coeur de la France, Paris 1974, zu Lammerding bes. S. 58 ff. Ferner Jaques Delarue, Trafics et crimes sous l'occupation, Paris 1968, S. 277 ff.

47 Vgl. Shuckburgh an Downing Street 10, 12. 2. 1953, PRO PREM 11/574. Zum Tulle-Massaker vgl. Jacques Delarue, Trafics, S. 332 ff.

48 Vgl. das Schreiben Réné Plevens an den britischen Botschafter Harvey, 29. 1. 1953, PRO FO 371/104160.

49 Vgl. Harvey, Paris, an Foreign Office, 30. 1. 1953, PRO FO 371/104160.

50 Selbst wenn Frankreich die Auslieferung formal wegen des Tulle-Massakers verlangte. Harvey, Paris, an Foreign Office, 31. 1. 1953. Vgl. auch das Schreiben Harvey an Pleven, ebd., PRO FO 371/104160. Vgl. auch Kirkpatrick an Foreign Office, 30. 1. 1953 (ebd.).

51 Wahnerheide, von Ward, an Foreign Office, 31. 1. 1953, PRO FO 371/104160.

52 Kirkpatrick, Berlin, an Foreign Office, 1. 2. 1953, PRO FO 371/104160.

53 Wahnerheide, von Ward, an Foreign Office, 31. 1. 1953, PRO FO 371/104160.

54 Harvey an Foreign Office, 2. 2. 1953, PRO FO 371/104160. Ferner Harvey an Foreign Office, 7. 2. 1953, PRO FO 371/107470.

55 Aufzeichnung Roberts, 13. 2. 1953, PRO FO 371/104161. Bereits zuvor hatte der französische Botschafter Massigli beim Foreign Office protestiert; Aufzeichnung Roberts, 2. 2. 1953, PRO FO 371/104160.

56 Eden an Bidault, 13. 2. 1953, PRO FO 371/104161.

57 Aufzeichnung F. K. Roberts, 16. 2. 1953, PRO FO 371/104161.

58 Holmes, London, an State Department, 18. 2. 1953, secret. Schon früher hatte das Foreign Office auf eine solche Lösung gehofft; vgl. Holmes an State Department, 2. 2. 1953, über ein Gespräch mit einem Mitarbeiter des Foreign Office. Dieser hatte gesagt: »We cannot have that sort of thing at this late date« und angefügt: »In any event, he has probably gone to ground by now.« Beide Quellen in NA RG 466 Dec. 321.6 CGR Box 165.

59 Shuckburgh an Downing Street 10, 12. 2. 1953, PRO PREM 11/574.

60 Foreign Office an die britische Hochkommission, 18. 2. 1953, PRO FO 371/104161.

61 Foreign Office an Wahnerheide, 9. 2. 1953. Ferner Aufzeichnung Roberts, 3. 2. 1953, beide PRO FO 371/104160.

62 Vgl. die handschriftliche Aufzeichnung Roberts, 16. 1. 1953, zu einer Aufzeichnung Allens vom selben Tag. Allen hatte vorgeschlagen, wenigstens formal die rechtlichen Schritte einzuleiten, dabei aber die politische Bedeutung des Falles Lammerding in Deutschland nicht aus den Augen zu verlieren. Eden stimmte diesem Vorgehen zu, PRO FO 371/104161.

63 Vgl. nur Kurt P. Tauber, Beyond Eagle and Swastica. German Nationalism since 1945, 2 Bde., Middletown 1967, Bd. 1, S. 132 ff.

64 Davor hatte etwa der britische Botschafter in Paris gewarnt; Harvey an Foreign
    Office, 2. 2. 1953, PRO FO 371/104160.

65 Handschriftliche Aufzeichnung Edens zur Anfrage von Fernyhough im Unter-
    haus, PRO FO 371/104162.

66 Kirkpatrick an Foreign Office, 22. 2. 1953, PRO FO 371/104161.

67 Vgl. hierzu und zum folgenden Conant an State Department, 16. 3. 1953, secret,
    NA RG 466 Dec. 321.6 CGR Box 165.

68 Conant an State Department, 16. 3. 1953, secret, NA RG 466 Dec. 321.6 CGR Box
    165.

69 Vgl. das Telegramm vom 16. 3. 1953 auch in NA RG 59 Dec. 662.0026/3-1653.

70 Dillon, US-Botschaft Paris, an State Department, 23. 3. 1953, secret, NA RG 466
    Dec. 321.6 CGR Box 165.

71 State Department an US-Hochkommission, 21. 4. 1953, secret, NA RG 59 Dec.
    662.0026/3-2353.

72 Godley, Paris, an State Department, 30. 7. 1954, NA RG 59 Dec. 662.0026/6-2854.
    Conant, Bonn, an State Department, 6. 7. 1954, mit der Zusage, die Hochkommis-
    sion werde die Vermutungen prüfen, NA RG 59, Dec. 662.0026/7-654 und Conant
    an State Department, 30. 7. 1954, mit der Meldung: Fehlanzeige, NA RG 59 Dec.
    662.0026/7-3054.

73 Französisches Außenministerium an M. Le Minister des Anciens Combattants, 18.
    10. 1960, MAE EU 1956-60, Allemagne, état et politique intérieure, national-so-
    cialisme et dénazification (ehem. Signatur: 6-3-6/1).

74 Vgl. Jacques Delarue, Trafics, S. 480 f.

10. Verbrechen ohne Richter?
Die Alliierten und die deutsche Justiz

1 Gaynon, Philadelphia Inquierer, an Riddleberger, 14. 8. 1953, NA RG 59 Dec. 662.
   0026/8-1453.

2 Reinstein an Gaynon, 26. 8. 1953, NA RG 59 Dec. 662.0026/8-1453.

3 State Department an US-Hochkommission, 8. 4. 1952, secret, NA RG 59 Dec.
   662A.00/4-152.

4 Zahlen nach Gotthard Jasper, Wiedergutmachung und Westintegration. Die halbherzige justizielle Aufarbeitung der NS-Vergangenheit in der Bundesrepublik, in:
   Ludolf Herbst (Hrsg.), Westdeutschland 1945-1955. Unterwerfung, Kontrolle,
   Integration, München 1986 (Schriftenreihe des Instituts für Zeitgeschichte, Sondernummer), S. 186. Vgl. auch Bundesjustizministerium, Die Verfolgung nationalsozialistischer Straftaten. Ferner die graphischen Darstellungen bei Klaus
   Moritz und Ernst Noan, NS-Verbrechen vor Gericht, 1945-1955. Dokumente aus
   hessischen Justizakten, Wiesbaden 1978 (Schriften der Kommission für die Geschichte der Juden in Hessen, Bd. 2), S. 22 f.

5 Vgl. etwa Jörg Friedrich, Die Kalte Amnestie, S. 375 ff. Barbara Just-Dahlmann und Helmut Just, Die Gehilfen. NS-Verbrechen und die Justiz nach 1945, Frankfurt/M. 1988.

6 Vgl. Gotthard Jasper, Wiedergutmachung, S. 183. In der Forschung ist die Halbherzigkeit der Strafverfolgung kaum umstritten. Vgl. etwa Bernd Hey, Die NS-Prozesse – Versuch einer juristischen Vergangenheitsbewältigung, hier S. 339 ff.; Peter Steinbach, Nationalsozialistische Gewaltverbrechen, S. 38 ff. Vgl. auch aus zeitgenössischer Perspektive Frederic Honig, Criminal Justice in Germany Today: Crimes Against Hummanity before German Courts, in: Year Book of World Affairs 5 (1951), S. 131–152.

7 Kirkpatrick an Lord Reading, 6. 7. 1949, PRO FO 371/77058.

8 Dabei ging es konkret um den Fall eines Deutschen, der sich wegen Verbrechen an Deutschen in einem polnischen Lager zu verantworten hatte. Britische Botschaft Warschau an das Foreign Office, 25. 1. 1949, und Berlin an Foreign Office, 31. 1. 1949, PRO FO 371/77065.

9 So Martin Broszat, Siegerjustiz, S. 540.

10 Foreign Office an Berlin, mit der Stellungnahme Henderson im House of Lords, 5. 5. 1949, PRO FO 371/77045.

11 Vgl. Kapitel 1.

12 Foreign Office an Berlin, secret, 5. 3. 1949, PRO FO 371/77050.

13 Aufzeichnung Kirkpatrick, 28. 3. 1949, PRO FO 371/77052.

14 Vgl. Martin Broszat, Siegerjustiz, S. 540.

15 Vgl. Memorandum, Office of Legal Adviser, Bathurst, Mai 1951, PRO FO 1060/595.

16 Vgl. die Einladung Dehlers an die Landesjustizverwaltung, 19. 1. 1951, BA B 141/3237.

17 Vgl. die 21seitige Niederschrift vom 6. 2. 1951 über die Besprechung vom 2. 2., BA B 141/3237.

18 Adenauer an Kirkpatrick, 19. 4. 1951, mit beiliegendem Memorandum, BA B 141/3237.

19 Von Trützschler, Auswärtiges Amt, 30. 7. 1951, und Aufzeichnung Perkins, Mai 1951 (? – das Papier ist beim Datum eingerissen), PRO FO 1060/595.

20 Vgl. Strauss, Bundesjustizministerium, an Otto Lenz, 28. 6. 1954, BA B 141/3226.

21 Perkins, britische Botschaft Bonn, an Foreign Office, 1. 8. 1955, PRO FO 371/118434.

22 State Department an Botschaft Bonn, 29. 7. 1955, NA RG 466 Dec. 321.6 CGR Box 164.

23 Warner, Foreign Office, an Barnes, Bonn, 22. 8. 1955, PRO FO 371/118435.

24 US-Botschaft Bonn, Lamb, an State Department, 22. 7. 1955, NA RG 59 Dec. 762A.34/7-2255.

25 Vgl. Knox Lamb, Bonn, an State Department, 14. 11. 1955, NA RG 59 Dec. 762A. 34/11-1455.

26 Kirkpatrick an Bevin, 18. 10. 1950, PRO FO 371/85891.

27 Dittmann, Bundeskanzleramt, an das Generalsekretariat der Alliierten Hohen

Kommission, 25. 8. 1950, PRO FO 371/85891. Vgl. auch Sir Alfred Brown, Rechtsberater der britischen Hochkommission, an Foreign Office, 2. 11. 1950, PRO FO 371/85891. Vgl. auch Verhandlungen des Deutschen Bundestages, Stenographische Berichte, 1. Wahlperiode, Bd. 5, S. 3514, 3524, 3527, Sitzung vom 27. 10. 1950.

28 Dehler in der Bundestagssitzung vom 14. 11. 1950, vgl. Verhandlungen des Deutschen Bundestages, Stenographische Berichte, Bd. 5, S. 369 ff. Vgl. hierzu auch die Drucksache Nr. 1599.

29 McCloy an State Department, 8. 11. 1950, NA RG 59 Dec. 662.0026/11-850.

30 Ebd.

31 Adenauer an McCloy, 9. 11. 1950, PA AA II 515-10l. Ein Tippfehler wurde stillschweigend korrigiert.

32 Gainer, Foreign Office, an Kirkpatrick, 19. 12. 1950, PRO FO 371/85892. Kirkpatrick sagte zu, sich um eine entsprechende Kanzlererklärung zu bemühen; Kirkpatrick an Gainer, 2. 1. 1951, PRO FO 371/93561.

33 Morris, US-Hochkommission, an Laukhuff, State Department, 26. 1. 1951, übersendet die Niederschrift der Besprechung McCloy mit den Ministerpräsidenten vom 16. 1. 1951, NA RG 59 Dec. 762A.00/1-2651.

34 Kirkpatrick an das Foreign Office, 22. 5. 1951, über eine Besprechung im Rat der Hochkommission vom 17. 5., PRO FO 371/93561.

35 Bruce, Paris, an State Department, 21. 11. 1950. Vgl. ferner Bericht des Judical Sub Committee zur Auslieferungsfrage, 8. 1. 1951, PRO FO 371/93561.

36 Wahnerheide, Ward, an Foreign Office, 5. 12. 1952, PRO FO 371/97944.

37 Schnellbrief des Bundesministers des Inneren, Lehr, an den Bundestagspräsidenten als Antwort auf eine Anfrage der DP, 18. 11. 1952, wo mitgeteilt wurde, daß die Fahndung nach den Entflohenen tatsächlich ausgesetzt worden war; vgl. Deutscher Bundestag, 1. Wahlperiode, Drucksachen, Drucksache Nr. 3887.

38 Aufzeichnung Krause, 20. 12. 1952, BA B 136/1882. Immerhin: Einer der Entwichenen wurde Ende Juli wieder festgenommen; Kirkpatrick an Foreign Office, 1. 8. 1953, PRO FO 371/104157.

39 Vgl. hierzu die Meldung von Nollau, Bundesamt für Verfassungsschutz, an das Auswärtige Amt, 29. 12. 1952, PA AA III 515-06 E.

40 Helb, Geschäftsträger, Botschaft der Niederlande in Bonn, an das Auswärtige Amt, 30. 12. 1952, PA AA III 515-06 E Bd. 1. Zur Reaktion in den Niederlanden vgl. von Holleben, Den Haag, an das Auswärtige Amt, 8. 1. und 10. 1. 1953 (ebd.).

41 Vgl. die Note der niederländischen Botschaft an die Alliierte Hohe Kommission, 13. 1. 1953, und Aufzeichnung Roberts, 12. 1. 1953, über ein Gespräch mit einem Mitarbeiter der niederländischen Botschaft: PRO FO 371/104157. Auf die weiteren rechtlich komplizierten Diskussionen soll hier nicht weiter eingegangen werden. Vgl. hierzu auch die Kabinettssitzungen vom 16. 1. 1953, 20. 1. 1953, 23. 1. 1953, dann vom 18. 1. 1953; Kabinettsprotokolle, Bd. 6, S. 112 f., S. 120 f., S. 133 und S. 427 ff.

42 François-Poncet etwa sah in einem Kriegsverbrecherurteil eines deutschen Gerichtes den Beweis für den »Mangel an Leidenschaft«, mit dem die deutsche Justiz

die schlimmsten Verbrechen des Nationalsozialismus verfolge; François-Poncet an Schuman, 6. 11. 1952, MAE EU 1949-55 Allemagne Bd. 180. Vgl. auch Thayer, amerikanisches Generalkonsulat München, an State Department, 16. 1. 1953, über einen Prozeß in Würzburg. Dieser zeigte »lack of vigour demonstrated by Bavarian judical authorities in prosecuting perpetrators of war crimes«; NA RG 59 Dec. 662.0026/1-1653.

43 Zum Fall des ehemaligen Münchener Gestapo-Chefs und seines Stellvertreters vgl. die Angaben bei Frederick Honig, Criminal Justice, S. 139 f.

44 Vgl. Bérard an das französische Außenministerium, 2. 4. 1950, MAE EU 1949-55 Allemagne Bd. 177.

II. Verbrecher und Belastete
in deutscher Verantwortung:
Von der Entnazifizierung zur Renazifizierung?

1 Zum Thema grundlegend: Lutz Niethammer, Die Mitläuferfabrik. Die Entnazifizierung am Beispiel Bayerns, Berlin 1982. Justus Fürstenau, Entnazifizierung. Ein Kapitel deutscher Nachkriegspolitik, Neuwied/Berlin 1969. Zur britischen Zone: Jill Jones, Eradicating Nazism from the British Zone of Germany: Early Policy and Practice, in: German History 8 (1990), Nr. 2, S. 145-162. Ian A. Turner, Denazification in the British Zone, in: ders. (Hrsg.), Reconstruction in Post-War Germany. British Occupation Policy and the Western Zones, 1945-1955, Oxford/New York/München 1989, S. 239-267. Wolfgang Krüger, Entnazifizierung. Zur Praxis der politischen Säuberung in Nordrhein-Westfalen, Wuppertal 1982. Zur französischen Zone: Klaus-Dietmar Henke, Politische Säuberung unter französischer Besatzung. Die Entnazifizierung in Württemberg-Hohenzollern 1945-1947, München 1981. Die bekannte Literatur einmal mehr zusammenfassend: Klaus-Dietmar Henke, Die Trennung vom Nationalsozialismus. Selbstzerstörung, politische Säuberung, »Entnazifizierung«, Strafverfolgung, in: ders. und Hans Woller (Hrsg.), Politische Säuberung in Europa. Die Abrechnung mit Faschismus und Kollaboration nach dem Zweiten Weltkrieg, München 1991, S. 21-83. James F. Tent, Mission on the Thine. Reeducation and Denazification in American Occupied Germany, Chicago 1982.

2 John D. Montgomery, Forced to be Free: The Artificial Revolution in Germany and Japan, Chicago 1957. Montgomery prägte den Begriff der »künstlichen Revolution« und hebt ihn von der »natürlichen« und der »permanenten Revolution« (im marxistischen Sinne) ab. Vgl. auch John H. Herz, Denazification and Related Policies, in: ders. (Hrsg.), From Dictatorship to Democracy. Coping with the Legacies of Authoritarianism and Totalitarism, Westport Conn. 1982, S. 15-38, hier S. 16 f.

3 Einen Überblick über die Handhabung der Entnazifizierung in den verschiedenen

Besatzungszonen gibt Clemens Vollnhals (Hrsg.), Entnazifizierung. Politische Säuberung und Rehabilitierung in den vier Besatzungszonen, 1945-1949, München 1991, S. 7 ff.

4 Clemens Vollnhals, Entnazifizierung, S. 18.

5 Vgl. vor allem für die amerikanische Zone Lutz Niethammer, Die Mitläuferfabrik; dort wird das Ineinandergreifen von Entnazifizierung und Rehabilitierung beschrieben: Eine »gigantisch angelegte Säuberung« habe sich »in eine nicht minder monströse Rehabilitierungskampagne« verwandelt (S. 654). Auch Clemens Vollnhals, Entnazifizierung, S. 7, spricht vom gescheiterten Experiment. Vgl. auch Peter Graf Kielmansegg, Lange Schatten. Vom Umgang der Deutschen mit der nationalsozialistischen Vergangenheit, Berlin 1989, S. 31 ff.

6 Die Zahlen bei: Anna L. Merrit, Germany and America Denazification, in: Richard L. Merrit (Hrsg.), Communication in International Politics, Urbana 1972, S. 361-383.

7 Zur Haltung der Protestanten Clemens Vollnhals, Evangelische Kirche und Entnazifizierung. Die Last der nationalsozialistischen Vergangenheit, München 1989; ders. (Hrsg.), Entnazifizierung und Selbstreinigung im Urteil der Evangelischen Kirche. Dokumente und Reflexionen 1945-1949, München 1989.

8 Ernst von Salomon, Der Fragebogen, Reinbek bei Hamburg 1951.

9 Caspar von Schrenck-Notzing, Charakterwäsche. Die amerikanische Besatzung in Deutschland und ihre Folgen, 5. Aufl., Stuttgart 1965, S. 197.

10 Vgl. nur Ferdinand A. Hermens, Denazification or Renazification? in: Julia E. Johnson (Hrsg.), The Dilemma of Postwar Germany, New York 1948, S. 174-180.

11 In einer grundlegenden Studie prüfte Lewis J. Edinger, Post-Totalitarian Leadership. Political Elites in the German Federal Republic, in: American Political Science Review 54 (1960), S. 58-82, das Ausmaß des Elitenaustauschs in Deutschland seit 1945. Stichjahr war 1956, wobei er sich auf herkömmliche biographische Nachschlagewerke stützte. 24 Prozent der Eliten des Jahres 1956, so ein Ergebnis von Edinger, könnten als Unterstützer des nationalsozialistischen Regimes angesehen werden; 57 Prozent seien ambivalent gewesen, während nur 19 Prozent dem Widerstand zugerechnet werden könnten. Keine antinazistische Gegenelite herrschte, so seine Schlußfolgerung, im Jahr 1956 über die Bundesrepublik. Ebensowenig könne behauptet werden, die alten nationalsozialistischen Eliten seien zurückgekehrt. Edinger gesteht dabei selbst die Problematik einer solchen Kategorisierung in aktive Unterstützung des Regimes, Widerstand und Ambivalenz ein.

12 Theodor W. Adorno, Was bedeutet Aufarbeitung, S. 555 f.

13 Letzteres ist ohnehin inzwischen ein weites eigenständiges Forschungsthema geworden. Vgl. vor allem Uwe Backes und Eckhard Jesse, Politischer Extremismus in der Bundesrepublik, 3 Bde. (Bd. I: Literatur; Bd. II: Analyse; Bd. III: Dokumentation), Köln 1989. Ferner Wolfgang Benz (Hrsg.), Rechtsradikalismus in der Bundesrepublik. Voraussetzungen, Zusammenhänge, Wirkungen, Frankfurt/M. 1989. Schon früher Kurt P. Tauber, Beyond Eagle and Swastica. German Nationalism since 1945, 2 Bde., Middletown 1967.

14 So ein Beobachter nach einem Parteitreffen der SRP im April 1950, zit. nach einer Analyse der US-Hochkommission zur SRP, 1. 12. 1950, NA RG 59 Dec. 762A.00/12–150.

15 Zum Vorgehen der britischen Besatzungsmacht gegen den Naumann-Kreis gibt cs noch keine historische Studie; vgl. vorerst Kurt P. Tauber, Beyond Eagle, S. 132 ff.

16 Vgl. etwa Hermann Lübbe, Der Nationalsozialismus im politischen Bewußtsein der Gegenwart, in: Martin Broszat u. a. (Hrsg.), Deutschlands Weg in die Diktatur. Internationale Konferenz zur nationalsozialistischen Machtübernahme im Reichstagsgebäude zu Berlin. Referate und Diskussion. Ein Protokoll, Berlin 1983, S. 329–349. Auch Peter Steinbach, Nationalsozialistische Gewaltverbrechen in der deutschen Öffentlichkeit, warnte davor, die Integrationsproblematik zu unterschätzen.

17 Klaus Dietmar Henke, Die Grenzen der politischen Säuberung in Deutschland nach 1945, in: Ludolf Herbst (Hrsg.), Westdeutschland 1945–1955. Unterwerfung, Kontrolle, Integration, München 1986 (Schriftenreihe des Instituts für Zeitgeschichte, Sondernummer), S. 127–133, hier S. 132. Peter Graf Kielmansegg, Lange Schatten, S. 14, rückt diese Äußerung als »pathetische Übertreibung« zurecht.

11. Die USA als Kritiker von Renazifizierungstendenzen

1 Vgl. hierzu und zum folgenden die Angaben in der ausführlichen Denkschrift der französischen Hochkommission, »Dénazification«, François-Poncet an das französische Außenministerium, 8. 9. 1950, AO Ambassade française Bonn Carton 71 XP 5-0.

2 Memorandum der US-Hochkommission, Public Safety Branch, 18. 1. 1950, NA RG 466 McCloy Papers D (50)115.

3 »Dénazification«, François-Poncet an das französische Außenministerium, 8. 9. 1950 (a. a. O.).

4 Altaffer, Bremen, an State Department, 19. 1. 1949, NA RG 59 Dec. 862.00/1-1949. Kurz darauf kam ein Bericht der US-Militärbehörden (OMGUS) für Bremen zu ähnlichen Ergebnissen; Altaffer an State Department, 17. 2. 1949, NA RG 59 Dec. 862.00/2–1749.

5 Bolds, Acting Land Commissioner, an McCloy, 1. 11. 1949, NA RG 59 Dec. 862. 00.

6 US-Hochkommission an State Department, 21. 6. 1950, »Analysis of Democratic Development in Bavaria«; NA RG 59 Dec. 762A.00/6-2150.

7 Die Direktive vom 17. 11. 1949 in FRUS 1949, Bd. 3, S. 318 ff., hier S. 337.

8 Zusammenfassende Aufzeichnung der Besprechung der US-Botschafter in Paris, 22. 10. 1949, top secret, FRUS 1949, Bd. 3, S. 287 ff., hier S. 290.

9 Akten zur Auswärtigen Politik der Bundesrepublik Deutschland, Bd. 1, S. 266 ff. Sitzung vom 17. 11. 1949.

10 So in einer Kabinettsvorlage Bevins, 24. 10. 1949: Lord Henderson's visit to Germany, 13.-20. 9. 1 949, PRO CAB 129/37.

11 Vgl. Kabinettsprotokolle, Bd. 1, 1949, S. 168, Anm. 2.

12 US-Hochkommission, Office of Political Affairs, an das State Department, 15. 3. 1950, NA RG 466 Dec. 350 CGR Box 37.

13 Akten zur Auswärtigen Politik der Bundesrepublik Deutschland, Bd. 1, S. 26 ff. Sitzung vom 17. 11. 1949.

14 Vgl. Wolfgang Benz, Versuche zur Reform des Öffentlichen Dienstes 1945-1952. Deutsche Opposition gegen alliierte Initiativen, in: Vierteljahrshefte für Zeitgeschichte 29 (1981), S. 216-245. Udo Wengst, Beamtentum zwischen Reform und Tradition. Beamtengesetzgebung in der Gründungsphase der Bundesrepublik Deutschland, 1948-1953, Düsseldorf 1988 (Beiträge zur Geschichte des Parlamentarismus und der Politischen Parteien, Bd. 84). Friedrich Gerhard Schwegmann (Hrsg.), Die Wiederherstellung des Berufsbeamtentums nach 1945. Geburtsfehler oder Stützpfeiler der Demokratiegründung in Westdeutschland? Düsseldorf 1986. Schließlich Michael Kirn, Verfassungsumsturz oder Rechtskontinuität? Die Stellung der Jurisprudenz nach 1945 zum Dritten Reich, insbesondere die Konflikte um die Kontinuität der Beamtenrechte und Art. 131 Grundgesetz, Berlin 1972. Kirn (S. 14) kritisiert besonders die Beamtenrechtler, die den Versuch unternommen hätten, das traditionelle Bild vom Berufsbeamtentum »metaphysisch abzusichern«. Zur britischen Zone vgl. Ulrich Reusch, Deutsches Berufsbeamtentum und britische Besatzung, Stuttgart 1985.

15 Aufzeichnung Blankenhorn, 5. 1. 1950, PA AA II Bd. 1299.

16 Udo Wengst, Beamtengesetzgebung, S. 304.

17 Vgl. die Analyse des Office of Political Affairs der US-Hochkommission: Special Report Nr. 2 »Prospects for the Democratic Development of the Federal German Government«, 8. 12. 1949, NA RG 466 Dec. 350 CGR Box 34.

18 Diese Kontinuität betont besonders Hans Mommsen, Die Kontinuität des Berufsbeamtentums und die Rekonstruktion der Demokratie in Westdeutschland, in: Friedrich Gerhard Schwegmann (Hrsg.), Die Wiederherstellung des Berufsbeamtentums nach 1945. Geburtsfehler oder Stützpfeiler der Demokratiegründung in Westdeutschland? Düsseldorf 1986, S. 65-79.

19 Presseankündigung der US-Hochkommission, 16. 1. 1950, NA RG 466 McCloy Papers D (50) 94.

20 Vgl. besonders Klaus-Jürgen Matz, Reinhold Maier (1889-1971). Eine politische Biographie, Düsseldorf 1989 (Beiträge zur Geschichte des Parlamentarismus und der Politischen Parteien, Bd. 89), S. 277 ff.

21 Zu den Einzelheiten vgl. die ausführliche Denkschrift der US-Hochkommission: »Background of So-Called Denazification Scandal in Württemberg-Baden«, 24. 5. 1950, mit weiteren Materialien, NA RG 59 Dec. 762.A.32/5-2450. Wilkinson, Stuttgart, an das State Department, 7. 2. 1950, Dec. 762A.00/2-750. Ferner US-Hochkommission an State Department, 27. 7. 1950, mit einem Bericht über die Entnazifizierung in Württemberg-Hohenzollern, Dec. 762A.002/8-350. Schließlich Klaus-Jürgen Matz, Reinhold Maier, S. 301 ff.

22 François-Poncet berichtete dem französischen Außenministerium ausführlich über diese Zusammenhänge, so zweimal am 14. 12. 1949, dem Tag der Bundestagsrede Hedlers, dann zweimal am 15. 2. 1950 über den Freispruch, MAE EU 1959-55 Allemagne Bd. 176, dort auch weitere Unterlagen zum Thema.

23 Aufzeichnung Blankenhorn über ein Gespräch mit François-Poncet, 22. 2 1950, PA AA II Bd. 1299.

24 Hervorhebung U. B. Die Rede ist gedruckt bei Erika Fischer (Hrsg.), John McCloys Reden zu Deutschland- und Berlinfragen. Publizistische Aktivitäten und Ansprachen 1949-1952, Berlin 1986 (Politische Dokumente 9), S. 59 ff. Noch einmal sollte sich McCloy Ende des Jahres schriftlich in die Stuttgarter Entnazifizierungsaffäre einschalten; US-Hochkommission, Analysis and Reports Branch, an State Department, 28. 11. 1950, NA RG 59 Dec. 762A.32/11-2850.

25 Ebd.

26 Vgl. den Artikel in der *New York Times:* »Three Allies Hail Speech by Mr. McCloy«, 7. 2. 1950, mit Stellungnahmen der französischen und britischen Regierung. Vgl. auch Bonnet, französischer Botschafter in Washington, an das französische Außenministerium, 16. 2. 1950, MAE EU 1949-55 Allemagne Bd. 176.

27 McCloy an Professor Strecker, 23. 12. 1950, NA RG 466 McCloy Papers D (59) 264a.

28 Britische Hochkommission an das Foreign Office, 17. 2. 1950, über ein Gespräch mit Adenauer nach Ende der offiziellen Verhandlungen, PRO FO 371/85239.

29 Vgl. die Aufzeichnung über ein Gespräch mit Herbert Blankenhorn, 13. 12. 1949, als Anlage zu einem Bericht der US-Hochkommission über den Fortschritt bei der Organisation der Bundesorgane, 15. 3. 1950, NA RG 466 Dec. 360 CGR Box 37.

30 Vgl. hierzu die Berichte der *New York Times:* »McCloy Denies Danger from German Right«, 26. 1. 1950; »McCloy is hopeful on German Future«, 27. 1. 1950.

31 Das NBC-Interview McCloys ist im Wortlaut abgedruckt bei Erika Fischer, John McCloys Reden, S. 49 ff. Der englische Wortlaut des Interviews vom 23. 1. 1950 in NA RG 466 McCloy Papers D (50) 150a.

32 Resolution vom 28. 4. 1949, American Jewish Historical Society, American Jewish Congress Collection, Box 52.

33 Marcus an Silverman, 1. 3. 1950, American Jewish Archives, World Jewish Congress Collection, H. 130/105.

34 *New York Times,* 15. 5. 1950, »B'nai B'rith Unit Cancels Speech by McCloy Aide as an ›Apologia‹«.

35 McFall, State Department, an Senator Magnusson, 16. 12. 1949, NA RG 59 Dec. 862A.00/12-849.

36 *New York Times,* 26. 3. 1950, »Senator Warns West of German Soviet Tie«. Auch das State Department sorgte sich im Frühjahr zunehmend um einen sich der Sowjetunion zuwendenden deutschen Nationalismus. Es gab der amerikanischen Hochkommission daraufhin ausführliche Anweisungen, wie dem entgegengewirkt werden sollte; State Department an die US-Hochkommission, 1. 5. 1950, NA RG 59 Dec. 762A.002/5-150.

37 State Department an die US-Hochkommission, für McCloy von Byroade, 20. 4. 1950, NA RG 466 Dec. 350.1 CGR Box 37.

38 Vgl. Hermann Josef Rupieper, Der besetzte Verbündete, S. 59 ff.

39 Vgl. die Memoranden Laukhuff für Reinstein, 4. 1. 1950 und Reinstein für Byroade, 9. 1. 1950, NA RG 59 Dec. 762A.001-450.

40 Memorandum Cox für Hillenbrand und Laukhuff über einen Besuch von Raffaeli, 29. 6. 1950, NA RG 59 Dec. 762A.002/6-2950. Noch im Mai 1950 hatte die *New York Times* gemeldet, ein »Entnazifizierungsexperte«, dessen Name nicht genannt wurde, habe sich gegen die Auffassung verwehrt, die Bundesrepublik werde »renazifiziert«. Es konnte nicht ermittelt werden, ob es sich um den genannten Raffaeli handelte; *New York Times,* 4. 5. 1950, »U. S. Expert Defends Employment Of Former Nazis in German Jobs.«

41 Vgl. Memorandum Kellerman für Byroade, 3. 7. 1950, NA RG 59 Dec. 762A. 002/6-29509.

42 Memorandum Laukhuff für Byroade, 3. 7. 1950, NA RG 59 Dec. 762A.002/6-2950.

43 State Department an US-Hochkommission, 18. 7. 1950, secret, NA RG 59 Dec. 762A.002/1850. Der US-Senat – dahinter als »drängende Kraft« jüdische Organisationen – und das amerikanische Außenministerium forderten insofern im Sommer 1950 von McCloy deutschlandpolitische Rechenschaft über Fortschritte bei der Demokratisierung, vor allem aber Aufschluß über mögliche Rückschritte in Form einer Renazifizierung des öffentlichen Lebens in der Bundesrepublik. Vgl. Henry Byroade in einem Memorandum für Acheson, 24. 8. 1950, top secret, NA RG 59 Decimal Files 762A.00/8-1650.

44 McCloy an State Department, 4. 8. 1950, und State Department an US-Hochkommission, Persönlich an McCloy von Bymade, 12. 8. 1950, NA RG 59 Dec. 762A. 00/8-450.

45 McCloy an Byroade, 12. 8. 1950 (a. a. O.).

46 Ebd.

47 McCloy an Byroade, 16. 8. 1950, top secret, NA RG 59 Dec. 762A.00/8-1650.

48 Byroade hatte ihm die Telegramme aus Deutschland gezeigt. Um ganz sicher zu gehen, riet Byroade Außenminister Acheson, noch einmal telefonisch auf Gilette einzuwirken, um ihn von etwaiger Weiterverfolgung der Pläne zur Einsetzung einer Untersuchungskommission abzubringen. Memorandum Byroade für Secretary of State, 24. 8. 1950, top secret, NA RG 59 Dec. 762A.00/8-1650.

49 McCloy an State Department, 29. 8. 1950, NA RG 59 Dec. 762A.002/8-2950.

50 State Department an US-Hochkommissson, secret, 30. 8. 1950, NA RG 59, Dec. 762A.002/8-3050.

51 State Department an US-Hochkommission, 31. 8. 1950, NA RG 59 Dec. 762A. 002/8-2950.

52 Vgl. den 3. Quartalsbericht McCloys an State Department vom 30. 9. 1950, Erika J. Fischer und Heinz Fischer (Hrsg.), John J. McCloy und die Frühgeschichte der Bundesrepublik Deutschland, S. 105. Der stellvertretende französische Hochkommissar wußte zudem zu berichten, daß man in der Umgebung McCloys besorgt war und daß Blankenhorn auf die Entwicklung in Schleswig-Holstein angespro-

chen worden war. Blankenhorn habe die Kritik zurückgewiesen; Bérard an das französische Außenministerium, 12. 9. 1950, MAE EU 1949–55 Allemagne Bd. 177. Schließlich Trutie de Varreux, französischer Beobachter in Schleswig-Holstein, an François-Poncet, 29. 11. 1950, MAE EU 1949–55 Allemagne Bd. 177.

53 Robert Marcus an Byroade, 13. 10. 1950, American Jewish Archives, World Jewish Congress Collection, A 82/1.

54 Gemeint ist der »Report on Germany, September 21, 1949 – July 30, 1952«, zit. nach Relber an Javits, 5. 2. 1952, NA RG 59 Decimal Files 762.002/2-553.

55 Policy Statement, Department of State, 1. 2. 1951, secret, NA RG 611.62/4-1552.

56 Notes on Germany, Henry A. Kissinger, undatiert, Truman Library, Truman Papers, Psychological Strategy Board, Box 6.

12. Der hausgemachte »Renazifizierungsskandal«:
Der Aufbau des Auswärtigen Amtes

1 Ich verdanke diese Informationen Herrn Dr. Hans-Jürgen Döscher, Osnabrück. Er ließ mich freundlicherweise noch vor der Veröffentlichung seiner Studie über den Wiederaufbau des Auswärtigen Amtes nach 1949 Einblick in sein Manuskript nehmen.

2 Manuskript Hans-Jürgen Döscher.

3 Die Artikelserie erschien vom 1. bis 6. 9. 1951 in der *Frankfurter Rundschau.*

4 Bérard an das französische Außenministerium, 12. 9. 1950, MAE EU 1949–55 Allemagne Bd. 177.

5 Bérard an das französische Außenministerium, 19. 9. 1950, MAE EU 1949–55 Allemagne Bd. 20. Vgl. ferner die zahlenmäßigen Angaben in der offiziösen Darstellung von Wilhelm Haas, Beitrag zur Geschichte der Entstehung des Auswärtigen Dienstes der Bundesrepublik Deutschland, Bonn 1969, S. 58. Nach seinen Angaben lag der Anteil ehemaliger Parteigenossen bei 42,3% (1. 10. 1940), 31,9% (1. 5. 1951), 33,3% (1. 8. 1951), 34,7% (1. 1. 1952) und 33% (1. 4. 1952). Freilich müssen die Bewertungen von Haas, einem der Verantwortlichen für die Personalpolitik, mit Vorsicht genossen werden. Haas, während des Dritten Reiches für die IG-Farben in Ostasien tätig, war von Blankenhorn vorgeschoben worden, um gegenüber der Alliierten Hohen Kommission den personalpolitischen Neubeginn zu demonstrieren. Hinter den Kulissen aber zogen andere die Fäden. Mit seinem Buch verfolgt Haas das Ziel der Ehrenrettung des Auswärtigen Amtes und seiner eigenen Person. Vor allem aber sucht er Adenauer als Verantwortlichen für die damalige Misere hinzustellen.

6 Adenauer, Teegespräche 1950–1954, S. 88 ff., Pressegespräch vom 1. 6. 1951.

7 Der Bericht ist abgedruckt bei Wilhelm Haas, Beitrag, S. 177 ff.

8 Wilhelm Haas, Beitrag, S. 74. Der vollständige Bericht ebd., S. 282 ff. Der im

Auswärtigen Amt für die Kriegsverbrecherfrage zuständige von Trützschler fiel z. B. in diese Kategorie.

9 Adenauer, Teegespräche 1950–1954, S. 246. Pressegespräch vom 2. 4. 1952. Hans von Herwarth, seinerzeit Protokollchef im Auswärtigen Amt, übte in seinen Erinnerungen scharfe Kritik am Verhalten Adenauers; erst sehr spät habe er sich vor das Auswärtige Amt gestellt. Die Rolle des Auswärtigen Amtes während des Dritten Reiches sieht er dabei in allzu rosigen Farben: »Zähesten Widerstand« habe die Wilhelmstraße gegen die Gleichschaltung geleistet. Vgl. Hans von Herwarth, Von Adenauer zu Brandt. Erinnerungen, Berlin 1990, S. 111 f. Daß diese Einschätzung sich nicht mit der Realität deckt, hat Hans-Jürgen Döscher nachgewiesen; vgl. Hans-Jürgen Döscher, Das Auswärtige Amt im Dritten Reich. Diplomatie im Schatten der »Endlösung«, Berlin 1987.

10 François-Poncet an Schuman, 19. 3. 1951, MAE EU 1949–55 Allemagne Bd. 20.

11 Vgl. hierzu Annette Messemer, André François-Poncet. Ferner dessen Memoiren: André François-Poncet, Als Botschafter im Deutschen Reich. Die Erinnerungen des französischen Botschafters in Berlin, September 1931–Oktober 1938, Mainz 1980.

12 François-Poncet an das französische Außenministerium, 2. 10. 1951, MAE EU 1949–55 Allemagne Bd. 21.

13 François-Poncet an das französische Außenministerium, 10. 3. 1952, MAE EU 1949–55 Allemagne Bd. 21.

14 François-Poncet an das französische Außenministerium, 15. 7. 1952, MAE EU 1949–55 Allemagne Bd. 22.

15 Vgl. hierzu dessen Erinnerungen: Ivone Kirkpatrick, The Inner Circle, London 1959.

16 Kirkpatrick an Morrison, 25. 10. 1951, PRO FO 371/93451.

17 Kirkpatrick an Ende, 31. 7. 1952, PRO FO 371/98021.

18 Javits an McCloy, 30. 1. 1952, NA RG 466 McCloy Papers D (52) 746. Hallstein an McCloy, 5. 3. 1952 und McCloy an Javits, 13. 3. 1952 sowie Javits an McCloy, 26. 3. 1952 (ebd.).

19 Vgl. François-Poncet an das französische Außenministerium, 3. 4. 1952. Der Hochkommissar berichtete, Kirkpatrick werde am 4. 4. Adenauer treffen: »[…] Il précisera également que, contrairement à un propos tenu par M. Hallstein, la Haute-Commission n'a pas eu à se prononcer sur la nomination du fonctionnaire pour l'Office des Affaires Etrangères. Elle n'a été en aucun cas, ni averti, ni consulté à leur sujet et sa responsabilité n'est pas en cause«, MAE EU 1949–55 Allemagne Bd. 21.

20 Manuskript Hans-Jürgen Döscher.

21 Adenauer, Teegespräche 1950–1954, S. 286, Pressegespräch vom 28. 5. 1952.

13. Der vermiedene »Renazifizierungsskandal«:
Der Aufbau der Bundeswehr

1 Vgl. zu diesem Kapitel besonders Donald Abenheim, Bundeswehr und Tradition. Die Suche nach dem gültigen Erbe des deutschen Soldaten, München 1989.

2 Vgl. Kapitel 2.

3 Dwight D. Eisenhower, Crusade in Europe. The Polities and Strategy of World War II, New York (Reprint) 1977. Vgl. dort etwa auf S. 157: »Not until General Jodl signed the surrender terms [...] did I ever speak to a German General.« Zur deutschen Kritik an Eisenhower vgl. Bérard an das französische Außenministerium, 24. 1. 1951, MAE EU 1949–55 Allemagne Bd. 282; er berichtete von einem scharfen Radiokommentar des Nordwestdeutschen Rundfunks über die Eisenhower-Memoiren. Vgl. zum Eisenhower-Besuch auch die Erinnerungen von Charles W. Thayer, Die unruhigen Deutschen, Bonn/Stuttgart/Wien 1958, S. 249 f.

4 McCloy an State Department und General Gruenther, 4. 1. 1951, Eisenhower Library, DDE-Pre Presidential Files, Name Series, Box 200.

5 Vgl. Steven Ambrose, Eisenhower, Bd. 1: Soldier. General of the Army. President Elect, New York 1983, S. 422.

6 Bérard an das französische Außenministerium, 24. 1. 1951 (a. a. O.).

7 Memorandum für Ann Whitman über ein Treffen des Präsidenten mit Mitgliedern der Jewish War Veterans, 4. 1. 1955, Eisenhower Library, Ann Whitman Files, Ann Whitman Diary Series Box 4.

8 Steven Ambrose, Eisenhower, Bd. 1, S. 503.

9 McCloy an State Department, 24. 1. 1951, FRUS 1951, Bd. 3, S. 445 ff., hier S. 446 mit Fußnote 4. Ferner Office Memorandum des US-Hochkommissariats, 24. 1. 1951, secret, NA RG 466 McCloy Papers D (51) 80b. Vgl. auch die Note vom 31. 1. 1951, pour l'Ambassadeur: Directeur Général des Affaires Politiques Guinngaud?) an Schuman, MAE EU 1949–55 Allemagne Bd. 282.

10 Am 31. 1. 1951, FRUS 1951, Bd. 3, S. 447, Fußnote 5.

11 McCloy an Eisenhower, 31. 1. 1951, Eisenhower Library, DDE Pre Presidential Files, Name Series Box 75.

12 Kessel, Washington, an das Auswärtige Amt, PA AA Ref 305 Bd. 16.

13 Verhandlungen des Deutschen Bundestages, Stenographische Berichte, 1. Wahlperiode 1949, Bd. 6, S. 4983 ff.

14 Adenauer an Generaloberst a. D. Hauser, 17. 12. 1952, Kopie im Privatbesitz Rudolf Binder, Freiburg. Adenauer bezog sich auf seine Ehrenerklärung vom 3. 12. 1952 im Bundestag, Verhandlungen des Deutschen Bundestages, Stenographische Berichte, 1. Wahlperiode 1949, Bd. 14, S. 11141.

15 Schumacher an Liebmann Hersch, 30. 10. 1951, wo der SPD-Vorsitzende ein Treffen mit ehemaligen Mitgliedern der Waffen-SS am 8. 10. verteidigte; Willy Albrecht (Hrsg.), Kurt Schumacher. Reden, Schriften, Korrespondenzen, 1945–1952, Bonn/Berlin 1985, S. 895 f.

16 Elisabeth Noelle und Peter Neumann, The Germans, S. 202.

17 Zur sozialen Lage der ehemaligen Soldaten: Anfänge deutscher Sicherheitspolitik I, 635 ff.

18 François-Poncet an das französische Außenministerium, 16. 2. 1950, MAE EU 1949–55 Allemagne Bd. 176. Ferner britische Hochkommission an das Foreign Office, 17. 2. 1950, PRO FO 371/85239.

19 François-Poncet an das französische Außenministerium, 4. 6. 1951, MAE EU 1949–55 Allemagne Bd. 106.

20 Jules Moch an den Außenminister, 9. 8. 1951, MAE EU 1949–55 Allemagne Bd. 106.

21 Vgl. zu den Reaktionen in den USA und Großbritannien vor allem auf die Gründung des Verbandes deutscher Soldaten: Schlange-Schöningen, London, an das Auswärtige Amt, 31. 8. 1951; Generalkonsulat Chicago an das Auswärtige Amt, 5. 9. 1951; Washington, Krekeler, an das Auswärtige Amt, 25. 9. 1951, PA AA III 200-00.

22 Office Militaire de Sécurité, Division Militaire, Note du Secretariat, 9. 10. 1951, très secret, MAE EU 1949–55 Allemagne Bd. 107. Vgl. auch den Geheimbericht François-Poncets an das französische Außenministerium, 29. 8. 1951, MAE EU 1949–55 Allemagne Bd. 106.

23 US-Hochkommission an State Department, von Slater, 15. 11. 1951, über ein Treffen McCloys mit François-Poncet und Kirkpatrick am gleichen Tag, NA RG 466 McCloy Papers 51 (1837). Zur HIAG und den SS-Veteranengruppen vgl. auch François-Poncet an Schuman, 7. 11. 1951, MAE EU 1949–55 Allemagne Bd. 179.

24 Vgl. Kirkpatrick an Foreign Office, 9. 6. 1952: »Further acitivities of Associations of Ex-Servicemen in Western Germany«, secret, Pro FO 371/97949. Vgl. auch die ausführliche Studie des Office of Political Affairs der US-Hochkommission: »German Studies Nr. 10: War Veterans«, 25. 9. 1952, NA RG 466 Dec. 350 CGR Box 34.

25 Aufzeichnung Roberts, 19. 6. 1952, PRO FO 371/97949.

26 Donald Abenheim, Bundeswehr, S. 30. Abenheim gibt allerdings keine Quelle an.

27 Gesprächsaufzeichnung Morrison – Adenauer am 19. 5. 1951, 20. 5. 1951, PRO FO 800/642.

28 Vgl. zum Amt Blank zuletzt Montecue J. Lowry, The Forge of West German Rearmament. Theodor Blank and the Amt Blank, Frankfurt 1990. Unveröffentlichte Quellen hat Lowry nicht ausgewertet; noch nicht einmal die Aktenedition der Foreign Relations of the United States hat er herangezogen. So beruht seine Arbeit im wesentlichen auf einer Auswertung der *New York Times*.

29 François-Poncet an das französische Außenministerium, 10. 1. 1953, MAE EU 1949–55 Allemagne Bd. 181.

30 Schlange-Schöningen an das Auswärtige Amt, 8. 5. 1953, PA AA III 210-01/24.

31 State Department an US-Hochkommission, 16. 9. 1953, NA RG 59 Dec. 662. 0026/9-1653.

32 Steere, US-Hochkommission, an State Department, 24. 9. 1953, NA RG 59 Lot 59 D 609 Box 17.

33 State Department an US-Hochkommission, 24. 11. 1953, NA RG 59 Dec. 662.

0026/11-2453 und Conant an State Department, 3. 12. 1953, NA RG 59 Lot 59 D 609 Box 17.

34 Conant an State Department, 3. 12. 1953 (a. a. O.). Zur Rolle von Franz Josef Strauß in diesem Zusammenhang vgl. auch das Telegramm François-Poncets an das französische Außenministerium über eine Auseinandersetzung des CSU-Politikers mit dem früheren Generalfeldmarschall Kesselring, 30. 11. 1953, MAE EU 1949-55 Allemagne Bd. 109.

35 Vgl. hierzu ausführlicher Kapitel 20.

36 Conant an State Department, 3. 12. 1953 (a. a. O.).

37 Adenauer, Teegespräche 1950-1954, S. 248, Gespräch vom 2. 4. 1952. Vgl. auch das Pressegespräch vom 9. 6. 1952, wo Adenauer sagte, »Deutschland liege natürlich daran, nur sehr gute und in jeder Hinsicht einwandfreie Generäle für die Kommandostellen zu gewinnen«. Dann fügte er mit Blick auf die Kriegsverbrecherdebatte an, er »könne sich aber nicht denken, daß charakterlich einwandfreie Generäle den Entschluß fassen könnten, dem deutschen Teil der Europaarmee beizutreten, wenn sie wüßten, daß ehemalige Waffengefährten noch in den Gefängnissen der Alliierten festgehalten würden« (ebd., S. 318).

38 Donald Abenheim, Bundeswehr, S. 89 ff., beschäftigt sich nicht mit dem erheblichen Interesse des Westens an einem »gesäuberten« Offizierskorps. Ohnehin zeigt sich in seiner Studie, wie schief das Bild der frühen Bundesrepublik geraten muß, wenn der Blick auf die Politik des Westens fehlt und ausschließlich innenpolitische Aspekte berücksichtigt werden.

39 Donald Abenheim, Bundeswehr, S. 95, übersieht dieses Problem völlig; für ihn soll der Personalgutachterausschuß v. a. die Haltung von Bewerbern zum Widerstand des 20. Juli ausloten.

40 Bérard an das französische Außenministerium über ein Interview von Blank, 28. 12. 1953, MAE EU 1949-55 Allemagne Bd. 101. Ward an Hancock, Foreign Office, 16. 2. 1954, u. a. über ein Interview Blanks in der Deutschen Soldatenzeitung, PRO FO 371/109640.

41 Ward an Hancock, Foreign Office, 16. 2. 1954 (a. a. O.).

42 Aufzeichnung Hancock, 18. 2. 1954, PRO FO 371/109640.

43 Aufzeichnung Hancock, 18. 2. 1954 (a. a. O.).

44 Aufzeichnung Kirkpatrick, 19. 2. 1954, PRO FO 371/109640.

45 Handschriftliche Aufzeichnung Nutting, 20. 2. 1954, PRO FO 371/109640.

46 Handschriftliche Aufzeichnung Eden, 23. 2. 1954, PRO FO 371/109640.

47 Hancock an Ward, 1. 3. 1954, PRO FO 371/109640.

48 Ward, britische Hochkommission, an Hancock, Foreign Office, 27. 3. 1954, PRO FO 371/109640.

49 Johnston, britische Hochkommission, an Hancock, Foreign Office, 3. 6. 1954, PRO FO 371/109640.

50 Barnes, britische Hochkommission, an Foreign Office, über ein Gespräch mit Bérard, 10. 8. 1954, PRO FO 371/10964d.

51 Hancock, Foreign Office, an Barnes, britische Hochkommission, 18. 10. 1954, PRO FO 371/109640.

52 Allen, britische Hochkommission, an Hancock, Foreign Office, 6. 11. 1954, PRO FO 371/109640.

53 Hancock, Foreign Office, an Allen, 11. 11. 1954, PRO FO 371/109640.

54 Vgl. Leishman, britische Botschaft Washington, an Hancock, Foreign Office, 6. 11. 1954, PRO FO 371/109640.

55 Gesprächsaufzeichnung Adenauer – Dulles, 28. 10. 1954, FRUS 1952–1954, Bd. 7, S. 593.

56 Gesprächsaufzeichnung Adenauer – Eisenhower, 28. 10. 1954, FRUS 1952–1954, Bd. 7, S. 600.

57 Donald Abenheim, Bundeswehr, S. 90 ff. Über die Arbeit des Personalgutachterausschusses: Amerikanisches Generalkonsulat Düsseldorf an State Department, 15. 12. 1955, NA RG 59 Dec. 762A.5/12-1555.

58 Morton, Assistant Secretary, an Humphrey, 12. 8. 1955, NA RG 59 Dec. 762A. 55/8-255.

59 Aufzeichnung Kriele für Staatssekretär, 15. 10. 1956, BA B 136/6840.

60 Dossmann an Staatssekretär, 13. 7. 1956, BA B 136/6840.

61 Günter Buchstab (Hrsg.), Wir haben wirklich etwas geschaffen. Die Protokolle des CDU-Bundesvorstandes, 1953–1957, Düsseldorf 1990 (Forschungen und Quellen zur Zeitgeschichte, Bd. 16), S. 1089, Sitzung vom 20. 9. 1956.

62 Aufzeichnung Kriele, 10. 10. 1956, BA B 136/6840. Vgl. auch die Stellungnahme des Pressereferats des Bundesverteidigungsministeriums, undatiert (Eingangsstempel Auswärtiges Amt 11. 11. 1956), PA AA Ref. 304 Bd. 57.

63 Handschriftlicher Vermerk Globke, 29. 9. 1956, auf der Aufzeichnung Dossmann, 13. 7. 1956 (a. a. O.).

64 Handschriftliche Notiz Adenauer, 8. 10. 1956, ebenfalls auf der Aufzeichnung Dossmann, 13. 7. 1956 (a. a. O.).

65 Vgl. Auswärtiges Amt an Globke, 15. 10. 1956: Danach mußte Außenminister Pineau eine Anfrage im Conseil de la République beantworten; BA B 136/6840. Vgl. zu Großbritannien die Aufzeichnung des Presse- und Informationsamtes der Bundesregierung, 29. 9. 1956, über eine Meldung in der Londoner Times, PA AA Ref. 304 Bd. 57.

66 Vgl. Hans-Peter Schwarz, Adenauer. Der Staatsmann, S. 270 ff. Ausführlich zu den Zusammenhängen Franz Josef Strauß, Die Erinnerungen, Berlin 1989, S. 270 ff.

67 Vgl. Aufzeichnung Kriele, 15. 10. 1956 (a. a. O.).

68 Vgl. Amerikanisches Generalkonsulat, Düsseldorf, Pollard, an State Department, 10. 10. 1956, NA RG 59 Dec. 762A.5/10–1056; Conant an State Department, 16. 10. 1956, Dec. 762A.551/10–1656.

69 Adenauer an van Dam. Es handelt sich um einen Entwurf, der aber am 29. 9. 1956 mit A. abgezeichnet wurde. Daß der Brief abgesandt wurde, geht eindeutig aus der Antwort van Dams vom 8. 10. 1956 hervor, beide in BA A 136/6840.

70 Van Dam an Janz, Bundeskanzleramt, 8. 10. 1956, BA B 136/6840.

71 State Department an US-Botschaft in Bonn, 15. 10. 1956, NA RG 59 Dec. 762A. 551/10–1556. Vgl. auch Aufzeichnung, Gesprächspunkte für den Herrn Bundes-

kanzler beim Empfang amerikanischer Journalisten, 18. 10. 1956, PA AA Ref. 305 Bd. 16.

72 Engel, American Jewish Committee, an Beam, State Department, 19. 10. 1956, NA RG 59 Dec. 762A.551/10–1956.

73 Prinz, American Jewish Congress, an Dulles, 24. 10. 1956, und Prinz an Reinstein vom selben Tag, NA RG 59 Dec. 762A.551/10-2456.

74 Informationen hierzu hatte die Botschaft in Bonn übermittelt; amerikanische Botschaft Bonn an State Department, 10. 10. 1956, NA RG 59, Decimal Files, 762A.551/10–1056, und 20. 10. 1956, 762A.551/2055.

75 State Department, Hill, an Senator Dirksen, 23. 10. 1956, NA RG 59 Dec 762A. 551/10–1056.

76 Beam, State Department, an Engel, 29. 10. 1956, NA RG 59 Dec. 762A.521/10–1956. Vgl. auch in diesem Sinne Beam an Prinz, American Jewish Congress, 7. 11. 1956, Dec. 762A.00/10-2356.

77 Vgl. Memorandum Reinstein für Murphy, 21. 12. 1956 und Memorandum Elbrick für Secretary of State, 27. 12. 1956, NA RG 59 Dec. 762A.551/12-2156.

78 US-Botschaft Bonn, Tyler, an State Department, 12. 11. 1959, NA RG 59 Dec. 762A.55/11–1259.

14. Der mutmaßliche »Renazifizierungsskandal«: Angriff von Sefton Delmer und Otto John

1 Vgl. Otto John, Zweimal kam ich heim. Vom Verschwörer zum Schützer der Verfassung, Düsseldorf 1969, S. 189 ff.

2 Vgl. die Memoiren beider: Otto John, Zweimal (a. a. O.) und Sefton Delmer, Die Deutschen und ich, Hamburg 1962 – ein monumentales Opus!

3 Alle Artikel befinden sich in PRO FO 371/109637.

4 François-Poncet an Bidault, 26. 3. 1954; MAE EU 1949–55 Allemagne Bd. 184.

5 Bérard an das französische Außenministerium, 1. 4. 1954, und François-Poncet an das französische Außenministerium, 5. 4. 1954, MAE EU 1949–55 Allemagne Bd. 184.

6 François-Poncet an das französische Außenministerium, 5. 4. 1954 (a. a. O.).

7 Handschriftliche Aufzeichnung Nutting, 29. 3. 1954, PRO FO 371/109637.

8 Vgl. auch das Telegramm von Hochkommissar Hoyer Millar an das Foreign Office, 25. 3. 1954, PRO FO 371/109637.

9 Morton, Assistant Secretary, an Senator Saltonstall, 18. 6. 1954, NA RG 59 Dec. 762A.00/6-954.

10 Dowling, US-Hochkommission, an Lyon, State Department, 22. 4. 1954, top secret, NA RG 59 Dec. 762A.00/4-2254. Insgesamt kam die Stellungnahme Dowlings sehr verspätet; NSC 160/I war bereits am 13. August 1953 von Präsi-

denten gebilligt worden. Vgl. Statement of Policy by the National Security Council, 17. 8. 1953, top secret, FRUS 1952-1954, Bd. 7, S. 510 ff.

11 Gesprächsaufzeichnung Conant vor dem Senat, 28. 4. 1954, NA RG 466 Dec. 350 CGR Box 179.

12 US-Hochkommission an State Department: »Recent Right its Developments in Germany«, 10. 6. 1954, BA RG 466 Dec. 350 CGR Box 173.

13 Vgl. US-Hochkommission, Bonn, »Some Observations on West German Political Developments«, 12. 7. 1954, NA RG 446 Dec. 350 CGR Box 173. Die Denkschrift ist abgedruckt bei Hans-Jürgen Schröder, Die Anfangsjahre der Bundesrepublik Deutschland. Eine amerikanische Bilanz 1954, in: Vierteljahrshefte für Zeitgeschichte 37 (1989), Nr. 2, S. 323–351.

14 Ebd.

15 Die unterschiedlichsten Gerüchte kursierten im Hinblick auf die Umstände des Verschwinden Johns. Das State Department behauptete in einer ersten Stellungnahme, John werde in der DDR gegen seinen Willen festgehalten; State Department an US-Hochkommission, 24. 7. 1954, FRUS 1952-54, Bd. 7, S. 585 ff. Vgl. auch State Department an US-Hochkommission, 1. 8. 1954, ebd., S. 587 ff. Der deutsche Vertreter in Washington erfuhr zudem, daß auch der amerikanische CIA davon ausging, daß John in die Falle gegangen war; Kessel, Washington, an das Auswärtige Amt, 3. 8. 1954, PA AA III 200-00 Bd. 4. Die Auffassung von CIA und State Department deckte sich mit der Interpretation der Bundesregierung, die davon ausging, daß John nicht freiwillig gegangen war; vgl. die Übersicht des Referates 305, Caspari, PA AA III 200-00 Bd. 5. Für den französischen Hochkommissar hingegen stand außer Zweifel, daß John freiwillig in die DDR gegangen war; François-Poncet an das französische Außenministerium, 4. 8. 1954, MAE EU 1949-55 Allemagne Bd. 64. John selbst, der nach einiger Zeit in die Bundesrepublik zurückkehrte, spricht - was nicht verwundert - von Entführung; Otto John, Zweimal, S. 259 ff.

16 Vgl. François-Poncet an das französische Außenministerium über ein Gespräch eines Mitarbeiters mit John, 14. 11. 1953, MAE EU 1949-55 Allemagne Bd. 184.

17 Parkman, Berlin an State Department, 23. 7. 1954, NA RG 59 Dec. 762A.00/7-2354.

18 Zit. nach Otto John, Zweimal, S. 8 ff. Vgl. auch die Broschüre des Berliner Ausschusses für Deutsche Einheit: Dr. Otto John, Ich wählte Deutschland, Berlin, o. J. (1954).

19 Vgl. O'Shaughnessy, US-Hochkommission, an State Department, 6. 10. 1954, »Aftermath of Defection of Otto John«, secret, NA RG 466 Dec. 350 CGR Box 173.

20 Elisabeth Noelle und Peter Neumann, The Germans, S. 206.

21 Vgl. Hausenstein, Paris, an Auswärtiges Amt, 3. 8. 1954, PA AA III 200–00 Bd. 4; Conant an State Department, 29. 7. 1954, NA RG 59 Dec. 762A.00/7-2954. Schließlich O'Shaughnessy, US-Hochkommission, an State Department, 6. 10. 1954 (a. a. O.).

22 François-Poncet an das französische Außenministerium, 12. 8. 1954, MAE EU 1949-55 Allemagne Bd. 64.

23 Aufzeichnung Caspari, 6. 8. 1954, über die internationalen Reaktionen auf die John-Affäre, PA AA III 200-00.

24 François-Poncet an das französische Außenministerium, 11. 8. 1954, MAE EU 1949–55 Allemagne Bd. 64.

25 François-Poncet an das französische Außenministerium, 31. 8. 1954, AO Ambassade française Bonn Carton 23 XA 5/J.

26 Ebd.

27 Vgl. etwa die Aussagen von Herwarth von Bitterfeld, seinerzeit Protokollchef des Auswärtigen Amtes und ein alter Bekannter Johns, gegenüber Beamten des amerikanischen Außenministeriums; Gesprächsaufzeichnung, 26. 7. 1954, NA RG 466 Dec. 350 CGR Box 179.

28 Vgl. François-Poncet an das französische Außenministerium, 31. 8. 1954 (a. a. O.).

29 Dies machte besonders der Prozeß gegen Otto Ernst Remer, einen der Mitverantwortlichen für die Niederschlagung des Putsches, deutlich. Vgl. hierzu etwa Franz Gress und Hans-Gerd Jaschke, Politische Justiz gegen Rechts: Der Remer-Prozeß 1952 in paradigmatischer Perspektive, in: Rainer Eisfeld und Ingo Müller, Gegen Barbarei. Essays. Robert W. M. Kempner zu Ehren, Frankfurt 1989, S. 453–478; Rudolf Wassermann, Zur juristischen Bewertung des 20. Juli 1944: Der Remer-Prozeß in Braunschweig als Markstein der Justizgeschichte, in: ders., Recht, Gewalt, Widerstand. Vorträge und Aufsätze, Berlin 1985, S. 36–64. Aufschluß über die Geschichte der Rezeption des Widerstandes in der Bundesrepublik gibt eine ausführliche Analyse des britischen Hochkommissars Hoyer Millar für das Foreign Office, 28. 7. 1955, PRO FO 371/118168. Vor allem für das Selbstverständnis der neuen Bundeswehr war der 20. Juli von erheblicher Bedeutung. Vgl. Claus Donate, Deutscher Widerstand gegen den Nationalsozialismus aus der Sicht der Bundeswehr. Ein Beitrag zur Vergangenheitsbewältigung. Diss. Phil. Freiburg 1976. Eher moralisierend als informierend und analysierend ist der Aufsatz von Norbert Wiggershaus, Die Bedeutung des militärischen Widerstands in der Bundesrepublik Deutschland und in der Bundeswehr, in: Militärgeschichtliches Forschungsamt (Hrsg.), Aufstand des Gewissens. Militärischer Widerstand gegen Hitler und das NS-Regime, Herford 1984, S. 501–527. Ihm geht es darum, den Widerstand als festen Bestandteil unseres Wertebewußtseins festzuschreiben; den fünfziger Jahren, wo der Widerstand keineswegs so überhöht wurde, steht er weitgehend kopfschüttelnd gegenüber.

30 François-Poncet an das französische Außenministerium, 3. 8. 1954, MAE EU 1949-55 Allemagne Bd. 185.

31 Conant an State Department, 29. 7. 1954, NA RG 59 Dec. 762A.00/7-2954.

32 Vgl. Monatsbericht François-Poncet an Mendès-France, 27. 9. 1954, AO Ambassade française Bonn Carton 23 XA 5/J.

33 State Department an US-Hochkommission, 1. 8. 1954, secret, FRUS 1952–54, Bd. 7, S. 587 ff.

34 So eine unveröffentlichte Gallup-Umfrage; State Department an US-Hochkommission, 7. 11. 1954, NA RG 466 Dec. 350.21 CGR Box 182.

35 Vgl. die beiden Telegramme Schlange-Schöningen an das Auswärtige Amt, 3. 8.

1954, PA AA III 200-00 Bd. 4. Ferner die Aufzeichnung Caspari, 6. 8. 1954, PA AA III 200-00 Bd. 5.

36 Vgl. hierzu die Erinnerungen von Reinhard Gehlen, Der Dienst. Erinnerungen 1942–1971, Mainz/Wiesbaden 1971.

37 Artikel Delmers im *Daily Express:* »They're at it again, so we warned« (9. 8. 1954); »They were out to ›get‹ Dr. John« (10. 8. 1954); »Otto writes to his wife – and a smear grows« (11. 8. 1954). John und Delmer trafen sich sogar in der DDR; vgl. *Daily Express,* 12. 8. 1954, »Delmer talks to Dr. John«, 12. 8. 1954. Ferner Barnes, britische Hochkommission, an Warner, Foreign Office, 26. 8. 1954, alle PRO FO 371/109638.

38 Massigli an das französische Außenministerium, 12. 8. 1954. Ferner François-Poncet an das französische Außenministerium, 20. 8. 1954, MAE EU 1949–55 Allemagne Bd. 64.

39 Schlange-Schöningen an das Auswärtige Amt, 12. 8. 1954, PA AA III 200-00 Bd. 5.

40 Russell of Liverpool, Lord, The Scourge of the Swastica, London (Cassell) 1954, zitiert nach der Ausgabe London 1977. Das Buch erlebte bis dahin fünfzehn Neuauflagen. Im Vorwort betont Russell: »The Scourge of the Swastica has not been published with any thought of sensationalism: It is absolute, irrevocable fact – based on eye-witness accounts, captured German records and records of the Nurenburg [sic, U. B.] war trials [sic, U. B.].« Daß Russells historische Kenntnisse eher beschränkt waren, belegt schon ein Zitat (S. 199 f.): »By 1938 progroms were common place, synagoges were burned down, Jewish shops looted and Jews forced to wear the yellow star on their clothing.«

41 Aufzeichnung Schirmer für Hallstein, 14. 8. 1954, PA AA StS Bd. 347.

42 Der Hauptteil war gegliedert: Hitler's Instruments of Tyranny – Ill-treatment and Murder of Prisoners of War – War Crimes and the High Seas – Ill-treatment and Murder of the Civilian Population in Occupied Territory Slave Labour – Concentration Camps – The »Final Solution« of the Jewish Question.

43 Vgl. vor allem PRO FO 371/109638 und 109639.

44 Eden an Churchill, 7. 9. 1954, PRO FO 800/795.

45 Goldstream für Lord Chancellor an Lord Russell, 30. 7. 1954, PRO FO 371/109733.

46 Russell an Goldstream, 1. 8. 1954, PRO FO 371/109733.

47 Goldstream an Russell, 4. 8. 1954, PRO FO 371/109733.

48 Aufzeichnung Wright, 12. 8. 1954, PRO FO 371/109733.

49 Simon Wiesenthal, Recht, nicht Rache. Erinnerungen, Frankfurt/M./Berlin 1988, S. 105.

50 Vgl. Peter Hofmann, Widerstand – Staatsstreich – Attentat. Der Kampf der Opposition gegen Hitler, Frankfurt/M./Berlin/Wien 1974, S. 381. Über von dem Bussches Laufbahn nach 1945 gibt ein Memorandum des State Departments Auskunft; Kamprad an Elwood P. Williams III, 13. 4. 1955, NA RG 59 Dec. 762A. 521/4–1355.

51 Aufzeichnung von dem Bussche, 3. 8. 1954, PA AA III 210–01/80.

15. Die Last mit den Belasteten:
»Die Richter sind unter uns«

1 Michael Wolffsohn, Von der verordneten zur freiwilligen »Vergangenheitsbewältigung«? Eine Skizze der bundesdeutschen Entwicklung 1955–1965. (Zugleich eine Dokumentation über die Krisensitzung des Bundeskabinetts vom 4. und 5. März 1965 und der Böhm-Schäffer-Kontroverse 1957/1958), in: German Studies Review 12(1989), Nr. 1, S. 111–137.

2 Peter Steinbach, Nationalsozialistische Gewaltverbrechen, S. 23.

3 Hans-Peter Schwarz, Die Ära Adenauer. Epochenwechsel 1957–1963. Stuttgart 1983 (Geschichte der Bundesrepublik Deutschland, Bd. 3, hrsg. von Karl Dietrich Bracher), S. 208.

4 Hermann Lübbe, Der Nationalsozialismus im politischen Bewußtsein der Gegenwart, in: Martin Broszat u. a. (Hrsg.), Deutschlands Weg in die Diktatur. Internationale Konferenz zur nationalsozialistischen Machtübernahme im Reichstagsgebäude zu Berlin. Referate und Diskussionen. Ein Protokoll, Berlin 1983, S. 329–349.

5 Hermann Lübbe, Der Nationalsozialismus im deutschen Nachkriegsbewußtsein, in: Historische Zeitschrift 236 (1983), S. 579–599.

6 Eugen Kogon, Beinahe mit dem Rücken zur Wand, in: Frankfurter Hefte 9 (1954), S. 641–645, hier S. 641. Vgl. auch T. H. Tetens, The New Germans and the Old Nazis, New York 1961. Die Studie ist als Materialsammlung nützlich, aber sie bleibt in ihren überspitzten Wertungen höchst problematisch. So etwa in der Schlußfolgerung: »Surveying the active political structure of the Bonn Republic, one comes to the inescapable conclusion that the Nazis had a quiet comeback everywhere.«

7 Zit. nach Klaus Dietmar Henke, Die Grenzen, hier S. 132.

8 Vgl. Beate Klarsfeld, Die Geschichte des P. G. 2644940 Kiesinger, Darmstadt 1969.

9 Wenn im folgenden schließlich auch die antisemitische Welle des Jahres 1959/60 thematisiert wird, so allein im Hinblick auf ihre tiefgreifende innen-, vor allem aber außenpolitische Katalysatorwirkung für die personelle Vergangenheitsbewältigung – der eigentlichen Fragestellung.

10 Vermerk des Bundesjustizministeriums für Messener, 28. 6. 1960, BA B 141/33728.

11 Ulrich Enders, Der Hitler-Film »Bis fünf nach 12« – Vergangenheitsbewältigung oder Westintegration?, in: Aus der Arbeit der Archive. Beiträge zu Archivwesen, zu Quellenkunde und zur Geschichte. Festschrift für Hans Booms, hrsg. von Friedrich Kahlenberg, Boppard 1989, S. 916–936. Walter Euchner, Unterdrückte Vergangenheitsbewältigung: Motive der Filmpolitik in der Ära Adenauer, in: Rainer Eisfeld und Ingo Müller, Gegen Barbarei. Essays. Robert W. M. Kempner zu Ehren, Frankfurt 1989, S. 346–359.

12 Vgl. Kapitel 8. Vgl. auch die parlamentarische Anfrage von Lewis und die Antwort von Profumo, 15. 12. 1958, PRO FO 371/137352.

13 Von Herwarth, London, an das Auswärtige Amt, 6. 5. 1958, geheim, PA AA II Bd.
    11. Vgl. auch die Broschüre: Democratic German Report: »When will Britain keep
    this pledge«, 11. 10. 1958, PRO FO 371/137352.

14 Bonn, Marten, an Foreign Office, 3. 10. 1958, PRO FO 371/137352. Vgl. zusam-
    menfassend zum Fall Reinefarth das Schreiben von Robert Allen an Mrs. Joyce-
    Butler, M. P., 29. 2. 1960, PRO FO 371/154014.

15 Von Herwarth an das Auswärtige Amt, 11. 5. 1958, streng geheim, dieser
    Geheimhaltungsvermerk wurde im Auswärtigen Amt auf »vertraulich« herabge-
    stuft; PA AA L2 Bd. 11.

16 Minute P. H. (?), 2. 5. 1958, PRO FO 371/137352.

17 Von Herwarth an das Auswärtige Amt, 11. 5. 1958 (a. a. O.).

18 Das Auswärtige Amt hatte vom Innenministerium entsprechende Unterlagen
    angefordert; vgl. Knappstein, Auswärtiges Amt, an das Bundesinnenministerium,
    31. 7. 1958, PA AA L2 Bd. 11. Erst viele Monate später und nach einer Nachfrage
    des Auswärtigen Amtes antwortete das BMI, vgl. Aufzeichnung Junges, Auswärti-
    ges Amt 25. 9. 1958 und den Bericht des BMI an Junges, 30. 6. 1959, ebd.

19 Von Herwarth, London, an das Auswärtige Amt, ursprünglich streng geheim,
    dann auf vertraulich zurückgestuft, 19. 6. 1958, PA AA L2 Bd. 11.

20 Botschaft Paris an das Auswärtige Amt, 13. 2. 1957, PA AA VII Bd. 80.

21 Deutsche Botschaft Washington an das Auswärtige Amt, 13. 3. 1957, PA AA VII
    Bd. 80.

22 Von Herwarth, London, an das Auswärtige Amt, 6. 2. 1957, PA AA VII Bd. 80.

23 Leon Poliakov und Josef Wulf, Das Dritte Reich und die Juden, Berlin 1955, zit. nach
    der Ausgabe München 1978, vgl. dort das von Bräutigam gezeichnete Telegramm an
    den Reichskommissar für das Ostland vom 15. 11. 1941, S. 191. Vgl. zur Bräutigam-
    Affäre Dowling an State Department, 25. 1. 1956, NA RG 59 Dec. 762A.00/1-2556;
    O'Shaughnessy an State Department, 16. 2. 1956, Dec. 762A.00/2-1656; O'S-
    haughnessyan State Department, 23. 3. 1956, NA RG 59 Dec. 762A.00/3-2356.

24 Ambassadeur de France en Allemagne, Conseiller Politique à Berlin, Unterschrift
    unleserlich, an Pineau, 3. 3. 1956, MAE EU 1956-60 Allemagne, Etat et politique
    intérieure, nationalsocialisme et dénazification (ehem. Signatur: 6-3-6/1).

25 Vgl. die Angabe in dem Bericht des Bundesamtes für Verfassungsschutz vom 5. 3.
    1959, PA AA L2 Bd. 11.

26 Vgl. DDR-Handbuch, hrsg. vom Ministerium für Innerdeutsche Beziehungen, 3.
    Aufl., Köln 1985. Sekretär im Range eines Staatssekretärs war zunächst Professor
    Albert Norden, dann seit Mai 1958 ein gewisser A. Deter. 1963 erlosch die
    Tätigkeit des Ausschusses.

27 Vorhanden in PRO FO 371/130845 und in BA B 141/33726.

28 Ministre Plénipotentiaire, Conseiller Politique à Berlin, an Pineau, Paris, 5. 2.
    1958, MAE EU 1956-60, Allemagne, Etat et politique intérieure, national-socialis-
    me et dénazification (6-3-6/1); US-Mission Berlin, Gufler, an State Department,
    11. 9. 1958, NA RG 59 Dec. 762B.00/9-1158.

29 Die Schriften finden sich in den Beständen des Bundesjustizministeriums, BA
    141/33726 bis 141/33728.

30 Zum Problem – wenn auch alles andere als erschöpfend: Wolfgang Benz, Die
    Entnazifizierung der Richter, in: ders., Zwischen Hitler und Adenauer. Studien
    zur deutschen Nachkriegsgeschichte, Frankfurt 1991, S. 104–127.

31 Martin Gilbert, Auschwitz, S. 141 und 218.

32 Foreign Office an die Botschaft Bonn, 2. 7. 1957, PRO FO 371/130845.

33 Antwort Lloyd auf eine parlamentarische Anfrage von Silverman, 10. 7. 1957,
    PRO FO 371/130845. Ferner von Braun, deutsche Botschaft London, an das
    Auswärtige Amt, 16. 7. 1957, Kopie in BA B 141/33726.

34 Eine Liste der wichtigsten parlamentarischen Anfragen zum Thema NS-Richter
    in der Bundesrepublik sei hier aufgestellt: Lewis, 20. 11. 1957 – Lewis, 25. 11.
    1957 – Lewis, 10. 3. 1958 – Lewis, 31. 3. 1958 – Lewis, 23. 4. 1958. – Lewis, 5. 5.
    1958 – Lewis, 30. 6. 1958 – Lewis, 7. 7. 1958 – Lewis, 17. 11. 1958 – Swingler, 19.
    11. 1958 – Lewis, 21. 2. 1959 – Lewis, 16. 2. 1959 – Lewis, 17. 2. 1959 – Swingler,
    18. 2. 1959 – Lewis und Medlicott, 24. 2. 1959 – Lewis, 23. 3. 1959 – Lewis, 20. 4.
    1959 – Lewis, 23. 4. 1959 – Lewis, 13. 7. 1959 – Swingler, 18. 11. 1959 – Zillacus,
    19. 11. 1959. Die Unterlagen zu den Anfragen in PRO FO 371/130845,
    371/137585–137589, 371/145738–145739, 371/14054–14058.

35 Vgl. zu den deutschen Reaktionen auf dieses Treffen Petrie, britische Botschaft
    Bonn, an Foreign Office, 6. 3. 1958, PRO FO 371/137586. Ferner Cortazzi, Bonn,
    an Foreign Office, 6. 3. 1959, PRO FO 371/146055. Allgemein zu den Kontakten
    des linken Labour-Flügels zur SED vgl. Bert Becker, Die DDR und Großbritan-
    nien, 1945/49–1973. Politische, wirtschaftliche und kulturelle Kontakte im Zei-
    chen der Nichtanerkennungspolitik, Bochum 1991, S. 266 ff. Becker übersieht
    dabei weitgehend, wie sehr die DDR die eigene Aufwertung über eine Abwertung
    der Bundesrepublik betrieb, nicht zuletzt durch die Kampagne gegen die Justiz
    der BRD.

36 Aufzeichnung Hecker, Auswärtiges Amt, 4. 3. 1959, PA AA Ref. 304 Bd. 78 und
    die Aufzeichnung des Referates 991 vom 6. 3. 1959, PA AA L2 Bd. 13.

37 Steel an das Foreign Office, 5. 7. 1957, PRO FO 371/130845.

38 Carstens, Auswärtiges Amt, an das Bundesjustizministerium, 15. 7. 1957, BA B
    141/33726.

39 Vermerk Thier, Bundesjustizministerium, 3. 8. 1957, über ein Gespräch mit dem
    Minister, BA B 141/33726. Dennoch hatte das Bundesjustizministerium bei den
    Justizverwaltungen der Länder nachgefragt, inwieweit Strafverfahren gegen von
    der DDR beschuldigte Juristen eingeleitet worden waren; Vermerk Dr. Kanter mit
    beiliegendem Schreiben, 19. 7. 1957 (ebd.).

40 Aufzeichnung Limbourg, Ministerbüro, 16. 10. 1957, für Caspari, PA AA L2 Bd.
    12.

41 Aufzeichnung Federer, Referat 202, 19. 10. 1957, PA AA L2 Bd. 12.

42 Von Brentano an Schäffer, 12. 11. 1957, PA AA L2 Bd. 12.

43 Schäffer an von Brentano, 3. 12. 1957, PA AA L2 Bd. 12. Vgl. auch den Vermerk
    des Bundesjustizministeriums beim Entwurf zu diesem Schreiben in BA B
    141/33726.

44 Ebd.

45 Schröder an von Brentano, 26. 1. 1958, BA B 141/33726.

46 Vgl. etwa Harvey an Lewis, 31. 3, 1958, PRO FO 371/137586.

47 Vgl. Aufzeichnung Petrie, 5. 10. 1957; Aufzeichnung Petrie, 14. 11. 1957 über Gespräch mit Junges, Auswärtiges Amt, secret, beide PRO FO 371/130845. Petrie, Bonn, an Rose, Foreign Office, 6. 2. 1958, PRO FO 371/137585.

48 Vgl. Ritter, Deutsche Botschaft London, an das Auswärtige Amt, 11. 3. 1958, PA AA L2 Bd. 12; Hancock, Foreign Office, an Wilkinson, Bonn, 14. 3. 1958, PRO FO 371/137586.

49 Hancock, Foreign Office, an Wilkinson, Bonn, 14. 3. 1958 (a. a. O.).

50 Vgl. Caspari, Referat 301, an Referat 202, 28. 3. 1958, über ein Gespräch mit Frau Petrie von der britischen Botschaft am 26. 3., PA AA L2 Bd. 12. Ferner Wilkinson, Bonn, an Hancock, 31. 3. 1958, PRO FO 371/137586. Schließlich britische Botschaft Bonn an Western Department, Foreign Office, 27. 5. 1958, über ein Gespräch mit Caspari, PRO FO 371/137587.

51 Schäffer an von Brentano, 10. 4. 1958, BA B 141/33726.

52 Von Herwarth, 19. 6. 1958, streng geheim, PA AA L2 Bd. 11.

53 Von Herwarth, London, an das Auswärtige Amt, 6. 5. 1958, PA AA L2 Bd. 11. Vgl. hierzu die Aufzeichnung Junges für Knappstein, 24. 7. 1958, PA AA L2 Bd. 11; schließlich Aufzeichnung Junges, »Kommunistische Propagandaoffensive gegen die Bundesrepublik in Großbritannien«, 31. 7. 1958, mit der Bewertung: »Ziel dieser zentral gesteuerten Kampagne dürfte es sein, das Vertrauen der Freien Welt in den demokratischen Aufbau in der Bundesrepublik zu erschüttern und dadurch Unruhe innerhalb des westlichen Bündnissystems hervorzurufen.« (ebd.)

54 Knappstein an Schäffer, 1. 8. 1958, BA B 141/33726.

55 Aufzeichnung Schäffer, 3. 9. 1958, BA B 141/33726.

56 Schneeberger an den Bundesminister für Justiz, 22. 9. 1958, BA B 141/33726. Ein ähnliches Schreiben ging an das Auswärtige Amt (ebd.).

57 *Der Spiegel*, 27. 8. 1958: »Kontinuierliche Rechtspflege«, vgl. hierzu Vermerk Ref. II, 2 des Bundesjustizministeriums, 19. 9. 1958, BA B 141/33726.

58 Vermerk, Bundesminister für Justiz, Unterschrift unleserlich, 26. 9. 1958, BA A 141/33726.

59 Vgl. die entsprechende Einladung, 5. 9. 1958, BA B 141/33726.

60 Niederschrift der 27. Justizministerkonferenz vom 1. bis 4. Oktober 1958 in Bad Harzburg, B 141/33726.

61 Steel an das Foreign Office, 8. 11. 1958, PRO FO 371/137588.

62 Britische Botschaft Bonn an das Foreign Office, 14. 11. 1958, PRO FO 371/137588.

63 Ebd.

64 Vgl. hierzu ausführlicher Kapitel 17.

65 Marten, Foreign Office, an Killick, Bonn, 12. 11. 1958, PRO FO 371/137588. Vgl. zum selben Thema Hancock, Foreign Office, an Marten, Bonn, 9. 1. 1959, PRO FO 371/137589.

66 Britische Botschaft Bonn an Foreign Office, 14. 11. 1958 (a. a. O.).

67 Marten, Bonn, an Hancock, Foreign Office, 5. 12. 1958, PRO FO 371/137589.

68 Aufzeichnung Ref. 304, 11. 11. 1958 (das Datum wurde durchgestrichen, es ist deswegen nicht einzuschätzen, ob dies eine offizielle Denkschrift ist), PA AA Ref. 304 Bd. 77. Auch das Inlandsreferat stellte fest, daß »Großbritannien z. Z. eines der Hauptkampffelder dieser Propagandaoffensive geworden ist«. Aufzeichnung Ref. 991, 6. 3. 1959, PA AA L2 Bd. 19.

69 Amerikanische Botschaft Bonn an State Department, 14. 5. 1956, »Elements of German Stability«, NA RG 59 Dec. 762A.00/5-1456.

70 Dulles an Berlin, 26. 11. 1958, NA RG 59. 762A.00/11-2658. Auch der frühere britische Außenminister Herbert Morrison und der ehemalige Gesundheitsminister Bevan hatten sich im Unterhaus als Labour-Abgeordnete dafür ausgesprochen, zu prüfen, ob auch in der DDR frühere Nazis Ämter bekleideten; von Herwarth an das Auswärtige Amt, 20. 11. 1958, BA B 141/33726. In Berlin war darüber hinaus ein Untersuchungsausschuß Freiheitlicher Juristen gegründet worden, der in Broschüren - weitgehend wirkungslos - über »Ehemalige Nationalsozialisten in Pankows Diensten« berichtete. Vgl. die Broschüre, vom Auswärtigen Amt dem Foreign Office übersandt, als Anlage zu Samuel, Foreign Office, an Caspari, 15. 2. 1960, PRO FO 371/154144.

71 Aufzeichnung Kastl, 16. 4. 1959, PA AA VII Bd. 81.

72 US-Mission Berlin an State Department, für Hillenbrand, 20. 6. 1959, NA RG 59 Dec. 762B.00/6-2059.

16. »Die Mörder sind unter uns« –
Prozesse, Prozesse, Prozesse

1 Aufzeichnung Rose, 25. 10. 1957, PRO FO 371/130845. Vgl. hierzu auch Reinhold Joachim Wenzlau, Der Wiederaufbau der Justiz in Nordwestdeutschland 1945-1949, Königstein/Ts. 1979.

2 Ormsby Gore an Anstruther-Gray, M. P., 21. 2. 1958, PRO FO 371/137586.

3 Laut einer Umfrage des Allensbacher Instituts für Demoskopie, zit. nach Hans-Peter Schwarz, Adenauer. Der Staatsmann, S. 207. Dort auch eine ausführliche Darstellung der Reise Adenauers nach Moskau. Zum Verlauf allgemein auch Josef Foschepoth, Adenauers Moskaureise 1955, in: Aus Politik und Zeitgeschichte B 22, 1986, S. 30-46.

4 Charles Bohlen, Witness to History, New York 1973, S. 387.

5 Note vom 20. 6. 1949, MAE EU 1949-55 Allemagne Bd. 111.

6 US-Hochkommission, McCloy, an State Department, 5. 1. 1952, NA RG 59 Dec. 661.6224/1-552; State Department an US-Botschaft Moskau, 7. 1. 1952, secret, NA RG 59 Dec. 661.5224/1-752. Vgl. auch Josef Foschepoth, Adenauers Moskaureise, S. 32.

7 Vgl. Kirk, Moskau, an State Department, 13. 5. 1950, NA RG 59 Dec. 661. 6224/5-1350.

8 USPOLAD Heidelberg an State Department, 15. 3. 1950, NA RG 59 Dec. 661. 6224/3-1550 und USPOLAD an State Department, 14. 4. 1950, 661.6224/4-1450. Ferner Reinhart Maurach, Die Kriegsverbrecherprozesse gegen deutsche Gefangene in der Sowjetunion, Hamburg 1950.

9 Vgl. von den zahlreichen Berichten François-Poncets zu diesem Thema François-Poncet an das französische Außenministerium, 28. 10. 1953, 30. 12. 1953 und 31. 12. 1953, MAE EU 1949–55 Allemagne Bd. 114.

10 State Department an US-Hochkommission, 6. 1. 1954, NA RG 59 Dec. 662. 0026/1-654.

11 US-Hochkommission, Knox Lamb, an State Department, 15. 1. 1954, NA RG 59 Dec. 662.0026/1–1554. Vgl. auch Parkman, Berlin, an State Department, über sowjetische Amnestien, 18. 2. 1954, Dec. 662.0026/1-1854.

12 Hoyer Millar an Harrison, 7. 1. 1955, secret, PRO FO 371/128402.

13 Conant an State Department, 13. 1. 1955, secret, NA RG 59 Dec. 661.6224/1–1355; Memorandum Merchant für Dulles, 20. 1. 1955 und State Department an HICOG und Botschaft Moskau, secret, Dec. 661.6224/1-2055.

14 Caccia, Foreign Office, an Hoyer Millar, 28. 7. 1955, PRO FO 371/118404. Nicht verwundern muß, daß man sich auch in der DDR der Auffassung der sowjetischen Führung anschloß; vgl. etwa die entsprechende Äußerung des (Block)-CDU-Vorsitzenden Otto Nuschke vom 21. 8. 1955; Berlin, Owsley, an State Department, 23. 8. 1955, NA RG 59 Dec. 661.62A/8-2355.

15 Aufzeichnung, Böker, des Gesprächs Dulles – Adenauer mit Delegationen, 7. 4. 1953, PA AA StS Bd. 213. Vgl. die amerikanische Niederschrift in FRUS 1953–1954, Bd. 7, S. 434.

16 Conant an State Department, 13. 1. 1955, NA RG 59 Dec. 661.6224/1-1355.

17 Hoyer Millar an Harrison, 7. 1. 1955, PRO FO 371/118402.

18 Aufzeichnung von Schmoller, 25. 6. 1955, geheim, PA AA StS Bd. 25. Aufzeichnung Brückner, 2. 9. 1955, PA AA StS Bd. 14.

19 Vgl. Memorandum des Political Affairs Office der amerikanischen Botschaft in Bonn, Anlage zu: US-Botschaft Bonn an State Department, 3. 8. 1955, NA RG 59 Lot 59 D 609 Box 17.

20 Aufzeichnung von Brentano, 30. 6. 1955, PA AA MB Bd. 155.

21 Memorandum des Political Affairs Office der amerikanischen Botschaft in Bonn, Anlage zu: American Embassy Bonn an State Department, 3. 8. 1955 (a. a. O.).

22 Blücher an von Brentano, 18. 10. 1955, PA AA II 515-00g.

23 Schon zuvor war Blücher von Hallstein auf die »psychologische Situation des Auslands« in der Gefangenenfrage unterrichtet worden. Vgl. den Briefwechsel: Blücher an Adenauer, 31. 3. 1955 und Hallstein an Blücher, 18. 6. 1955, PA AA II 515-00g.

24 Aufzeichnung Born, Besprechung der Kriegsverurteiltenfrage mit Bundestagsabgeordneten, 8. 11. 1955, PA AA II 515-00g. Vgl. auch die Aufzeichnung Brückner, 5. 11. 1955, für diese Besprechung (ebd.). Das Auswärtige Amt schwor auch das Vertriebenenministerium unter Theodor Oberländer auf diese politische Linie ein; Aufzeichnung Brückner, 8. 11. 1955, PA AA II 515-00g. Auch Vizekanzler

Blücher wurden von Außenminister von Brentano die Argumente beschrieben, die bereits den Bundestagsabgeordneten so eindringlich vor Augen geführt worden waren; von Brentano an Blücher, 2. 12. 1955 (ebd.).

25 Vgl. Arnulf Baring (Hrsg.), Sehr verehrter Herr Bundeskanzler. Heinrich von Brentano im Briefwechsel mit Konrad Adenauer, 1949–1964, Hamburg 1974, S. 173 ff.

26 Vgl. hierzu die Ausführungen von Hans-Peter Schwarz, Der Staatsmann, S. 209 ff. Problematisch ist dessen Gewichtung. So lobt er Adenauer dafür, daß er versucht habe, »Einseitigkeiten zu vermeiden«, und zitiert den Kanzler: »So scheußlich die Russen bei uns gewütet haben […], ich glaube, die Deutschen in Rußland haben nicht minder große Untaten begangen.« (S. 212) Adenauer verwechselt hier wohl Ursache und Wirkung, selbst wenn er auf die Millionen verhungerter russischer Kriegsgefangener eingeht. Wenn Schwarz meint, daß Adenauer hier eine »selbstbewußte und zugleich realistische Einschätzung der NS-Vergangenheit« an den Tag gelegt habe, dann zeigt sich einmal mehr, wie sehr sich der Bonner Historiker mit seinem Untersuchungsobjekt identifiziert hat.

27 Gesprächsprotokoll vom 10. 9. 1955, PA AA StS Bd. 16.

28 Aufzeichnung Braun über Gespräch Adenauer – Bulganin, 12. 9. 1955, streng geheim, 12. 9. 1955, PA AA StS Bd. 16. Vgl. auch Hayter, britische Botschaft Moskau, an Foreign Office, 14. 9. 1955; PRO FO 371/118181. Joxe, Moskau, an das französische Außenministerium, très secret, 14. 9. 1955, MAE EU 1959–55 Allemagne Bd. 309; Blankenhorn hatte die westlichen Botschafter informiert.

29 Aufzeichnung Braun über die Besprechung Adenauers mit Chruschtschow und Delegationen (u. a. Bulganin, Molotow), 13. 9. 1955, streng geheim, PA AA StS Bd. 16.

30 Ebd.

31 State Department an US-Botschaft Moskau, 13. 9. 1955, top secret, NA RG 59 Dec. 661. 62A/9-1355; ferner Dulles an Adenauer, strictly confidential, 3. 10. 1955, Dulles Papers, Princeton, N. J., General Correspondence and Memoranda Series, Confidential Correspondence Subseries, Box 2.

32 Bohlen, Moskau, an State Department, 14. 9. 1955, secret, NA RG 59 Dec. 661. 62A/9-1455.

33 Vgl. das Memorandum Dulles für Eisenhower, 18. 7. 1955, Eisenhower Library, Ann Whitman File, Dulles Herter Series, Box 4. Im Februar 1992 gingen Meldungen durch die Presse, nach denen amerikanische Kriegsgefangene seit 1945 in sowjetischen Lagern gefangengehalten worden waren. *Süddeutsche Zeitung*, 12. 2. 1992, »US-Kriegsgefangene im GULag«.

34 US-Botschaft Bonn, O'Shaughnessy, an State Department, 29. 9. 1955, NA RG 59 Lot 59 D 609 Box 18.

35 US-Botschaft Bonn: »The Moscowtrip in perspective«, 11. 10. 1955, NA RG 59 Dec. 661.62A/10-1055.

36 Vgl. amerikanische Botschaft Bonn, Smith, an State Department, 28. 12. 1955; Anlaß der Überlegungen war ein Visaantrag von Friedrich Flick. NA RG 466 Dec. 321.5 Box 164.

37 Krekeler, Washington, an das Auswärtige Amt, 26. 11. 1955, PA AA Ref. 503 Bd. 456. Vgl. auch Couve de Murville an das französische Außenministerium 12. 9. 1955, MAE EU 1949–1955 Allemagne Bd. 309. Am 1. März 1956 protestierte die Anti Defamation League der B'nai B'rith gegen die Milde bei den Heimkehrern aus der Sowjetunion; Schultz an Dulles und die Antwort von Meagher, Chief, Public Affairs Division, 28. 3. 1956, NA RG 59 Dec. 662.0026/3–156.

38 Warner, Foreign Office, an Barnes, Bonn, über ein Gespräch mit Draper von den »Army Legal Services«, 10. 10. 1955, PRO FO 371/118404.

39 Vgl. hierzu Ulrich Brochhagen, Späte Sühne für Kriegsverbrecher? *Die Welt*, 13. 10. 1990.

40 Hoyer Millar an Foreign Office, 17. 1. 1956, PRO FO 371/124661. Vgl. auch den Bericht der britischen Militärbehörden in Berlin, 17. 1. 1956 (ebd.).

41 Britische Militärregierung Berlin, politische Abteilung, an die britische Botschaft Bonn, 27. 4. 1956, PRO FO 371/124661.

42 Wilkinson an Johnston, 28. 10. 1955 (a. a. O.). Ferner Foreign Office an Peyton, 11. 1. 1956, PRO FO 371/124661.

43 Der britische Botschafter hatte dieses Gespräch mitverfolgt; Wilkinson an Johnston, Foreign Office, PRO FO 371/118404.

44 De Margerie an Pinay, 20. 12. 1955, MAE EU 1949–55 Allemagne Bd. 115. Vgl. dort auch die Analysen de Margeries vom 29. 11. 1955, 15. 12. 1955 und 29. 12. 1955.

45 Zu Clauberg vgl. Robert Jay Lifton, Ärzte im Dritten Reich, Stuttgart 1988, S. 308 ff. Clauberg starb 1957 unerwartet in Untersuchungshaft.

46 De Margerie an Pinay, 29. 11. 1955, MAE EU 1949–55 Allemagne Bd. 115.

47 Vgl. hierzu *Frankfurter Rundschau*, »Einen Bibelforscher hat er lebend begraben«, 15. 2. 1956; *Frankfurter Allgemeine Zeitung*, »Prozeß gegen Sorge und Schubert im Herbst«, 21. 2. 1956.

48 Vgl. hierzu *Die Welt*, »Gefängnisstrafe für Schörner«, 16. 10. 1957 und *Die Zeit*, »Aber Schörner weiß von nichts«, 10. 10. 1957.

49 Vgl. etwa *Frankfurter Allgemeine Zeitung*, »Freispruch für ein Standgericht der SS«, 21. 10. 1955, vgl. auch den Kommentar: »Ein Standgericht«; *Süddeutsche Zeitung*, »Ein unglaubliches Urteil«, 21. 10. 1955; *Die Zeit*, »Freispruch für SS-Mörder«, 27. 10. 1955.

50 Vgl. etwa *Neue Züricher Zeitung*, »Der Arnsberger Kriegsverbrecherprozeß«, 20. 2. 1958; *Die Zeit*, »Pro Mord 12 Tage«, 20. 2. 1958.

51 Eine ausführliche Beschreibung des Prozesses bringt Ullrich Kröger, Die Ahndung von NS-Verbrechen und ihre Rezeption in der westdeutschen Öffentlichkeit 1958–1965 unter besonderer Berücksichtigung von Spiegel, Stern, Zeit, Süddeutsche Zeitung, Frankfurter Allgemeine Zeitung, Welt, Bild, Diss. Hamburg 1973, S. 63 ff.

52 Ausgabe vom 20. 12. 1957.

53 Vgl. Adalbert Rückerl, NS-Verbrechen, S. 238 f.

54 Vgl. nur *Süddeutsche Zeitung*, »Sie sind zum Tode verurteilt! - rief Sepp Dietrich«, 9. 8. 1956. Dietrich wurde zu eineinhalb Jahren Gefängnis verurteilt; vgl. *Die Welt*, »Gericht erklärt: Dietrich und Lippert sind schuldig«, 15. 5. 1957.

55 Vgl. hierzu die Zusammenfassung von Werner Scherf, Strafverfolgung von Ärzteverbrechen im KZ Buchenwald, in: Wissenschaftliche Zeitschrift der Humboldt
Universität zu Berlin, Reihe Gesellschaftswissenschaften 37(1988), Nr. 5, S. 503-
506.

56 Vgl. U. Gregor/E. Patalas, Geschichte des Films, Bd. 2, 1940-1960, Hamburg 1986,
S. 309.

57 In der *Allgemeinen Wochenzeitung der Juden in Deutschland.*

58 Elisabeth Noelle und Peter Neumann, The Germans, S. 315.

59 Bundesjustizministerium, Die Verfolgung, S. 52.

60 Ebd. Vgl. auch Adalbert Rückerl, NS-Verbrechen, S. 139 f.

61 Vgl. nur Bernd Hey, Die NS-Prozesse – Versuch einer juristischen Vergangenheitsbewältigung, hier S. 342.

62 So Reinhard Henkys, Die nationalsozialistischen Gewaltverbrechen. Geschichte
und Gericht, Stuttgart/Berlin 1964, S. 213. Ähnlich Adalbert Rückerl, NS-Verbrechen, S. 156.

63 Barnes, Bonn, an Rose, Foreign Office, 1. 11. 1957, PRO FO 371/130845.

64 Barnes, Bonn, an Western Department, Foreign Office, 24. 2. 1958, PRO FO
371/137596.

65 Williams für Steel, Bonn, an Lloyd, 9. 7. 1958, PRO FO 371/137596.

66 Britische Botschaft Bonn an Western Department, Foreign Office, 5. 9. 1958, PRO
FO 371/137596.

67 Steel an Lloyd, 13. 10. 1958, PRO FO 371/137596.

68 Presseerklärung über die Aufgaben der Zentralstelle der Landesjustizverwaltungen, undatiert, PA AA L2 Bd. 13. Vgl. auch die Entscheidung der Landesjustizmi-
nister; Dallinger, Bundesjustizministerium, an das Auswärtige Amt, 4. 12. 1958,
PA AA Ref. 503 Bd. 454. Zur Arbeit der Zentralstelle vgl. etwa die Bilanz des
langjährigen Leiters, Adalbert Rückerl, NS-Verbrechen, S. 140 ff. Ferner Eberhard
Rondholz, Die Ludwigsburger Zentrale Stelle zur Aufklärung nationalsozialistischer Verbrechen, in: Kritische Justiz 20 (1987), H. 3, S. 207-213. Ulrich Renz,
»Wozu Menschen fähig sind…« 30 Jahre Ludwigsburger Zentralstelle zur Aufklärung von NS-Verbrechen, in: Tribüne 27 (1988), H. 107, S. 210-214. Willi Dreßen,
Die Zentrale Stelle der Landesjustizverwaltungen zur Aufklärung von NS-Verbrechen in Ludwigsburg, in: Dachauer Hefte Nr. 6 (Erinnern oder Verweigern. Das
schwierige Thema Nationalsozialismus), S. 85-93.

69 Juristen haben viel über den Unterschied zwischen NS-Verbrechen und Kriegsverbrechen geschrieben, dabei aber übersehen, daß auch für die alliierten Siegermächte der Begriff War Crimes/Crimes de guerre eine sehr weitgefaßte Bedeutung hatte. Ausdrücklich war die Ludwigsburger Stelle, so ihr früherer Leiter
Adalbert Rückerl, nicht zuständig »für die Aufklärung echter Kriegsverbrechen,
soweit diese nicht in untrennbarem Zusammenhang mit den aus nationalsozialistischer Gesinnung begangenen Verbrechen standen«. 1965 wurde diese Nicht-
Zuständigkeit von den Länderjustizministern bestätigt; vgl. Adalbert Rückerl,
NS-Verbrechen, S. 143. Heinz Artzt, Oberstaatsanwalt der Zentralstelle in Ludwigsburg, stellte Unterscheidungskriterien auf. Für ihn waren etwa »die unter

dem Deckmantel des Krieges [...] begangenen Verbrechen etwa an Juden, der polnischen und russischen Bevölkerung keine Kriegsverbrechen«, Verbrechen also, die in keinem inneren Zusammenhang mit dem Krieg standen. Vgl. Heinz Artzt, Zur Abgrenzung von Kriegsverbrechen und NS-Verbrechen, in: Adalbert Rückerl (Hrsg.), NS-Prozesse. Nach 25 Jahren Strafverfolgung: Möglichkeiten – Grenzen – Ergebnisse, 2. Aufl., Karlsruhe 1972, S. 163–194. Aus historischer Sicht ist der Zusammenhang von Holocaust und Krieg allerdings kaum zu lösen. Darüber hinaus ist zu bedenken, daß gerade wegen der von Artzt beschriebenen Verbrechen zahlreiche Deutsche in alliierten Kriegsverbrecherprozessen verurteilt worden waren. So geht der Begriffswandel von den Kriegsverbrechen zu den NS-Gewaltverbrechen fehl. Es waren nicht die zu sühnenden Verbrechen, sondern die Rechtsgrundlage, die sich geändert hatte: Nicht mehr nach den alliierten Gesetzen, sondern nach dem deutschen Strafrecht wurden nun Verbrechen der NS-Zeit gerichtet.

70 Auswärtiges Amt, Junges, an den Bundesminister der Justiz, 20. 10. 1958, BA B 141/33726.

71 Schäffer an das Auswärtige Amt, 20. 11. 1958, BA B 141/33726. Ferner Botschaft Bonn an Foreign Office, 16. 10. 1958, PRO FO 371/137597.

72 Vgl. Rückerl, NS-Verbrechen, S. 172. Vgl. auch den Bericht des britischen Generalkonsulates in Stuttgart zur Vergangenheit von Schüle. Daraus geht hervor, daß Schüle als russischer Kriegsgefangener wegen Kriegsverbrechen verurteilt worden war. Dundas, Stuttgart, an Foreign Office, 9. 3. 1959, PRO FO 371/146061.

73 Abschrift, Botschaft London an das Auswärtige Amt, 7. 1. 1959, BA B 141/33726.

74 Protokoll der Konsularkonferenz vom 29. bis 31. 10. 1958, übersandt von der Botschaft in Washington an das Auswärtige Amt, 29. 12. 1958, PA AA Ref. 305 Bd. 72.

75 Vgl. parlamentarische Anfrage Lewis und die Antwort Harvey, 17. 11. 1958, PRO FO 371/137589. Zu den Pressereaktionen in Großbritannien auf die Gründung von Ludwigsburg vgl. von Herwarth, London, an das Auswärtige Amt, 7. 10. und 13. 10. 1958, PA AA L2 Bd. 11.

76 Von Lex an das Auswärtige Amt, 25. 11. 1958, PA AA L2 Bd. 11.

77 Marten, Bonn, an Killick, Foreign Office, 26. 22. 1958, PRO FO 371/137589.

78 Auf der 28. Konferenz der Justizminister vom 13. bis 15. 10. 1959 wurde die Strafverfolgung von NS-Tätern bekräftigt; Entschließung, PA AA L2 Bd. 13 und Britische Botschaft Bonn an Foreign Office, 22. 10. 1959, PRO FO 371/146062.

79 Aufzeichnung Ewart-Biggs, 19. 2. 1959, zu einem Schreiben von Steel an Foreign Office, 11. 2. 1959, PRO FO 371/146061.

80 Vgl. hierzu die Meldung des Londoner *Observer*, daß sich Adenauer besorgt über die Medienberichterstattung über die Prozesse geäußert und sie zu Zurückhaltung angehalten habe, *Observer*, »Bonn Worried by Ex-Nazi Trials«, 27. 7. 1958.

17. Krisen in den deutsch-britischen Beziehungen:
Zwischen Geschichts- und Tagespolitik

1 Bei der Unterscheidung dieser Begriffe folge ich Michael Wolffsohn, Ewige Schuld, S. 21.

2 Vgl. Junges an Cortazzi als Anlage zum Schreiben der britischen Botschaft Bonn an Foreign Office, 2. 2. 1959, PRO FO 371/146054. Ferner Richter, Bundesjustizministerium, an das Auswärtige Amt, 9. 1. 1959, BA B 141/33726. Bereits Ende November 1958 hatte das Auswärtige Amt einen Zwischenbericht übermittelt, Britische Botschaft Bonn an Foreign Office, 19. 11. 1958, PRO FO 371/137589.

3 Vgl. Abschrift, Große Anfrage der Fraktion der SPD betr. Fragen der Justizpolitik, 8. 1. 1959, BA B 141/33726.

4 Parlamentarische Anfrage Lewis, 17. 2. 1959, PRO FO 371/145738 und Anfrage Swingler, 18. 2. 1959 (ebd.).

5 Vgl. über die Krise Hans-Peter Schwarz, Adenauer. Der Staatsmann, S. 467 ff; Alistair Horne, Harold Macmillan, Bd. 2, 1957–1986, New York 1989. Wenig erhellend ist die Darstellung von Bert Becker, Die DDR, S. 131 ff. zu diesen Problemen. Er handelt die überaus komplizierten Zusammenhänge auf fünf Seiten ab.

6 Zur »Agententheorie« vgl. Hans-Peter Schwarz, Adenauer. Der Staatsmann, S. 473.

7 Aufzeichnung für das Gespräch Macmillans mit von Herwarth, 11. 2. 1959, PRO FO 371/145773. Vgl. zu den Einzelheiten in Sachen Krupp William Manchester, Krupp, bes. S. 720 ff.

8 Christoph Buchheim, Das Londoner Schuldenabkommen, in: Ludolf Herbst (Hrsg.), Westdeutschland 1945–1955. Unterwerfung, Kontrolle, Integration, München 1986 (Schriftenreihe des Instituts für Zeitgeschichte, Sondernummer), S. 219–229. Hans-Peter Schwarz (Hrsg.), Die Wiederherstellung des deutschen Kredits. Das Londoner Schuldenabkommen, Stuttgart u. a. 1982 (Rhöndorfer Gespräche, Bd. 4).

9 Vgl. Aufzeichnung für den Staatsbesuch Adenauers in London, 22. 11. 1957, PA AA Ref. 304 Bd. 32.

10 Vgl. Vorlage für den Premierminister, 11. 2. 1959, PRO FO 371/145773.

11 Vgl. hierzu Alistair Horne, Macmillan, S. 119; Harold Macmillan, Riding the Storm, 1956–1959, London 1971, S. 580 ff.

12 Steel an Hoyer Millar, 2. 3. 1959, PRO FO 371/145773.

13 Vgl. hierzu Hans-Peter Schwarz, Adenauer. Der Staatsmann, S. 488.

14 Aufzeichnung Killick, 11. 2. 1959, PRO FO 371/145773.

15 Vgl. zum Problem des Antisemitismus ausführlich das folgende Kapitel.

16 Vgl. hierzu Hans-Peter Schwarz, Adenauer. Der Staatsmann, S. 439 ff.

17 Aufzeichnung Hoyer Millar über ein Gespräch mit von Herwarth, 11. 2. 1959, PRO FO 371/145773. Wie viel – besser: wie wenig – Memoiren wert sein können, beweisen die Erinnerungen von Herwarths: Hans von Herwarth. Von Adenauer zu Brandt. Unter der Überschrift »Die Last der Vergangenheit« (S. 184 ff.) erin-

nert er sich recht rührselig an ein Treffen mit dem Vater der Anne Frank, an einen Besuch in der Wiener Library usw. Und auch den Briten zollte er Lob: »Die Briten waren [...] auch bereit, sich mit ihrer eigenen Vergangenheit kritisch auseinanderzusetzen.« An die geschichtspolitisch bedeutsamen Gespräche im Foreign Office und in Downing Street 10 erinnert er sich hingegen nicht. Wenigstens bekannte er, daß das Verhältnis Adenauers zu Macmillan »nie besonders herzlich« gewesen sei (S. 228).

18 Die Aufzeichnung über dieses Gespräch konnte im Public Record Office nicht ermittelt werden; sie wurde wahrscheinlich aus den Akten entfernt zum Zweck weiterer Geheimhaltung. Vgl. aber die handschriftliche Notiz von Hoyer Millar, 12. 2. 1959, auf seiner Niederschrift des Gespräches vom Vortag, aus der hervorgeht, daß Macmillan von Herwarth um fünf Uhr nachmittags traf, PRO FO 371/145773. Daß das Gespräch ähnlich wie das zwischen Hoyer Millar und von Herwarth verlief, geht auch aus einem Schreiben Hancocks an Steel, 18. 2. 1959, hervor. Vgl. auch die Aufzeichnung Rumbold, 15. 4. 1959, PRO FO 371/145739.

19 Steel an Lloyd, 11. 2. 1959, PRO FO 371/146061.

20 Steel an Hoyer Millar, 2. 3. 1959 (a. a. O.).

21 Bernd Martin, Japans Weg in die Moderne und das deutsche Vorbild: Historische Gemeinsamkeiten zweier »verspäteter Nationen«, 1860-1960, in: ders. (Hrsg.), Japans Weg in die Moderne. Ein Sonderweg nach deutschem Vorbild, Frankfurt/M./New York 1987, S. 17-40, hier S. 38.

22 Er strich diese Zeilen durch. Aufzeichnung Hoyer Millar, 11. 2. 1959, PRO FO 371/145773.

23 Vorlage für Premierminister, 11. 2. 1959, PRO FO 371/145773.

24 Aufzeichnung Hoyer Millar, 11. 2. 1959 (a. a. O.).

25 Zit. nach Alistair Horne, Macmillan, S. 128. Adenauer hatte sich seinerseits beim amerikanischen Botschafter beschwert, er fühle sich bei Macmillan an Chamberlain erinnert; Hans-Peter Schwarz, Adenauer. Der Staatsmann, S. 495.

26 »Konferenzmappe für den Besuch des britischen Premierministers in Bonn am 12./13. 3. 1959«, PA AA Ref. 304 Bd. 91. Vorlage für den Macmillan-Besuch, 12./13. 3. 1959, PRO FO 371/145738.

27 Aufzeichnung Hoyer Millar, 17. 2. 1959 und Hancock, Foreign Office, an Steel, Bonn. 18. 2. 1959, PRO FO 371/145773. In einer deutschlandpolitischen Debatte am 19. 2. hatte sich der Labour-Abgeordnete Hynd vor die Bundesrepublik gestellt - was von Brentano zu einem Dankesschreiben veranlaßte; von Herwarth an das Auswärtige Amt, 20. 2. 1959 und von Brentano an Hynd, 26. 2. 1959, PA AA Ref. 304 Bd. 78.

28 Steel an Hoyer Millar, 2. 3. 1959 (a. a. O.).

29 Ebd.

30 Steel an Lloyd, 9. 3. 1959, PRO FO 371/145738.

31 Vgl. zu diesem Komplex Michael Wolffsohn, Ewige Schuld? 40 Jahre deutsch-jüdisch-israelische Beziehungen, 3. Aufl., München 1989.

32 Aufzeichnung des Gespräches zwischen Adenauer und Macmillan, 13. 3. 1959, secret, PRO PREM 11/2676. Adenauer beschwerte sich bei Macmillan im beson-

deren über die Arbeit einer Ryder-Cheshire Foundation, die Wiedergutmachungs-
ansprüche gegenüber der Bundesrepublik vertrat. Macmillan kannte die Stiftung
nicht. Vgl. hierzu das Schreiben Downing Street 10 an Richards, Foreign Office,
16. 3. 1959 und den beiliegenden Appell der Stiftung, PRO FO 371/146009. Zum
Besuch Macmillans in Bonn allgemein Hans-Peter Schwarz, Adenauer. Der
Staatsmann, S. 496 f. Macmillan, Riding the Storm, S. 640 f., erwähnt die in Bonn
besprochenen geschichtlichen Themen nicht.

33 Adenauer, Teegespräche 1959–61, S. 31, Gespräch vom 17. 3. 1959.

34 George H. Gallup (Hrsg.), The Gallup International Public Opinion Polls. Great
Britain 1937–1975, Bd. 1, New York 1976, S. 489 f.

35 Ebd., S. 506. Weitere Antworten: »Not much chance«: 45%; »Don't know«: 28%.

36 Ebd., S. 506.

37 Aufzeichnung über ein Gespräch von Herwarths mit Hoyer Millar, 14. 4. 1958, PRO
PREM 11/2341. Vgl. auch das Schreiben Sir Christopher Steels an Selwyn Lloyd,
14. 4. 1958 (ebd.). Dort auch die Aufzeichnung Zuleta für den Premierminister über
ein Gespräch mit dem Geschäftsträger der deutschen Botschaft, 10. 4. 1958.

38 Aufzeichnung über das Gespräch Adenauers und von Brentanos mit dem Premierminister und den jeweiligen Delegationen, 8. 10. 1959, PRO PREM 11/2328.

39 Vgl. zum folgenden die zahlreichen Aufzeichnungen (»minutes«) zum Schreiben
Steels vom 9. 3. 1959, PRO FO 371/145738.

40 Vgl. Aufzeichnung Pridham, 18. 3. 1959, PRO FO 371/145738.

41 Aufzeichnung Wright, 27. 4. 1959, PRO FO 371/145738.

42 Aufzeichnung Hope, 28. 4. 1959, PRO FO 371/145738.

43 Ebd.

44 Aufzeichnung Murray, 5. 5. 1959, PRO FO 371/145738.

45 Aufzeichnung Haigh, 12. 5. 1959; Aufzeichnung Burrows, 25. 5. 1959; Aufzeichnung, handschriftlich, Moore, 27. 5. 1959, PRO FO 371/145738.

46 Aufzeichnung Killick, 1. 6. 1959, PRO FO 371/145738.

47 Vgl. Aufzeichnung Hope, 1. 7. 1959; dort auch die Aufzeichnung, Unterschrift
unleserlich, 2. 9. 1959, PRO FO 371/145738.

48 Vgl. den Wortlaut der Adenauer-Rede in der *Frankfurter Allgemeinen Zeitung*,
9. 4. 1959, »Eine Abrüstungszone zwischen Atlantik und Ural«.

49 Gesprächsaufzeichnung Lloyd mit von Herwarth, Entwurf, 9. 4. 1959, PRO FO
371/145775.

50 Alistair Horne, Macmillan, S. 130. Vgl. zum Verhältnis Adenauer – Macmillan
auch S. 132.

51 Gesprächsaufzeichnung Macmillan – von Herwarth, 15. 7. 1959, PRO FO
371/145777.

52 Aufzeichnung Ref. 304 für die außenpolitische Debatte am 5. 11. 1959, PA AA
Ref. 304 Bd. 74.

53 Von Herwarth, London, an das Auswärtige Amt, 6. 11. 1959, PA AA Ref. 304 Bd.
88.

54 Aufzeichnung, nachträgliche Ergänzung für die Gesprächsmappe des Herrn Bundeskanzlers, 13. 11. 1959, PA AA L2 Bd. 13.

55 Vgl. die Vorlagen des Foreign Office für den Adenauer-Besuch in Großbritannien. 17.–19. 11. 1959, PRO FO 371/145780.
56 Gesprächsaufzeichnung Adenauer und von Brentano mit Macmillan und Lloyd in Chequers, 18. 11. 1959, secret, PRO PREM 11/2714.
57 Persönliche Aufzeichnung des Premierministers für den Außenminister, 16. 12. 1959, PRO FO 371/145777. Macmillan zitiert dieses Memorandum in seinen Memoiren: Harold Macmillan, Pointing the Way, London 1972, S. 98; er betont, dies sei seiner Sorge um die antideutsche Stimmung im Lande entsprungen.
58 Vgl. von Etzdorf, Auswärtiges Amt, an die deutsche Botschaft London, 9. 11. 1959, PA AA L2 Bd. 10. Das Buch, so stellte sich heraus, stammte von einem Deutschen. Er war anonym geblieben, da er dem Vernehmen nach Racheakte fürchtete. Von Herwarth an das Auswärtige Amt 11. 11. 1959 und von Etzdorf an Botschaft Washington, 23. 12. 1959 (ebd.).
59 So etwa Konrad Adenauer, Erinnerungen, 1945–1953, S. 246.

18. Der Dammbruch:
Die antisemitische Welle des Jahres 1959/60

 1 Hoyer Millar an Foreign Office, 14. 1. 1955, PRO FO 371/118407.
 2 Britische Botschaft Bonn an Foreign Office, 9. 11. 1957, PRO FO 371/130832. Vgl. auch Barnes, britische Botschaft, an Anderson, Foreign Office, 16. 9. 1957, PRO FO 371/130696.
 3 Vgl. hierzu Michael Wolffsohn und Ulrich Brochhagen, Hakenkreuz.
 4 Marten, Bonn, an Selwyn Lloyd, 15. 1. 1959, PRO FO 371/146035.
 5 Vgl. den Bericht der britischen Botschaft Bonn an Foreign Office, 26. 1. 1959. Ferner die Berichte der britischen Botschaft über Antisemitismus vom 6. 3. 1959, 23. 4. 1959, 30. 4. 1959, alle in PRO FO 371/146035.
 6 Britische Botschaft Bonn an Foreign Office, 24. 9. 1959, PRO FO 371/146035. Vgl. dort auch den Bericht der Botschaft vom 7. 12. 1959.
 7 Die Angaben nach dem Weißbuch der Bundesregierung: Die antisemitischen und nazistischen Vorfälle, Bonn 1960, S. 36.
 8 Chalvron, Berlin, an das französische Außenministerium, MAE EU 1956–60 Allemagne, État et politique intérieure, national-socialisme et dénazification (ehem. Signatur: 6-3-6/1).
 9 Das Memorandum vom 16. 1. 1960 in PRO FO 371/154016. Vgl. auch den Protest aus der DDR, übersandt von der britischen Botschaft in Bonn an Foreign Office, 3. 2. 1960, PRO FO 371/154016.
10 *Jerusalem Post*, 4. 1. 1992, Ex-KGB General Reveals Antisemitic Campaign.
11 So Ladislav Bittmann, Geheimwaffe D., Bern 1973. Ladislav Bittmann, Zum Tode verurteilt. Memoiren eines Spions, München 1984.

12 Britische Botschaft Bonn an Western Department, Foreign Office, 11. 2. 1959, PRO FO 371/146035.

13 Adenauer, Teegespräche 1959–1961, S. 31, Gespräch vom 17. 3. 1959.

14 Junges, Auswärtiges Amt, an das Bundesamt für Verfassungsschutz, 24. 2. 1959, PA AA L2 Bd. 11.

15 Bundesamt für Verfassungsschutz an das Auswärtige Amt, 5. 3. 1959, PA AA L2 Bd. 11.

16 Kroll an das Auswärtige Amt, Abschrift 27. 2. 1959, PA AA L2 Bd. 13.

17 Vgl. die Aufzeichnung des Referates 991: »Die heutige Bedeutung des Rechtsradikalismus und des Antisemitismus in der Bundesrepublik«, 6. 3. 1959, PA AA L2 Bd. 19. Die Aufzeichnung war wahrscheinlich für das Gespräch zwischen Adenauer und Macmillan gedacht.

18 Aufzeichnung für das Gespräch Macmillans mit von Herwarth am 11. 2. 1959, secret, PRO FO 371/146035.

19 Junges, Auswärtiges Amt, an London, Paris, Washington, San Francisco, New York, 29. 12. 1959, PA AA L2 Bd. 11.

20 Bundesinnenminister Schröder widmete sich diesem Problem in einer Erklärung im Bundestag am 18. Februar 1960 ausführlich. Vgl. Weißbuch der Bundesregierung, S. 7 ff. Ferner Grewe, Washington, an das Auswärtige Amt, 15. 1. 1960, PA AA L2 Bd. 17; Marten, britische Botschaft Bonn, an das Foreign Office, 9. 1. 1960, PRO FO 371/154252.

21 Von Brentano an verschiedene Botschaften im Ausland, 7. 1. 1960, PA AA L2 Bd. 19.

22 Dies geht aus dem Schreiben von Brentanos vom 7. 1. 1960 hervor (a. a. O.).

23 Vgl. hierzu den Bericht der amerikanischen Botschaft Bonn, Dowling, an State Department, 5. 12. 1959, über die Dritte Lesung des Gesetzentwurfes im Bundestag am 3. 12. 1959, NA RG 59 Dec. 762A.34/12-559.

24 Auszug aus dem Kurzprotokoll über die 96. Kabinettssitzung am 17. 2. 1960, geheim, PA AA L2 Bd. 18.

25 Zit. nach Hans-Peter Schwarz, Die Ära Adenauer. Epochenwechsel, S. 209.

26 So der Unterhausabgeordnete Greenwood; Botschaft London, Ritter, an das Auswärtige Amt, 17. 1. 1960, PA AA L2 Bd. 15.

27 Aufzeichnung Brand für Bundesminister, 11. 1. 1960, PA AA L2 Bd. 19.

28 EMNID Pressedienst, Ausgabe Nr. 1000/1960, Umfrage vom Januar 1960, in PA AA L2 Bd. 18.

29 Vgl. auch Werner Bergmann und Rainer Erb, Antisemitismus, S. 59 mit Anm. 15. Die EMNID-Umfrage ist den Autoren anscheinend entgangen.

30 Aufzeichnung Ref. 991, ten Haaf, 21. 1. 1960, PA AA L2 Bd. 16. Auch Werner Bergmann und Rainer Erb, Antisemitismus, S. 58, kommen zu dem Schluß, daß ein Drittel der Bevölkerung seinerzeit »klar antisemitisch«, ein weiteres Drittel »bedingt antisemitisch bis ambivalent« und das letzte Drittel »nicht antisemitisch« eingestellt war. Sie verweisen auf eine EMNID-Untersuchung des Jahres 1954, die von der Bundeszentrale für den Heimatdienst – dem Vorläufer der Bundeszentrale für Politische Bildung – in Auftrag gegeben worden war. Es

könnte sich hier um jene Umfrage handeln, auf die sich der Mitarbeiter des
Auswärtigen Amtes bezog.

31 Von Brentano an Adenauer, 8. 1. 1960, BA NL von Brentano/158.

32 Zit. nach Inge Deutschkron, Israel und die Deutschen. Das besondere Verhältnis,
Köln 1983, S. 165.

33 Die Erklärung ist abgedruckt im Weißbuch der Bundesregierung, S. 62 ff.

34 Lübke an Eisenhower, 19. 2. 1960, Eisenhower Library, White House Office,
Office of the Staff Secretary, International Series, Box 6.

35 Vgl. hierzu Kapitel 6. Die deutsche Botschaft in Washington meldete Kritik der
Zeitschrift *The Nation* an der Tatsache, daß der Kanzler erst nach zehn Jahren ein
ehemaliges KZ besucht hatte; Botschaft Washingtons an das Auswärtige Amt, 13.
4. 1960, PA AA L2 Bd. 10.

36 Vgl. seine Memoiren: Nahum Goldmann, Mein Leben als deutscher Jude, Mün-
chen/Wien 1980 und die Fortsetzung: ders., Mein Leben, Bd. 2, München 1981.

37 Vgl. den Text der Rede im Weißbuch der Bundesregierung, S. 66 ff. In einem
seiner Teegespräche äußerte sich der Kanzler zu der Gedenkstunde in Bergen
Belsen so: »Es war eine sehr ernste Feier, das ganze war sehr würdig. [...] Dieser
ganze Tag – es war ja eine Anregung von Herrn Goldmann – hat, glaube ich, gut
gewirkt, auch im Ausland. Aber da wurde einem doch, wenn man an die
Vergangenheit denkt, wieder einmal klar vor Augen geführt, was alles gewesen
ist.« Adenauer, Teegespräche 1959–1961, S. 191, Gespräch vom 5. 2. 1960.

38 Altmaier an Adenauer, 3. 2. 1960 BA B 136/3656. Vgl. dort auch die Stellungnahme von Eckardts zu den Vorwürfen, 11. 2. 1960.

39 Goldmann an Adenauer, 13. 2. 1960, darauf die handschriftlichen Bemerkungen
Adenauers und das Schreiben Bach an Goldmann, 25. 2. 1960, BA B 136/3635.

40 Vgl. die Aufzeichnung Hardenberg über ein Gespräch mit Meroz von der Israel-
Mission, 11. 1. 1960, mit beiliegendem Text der Erklärung des israelischen
Justizministers Rosen, PA AA L2 Bd. 19. Das Auswärtige Amt antwortete am 1.
März mit einer Verbalnote, in der das Bedauern über die Vorfälle ausgedrückt
wurde; PA AA L2 Bd. 19.

41 Michael Wolffsohn, Ewige Schuld, S. 30 f.

42 Von Brentano an Adenauer, 18. 1. 1960, BA NL von Brentano/158.

43 Vgl. hierzu die Aufzeichnung des Referates 305 vom 24. 3. 1960.

44 Vgl. das Protokoll der Konsularkonferenz in Washington, 4.-6. 4. 1960, PA AA
Ref. 305 Bd. 127.

45 Vgl. hierzu die Schilderung der Unterredung zwischen Ben Gurion und Adenauer
am 14. März 1960 bei Hans-Peter Schwarz, Adenauer. Der Staatsmann, S. 544 f.
Der wichtigste Ansprechpartner in der Bundesregierung für diese Waffenlieferungen war Franz Josef Strauß. Vgl. Franz Josef Strauß, Die Erinnerungen,
S. 335 ff. Ferner Michael Wolffsohn, Ewige Schuld, S. 32 ff.

46 Aufzeichnung Referat 991, Timmermann, 25. 2. 1960. Vgl. auch das Rundschreiben des Auswärtigen Amtes an alle Vertretungen, 10. 3. 1960, »Aufklärungsarbeit
bezüglich der antisemitischen Vorfälle in der Bundesrepublik«, 10. 3. 1960, PA
AA L2 Bd. 18. Auch in den »Gedanken zu Redeteilen über den Antisemitismus«,

1. 3. 1960, Brand, Ref. 991, an Ref. 305 (wahrscheinlich als Vorbereitung zur Adenauer-Reise in die USA erstellt) fanden die Ausführungen van Dams Verwendung. Alle Akten in PA AA L2 Bd. 18.

47 Aufzeichnung Weber, 7. 1. 1960, PA AA VII Bd. 1019. Easterman gab nach seinem Gespräch mit von Brentano die Aufzeichnung über die Unterredung in seinem Eifer direkt an das Foreign Office weiter – ein durchaus ungewöhnliches Verhalten. Vgl. die Aufzeichnung in PRO FO 371/154253. Ferner die Aufzeichnung über ein Gespräch Eastermans mit Ormsby-Gore im Foreign Office, 19. 1. 1960, PRO FO 371/154253.

48 Ritter an das Auswärtige Amt, 4. 1. 1960, PA AA L2 Bd. 15.

49 Seydoux an das französische Außenministerium, 8. 1. 1960, MAE EU 1956–60 Allemagne, Etat et politique intérieure, national-socialisme et dénazification (ehem. Signatur: 6-3-6/1).

50 Vgl. die Aufzeichnung über das Gespräch: Hardenberg für Staatssekretär, 20. 1. 1960; van Scherpenberg an Botschaft Washington, 22. 1. 1960; schließlich die Aufzeichnung von Etzdorf, 19. 1. 1960, alle PA AA Ref. 305 Bd. 135. Schon Anfang Januar hatte sich Grewe in Washington mit Vertretern des American Jewish Committee getroffen; Grewe an das Auswärtige Amt, 5. 1. 1960, alles PA AA Ref. 305 Bd. 135. Mitte März lud das American Jewish Committee Altbundespräsident Theodor Heuss ein. Streng vertraulich ließ man wissen, Heuss könne mit dem Ehrendoktor der Columbia Universität rechnen. Heuss aber sagte ab, denn für die gleiche Zeit hatte er eine Israel-Reise geplant. Staatssekretär van Scherpenberg stimmte dieser Entscheidung zu. Er schrieb Heuss: »Zweifellos wird [...] durch Ihre Reise nach Israel in noch größerem Umfang die nach den antisemitischen Vorfällen so wünschenswerte Stärkung des Ansehens der Bundesrepublik im Ausland erreicht werden.« Ferner Washington, Krapf, an das Auswärtige Amt, 21. 3. 1960 und 24. 3. 1960, PA AA L2 Bd. 17 und Heuss an van Scherpenberg, 24. 3. 1960, PA AA L2 Bd. 18.

51 Vgl. die Resolution vom 11. 1. 1960, PA AA L2 Bd. 15.

52 Federer, New York, an das Auswärtige Amt, 8. 1. 1960, PA AA L2 Bd. 16.

53 Federer, New York, an das Auswärtige Amt, 30. 12. 1959 und 7. 1. 1960, PA AA L2 Bd. 16. Vgl. auch Grewe, Washington, an das Auswärtige Amt, 8. 1. 1960, PA AA Ref. 305 Bd. 133. Vgl. auch die Aufzeichnung des Referates 305, Unterschrift unleserlich, für Ref. 991,13. 1. 1960, PA AA Ref. 305 Bd. 133.

54 Aufzeichnung Etzdorf für Bundesminister, 18. 1. 1960, PA AA L2 Bd. 19. Vgl. auch die Aufzeichnung Thomas, Ref. 305, für Ref. 91, 13. 1. 1960 (ebd.).

55 Vgl. Vermerk Herbst, Ref. 305, 1. 3. 1960, PA AA Ref. 305 Bd. 133.

56 Van Dam an von Brentano, 25. 1. 1960; Epstein an von Brentano, 4. 2. 1960 und von Brentano an Epstein, 25. 2. 1960, übermittelt über Generalkonsulat New York, alle PA AA L2 Bd. 18. Vgl. auch die Aufzeichnung Timmermann über ein Gespräch mit van Dam, 25. 2. 1960 (a. a. O.).

57 Vgl. die handschriftliche Notiz Zins (?), 29. 7. 1960, PA AA L2 Bd. 19.

58 Vermerk Herbst, Ref. 305, an Ref. 991, 1. 2. 1960, PA AA Ref. 305 Bd. 133. Auch von Brentano schrieb van Dam, er könne dessen Auffassung im Hinblick auf die

Zweigstelle des B'nai B'rith »gut verstehen«. Von Brentano an van Dam, 11. 2. 1960, PA AA L2 Bd. 18. B'nai B'rith sollte später gegen die Äußerungen van Dams protestierten; Klutznick an von Brentano, 10. 6. 1960, PA AA L2 Bd. 19.

59 Vermerk Herbst, 1. 2. 1960 (a. a. O.).

60 Grewe an das Auswärtige Amt, 1. 1. 1960, geheim, PA AA L2 Bd. 17.

61 Ebd. Zu Grewes Haltung zur NS-Vergangenheit vgl. seine Erinnerungen: Wilhelm Grewe, Rückblenden, S. 220 ff.

62 Grewe, Washington, an das Auswärtige Amt, 4. 1. 1960, PA AA L2 Bd. 1.

63 Kutscher, Paris, an das Auswärtige Amt, 7. 1. 1960, PA AA L2 Bd. 16.

64 Ritter, London, an das Auswärtige Amt, 4. 1. 1960, PA AA L2 Bd. 15.

65 Jahrbuch der öffentlichen Meinung, 1958-1964, hrsg. von Elisabeth Noelle-Neumann und Peter Neumann, Institut für Demoskopie Allensbach, Allensbach/Bonn 1965, S. 219.

66 Von Brentano an verschiedene Botschaften im Ausland, 7. 1. 1960, PA AA L2 Bd. 19.

67 Britische Botschaft Kairo, Grewe, an das Foreign Office, 28. 1. 1960, PRO FO 371/151264.

68 Aufzeichnung Weber, 7. 1. 1960, PA AA VII Bd. 1019.

69 Aufzeichnung Gore-Booth über ein Gespräch mit van Scherpenberg, 21. 1. 1960, PRO FO 371/154056.

70 Van Scherpenberg an alle Vertretungen, 20. 1. 1960, PA AA VII Bd. 1019. Auch in die Aufzeichnung des Referates 991 über Redeteile zum Antisemitismus gingen diese Gedanken ein, 1. 3. 1960, PA AA L2 Bd. 18. Zum Tagebuch der Anne Frank vgl. auch die Aufzeichnung für Referat 991, 6. 2. 1960. Aus dieser geht hervor, daß rund 700 000 Exemplare des Buches in der Bundesrepublik verkauft worden waren – die bei weitem höchste Auflage eines Taschenbuchs in der Bundesrepublik überhaupt. Von 1956-1959 war das gleichnamige Schauspiel 2150 mal vor rund 1,75 Millionen Zuschauern aufgeführt worden. Die Besucherzahl des Films wurde auf 4-4,5 Millionen geschätzt, PA AA L2 Bd. 18.

71 Aufzeichnung Timmermann, 25. 2. 1960 (a. a. O.).

72 Der CSU-Politiker legte einige Unterlagen vor, aus denen hervorging, daß die SED den Antisemitismus als Mittel zur Diskreditierung der Bundesrepublik einsetzte. Vgl. hierzu Anm. 82. Seydoux, Bonn, an das französische Außenministerium, 27. 1. 1960, MAE EU 1956-60 Allemagne, État et politique intérieure, national-socialisme et dénazification (ehem. Signatur: 6-3-6/1).

73 Auszug aus dem Kurzprotokoll der 92. Kabinettssitzung der Bundesregierung am 20. 1. 1960, 27. 1. 1960, PA AA L2 Bd. 19.

74 Vgl. Weißbuch der Bundesregierung, S. 52 ff. Die Federführung bei der Zusammenstellung des Materials für das Weißbuch lag beim Bundesinnenministerium. Eindringlich hatten Adenauer und von Brentano gefordert, die Reaktion des Auslandes auf die antisemitischen Vorfälle besonders zu berücksichtigen. Dies aber geschah nicht. Vgl. Aufzeichnung van Scherpenberg, 20. 1. 1960, PA AA L2 Bd. 29 und von Brentano an Schröder, 11. 2. 1960, PA AA L2 Bd. 18.

75 Steel an Foreign Office, 19. 2. 1960, PRO FO 371/154254.

76 In einem Gespräch vom 11. Februar 1960, Adenauer, Teegespräche, 1959–1961, S. 201 f.

77 Zit. nach Weißbuch der Bundesregierung, S. 22 f.

78 Rundschreiben des Auswärtigen Amtes an alle Auslandsvertretungen, 10. 3. 1960, PA AA L2 Bd. 18.

79 Ebd.

80 Strauß an van Scherpenberg, 23. 2. 1960, PA AA L2 Bd. 18.

81 Bundesminister für Verteidigung, im Auftrag Wessel, an das Auswärtige Amt, Brand, 31. 3. 1960, PA AA L2 Bd. 18.

19. Das westliche Ausland: Antisemitismus und die Vergangenheit deutscher Politiker

1 Bundesminister für Verteidigung, im Auftrag Wessel, an das Auswärtige Amt, Brand, 31. 3. 1960 (a. a. O.).

2 Stoltenberg an von Brentano, 1. 2. 1960 und von Brentano an Stoltenberg, Entwurf, 12. 2. 1960, PA AA VII Bd. 81.

3 Vgl. Siegfried Theodor Arndt u. a., Juden in der DDR. Geschichte, Probleme, Perspektiven, Köln 1988.

4 Steel an Rumbold, Foreign Office, 19. 1. 1960, PRO FO 371/154056.

5 Aufzeichnung Brand für Staatssekretär, 28. 3. 1960, PA AA L2 Bd. 18.

6 Ebd.

7 Vgl. van Scherpenberg an Strauß, 24. 3. 1960, PA AA L2 Bd. 18. Am 29. 3. trafen sich Beamte beider Ministerien zu einer Besprechung. Die Mitarbeiter des Bundesverteidigungsministeriums gaben dabei offen zu, daß der Ton des Schreibens von Strauß zu scharf gewesen sei. Tatsächlich habe der Bundesverteidigungsminister am Rundschreiben des Auswärtigen Amtes nur beanstanden wollen, daß die kommunistische Urheberschaft nicht ausreichend berücksichtigt worden war; Aufzeichnung Brand 30. 3. 1960 (ebd.).

8 Auswärtiges Amt an alle Auslandsvertretungen: »Diffamierungskampagne des Ostblocks gegen die Bundesrepublik«, 5. 4. 1960. Vgl. auch van Scherpenberg an Strauß, 5. 4. 1960, mit diesem Material. Aufzeichnung Referat 301 (Krier), 21. 4. 1960 und Aufzeichnung ten Haaf für Staatssekretär, 2. 5. 1960, alles in PA AA L2 Bd. 18.

9 Earl Mountbatten of Burma, Ministry of Defense, an Foreign Office, 26. 1. 1960, mit einem beiliegenden Memorandum Prinz Williams vom 18. 1. 1960. Das Foreign Office antwortete lapidar, man habe vom Bundesinnenministerium keine Hinweise auf kommunistische Hintergründe erhalten; Pat Dean an Mountbatten, 2. 2. 1960, PRO FO 371/154016.

10 Aufzeichnung Timmermann, 28. 1. 1960, PA AA L2 Bd. 19. Vgl. auch die ähnliche Aufzeichnung des Referates 991, 2. 2. 1960, PA AA L2 Bd. 18.

11 Vgl. Weißbuch der Bundesregierung, S. 66. Auch in seiner Erklärung vom 16. Januar 1960 betonte er:»Meine Familie und ich sind selbst Opfer des Nationalsozialismus. Es genügt wohl, wenn ich Ihnen sage, daß ich viermal auf einer Todesliste der Nationalsozialisten gestanden habe, und daß es an ein Wunder grenzt, wenn ich diese Jahre lebend überstanden habe« (ebd., S. 62).

12 Franz Josef Strauß, Die Erinnerungen, S. 218. Zu von Brentano gibt es noch keine historisch-kritische Biographie. Vgl. solange noch Maria Stirtz, Heinrich von Brentano di Termezzo. Seine Herkunft, sein Leben und Wirken für Europa, Darmstadt 1970, zur Zeit im Dritten Reich S. 36 ff. Geschichtsbewußtsein bewies von Brentano auch 1963 nach einem Besuch im ehemaligen Konzentrationslager Dachau; empört beschwerte er sich bei der bayerischen Landesregierung über die dort herrschenden unwürdigen Verhältnisse. Von Brentano an Junker, bayerischer Innenminister, 10. 5. 1963, BA NL von Brentano/9. Vgl. hierzu Ulrich Brochhagen, Vor der eigenen Tür, *Die Welt* 19. 10. 1991. Zu Adenauer vgl. Adenauer im Dritten Reich, hrsg. von Rudolf Morsey und Hans-Peter Schwarz, bearb. von Hans-Peter Mensing, Berlin 1991 (Rhöndorfer Ausgabe).

13 Vgl. den Bericht der britischen Botschaft Bonn, 7. 1. 1960, PRO FO 371/154011. Zu Grewe: Wilhelm Grewe, Rückblenden, S. 187.

14 Vgl. die Berichte über die Arbeit des Lemberg-Komitees durch die britische Botschaft Bonn vom 4. 3. 1960 und 14. 3. 1960, PRO FO 371/154014. Zu Globke vgl. Klaus Gotto (Hrsg.), Der Staatssekretär Adenauers. Persönlichkeit und politisches Wirken Hans Globkes, Stuttgart 1980; darin besonders die Globkes Vergangenheit in helleren Farben darstellenden Beiträge von Robert W. M. Kempner (213 ff.) und Ulrich von Hehl (S. 230 ff.). Zum Fall Oberländer vgl. Hermann Raschhofer, Der Fall Oberländer. Eine vergleichende Rechtsanalyse der Verfahren in Pankow und Bonn, Tübingen 1962. Ebenso einseitig wie die DDR-Kampagne: Kurt Ziesel, Der rote Rufmord, Tübingen 1961.

15 Die Wahrheit über Oberländer. Braunbuch über die verbrecherische Vergangenheit des Bonner Ministers, Ausschuß für Deutsche Einheit, Berlin 1960. Ferner die Aufzeichnung D. J. Brown, Foreign Office, PRO FO 371/154013. Schon im Jahre 1950 war die Vergangenheit Oberländers im bayerischen Landtag Thema erregter Debatten gewesen: Woods, Generalkonsulat München an State Department, 21. 12. 1950, NA RG 59 Dec. 762A.00/12-2050.

16 Adenauer an Georg Blum, 18. 3. 1959, STBKAH 10.06. Auch in einem seiner Teegespräche hatte sich Adenauer schon früher hinter Globke gestellt, Gespräch vom 1. 3. 1956, Adenauer, Teegespräche 1955-1958, S. 46 f.

17 Vgl. hierzu etwa Adenauer, Teegespräche 1959-1961, S. 199 ff., Gespräch vom 12. Februar 1960. Adenauer äußerte:»Nach dem, was ich von ihm gelesen und auch gehört habe, war er dann immer auf der Seite der anständigeren Gruppen - ich sage nicht, der anständigen Gruppe, sondern der anständigeren Gruppe.«

18 Aufzeichnung Brand für Minister, 8. 2. 1960, PA AA L2 Bd. 18.

19 Ebd.

20 Seydoux an das französische Außenministerium, 28. 12. 1959, MAE EU 1956-60 Allemagne, État et politique intérieure, national-socialisme et dénazification

(ehem. Signatur: 6-3-6/1). Vgl. auch die Berichte von Seydoux vorn 31. 12. 1959 und der französischen Militärverwaltung in Berlin, 29. 12. 1959 (ebd.).

21 Seydoux an das französische Außenministerium, 16. 7. 1960, MAE EU 1956-60 Allemagne, État et politique intérieure, national-socialisme et dénazification (ehem. Signatur: 6-3-6/1).

22 Aufzeichnung Timmerman, 28. 1. 1960 (a. a. O.).

23 Grewe an das Auswärtige Amt, 6. 1. 1960, PA AA L2 Bd. 17.

24 Grewe, Washington, an das Auswärtige Amt, 5. 1. 1960, PA AA L2 Bd. 17.

25 Federer, New York, an das Auswärtige Amt, 9. 1. 1960, PA AA L2 Bd. 16.

26 Federer, New York, an das Auswärtige Amt, 17. 1. 1960, PA AA L2 Bd. 16.

27 Vgl. Aufzeichnung Federer, 17. 1. 1960, PA AA L2 Bd. 16. Vgl. auch die Aufzeichnung ten Haaf, 21. 1. 1960, ebd.

28 Federer an das Auswärtige Amt, 12. 1. 1960, PA AA L2 Bd. 16.

29 Aufzeichnung Baudissin, 9. 3. 1960, PA AA Ref. 305 Bd. 128.

30 Grewe an das Auswärtige Amt, 15. 1. 1960, PA AA L2 Bd. 17. Vgl. auch Grewe an das Auswärtige Amt, 13. 1. 1960, PA AA Ref. 305 Bd. 133. Vgl. auch den Bericht des britischen Botschafters in Washington, Caccia, an Foreign Office, 22. 1. 1960, PRO FO 371/154253.

31 Vgl. Grewes Aussagen auf der Konsularkonferenz in Washington vom 4. bis 6. 4. 1960, PA AA Ref. 305 Bd. 127.

32 Dowling an State Department, secret 11. 3. 1960, Eisenhower Library, Ann Whitman Files, International Series, Box 13.

33 Positionspapier für den Adenauer-Besuch, 14. bis 17. 3. 1960, Eisenhower Library, White House Central Files, Confidential File, 1953-1961, Box 80.

34 Herter, Memorandum für den Präsidenten, 13. 3. 1960, secret, Eisenhower Library, Ann Whitman Files, International Series Box 13.

35 Positionspapier für den Adenauer-Besuch, 14. bis 17. 3. 1960 (a. a. O.).

36 Aufzeichnung der Privatunterhaltung Eisenhower - Adenauer, 15. 3. 1960, secret, Eisenhower Library, Office of the Staff Secretary, Box 6.

37 Aufzeichnung des Gespräches zwischen Eisenhower und Adenauer mit Delegationen, 15. 3. 1960, secret, Eisenhower Library, Ann Whitman Files, International Series, Box 13.

38 Limbourg an das Auswärtige Amt, Ref. 304, 15. 1. 1960, PA AA MB Bd. 67.

39 Adenauer, Teegespräche 1959-1961, S. 175, Gespräch vom 15. 1. 1960. Im April 1960 kritisierte Adenauer eine angebliche Äußerung von Theodor Heuss gegenüber de Gaulle, er, Adenauer, habe einen »antibritischen Komplex«. Adenauer nahm das zum Anlaß, sein Verhältnis zu England zu beschreiben. »Ich habe mit ihnen [den Engländern, U. B.] während der Zeit nach 1918 zu tun gehabt. Ich bin mit ihnen ausgezeichnet ausgekommen [...]. Ich habe immer auf ein gutes Verhältnis zu Großbritannien großen Wert gelegt und tue das auch jetzt noch. Allerdings ist mein Vertrauen gegenüber Macmillan gering, weil er die Vorbereitungen seines Besuchs in Moskau vor allen anderen Partnern, vor den Amerikanern, den Franzosen und vor uns geheim gehalten hat. [...]« Adenauer an Theodor Heuss, 20. 4. 1960, in: Theodor Heuss und Konrad Adenauer, Unserm

Vaterland zuliebe. Der Briefwechsel, 1948–1963, bearbeitet von Peter Mensing, Berlin 1989 (Rhöndorfer Ausgabe), S. 300 f.

40 Steel an Rumbold, Foreign Office, 19. 1. 1960, PRO FO 371/154056.

41 London, Ritter, 14. 1. 1960: Die Botschaft sprach von einer spürbaren Beeinträchtigung bisher reibungsloser deutsch-britischer Geschäfts- und Arbeitsbeziehungen; PA AA L2 Bd. 15. Ferner Foreign Office an die Botschaft Bonn 13. 1. 1960, über ein Gespräch mit einem Mitarbeiter der deutschen Botschaft, PRO FO 371/154253. Zu den USA: Grewe, Washington, an das Auswärtige Amt, 6. 1. 1960, PA AA L2 Bd. 17.

42 London, Ritter, an das Auswärtige Amt, 7. 1. 1960, PA AA L2 Bd. 15.

43 London, Ritter, an das Auswärtige Amt, 17. 1. 1960. Vgl. auch die Anweisungen des Auswärtigen Amtes an die Botschaft zu dieser Demonstration, Abschrift, 16. 1. 1960, PA AA L2 Bd. 15.

44 London, Ritter, an das Auswärtige Amt, PA AA L2 Bd. 15.

45 Vgl. Ritter, London, an das Auswärtige Amt, 28. 12. 1959, PA AA Ref. 304 Bd. 76. Ferner Aufzeichnung Hecker, Ref. 304, an das Bundeskanzleramt, 15. 1. 1960, PA AA L2 Bd. 19. Aufzeichnung Russell, 6. 1. 1960, dort auch eine Kopie der Karikatur; PRO FO 371/54056.

46 Botschaft London an das Auswärtige Amt, 5. 1. 1960, PA AA L2 Bd. 15. Aufzeichnung Russel, 6. 1. 1960 (a. a. O.).

47 Ritter, London, an das Auswärtige Amt, 21. 1. 1960, PA AA VII Bd. 91. Aufzeichnung Powell-Jones, 17. 2. 1960; hierzu Aufzeichnung Russell, 17. 2. 1960, Aufzeichnung Killick, 18. 2. 1960. Schließlich britische Botschaft Bonn an das Foreign Office, 2. 3. 1960, alle in PRO FO 371/154014.

48 So etwa im März über einen Artikel im *Daily Express;* vgl. die Aufzeichnungen Rumbold und Russell, 8. 3. 1960, PRO FO 371/154056.

49 Moltmann, London, an das Auswärtige Amt, 15. 3. 1960, PA AA Ref. 304 Bd. 78. Schon am 20. Januar hatte die Botschaft über eine Fernsehsendung der BBC berichtet, die als »in der Tendenz unerfreulich« empfunden wurde; Ritter, London, an das Auswärtige Amt, 20. 2. 1960 (ebd.).

50 Vgl. die Aufzeichnung Hecker, Ref. 304, an das Bundeskanzleramt, 15. 1. 1960 (a. a. O.).

51 Aufzeichnung Macmillan für Lloyd, 3. 1. 1960, PRO FO 371/154056.

52 Memorandum Lloyd für Macmillan, 5. 1. 1960, PRO FO 371/154056.

53 Vgl. Kapitel 17.

54 Memorandum Lloyd für den Premierminister, 15. 1. 1960, secret, PRO FO 371/154011.

55 Macmillan an Lloyd, 24. 1. 1960, PRO FO 371/154011.

56 Aufzeichnung Hoyer Millar über ein Gespräch mit Chauvel, 20. 1. 1960, PRO FO 371/154056.

57 Steel an Hoyer Millar, 6. 2. 1960, PRO FO 371/154013.

58 Hoyer Millar an Caccia, Washington, 20. 2. 1960, PRO FO 371/154011.

59 Caccia, Washington, an Foreign Office, 1. 2. 1960, PRO FO 371/154012.

60 Greenhill, Washington, an Foreign Office, 29. 3. 1960, PRO FO 371/154014.

61 Schon am 18. 2. 1960 hatte Hoyer Millar an Steel geschrieben, er wolle die Angelegenheit nicht weiter verfolgen; PRO FO 371/154013.

62 Aufzeichnung Pridham, 21. 1. 1960, PRO FO 371/154056.

63 Aufzeichnung Killick, 22. 1. 1960, PRO FO 371/154056.

64 Aufzeichnung Allen, 22. 1. 1960, PRO FO 371/154056.

65 Aufzeichnung Hoyer Millar, 25. 1. 1960, PRO FO 371/154056.

66 Steel an Lloyd, 7. 1. 1960, PRO FO 371/154252. Vgl. auch den ersten Bericht der Botschaft an Foreign Office, 29. 12. 1959, PRO FO 371/146035. Ferner Botschaft Bonn an Foreign Office, 16. 1. 1960 und 23. 1. 1960, PRO FO 371/154253.

67 Vgl. hierzu den Jahresbericht Steels für das Jahr 1959 vom 4. 1. 1960, PRO FO 371/153970.

68 Steel an Lloyd, personal and confidential, 26. 1. 1960, PRO FO 371/154056.

69 Gesprächsaufzeichnung Lloyd mit Mitgliedern der Anglo Jewish Association, 8. 3. 1960, PRO FO 371/154254.

70 Steel an Hoyer Millar, 6. 2. 1960, PRO FO 371/154013.

71 Britische Botschaft Bonn an Pridham, 4. 2. 1960, PRO FO 371/154012. Marten, Bonn, an das Foreign Office, 24. 6. 1960, PRO FO 371/154015. Schließlich Marten an Foreign Office, 25. 8. 1960 (ebd.).

72 Vgl. Botschaft Bonn, Wilkinson, an Foreign Office, 6. 2. 1960; Oberländer wurde hier als beunruhigendes Relikt bezeichnet. Vgl. zu neuen Angriffen gegen Oberländer auch britische Botschaft Bonn an Foreign Office, 6. 2. 1960, PRO FO 371/154012. Ferner das Material über Oberländer, Eingangsstempel 15. 2. 1960, PRO FO 371/154013.

73 Aufzeichnung Hoyer Millar, 28. 1. 1960, PRO FO 371/154056.

74 Vgl. Aufzeichnung Hoyer Millar, 8. 2. 1960, PRO FO 317/154013. Vgl. auch die Aufzeichnungen Hoyer Millar, 28. 1., Rumbold, 1. 2., Hoyer Millar, 2. 2., Ormsby-Gore, 3. 2., abgezeichnet (»Yes«) von Selwyn Lloyd, PRO FO 371/154056.

75 Note for Foreign Affairs Debate, undatiert, PRO FO 371/154013.

76 Note for Foreign Affairs Debate: Anti-Semitism in Germany, undatiert, PRO FO 371/154254.

77 London, von Herwarth, an das Auswärtige Amt über ein Gespräch mit Lloyd, 4. 2. 1960 und 5. 2. 1960, PA AA L2 Bd. 15.

78 Brand, Auswärtiges Amt, an von Herwarth, 6. 2. 1960, PA AA L2 Bd. 15.

79 Van Scherpenberg an von Brentano, Neu Delhi, 18. 2. 1960, PA AA MB Bd. 67. Ferner von Herwarth an das Auswärtige Amt, 25. 2. 1960, PA AA L2 Bd. 15.

80 Steel an Lloyd, personal and confidential, 12. 2. 1960, PRO FO 371/154056 und Lloyd an Steel, 15. 2. 1960 (ebd.).

81 Lloyd an Steel, 23. 2. 1960, PRO FO 371/154056.

82 Gesprächsaufzeichnung Krone – Macmillan, 24. 2. 1960, PRO PREM 11/3007.

83 Gesprächsaufzeichnung Adenauer – Macmillan, 10. 8. 1960, PRO FO 371/154067.

84 Aufzeichnung Abt. VII, Verfasser durchgestrichen: Das Deutschlandbild in der öffentlichen Meinung und die Propaganda der SBZ in England, 5. 8. 1960, PA AA VII Bd. 91. Vgl. auch von Herwarth, London, an das Auswärtige Amt, 29. 6. 1960, PA AA VII Bd. 81.

20. AKTEN UND FAKTEN

1 Vgl. Kapitel 2.

2 Vermerk Lenz für Globke, 31. 8. 1951, BA B 136/4960.

3 Vermerk Bundesjustizministerium, Zorn, 31. 3. 1960, als Antwort auf eine Anfrage von Adolf Arndt, BA B 141/33727.

4 Bundesminister für Justiz an das Justizministerium Baden-Württemberg, 15. 6. 1959, BA B 141/33726.

5 Vgl. die Entschließung der 28. Konferenz der Justizminister vom 13. bis 15. Oktober 1959 in Hamburg, BA B 141/33726. Die englische Version in PRO FO 371/146056.

6 Vgl. Strauß, Bundesjustizministerium, an die Justizminister der Länder, 23. 12. 1959 (fälschlich: 1960), BA B 141/33272.

7 Vermerk des Bundesjustizministeriums: 28. Justizministerkonferenz in Hamburg, 24. 9. 1959, BA B 141/33726.

8 Generalstaatsanwalt der Deutschen Demokratischen Republik an Minister der Justiz des Landes Württemberg-Baden, 21. 12. 1959, Abschrift, BA B 141/33727.

9 Verhandlungen des Deutschen Bundestages, Stenographische Berichte, 3. Wahlperiode 1957, Bd. 42, S. 3047 ff., Sitzung vom 22. 11. 1959.

10 Vgl. britische Botschaft Bonn, Cortazzi, an Pridham, Foreign Office, 23. 1. 1960; er übermittelt den Text eines Briefes des Justizministeriums in Baden-Württemberg vom 16. 12. 1959 an andere Länderregierungen; PRO FO 371/154283.

11 Vgl. Der Spiegel, »Auf Photokopien«, 11. 1. 1960, Nr. 3/1960.

12 Vgl. hierzu die Berichte von Cortazzi, britische Botschaft Bonn, an Foreign Office, 5. 12. 1959. Ferner Brand, Auswärtiges Amt, an deutsche Botschaft London, 2. 3. 1960 und 3. 3. 1960, PA AA L2 Bd. 15. Brand an deutsche Botschaft Den Haag, 29. 3. 1960, PA AA L2 Bd. 13. Schließlich Bonn, Cortazzi, an das Foreign Office, 23. 2. 1960, PRO FO 371/154283.

13 Anfragen im Unterhaus zu den »Nazi-Richtern« waren am 27. 1. 1960 von Swingler, am 9. 5. von Thorpe und am 25. 5. erneut von Swingler eingebracht worden. Im Foreign Office wußte man eines: Es hatte bislang nicht ausgereicht, die Anfragen einfach als Propaganda abzutun. Die Vorwürfe gegen die deutsche Justiz seien zwar übertrieben, aber dennoch nicht ohne Substanz; Aufzeichnung Killick, 21. 1. 1960, secret, PRO FO 371/154056.

14 Von Herwarth an das Auswärtige Amt, 1. 3. 1960, PA AA L2 Bd. 15.

15 Ritter, London, an das Auswärtige Amt, 30. 4. 1960, und Aufzeichnung von Pachelbel, London, 28. 4. 1960, BA B 141/33728. Ferner Ritter, London, an das Auswärtige Amt, 5. 5. 1990, BA B 141/33728. Schließlich die Aufzeichnung Wilberforce, Foreign Office, 11. 4. 1960, PRO FO 371/154286.

16 Press Review No. 60 aus Prag über eine Pressekonferenz, 11. 3. 1960, PRO FO 371/154285. Ritter, London, an das Auswärtige Amt, 10. 3. 1960 und Kutscher, Paris, an das Auswärtige Amt, 14. 3. 1960, PA AA L2 Bd. 13.

17 Kutscher an das Auswärtige Amt, 14. 3. 1960 (a. a. O.).

18 Gesprächsaufzeichnung Profumo mit dem »Counsellor« der tschechischen Bot-

schaft, 11. 3. 1960, PRO FO 371/154284. Ferner von Herwarth an das Auswärtige Amt, 12. 3. 1960, PA AA L2 Bd. 13. Britische Botschaft Prag, Grey, an Foreign Office, über eine Stellungnahme der Regierung der ČSSR, PRO FO 371/154285. Schließlich Aufzeichnung O'Neill, 22. 3. 1960, über ein Treffen mit dem tschechischen Chargé d'Affaires (ebd.).

19 Vgl. britische Botschaft Prag an Foreign Office, 18. 3. 1960, PRO FO 317/154013.

20 Note des Ministeriums für Auswärtige Angelegenheiten der DDR an die britische Regierung, 2. 5. 1960, PRO FO 371/154287.

21 Vgl. Killick, Foreign Office, an Marten, Bonn, 19. 5. 1960, PRO FO 371/154287.

22 Deutsche Botschaft London an das Auswärtige Amt, 4. 5. 1960, PA AA VII Bd. 91.

23 Kurzprotokoll über die Justizministerkonferenz vom 12. 2. 1960 in Wiesbaden, BA B 141/33727. Vgl. auch die Presseerklärung in PRO FO 371/154283.

24 Schäffer an den Herausgeber der *Times*, Entwurf, 16. 2. 1960 (mit Stempel: abgesandt am 25. 2. 1960), BA B 141/33726. Der Leserbrief wurde in der *Times* vom 2. 3. 1960 veröffentlicht.

25 Vgl. Vermerk, Der Generalbundesanwalt beim Bundesgerichtshof, 4. 3. 1960, BA B 141/33726. Vgl. auch das Memorandum der britischen Botschaft über die ehemaligen NS-Richter und Staatsanwälte, übersandt von Cortazzi, Botschaft Bonn, an Wilberforce, Foreign Office, 28. 3. 1960, PRO FO 371/154258.

26 Der Generalstaatsanwalt der Deutschen Demokratischen Republik. Der Stellvertreter, Unterschrift unleserlich, an Schäffer, 4. 5. 1960, BA B 141/33728. Vermerk Winners, 10. 5. 1960 (ebd.).

27 Der Generalstaatsanwalt der Deutschen Demokratischen Republik. Der Stellvertreter, Unterschrift unleserlich, an Schäffer, 25. 6. 1960, BA B 141/33728.

28 Vgl. die Aufzeichnung Cortazzi über ein Gespräch zwischen Mitarbeitern der britischen Botschaft und dem Bundesjustizministerium, 3. 3. 1960, PRO FO 371/154284.

29 Wilberforce, Foreign Office, an Cortazzi, Bonn, 11. 3. 1960, PRO FO 371/154284.

30 Britische Botschaft Warschau, Rob, an das Foreign Office, Mason, 21. 3. 1960, PRO FO 371/154285.

31 Britische Botschaft Prag, Dodson, an Wilberforce, Foreign Office, 24. 3. 1960, PRO FO 371/154285.

32 Cortazzi, Bonn, an Wilberforce, Foreign Office, 28. 3. 1960 und Wilberforce an Cortazzi, 8. 4. 1960, PRO FO 371/154285.

33 Vermerk Grützner, Bundesjustizministerium, 24. 3. 1960, und das Schreiben an alle Landesjustizverwaltungen, 25. 3. 1960, BA B 141/33727. Ferner das Schreiben des Bundesjustizministeriums an die Landesjustizverwaltungen, 29. 9. 1960 (Entwürfe mit Ausgangsstempeln), BA B 141/33728.

34 Vgl. Botschaft Washington, Unterschrift unleserlich, an das Auswärtige Amt, 22. 4. 1960 und 6. 7. 1960, PA AA Ref 503 Bd. 530.

35 Aufzeichnung Wilberforce, 1. 3. 1960, PRO FO 371/154284.

36 Auszug aus dem Kurzprotokoll über die 102. Kabinettssitzung vom 30. 3. 1960, geheim, PA AA Ref. 503 Bd. 530.

37 Vgl. Vermerk Richter, 15. 2. 1960. Die SPD-Bundestagsfraktion hatte eine unab-

hängige Sachverständigenkommission zur Prüfung der Akten zum Volksgerichtshof im Berlin Document Center gefordert, was von den Landesjustizministern zurückgewiesen wurde. BA B 141/33727.

38 Die Angaben auf Tabellen in BA B 141/33727.

39 Vgl. Bernhard Diestelkamp, Die Justiz nach 1945 und ihr Umgang mit der eigenen Vergangenheit, in: Rechtshistorisches Journal 5 (1986), S. 155–174, hier S. 162. Ferner L. Lachmann, Neue Aktenfunde bei Aufräumungsarbeiten in Berlin, in: Der Archivar 14 (1961), S. 53–55.

40 Aufzeichnung über ein Gespräch des Regierenden Bürgermeisters mit den Berlin-Kommandanten, 1. 12. 1960, übersandt an das Foreign Office mit Schreiben vom 3. 12. 1960, PRO FO 371/154333.

41 Vgl. nur Bernhard Diestelkamp, Die Justiz, S. 156. Ferner die ausführliche Darstellung von Bernhard Jahntz und Volker Kähne, Der Volksgerichtshof. Darstellung der Ermittlungen der Staatsanwaltschaft gegen ehemalige Richter und Staatsanwälte am Volksgerichtshof, 2. Aufl., Berlin 1987.

42 Fritz Schäffer, Nazirichter in der Justiz der Bundesrepublik. Vorwürfe und Wirklichkeit – Der Stand der Untersuchung, in: Bulletin des Presse- und Informationsamtes der Bundesregierung, 12. 4. 1960, Nr. 70, S. 679 f. Kopie in PRO FO 371/154286.

43 Schröder an Schäffer, 12. 4. 1960, BA B 141/33727.

44 Aufzeichnung Messerer, Bundesjustizministerium, 20. 4. 1960, BA B 141/33727. Auswärtiges Amt an verschiedene Auslandsvertretungen, 22. 4. 1960, PA AA VII Bd. 81. Bereits am 5. 4. 1960 hatte das Bundesjustizministerium ausführliches Material zum Thema übermittelt; PA AA L2 Bd. 13.

45 Seydoux an Couve de Murville, Paris, 22. 6. 1960, MAE EU 1956–60 Allemagne, État politique et intérieure, national-socialisme et dénazification (ehem. Signatur 6-3-6/1).

46 Richter, Bundesjustizministerium, an den Staatssekretär des Bundeskanzleramtes, 10. 6. 1960, BA B 141/33728.

47 Auszug aus dem Kurzprotokoll über die Justizministerkonferenz, 12. und 13. 10. 1960 in Wiesbaden, BA B 141/33728.

48 Ebd.

49 Vgl. die Vorlage für die Sitzung des Rechtsausschusses, Maasen, Bundesjustizministerium, 22. 2. 1961, BA B 141/33728.

50 Verhandlungen des Deutschen Bundestages, Stenographische Berichte, 3. Wahlperiode, 1957, Bd. 49, S. 9380.

51 Ingo Müller, Furchtbare Juristen. Die unbewältigte Vergangenheit unserer Justiz, München 1987. Er überschreibt sein Kapitel über die Justiz der Bundesrepublik mit »Die Fortsetzung«. Vgl. auch Bernhard Diestelkamp, Die Justiz. Sein Befund (S. 170): »Kein Richter wurde nach dem Kriegsende von einem deutschen Gericht der drei Westzonen und später der Bundesrepublik wegen justiziellen Unrechts während der NS-Zeit rechtskräftig verurteilt. [...] Für die Deutung dieses Befundes bieten sich zwei Erklärungsmuster an, die sich überschneiden, ohne dekkungsgleich zu sein: Nazirichter konnten und wollten Nazirichter nicht bestrafen

oder – eine Krähe hackt der anderen kein Auge aus.« Vgl. auch ders., Kontinuität und Wandel in der Rechtsordnung 1945–1955, in: Ludolf Herbst (Hrsg.), West-deutschland 1945–1955. Unterwerfung, Kontrolle, Integration, München 1986 (Schriftenreihe des Instituts für Zeitgeschichte, Sondernummer), S. 85–116. Joa-chim Perels, Die Restauration der Rechtslehre nach 1945, in: Kritische Justiz 17(1984), S. 359–379 mit dem Versuch einer Begriffsbestimmung von »Restaura-tion« (S. 360 ff.). Noch 1986 brachten Die Grünen im Deutschen Bundestag eine Große Anfrage zur NS-Justiz ein; vgl. Günter Frankenberg, Die NS-Justiz vor den Gerichten der Bundesrepublik – eine große Anfrage im Bundestag, in: Kritische Justiz 20 (1987), S. 88–112.

52 Von Brentano an Epstein, 4. 7. 1960, PA AA L2 Bd. 13.

53 Schäffer an das Auswärtige Amt, 22. 7. 1958, PA AA Ref. 503 Bd. 454.

54 Aufzeichnung Grützner, Bundesjustizministerium, 22. 7. 1958, BA B 141/3233.

55 Verbalnote des Auswärtigen Amtes an die US-Botschaft, 28. 7. 1958, PA AA Ref. 530 Bd. 454.

56 Note der US-Botschaft, 22. 8. 1958, PA AA Ref. 503 Bd. 454.

57 Deutsche Botschaft London, Schattmann, an Foreign Office, 24. 5. 1960 PRO FO 371/54295.

58 Aufzeichnungen Killick, 27. 5. 1960 und 30. 5. 1960, PRO FO 371/154295. Im Juni fragte die deutsche Botschaft noch einmal wegen Ergebnissen nach; Jungfleisch an Wilberforce, 15. 6. 1960 (ebd.).

59 Allan, Foreign Office, an Hugh Fraser, War Office, und Fraser an Allen, 21. 6. 1960 sowie Killick an Schattmann, deutsche Botschaft London, 6. 7. 1960, PRO FO 371/154295.

60 Rhodes, für Darwin, Bonn, an Evans, Foreign Office, 3. 5. 1961 und Evans an Darwin, 11. 7. 1961, PRO FO 371/160648.

61 Bundesjustizministerium, Strauß, an die Landesjustizverwaltungen, 29. 9. 1960, BA B 141/33728.

62 Vgl. hierzu Adalbert Rückerl, NS-Verbrechen, S. 156 ff.

63 Moltmann, London, an das Auswärtige Amt, 18. 3. 1960, PA AA Ref. 503 Bd. 530. Entsprechend Ritter, London, an das Auswärtige Amt, 29. 3. 1960, PA AA L2 Bd. 13.

64 Vgl. das Schreiben von Barbara Castle u. a. an Selwyn Lloyd, 4. 5. 1960, und Foreign Office an die Botschaft Bonn, 5. 5. 1960, PRO FO 371/154295. Ferner Vermerk Ref. 304, 5. 5. 1960, PA AA Ref. 530 Bd. 530.

65 Deutsche Botschaft London, Ritter, an das Auswärtige Amt, 5. 5. 1960, PA AA Ref. 503 Bd. 530. Vgl. auch die Antwort von Herwarths vom 6. 7. 1960 (ebd.).

66 Vgl. das Rundschreiben des Auswärtigen Amtes, 22. 4. 1960, PA AA VII Bd. 81. Zum Gesamtproblem: Deutscher Bundestag, Presse- und Informationszentrum (Hrsg.), Zur Verjährung nationalsozialistischer Verbrechen. Dokumentation der parlamentarischen Bewältigung des Problems, Bonn 1980, hier S. 10 ff.

67 Ebd. Vgl. auch das Kurzprotokoll über die Justizministerkonferenz vom 8. April 1960, BA B 141/33727.

68 Aufzeichnung Marmann für Kabinettsreferat, 27. 4. 1960, PA AA Ref. 503 Bd. 530.

69 Aufzeichnung ten Haaf, 2. 5. 1960, PA AA L2 Bd. 13.
70 Aufzeichnung von Brentano an Janz, 16. 5. 1960, PA AA Ref. 503 Bd. 530.
71 Auszug aus dem Kurzprotokoll der 106. Kabinettssitzung vom 6. 5. 1960, PA AA
    L2 Bd. 13. Vgl. auch Dallinger, Bundesjustizministerium, an Marmann, Auswärtiges Amt, 7. 5. 1960. Verbalnote des Auswärtigen Amtes an die britische Botschaft
    Bonn, 9. 5. 1960. Schließlich Auswärtiges Amt an die Botschaften in Washington,
    Paris und London, 9. 5. 1960, PA AA Ref. 503 Bd. 530.
72 Vgl. zur Geschichte des Document Center: Heiner Meyer, Berlin Document
    Center. Das Geschäft mit der Vergangenheit, Frankfurt/M. 1988.
73 Vgl. das Memorandum der US-Mission Berlin, undatiert (Eingang im Archiv: 25.
    3. 1960), PRO FO 371/154330.
74 Vgl. den Jahresbericht des Berlin Document Center, 26. 1. 1961, US-Mission
    Berlin an State Department, 26. 1. 1961, PRO FO 371/161171.
75 Vgl. den Jahresbericht, 26. 1. 1961 (a. a. O.).
76 Vgl. US-Botschaft Bonn an State Department, 20. 4. 1959, NA RG 59 Dec. 762A.
    31/4-2059.
77 Vgl. die parlamentarischen Anfragen von Janner und Jones, 7. 3. 1960, und
    Foreign Office an die britische Botschaft Washington, 14. 3. 1960, PRO FO
    371/154329.
78 American Jewish Congress an Herter, 5. 2. 1960, Kopie in PRO FO 371/154332.
79 Vgl. die beiden Mitteilungen Caccias, Washington, an das Foreign Office, 15. 3.
    1960, PRO FO 371/154329.
80 Foreign Office an Caccia, 19. 3. 1960, PRO FO 371/154329. Ferner die Aufzeichnung vom 8. 6. 1960 zu den parlamentarischen Anfragen zum Thema Akten, PRO
    FO 371/154333.
81 Vgl. Kapitel 19.
82 Aide Mémoire des State Department, 23. 3. 1960, PRO FO 371/154330. Ferner
    Caccia, Washington, an das Foreign Office, 20. 3. 1960, PRO FO 371/154329.
83 Aufzeichnung Tomkins, 1. 4. 1960, PRO FO 371/154332.
84 Aufzeichnung Allen für Außenminister, 19. 4. 1960, PRO FO 371/154332. Vgl.
    auch Foreign Office an Botschaft Teheran, von Profumo an Secretary of State, 29.
    4. 1960 und Teheran an Foreign Office, von Secretary of State, 30. 4. 1960, PRO
    FO 371/154332.

21. Auch das noch! Der Eichmann-Prozeß in Jerusalem

1 Arndt an Schäffer, 24. 6. 1960 und Strauß an Arndt, 16. 8. 1960, PA AA Ref. 503
   Bd. 530.
2 Vgl. Weber, Kairo, über eine Stellungnahme der VAR, an das Auswärtige Amt, 3.
   5. 1961, PA AA VII Bd. 1038.
3 Vgl. zum folgenden auch Michael Wolffsohn und Ulrich Brochhagen, Ein Massen-

mörder macht Politik, *Süddeutsche Zeitung,* 14. 12. 1991. Zum Prozeßverlauf den »Klassiker«: Hannah Arendt, Eichmann in Jerusalem. Ein Bericht von der Banalität des Bösen, München 1964. Ferner Inge Deutschkron, Israel, S. 119 ff. Ferner Jochen von Lang (Hrsg.), Das Eichmann-Protokoll. Tonbandaufzeichnungen der israelischen Verhöre, Berlin 1982. Vgl. auch die Meinungsstudie zum Eichmann-Prozeß: Regine Schmidt und Egon Becker, Reaktionen auf politische Vorgänge: Drei Meinungsstudien aus der Bundesrepublik, Frankfurt 1967, S. 113 f.

4 Vgl. die Eingaben von Kalmanowitz an Dulles und Eisenhower vom 20. 7. 1953, NA RG 59 Dec. 662.0036/7-2053 und vom 23. 7. 1953, Dec. 662.0026/7-2353. Die Angabe, Eichmann sei im Nahen Osten, beruhte auf israelischen Zeitungsmeldungen, u. a. in der *Jerusalem Post;* Fried, US-Botschaft Tel Aviv an State Department, 14. 7. 1953, Dec. 662.0026/7-1453.

5 Eingabe Kalmanowitz, 28. 8. 1953; NA RG 59 Dec. 662.0027/8-2853.

6 Morton, State Department, an Senator Magnuson, 20. 10. 1953, NA RG 59 Dec. 662.0026/9-1953. Vgl. auch Morron an Senator Smith über ein Gespräch mit Kalmanowitz, 23. 10. 1953, Dec. 662.0026/10-1253.

7 Kalmanowitz an Byroade und Allan Dulles, 6. 5. 1954, beiliegend der Briefwechsel Wiesenthal – Goldmann, NA RG 59 Dec. 662.0026/5-654.

8 Raymond an Kalmanowitz, 4. 6. 1954, NA RG 59 Dec. 662.0026/5-1454.

9 Roth, World Jewish Congress, an Noble, Foreign Office, 10. 7. 1958, PRO FO 371/137566.

10 Foreign Office an Morris, Washington, 2. 11. 1959, PRO FO 371/146062. Vgl. auch Foreign Office an Botschaft Washington, 25. 11. 1959 (ebd.).

11 Dies müßte noch genauer empirisch untersucht werden. Vgl. etwa Leon A. Jick, The Holocaust: its Use and Abuse within the American Public, in: Yad Vashem Studies 14 (1981), S. 303–318. Jick stellt fest, daß während der Nachkriegsjahre nur wenige Bücher zum Thema Judenvernichtung erschienen. Auch er sieht den Eichmann-Prozeß als wichtigen Wendepunkt. Zur Haltung in Israel vgl. Tom Seger, The Seventh Million. The Israelis and the Holocaust, New York 1993. Ein anderes Beispiel: Anfang der fünfziger Jahre gelang es in New York nicht einmal, ein Holocaust-Memorial in Manhattan zu errichten, für das der Grundstein bereits gelegt worden war. Der Grund: Mangel an Mitteln und Mangel an Interesse. Vgl. Ulrich Brochhagen, Das vergessene Mahnmal, in: Semit-Times 3 (1991), Nr. 4, S. 70 73. Zu diesem Problem vgl. auch James E. Young, Holocaust-Gedenkstätten in den USA. Ein Überblick, in: Dachauer Hefte 6 (1990), S. 230–239.

12 Britisches Generalkonsulat Jerusalem an die britische Botschaft Tel Aviv, Pakenham, 17. 8. 1960, PRO FO 371/151264.

13 Voigt an Referat 501, 29. 8. 1961, PA AA L2 Bd. 19.

14 Aufzeichnung Abteilung V, Janz, 5. 1. 1961, PA AA VII Bd. 1037.

15 Über den hessischen Generalstaatsanwalt Dr. Fritz Bauer. Aufzeichnung Raab für Staatssekretär, 25. 5. 1960, PA AA VII Bd. 1037. Nach Inge Deutschkron, Israel, S. 120 f., hatte Bauer entscheidenden Anteil am Aufspüren Eichmanns.

16 Aufzeichnung Gawlik, 18. 11. 1960 über ein Gespräch mit Shinnar, BA B 305/953.

17 Vgl. Die Presse, 15. 4. 1961, in PA AA VII Bd. 1038.

18 Vgl. Federer, New York, an das Auswärtige Amt, 15. 3. 1960, PA AA VII Bd. 1037. Friedensburg, New York, an Adenauer, Globke, Krone, 10. 4. 1961, BA B 305/957.

19 Bulletin des Bundespresseamtes, 11. 4. 1961, in PA AA VII Bd. 1037. Vgl. auch den Bericht der britischen Botschaft Bonn über die Reaktionen in Bonn auf den Beginn des Eichmann-Prozesses, 13. 4. 1961, PRO FO 371/157812.

20 Von Brentano an Adenauer, 10. 3. 1961, BA NL von Brentano/158.

21 Rundschreiben des Auswärtigen Amtes, 14. 7. 1960, BA B 305/953. Vgl. auch den Entwurf in PA AA VII Bd. 1037.

22 Rundschreiben des Auswärtigen Amtes, 14. 7. 1960 (a. a. O.).

23 Aufzeichnung Schwörbel an Ref. 503, 11. 7. 1960, PA AA VII Bd. 1037.

24 Vgl. Aufzeichnung Raab, Abteilung V, 24. 5. 1960, PA AA VII Bd. 1037. Aufzeichnung Janz, Abteilung 5, 20. 6. 1960 (ebd.).

25 Rundschreiben, 14. 7. 1960 (a. a. O.).

26 Aufzeichnung Janz, Abteilung V, 20. 6. 1960, PA AA VII Bd. 1037.

27 Vgl. Aufzeichnung Marmann, 30. 3. 1961, BA B 305/956 und Aufzeichnung Raab für Minister, 27. 4. 1961, PA AA VII Bd. 1037.

28 Rundschreiben, 14. 7. 1960 (a. a. O.). Die von der Bundesregierung nach Jerusalem zum Prozeß entsandte Beobachtergruppe hatte auch den Auftrag, über auftauchende Verdachtsmomente gegen andere Täter zu berichten, vgl. Vermerk Marmann, 12. 1. 1961, PA AA VII Bd. 1037.

29 Aufzeichnung Raab für Minister, 29. 6. 1960, PA AA VII Bd. 1037.

30 Ebd.

31 Vermerk Redenz, Zentrale Rechtsschutzstelle, 30. 6. 1960, BA B 305/953.

32 Vgl. Vermerk Redenz, Zentrale Rechtsschutzstelle, 25. 11. 1960, BA A 305/953. Vgl. auch Aufzeichnung Janz, Abteilung V, PA AA VII Bd. 1037.

33 Vgl. Scheel an von Gagern, 24. 3. 1961, PA AA VII Bd. 1037. Am 6. 5. 1961 wies von Brentano seine Rechtsabteilung an, noch einmal die Staatsangehörigkeit Eichmanns, der lange Jahre in Österreich gelebt hatte, zu prüfen. Er schloß sein Schreiben: »Die systematische Tätigkeit eines Mörders wie Eichmann hat nichts mit den Kriegsereignissen zu tun.« BA B 305/961.

34 Vgl. hierzu Kapitel 8.

35 Vgl. Scheel an von Gagern, 24. 3. 1961 (a. a. O.).

36 Boss, Ministerbüro, für Abteilung V, mit Anlagen, BA B 305/956.

37 Aufzeichnung Janz für Minister über Gespräch mit Shinnar, 5. 1. 1960, PA AA VII Bd. 1037.

38 Rundschreiben, 14. 7. 1960 (a. a. O.).

39 Blankenhorn an das Auswärtige Amt, 10. 4. 1961, BA B 305/957.

40 Gallup, George H. (Hrsg.), The Gallup International Public Opinion Polls, France 1939, 1944–1975, Bd. 1, New York 1976, S. 296 f.

41 Gallup, Great Britain, Bd. 1, S. 583. Im August wurde die Frage von Gallup erneut gestellt. Keinen Unterschied in der Haltung zu Deutschland gaben 62 Prozent an, weniger Sympathie 23 Prozent und mehr Sympathie 3 Prozent (ebd., S. 595).

42 Aufzeichnung über die deutsch-britischen Beziehungen anläßlich des Adenauer-Be-
   suches, undatiert (Eingangsstempel im Archiv: 23. 2. 1961), PRO FO 371/161121.
43 Home hatte schon am 19. Januar 1961 in einem Rundschreiben u. a. an den
   Premierminister und den Verteidigungsminister seine Sorgen wegen der deutsch-
   britischen Beziehungen ausgedruckt. Angesichts tagespolitischer Probleme hatte
   er davor gewarnt, die Deutschen als Alliierte zweiter Klasse zu behandeln; man
   solle bei deutschen Wünschen künftig eher ja als nein sagen. Aufzeichnung
   Home, 19. 1. 1961, PRO PREM 11/3358.
44 George H. Gallup (Hrsg.), The Gallup Poll, Public Opinion 1935–1971, New York
   1972, Bd. 2, S. 1729.
45 Auswärtiges Amt an die Botschaft Washington, 10. 2. 1961, PA AA L3 Bd. 1.
46 Aufzeichnung Referat 305, 29. 12. 1960, PA AA Ref. 305 Bd. 139.
47 Federer, New York, an das Auswärtige Amt, 3. 2. 1961, BA B 305/954. Auch
   Wilhelm Grewe äußerte sich während einer Konsularkonferenz in Atlanta im
   Mai 1961 ähnlich: Bei Stellungnahmen solle immer der Hoffnung Ausdruck
   gegeben werden, »daß durch den Prozeß der Unterschied zwischen dem alten
   und dem neuen Deutschland klar zutage trete«. Aufzeichnung über die Konsularkonferenz, 9. 5. 1961, PA AA Ref. 503 Bd. 127.
48 Vgl. die Aufzeichnung des Pressereferates, Hille, 20. 1. 1961; die Aufzeichnung
   bezieht sich auf ein früheres Telegramm aus New York, BA B 305/954.
49 Zentrale Rechtsschutzstelle, Gawlik, an Bundesminister der Justiz, 14. 2. 1961, BA
   B 305/954.
50 Die Zusage wurde am 24. 2. 1961 erteilt; Dallinger, Bundesjustizministerium, an
   das Auswärtige Amt, 24. 2. 1961, PA AA VII Bd. 1037.
51 Bundesjustizministerium, Die Verfolgung nationalsozialistischer Straftaten im
   Gebiet der Bundesrepublik Deutschland seit 1945, Bonn 1964.
52 Vgl. zu den dortigen Gesprächen – ohne Erwähnung des Eichmann-Prozesses –
   Hans-Peter Schwarz, Adenauer. Der Staatsmann, S. 629 ff.
53 Vgl. Federer, New York, an das Auswärtige Amt, 15. 3. 1961, PA AA VII Bd. 1037;
   Rhamm, New York, an das Auswärtige Amt, 5. 4. 1961 (ebd.). Am 10. April 1961
   meldete das Generalkonsulat, die Stimmung in New York sei weitaus kritischer
   als die in Washington, Friedensburg an das Auswärtige Amt, 10. 4. 1961, BA B
   305/957. Am 21. April meldete die deutsche Vertretung in New York, selbst in
   New York habe der Prozeßbeginn »nicht die das gegenwärtige Deutschland
   bedrückende Sensation gebracht, die von uns mit Recht befürchtet, von gewissen
   interessierten Kreisen erhofft worden war«. Federer an das Auswärtige Amt, 21.
   4. 1961, PA AA VII Bd. 1038.
54 Vgl. Aufzeichnung Gawlik mit beiliegendem Sprechzettel, 4. 4. 1961, BA B
   305/957.
55 Rose, für den Botschafter, an Home, Foreign Office, 4. 7. 1961, PRO FO
   371/160648. Schon im Mai hatten Beamte der britischen Botschaft in Bonn die
   Stelle in Ludwigsburg besucht; vgl. die Aufzeichnung als Anlage zu einem
   Schreiben der Botschaft Bonn an das Foreign Office, 18. 5. 1961, PRO FO
   371/160648.

56 Van Scherpenberg an Globke, 17. 3. 1961, BA B 305/956.

57 Britische Botschaft Tel Aviv an Foreign Office, 19. 12. 1960, PRO FO 371/151272.

58 Britische Botschaft Tel Aviv an Foreign Office, 21. 11. 1960, PRO FO 371/151272.

59 Vgl. hierzu auch die Äußerungen von Adenauer gegenüber Journalisten, Adenauer, Teegespräche 1959–1961, S. 409, Gespräch vom 19. 1. 1961. Die Vorwürfe gegen Globke waren von einem Berliner Anwalt namens Dr. Max Merten, ehemals Kriegsverwaltungsrat in Saloniki, gekommen. Sie erwiesen sich als substanzlos; die Staatsanwaltschaft ermittelte bald gegen Merten selbst wegen Falschaussage (ebd., Anm. 25).

60 Vgl. diese Angaben nach dem Bericht des Bundesamtes für Verfassungsschutz an Gawlik, Auswärtiges Amt, 6. 4. 1961, BA B 305/957.

61 Britische Botschaft Bonn an Foreign Office, 25. 1. 1960, PRO FO 371/161168.

62 Botschaft Prag, Vermerke über Unterredungen mit Vertretern Israels, Vermerk über Gespräch mit Genossen Starek am 1. 12. 1961, MfAA A 11926.

63 Vgl. auch die Broschüre des Ausschusses für Deutsche Einheit aus dem Jahre 1961: »Der Bonner Staat – Paradies für Judenmörder und Kriegsverbrecher«, in BA B 305/958.

64 Vgl. hierzu im einzelnen die Berichte der britischen Botschaft Bonn an Foreign Office, 20. 2. 1961 und 23. 2. 1961, PRO FO 371/161120.

65 Marten, Foreign Office, an Killick, secret, Foreign Office, 9. 6. 1961, PRO FO 371/160515.

66 Vgl. Kapitel 19.

67 Aufzeichnung Hiller, 11. 4. 1961, PRO FO 371/157812.

68 Vgl. das Memorandum: The Eichmann Trial: Proposals for the Relief of Jews in Nazi Occupied Europe, ohne Verfasser, undatiert, PRO FO 371/157813.

69 Vgl. hierzu Hannah Arendt, Eichmann, S. 240 f. Martin Gilbert, Auschwitz, S. 249 ff.

70 Zum Problem Martin Gilbert, Auschwitz, vor allem S. 314 ff. und David S. Wyman, Das unerwünschte Volk. Ferner: Walter Laqueur, Was niemand wissen wollte. Die Unterdrückung der Nachrichten über Hitlers Endlösung, Frankfurt M./Berlin/Wien 1981. Engagiert aus persönlicher Perspektive: Leon W. Wells, Und sie machten Politik. Die amerikanischen Zionisten und der Holocaust, München 1989. Schließlich Bernard Wasserstein, Britain and the Jews of Europe, 1939–1945, Oxford 1979.

71 Über jene konkreten Pläne einer Fallschirmtruppe berichtet Martin Gilbert nicht. Dagegen waren immer wieder Vorschläge gemacht worden, eine jüdische Einheit aufzustellen. Noch im Juli 1944 wandte sich die britische Regierung aus nahostpolitischen Erwägungen gegen solche Pläne; Martin Gilbert, Auschwitz, S. 28 und 307.

72 Die im Memorandum genannte Intervention Sharetts am 22. 7. 1944 ist bei Gilbert nicht erwähnt. Nach Gilbert waren aber schon früher von Moshe Shertok gegenüber dem Foreign Office ähnliche Vorschläge vorgebracht worden; es ging genaugenommen um Palästina-Staatsbürgerschaften. Aber auch nichtjüdische Kreise hatten die Verleihung der britischen Staatsbürgerschaft gefordert; Martin Gilbert, Auschwitz, S. 323.

73 »What Should I do with a Million Jews?« *Times*, 1. 6. 1961. Ferner Hancock an Foreign office, 21. 8. 1961, mit einem ausführlichen Zwischenbericht über den Verlauf des Eichmann-Prozesses, PRO FO 371/157814.

74 Eden an Home, 2. 6. 1961, PRO FO 371/157813. Home bestätigte den Brief am 7. 6. 1961 und versprach baldige Antwort (ebd.).

75 Aufzeichnung Acland (?) über ein Gespräch mit Eden, 7. 6. 1961, PRO FO 371/157813.

76 Auszug aus dem Hansard, 13. 6. 1961, in PRO FO 371/157813. Vgl. ferner die Aufzeichnung Wartime Proposals for the Protection of Jews from Nazi persecution, Hiller, 7. 6. 1961, PRO FO 371/157813.

77 Vgl. hierzu die Aufzeichnung über ein Treffen von Vertretern verschiedener Abteilungen zu diesem Thema, 19. 6. 1961, PRO FO 371/157813.

78 Aufzeichnung Hiller, 10. 7. 1961, PRO FO 371/157814.

79 Vgl. zu dieser Episode auch das ausführliche Memorandum des Foreign Office, top secret, undatiert, PRO FO 371/157812. Auch andere Gründe, nämlich die Sorge vor einem nicht versiegenden Strom jüdischer Flüchtlinge, waren bei der Ablehnung der Brand-Vorschläge von Bedeutung; vgl. Martin Gilbert, Auschwitz, S. 251 ff. Dennoch meint Gilbert, die Sorge vor einem Bruch mit der Sowjetunion sei wohl das entscheidende Motiv gewesen (S. 271).

80 Vgl. zu dieser nicht genauen Analyse Martin Gilbert, Auschwitz, vor allem S. 319 f., S. 334 f. und S. 352 f. So gab es noch nach Ende der Deportationen aus Ungarn Überlegungen, Auschwitz zu bombardieren.

81 Memorandum Hiller, 10. 7. 1961 (a. a. O.). Martin Gilbert, Auschwitz, S. 300, betont ebenfalls, daß Oberschlesien zu weit von britischen Stützpunkten entfernt gewesen sei, als daß die Royal Air Force einen nächtlichen Präzisionsangriff hätte fliegen können.

82 Vgl. die Aufzeichnungen von Hoyer Millar, 13. 7. 1961 und Staatsminister, 17. 7. 1961 zum Memorandum von Hiller, PRO FO 371/157814.

83 Notiz Heath, 17. 7. 1961, PRO FO 371/157814.

84 Notiz Home, 30. 7. 1961, PRO FO 371/157814.

85 Aufzeichnung, Unterschrift unleserlich, 24. 7. 1961, PRO FO 371/157814. Vgl. auch zusammenfassend das Schreiben des Foreign Office an Woodfield, Privatsekretär des Premierministers, 15. 8. 1961 (ebd.).

86 Macmillan an Henderson, M. P., 19. 8. 1961, PRO FO 371/157813. Ähnlich, nur kürzer, an Morrisson, M. P., 29. 8. 1961, PRO FO 371/157814. Vgl. auch das Informationsschreiben des Foreign Office an die britische Botschaft Tel Aviv, 28. 9. 1961, PRO FO 371/157813.

87 Home an Eden, 28. 8. 1961, PRO FO 371/157814.

88 Vgl. den Bericht über eine Konferenz im Februar 1989 zu diesem Thema in Southampton: Tony Kushner, The British and the Shoah, in: Patterns of Prejudice 23 (1989), Nr. 3, S. 3–18. Vgl. auch Bernard Wasserstein, Britain and the Jews of Europe, 1939–1945, Oxford 1979.

Nachbemerkung

1 Vgl. etwa: Braunbuch. Kriegs- und Naziverbrecher in der Bundesrepublik. Staat, Wirtschaft, Verwaltung, Armee, Justiz, Wissenschaft, Staatsverlag der DDR, Berlin 1965.

Quellen- und Literaturverzeichnis

Unveröffentlichte Quellen

1. Politisches Archiv des Auswärtigen Amtes, Bonn (PA AA)

PA AA II	Abteilung II (Politische Abteilung[1])
PA AA III	Abteilung III (Länderabteilung)
PA AA VII	Abteilung VII (Ostabteilung)
PA AA Ref. 204	Referat 204 (Frankreich)
PA AA Ref. 304	Referat 304 (Großbritannien)
PA AA Ref. 305	Referat 305 (USA)
PA AA Ref. 503	Referat 503 (Rechtsabteilung, Strafrecht[2])
PA AA L2	Referat L2 (Inlandsreferat[3])
PA AA L3	Referat L3 (Informationsreferat Ausland[4])
PA AA MB	Ministerbüro
PA AA StS	Büro Staatssekretär

2. Bundesarchiv Koblenz (BA)

BA B 136	Bundeskanzleramt
BA B 141	Bundesjustizministerium
BA B 305	Zentrale Rechtsschutzstelle
BA B NL	Nachlässe von Brentano, Blankenhorn

3. Archiv des Bundespresseamtes (BPA)

Diverse Mikrofilme aus dem Pressearchiv

4. Stiftung Bundeskanzler-Adenauer-Haus, Rhöndorf (STBKAH)

Bestand Private Korrespondenz, Adenauer

5. Archives du Ministère des Affaires Étrangères, Paris (MAE)

MAE EU 1949-55 Allemagne Série d'Europe (EU), Sous Série d'Allemagne, 1949-1955[5]
MAE EU 1956-60 Allemagne Série d'Europe (EU), Sous Série d'Allemagne, 1956-1960[6]
MAE EU 1949-55 Généralités Série d'Europe (EU), Sous Série Généralités, 1949-1955

6. Archives de l'occupation Française en Allemagne et en Autriche, Colmar (AO)

Bestand Ambassade française à Bonn

7. Public Record Office, Kew bei London (PRO)

PRO FO 371	Foreign Office, General Correspondence
PRO FO 800	Foreign Office, Private Office Papers, Eden, Bevin, Morrison
PRO FO 1060	Legal Division of the Allied High Commission, British Element
PRO FO 1005	Allied High Commission, Council of the High Commissioners
PRO FO 1049	Control Commission for Germany, British Element, Political Division
PRO PREM 11	Prime Minister's Files
PRO CAB 128	Cabinet Papers, Conclusions
PRO CAB 129	Cabinet Papers

8. The University College Library, London

Papiere der Anglo Jewish Association

9. National Archives, Washington, D. C. (NA)

NA RG 59 Dec.	Record Group 59, State Department, Decimal Files
NA RG 59 Lot 57 D 540	Record Group 59, State Department, General Records of the Assistant Legal Adviser for European Affairs, Relating to Germany and Austria, 1946-1956
NA RG 59 Lot 59 D 609	Record Group 59, State Department, Subject Files of the Assistant Legal Adviser for European Affairs, Relating to Germany and Austria, 1946-1956
NA RG 59 Lot 53 D 444	Record Group 59, State Department, Acheson Papers

NA RG 319 P & O   Record Group 319, Assistant Chief of Staff, Decimal
                         Files, Plans and Operations Division
NA RG 466 McCloy Papers[7] Record Group 466, US-Hochkommission,
                         Papers of John McCloy
NA RG 466 Dec. GR   Record Group 466, US-Hochkommission, Office of the
                         Executive Secretary, Decimal Files, General Records
NA RG 466 Dec. CGR   Record Group 466, US-Hochkommission, Office of the
                         Executive Secretary, Decimal Files, Classified General
                         Records
NA RG 84 Paris Embassy GR Record Group 84, Foreign Service Posts of the
                         Department of State, Paris Embassy, General Records
NA RG 84 Paris Embassy CGR Record Group 84, Foreign Service Posts of the
                         Department of State, Paris Embassy, Classifield General
                         Records
NA RG 84 Paris Embassy EDC Record Group 84, Foreign Service Posts of the Depart-
Records   ment of State, Paris Embassy, Records Relating to the
                         EDC and Related International Organizations,
                         1951–1955.

10. Dwight D. Eisenhower Library, Abilene, Kansas

White House Office, Office of the Staff Secretary, International Series
Ann Whitman File, International Series
Ann Whitman File, Ann Whitman Diary Series
Ann Whitman File, Dulles Herter Series
White House Central Files, Confidential File, 1953–1961, Subject Series
Pre Presidential Files, Name Series
White House Office, Staff Research Group, Staff Notes Series

11. Harry S. Truman Library, Independence, Missouri

Acheson Papers
Truman Papers, President's Secretary's Files
Truman Papers, Psychological Strategy Board 091-Germany
Thayer Papers
Official File

12. Mud Library, Princeton, New Jersey

Papers of John Foster Dulles

13. American Jewish Archives, Hebrew Union College, Cincinnati, Ohio

World Jewish Congress Collection

14. American Jewish Historical Society, Brandeis University, Waltham, Massachusetts

American Jewish Congress Collection

15. Ministerium für Auswärtige Angelegenheiten der DDR, Berlin (MfAA)

Akten der außenpolitischen Abteilung, Botschaft Prag[8]

Veröffentlichte Quellen, Umfragen,
Dokumentationen und Broschüren

Adenauer, Konrad, Briefe 1949–1951, Berlin 1985; Briefe 1951–1953, Berlin 1987, hrsg. von Rudolf Morsey und Hans-Peter Schwarz, bearb. von Hans-Peter Mensing, Berlin 1987 (Rhöndorfer Ausgabe).

ders., Teegespräche 1950–1954, Berlin 1984; Teegespräche 1955–1958, Berlin 1986; Teegespräche 1959–1961, Berlin 1988, hrsg. von Rudolf Morsey und Hans-Peter Schwarz, bearb. von Jürgen Küsters (Rhöndorfer Ausgabe).

Adenauer im Dritten Reich, hrsg. von Rudolf Morsey und Hans-Peter Schwarz, bearb. von Hans-Peter Mensing, Berlin 1991 (Rhöndorfer Ausgabe).

Akten zur Auswärtigen Politik der Bundesrepublik Deutschland, hrsg. von Hans-Peter Schwarz in Verbindung mit Rainer Pommerin, Bd. 1: Adenauer und die Hohen Kommissare, 1949–1951, München 1989; Bd. 2: Adenauer und die Hohen Kommissare, 1952, München 1990.

Albrecht, Willy (Hrsg.), Kurt Schumacher. Reden, Schriften Korrespondenzen, 1945–1952, Bonn/Berlin 1985.

Baring, Arnulf (Hrsg.), Sehr verehrter Herr Bundeskanzler. Heinrich von Brentano im Briefwechsel mit Konrad Adenauer, 1949–1964, Hamburg 1974.

Boyle, Peter G. (Hrsg.), The Churchill–Eisenhower Correspondence, 1953–55, Chapel Hill/London 1990.

Buchstab, Günter (Hrsg.), Adenauer: »Es mußte alles neu gemacht werden.« Die Protokolle des CDU-Bundesvorstandes, 1950–1953, Stuttgart 1986 (Forschungen und Quellen zur Zeitgeschichte, Bd. 8).

ders. (Hrsg.), Wir haben wirklich etwas geschaffen. Die Protokolle des CDU-Bundesvorstandes, 1953-1957, Düsseldorf 1990 (Forschungen und Quellen zur Zeitgeschichte, Bd. 16).

Bundesjustizministerium, Die Verfolgung nationalsozialistischer Straftaten im Gebiet der Bundesrepublik Deutschland seit 1945, Bonn 1964.

Die Haltung der beiden deutschen Staaten zu den Nazi- und Kriegsverbrechen. Eine Dokumentation, Berlin (Ost) 1965.

Die Kabinettsprotokolle der Bundesregierung, hrsg. für das Bundesarchiv von Hans Booms, Bd. 1, 1949, Boppard 1982; Bd. 2, 1950, Boppard 1984; Bd. 3, 1950 (Wortprotokolle), Boppard 1986; Bd. 4, 1951, Boppard 1988; Bd. 5, 1952, Boppard 1989; Bd. 6, 1953, Boppard 1989.

Die Wahrheit über Oberländer. Braunbuch über die verbrecherische Vergangenheit des Bonner Ministers, Ausschuß für Deutsche Einheit, Berlin 1960.

Dr. Otto John, Ich wählte Deutschland. Broschüre, Ausschuß für Deutsche Einheit, Berlin. o. J. (1954).

FDP Bundesvorstand. Die Liberalen unter dem Vorsitz von Theodor Heuss und Franz Blücher, Sitzungsprotokolle 1949-1954, bearb. von Udo Wengst, 2 Bde., Düsseldorf 1990 (Quellen zur Geschichte des deutschen Parlamentarismus und der politischen Parteien, 4. Reihe, Bde. 7/1 und 7/2).

Fischer, Erika J. und Heinz Fischer (Hrsg.), John J. McCloy und die Frühgeschichte der Bundesrepublik Deutschland. Presseberichte und Dokumente über den amerikanischen Hochkommissar für Deutschland 1949-1952, Köln 1985.

Fischer, Erika J., John McCloys Reden zu Deutschland- und Berlinfragen. Publizistische Aktivitäten und Ansprachen 1949-1952, Berlin 1986.

Gallup, George H. (Hrsg.), The Gallup International Public Opinion Polls, France 1939, 1944-1975, Bd. 1, New York 1976.

ders. (Hrsg.), The Gallup International Public Opinion Polls. Great Britain 1937-1975, Bd. 1, New York 1976.

ders. (Hrsg.), The Gallup Poll. Public Opinion 1935-1971, Bde. 1 und 2, New York 1972.

Jahrbuch der Öffentlichen Meinung, 1958-1964, hrsg. von Elisabeth Noelle und Erich Peter Neumann, Institut für Demoskopie Allensbach, Allensbach/Bonn 1965.

Jahrbuch der Öffentlichen Meinung, 1957, hrsg. von Elisabeth Noelle und Erich Peter Neumann, Institut für Demoskopie Allensbach, Allensbach/Bonn 1957 (Nachdruck 1969).

Jahrbuch der Öffentlichen Meinung, 1947-1955, hrsg. von Elisabeth Noelle und Erich Peter Neumann, Institut für Demoskopie Allensbach, Allensbach/Bonn 1956.

Justiz und NS-Verbrechen. Sammlung deutscher Strafurteile wegen nationalsozialistischer Tötungsverbrechen, 1945-1966, bearbeitet im »Seminarium voor Strafrecht en Strafrechtspleging Van Hamel« der Universität Amsterdam von L. Rüter Ehlermann, C. E Rüter u. a., Amsterdam 1968 ff.

Keesings Archiv der Gegenwart, Bonn.

Landsberg. Ein dokumentarischer Bericht, hrsg. von der US-Hochkommission, 1951.

Lenz, Otto, Im Zentrum der Macht: Das Tagebuch von Staatssekretär Lenz, 1951-1953, bearbeitet von Klaus Gotto, Hans-Otto Kleinman und Reinhard Schreiner, Düsseldorf 1989 (Forschungen und Quellen zur Zeitgeschichte, Bd. 11).

Merrit, Anna J. und Richard L. Merrit (Hrsg.), Public Opinion in Semisouvereign Germany. The HICOG Surveys 1949-1955, Urbana u. a. 1980.

Noelle, Elisabeth und Peter Neumann, The Germans. Public Opinion Polls 1947-1966, Westport (Reprint) 1981.

Nürnberger Prozesse. Der Prozeß gegen die Hauptkriegsverbrecher vor dem Internationalen Militärgerichtshof. Nürnberg, 14. 11. 1945 - 1. 10. 1946, 42 Bde., Nürnberg 1947-1949.

Smith Bradley F., The American Road to Nuremberg, The Documentary Record, 1944-1945, Standfort 1982.

Theodor Heuss und Konrad Adenauer, Unserem Vaterland zuliebe. Der Briefwechsel, 1948-1963, bearbeitet von Peter Mensing, Berlin 1989 (Rhöndorfer Ausgabe).

Trials of War Criminals before the Nurnberg Military Tribunal under Control Council Law No. 10., Washington 1949-1953.

Tutorow, Norman E., War Crimes, War Criminals and War Crimes Trials. An Annotated Bibliography and Source Book, New York 1986.

Verhandlungen des Deutschen Bundestages, Stenographische Berichte und Drucksachen.

Weißbuch der Bundesregierung: Die antisemitischen und nazistischen Vorfälle, Bonn 1960.

Zur Verjährung nationalsozialistischer Verbrechen. Dokumentation der parlamentarischen Bewältigung des Problems, hrsg. vom Deutschen Bundestag, Presse- und Informationszentrum, Bonn 1980.

Zitierte Literatur

Abenheim, Donald, Bundeswehr und Tradition. Die Suche nach dem gültigen Erbe des deutschen Soldaten, München 1989.

Adamthwaite, Anthony, Overstretched and Overstrung: Eden, The Foreign Office and the Making of Policy 1951-1955, in: International Affairs 64 (Spring 1988), Nr. 2, S. 241-259.

Adenauer, Konrad, Erinnerungen, 1945-1953, Stuttgart 1965, Erinnerungen 1953-1955, Stuttgart 1966; Erinnerungen 1955-1959, Stuttgart 1967; Erinnerungen (Fragmente) 1959-1963, Stuttgart 1968.

Ambrose, Steven, Eisenhower, Band 1: Soldier, General of the Army, President Elect, New York 1983.

Anfänge westdeutscher Sicherheitspolitik, 1945-1956, hrsg. vom Militärgeschichtlichen Forschungsamt, Bd. 1: Von der Kapitulation bis zum Pleven-Plan, München/Wien 1982; Bd. 2: Die EVG-Phase, München/Wien 1990.

Arendt, Hannah, Eichmann in Jerusalem. Ein Bericht von der Banalität des Bösen, München 1964.

Arndt, Siegfried Theodor u. a., Juden in der DDR. Geschichte, Probleme, Perspektiven, Köln 1988.

Arnim, Gabriele von, Das große Schweigen. Von der Schwierigkeit mit dem Schatten der Vergangenheit zu leben, München 1989.

Artzt, Heinz, Zur Abgrenzung von Kriegsverbrechen und NS-Verbrechen, in: Adalbert Rückerl (Hrsg.), NS-Prozesse. Nach 25 Jahren Strafverfolgung: Möglichkeiten – Grenzen – Ergebnisse, 2. Aufl., Karlsruhe 1972, S. 163–194.

Aschenhauer, Rudolf, Landsberg. Ein dokumentarischer Bericht von deutscher Seite, München 1951.

Auerbach, Helmut, Die Gründung des Instituts für Zeitgeschichte, in: Vierteljahrshefte für Zeitgeschichte 18 (1970), S. 529–554.

Azéma, Jean-Pierre, De Munich à la Libération, 1938–1944, Paris 1979.

Backes, Uwe, Eckhard Jesse und Rainer Zitelmann (Hrsg.), Die Schatten der Vergangenheit. Impulse zur Historisierung des Nationalsozialismus, Frankfurt a. M./Berlin 1990.

Backes, Uwe und Eckhard Jesse, Politischer Extremismus in der Bundesrepublik, Bd. 1: Literatur, Bd. 2: Analyse, Bd. 3: Dokumentation, Köln 1989.

Bacque, James, Der geplante Tod. Deutsche Kriegsgefangene in amerikanischen und französischen Lagern, 1945–1946, Frankfurt 1989.

Bailey, Gordon Wallace, Dry Run for the Hangman: The Versailles-Leipzig Fiasco, 1919–1921, Feeble Foresbadow of Nuremberg, Ph. D. Thesis, University of Maryland 1971.

Becker, Bert, Die DDR und Großbritannien, 1945/49–1973. Politische, wirtschaftliche und kulturelle Kontakte im Zeichen der Nichtanerkennungspolitik, Bochum 1991.

Bell, Michael, Die Blockade Berlins. Die Konfrontation der Alliierten in Deutschland, in: Josef Foschepoth (Hrsg.), Kalter Krieg und deutsche Frage. Deutschland im Widerstreit der Mächte, 1945–1952, Göttingen 1987, S. 217–239.

Benz, Wolfgang, Die Opfer und die Täter. Rechtsextremismus in der Bundesrepublik, in: ders. (Hrsg.), Rechtsradikalismus in der Bundesrepublik. Voraussetzungen, Zusammenhänge, Wirkungen, Frankfurt 1989, S. 9–37.

ders., Die Entnazifizierung der Richter, in: ders., Zwischen Hitler und Adenauer. Studien zur deutschen Nachkriegsgeschichte, Frankfurt 1991, S. 104–127.

ders., Versuche zur Reform des Öffentlichen Dienstes 1945–1952. Deutsche Opposition gegen alliierte Initiativen, in: Vierteljahrshefte für Zeitgeschichte 29 (1981), S. 216–245.

Bérard, Armand, Un Ambassador se souvient. Washington et Bonn, 1945–1955, Paris 1978.

Bergmann, Werner und Rainer Erb, Antisemitismus in der Bundesrepublik Deutschland. Ergebnisse der empirischen Forschung 1946–1989, Opladen 1991.

Berthold, Will, Das Recht des Siegers: Malmédy, 3. Aufl., München 1983.

Best, Geoffrey Francis Andrew, Humanity in Warfare, New York 1980.

ders., Nuremberg and After: The Continuing History of War Crimes and Crimes Against Humanity, Reading 1984 (University of Reading: The Stenton Lecture 1983).

Billerbeck, Rudolf, Die Abgeordneten der ersten Landtage (1946–1951) und der Nationalsozialismus, Düsseldorf 1971 (Beiträge zur Geschichte des Parlamentarismus und der politischen Parteien 41).

Birn, Ruth Bettina, Die Höheren SS- und Polizeiführer. Himmlers Vertreter im Reich und in den besetzten Gebieten, Düsseldorf 1986.

Bittmann, Ladislav, Geheimwaffe D., Bern 1973.

ders., Zum Tode verurteilt. Memoiren eines Spions, München 1984.

Blänsdorf, Agnes. Zur Konfrontation mit der NS-Vergangenheit in der Bundesrepublik Deutschland, der DDR und in Österreich. Entnazifizierung und Wiedergutmachungsleistungen, in: Aus Politik und Zeitgeschichte B 16–17, 1987, S. 3–18.

Bled, Jean-Paul, Le Général de Gaulle et l'Allemagne pendant la traversée du désert (1946–1958), in: Revue d'Allemagne 22 (1990), Nr. 4, S. 513–538.

Boberach, Heinz, Das Nürnberger Urteil gegen verbrecherische Organisationen und die Spruchgerichtsbarkeit der britischen Zone, in: Zeitschrift für Neuere Rechtsgeschichte 12 (1990), S. 40–50.

Bock, Hans Manfred, Zur Perzeption der frühen Bundesrepublik in der französischen Diplomatie. Die Bonner Monatsberichte des Hochkommissars François-Poncet 1949–1955, in: Francia 15 (1987), S. 579–658.

Bohlen, Charles, Witness to History, 1929–1969, New York 1973.

Bosch, William J., Judgment on Nuremberg. American Attitudes Toward the Major German War-Crime Trials, Chapel Hill 1970.

Bower, Tom, Klaus Barbie. Lyon, Augsburg, La Paz – Karriere eines Gestapo-Chefs, Berlin 1984.

ders., The Pledge Betrayed. America and Britain and the Denazification of Postwar Germany, New York 1982.

Brochhagen, Ulrich, Das vergessene Mahnmal, in: Semit-Times 3 (1991), Nr. 4, S. 70–73.

ders., Der Standort Großbritanniens und Frankreichs im Rahmen deutsch-israelischer Wiedergutmachungsverhandlungen, 1951–1953, unveröffentlichte Magisterarbeit, Ludwig-Maximilians-Universität München (dort zu erhalten).

Broszat, Martin, Siegerjustiz oder strafrechtliche »Selbstreinigung«. Aspekte der Vergangenheitsbewältigung der deutschen Justiz während der Besatzungszeit 1945–1949, in: Vierteljahrshefte für Zeitgeschichte 29, Nr. 4 (1981), S. 477–544.

Buchheim, Christoph, Das Londoner Schuldenabkommen, in: Ludolf Herbst (Hrsg.), Westdeutschland 1945–1955. Unterwerfung, Kontrolle, Integration, München 1986 (Schriftenreihe des Instituts für Zeitgeschichte, Sondernummer), S. 219–229.

Buchheim, Hans, Das Problem des sogenannten Befehlsnotstandes aus historischer Sicht, in: Peter Schneider und Hermann J. Meyer (Hrsg.), Rechtliche und politische Aspekte der NS-Verbrecherprozesse, Mainz 1968, S. 25–37.

Büsch, Otto und Peter Furth, Rechtsradikalismus im Nachkriegsdeutschland. Studien über die »Sozialistische Reichspartei«, Köln 1967.

Buscher, Frank M. und Michael Phayer, German Catholic Bishops and the Holocaust, 1940–1952, in: German Studies Review 11 (Oktober 1988), Nr. 3, S. 463–485.

Buscher, Frank M., Kurt Schumacher. German Social Democracy and the Punishment of Nazi Crimes, in: Holocaust and Genocide Studies 5 (1990), S. 261–273.

ders., The US War Crimes Trial Program in Germany, 1946–1955, New York 1989.

Butler, David E., The British General Election of 1952, London 1952.

DDR-Handbuch, hrsg. vom Ministerium für Innerdeutsche Beziehungen, 3. Aufl., Köln 1985.

Dehoust, Peter (Hrsg.), Die Niederwerfung des Reiches. Krieg. Verrat, Prozesse. Revisionistische Thesen zur Zeitgeschichte, Coburg 1984.

Delarue, Jacques, Trafics et crimes sous l'occupation, Paris 1968.

Delmer, Sefton, Die Deutschen und ich, Hamburg 1962.

Deutschkron, Inge, Israel und die Deutschen. Das besondere Verhältnis, Köln 1983.

Diestelkamp, Bernhard, Die Justiz nach 1945 und ihr Umgang mit der eigenen Vergangenheit, in Rechtshistorisches Journal 5 (1986), S. 155-174.

ders., Kontinuität und Wandel in der Rechtsordnung 1945-1955, in: Ludolf Herbst (Hrsg.), Westdeutschland 1945-1955. Unterwerfung, Kontrolle, Integration, München 1986 (Schriftenreihe des Instituts für Zeitgeschichte, Sondernummer), S. 85-116.

Diner, Dan, Ist der Nationalsozialismus Geschichte? Frankfurt/M. 1987.

Doehring, Karl, Völkerrechtliche Beurteilung des Kriegsverbrecherprozesses von Nürnberg. Auch nach 40 Jahren sind die Prinzipien von Nürnberg nicht anwendbar geworden, in: Beiträge zur Konfliktforschung 16 (1986), S. 75-84.

Doering-Manteuffel, Anselm, Katholizismus und Wiederbewaffnung. Die Haltung der deutschen Katholiken gegenüber der Wehrfrage, 1948-1955, Mainz 1981 (Veröffentlichungen der Kommission für Zeitgeschichte, Reihe B, Bd. 32).

Donate, Claus, Deutscher Widerstand gegen den Nationalsozialismus aus der Sicht der Bundeswehr. Ein Beitrag zur Vergangenheitsbewältigung, unveröffentlichte Diss. Freiburg 1976.

Döscher, Hans-Jürgen, Das Auswärtige Amt im Dritten Reich. Diplomatie im Schatten der »Endlösung«, Berlin 1987.

Dreßen, Willi, Die Zentrale Stelle der Landesjustizverwaltungen zur Aufklärung von NS-Verbrechen in Ludwigsburg, in: Dachauer Hefte Nr. 6 (1990), Erinnern oder Verweigern. Das schwierige Thema Nationalsozialismus, S. 85-93.

Dreyfus, François Georges, Histoire de Vichy. Vérités et légendes, Paris 1990.

Dudek, Peter und Hans Gerd Jaschke, Entstehung und Entwicklung des Rechtsextremismus in der Bundesrepublik. Zur Tradition einer besonderen politischen Kultur, 3 Bde., Opladen 1984.

Düx, Heinz, Vorläufer der Nürnberger Prozesse vor dem 1. Weltkrieg, in: Martin Hirsch, Norman Peach und Gerhard Stuby (Hrsg.), Politik als Verbrechen. 40 Jahre »Nürnberger Prozesse«, Hamburg 1986, S. 47-51.

Eberan, Babro, Luther? Friedrich der Große? Wagner? Nietzsche ...? ...? Wer war an Hitler schuld? Die Debatte um die Schuldfrage 1945-1949, 2. Aufl., München 1985.

Edinger, Lewis J., Post-Totalitarian Leadership. Political Elites in the German Federal Republic, in: American Political Science Review 54(1960), S. 58-82.

Eisele, A., Réflexions sur les procès des criminels de guerre en France, in: Revue de droit pénal et de criminologie, 1950/51, S. 305-317.

Eisenhower, Dwight D., Crusade in Europe. The Politics and Strategy of World War II, New York (Reprint) 1977.

Eisfeld, Rainer und Ingo Müller (Hrsg.), Gegen Barbarei. Essays. Robert M. W. Kempner zu Ehren, Frankfurt/M. 1989.

Elias, Norbert, Engagement und Distanzierung. Arbeiten zur Wissenssoziologie, Frankfurt/M. 1983.

Enders, Ulrich, Der Hitler-Film »Bis fünf nach 12« - Vergangenheitsbewältigung oder Westintegration?, in: Aus der Arbeit der Archive. Beiträge zu Archivwesen, zu Quellenkunde und zur Geschichte. Festschrift für Hans Booms, hrsg. von Friedrich Kahlenberg, Boppard 1989, S. 916-936.

Erdmann, Karl Dietrich, Das Ende des Reiches und die Neubildung deutscher Staaten, 4. Aufl., München 1984 (Gebhard Handbuch der deutschen Geschichte, Bd. 22).

Erinnern oder Verweigern. Das schwierige Thema Nationalsozialismus, in: Dachauer Hefte 6 (1990).

Euchner, Walter, Unterdrückte Vergangenheitsbewältigung: Motive der Filmpolitik in der Ära Adenauer, in: Rainer Eisfeld und Ingo Müller, Gegen Barbarei. Essays. Robert W. M. Kempner zu Ehren, Frankfurt/M. 1989, S. 346-359.

Faulenbach, Bernd, NS-Interpretationen und Zeitklima. Zum Wandel der Aufarbeitung der jüngsten Vergangenheit, in: Aus Politik und Zeitgeschichte B 22, 1987, S. 19-30.

Fetscher, Sebastian, Das Dritte Reich und die Moral der Nachgeborenen. Vom Dünkel der Betroffenheit, in: Neue Sammlung. Vierteljahrsschrift für Erziehung und Gesellschaft 29(1989), Heft 2, S. 161-185.

Finkielkraut, Alain, Die vergebliche Erinnerung. Vom Verbrechen gegen die Menschheit, Berlin 1989.

Fishman, Jack, Long Knives and Short Memoirs: The Spandau Prison Story, London 1986.

Foltz, David Albert, The War Crimes Issue at the Paris Peace Conference, 1919-1920, Ph. D. Thesis, The American University, Washington D.C., 1978.

Foschepoth, Josef, Adenauers Moskaureise 1955, in: Aus Politik und Zeitgeschichte B 22, 1986, S. 30-46.

ders., Zur deutschen Reaktion auf Niederlage und Besatzung, in: Ludolf Herbst (Hrsg.), Westdeutschland 1945-1955. Unterwerfung, Kontrolle, Integration, München 1986, S. 151-166 (Schriftenreihe des Instituts für Zeitgeschichte, Sondernummer).

François-Poncet, André, Als Botschafter im Deutschen Reich. Die Erinnerungen des französischen Botschafters in Berlin, September 1931 - Oktober 1938, Mainz 1980.

Frankenberg, Günter, Die NS-Justiz vor den Gerichten der Bundesrepublik - eine große Anfrage im Bundestag, in: Kritische Justiz 20 (1987), S. 88-112.

Friedrich, Jörg, Die Kalte Amnestie. NS-Täter in der Bundesrepublik, Frankfurt/M. 1984.

Friedrich, Jörg und Jörg Wollenberg (Hrsg.), Licht in den Schatten der Vergangenheit. Zur Enttabuisierung der Nürnberger Kriegsverbrecherprozesse, Frankfurt/M. 1987.

Friedrich, Jörg, Zur Ahndung von NS-Verbrechen in der Bundesrepublik, in: Liberal 28 (1986), S. 57-68.

Fürstenau, Entnazifizierung. Ein Kapitel deutscher Nachkriegspolitik, Neuwied/Berlin 1969.

Gehlen, Reinhard, Der Dienst. Erinnerungen 1942–1971, Mainz/Wiesbaden 1971.

Geouffre de la Prudelle, Raymond de, La répression des crimes de guerre en France, in: Écrits de Paris, May 1951, S. 74–80.

Gilbert, Martin, Auschwitz und die Alliierten, München 1982.

ders., Winston Churchill, Bd. 8: »Never Dispair«, 1945–1965, London 1988.

Giordano, Ralph, Die zweite Schuld oder von der Last ein Deutscher zu sein. Hamburg/Zürich 1987.

Glaser, Hermann, Kulturgeschichte der Bundesrepublik Deutschland, Bd. 2: Zwischen Grundgesetz und Großer Koalition, München/Wien 1986.

Goldmann, Nahum, Mein Leben als deutscher Jude, München/Wien 1980; die Fortsetzung: ders., Mein Leben, Bd. 2, München 1981.

Goldschmidt, Dietrich, Unter der Last des Holocaust. 1945–1989: Entsetzen, Trauer, bemühter Neuanfang, in: Neue Sammlung. Vierteljahrsschrift für Erziehung und Gesellschaft 29 (1989) Heft 2, S. 145–160.

Gotto, Klaus (Hrsg.), Der Staatssekretär Adenauers. Persönlichkeit und politisches Wirken Hans Globkes, Stuttgart 1980.

Götz, Albrecht, Bilanz der Verfolgung von NS-Straftaten, Köln 1986.

Gregor, Ulrich und Enno Patalas, Geschichte des Films, Bd. 2, 1940–1960, Hamburg 1986.

Greil, Lothar, Die Wahrheit über Malmédy, München 1958.

Gress, Franz und Hans-Gerd Jaschke, Politische Justiz gegen Rechts: Der Remer-Prozeß 1952 in paradigmatischer Perspektive, in: Rainer Eisfeld und Ingo Müller, Gegen Barbarei. Essays. Robert W. M. Kempner zu Ehren, Frankfurt/M. 1989, S. 453–478.

Grewe, Wilhelm, Rückblenden, 1976–1951, Frankfurt 1979.

Groll, Klaus-Michael, Wie lange haften wir für Hitler? Zum Selbstverständnis der Deutschen heute, Düsseldorf 1990.

Grosser, Alfred, Ermordung der Menschheit. Der Genozid im Gedächtnis der Völker, München-Wien 1990.

ders., Geschichte Deutschlands seit 1945, 11. Aufl., München 1984 (erstmals 1974).

Grosser, Alfred und Konrad D. Müller, Die Kanzler, Bergisch Gladbach 1989.

Guicheteau, Robert, La »Das Reich« et le coeur de la France, Paris 1974.

Gutscher, Jörg-Michael, Die Entwicklung der FDP von ihren Anfängen bis 1961, 2. Aufl., Königstein/Ts. 1984.

Haas, Wilhelm, Beitrag zur Geschichte der Entstehung des Auswärtigen Dienstes der Bundesrepublik Deutschland, Bonn 1969.

Hankey, Lord Maurice Pascal Alers, Politics, Trials and Errors, Chicago 1950.

Haug, Wolfgang Fritz, Vom hilflosen Antifaschismus zur Gnade der späten Geburt, Hamburg/Berlin 1987.

Henke, Josef, Das Schicksal deutscher zeitgeschichtlicher Quellen in Kriegs- und Nachkriegszeit. Beschlagnahme – Rückführung – Verbleib, in: Vierteljahrshefte für Zeitgeschichte 20 (1982) Nr. 4, S. 557–620.

Henke, Klaus-Dietmar, Die Grenzen der politischen Säuberung in Deutschland nach 1945, in: Ludolf Herbst (Hrsg.), Westdeutschland 1945–1955. Unterwerfung, Kontrolle, Integration, München 1986, S. 127–133 (Schriftenreihe des Instituts für Zeitgeschichte, Sondernummer).

ders., Die Trennung vom Nationalsozialismus. Selbstzerstörung, politische Säuberung, »Entnazifizierung«, Strafverfolgung, in: ders. und Hans Woller (Hrsg.), Politische Säuberung in Europa. Die Abrechnung mit Faschismus und Kollaboration nach dem Zweiten Weltkrieg, München 1991, S. 21–83.

ders., Politische Säuberung unter französischer Besatzung. Die Entnazifizierung in Württemberg-Hohenzollern 1945–1947, München 1981.

Henke, Klaus-Dietmar und Hans Woller (Hrsg.), Politische Säuberung in Europa. Die Abrechnung mit Faschismus und Kollaboration nach dem Zweiten Weltkrieg, München 1991.

Henkys, Reinhard, Die nationalsozialistischen Gewaltverbrechen. Geschichte und Gericht, Stuttgart/Berlin 1964.

Herbst, Ludolf (Hrsg.), Westdeutschland 1945–1955. Unterwerfung, Kontrolle, Integration, München 1986 (Schriftenreihe des Instituts für Zeitgeschichte, Sondernummer).

ders., Option für den Westen. Vom Marshallplan bis zum deutsch-französischen Vertrag, München 1989.

Herbst, Ludolf und Constantin Goschler (Hrsg.), Westdeutschland und die Wiedergutmachung, München 1988.

Hermens, Ferdinand A., Denazification or Renazification?, in: Julia E. Johnson (Hrsg.), The Dilemma of Postwar Germany, New York 1948, S. 174–180.

Herwarth, Hans von, Von Adenauer zu Brandt. Erinnerungen, Berlin 1990.

Herz, John J. (Hrsg.), From Dictatorship to Democracy. Coping with the Legacies of Authoritarianism and Totalitarism, Westport (Conn.) 1982.

Hess, Wolf Rüdiger, Mord an Rudolf Hess? Der geheimnisvolle Tod meines Vaters in Spandau, Leoni 1989.

Hey, Bernd, Die NS-Prozesse – Versuch einer juristischen Vergangenheitsbewältigung, in: Geschichte in Wissenschaft und Unterricht 31 (1981), Nr. 6, S. 331–362.

Hirsch, Martin, Norman Peach und Gerhard Stuby (Hrsg.), Politik als Verbrechen. 40 Jahre »Nürnberger Prozesse«, Hamburg 1986.

Hoffmann, Christa, Die justizielle »Vergangenheitsbewältigung« in der Bundesrepublik. Tatsachen und Legenden, in: Uwe Backes, Eckhard Jesse und Rainer Zitelmann (Hrsg.), Die Schatten der Vergangenheit, S. 497–521.

dies., Stunde Null? Vergangenheitsbewältigung in Deutschland 1945–1989, Bonn/Berlin 1992.

Hoffmann, Christa und Eckhard Jesse, Vergangenheitsbewältigung – ein sensibles Thema. Über Geschichtsbewußtsein und justizielle Aufarbeitung, in: Neue Politische Literatur 32(1987), Nr. 3, S. 451–564.

Hoffmann, J. H., German Field Marshalls as War Criminals. A British Embarassment, in: Journal of Contemporary History 23 (1988), S. 17–35.

Hofmann, Peter, Widerstand – Staatsstreich – Attentat. Der Kampf der Opposition gegen Hitler, Frankfurt/M./Berlin/Wien 1974.

Honig, Frederick, Criminal Justice in Germany Today: Crimes Against Humanity before German Courts, in: Year Book of World Affairs 5 (1951), S. 131–152.

Horne, Alistair, Harold Macmillan, Bd. 2: 1957–1986, New York 1989.

Jahntz, Bernhard und Volker Kähne, Der Volksgerichtshof. Darstellung der Ermittlungen der Staatsanwaltschaft gegen ehemalige Richter und Staatsanwälte am Volksgerichtshof, 2. Aufl., Berlin 1987.

Jasper, Gotthard, Wiedergutmachung und Westintegration. Die halbherzige justizielle Aufarbeitung der NS-Vergangenheit in der Bundesrepublik, in: Ludolf Herbst (Hrsg.), Westdeutschland 1945–1955. Unterwerfung, Kontrolle, Integration. München 1986 (Schriftenreihe des Instituts für Zeitgeschichte, Sondernummer), S. 183–202.

Jaspers, Karl, Schuldfrage. Von der politischen Haftung Deutschlands, München 1987 (erstmals 1946).

Jena, Kai von, Versöhnung mit Israel? Die deutsch-israelischen Verhandlungen bis zum Wiedergutmachungsabkommen von 1952, in: Vierteljahrshefte für Zeitgeschichte 34 (1986), Nr. 4.

Jenke, Manfred, Die nationale Rechte. Parteien, Politiker, Publizisten, Berlin 1967.

Jeschek, Hans-Heinrich, Kriegsverbrecherprozesse gegen deutsche Kriegsgefangene in Frankreich, in: Süddeutsche Juristenzeitung 1949, S. 107–116.

Jesse, Eckhard, Vergangenheitsbewältigung in Österreich und in der Bundesrepublik Deutschland. Ein Vergleich, in: Beiträge zur Konfliktforschung 19 (1989), Nr. 2, S. 77–90.

ders., Vergangenheitsbewältigung in der Bundesrepublik Deutschland, in: Der Staat 26 (1987), S. 539–565.

Jick, Leon A., The Holocaust: its Use and Abuse within the American Public, in: Yad Vashem Studies 14 (1981), S. 303–318.

John Otto, Zweimal kam ich heim. Vom Verschwörer zum Schützer der Verfassung, Düsseldorf 1969.

Jones, Jill, Eradicating Nazism from the British Zone of Germany: Early Policy and Practice, in: German History 8 (1990), Nr. 2, S. 145–162.

Jones, Peter, Labour-Regierung, deutsche Wiederbewaffnung und EVG, 1950–1951, in: Hans-Erich Volkmann und Walter Schwengler im Auftrag des Militärgeschichtlichen Forschungsamtes (Hrsg.), Die Europäische Verteidigungsgemeinschaft: Stand und Probleme der Forschung, Boppard 1985, S. 51–80.

Jones, Priscilla Dale, British Policy towards German Crimes against German Jews, 1939–1945, in: Leo Baeck Institute Yearbook 36 (1991), S. 339–366.

Just-Dahlmann, Barbara und Helmut Just, Die Gehilfen. NS-Verbrechen und die Justiz nach 1945, Frankfurt/M. 1988.

Kempner, Robert W., Ankläger einer Epoche. Lebenserinnerungen, Frankfurt/Berlin/Wien 1983.

Kettenacker, Lothar, Nationalsozialistische Volkstumspolitik im Elsaß, Stuttgart 1973.

Kielmansegg, Peter Graf, Lange Schatten. Vom Umgang der Deutschen mit der nationalsozialistischen Vergangenheit, Berlin 1989.

Kiersch, Gerhard und Anette Kleszez-Wagner, Frankreichs verfehlte Vergangenheitsbewältigung, in: Jürgen Weber und Peter Steinbach (Hrsg.), Vergangenheitsbewältigung durch Strafverfahren? NS-Prozesse in der Bundesrepublik Deutschland, München 1984.

Kirkpatrick, Ivone, The Inner Circle, London 1959.

Kirn, Michael, Verfassungsumsturz oder Rechtskontinuität? Die Stellung der Jurisprudenz nach 1945 zum Dritten Reich, insbesondere die Konflikte um die Kontinuität der Beamtenrechte und Art. 131 Grundgesetz, Berlin 1972.

Kittel, Manfred, Die Legende von der Zweiten Schuld. Vergangenheitsbewältigung in der Ära Adenauer, Berlin 1993.

Klarsfeld, Beate, Die Geschichte des P. G. 2644940 Kiesinger, Darmstadt 1969.

Klarsfeld, Serge, Vichy – Auschwitz. Die Zusammenarbeit der deutschen und französischen Behörden bei der »Endlösung der Judenfrage« in Frankreich, Nördlingen 1989.

Kleßmann, Christoph, Die doppelte Staatsgründung. Deutsche Geschichte 1945–1949, 4. Aufl., Bonn 1986.

Klingenstein, Grete, Über Herkunft und Verwendung des Wortes »Vergangenheitsbewältigung«, in: Geschichte und Gegenwart 7 (1988), S. 307–312.

Koessler, Maximilian, American War Crimes Trials in Europe, in: The Georgetown Law Journal 39 (1950), Nr. 1, S. 18–112.

Kogon, Eugen, Beinahe mit dem Rücken zur Wand, in: Frankfurter Hefte 9 (1954), S. 641–645.

Kranzbühler, Otto, Wert oder Unwert historischer Strafprozesse – erörtert am Nürnberger Beispiel, in: Karl Foster (Hrsg.), Möglichkeiten und Grenzen für die Bewältigung von historischer und politischer Schuld in Strafprozessen, Würzburg 1962 (Studien und Berichte der Katholischen Akademie in Bayern, Heft 19), S. 15–36.

Kröger, Ullrich, Die Ahndung von NS-Verbrechen und ihre Rezeption in der westdeutschen Öffentlichkeit 1958–1965 unter besonderer Berücksichtigung von Spiegel, Stern, Zeit, Süddeutsche Zeitung, Frankfurter Allgemeine Zeitung, Welt, Bild, Diss. Hamburg 1973.

Krüger, Wolfgang, Entnazifizierung. Zur Praxis der politischen Säuberung in Nordrhein-Westfalen, Wuppertal 1982.

Kuper, Leo, Genocide. Its Political Use in the Twentieth Century, New Haven/London 1982.

Kushner, Tony, The British and the Shoah, in: Patterns of Prejudice 23 (1989), Nr. 3, S. 3–18.

Lachmann, L., Neue Aktenfunde bei Aufräumungsarbeiten in Berlin, in: Der Archivar 14 (1961), S. 53–55.

Lang, Jochen von (Hrsg.), Das Eichmann-Protokoll. Tonbandaufzeichnungen der israelischen Verhöre, Berlin 1982.

Laqueur, Walter, Was niemand wissen wollte. Die Unterdrückung der Nachrichten über Hitlers Endlösung, Frankfurt/M./Berlin/Wien 1981.

Laurien, Ingrid, Die Verarbeitung von Nationalsozialismus und Krieg in politisch-kulturellen Zeitschriften der Westzonen 1945–1949, in: Geschichte in Wissenschaft und Unterricht 9 (1988), S. 220–233.

Leggewie, Claus, Frankreichs kollektives Gedächtnis und der Nationalsozialismus, in: Dan Diner (Hrsg.), Ist der Nationalsozialismus Geschichte? Frankfurt/M. 1987, S. 120–140.

Leverkuehn, Paul, Verteidigung Manstein, Hamburg 1950.

Lifton, Robert Jay, Ärzte im Dritten Reich, Stuttgart 1988.

Loftus, John, L'affreux sécret. De Gehlen à Klaus Barbie. Quand les Américains recrutaient espions nazis, Paris 1982.

Lowry, Montecue J., The Forge of West German Rearmament. Theodor Blank and the Amt Blank, Frankfurt/M. 1990.

Lübbe, Hermann, Der Nationalsozialismus im deutschen Nachkriegsbewußtsein, in: Historische Zeitschrift 236 (1983), S. 579–599.

ders., Der Nationalsozialismus im politischen Bewußtsein der Gegenwart, in: Martin Broszat u. a. (Hrsg.), Deutschlands Weg in die Diktatur. Int. Konferenz zur nationalsozialistischen Machtübernahme im Reichstagsgebäude zu Berlin. Ein Protokoll, Berlin 1983, S. 329–349.

Macmillan, Harold, Riding the Storm, 1956–1959, London 1971.

ders., Pointing the Way, 1959–1961, London 1972.

Macridis, Roy C., France: From Vichy to the Fourth Republic, in: John H. Herz (Hrsg.), From Dictatorship to Democracy. Coping with the Legacies of Authoritarianism and Totalitarism, Westport (Conn.) 1982, S. 161–178.

Maislinger, Andreas, »Vergangenheitsbewältigung« in der Bundesrepublik Deutschland, der DDR und Österreich. Psychologisch-pädagogische Maßnahmen im Vergleich, in: Europa Archiv 23 (1990), S. 1358–1367.

Manchester, William, Krupp. Zwölf Generationen, München 1968.

Manstein, Erich von, Verlorene Siege, Bonn 1955.

ders., Aus einem Soldatenleben, 1887–1939, Bonn 1958.

Marcuse, Harold, Das ehemalige Konzentrationslager Dachau. Der mühevolle Weg zur Gedenkstätte, 1945–1968, in: Dachauer Hefte 6 (1990), S. 182–205.

Martin, Bernd, Japans Weg in die Moderne und das deutsche Vorbild: Historische Gemeinsamkeiten zweier »verspäteter Nationen«, 1860–1960, in: ders. (Hrsg.), Japans Weg in die Moderne. Ein Sonderweg nach deutschem Vorbild, Frankfurt/M./ New York 1987, S. 17–40.

Maschke, Erich (Hrsg.), Zur Geschichte der deutschen Kriegsgefangenen des Zweiten Weltkrieges, Bielefeld 1965.

Maser, Werner, Nürnberg. Tribunal der Sieger, Düsseldorf/Wien 1977.

Matz, Klaus-Jürgen, Reinhold Maier (1889–1971). Eine politische Biographie, Düsseldorf 1989 (Beiträge zur Geschichte des Parlamentarismus und der Politischen Parteien 89).

Maugham, Viscount, UNO and War Crimes, London 1951.

Maunoir, Jean Pierre, La répression des crimes de guerre devant les tribunaux français et alliiés, Genf, Thèse de droit, Éditions Médicine et Hygiène 1956.

Maurach, Reinhart, Die Kriegsverbrecherprozesse gegen deutsche Gefangene in der Sowjetunion, Hamburg 1950.

Maurrus, Michaél R. und Robert O. Paxton, Vichy et les Juifs, o. O. 1981.

Meier, Christian, 40 Jahre nach Auschwitz. Deutsche Geschichtserinnerung heute, München 1987.

Meiser, Hans, Der Nationalsozialismus und seine Bewältigung im Spiegel der Lizenzpresse der britischen Besatzungszone von 1946–1949, Diss. Osnabrück 1980.

Mende, Erich, Die neue Freiheit. 1945–1961, München 1984.

Mendelsohn, John, War Crimes and Clemency in Germany and Japan, in: Robert Wolfe (Hrsg.), Americans as Proconsuls. US-Military-Government in Germany and Japan, 1944–1952, Carbondale/Edwardsville 1984, S. 226–259.

Merrit, Anna L., Germany and American Denazification, in: Richard L. Merrit (Hrsg.), Communication in International Politics, Urbana 1972, S. 361–383.

Merrit, Richard L., Digesting the Past: Views of National Socialism in Semi-Souverein Germany, in: Societas 7 (1977), Nr. 2, S. 93–119.

Messemer, Annette, André François-Poncet und Deutschland. Die Jahre zwischen den Kriegen, in: Vierteljahrshefte für Zeitgeschichte 29 (1991), Nr. 4, S. 505–534.

Messenger, Charles, Hitler's Gladiator. The Life and Times of Obergruppenführer and Panzergeneral-Oberst der Waffen-SS Sepp Dietrich, Frankfurt/M. 1988.

Meyer, Heiner, Berlin Document Center. Das Geschäft mit der Vergangenheit, Frankfurt/M. 1988.

Mitscherlich, Alexander und Margarete, Die Unfähigkeit zu trauern. Grundlagen kollektiven Verhaltens, München 1967.

Mohler, Armin, Der Nasenring. Im Dickicht der Vergangenheitsbewältigung, Essen 1989.

ders., Vergangenheitsbewältigung. Von der Läuterung zur Manipulation, München 1967.

ders., Vergangenheitsbewältigung, in: Handbuch zur Deutschen Nation, hrsg. von Bernd Willms, Bd. 2 (Nationale Verantwortung und liberale Gesellschaft), Tübingen/Zürich/Paris 1987.

Mommsen, Hans, Die Kontinuität des Berufsbeamtentums und die Rekonstruktion der Demokratie in Westdeutschland, in: Friedrich Gerhard Schwegmann (Hrsg.), Die Wiederherstellung des Berufsbeamtentums nach 1945. Geburtsfehler oder Stützpfeiler der Demokratiegründung in Westdeutschland? Düsseldorf 1986, S. 65–79.

Mommsen, Wolfgang J., Weder leugnen noch vergessen befreit von der Vergangenheit. Die Harmonisierung des Geschichtsbildes gefährdet die Freiheit, in: R. Augstein u. a., »Historikerstreit«. Die Dokumentation der Kontroverse um die Einzigartigkeit der nationalsozialistischen Judenvernichtung, München 1987, S. 300–321.

Montgomery, John D., Forced to be Free. The Artificial Revolution in Germany and Japan, Chicago 1957.

Morgan, Ted, An Uncertain Hour. The French, The Germans, the Jews, the Klaus Barbie Trial and the City of Lyon, 1940–1945, New York 1990.

Moritz, Klaus und Ernst Noam, NS-Verbrechen vor Gericht, 1945–1955. Dokumente aus hessischen Justizakten, Wiesbaden 1978 (Schriften der Kommission für die Geschichte der Juden in Hessen, Bd. 2).

Morsey, Rudolf, Die Bundesrepublik Deutschland. Entstehung und Entwicklung bis 1969, München 1987 (Oldenbourg Grundriß der Geschichte 19).

Müller, Barbara, Die Bewältigung und die Formulierung eines neuen gesellschaftspolitischen Programms in den Frankfurter Heften, 1946–1948, in: Archiv für Frankfurts Geschichte und Kunst 61 (1987), S. 375–419.

Müller, Ingo, Furchtbare Juristen. Die unbewältigte Vergangenheit unserer Justiz, München 1987.

ders., Nürnberg und die deutschen Juristen, in: Rainer Eisfeld und Ingo Müller (Hrsg.), Gegen Barbarei. Essays. Robert W. M. Kempner zu Ehren, Frankfurt/M. 1989, S. 257–277.

Neuhäusler, Johann, Kreuz und Hakenkreuz. Der Kampf des Nationalsozialismus gegen die katholische Kirche und der kirchliche Widerstand, München 1946.

Niethammer, Lutz, Die Mitläuferfabrik. Die Entnazifizierung am Beispiel Bayerns, Berlin 1982.

ders., Zum Wandel in der Kontinuitätsdiskussion, in: Ludolf Herbst (Hrsg.), Westdeutschland 1945-1955. Unterwerfung, Kontrolle, Integration, München 1986 (Schriftenreihe des Instituts für Zeitgeschichte, Sondernummer), S. 65–84.

Nutz, Walter, Der Krieg als Abenteuer und Idylle. Landser-Hefte und triviale Kriegsromane, in: Hans Wagener (Hrsg.), Gegenwartsliteratur und 3. Reich. Deutsche Autoren in der Auseinandersetzung mit der Vergangenheit, Stuttgart 1977.

Paget, Reginald T., Manstein. Seine Feldzüge und sein Prozeß, Wiesbaden 1951.

Patin, Maurice, La France et le jugement des crimes de guerre, in: Revue de science criminelle et de droit pénal comparé, 1951, S. 393–405.

Perels, Joachim, Die Restauration der Rechtslehre nach 1945, in: Kritische Justiz 17 (1984), S. 359–379.

Plack, Arno, Wie oft wird Hitler noch besiegt? Heidelberg 1982.

Poidevin, Raymond, Frankreich und das Problem der EVG: Nationale und internationale Einflüsse (Sommer 1951 bis Sommer 1953), in: Hans-Erich Volkmann und Walter Schwengler im Auftrag des Militärgeschichtlichen Forschungsamtes (Hrsg.), Die Europäische Verteidigungsgemeinschaft: Stand und Probleme der Forschung, Boppard 1985, S. 101–112.

ders., La question de la Sarre entre la France et l'Allemagne en 1952, in: L'historien et les relations internationales (Hommage à Jacques Freymond), Genf 1981, S. 387–396.

ders., Robert Schuman. L'homme d'état, Paris 1986.

Poliakov, Leon und Josef Wulf, Das Dritte Reich und die Juden, Berlin 1955, zit. nach der Ausgabe München 1978.

Raschhofer, Hermann, Der Fall Oberländer. Eine vergleichende Rechtsanalyse der Verfahren in Pankow und Bonn, Tübingen 1962.

Ratz, Michael, Die Justiz und die Nazis. Zur Strafverfolgung von Nazismus und Neonazismus seit 1945, Frankfurt/M. 1979.

Reichel, Peter, Vergangenheitsbewältigung als Problem unserer politischen Kultur. Einstellungen zum Dritten Reich und seine Folgen, in: Jürgen Weber und Peter Steinbach (Hrsg.), Vergangenheitsbewältigung durch Strafverfahren? NS-Prozesse in der Bundesrepublik Deutschland, München 1984, S. 145–163.

Renz, Ulrich, »Wozu Menschen fähig sind...« 30 Jahre Ludwigsburger Zentralstelle zur Aufklärung von NS-Verbrechen, in: Tribüne 27 (1988), S. 210–214.

Reusch, Ulrich, Deutsches Berufsbeamtentum und britische Besatzung, Stuttgart 1985.

Riouz, Jean-Pierre, Französische öffentliche Meinung und EVG: Parteienstreit oder

Schlacht der Erinnerungen? in: Hans-Erich Volkmann und Walter Schwengler im Auftrag des Militärgeschichtlichen Forschungsamtes (Hrsg.), Die Europäische Verteidigungsgemeinschaft: Stand und Probleme der Forschung, Boppard 1985, S. 159–176.

Rondholz, Eberhard, Die Ludwigsburger Zentrale Stelle zur Aufklärung nationalsozialistischer Verbrechen, in: Kritische Justiz 20 (1987), H. 3, S. 207–213.

Rosh, Lea und Günther Schwarberg, Der letzte Tag von Oradour, Göttingen 1988.

Rothenspieler, Friedrich Wilhelm, Der Gedanke einer Kollektivschuld in juristischer Sicht, Berlin 1982.

Rückerl, Adalbert (Hrsg.), NS-Vernichtungslager und deutsche Strafprozesse. Belzec, Sobibor, Treblinca, Chelmno, München 1977.

ders., NS-Verbrechen vor Gericht: Versuch einer Vergangenheitsbewältigung, 2. Aufl., Heidelberg 1984.

Rupieper, Hermann-Josef, Der besetzte Verbündete. Die amerikanische Deutschlandpolitik, 1949–1955, Opladen 1991.

ders., Die Berliner Außenministerkonferenz von 1954. Ein Höhepunkt der Ost-West-Spannungen oder die letzte Möglichkeit zur deutschen Einheit?, in: Vierteljahrshefte für Zeitgeschichte 34 (1986), Heft 3, S. 427–453.

Russell of Liverpool, Lord, The Scourge of the Swastica, London 1954, zit. nach der Ausgabe London 1977.

Ryan, Allan, Klaus Barbie and the United States Government, Washington D. C. 1983.

Salomon, Ernst von, Der Fragebogen, Reinbek bei Hamburg 1951.

Scherf, Werner, Strafverfolgung von Ärzteverbrechen im KZ Buchenwald, in: Wissenschaftliche Zeitschrift der Humboldt-Universität zu Berlin, Reihe Gesellschaftswissenschaften 37 (1988), Nr. 5, S. 503–596.

Schmidt, Regine und Egon Becker, Reaktionen auf politische Vorgänge: Drei Meinungsstudien aus der Bundesrepublik, Frankfurt/M. 1967.

Schornsteiner, Michael, Bombenstimmung und Katzenjammer. Vergangenheitsbewältigung: Quick und Stern in den fünfziger Jahren, Köln 1989.

Schrenck-Notzing, Caspar von, Charakterwäsche. Die amerikanische Besatzung in Deutschland und ihre Folgen, 5. Aufl., Stuttgart 1965.

Schröder, Hans-Jürgen, Die Anfangsjahre der Bundesrepublik Deutschland. Eine amerikanische Bilanz 1954, in: Vierteljahrshefte für Zeitgeschichte 37 (1989), Nr. 2, S. 323–351.

Schulze, Winfried, Deutsche Geschichtswissenschaft nach 1945, München 1989.

Schwartz, Thomas Alan, Die Begnadigung deutscher Kriegsverbrecher. John McCloy und die Häftlinge von Landsberg, in: Vierteljahrshefte für Zeitgeschichte 38 (1990), Nr. 3, S. 375–414.

ders., America's Germany: John J. McCloy and the Federal Republic of Germany, Cambridge, Mass. 1991.

Schwarz, Hans-Peter (Hrsg.), Die Wiederherstellung des deutschen Kredits. Das Londoner Schuldenabkommen, Stuttgart u. a. 1982 (Rhöndorfer Gespräche, Bd. 4).

ders., Adenauer. Der Aufstieg, 1876–1951, Stuttgart 1986.

ders., Adenauer. Der Staatsmann, 1952–1967, Stuttgart 1991.

ders., Die Ära Adenauer. Gründerjahre der Republik 1949-1957, Stuttgart 1981 (Geschichte der Bundesrepublik Deutschland, Bd. 2, hrsg. von Karl Dietrich Bracher).

ders., Die Ära Adenauer. Epochenwechsel 1957-1963, Stuttgart 1983 (Geschichte der Bundesrepublik Deutschland, Bd. 3, hrsg. von Karl Dietrich Bracher).

Schwegmann, Friedrich Gerhard (Hrsg.), Die Wiederherstellung des Berufsbeamtentums nach 1945. Geburtshelfer oder Stützpfeiler der Demokratiegründung in Westdeutschland? Düsseldorf 1986.

Schwinge, Erich, Angehörige der ehemaligen Wehrmacht und der SS vor französischen Militärgerichten, in: Monatsschrift für deutsches Recht, 1949, S. 650-654.

Seger, Tom, The Seventh Million. The Israelis and the Holocaust, New York 1993.

Seidl, Alfred, Der Fall Rudolf Hess. Dokumentation des Verteidigers, München 1984.

Sérant, Paul, Die politischen Säuberungen in Westeuropa am Ende des 2. Weltkrieges in Deutschland, Österreich, Belgien, Dänemark, Frankreich, Großbritannien, Italien, Norwegen, den Niederlanden und in der Schweiz, Oldenburg/Hamburg 1966.

Shuster, George N., In Amerika und Deutschland. Erinnerungen eines amerikanischen College-Präsidenten, Frankfurt/M. 1965.

Simpson, Christopher, The US Recruitraent of Nazis and its Effects on the Cold War, New York 1988.

Smith, Arthur L., Die »Hexe von Buchenwald«. Der Fall Ilse Koch, Köln 1983.

ders., Heimkehr aus dem Zweiten Weltkrieg. Die Entlassung der deutschen Kriegsgefangenen, Stuttgart 1985 (Schriftenreihe der Vierteljahrshefte für Zeitgeschichte Nr. 51).

Smith, Bradley E, The Road to Nuremberg, New York 1981.

ders., Der Jahrhundert-Prozeß. Die Motive der Richter von Nürnberg – Anatomie einer Urteilsfindung, Frankfurt/M. 1977.

Steinbach, Peter, Die Fünfziger Jahre – eine Herausforderung an Staat und Kirche, in: Kirchliche Zeitgeschichte 3 (1990), Heft 2, S. 413-439.

ders., Nationalsozialistische Gewaltverbrechen in der deutschen Öffentlichkeit nach 1945. Einige Bemerkungen, Fragen und Akzente, in: Jürgen Weber und Peter Steinbach (Hrsg.), Vergangenheitsbewältigung durch Strafverfahren? NS-Prozesse in der Bundesrepublik Deutschland, München 1984, S. 13-39.

ders., Nationalsozialistische Gewaltverbrechen. Die Diskussion in der deutschen Öffentlichkeit nach 1945, Berlin 1981.

ders., Vergangenheit als Last und Chance. Vergangenheitsbewältigung in den 50er Jahren, in: Jürgen Weber (Hrsg.), Die Bundesrepublik wird souverän. 1950-1955, München 1986 (Geschichte der Bundesrepublik Deutschland, Bd. 4, hrsg. von der bayer. Landeszentrale für politische Bildungsarbeit).

ders., Vergangenheitsbewältigung. Vom Erkennen nationalsozialistischer Verbrechen zur »Wiedergutmachung«, in: Rainer A. Roth und Walter Seifert, Die zweite deutsche Demokratie. Ursprünge, Probleme Perspektiven, Köln/Wien 1990, S. 109-160.

ders., Zur Auseinandersetzung mit nationalsozialistischen Gewaltverbrechen in der Bundesrepublik Deutschland. Ein Beitrag zur politischen Kultur nach 1945, in: Geschichte in Wissenschaft und Unterricht, Nr. 35 (1984), S. 65-85.

Steininger, Rolf, Deutsche Geschichte 1945-1961. Darstellung und Dokumente in zwei Bänden, Frankfurt/M. 1983.

Strauß, Franz Josef, Die Erinnerungen, Berlin 1989.

Tauber, Kurt R, Beyond Eagle and Swastica. German Nationalism since 1945, 2 Bde., Middletown 1967.

Taylor, Telford, Die Nürnberger Prozesse. Kriegsverbrechen und Völkerrecht, Zürich 1951.

Tempel, Sylke, US-jüdische Organisationen und ihr Verhältnis zur Bundesrepublik seit 1945 (Arbeitstitel), Diss. Universität der Bundeswehr München 1992.

Tent, James F., Mission on the Rhine. Reeducation and Denazification in American Occupied Germany, Chicago 1982.

Tetens, T. H., The New Germans and the Old Nazis, New York 1961.

Thomas, Hugh, A Tale of Two Murders, London 1988.

ders., Der Mord an Rudolf Hess, München 1979.

Thorpe, D. R., Selwyn Lloyd, London 1989.

Turner, Ian A., Denazification in the British Zone, in: ders. (Hrsg.), Reconstruction in Post-War Germany. British Occupation Policy and the Western Zones, 1945–1955. Oxford/New York/München 1989, S. 239–267.

Vollnhals, Clemens (Hrsg.), Entnazifizierung und Selbstreinigung im Urteil der evangelischen Kirche. Dokumente und Reflexionen 1945–1949, München 1989.

ders. (Hrsg.), Entnazifizierung. Politische Säuberung und Rehabilitierung in den vier Besatzungszonen 1945–1949, München 1991.

ders., Evangelische Kirche und Entnazifizierung. Die Last der nationalsozialistischen Vergangenheit, München 1989.

Wade, D. A. L., A Survey of the Trials of War Criminals, in: Journal of the Royal United Services Institution 96 (1951), S. 66–70.

Wagner, Dietrich, FDP und Wiederbewaffnung. Die wehrpolitische Orientierung der Liberalen in der Bundesrepublik Deutschland, 1949–1955, Boppard 1978 (Militärgeschichte seit 1945, hrsg. vom Militärgeschichtlichen Forschungsamt, Bd. 5).

Wasserstein, Bernard, Britain and the Jews of Europe, 1939–1945, Oxford 1979.

Watt, Donald C., Großbritannien und Europa, 1951–1959: Die Jahre konservativer Regierung, in: Vierteljahreshefte für Zeitgeschichte 28 (1980), S. 389–409.

ders., Die Konservative Regierung und die EVG, 1951–1954, in: Hans-Erich Volkmann und Walter Schwengler im Auftrag des Militärgeschichtlichen Forschungsamtes (Hrsg.), Die Europäische Verteidigungsgemeinschaft: Stand und Probleme der Forschung, Boppard 1985, S. 81–99.

Weber, Jürgen und Peter Steinbach (Hrsg.), Vergangenheitsbewältigung durch Strafverfahren? NS-Prozesse in der Bundesrepublik Deutschland, München 1984.

Wegner, Werner, Keine Massenvergasungen in Auschwitz? Zur Kritik des Leuchter-Gutachtens, in: Uwe Backes, Eckhard Jesse und Rainer Zitelmann (Hrsg.), Die Schatten der Vergangenheit. Impulse zur Historisierung des Nationalsozialismus, Frankfurt/M. /Berlin 1990, S. 450–476.

Weingartner, James J., Crossroads to Death: The Story of the Malmédy Massacre and Trial, Berkeley 1979.

Wells, Leon W., Und sie machten Politik. Die amerikanischen Zionisten und der Holocaust, München 1989.

Wengst, Udo, Beamtentum zwischen Reform und Tradition. Beamtengesetzgebung in der Gründungsphase der Bundesrepublik Deutschland, 1948-1953, Düsseldorf 1988 (Beiträge zur Geschichte des Parlamentarismus und der Politischen Parteien, Bd. 84).

Wenzlau, Reinhold Joachim, Der Wiederaufbau der Justiz in Nordwestdeutschland 1945-1949, Königstein/Ts. 1979.

Whiting, Charles, Massacre at Malmédy. The Story of Jochen Peiper's Battle Group. Ardennes December 1944, London 1971.

Wiesenthal, Simon, Recht, nicht Rache. Erinnerungen. Frankfurt/M./Berlin 1988.

Wiggershaus, Norbert, Die Bedeutung des militärischen Widerstands in der Bundesrepublik Deutschland und in der Bundeswehr, in: Militärgeschichtliches Forschungsamt (Hrsg.), Aufstand des Gewissens. Militärischer Widerstand gegen Hitler und das NS-Regime, Herford 1984, S. 501-527.

Wills, James E, Prologue to Nuremberg: The Politics and Diplomacy of Punishing War Criminals in the First World War, Westport (Conn.) 1982.

Wolfanger, Dieter, Die nationalsozialistische Politik in Lothringen, 1940-1945, Diss. Saarbrücken 1977.

Wolffsohn, Michael, Das deutsch-israelische Wiedergutmachungsabkommen im internationalen Zusammenhang, in: Vierteljahrshefte für Zeitgeschichte 36 (1988), Nr. 4, S. 691-731.

ders., Deutsch-israelische Beziehungen im Spiegel der öffentlichen Meinung, in: Aus Politik und Zeitgeschichte B 46-47 (1984), S. 19-30.

ders., Ewige Schuld? 40 Jahre deutsch-jüdisch-israelische Beziehungen, 3. Aufl., München 1989.

ders., Keine Angst vor Deutschland, Erlangen/Bonn/Wien 1990.

Wolffsohn, Michael und Ulrich Brochhagen, Hakenkreuz unterm Burnus? Großbritannien und die deutschen Militärberater in Ägypten, 1951-1956, in: Deutsch-jüdische Geschichte im 19. und 20. Jahrhundert, hrsg. von Ludger Heid und Joachim H. Knoll, Stuttgart/Bonn 1992, S. 517-544.

Wolffsohn, Michael, Von der verordneten zur freiwilligen »Vergangenheitsbewältigung?« Eine Skizze der bundesdeutschen Entwicklung 1955-1965 (Zugleich eine Dokumentation über die Krisensitzung des Bundeskabinetts vom 4. und 5. März 1965 und die Böhm-Schäffer-Kontroverse 1957/1958), in: German Studies Review 12 (1989), Nr. 1, S. 111-137.

Woller, Hans, »Ausgebliebene Säuberung«? Die Abrechnung mit dem Faschismus in Italien, in: Klaus Dietmar Henke und Hans Woller (Hrsg.), Politische Säuberung, S. 148-191.

Wyman, David S., Das unerwünschte Volk. Amerika und die Vernichtung der europäischen Juden, München 1986.

Young, James E., Holocaust-Gedenkstätten in den USA. Ein Überblick, in: Dachauer Hefte 6 (1990), S. 230-239.

Ziesel, Kurt, Der rote Rufmord, Tübingen 1961.

Anmerkungen zum Literaturverzeichnis:

1 Die Akten der Abteilung II waren zum Zeitpunkt der Auswertung erst teilweise archivarisch bewertet und bearbeitet. War dies der Fall, wurden die Akten mit der Bandnummer zitiert. Die Akten zur Kriegsverbrecherproblematik waren damals allerdings noch nicht bearbeitet. Sie werden deshalb nach dem ursprünglichen Aktenplan zitiert.

2 Die Referatsakten werden nach den ursprünglichen internen Abgabelisten zitiert; ein Findbuch war nicht vorhanden, denn auch diese Akten waren noch nicht bewertet worden.

3 Zuvor: Referat 992.

4 Zuvor: Referat 993.

5 Die Serie wurde kurz nach der Auswertung umgruppiert, und zwar in eine übergeordnete Serie d'Europe, Allemagne 1944-1960. Die Bandzahlen änderten sich hierdurch völlig. Dennoch können alte und neue Bandzahlen im Archiv des Außenministeriums über eine Konkordanzliste ermittelt werden.

6 Zum Zeitpunkt der Auswertung dieser Serie war die archivalische Bearbeitung der Bestände noch nicht abgeschlossen. Die Bände werden deshalb nach der ursprünglichen Ablage des Außenministeriums und ihrer Benennung zitiert. Bandzahlen konnten nicht angegeben werden.

7 Die McCloy Papers sind geordnet nach dem Special Research Project, »Mr. McCloy Administration«. Die McCloy-Papiere befinden sich in einem archivalisch sehr schlechten Zustand. Das Projekt hatte zusammengehörige Akten geheftet und mit Signaturen versehen. Im Laufe der Jahre aber wurden diese Heftungen wegen unsinniger Kopierbestimmungen entfernt; Signaturen sind nicht mehr in jedem Fall eindeutig zu bestimmen.

8 Kopien der Akten wurden mir von Professor Michael Wolffsohn zur Verfügung gestellt.

BILDNACHWEISE

Aus: *Deutsche Woche* vom 9. 9. 1953, S. 221

Aus: *Daily Worker* vom 19. 1. 1953, S. 234

Aus: *Illustrierte Film-Bühne* vom 24. 9. 1959, S. 260

Aus: *Aktuelle Bilder Zeitung* vom September 1955, S. 283

Aus: *Die Welt*, S. 37, 143

Aus: *Daily Express* vom 5. 1. 1960, S. 357

Aus: Bodo Harenberg (Hg.), *Chronik 1946*, Dortmund 1988, S. 24, 25, 293

Aus: Dirk Bavendamm, *Chronik 1950*, Dortmund 1989, S. 73

Aus: Holger Joel, Beate Schindler, Bettina Bergstedt, *Chronik 1952*, Dortmund 1990, S. 82, 221, 230

Aus: Ursula Behrendt-Roden, Christiane Blaß, *Chronik 1953*, Dortmund 1990, S. 112, 114, 164, 235, 236

Aus: Bodo Harenberg (Hg.), *Chronik 1954*, Dortmund 1989, S. 135

Aus: Dirk Bavendamm, *Chronik 1955*, Dortmund 1990, S. 285, 287

Aus: Manfred Brocks, Hartmut Gahmann, *Chronik 1956*, Dortmund 1990, S. 143, 243, 351

Aus: Bodo Harenberg (Hg.), *Chronik 1958*, Dortmund 1987, S. 296, 339

Aus: Dirk Bavendamm, *Chronik 1960*, Dortmund 1990, S. 331

Aus: *Aus Politik und Zeitgeschichte*, Beilage zum *Parlament*, B 11/65, S. 282

Aus: *Der Spiegel*, Heft 1–2, 1960, S. 321

Aus: *Die Tat* vom 10. 2. 1951, S. 67

Archiv der KZ-Gedenkstätte Dachau, S. 22

Bundesarchiv Koblenz, S. 27, 32, 43, 59, 60, 61, 101, 112, 127, 132, 165, 181, 186, 187, 231, 232, 251, 252, 262, 266, 267, 289, 291, 314, 321 oben, 322, 326 oben, 351 unten, 352, 356, 358, 371 unten, 385, 386, 403

Deutsche Presse Agentur, Bildarchiv Hamburg, S. 295

Institut für Zeitgeschichte, München, S. 203

Keystone Pressedienst Hamburg, S. 117, 169, 329

Süddeutscher Verlag GmbH, München, S. 41, 348

Sunday Express, Januar 1951, S. 51

Ullstein Bilderdienst, Berlin, S. 398

Trotz größter Sorgfalt konnten die Urheber des Bildmaterials nicht in allen Fällen ermittelt werden. Es wird gegebenenfalls um Mitteilung gebeten.

PERSONENREGISTER

Hamburger Edition
Institut für Sozialforschung

Heinz Bude
Die ironische Nation.
Soziologie als Zeitdiagnose
187 Seiten
Gebunden
ISBN 3-930908-47-6

Hamburger Edition
HIS Verlagsges.mbH
Mittelweg 38
D 20148 Hamburg
Homepage: http://www.his-online.de

Nachdem die alte Bundesrepublik vergangen ist, stellt sich die Frage, was wir an ihr verloren haben. Die kollektive Lerngeschichte der Nachkriegszeit hat im Westen eine ironische Nation hervorgebracht, der ein tragisches Volk aus dem Osten beigetreten ist. Nachträgliche Abstandsnahmen, wilde Empörungen und eine Jugendbewegung von rechts bestimmen das Bild der vergrößerten Bundesrepublik. Am Ende der neunziger Jahre zieht Heinz Bude eine soziologische Bilanz dieses Einigungs- und Wendejahrzehnts.

Aus dem Inhalt: Die ironische Nation • Deutsche Elite • Bewegung von rechts • Die Differenz nach der Einheit • Empörung ohne Moral • Das sozialdemokratische Argument • Kultur als Problem • Die Zukunft der Religion • Die Stabilität der Familie • Die Stadt und ihr Preis • Am Ende ratlos